U0123915

[MIRROR]

理想国译丛

011

想象另一种可能

理
想
国
imaginist

理想国译丛序

"如果没有翻译,"批评家乔治·斯坦纳(George Steiner)曾写道,"我们无异于住在彼此沉默、言语不通的省份。"而作家安东尼·伯吉斯(Anthony Burgess)回应说:"翻译不仅仅是言词之事,它让整个文化变得可以理解。"

这两句话或许比任何复杂的阐述都更清晰地定义了理想国译丛的初衷。

自从严复与林琴南缔造中国近代翻译传统以来,译介就被两种趋势支配。

它是开放的,中国必须向外部学习,它又有某种封闭性,被一种强烈的功利主义所影响。严复期望赫伯特·斯宾塞、孟德斯鸠的思想能帮助中国获得富强之道,林琴南则希望茶花女的故事能改变国人的情感世界。他人的思想与故事,必须以我们期待的视角来呈现。

在很大程度上,这套译丛仍延续着这个传统。此刻的中国与一个世纪前不同,但她仍面临诸多崭新的挑战,我们迫切需要他人的经验来帮助我们应对难题,保持思想的开放性是面对复杂与高速变化的时代的唯一方案。但更重要的是,我们希望保持一种非功利的兴趣:对世界的丰富性、复杂性本身充满兴趣,真诚地渴望理解他人的经验。

理想国译丛主编

梁文道　刘瑜　熊培云　许知远

本译丛获理想国文化发展基金会赞助支持

[美]弗朗西斯·福山 著　　毛俊杰 译

政治秩序与政治衰败

从工业革命到民主全球化

FRANCIS FUKUYAMA

POLITICAL ORDER AND POLITICAL DECAY:
FROM THE INDUSTRIAL REVOLUTION TO
THE GLOBALIZATION OF DEMOCRACY

广西师范大学出版社
·桂林·

POLITICAL ORDER AND POLITICAL DECAY:

From the Industrial Revolution to the Globalization of Democracy

by Francis Fukuyama

Copyright © 2014 by Francis Fukuyama

Published by arrangement with International Creative Management, Inc.

through Bardon-Chinese Media Agency

ALL RIGHTS RESERVED

图书在版编目(CIP)数据

政治秩序与政治衰败：从工业革命到民主全球化 /(美) 福山著；毛俊杰译.
—桂林：广西师范大学出版社，2015.9（2019.7 重印）
书名原文: Political Order and Political Decay：From
the Industrial Revolution to the Globalization of Democracy

ISBN 978-7-5495-7094-2

Ⅰ.①政… Ⅱ.①福… ②毛… Ⅲ.①政治制度史 – 世界 Ⅳ.①D59

中国版本图书馆CIP数据核字(2015)第193199号

广西师范大学出版社出版发行

广西桂林市五里店路9号　邮政编码：541004
网址：www.bbtpress.com

出 版 人：张艺兵
全国新华书店经销
发行热线：010-64284815
山东临沂新华印刷物流集团有限责任公司　印刷
临沂高新技术产业开发区新华路　邮政编码：276017

开本：635mm×965mm　1/16
印张：40　字数：538千字　图片：31幅
2015年9月第1版　2019年7月第7次印刷
定价：98.00元

如发现印装质量问题，影响阅读，请与出版社发行部门联系调换。

如何到达丹麦

刘 瑜

《政治秩序与政治衰败》试图回答一个问题：如何到达丹麦？当然，在这里，"丹麦"不是特指丹麦这个国家，而是指一种美好如童话般的状态。具体到政治上，就是一个国家有法治、又民主，政府还高效而廉洁。

沿袭《政治秩序的起源》中的看法，福山的基本出发点是：真正的政治发展是国家建构、法治与民主之间的平衡。这看似一句"正确的废话"，其实不然。在他看来，冷战结束以来，人们把太多的注意力聚集在"民主"和"法治"上，而忽略了"国家建构"（state-building）这个维度的意义。所以,他的"政治三维论"表面是一句"正确的废话"，核心却是要为"国家建构"这个政治维度"正名"。

在书中，"国家建构"如此之重要，以至于它可以用来解释当今世界各国的主要政治问题：正是国家建构的欠缺，导致非洲许多国家的"国家失败"；正是国家建构的欠缺，导致希腊意大利今日的债务危机；还是国家建构的欠缺,导致美国当代的政治僵局。当然，国家建构的问题，不仅仅可能"太少"，也有可能"过多"：德国和日本法西斯主义的兴起，是因为"国家建构"剂量过大走火入魔了；

而今天的中国，在福山看来，也是国家建构有余，而另外两个维度不足。

什么是"国家建构"？概括来说，包含两个方面：一个是国家能力，一个是官僚机构的中立性与自主性（autonomy）。前者涉及政府在特定疆域里垄断暴力的能力（韦伯对"国家"的定义），后者涉及政府能够超越阶级、派系、利益集团、家族进行决策的不偏不倚性。也就是说，国家的强大，光是拳头硬还不行，还得有"一览众山小"的超脱地势。

与现代国家建构相对的，在这本书里，是依附主义（clientelism）。依附主义，顾名思义，就是以"私利"的逻辑取代"公益"的逻辑。其表现是权力被各种局部的、特殊的利益所绑架——在美国，可能是那些组织性非常强的游说集团，在非洲，可能是某个强大的部落甚至家族，在希腊意大利，则可能是积重难返的公有部门。总之，当政治家和官僚机构不能从局部的、特殊的利益当中挣脱，而是被其俘获，依附主义就产生了。依附主义是"政治衰败"的重要标志。

二

问题是，为什么有些国家成功地走向了"国家建构"，而有些则陷入"依附主义"？成功的国家建构，从福山的论述中，可以梳理出三个由来：

第一是战争。军事压力迫使一个国家在征税、人口管理和军事建设方面加快步伐：中国国家建构方面的"早熟"与春秋战国时期连年不断的战争相关；欧洲各国近代以来的频繁战争也是它们走出封建主义、迈向现代国家的重要动力。相比之下，拉美国家之间缺乏持续性、高强度的战争，所以拉美国家的问题一直是国家能力不足；同样，非洲长期以来的地广人稀与地形地貌，也使得历史上的大规模战争很少，没有形成国家建构的压力。

第二是政治改革。为什么同样是早发宪政国家，希腊至今深陷依附主义，而美国的国家建构则相当成功？原因是 19 世纪后期美国发生了政治改革，以考试制的公务员体系取代了"政党分赃"式的职位分配制，而希腊却始终没有发生这个关键的"龙门一跃"。这种分叉又何以出现？美国 19 世纪后期高速的经济发展重组了社会阶层，新兴的经济集团不满旧式的分赃制，推动了政治改革，而希腊所经历的是没有工业化的城市化，即所谓"没有发展的现代化"，精英阶层没有根本的"换血"，始终寄生于政府和公有部门，并且这个寄生阶层越来越大，引发今天的债务危机。

第三是民族认同。成功的国家建构很大程度上取决于成功的民族建构。如何说服一个广东人和一个万里之外的黑龙江人他们属于"同一个国家"？如何让一个佐治亚人和一个马萨诸塞人被同一面国旗感动？同样，如何让一个基库尤人（Kikuyu）和一个卢奥人（Luo）将其历史上的身份感置于"肯尼亚"这个字眼之下？共同的民族认同往往极大压缩国家建构的成本，而民族认同本身也往往被建构：政府强行推行的共同书面语、宗教、经典文本、各种"主义"、宪法，都是形塑民族认同的方式。在这个方面，福山对尼日利亚和印尼进行的对比令人印象深刻——同样是历史上并不存在的国家，认同感"揉捏"的成败很大程度影响了国家建构的成败。

三

对"依附主义"的起源，福山则强调一点：早熟的民主制度，即缺乏国家建构支撑的民主发展，是依附主义的温床。这种说法有其道理。他以美国早期的历史为例，展示当时公职如何被执政党当做"战利品"瓜分，而这种瓜分的动力恰恰是民主机制——从 1830年代的杰克逊总统时代开始到 19 世纪末 20 世纪初，为了赢得选票，候选人承诺选战胜利后分配公职给支持者。在福山看来，今天希腊和意大利的债务悲剧逻辑类似，都是选票逻辑推动了公共职位与资源被各种利益集团所"攫取"（captured），而美国历史上的政治改革又始终没有在这两个国家发生。

根据这一观点，一个国家的国家建构最好发生在民主化之前，而不是之后——没有强大自主的官僚机构与借民主通道前往"分食"的各路人马对抗，选票逻辑只会将公共资源变成被哄抢一空的政治自助餐。更何况"会哭的孩子有奶吃"——财力、组织资源丰富的人群往往抢得最大的一块饼，而他们却往往不是最饥饿的人群。

但这可能也是此书中最薄弱的一个环节。当福山试图梳理出一个"民主—依附主义"的逻辑时，他显然忽视了专制之下的依附主义问题。甚至，某种意义上，民主与依附主义之间的关系是或然性的（否则无法解释美国为什么能够通过改革摆脱"政党分赃制"，也无法解释为什么世界上存在"丹麦"），而专制与依附主义之间的关系则几乎是必然的。专制，几乎根据定义，就是为"片面的"利益服务的——这种片面性可以体现于一个人、一个家族、一个部族、一个教派、一个党或者一个阶级。当政府权力与一个片面的利益结合时，就构成了"庇护—依附主义"。

这也是为什么当他试图把秦汉时期（以及后来中国历史上所有大一统时代）的中华帝国描述成一个中立的、非人格化的、自主的、高效的"现代国家"时缺乏说服力——的确，从暴力垄断的角度而言，大一统王朝中国的"国家能力"非常强大，但是从政府的不偏不倚性角度而言，一个"家产官僚制"如何可能真正做到中立、自主、非人格化？当袁崇焕和崇祯帝发生冲突、岳飞和宋高宗发生冲突时，官僚机构如何保持"中立"？

事实上，美国的历史说明一个国家可以先建立民主制度，再进行"国家建构"，而且民主制度框架的存在促进了国家建构。众所周知，美国18世纪末就有了代议民主的基本框架，而它真正的国家建构——碍于强大的州权传统与政党分赃制——迟至19世纪末20世纪初才渐进发生。正如福山自己所说，政治改革是美国国家建构的动力之一，而美国19世纪末的改革很大程度上得益于选票给议员带来的压力——来自社会的改革呼声如此之强大，政治家不可能再装聋作哑。

民主问责可能促进国家建构，至少是提高官僚机构质量意义上的国家建构，这一点在今天这个时代格外有意义。在福山列举的国家建构的主要动力中，有战争、政治改革与民族认同。今天，刻意发动大规模战争来促进国家建设既不现实也很可能得不偿失——总不能现在一斧头把阿富汗劈成七份，然后说，"你们先打两百年吧，没准能打出一个秦始皇，两千年后阿富汗的崛起将势不可挡"；同样，认同的形塑，即在族群世仇的基础上建构共同的民族认同，又岂是朝夕之功？反倒是以经济发展为基础的政治改革，可能成为官僚机构摆脱依附主义成本相对低、见效相对快的动力。

固然，民主可能滋生新的依附主义形式。福山书中所说的利益集团、游说集团爬满美国政治躯体的现象，的确存在。但这在多大程度上是一个问题，却值得思考。正如一个美国政治分析家指出，"我们，你，我，他，都是各种意义上的特殊利益集团"。一个清华大学女教授，可能有意或无意地被"教师协会"、"北京居民菜价补贴协会"、"公立医疗保障项目组织"、"职业女性平权协会"等各种游说集团所代表。某种程度上，游说集团是代表性的一种形式——
相比专制体制下隐秘的、黑箱里的、不受任何监督的公共资源游
说，民主和法治体系下，游说至少可以更规范、更透明——比如在
美国，所有的游说人士和集团必须公开登记，而所有的政治家都不
得收受游说人员超过20美元的礼物。更根本而言，除非我们愿意
牺牲结社自由等政治权利，否则民主可能带来的"游说集团"现象
就不可能完全禁绝。当然，一定的改革可能缓解这一现象的负面
效应（比如缩小政府职能），继续改革也仍有必要，但是将民主所
滋生的广泛游说集团和利益集团现象，当做一个道德上黑白分明，
因而解决办法一目了然的问题，显然忽视了任何改革可能带来的
价值互换性。

四

　　那么，到底如何"到达丹麦"？总结福山的看法，一是国情论，
二是顺序论。

　　"国情论"不难理解。既然"丹麦"意味着国家能力、民主和
法治之间的相互平衡，那么，针对每一个国家的具体"国情"，就
应当"缺啥补啥"。对那些具备一定程度的民主与法治但欠缺国家
建构的国家，就应该努力进行"国家能力建设"——在当代，此类
国家似乎是福山笔下的多数，从非洲到拉美，从印度到希腊，似乎
都应该着力于此；而对那些国家能力有余但是法治与民主发展不
足的国家（在福山笔下，中国是一例），药方则是另外两条维度的
加强。

　　"顺序论"则是更耐人寻味的一个答案，在书中若隐若现。就
政治发展三个维度的顺序而言，英国似乎代表了一个理想的情形：

法治（大宪章时期就有萌芽）→国家建设（都铎王朝下的王权兴起）
→民主（19世纪普选权的扩散）。法治的基础使王权的壮大不至于
绝对，而国家能力的基础又使得民主不至于造成社会失序。政治发
展的顺序不对——根据福山——平衡就很难实现。比如，那些民主
先于国家建构的国家，往往陷入依附主义。"法治先于民主"，更
是清晰明了的"英国经验"。当然，"顺序论"并非福山先生的独
创，中外学界已经有一批学者这样论述（例如，杰克·斯奈德 [Jack
Snyder]，迈克尔·曼 [Michael Mann]）。某种意义上，可以说"先法治，
后民主"已经成为新的政治正确。

　　答案看似清晰，换到操作性层面上，依然引发说得好听却没用
的困惑。首先，在一个特定的国家，政治发展三维度哪个强那个弱、
哪个前哪个后，自有其历史路径和路径依赖，而历史不能改变。即
使"顺序论"的观点是对的，我们也不可能让——比如希腊——为
了进入一个英式的、正确的政治发展顺序而取消选举、取消中央政
府的权力，而集中精力在希腊先发展"贵族对国王的契约式限权"；
我们也不大可能劝说独裁者穆加贝取消津巴布韦的伪选举，同时自
己也宣布放弃权力，然后找一块空地与该国的纳税大户先打一架，
再签订一个"大宪章"。

　　更重要的，是政治发展三维度内在的紧张关系。"顺序论"基
于一个假定：当"好东西"依次进场的时候，先到的那个"好东西"
不会阻挠后面的那个"好东西"到来，而后到的"好东西"又不会
破坏前面的"好东西"。这种假定过于乐观。国家能力十分强大时，
统治者似乎没有理由坐在头盖巾中温柔等待民主的到来；而民主到
来时，也未必会温顺地投入国家能力的怀抱——卡扎菲政权下的利
比亚，"国家能力"不能不算强大，然而当民主至少从形式上到来时，
民主与国家能力不是相互叠加，而是相互摧毁。

事实上，政治发展的三个维度，从顺序论的角度有六种可能的组合，这使得任何过于简洁的"模式"显得可疑。比如"先法治后民主"这个说法——不错，英国的确是先有法治，再有民主——这似乎是对顺序论最有利的支持。问题在于，英国同时也是先有法治，后有国家建构，也就是说，国家建构是发生于法治这个框架之内——忽视"先法治后国家建构"这个前提试图复制英国的"先法治后民主"，极可能导致认识上的刻舟求剑。在那些国家建构已经极端发达的地方，那些"国家能力"本身已经成为法治最大障碍的地方，还是否有可能"先法治，后民主"？站在1939年的德国，或者1937年的苏联，是否可能"先法治，后民主"？还是，这种情形下，只有通过民主进程弱化极端的国家能力，法治才可能从重压之下拓展出呼吸的空间？在此类国家，法治与民主与其说应该遵循"顺序论"，不如说只能遵循"同步论"。

当然，不管福山先生的"药方"有没有用以及多么有用，政治问题不等于智识问题，这是最基本的道理。对于很多国家的政府和民众来说，"药方"并非不知，只是难为：利益的、观念的、资源的束缚使得"通往丹麦之路"异常艰难。但是对于福山这样的研究者而言，或许智识中的游戏乐趣已经足够精彩，政治上的回音只是锦上添花？

有一点可以肯定，如果政治家能够采取行动，政治能够造成巨大的改变——更好或者更坏。书中关于哥斯达黎加的论述令人印象深刻，身处中美洲地带，周边国家当代史上充满血腥战乱、政变、高度贫富悬殊，而这个国家能够在过去六十年保持和平、民主与环保基础上的发展，原因——根据福山——就在于不同派系的政治家在关键时刻接受了宪政限权。历史上哥斯达黎加不是没有过内战与政变，但是1940年代保守派与左派"各让一步"的妥协使政治发展得以可能。看来，无论什么政治配方、以什么发展顺序出现，政治家的妥协都是绕不过去的一个环节。到达"丹麦"之前，还是要先到"哥斯达黎加"去。

决定行政管理是否完善的首要因素就是行政部门的强而有力。舍此，不能保卫社会免遭外国的进攻；舍此，亦不能保证稳定地执行法律；……软弱无力的行政无非是管理不善的另一种说法而已；管理不善的政府，不论理论上有何说辞，在实践上就是个坏政府。

——亚历山大·汉密尔顿（ALEXANDER HAMILTON）

英语民族，长期以来一直疏于行政方法的完善，却一门钻研对行政权力的遏制。它对政府的控制，远远超过对政府的激励。它一直关注的，是敦促政府变得公正和温和，而不是变得灵活有效和井然有序。

——伍德罗·威尔逊（WOODROW WILSON）

美国人对改进政府的考虑，所追求的不是权威的建立和权力的积累，而是权威的限制和权力的分散。

——塞缪尔·亨廷顿（SAMUEL HUNTINGTON）

目 录

第一部分 国家

政治发展及其三大组件：国家、法治和负责制；所有社会都要面对
政治衰败；本书计划；平衡的政治体系好在哪里

政治发展如何融入发展大局；发展中的经济、社会和思想方面；
1800 年后世界如何改变；亨廷顿理论对理解像阿拉伯之春那样的事
件仍然有用，只是需要修改

对国家的研究就是对官僚体系的研究；测量政府质量的近期努力；
不同国家的政府在质量上的差异；需要对这些结果作历史性的了解

普鲁士和德国的官僚体系成为现代官僚的典范；战争和军事竞争是
国家现代化的源泉；法治国的意义；官僚自主性为何幸存至今；战
争为何不是通向现代官僚的唯一途径

腐败的某些定义；腐败如何影响政治和经济增长；庇护政治和依

附主义作为民主参与的早期形式；从民主角度看，庇护政治是坏的，但要胜过腐败的其他形式；随着国家变得富裕，依附主义可能会式微

第二部分 外来制度

第三部分　民主

引言

政治制度在法国大革命前的发展

让我们思索一下 21 世纪第二个十年之初上演的不同场景。

2013 年的利比亚,配有重型武器的民兵绑架该国总理阿里·扎伊丹(Ali Zeidan),要求他的政府发放拖欠薪资。另一队民兵关闭该国大部分地区的石油生产,而这几乎是该国唯一的出口收入。不久前,其他民兵参与杀害驻班加西的美国大使克里斯托弗·史蒂文斯(Christopher Stevens),并开枪射击在首都的黎波里的数十名示威者,后者正在抗议民兵对这座城市的强占。

这些民兵是在阿拉伯之春的第一年,即 2011 年,在全国各地揭竿而起的。他们获得北约组织的大力援助,得以推翻利比亚的长期独裁者穆阿迈尔·卡扎菲(Muammar Qaddafi)。其时,反独裁政府的抗议活动不仅在利比亚,而且在突尼斯、埃及、也门、叙利亚和其他阿拉伯国家爆发,往往是为了赢得更多民主。但两年后,欧美式的民主制度似乎仍是遥远的梦想。自那以后,利比亚已采取一些试探性步骤,以筹建制定新宪法的制宪议会。但此刻,最根本的问题是缺乏国家,即一个在领土上合法垄断武力、执法和维护和平的中央权威。

在非洲其他地区，声称垄断武力的国家仅存在于纸上，虽然没 4
像利比亚那么混乱，但仍然非常虚弱。被排挤出南亚和中东地区的
激进伊斯兰团体，已在那些仅有软弱政府的国家抢滩设点，如马里、
尼日尔、尼日利亚和索马里等。这些地区在收入、医疗和教育等方面，
远远比不上像东亚那样蓬勃发展的地区，原因与它们历来缺乏强大
的政府机构直接有关。

同一时期，一个迥然不同的场景在美国上演，发生在它的金融
行业。美国在许多方面与卡扎菲之后的利比亚截然相反，处在政治
光谱表的另一极。它有强大且制度化的国家，历时两百多年，享有
深厚的民主合法性。但是，这个国家并不尽如人意，它的问题可能
与过度制度化有关。

在 2008 年的金融危机发生前，对金融机构负有监管职权的有
十余个联邦部门，另外还有五十个州政府对银行和保险行业的监管。
尽管有这么多监管，美国政府还是没有意识到迫在眉睫的次贷危机。
它让银行卷入过度的杠杆投资，容忍一个庞大的影子银行体系。后
者以金融衍生产品为基础，这些衍生品太过复杂以致难以计算个中
的精确价值。有些评论家试图将之归罪于提供担保的政府机构，例
如，确实对金融危机难逃其责的房利美和房地美（Fannie Mae and
Freddie Mac）。[1] 但私营金融机构在抵押贷款狂潮中是乐得参与
者，承担了超额的风险，因为大银行知道，万一遇上麻烦，最终还
会得到政府的救助。这就是 2008 年 9 月雷曼兄弟公司（Lehman
Brothers）破产之后的情形，引发全球支付系统濒临倒闭，导致美
国大萧条以来最严重的经济衰退。

更令人震惊的或许是危机发生之后的咄咄怪事。尽管人们普遍
认识到，"大到倒不起"（too-big-to-fail）的银行会带来巨大风险，
但现今的美国银行业，与 2008 年相比，反而变得更为集中。国会
在 2010 年通过旨在解决这一问题的《多德—弗兰克法》（Dodd-
Frank Act），但这项立法却忽视了简单的补救措施，如大幅提高银

行储备金率或硬性规定金融机构的规模，反而求助于一套相当复杂 5
的新规则。这个法案通过已有三年多，但许多细则至今尚未成文，
即使最终完成，仍有可能无法解决"大到倒不起"的问题。

出现如此故障有两个根本原因。第一是智识的僵化。维护自身
利益的银行业辩称，严峻的新规则将削减它们的放贷能力，从而损
害经济增长，促成意外的恶果。这样的论点如用于非金融行业，如
制造业，往往是相当有效的，还能迎合许多不相信"大政府"的保
守派选民。但是，正如阿纳·阿德马蒂（Anat Admati）与马丁·赫
尔维格（Martin Hellwig）等学者指出的，不同于非金融企业，大
银行危害整个经济的能力是一家制造业公司所望尘莫及的。[2]第二
是银行业非常强大和富有，可高价聘请游说者来为自己代言。尽管
有反对银行业和纳税人救助的巨大民愤，这些游说者成功地阻止了
直指"大到倒不起"问题核心的有效规则。有些议员可能出于自己
的意识形态，发现银行业的论点具有说服力；对其他议员来说，那
些论点成了保证银行业的竞选捐款源源不断的借口。[3]

第三个场景，将阿拉伯之春与2013年在土耳其和巴西爆发
的抗议活动关联起来。这两个国家是"新兴市场"的领军经济体，
在之前十年中见证了快速增长，不同于阿拉伯独裁政权，它们都
是竞争性选举的民主国家。统治土耳其的是伊斯兰正义与发展党
（简称AKP），其领袖雷杰普·塔伊普·埃尔多安（Recep Tayyip
Erdoğan）总理，当初起家于伊斯坦布尔市长一职。巴西选出的迪
尔玛·罗塞芙（Dilma Rousseff）总统出身社党，年轻时曾遭到
军事独裁政府的监禁。从1964年到1985年，统治巴西的一直是军
事独裁政府。

尽管取得令人瞩目的经济和政治成就，两个国家都遇上大规模
反政府抗议，一时束手无策。土耳其的问题出在伊斯坦布尔公园，
政府欲将之改成大型购物中心，但许多年轻抗议者认为，埃尔多安 6
虽是民主选出的，却有独裁倾向，还与年轻一代严重脱节。巴西的

问题出在腐败，政府花费数十亿美元来举办世界杯足球赛和夏季奥运会，却没有能力提供可靠的基本服务。

这两起抗议事件和两年前阿拉伯之春的共同点在于，它们大体上都是中产阶级推动的。作为上一代经济发展的成果，新兴的中产阶级在这两个国家涌现，所期望的要比上一代高得多。突尼斯和埃及，即使只有低于土耳其或巴西的经济增长，还是造就了大批大学毕业生。他们对工作和事业充满期待，却受挫于专制政权的任人唯亲。土耳其和巴西举行民主选举的事实，并不足以安抚示威者。实际上，政府为了保有合法性，不得不提供更好政绩，还得更加灵活地回应不断变化的公众需求。同样取得经济成功的中国，也开始面临类似的挑战。中国已有数量近数亿的新兴中产阶级，他们也是上一代经济高速增长的受益者，像其他地区的中产阶级一样，对政府抱有不同且更高的期望。这些国家的政治制度的生死存亡，主要取决于能否适应经济增长造就的社会新景观。

政府的问题

上述三个例子似乎互不相干，因为各自的麻烦都由具体的政策、人物和历史背景所引发。但实际上有一个共同的线索将它们串在一起，这个线索即作为所有政治生活的背景的制度（institution）。制度是"稳定、受尊重和不断重复的行为模式"，经久不衰，超越个别领袖的任期。[4]它们在本质上是长期规则，用来塑造、限制和调整人类的行为。卡扎菲后的利比亚的症结是基本制度的缺乏，最主要的是国家的缺乏。只要它建立不起拥有垄断武力的合法中央权威，就没有公民安全或个人发展的条件可言。

在天平的另一端，美国拥有持久且强大的制度，但也在承受政治衰败的侵蚀。本应服务于公共利益的政府机构，却遭到强大私人利益集团的攫取，使民主多数派难以真正掌权。它的问题不仅在于

7

金钱和权力，还与规则本身及支撑这些规则的思想的僵化有关。

最后，在土耳其和巴西等新兴市场国家中，问题出在社会变革超越现有制度。根据定义，制度是为了应对特定历史而建立的持久行为模式。但社会本身不会故步自封，尤其是那些经济快速增长的社会。它们创造出新兴的社会阶层，教育公民，引进令社会关系重新洗牌的新技术。现有制度往往无法满足这些新兴参与者，因而承受要求改革的压力。

因此，对"发展"——人类社会的历史演变——的研究，就不只是无休止地为人物、事件、冲突和政策等纂出目录，而是必须要关注政治制度的出现、发展和最终衰败的全过程。要想弄懂当今世界的政治和经济的快速变化，就要将之放到社会制度的长期演变之中，这至关重要。

本卷是《政治秩序的起源：从前人类时代到法国大革命》的姊妹篇，这个项目最初只是为了重写和更新亨廷顿1968年的经典著作《变化社会中的政治秩序》。本卷标题源自亨廷顿这本著作的第一章，其前身又是他在《世界政治》（World Politics）杂志上的一篇首发文章。亨廷顿著作的关键是让人懂得：政治发展是一个有别于经济和社会发展的单独进程；此外，一个政治体在取得民主化之前必须提供基本秩序。亨廷顿的书和我的书，虽在形式和内容上有各种差异，但做出了同样的基本结论。我在第1卷梳理了三个关键政治制度的起源：国家、法治和促成民主负责制的程序；并解释这些制度如何在中国、印度、中东和欧洲出现，或单独，或组合，或根本缺席。对于那些没读过第1卷的人，下面是一个简要的回顾。

社会性动物

第1卷始于人类的灵长目祖先而不是人类的原始社会，因为政治秩序植根于人类生物学。现代科学告诉我们，人类从一开始就不是孤立个体，也不是在历史进程中才慢慢组成社会的。这与卢梭等哲学家和现代新古典主义经济学家的理论相反。大约五万年前，行为意义上的现代人类在非洲某地出现，跟它们的灵长目祖先一样，从一开始就是以社会形式组织在一起的。

人类的自然交往围绕两个现象：亲戚选择和互惠利他。亲戚选择是指有性繁殖物种的个体对待亲戚时是利他的，利他程度又与他们分享的基因成正比，反复出现，最终成为固定模式。这显示，他们在遵循裙带关系，偏爱与自己共享基因的亲戚。互惠利他是指同一物种内毫无关联的个体相互交换恩惠或资源，有时也可以是不同物种之间。这两种行为无需学习，均源于基因的编码，并在个体之间互动时自然流露。

换句话说，人类天生就是社会性动物，但其天生的社交性有自己的具体形式，只将利他主义投向家人（有遗传关系的亲戚）和朋友（交换恩惠的个人）。这种人类交往的预设形式，在所有的文化和历史时期中都是普遍适用的。这种天生的社交形式可以通过开发替代制度以奖励另类行为（例如，任人唯才而非任人唯亲）而被克服。但一旦替代制度分崩瓦解，人类总是会回归到这种社交形式。

根据天性，人类又是创造和遵循规范的生物。他们建立社会互动的规范准则，使集体行动成为可能。尽管可以合理地设计或商谈这些规范准则，但遵循规范的行为通常基于情感，如骄傲、内疚、愤怒和羞愧，而不是理性。规范往往被赋予内在价值，像各种社会中的宗教法律一样，甚至获得崇拜。制度无非是持之以恒的规则，所以人类倾向于将自己的行为制度化。由于被赋予内在价值，制度往往又是高度保守的，也就是说，抗拒作出改变。

现代人类在第一个四万年左右的生存中，组成人类学家所谓的族团层次（band-level）的社会，成员几乎都是亲戚，以狩猎采集为生。人类第一次重要的制度变迁约发生于一万年之前，那就是从族团层次的社会演化成部落层次的社会，它围绕一种信仰组织起来，即其成员相信，死去的祖先和未出生的后代都拥有神奇力量。我们通常称之为部落，人类学家有时以"分支世系制"这一术语来形容那些追溯祖先至数代人之前的群体。这样的部落社会存在于古代的中国、印度、希腊、罗马和中东；此外，还存在于哥伦布到来之前的美洲和现代欧洲人的日耳曼祖先。

像族团层次的社会一样，部落社会没有中央权威，通常来说，大家都很平等，没有第三方执法。它能战胜族团层次的社会主要是因为，它能通过追溯久远的共同祖先而达到巨大的规模。无论是族团层次的社会还是部落层次的社会，根源都在血缘关系，从而与人类生物学息息相关。转化为部落层次的社会还需要宗教观念的出现，即相信死去的祖先和未出生的后代都能影响活人的健康和幸福。思想在发展中发挥独立的关键作用，这就是发生于人类早期的先例。

国家的出现

下一个重要的政治变迁是从部落层次的社会到国家层次的社会。不同于族团或部落，国家拥有合法的武力垄断，在界定的领土上行使这种权力。它是中央集权和等级分明的，与基于血缘的早期组织相比，通常造就更多的不平等。

国家可分为两大类。在社会学家马克斯·韦伯所谓的"家族制"国家中，政治体被视作统治者的个人财产，国家的行政管理实质上只是统治者家政的延伸。依靠亲友的自然交往形式在家族制国家中依然发挥作用。另一方面，现代国家是非人格化的：公民与统治者的关系所依赖的不是个人关联，而是公民身份。国家的行政官员不是统治者的亲友，行政职位的招聘完全基于客观标准，如功绩、学问和技术知识。

关于所谓"原生"国家的形成，即从部落社会中形成第一批国家，也有不少理论解释。在此发挥作用的肯定有若干互动的因素，例如剩余农产品的出现、相关技术和人口密度。地理上的限制——所谓的"笼中效应"，即不可逾越的高山、沙漠和河流——允许统治者对人口行使强制权力，又可防止奴隶或属下的逃逸。大约在八千年前，家族制国家在世界上许多地方形成，主要是在埃及、美索不达米亚、中国和墨西哥的肥沃冲积河谷。

然而，现代国家的发展需要具体的策略，促使基于亲友的政治组织演化成非人格化的。中国是世界上第一个建立非家族制的现代国家的文明社会，比类似的政治单元出现于欧洲整整早了十八个世纪。中国国家建设的动力与近代早期的欧洲集权国家如出一辙：即普遍且持久的军事竞争。军事斗争激励统治者向人口征税，建立行政等级制度来管理军需，以功绩和能力而不是私人关系为前提指导录用和晋升。借用社会学家查尔斯·蒂利（Charles Tilly）的话，"战争创造国家，国家发动战争"。

现代国家在聘任官员时必须超越亲友。中国早在公元前 3 世纪就发明了文官考试制度，尽管它的经常使用还要等到后来的朝代。阿拉伯人和土耳其人想出应对同样问题的新奇方法：军事奴隶制。他们捕捉非穆斯林教男孩，使之与家人隔绝，再将之抚养成忠于统治者、与周遭社会又毫无牵挂的将士和官员。在欧洲，该问题的解决是通过社会层次而不是政治层次。早在中世纪，天主教会改变继承权规则，使扩展的亲戚团体难以在大家庭内转移财产。因此，在皈依基督教后的一两代内，日耳曼野蛮部落扩展的亲戚团体就冰消云散了。最终取而代之的，是基于法律合同的较现代的社会关系，即封建主义。

法治

法治被理解为这样一组规则，即对社会中最强大政治参与者也具有约束力，这有宗教上的渊源。只有宗教权威才有能力创设武士也必须遵守的规则。在许多文化中，宗教机构基本上是法律机构，负责解释经文，对社会中他人享有道德制裁权。因此在印度，婆罗门祭司阶层享有的权威被认为高于刹帝利，即持有实际政治权力的武士。拉贾或国王为了获得名正言顺的统治权，不得不向婆罗门寻求合法性。在伊斯兰教中，叫做乌里玛的学者阶层单独主持伊斯兰教法；由教法专家卡迪（qadi）或法官组成的网络，又负责处理宗教法律的日常事务。虽然早期的哈里发集政治和宗教权威于一身，但在伊斯兰历史其他时段，哈里发和苏丹是相互独立的两人，前者可构成对后者的制约。

　　由于罗马天主教会的作用，法治在西欧获得最深刻的制度化。只有在西方传统中，教会才成为等级分明、中央集权和资源丰富的政治参与者，所作所为能够戏剧性地改变国王和皇帝的政治命运。彰显教会自主的中心事件是始于 11 世纪的叙任权斗争。在这次冲突中，教会反对神圣罗马帝国皇帝对宗教事务的干扰。最后，教会获得任命神父和主教的权利，并成为基于 6 世纪《查士丁尼法典》的罗马法的守护人。英国发展出同样强烈却不同的法律传统：诺曼征服后，国王法庭的法律逐渐演变成普通法；大力推广它的不是教会，反而是早期君主，以提供公正裁判的能力来巩固自己的合法性。

　　因此在西欧，三大制度中第一个出现的是法治。中国从来没有超越的宗教，也许是由于这一原因，始终没有发展出真正的法治，率先出现的是国家，时至今日，法律一直都不是政治权力的根本制约。这个次序在欧洲是倒过来的：法律的出现早于现代国家的兴起。从 16 世纪晚期起，欧洲君主渴望模仿中国皇帝，创建现代的集权专制国家，却不得不面对限制权力的法律秩序。结果是，尽管有这样的愿望，仅有很少的欧洲君主最终获得中国式集权。这样的政权只出现于俄国，那里的东正教会历来屈服于国家。

民主负责制

在三大制度中最晚出现的是民主负责制。议会是负责制的中心机构，源自封建社会中的阶层制度，分别叫做科尔特斯、国会、高等法院、缙绅会议或英国的议会。这些制度代表社会中的精英阶层——上层贵族、绅士和部分自治城市的资产阶级。根据封建法律，君主需要向他们开口要求征税，因为他们代表当时农业社会中的精英有产阶层。

始自 16 世纪晚期，雄心勃勃的君主借助绝对主权的新理论，发起运动来削弱这些阶层，以获取向全体人口直接征税的权利。在此后两个世纪中，这种斗争在各欧洲国家此起彼伏。在法国和西班牙，国王成功削弱这些阶层的力量，但仍受限于现有的法律制度，无法直截了当夺取精英阶层的财产。在波兰和匈牙利，这些阶层战胜君主，它们的中央政府变得孱弱，既受贪婪精英的掌控，又不时遭遇邻国的入侵。在俄国，这些阶层和支持他们的精英的根基比西欧同行的更为薄弱，再加上法律的影响较单薄，所以出现了更为强悍的君主专制政体。 13

只有在英国，国王和这些阶层势均力敌。早期的斯图亚特国王试图建立专制政体，结果遇上武装组织起来的议会的阻止。议会的许多成员是新教清教徒，笃信基层的组织形式，而国王属于高层的圣公会。议会的军队投入内战，斩杀国王查理一世，建立以奥利佛·克伦威尔（Oliver Cromwell）为首的议会专政，只是历时较短。这场冲突在整个复辟时期绵延不断，直到 1688—1689 年的光荣革命。其时，斯图亚特王朝被推翻，新国王奥兰治的威廉（William of Orange）接纳宪法妥协，首肯"无代表不纳税"的原则。

哲学家约翰·洛克（John Locke），伴随威廉及其妻子玛丽从荷兰来到伦敦。他的《政府论》下篇指出，被统治者的同意是他们臣服政府的前提。洛克认为，人的权利是天生且自然的，政府存在就是为了要保护这些权利，如果它有所违背，就可以推翻。这两个原则——无代表不纳税和被统治者的同意——后来成为美国殖民者的战斗口号。他们在不到一个世纪后的1776年，造了英国政府的反。托马斯·杰斐逊（Thomas Jefferson）将洛克有关自然权利的思想纳入《独立宣言》；人民主权的思想成为1787年美国宪法的基石。

　　即使这些新政治秩序创立了负责制的原则，但1689年的英国和1787年的美国，都不能被视作现代民主国家。选举权局限于这两个国家的白人男性业主，仅代表整个人口一小部分。英国光荣革命和美国革命都不能算是真正的社会革命。领导美国革命的是商人、农场主和绅士组成的精英阶层，因英国国王侵犯他们的权利而心生妒怨。这些精英在获得独立后继续掌权，并起草批准了新宪法。

　　如果专注于这些局限，就会从根本上低估美国新秩序激起的政治动态，以及新思想的激励作用。《独立宣言》大胆宣称："人人生而平等，造物主赋予他们若干不可剥夺的权利。"美国宪法把主权赋予"我们人民"，而不是国王或无形的国家，不寻求在北美复制等级分明的英式阶级社会。在未来两个世纪，美国在现实中的平等还会遇上许多政治和社会上的障碍。但是，如有人想为特定阶层争取特权，就必须证明，这样做是否与建国信条兼容。这也部分地解释了，批准宪法之后仅仅超过一代多时间选举权就扩至所有白人男性，远早于欧洲任何一国。

　　在南北战争前的数十年中，建国原则与社会现实之间的矛盾变得异常激烈。"特殊制度"（奴隶制）的南方捍卫者开始提出新论据，以证明在道德和政治上对黑人的排斥和征服是合情合理的。有的援引宗教理由，有的谈及种族之间的"天然"等级，还有的以民主的名义来做辩解。斯蒂芬·道格拉斯（Stephen Douglass）在与亚伯拉罕·林肯（Abraham Lincoln）的辩论中就宣称，他只以一个民族的民主意愿为准，不在乎奴隶制最终的废除与否。

　　但是，林肯恰到好处地重新抬出建国信条作出了有力的反驳。

他说，一个建立于政治平等和天赋人权的国家，如果容忍像奴隶制那样的明目张胆的背离，就无法生存下去。众所周知，南北战争和废除奴隶制之后，为了赢得第十四修正案所允诺的政治和法律权利，非裔美国人足足花了一个世纪的时间，这未免有点让人汗颜。美国最终认识到，让一些人成为二等公民的法律与《独立宣言》中的平等无法相容。[5]

许多社会运动在之后数年中兴起，扩展了享有自然权利进而政治权利的人群——将劳工、妇女、原住民和其他边缘群体包括进来。但光荣革命和美国革命建立的基本政治秩序——行政部门向立法部门乃至整个社会负责——证明是经久耐用的。后来再也没人认为，政府可以不向"人民"负责；后续的争论和冲突，仅仅围绕哪些人够格参与民主政治。

法国大革命

18世纪后期的另一场大革命发生在法国。为描述和解释这一灾难性事件，已花费了不知多少加仑的墨水，争执双方的后代至今仍无法解决那些苦涩的论争。

似乎有点不可思议，有不少评论家，从埃德蒙·伯克（Edmund Burke）和托克维尔（Alexis de Tocqueville）到历史学家弗朗索瓦·孚雷（François Furet），都质疑它是否具有许多人相信的巨大影响力。[6]这场大革命，最初因《人权和公民权宣言》的发表而振奋人心；它像美国的《独立宣言》一样，提出植根于自然法的普遍人权观。但第一个共和国是短命的，像后续的布尔什维克和中国的革命一样，导致了愈益激进的革命动态，让今天的左派变成明天的反革命。这种循环引出公共安全委员会（Committee of Public Safety），以及革命吞噬自己孩子的恐怖统治（Reign of Terror）。结束这一场动乱的是对外战争、热月政变和雾月18日政变，拿破仑·波拿巴（Napoleon

Bonaparte）由此在 1799 年登上政治舞台。[7]

革命的暴力和反革命的暴力在法国社会造成深刻的两极分化，使英国递增式的政治改革难以实现。法国先后经历 1830 年七月革命、1848 年革命、19 世纪 70 年代的普鲁士入侵和巴黎公社，才建立起比较持久的民主政体，但选举权颇受限制。至此，许多欧洲国家已有各式有限的民主选举，包括极其保守的普鲁士。法国在 1789 年是奔向民主的先进分子，到后来反成了落后分子。更糟的是，大革命的遗产之一是造就一批法国左派；他们在 20 世纪动辄以宣扬暴力为荣，积极向斯大林和毛泽东的模式靠拢。

于是会产生一个合理疑问，法国大革命到底取得了什么成就？答案是，它没能在法国创立民主，但在其他领域留下巨大、即刻且持久的影响。首先，它促使欧洲第一部现代法典在 1804 年颁布，即《民法典》，又叫《拿破仑法典》。第二，它建立了现代化的行政国家，以推广执行这部法典。即使没有民主，这两项已是重大的进展，让政府少一些任意妄为，更加透明，更一视同仁地对待公民。拿破仑在兵败滑铁卢后回顾，他的法典比他在战场上赢得的胜利更为重要。从许多方面看，他确实讲对了。[8]

法国法律到那时为止只是一个东拼西凑的大杂烩，因地而异，有的继承于罗马法，有的基于习惯法，再加上来自宗教、封建、商业和世俗的数百年沉淀。这样一组纠缠不清的法律，往往是自相矛盾或模棱两可的。《拿破仑法典》以一套清晰紧凑和文笔优美的现代法典取代了这一片混沌。

《拿破仑法典》从法律中剔除封建的等级和特权，巩固革命成果，宣布所有公民从此拥有平等的权利和事先明白列出的义务。它推崇现代的产权观念："只要不违法，可以任何方式享用和处置自己的财产。"土地再也不受封建和习俗的限嗣继承的羁绊，为市场经济的发展开辟了道路。领主法庭——封建领主控制的法庭，农民在大革命中对其怨气冲天——被彻底取消，代之以统一的民法裁判体系。

16

出生和婚姻的登记改在世俗政府，不再是宗教当局。[9]

《拿破仑法典》还即刻输出到当时的法国占领地：比利时、卢森堡、莱茵河以西的日耳曼领土、普法尔茨省（Palatinate）、莱茵普鲁士（Rhenish Prussia）、日内瓦、萨瓦省（Savoy）和帕尔马（Parma）。随后，它又被强行引入意大利、荷兰和汉萨领土（hanseatic territories）。许多较小的日耳曼邦国，是自愿接受《拿破仑法典》的。我们将在第 4 章看到，这个法律体系将成为普鲁士在耶拿败于法国后所实施的法典改革的灵感。它还被当作欧洲以外无数民法的样板，从塞内加尔和阿根廷，到埃及和日本。强加于他人社会的法典通常没有漂亮的成功记录，但《拿破仑法典》却做到了。有些国家如意大利和荷兰，开初予以抵制，到最后仍采纳实质上非常相似的法典，只是名称有别。[10]

大革命的第二个主要成就是创建现代官僚国家，即中国两千年之前就已做到的。法国旧制度是奇怪的混合体。自 17 世纪中叶起，热衷集权的君主，如路易十三和路易十四，以名叫总督的官员为基础，创造出一套现代行政体系。那些官员从巴黎奔赴各省，与当地人口没有亲戚或其他关系，可以更客观地施政。如托克维尔指出的，这是法国现代行政国家的开始。[11]

但总督必须与另一组行政官员并行操作，即捐官制的公职人员。为了资助战争和奢靡生活，法国国王在金钱上永远捉襟见肘。从 1557 年"大借款"的破产开始，为了筹集资金，法国政府采取越来越孤注一掷的措施，包括直接向富人出售公职。根据亨利四世的财政大臣叙利（Sully）在 1604 年推出的官职税（Paulette），这些公职不但可以出售，而且可以作为遗产传给下一代。这些捐官的公职人员当然唯利是图，对提供非人格化的公共行政或良善治理毫无兴趣。

18 世纪后期的法国政府作了两次努力以消除捐官制公职人员，都半途而废。这个精英集团太过强大，如果改革成功，会造成更大

17

损失。这个制度太腐朽，实在无法改革，是导致大革命的因素之一。在大革命中，捐官制的公职人员都被褫夺公职，在很多情形中，甚至掉了自己的脑袋。正因为这次清洗将甲板一扫而空，才有可能在 18 1799 年创立新式的最高行政法院（Conseil d'Etat），作为真正的现代官僚体系的中枢机构。

新式的行政体系之所以获得成功，全靠较为现代的教育体系的建成，为之输送人才。旧政权在 18 世纪设立技工学校，以培养工程师和其他专家。革命政府在 1794 年设立的高等学院（Grandes Ecoles），如巴黎高等师范学院和巴黎综合理工学院，却是专门培养公务员的。这些学院是第二次世界大战后国家行政学院（ENA）的前身，学生来源是一个精英的中学体系（lycee）。

这两项制度上的创新——引进新法典和创建现代行政体系——并不等于民主，但仍取得了平均主义的效果。新法律不承认某些阶层的特权，不允许他们通过操纵法律获取私利。它在原则上致力于法律面前人人平等，即便在现实中不是永远如此。私有财产不再受封建限制，促成更广泛的新市场经济的蓬勃发展。新法律的实施离不开卸下数百年腐败包袱之后的官僚体系，两者加在一起——法律和行政国家——在许多方面形成一种制约，牵制潜在专制统治者的随意性。君主在理论上享有无限权力，但必须倚赖官僚体系，以法律为基础来行使这个权力。这就是德国人所谓的法治国（Rechtsstaat），完全不同于 20 世纪列宁、斯大林等的统治。后者事实上只是强大国家，丝毫不受法律或民主负责制的约束。

奠定基础

美国革命使民主和政治平等的原则成为制度；法国大革命，像秦统一中国一样，为非人格化的现代国家奠定了基础。它们还援用两个不同的姐妹版本，即普通法和民法，加强和扩充了法治。 19

本书第 1 卷结束时，三大制度的基础已经到位，但还没有充分发展成现代形式。在欧洲和世界某些地方，法律是发展最完善的制度；但还要做大量工作来编纂、协调和更新各项法规，使之正规化，像《拿破仑法典》一样在人人面前维持真正的中立。欧洲自 16 世纪末起，已有现代国家观念的萌芽，但没有一个政府真正做到任人唯才，包括巴黎的新官僚体系。欧洲大陆大多数国家的行政部门仍是家族制的。即使民主理念已植入英国及其在北美的殖民地，但大多数成年人可以投票或参政的社会尚没在地球上出现。

有两个巨大的发展在这一政治动荡的时刻崭露头角。第一是工业革命，人均产值的上升抵达远超过人类历史上任何时期的水平，而且经久不衰。这造成巨大影响，因为经济增长开始改变社会的根本性质。

第二是第二波殖民主义，欧洲因此走上与世界其他地区激烈碰撞的行程。第一波始于西班牙和葡萄牙对新世界的征服，继之以英国在一个世纪之后对北美的移民定居。到了 18 世纪晚期，第一波已是强弩之末。由于独立运动在新大陆殖民地的兴起，英国和西班牙的殖民帝国被迫后撤。但 1824 年的英缅战争开创了一个新阶段，到那个世纪的末期，西方列强的殖民帝国几乎吞噬了世界上剩下的全部地区。

所以本卷接着讲述第 1 卷遗留的故事，所涵盖的是：国家、法治和民主在过去两个世纪的发展，三者之间的互动，与经济和社会发展的交叉影响，以及它们在美国和其他发达民主国家显现出来的衰败。

第一部分

国 家

第1章
何为政治发展

政治发展及其三大组件：国家、法治和负责制；所有社会都要面对政治衰败；本书计划；平衡的政治体系好在哪里

政治发展是政治制度在历史上的演变，它不同于政治或政策的变化。总理、总统和立法者可以换来换去，法律可以修改，但给政治秩序下定义的是社会组织起来所依据的根本规则。

我在第1卷中提出，构成政治秩序的有三种基本类型的制度：国家、法治和负责制。国家是中央集权且等级分明的组织，在界定领土上享有合法的武力垄断。除了复杂性和适应性，国家还有非人格化程度的深浅（译按：同第1卷一样，"非人格化"[impersonal]在本书指不受基于家族和恩惠等私人关系的身份的限制）。早期国家与统治者的家政并无区别，被称为"家族制"，因为它们偏爱依附统治者的亲友。相比之下，现代高度发达的国家将统治者的个人利益和整个共同体的公共利益截然分开，努力在非人格化基础上对待公民，在执行法律、任用官员和制定政策时没有任何偏爱。

法治可有许多定义，包括单纯的法律和秩序、产权和合同的执行、现代西方对人权的理解，其中涉及妇女和少数族裔的平等权利。[1]我在本书中使用的法治定义，并不局限于对法律的实质性的特定理解。相反，我把它定义为一套行为准则，反映社会中的普遍共识，24

对每个人都具有约束力，包括最强大的政治参与者，如国王、总统和总理。如果统治者能修改法律以利己，即使这条法律对社会中其他人一视同仁，法治便已不复存在。为了行之有效，法治通常需要独立自主的司法机构，不受行政部门的干涉。根据这个定义，法治与实质性的具体法典无关，如盛行于当代美国或欧洲的。法治作为政治权力的约束，确实存在于古代以色列、印度、伊斯兰世界和基督教西方。

法治（rule of law）应该与"依法统治"（rule by law）分开。在后者的情况下，法律是统治者颁布的命令，对统治者自己不具约束力。我们将会看到，依法统治有时变得愈益制度化、常规化和透明化。在这种情况下，它削弱统治者的任意权，开始发挥法治的某种功能。

负责制，是指政府关心社会整体的利益——亚里士多德所谓的共同利益（τὸ κοινὸν συμφέρον）——而不是狭隘的自身利益。今日最典型的做法，就是把负责制理解为程序性负责制，也就是自由和公平的周期性多党选举，让公民来选择和约束统治者。但负责制也可是实质性的：统治者没有受制于程序性负责制，仍可对广泛的社会利益做出回应。非民选政府对公民需求的回应有很大差异，这是亚里士多德在《政治学》（Politics）中划分君主制和僭主制的标准。但程序性和实质性的负责制之间通常有很大关联，因为不受约束的统治者即使关心公共利益，也不能保证永远如此，至少他人不信。我们使用"负责制"一词，主要是指现代的民主国家依靠程序来保证政府回应公民的需求。但我们必须牢记，良好程序不一定能产生良好的实质性效果。

国家制度是集权的，让有关部门运用权力去执行法律，维护和平，抵抗外敌，提供必要的公共物品。法治与负责制的机制与国家具有截然相反的功能。它们限制国家权力，保证权力的运行是在受控和协商一致的前提之下。现代政治的奇迹是，我们的政治秩序可以强大有力，但只能在法律和民选的限制中有所作为。

在不同政治体中，这三类制度的存在可以彼此独立，也可以有各种组合。例如，中国拥有强大发达的国家和软弱的法治，但民主有待加强；新加坡既有法治又有国家，但它的民主非常有限；俄罗斯有民主选举和软弱的法治，它的国家善于压制持不同政见者，却拙于提供服务。在很多失败的国家中，国家和法治要么软弱，要么根本缺席，如索马里、海地、21世纪初的刚果民主共和国，即使后两个国家都有民主选举。相比之下，在政治上发达的自由民主国家享有三大制度——国家、法治和程序性负责制——并使之处在某种平衡状态中。强大但没有切实制衡的国家，是独裁政权；如果它软弱，并且要受下属政治力量的掣肘，就是低效无能的国家，经常还摇摇欲坠。

达到丹麦

我在第1卷中表明，当代发展中国家以及试图帮助它们的国际社会，都要面对如何"达到丹麦"的问题。我的所指，与其说是实际的丹麦国家，倒不如说是想象中的社会：它富强、民主、安全、治理良好，只有较低水平的腐败。这个"丹麦"享有完全平衡的三个政治制度：称职的国家、强有力的法治和民主的负责制。国际社会希望把阿富汗、索马里、利比亚和海地改造成像"丹麦"那样的理想所在。可是如何付诸实现，答案却一无所知。我以前说过，部分原因是，我们不知道丹麦本身是如何抵达这个"丹麦"的，因此无法理解政治发展的复杂和艰难。

人们能说出丹麦的各种优点，但它的政治制度是如何从家族制过渡到现代国家的，却是研究最少和误解最多的。在家族制中，统治者用物质上的好处收买政治上的忠诚，获得亲友网络的支持。在现代国家中，政府官员应是公仆和大众利益的托管人，在法律上不可利用职责来谋取私利。丹麦官僚体系的特点是严格服从公共目的、掌握专业技能、职能分工和唯才是用，但它是怎么出现的呢？

今天，即使是最腐败的独裁者，也不会像早期国王或苏丹那样，声称自己"拥有"国家，可以为所欲为。人人都会承认公共利益和私人利益的差别，即便口惠而实不至。因此，家族制已演变为所谓的"新家族制"，其中的政治领袖采纳现代国家的外在形式——官僚体系、法律制度和选举等——但事实上却在谋取私利。在竞选期间大倡公益，但国家仍不是非人格化的：向政治支持者的网络投放小恩小惠，以换取选票或集会上的助阵。这种行为模式到处可见，从尼日利亚、墨西哥到印度尼西亚。[2] 道格拉斯·诺斯（Douglass North）、约翰·沃利斯（John Wallis）和巴里·温加斯特（Barry Weingast），给新家族制贴上一条替代标签，叫做"有限准入秩序"（limited access order）：其中的寻租精英组成联盟，利用手中的政治权力，防止经济和政治的自由竞争。[3] 达龙·阿西莫格鲁（Daron Acemoglu）和詹姆斯·罗宾逊（James Robinson），使用"榨取性"（extractive）这一术语来描述同样的现象。[4] 在人类历史上的某一阶段，全部政府都可说是家族制的、有限准入的、榨取性的。

现在的问题是，这样的政治秩序如何演变成现代国家？上面提到的学者，所擅长的是描述其中的演变过程，而不是提供动态的演变理论。我们将会看到，推动国家现代化建设的有好几种动力。在历史上，很重要的一个动力是军事竞争。它在推动政治改革方面要比经济利益发挥更大的激励作用。演变的第二个动力植根于工业革命带来的社会动员。经济增长催生新的社会群体；随着时间的推移，他们组织起来，采取集体行动，要求参与政治。这个过程并不总是导致现代国家的建立，但在恰当情况下可以获得成功，并且已有先例。

27

政治衰败

根据塞缪尔·亨廷顿的定义,政治制度通过变得更复杂、更自主、更连贯和适应性更强,从而获得发展。[5] 但他认为,政治制度也会衰败。制度是创造出来满足社会某种需求的,比如发动战争、处理经济矛盾和调节社会行为。它作为重复行为的模式,本身又会变得僵化,一旦当初促使它问世的情形发生变化,却无法作出相应的调整。人类行为有内在的保守性,往往会向既存的制度投入情感。如果有人想废除英国君主制、美国宪法和日本天皇,代之以更新更好的东西,一定会面临一场苦斗。

除了制度未能适应新形势,政治衰败还有第二个来源。人类的天生社交性植根于亲戚选择和互惠利他——对亲友的偏爱。现代政治秩序旨在促进非人格化的规则,但大多数社会精英往往依赖亲友网络,视之为保护自己地位的工具,以及自己刻苦努力的受益者。假如他们成功了,国家可说遭到精英的"攫取",从而降低了合法性,不再为整体人民负责。长期的和平与繁荣,经常为精英的攫取提供有利条件,如果随之遇上经济衰退或外来政治冲击,就会引起政治危机。

我们在第 1 卷看到很多诸如此类的现象。中国伟大的汉朝在公元 3 世纪发生动乱,门阀士族重新攫取政府,后来门阀士族继续在隋唐时期控制中国政治。埃及的马穆鲁克政权以突厥人的军事奴隶制为基础,一旦它的奴隶统治者开始组织家庭和荫护子女,就变得分崩离析。同样情形也发生在奥斯曼帝国赖以生存的禁卫军骑兵和步兵的身上。旧政权下的法国试图在 17 世纪中叶建立现代中央行政部门,但国王的财政拮据迫使它采用捐官制,向富人出售公职,让政府愈益腐败。在本书中,我用"家族制复辟"这个词来表述强大精英对国家制度的攫取。

现代自由民主国家面临的政治衰败,一点也不少于其他类型的

政权。现代社会不可能完全倒退到部落社会，但我们可在身边看到
"部落制"身影，如街头帮派、庇护人（patronage）的拉帮结派、
现代政治最高层次的权钱交易。现代民主社会中每个人，都会把普
世权利讲得朗朗上口，但其中有不少人乐于接受特权——单为自己、
家人和朋友的特殊免税和补贴。有些学者认为，负责制政治体系具
有防止衰败的自我纠正机制：假如政府表现不佳，或腐败的精英攫
取国家，非精英可让他们落选下台。[6] 在现代民主的发展历史中，
这种情况确有发生，但不能保证它必然发生，或许是因为非精英组
织欠佳，看不清自己利益的真实所在。制度的保守性往往使改革比
登天还难，这种政治衰败所导致的结局，要么是腐败缓慢加深，使
政府效率越来越差；要么是民粹主义猜疑精英从中滥权，作出暴烈
的反应。

大革命之后：本卷计划

　　第1卷追踪国家、法治和民主负责制的兴起，到美国和法国的
大革命为止。这两个革命标志一个历史时刻，即这三种类型组合在
一起的制度——我们所讲的自由民主制——在世界某地应运而生。
本卷将追踪它们之间的互动，直至21世纪初。

　　上下两卷在历史上的交接处正好标志第三个革命——工业革
命——的发轫，它的影响更大。第1卷中所叙述的漫长延续似乎表明，　29
各式社会受困于自己的过去，在选择未来政治秩序时会遇上限制。
这是对第1卷中进化故事的误解，一旦工业革命起飞，任何隐含的
历史决定论将会变得愈加不合情理。政治发展以复杂的方式，与经
济、社会和思想的发展紧密相连，这些关联将是下一章的主题。

　　工业革命大大提高了所在社会的人均生产的增长率，这一现象
给后续年代带来巨大的社会影响。持续的经济增长加快各方面发展
的速度。从公元前2世纪的东汉到18世纪的清朝，无论中国农业

生活的基本特征还是中国政治制度的性质，都没有很大变化。但在随后两个世纪中发生的变化，远远超过在此前两千年中所发生的。这种快速变革的步伐一直持续到 21 世纪。

本卷第一部分着重于率先经历这一革命的欧洲和北美，那里出现了第一批自由民主国家。它还会尝试回答，为何在 21 世纪初，有些国家拥有比较廉洁的现代政府，如德国；另一些国家仍在受依附式政治和严重腐败的困扰，如希腊和意大利？为何英国和美国能把 19 世纪庇护式公共部门改造成唯才是用的现代官僚体系？

我们将会看到，从民主角度看，它们的答案有点令人沮丧。最先进的现代官僚体系，是威权国家在追求国家安全时创建的。我们在第 1 卷已经看到，古代中国是这样的，现代官僚体系的杰出榜样普鲁士（后来成为德国的统一者）也是这样的。普鲁士在地缘政治上的地位比较不利，迫使它建立高效的行政机构以做弥补。另一方面，在建立现代官僚制之前就走向民主的国家，反倒发现它将自己的公共部门搞成了依附主义式的。遭受如此命运的第一个国家是美国，它也是第一个让所有白人男性享有选举权的国家，时间在 19 世纪 20 年代。这一命运也发生在希腊和意大利的身上，它们出于不同原因，在建立强大现代国家之前就开放了选举权。

30

所以先后次序大有讲究。试比较两类国家（country），前者的民主先于现代国家（state）建构，后者的现代国家继承自专制年代，那么要想实现高质量的行政，前者就会比后者面临更大的难题。民主来临后，国家建设仍是可行的，但往往需要新兴社会参与者的动员和强大的政治领导才会实现。美国的故事就是这样，在那里，受低效公共行政之害的企业、反对腐败铁路的西部农民以及出身新兴职业人的中产阶级都市改革者，结成联盟，共同克服依附主义政治。

强而有力的国家和民主之间还有另外的潜在冲突。国家建设最终还得依赖于民族建设，换句话说，需要创立普遍的民族认同，作为忠诚的对象，以超越个人对家庭、部落、地区和族裔的附属。民族建设有时从基层冒升出来，但也可以是权力政治甚至野蛮暴力的产物，在其中，各种不同的群体遭到吞并、驱逐、融合、迁徙和"种族清洗"。像现代公共行政一样，强烈的民族认同往往在威权统治条件下形成得最为成功。缺乏强烈民族认同的民主社会，在议定民族的宏大叙事时常会遇上严重分歧。许多当代和平的自由民主国家，其实是数代前长期暴力和威权统治的受益者，现在只是把这段历史顺手抛在脑后了。幸运的是，暴力不是民族统一的唯一途径。可调整民族认同，以适应强权政治的现实；也可以开阔的思想（如民主本身）重建民族认同，以尽力减少对少数族裔的排斥。

第二部分处理的仍是现代国家的出现和缺席，以基本上受欧洲列强殖民的非西方世界为主。拉丁美洲、中东、亚洲和非洲的社会，有着土生土长的社会和政治组织，一旦与西方接触，猛然面对截然不同的制度。多数情形是，西方殖民列强征服和奴役了这些社会，借助战争和疾病消灭原住民，迁徙新移民到当地定居。即使没有武力加入，欧洲人带来的政府模式也破坏了传统制度的合法性，让这些社会陷入微妙的处境，既不是正宗的传统社会，也不是成功的西化社会。因此，在解说非西方世界的制度发展时，不得不提外国制度或曰进口制度。

制度在世界各地为何有不同发展，多年来已出现不少理论。有些人认为，它们取决于地理和气候的物质条件。经济学家认为，开采矿产的行业或大型种植园的热带农业，加剧了对奴工的剥削。这种经济生产方式据说孕育了专制的政治制度。相比之下，适宜家庭农业的地区往往通过财富的平等分配而倾向于支持民主政治。制度一旦形成，就被"锁定"并持续下去，尽管新变化已使地理和气候变得无关紧要。

地理只是决定政治结果的众多因素之一。殖民列强采取的政策、控制殖民地的时间长短、在殖民地投入的资源，都对后殖民的制度产生重大影响。每一个关于气候和地理的概括性理解，都有重要的例外：中美洲小国哥斯达黎加本应成为典型的香蕉共和国，如今却是治理良好的民主国家，既享有繁荣的出口工业，又提供重要的生态旅游。阿根廷得天独厚，土地和气候与北美非常相似，却成了不稳定的发展中国家，交替遇上军事独裁、经济动荡和民粹弊政。

最后，地理决定论忽视了殖民地人民在发挥主体性时的各种表现。即使有外国掌控，他们在塑造自己制度方面仍起着至关重要的作用。今天最成功的非西方国家，正是那些与西方接触之前已拥有完整本土制度的地方。

撒哈拉以南非洲和东亚，在过去半个世纪中，分别是世界上经济表现最差和最好的地区。通过它们之间的对比，就可淋漓尽致地看出走上不同发展途径的原因所在。撒哈拉以南非洲，在与西方接触之前从未发展出国家层次的本土制度。欧洲殖民列强在 19 世纪末开始"瓜分非洲"，但很快发现，这些新殖民地仅能勉强支付相关的管理成本。英国的对策是改用间接统治，让自己在创建国家制度上作最少投资。殖民时代留下的可怕遗产，与其说是殖民列强的作为，倒不如说是它们的不作为。相比在印度和新加坡等地进行大量的政治投资，殖民列强没有为非洲引进强有力的制度，哪怕是那种能渗透和控制当地人口的"专制"制度。而仅有软弱国家传统的社会，只能眼睁睁看着早先制度遭到破坏，却看不到取而代之的现代制度。结果就是独立后，困扰当地的经济灾难持续了整整一代人之久。

这与东亚形成鲜明对比。我们已经知道，中国发明了现代国家，拥有世界上中央官僚体系的最古老传统，还将这个传统传给近邻日本、韩国和越南。这个强大国家的传统让日本得以逃脱西方殖民。但在中国，在遭受了 20 世纪的革命、战争和侵略后，国家崩溃，这一传统受到严重干扰；不过自 1978 年以来，它又以更为现代的形式获得共产党的重建。在东亚社会，有效的公共机构是经济成功的基础。亚洲国家有训练有素的技术官僚作为基础，从而有足够的自主性来指导经济发展，同时避免在世界其他地区常见的政府的腐败和掠夺。

拉丁美洲介于这两个极端中间，尽管哥伦布到来之前已有大型帝国的存在，但当地从未发展出像东亚那样的国家层次的强大制度。既有的政治结构遭到武力和疾病的破坏，取而代之的是新移民社会，他们带来的是当时在西班牙和葡萄牙盛行的威权主义和重商制度。气候和地理推动剥削性的农业和矿产开采业的发展。大多数欧洲国家当时也是威权政体的，但在拉丁美洲，等级制度之外又复添加种族和民族的色彩。这些传统证明是非常持久的，即使在阿根廷，那里的气候、地理和种族本应推动北美式的平等社会。

撒哈拉以南非洲、拉丁美洲和东亚的当代发展成果之所以大相径庭，都是因为深受西方到来之前的本土国家制度的影响。那些早早就有强大制度的地区，中断一段时间后重起炉灶；那些一直没有强大制度的地区，只好继续挣扎。殖民列强在移植自己制度方面发挥重大作用，特别是在可带来大量移民的情形中。当今世界最不发达的地区，是那些既缺乏强大的本土国家制度又没有移民带来的外来国家制度的地区。

本书第一部分和第二部分讲述国家发展，第三部分将讨论制衡制度——民主负责制，比第一部分或第二部分要短得多。这并非是我认为民主的重要性比不上政治发展的其他方面；而是反映了一个事实，过去一代人太重视民主、民主转型、民主崩溃和民主质量了。第三波民主浪潮始于 20 世纪 70 年代初，世界上选举式民主国家的数量已经从当时的 35 个增加到 2013 年的 120 个。一点也不奇怪，大量学者关注这一现象。有兴趣了解这些新发展的读者，可参考许多相关的优秀书籍。[7]

第三部分不会聚焦在第三波浪潮上，反而会更加关注"第一波浪潮"。那是在美国和法国大革命之后主要发生在欧洲的民主扩展。1815 年维也纳会议宣告拿破仑战争结束，其时，有资格称自己为选

33

举民主政体的国家，在欧洲还没有出现。1848 年，革命在欧洲大陆几乎每一个角落爆发，与 2011 年的阿拉伯之春颇有相似之处。欧 34 洲的经验显示，走上真正民主是非常艰难的任务。革命高潮后一年不到，几乎到处都恢复了旧威权秩序。在接下来几十年中，选举权的扩展非常缓慢。在拥有最古老议会传统的英国，全体成人投票权一直要到 1929 年才实现。

民主的传播依赖于民主理念的合法性。在 19 世纪大部分时间，许多知识分子和好心人认为，"群众"根本没有妥善行使选举权的能力。所以，民主的崛起与传播人人平等的观念息息相关。

但思想并不存在于真空之中。我们今天生活在民主向全球扩展的世界，那是因为工业革命造就了深远的变化。它促成爆炸性经济增长，动员起新兴阶层——资产阶级或中产阶级、新产业工人阶级，从而大大改变了社会性质。这些新兴阶层认识到，自己属于共同利益的群体，开始在政治上组织起来，争取参政权利。选举权的扩展，通常涉及这些新兴阶层的基层动员，往往导致暴力。但在其他情况下，旧精英群体以促进民主权利为手段来改善自身的政治命运。所以，不同国家中民主扩展的时机，取决于中产阶级、工人阶级、地主精英和农民之间的相对地位。旧农业秩序以奴役劳工的大地主为基础，想要和平过渡到民主政体异常困难。在几乎所有情况中，中产阶级群体的崛起和增长，对民主扩展来说都是至关重要的。随着工业化造就出中产阶级社会，也就是说，社会中大多数成员把自己视为中产阶级，民主在发达国家中变得安全且稳定。

除了经济增长，世界范围的民主还得益于全球化本身，即思想、商品、投资和人员的跨国界流动变得日益方便。世界某地经历几个世纪才演变得来的制度，可直接引进到完全不同的地区，或略作调整以适合当地情形。这表明制度的发展速度在加快，并有可能继续 35 加快。

第三部分结束于对未来的猜想。如果广大中产阶级对民主的生存非常重要，而技术进步和全球化又使中产阶级的工作愈益消失，将会有怎样后果？

　　本书的第四部分，即最后一部分，将涉及政治衰败的问题。随着时间的推移，所有的政治制度都容易发生衰败。市场经济支持的现代自由民主制度已得到"巩固"，但这一事实并不能保证它将永远如此。在第1卷的具体案例中，制度僵化和家族制复辟是造成衰败的两股势力，这在当代民主国家中仍然存在。

　　确实，这两种过程在今日美国是呼之欲出的。制度僵化体现在一系列规则所引发的结果公认是坏的，但在本质上又无法改变。它们包括选举团、政党初选、各种参议院规则、竞选捐助制度、国会百年来授权造就的庞大且低效的政府。我将会在第四部分论证，这些功能障碍的根源是美国制衡制度的副产品；这个制度易于产生粗制滥造的立法（从预算开始），以及国会和行政部门之间的分工不良。美国根深蒂固的法律传统让法院挤进他人地盘，无论是政策制定还是日常行政，所用方式是其他发达民主国家所罕见的。要解决这些问题，在理论上是可能的，但是最可行的方案仍没摆上议事日程，因为它们尚在美国的经验之外。

　　政治衰败的第二种机制——家族制复辟——体现在组织良好的利益集团攫取美国政府的大部。19世纪的老问题——选票换好处的依附主义（即所谓的庇护体制），很大程度上已经被进步时代的改革清除。但时至今日，它转换成合法的礼物交换体系，个中的政客回应利益集团的要求，而后者加在一起并不能代表公众。在过去两代人中，美国的财富变得高度集中，经济实力可以买到政治影响。美国的制衡制度让强大的利益集团有机可乘，而欧洲议会制就没这么多漏洞。虽然普遍认为，美国的整个体制已经腐败，日益丧失合法性，但在现行体制的规定范围内，还没看到简单易行的改革议程。

　　与前景有关的疑问是，整个自由民主制是否都有这一类问题，抑或美国只是一个例外。

我想一开始就挑明，本卷不会试图寻求上述这些问题的解决方案，也不想成为过去两个世纪的通史。如想了解世界大战、冷战、布尔什维克或中国的革命、反犹大屠杀、金本位和联合国的起源，应该去读其他书籍。我只会在政治发展的广泛领域内选择我觉得受到忽视或误解的主题。

本卷侧重于政治制度在个别社会中的演变，而不是国际性的。显然，全球化和国家之间相互依存的程度已经表明，民族国家不再是公共物品的垄断供应商（即便它们曾经如此）。今天有各种各样的国际组织，如非政府组织、跨国公司和非正式网络，在提供传统上只与政府有关的公共物品。对许多观察家来说，"治理"（governance）一词是指政府式服务，却又不来自传统政府。[8] 相当明显，国际制度的现有结构不能提供足够合作，以应对毒品贸易、金融监管和气候变化。所有这些都是非常值得关注的题目，但我不会在本书作详细讨论。[9]

本书是向后看的——试图解释现有制度在历史上的产生和演变。它在政治衰败的标题下，点明困扰现代政治体系的各种问题，但我会避免提供过于具体的对策。我在公共政策的领域寻求非常具体的解决方案已有相当时日，但本书目的是分析制度性的深层根源。我们今天所面临的，可能在政策上没有特别好的解决方案。同样，我也不愿花时间去猜测那些不同类型政治制度的前景，我只想讲述我们是如何走到今天的。

三个制度

我相信，在国家、法治和负责制之间取得平衡的政治体系，对所有社会来说，既是可行的，又是道德上必需的。所有社会都需要国家，掌握足够权力来保卫自己，应对国内外的威胁，执行共同商定的法律。所有社会都需要通过法律来监管权力的运用，确保法律面前人人平等，不允许少数特权者的例外。政府不能只顺应精英和政府官员的需求，而应为更广泛的社会利益服务。还要有和平机制，来解决多元社会中在所难免的冲突。

我还相信，随着时间的推移，发展这三个制度，不是西方社会或特定文化群体的文化偏好，而是所有人类社会的普遍要求。不管是好还是坏，由非人格化的现代国家作为秩序和安全的保证者，提供必需的公共物品，这是别无选择的。法治是经济发展的关键，没有明确的产权和合同的强制执行，企业就难以超越互信的小圈。此外，只要法律高举不可剥夺的个人权利，它就会承认人类主体的尊严，因此具有内在价值。最后，民主参与不只是有用的手段，用以制衡滥权、腐败和专制的政府，政治参与本身就是目的，属于自由的基本方面，它让个体的人生变得不但丰富而且完整。

综合这三个制度的自由民主制，不能说是普世的，因为这种政权只是在最近两个世纪才出现在世界上，而人类历史可往回追溯几万年。但发展是一个既有普遍进化也有特殊进化的贯通的过程——换句话说，随着时间的推移，来自不同文化社会的制度会有汇合。

假如说有个主题贯穿本书的诸多章节，那就是世界在政治上缺少的不是国家，而是有能力的、非人格化的、组织良好和能够自主的现代国家。发展中国家的许多问题，不过是它们的国家软弱低效的副产品。被社会学家迈克尔·曼（Michael Mann）贴上专制强权（despotic power）标签的许多国家看上去很强大，压制新闻记者、政治反对派和竞争族群；但在曼所谓的基础权力（infrastructural power）上，即合法制定和执行法律或提供安全、健康和教育的能力，却显得不那么强大。[10] 许多归罪于民主的失败，其实是国家行政部门的失败，因为它们无法兑现新当选民主政客的承诺。选民所要的不只是自己的政治权利，而且还有运作良好的政府。

软弱的国家机器不只是发展中穷国专有的。希腊和意大利就从未发展出优质的官僚体系，至今仍面对广泛的依附主义和赤裸裸的腐败，这些问题直接促成它们在当前欧洲债务危机中的困境。在发达国家中，美国是最晚设立现代行政体系的国家之一，它在 19 世纪被称作"法院和政党的国家"，官僚机构在其中仅能发挥很小的作用。尽管在 20 世纪它长成为庞大的行政国家，但这种特性在许多方面依然如旧。法院和政党继续在美国政治中发挥多种作用，其中有些在其他国家都是专业官僚机构的职责，从而导致美国政府的效率低下。

　　思考国家能力，以及如何有效使用国家权力，都不是时兴的当务之急，特别是在过去一代人的时间里。20 世纪的疯狂历史，如斯大林的俄国、希特勒的德国等，让世人将关注焦点集中于国家权力的滥用。这可以理解，在美国尤其如此，因为它本来就有不信任政府的悠久历史。从上世纪 80 年代起，这种不信任愈益加深，领头的是罗纳德·里根（Ronald Reagan）的观念："政府不是我们问题的答案，政府本身就是问题。"

　　这不应被理解为我比较钟情于威权政府，或特别同情像新加坡和中国那样的政府，因为它们在民主乏匮的情形下取得经济奇迹。我相信，运作良好和合法的政权，需要在政府权力和制衡制度之间获得平衡。不平衡可朝向任何一个方向，一边是对国家权力的制约不够，另一边是不同社会群体拥有过度否决权，阻止任何形式的集体行动。此外，很少国家能下定决心，让自己蜕变成新加坡。以同样无能的专制政府，来替换管理不善的民主政府，岂不是原地踏步吗？

　　本书强调有效国家，不应被解释为偏爱福利大国或美国政治话语中的"大政府"。我相信，由于过去几年中作出的不可持续的开支承诺，几乎所有发达民主国家都会面临艰苦的长期挑战。随着人口老龄化和和出生率下降，这个挑战只会愈发加剧。比政府规模更为重要的是政府的质量。大政府与糟糕经济没有必然的因果关系，只要比较斯堪的纳维亚的福利国家和撒哈拉以南非洲的简陋政府，就可一目了然。然而，政府的质量与社会经济的良好后果却有非常明显的关联。此外，被认作有效合法的大国家，比过分受限和无法施政的无能国家，更易达到精兵简政的目标。

至于如何提高政府质量，本卷不会给出直接的答案，当然也不会有简单的答案。那是我在其他语境中写作的题材。不过只有懂得坏政府和好政府的历史渊源，才能开始理解坏政府如何变好。

第2章

发展的各个方面

政治发展如何融入发展大局；发展中的经济、社会和思想
方面；1800 年后世界如何改变；亨廷顿理论对理解像阿拉
伯之春那样的事件仍然有用，只是需要修改

政治发展——国家、法治和民主负责制的演变——只是人类社
会经济发展的广泛现象的一个方面。必须在经济增长、社会动员、
有关正义和合法性的思想威力中，去理解政治制度的变化。在法国
和美国大革命之后，各个方面的发展的交互影响发生了巨大变化。

经济发展可简单定义为人均产值在历史上的持续增长。这究竟
是不是衡量人类福祉的适当标尺？经济学家和其他人士对此有不少
争论，因为人均 GDP 只看金钱，不看健康、机会、公平、分配和
人类繁荣的其他方面。我希望将这些争论暂且搁置，人均 GDP 具
有简单明了的优势，并且在如何正确测定上已投入相当多的努力。

发展的第二个重要组件——社会动员——关注历史上新社会
群体的兴起，以及各群体之间关系的性质变化。社会动员是指，社
会中不同群体意识到自己成员拥有共同的利益或认同，从而组织
起来，采取集体行动。19 世纪初，世界上经济最发达的欧洲和中
国主要还是农业社会，人口绝大部分仍住在小村庄，以种庄稼为
生。到那个世纪末，欧洲出现巨大转变。农民离开乡村，城市日
益扩大，产业工人阶级形成。[1] 德国社会理论家斐迪南·滕尼斯

（Ferdinand Tönnies）称之为从礼俗社会（Gemeinschaft）走向法理社会（Gesellschaft），通常译成英文为从"共同体"（community，中文也可译为"社群"或"社区"）走向"社会"（society）。[2] 其他 19 世纪的理论家发明各自的二分法，来描述一种社会形式向另一种社会形式的过渡。譬如，马克斯·韦伯对传统和魅力型权威与法理型权威的区分；埃米尔·涂尔干说的机械团结和有机团结的对立；亨利·梅因说的从身份到契约的过渡。[3]

这些模式试图阐明从礼俗社会到法理社会的转变，前者多是紧密结合的村庄，村民彼此熟悉，认同固定，后者则是拥有多样性和匿名性的大城市。这种转变在 20 世纪下半叶发生于后发国家的东亚地区，今天又在南亚、中东和撒哈拉以南的非洲展开。

工业化进程和经济发展在不断创造新的社会群体，如工人、学生、职业人和经理人等。在匿名的城市中，人们搬家频繁，在更多样化和多元化的社会中生活，具有流动身份，不再受制于村庄、部落和家族的习俗。我们将会看到，这些新颖的社会关系促成像民族主义那样的新认同，或普世宗教的新归属。为政治制度的变化打下基础的，就是社会动员。

除了经济增长和社会动员，还有关于合法性（légitimacy，也译"正当性"）的思想演变。合法性代表广泛共识，认定某些社会安排是公正的。世易时移，关于合法性的思想也会有所演变。这种演变有时是经济或社会变化的副产品，但在很多历史节骨眼上，又变成推进发展其他方面的独立动力。

所以，当法国摄政王玛丽·德·美第奇（Marie de Medicis）在 1614 年召开旨在增税的三级会议时，那时三级会议软弱依顺，无法阻止绝对君主制的崛起。当它于 1789 年再次召开时，由于启蒙运动的高涨和人权思想的传播，法国的思想状况大有改观。毋庸多言，第二次三级会议为法国大革命铺平了道路，这种思想转变就是原因之一。同样，英国政治参与者在 17 世纪也有思想上的重大转变。起初，

42

他们要捍卫的英国人权利只是继承自远古的封建权利；一百多年后，他们在霍布斯和洛克等作家的影响下，要求作为个人的自然权利。无论在英国还是在北美，这对建立何种政权都产生了巨大的影响。

倾向于马克思主义的历史学家会说，提倡普世权利的新思想反映了法国和英国资产阶级的崛起，构成了掩饰经济利益的上层建筑。卡尔·马克思本人的名言是，宗教是"人民的鸦片"。但资产阶级本来可以旧封建秩序的特权为基础，光为自己争得权利，没必要提倡为人类普遍平等铺路的学说。它选择以这一类词语来为自己辩解，让人们回溯到基督教的普世性，以及现代自然科学的进化论。人们不禁要问，如果没有马克思，20 世纪的历史将会如何改写。在马克思之前和之后，当然还有不少社会主义思想家，反映新兴工人阶级的利益。但无人能如此精彩地分析早期工业化情形，将之与黑格尔的大历史理论关联起来，以自封的"科学"字眼，来解释无产阶级最终胜利的必然性。从马克思笔下涌现出一个世俗的意识形态，在列宁和毛泽东等领袖的手中，取代宗教，成功动员数百万人，实质上改变了历史进程。

我们可在图 1 当中将经济增长、社会动员、思想和合法性，与政治发展的三个组成部分连接起来。

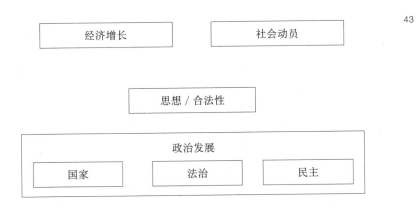

图1.

发展的六个方面可各自独立地发生变化，也可以多种方式交织在一起。政治发展的模式包含解释这些因果关系的理论。我们可概述一下英美和其他早期现代化国家在工业化之后发生的事，来追踪一些比较重要的关联。

1800年后世界发生了怎样的改变

1800 年左右，随着工业革命的腾飞，经济增长的速度大大加快。在此之前，即第 1 卷所涵盖的历史时期，世界许多地方生活在英国作家托马斯·马尔萨斯（Thomas Malthus）描绘的条件下。他1798 年出版的《人口论》描绘了一幅黯淡图景：从长远看，人口增长将超过经济资源的增长。图 2 显示的是作为工业革命发源地的英国八百年人均收入的估计。曲棍球棒式的曲线，以及向高速增长的突然过渡，反映后期生产力持续性的连年增长大大超越了人口的增长率。我们可能会猜测，人口增长和可用资源的局限，总有一天会压垮这个得天独厚的快速增长。不管如何，我们仍然幸运地生活在后马尔萨斯世界。

是什么造成经济增长的突然爆发？工业革命之前还有始于 16世纪的商业革命，其时的贸易总额，无论在欧洲内部还是跨大西洋的，都有大大扩充。这种扩充是一系列政治和制度因素推动的：可靠产权的建立、现代国家的兴起、复式记账和现代企业的发明、通讯和运输的新技术。工业革命所依靠的是，科学方法的系统性应用及其与制度化的大学和科研组织相结合，最终转化为技术创新。[4]

向高速增长的突然过渡，通过劳动分工的不断扩大，对社会产生巨大影响。亚当·斯密（Adam Smith）《国富论》第 3 章的标题即为"劳动分工只受市场范围的限制"。这本书的开头是他对别针工厂的著名描述：与其让每一个工匠去牵拉、切割和磨尖一个个的别针，倒不如把每一道工序交给专职工人，从而大大提高工厂的生

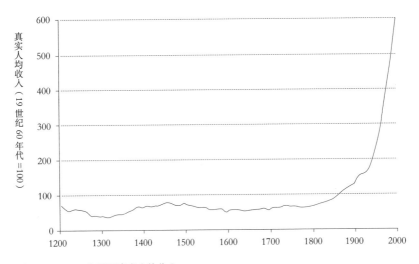

图2. 1200—2000年英国真实人均收入

来源：Gregory Clark，《告别救济》（*A Farewell to Alms*）

产效率。但斯密断言，如果不存在足够大的市场，就没有以这种方式来提高生产率的动力。所以斯密认为，交通和通讯的改进，既增加了市场的规模，又刺激了劳动分工的扩大。斯密在世时的商业革命，为即将展开的工业革命撒下了种子。

　　劳动分工的不断扩大变成后续思想家的中心议题，始于卡尔·马克思和弗里德里希·恩格斯。他们在《共产党宣言》里谈到，以前引以为傲的工匠现在却沦为大工业机器的齿轮。与斯密不同，他们视专业化和劳动分工为邪恶，其令工人远离了真实的自我（"异化"）。读者可从写于 1848 年的下列段落中感到，这个现代世界与之前的农业世界截然不同。其时，英国的工业革命正在加速：

　　　　资产阶级除非对生产工具、生产关系乃至全部社会关系不断进行革命，否则就不能生存下去。反之，原封不动地保持旧的生产方式，是过去一切工业阶级生存的首要条件。生产的不断变革，一切社会关系不停的动荡，永远的不安定和变动，就是资产阶级时代不同于过去一切时代的地方。一切固定的僵化的关系，以及与之相适应的素被尊崇的观念和见解，都被消除了；一切新形成的关系等不到固定下来就陈旧了；一切固定的东西都烟消云散了；一切神圣的东西都被亵渎了。人们终于不得不用冷静的眼光，来看他们的生活地位和相互关系。

硅谷认为它发明了"颠覆性创新"。其实，在马克思写出上述段落时，欧美社会的变化速度要超过 21 世纪初。

通过创建要求参政的新群体，社会动员在促成政治变化。19 世纪末，在整个工业化的欧美，工人开始加入工会，争取加薪，要求更好更安全的工作环境。他们追求宣传、组织和投票的权利，开始支持新政党，在英国工党和德国社会民主党等旗帜下获得选举胜利。在没有选举的地方，如俄国，他们开始加入地下共产党。

通讯和交通技术的传播促使当时发生另一重大变化：全球化的早期形式，允许思想以史无前例的方式跨越政治边界。政治制度在 1800 年之前的发展，主要发生于单一社会，尽管有些社会相当庞大。譬如，中国在公元前 3 世纪引进择优录用的官僚体系，但对同期的希腊和罗马，几乎没有丁点的影响。早期阿拉伯建国者可借鉴邻近的波斯或拜占庭，但没有试图仿效同期欧洲的封建制度，更别说印度或中国的。

首先创造世界体系的是蒙古人，他们把贸易和疾病从中国带到欧洲和中东；然后是阿拉伯人，将自己的网络延伸至欧洲和东南亚；再接下来是欧洲人，开发与美洲、南亚和东亚的贸易。认为全球化是 21 世纪初独特现象的人，可读读《共产党宣言》的下列片段："不断扩大产品销路的需要，驱使资产阶级奔走于全球各地……资产阶级，由于开拓了世界市场，使一切国家的生产和消费都成为世界性的了……古老的民族工业被消灭了……这些新的工业所加工的，已经不是本地的原料，而是来自极其遥远的地区的原料；它们的产品不仅供本国消费，而且同时供世界各地消费。"

商品的情形如此，有关政治和经济制度的思想也遇上同样的情境：如果某种东西在世界某地有效，就会在另一地区得到迅速的复制。例如，亚当·斯密有关市场力量的思想在欧洲广为流传，更被传播到拉丁美洲；那里的西班牙波旁王朝改革者，因此而放松早期重商主义对贸易的限制。在意识形态光谱表的另一端，马克思主义从一开始就是自觉的国际化思想，为非欧洲人的革命者所采用，如 47 中国、越南和古巴。

1800 年之后，促成政治发展的环境条件大大不同于之前，即第 1 卷所涵盖的时期。经济的持续增长，迅速推出社会动员的新形式，创造出要求参政的新群体。同时，思想可从一个社会传至另一社会，以印刷机的速度，后来更以电报、电话、无线电和互联网的速度。这些条件下的政治秩序会遇上很大麻烦，因为原先用以管理农业社会的制度，现在却用来主持工业化社会。技术和经济的变革与政治制度的关联，一直持续至今，例如，社交媒体孕育出动员的新形式，无论在阿拉伯世界还是在中国甚至世界其他地区，都无一例外。

好事并不总是扎堆

英国是第一个工业化国家，自马克思起的许多社会理论家都把它视作现代化的典范。英国走过一条因果链条非常清晰的道路，先是经济增长，再是社会动员、价值观改变和政治参与的诉求，最终抵达自由民主。欧洲社会学理论在 20 世纪初横渡大西洋，在美国学术界扎下营盘，易名为现代化理论。它实际上认为，美好事物最终都会走到一起，现代化是个铁板一块而又相互关联的现象，图 1

中的六个方块会同时发生变化。[5] 换句话说，每个国家都会在短时间内达到丹麦。现代化理论出现时，欧洲的殖民地正在走上独立道路，根据预计，它们将会复制欧洲的发展次序。

塞缪尔·亨廷顿 1968 年的《变化社会中的政治秩序》给这一理论泼上冷水。亨廷顿激烈抗辩，好事并不总是扎堆。他认为，经济发展孕育社会动员，当社会动员的速度超过现有制度应付参政需求的能力时，政治秩序就会崩溃。亨廷顿指出，一边是新动员起来的人们的期望，另一边是政府满足他们参政的能力或意愿，这中间会有"差距"。他认为，贫穷的传统社会和已经现代化的社会都是稳定的，不稳定的恰是那些正在进行现代化的社会，因为现代化的不同组件未能以协调的方式向前推进。[6]

亨廷顿写完此书后四十多年中，不少学者对发展中国家的冲突和暴力做了大量研究，包括詹姆斯·费伦（James Fearon）、大卫·莱廷（David Laitin）和保罗·科利尔（Paul Collier）。[7] 根据这些新近的研究，亨廷顿理论在很多方面都必须做出修改。不稳定反映制度的缺乏，在这一点上亨廷顿说对了。几乎单凭定义，就可确定它的真实性，因为制度本身是调整行为的规则。但他在 20 世纪 50 年代和 60 年代观察到的不稳定和暴力，未必是现代化打乱了稳定的传统社会的结果。他认为那些社会早先是稳定的，这个观点有误导性。在他著此书之前，大多数发展中国家仍是殖民帝国的一部分，权威都是外部强加的。例如，在殖民者到来之前的撒哈拉以南非洲，我们并没有当地冲突的可靠数据，无论是量化的还是其他方式的。这个时期出现的许多发展中国家，如尼日利亚和比属刚果（扎伊尔），之前根本就没有独立的政治体，也没有国家层次的传统制度。毫不奇怪，它们独立后不久就陷入冲突。软弱制度和没有制度的国家，不管走不走现代化道路，都会摇摇欲坠。

晚近对冲突根源的分析，与亨廷顿的主张发生矛盾。亨廷顿认为，正在投入现代化的国家，身处贫困和发展的中间，会遇上最多的不稳定。但事实上，新近的分析显示，冲突与贫困有很明显的正比关系；冲突常常是贫困的原因，又是贫困的结果。[8] 那些学者系统研究冲突和政治不稳定，几乎所有的人都认为，软弱的政府和糟糕的制度是冲突和贫穷的根本原因。许多失败或脆弱的国家掉入低层次的陷阱：它们衰弱的制度无法控制暴力，由此造成贫困，进一步削弱政府的施政能力。很多人观察冷战后的巴尔干半岛、南亚和非洲等地，相信种族是冲突的起因。但威廉·伊斯特利（William Easterly）表明，如果控制制度的因素，种族多样性和冲突的关联就会烟消云散。詹姆斯·费伦和大卫·莱廷也显示，如果控制人均收入的因素，种族或宗教的多样性并不会引起更多冲突。毕竟瑞士有三个语言群体，由于它强大的制度，自 19 世纪中叶以来一直是稳定的政治体。[9]

　　现代化和经济增长并不一定导致不稳定和暴力升级，有些社会实际上能发展政治制度，以容纳更多的参政需求。第二次世界大战后，这样的故事就发生在韩国和台湾地区。它们的快速现代化是在威权政府监督下完成的。这两个地方的政府得以满足民众对就业和经济增长的期望，最终接受他们对更多民主的诉求。像早期韩国和台湾地区一样，中国大陆即使没有开放正式的政治参与，仍能保持高度的政治稳定，主要通过向公民提供稳定、增长和就业。

　　自《变化社会中的政治秩序》出版以来，出现了迅猛的经济发展，以及亨廷顿的民主转型"第三波"。从 1970 年到 2008 年，全球经济生产总值大约翻了两番，从十六万亿升至六十一万亿美元。[10] 与此同时，世界各地选举式民主国家也从四十个升至将近一百二十个。[11] 有些转型涉及暴力，包括葡萄牙、罗马尼亚、巴尔干地区和印度尼西亚。但总体上说，这个全球政治的大转型是相当和平的。

　　不过在有些地区，社会动员和制度发展之间出现亨廷顿所说的差距，确实成了不稳定的导火索。中东在 20 世纪 50 年代、60 年代和 70 年代初，经历大量政变、革命和国内冲突。但在随后几十年中，整个阿拉伯世界又看到非常稳定的威权政权的出现。突尼斯、埃及、叙利亚和利比亚受独裁者的统治,不许反对党的运作,严格控制公民社会。世界上唯一没有参与第三波民主转型的,其实就是中东阿拉伯国家。[12]

2011 年 1 月,随着突尼斯本·阿里(Ben Ali)政权的崩溃,埃及穆巴拉克的垮台,利比亚内战乃至卡扎菲的死亡,巴林、也门和叙利亚的政治大动荡,这个格局发生了惊人变化。所谓的阿拉伯之春得益于多种因素,包括中产阶级在埃及和突尼斯的壮大。从 1990 年到 2010 年,联合国编制的人类发展指数,在埃及增长 28%,在突尼斯增长 30%。[13] 这项指数是有关健康、教育和收入的综合指标。大学毕业生的数量也有大幅增加,尤其在突尼斯。[14] 新兴的中产阶级,受到卫星电视(半岛电视台)和社交媒体(Facebook Twitter)等新技术的动员,领导了反对本·阿里和穆巴拉克独裁统治的起义。只是,这些社会群体无法控制后续事态的发展。[15]

换句话说,阿拉伯世界所经历的就是亨廷顿事件:表面上看似坚不可摧的威权政府,底下已发生社会变化,新动员起来的参与者发泄不满,因为政府没有通过采用新制度制造渠道吸纳他们。这个地区未来的稳定,将取决于是否会出现能够引领民众和平参与的政治制度。这意味着,开放政党,开放媒体,广泛讨论政治议题,接受为政治冲突订出规范的宪法规则。

亨廷顿的基本见解仍然是正确的,即现代化不是顺畅和必然的过程。发展的经济、社会和政治诸方面,自有不同的轨道和时间表,没有理由一定会按序渐进。尤其是政治发展,独立于经济增长,只遵循自己的逻辑。成功的现代化还得依靠政治制度、经济增长、社会变化和思想的并行发展。绝对不能说,有了发展的某个方面,其他方面就一定会伴随而来。实际上,为了启动经济增长,强大的政治制度往往是必需的;恰恰是它的缺席,将失败或脆弱的国家锁进了冲突、暴力和贫困的恶性循环。

51

脆弱或失败国家所缺乏的制度中，首先而又最重要的是行政上的能干政府。国家在受到法律或民主的限制之前，必须先要存在。这意味着，首先就要建立中央集权的行政部门和官僚体系。

第3章

官僚体系

> 对国家的研究就是对官僚体系的研究；测量政府质量的近
> 期努力；不同国家的政府在质量上的差异；需要对这些结
> 果作历史性的了解

　　对世界上许多人来说，现代政治的中心问题是如何约束强大、唯我独尊乃至暴虐的政府。人权界试图以法律为机制，保护弱势个人免受国家的虐待——不只是威权政权，还有为追捕恐怖分子而钻法律空子的自由民主国家。在格鲁吉亚和乌克兰领导玫瑰革命和橙色革命的民运人士，以及阿拉伯之春初期的突尼斯和埃及示威者，都希望借用民主选举来迫使统治者对人民负责。在美国，公民时刻警惕政府权力在现实和想象中的滥用，包括过分的环保要求、限制枪支的管制和国家安全局的国内监视。

　　结果是，政治发展的讨论最近几年均集中于约束制度——法治和民主负责制。但政府在受到约束之前，必须要有实际做事的能力。换句话说，国家必须能够施政。

　　能够提供基本公共物品的国家的存在，并不是理所当然的。事实上，许多国家贫穷，部分原因就是缺乏有效的国家机器。这一点在失败国家身上尤其明显，包括阿富汗、海地和索马里，那里的生活混乱且不安全。这一点在许多富裕社会也千真万确，即使它们具有相当不错的民主制度。

以印度为例，它自 1947 年成立以来一直是非常成功的民主政体。1996 年，活动家和经济学家让·德雷兹（Jean Drèze）发表调查印度各邦小学教育状况的《基础教育公开报告》。其中最令人震惊的一个发现是，乡村地区的教师中，在上班时间缺席的竟有48%。不难理解，这引起了强烈的不满。于是，印度政府在 2001年发起重大改革，以改善基础教育的质量。这项改革引发大量热闹的活动，但 2008 年的后续研究表明，教师缺勤率与十年前一模一样，仍是 48%。[1]

当然，印度在新兴市场国家中是明星演员，取得每年高达 7%至 10% 的增长速度，直到 2010 年。[2] 但在亿万富翁和高级技术产业的旁边，现代印度的特色仍是令人震惊的贫困和不平等，有些地区甚至跟撒哈拉以南非洲最烂的地区差不多。除了其他事项，这种不平等在印度最贫穷的邦中孕育毛派叛乱。随着印度走上工业化，需要文化水平较高的员工，公民教育程度的严重欠缺最终将成为经济增长的瓶颈。印度在提供基本服务方面，做得比不上邻近的中国，更别说已闯入第一世界的日本和韩国。

印度的问题不是缺乏法治。事实上，许多印度人会说，这个国家有太多法律。它的法庭案积如山，运作缓慢，常有案件开庭时原告已经谢世的情形。印度最高法院已积压六万多份案件。政府往往无法投资于基础设施，因为跟美国一样，它被各种各样的法律诉讼捆住了手脚。

印度的问题也不是民主不够。它有自由媒体，乐意批评政府在教育、卫生和公共政策领域的缺失；还有大量政治竞争，迫使在位者为失策负责。在教育领域，公共政策的目标不会引起政治争执——每个人都会同意，孩子应受到教育，教师要领薪水就得来上班。然而，提供这些基本服务似乎超出了印度政府的能力。

这种失败是国家的失败——具体来说，是负责向印度乡村儿童提供基础教育的官僚体系的失败，无论是地方和邦的，还是全国范

围的。政治秩序不只意味着限制政府的滥权，更且意味着促使政府
恪尽职守，譬如提供公民安全、保护产权、配备教育和公共卫生、
建造私人经济活动所需要的基础设施。事实上在很多国家中，民主
本身受到威胁就是因为国家太腐败或太不称职。人们开始希望出现
强大的权威——独裁者或救世主——来打断政客的废话连篇，真正
做出点实事。

政府为何必要

有自由至上主义倾向的人（往往是美国人）会插嘴说，这是政
府本身的毛病：所有政府都是官僚主义、无能、僵化和适得其反的，
而且无可救药；解决办法是摆脱它们，改以私人或基于市场的对策，
而不是设法予以改善。

与私营部门相比，政府部门在本质上确实效率偏低，这有道理。
另外，政府往往越俎代庖，争夺最好还是留给私营部门的任务，如
工厂和企业；或干脆以破坏性的方式来干扰私人决策。公共和私人
之间的边界调整，始终是每个社会需要重新谈判的问题。

但归根到底，还是要有公共部门，因为某些服务和功能——经
济学家所谓的公共物品（public goods）——只有政府才能提供。
严格地说，公共物品既不会被私人挪用，也不会被耗尽；我在享用
它时，并不妨碍你的享用。典型的例子是清新空气和国防，它们正
是此类公共物品，因为社会中任何人都不会拒绝享用，并且即使有
人享用了，留给他人的库存也不会减少。没有私营部门愿意制造公
共物品，因为无法阻止他人的使用和获益，也就无法得到任何收入。55
所以，即使最坚定的自由市场经济学家也会毫不迟疑地承认，政府
要在提供纯粹公共物品上发挥作用。除了清新空气和国防，公共物
品还包括公共安全、法律制度和公共健康。

除了纯粹的公共物品，为私人消费而制造的许多商品具有经济

学家所谓的"外部性"。它指的是强加于第三方的得益或伤害,例如,雇主得益于我自费获得的教育水平,工厂的排泄污染了下游社区的饮用水。在其他情况下,经济交易可能涉及信息不对称。举例来说,卖方可能知道自己二手车的缺陷,但在买方眼中,却不是一目了然的;制药商可能知悉,有关临床研究显示自己产品是无效乃至有害的,但潜在的病人蒙在鼓里。在监管外部性和信息不对称上,政府一直在发挥作用。教育以及公路、港口和水道等设施的正外部性足够庞大,所以在传统上,政府都会以免费或补贴的价格向公民提供一定水平的服务。不过,在这些案例中,在多大程度上需要政府进行必要的补贴或监管,往往是值得商榷的事情,因为过度的国家干预会扭曲市场信息,窒息私营部门的参与。

除了提供公共物品和监管外部性,政府或多或少还以多种形式参与社会规范。政府希望本国公民正直、守法、受到良好教育和爱国,还可能提倡自置居所、小型企业、性别平等和身体锻炼,反对吸烟、吸毒、帮派和人工流产。大多数政府,甚至那些全心致力于自由市场的政府,除了提供必要的公共物品,最终还会采取自认是鼓励投资和经济增长的相关措施。

最后,政府可在控制精英、从事再分配上发挥作用。再分配是一切社会秩序的基本功能:如卡尔·波兰尼(Karl Polanyi)指出的,大多数前现代社会围绕着有能力进行财富再分配的领袖或头人组织起来,这种做法在历史上比市场交换更为普遍。[3] 我们在第 1 卷看到,许多早期政府,从诺曼征服后的英国国王、奥斯曼帝国到许多中国皇帝,都把保护普通公民躲避寡头精英的贪婪当作自己的责任。在所有可能性中,它们这样做并不是出于公平,当然也不是相信民主,而是出于自身利益。如果国家不节制社会中最富有最强大的精英,后者就会以他人为代价,攫取和滥用政治体系。

国家从事再分配的最基本形式是法律的公平应用。如果放任不管,有钱有势者总有办法惠顾自己,在与非精英打交道时,永远会占到便宜。只有配备了司法和强制执法能力的国家，才能迫使精英遵守任何他人都必须遵守的规则。在这方面，国家和法治合作起来，保证司法平等。这可以是英国的国王法庭在租约纠纷中裁定属臣打赢与领主的官司；或是美国联邦政府的介入让黑人学童免受暴民的攻击；也可以是警察保护社区免受贩毒团伙的骚扰。

不过现代政府实行再分配，更直白的是使用经济手段，最常见的是强制性保险。政府强迫社区购买保险，如果是社会安全计划，再分配是从年轻人到老年人；如果是医疗保险计划，再分配是从健康人到病人。许多美国保守派指责，奥巴马总统 2010 年的《平价医疗法》是"社会主义"；但事实是，在世界上富裕的民主国家中，美国是唯一没有任何形式的强制全民医保的。

从洛克到哈耶克的自由主义理论家，一直怀疑政府强制的再分配，因为它要以善良和勤奋为代价来奖励懒惰和无能。甚至，所有再分配都会产生经济学家所谓的"道德风险"：让人们获得的酬报基于收入而不是努力，政府无疑在鼓励大家放弃工作。当然，这也是前共产主义国家的情形，如苏联的"政府假装付工资给我们，而我们假装工作"。

另一方面，极简国家拒绝向运气欠佳的公民提供安全网，在道德上难以自圆其说。除非有这样一个社会，竞争场地永远绝对公平，而出身和单纯运气对个人的生存机会、财富和机遇从不发生作用。但是这样的社会过去没有，今天也没有。大多数政府面对的真正问题，不是要不要再分配，而是在什么水平上和以何种方式再分配，以尽量减少道德风险。

优势继承的问题通常会随着时间的推移而变得严重。精英往往会变得盘根错节，因为他们可利用财富、权力和社会地位，从政府那里得到好处，还可借用国家力量来保护自己和孩子。这个过程会持续下去，直到非精英在政治动员中获得成功从而实现逆转，或以其他方式来保护自己。在有些情况中，非精英的反应是暴力革命，如法国和布尔什维克大革命；在另外情况中，可采取民粹主义再分配政策的形式，如胡安·庇隆（Juan Perón）的阿根廷和乌戈·查韦斯（Hugo Chávez）的委内瑞拉。在理想的情况下，对精英权力的约束应通过国家的民主控制，其中的国家政策，在国家资源的公平分配上反映人民的广泛共识。与再分配的情况一样，关键在于，既不惩罚精英致富或参政的能力，又防止他们影响力的坐大。

关于国家的功能范围，现有各种各样的观念。有人相信，它只应提供最基本的公共物品；也有人认为，它应积极塑造社会性质，从事大幅度再分配。如前所述，所有现代的自由民主国家都涉及某种程度的再分配，只是干预的程度有别，从斯堪的纳维亚的社会民主国家，到更古典的自由主义美国。图 3 显示现代政府可提供的国家功能的光谱表，从最少到最多。

许多当代政治争论关心国家干预究竟应走多远，但还有一个同样重要的关于国家能力的问题。任何给定的功能，例如救火、提供保健服务和制定工业政策，可以做得更好或更糟，一切要看国家当事部门的质量。政府是复杂组织的集合，表现好坏取决于组织形式以及它手中的人力和物力。下面以两条重要的轴来评估国家，水平轴表示国家功能范围，垂直轴表示发挥特定功能的国家能力（见图 4）。

国家在水平轴上能走多远，已有若干粗糙的测量。经济学家最常用的是税收占 GDP 的比例，也可以是公共支出占 GDP 的比例。

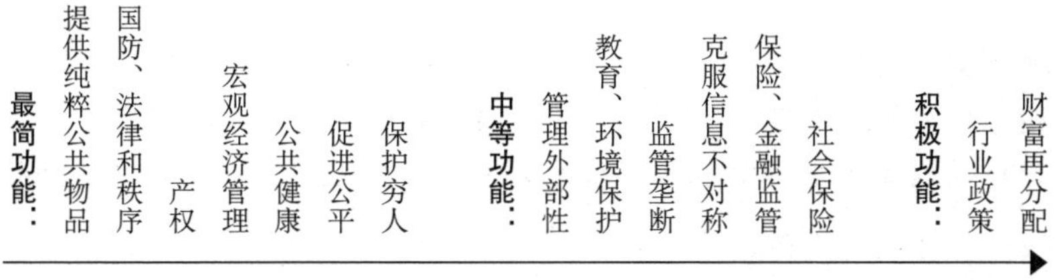

58

最简功能：　提供纯粹公共物品　国防、法律和秩序　产权　宏观经济管理　公共健康　促进公平　保护穷人　**中等功能：**　管理外部性　教育、环境保护　克服信息不对称　监管垄断　保险、金融监管　社会保险　**积极功能：**　行业政策　财富再分配

图 3. 国家功能的范围

来源：世界银行，《变化世界中的国家》（*The State in a Changing World*）

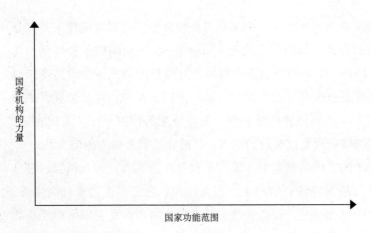

图4. 国家功能范围和国家力量

这个数额通常大于税收，差额部分就是借债。这些测量还不够，因 59
为有些积极的功能，如监管和行业政策，对社会产生巨大影响，却
不一定涉及财政支出。

测量政府的质量

测量国家力量或国家质量——它在垂直轴上的位置——更为复
杂。众所周知，马克斯·韦伯以一整套程序来界定现代国家，其中
最重要的是：职位严格按照功能组织起来，官员的遴选以择优和技
术能力为基础，而不是庇护主义。[4] 韦伯的有些标准，作为良好官
僚功能的前提，已经不是我们今天能接受的；例如，职位终身制，
通过行政等级实施严厉的纪律和控制。然而，根据技术资格来遴选
官员，根据才具而不是个人关系来晋升官员，这些想法已得到广泛
接受，且与良好的治理效果关系密切，如经济增长和较少腐败。[5]
韦伯强调官僚的形式，而政治学家博·罗斯坦（Bo Rothstein）建
议用"公正"（impartiality），来作为测量政府质量的标尺。他认

为，这种规范性的特性与高效的政绩有关。[6] 反过来说，我们可通过功能障碍的测量，如透明国际的清廉指数（Transparency International's Corruption Perception Index），来评估政府的质量。[7]

单单通过程序来测评政府能力，很难捕捉到它真实的质量。韦伯的经典定义假设现代政府是受规则约束的僵化机构，机械地履行委托人（principal）设置的功能。但事实上，程序僵化不是一种美德，反而是人们不喜欢现代政府的核心原因。韦伯本人也谈到，官僚体系犹如"铁笼"，把人困于其中。[8]

60

不同于程序的替代方法是测量政府制定和贯彻政策的能力，即乔尔·米格代尔（Joel Migdal）所谓的国家"渗透"治下社会的能力。[9] 能力的界定牵涉好几个因素，包括官僚体系的规模、掌握的资源、政府官员在教育和专业上的水平。有些学者把政府从人口中征税的比率当作能力的测定，同样的方法也用于测量国家功能范围。理由在于，税收代表政府可任意支配的资源，也很难征集，特别是像所得税那样的直接税。然而，组织履行功能的能力，从来不单看它的资源。组织文化也很重要——即组织中每个人协同运作、孕育信任、勇于探险、富于创新的程度。以正式程序界定的韦伯式官僚体系，可能拥有高效发挥作用的无形特质，也可能没有。

衡量政府质量的另一方法是，不看它是什么而要看它做了什么。政府的目标毕竟不是按程序办事，而是要提供基本服务，包括教育、国防、公共安全和法律保护。产品的测评，如公立学校教育出来的孩子的文化水平，要比教师人数、招聘统计和培训数据更有价值。兰特·普里切特（Lant Pritchett）、迈克尔·伍考克（Michael Woolcock）和马特·安德鲁斯（Matt Andrews）认为，发展中国家政府面临的难题之一是，它们只是在从事所谓的"同构模仿"（isomorphic mimicry）。换句话说，它们在复制发达国家政府的外在形式，却无法复制同样的产品，如教育和卫生。[10] 测量政府实际做什么，而不是如何在做，会避免这个问题。

产品的测评很有吸引力，但也会产生误导。良好的结果，如优质的公共教育，来自复杂的混合物，既有政府的投入（教师、课程和教室等），又有学生自身的特点，包括家庭收入、社会习惯和文化背景（家人对学习的重视程度）。美国教育成果的一项经典研 61究是1966年的《科尔曼报告》（Coleman Report）。它的统计分析显示，优质教育所反映的与其说是政府投入，倒不如说是学生朋友和家庭的影响。[11] 在任何情况下，要测量现代政府提供的复杂服务，通常都很困难。例如，如何测量司法系统的质量？显然，如果没有法庭公平审案和刑讯逼供的定性检测，仅有案件结案或定罪的定量检测，这样的测量毫无意义。缺乏这样的定性测量，警察国家的表现似乎永远胜过坚持法治的国家。

在测量国家功能时，除了程序和产品，还要考虑政府质量的最终方面：政府享有的自主程度。政府都要为政治主人服务，无论是民主的公众还是威权的统治者，但它在执行任务时所获得的自主性有多有少。自主性的最基本形式体现在，有权实施对自己官员的控制，录用标准基于专业而不是政治。自主性在执行任务中也非常重要，因为复杂或矛盾的命令很少能产生良好效果。另一方面，自主性太多也会导致灾难，或是腐败，或是官僚机构自订议程，不受政治控制。

良好程序、能力、产品和官僚自主性，可帮助确定国家在图4垂直轴上的位置。如果有学术界公认的测量国家质量的标准，那当然更好，可惜没有。近年来，经济学家尝试制定政府质量的定量测量并取得一些成功。国家中的政府质量，视地区、功能和层级（全国、州或地方）而定，十分参差不齐，使综合性的比较变得更加困难。

尽管存在这些挑战，反映各国政府绩效的，通常是世界银行学院的《全球治理指标》（Worldwide Governance Indicators, WGI）。它自21世纪初起，每年都公布排名。这个指标从治理的六个方面（言论及负责制、政治稳定及无暴力、政府效率、监管质量、法治和腐败控制），对众多国家进行测量。图5提取其中的两个方面，即腐

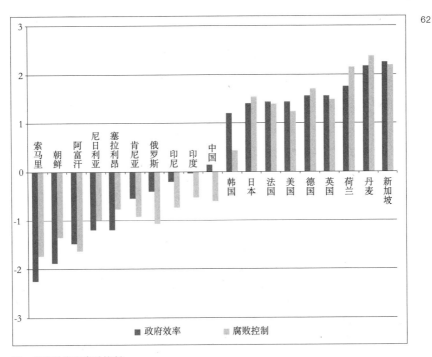

图5. 政府效率和腐败控制

来源：世界银行学院：《全球治理指标》，2011年

败控制和政府效率，以政府效率的打分为标准，选出一组发达和欠发达的国家，从最差到最佳。

很难弄清全球治理指标到底代表什么，因为它们只是程序、能力和产品的混合物，往往又是基于对专家的调查。这些指标也未能捕捉到国家中政府质量的各种差异，美国海军陆战队不同于路易斯安那州的乡村警察，就好像上海的教育质量不同于中国内地穷困县。然而，这些指标大致显示，世界各地的政府在质量上具有巨大差距，而政府效率又与腐败程度紧密相关。另有不少研究表明，政府质量与国家的经济发展程度也密切相关。

我们以税收占 GDP 的百分比为国家功能范围的函数，以世界

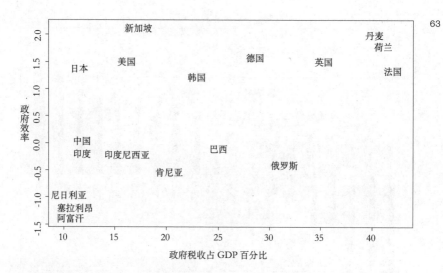

图6. 国家功能范围vs.国家力量

来源：世界银行学院：《全球治理指标》，经济合作与发展组织

只计算中央政府的税收，不包括罚款和社会保险金

银行学院的全球治理指标为国家力量的函数，可为图4的二维矩阵中填入真实数据（见图6）。发达国家的政府各有大小，但我们看到，它们都位于矩阵的上部。换句话说，你可以是高收入的大政府——丹麦和荷兰，也可以是高收入的较小政府——新加坡和美国。有效政府一旦缺席，国家就不能致富。还有一些新兴市场国家，如中国、印度和俄罗斯，位于垂直轴的中部。[12] 其中的贫穷国家靠近底部，最弱国家几乎是零。

　　美国人喜欢无休止地争辩政府规模的大小。但上述数据显示，在争取良好结果上，政府质量比政府大小更重要。

　　世界上各政府的表现为何有如此巨大的差异？为什么有些国家，如北欧国家，能以高效提供多元化服务，让公民养成高度的社会信任；其他国家似乎永久陷于腐败和低效，在公民眼中成了寄生虫，而不是带头人？发展的其他方面——法治、负责制、经济增长和社会动员——到底与好政府又有什么关系？

下面几章将试图解释，为什么有些地方发展出了强大国家，其他的却没有。我会比较五个案例：普鲁士／德国、希腊、意大利、英国和美国。普鲁士／德国，与希腊和意大利，在当今欧洲联盟中分别成了书挡的两侧。德国素有强大官僚体系的声誉，经历 20 世纪上半叶的灾难之后，在战后时期一直采纳健全的宏观经济政策。相比之下，希腊和意大利以高度依附主义和腐败政府著称，其公共财政的痼疾在 2010 年欧洲债务危机中爆发出来。这个差异来自何方以及何以持续至今，将是比较的焦点。

英国和美国成了中间案例。英国在 19 世纪初仍有未经改革的充斥庇护政治的文官体系，到该世纪的中间几十年才开始予以清理，从而奠定今日现代文官制度的基础。同样，美国在 19 世纪 20 年代初有了基于党派的庇护体制，让政党委任的官员掌控联邦、州和地方各级政府。更确切地说，美国现象并不是庇护政治（patronage），而是依附主义（clientelism），因为它涉及政客向支持者大肆分发好处，而比较封闭的英国就没有此类情形。美国到 20 世纪第二个十年至第三个十年也成功实现体制改革，造就了现代文官制度的核心。英国和美国能在公共行政中消除某种形式的腐败，而希腊和意大利却做不到。

产生不同结果的关键原因在于，改革官僚体系与容忍更广泛的民主竞争，究竟哪个先哪个后。有些国家仍是威权政体时，就创建了强大的官僚体系，如普鲁士。这种持久而又能自主的官僚体系，活过了随后的政权易手，一直坚持到今天。另有些国家在强大政府到位之前，就实施民主化，如美国、希腊和意大利。它们搞出了依附主义，之后又必须予以改正。美国的改革成功了，希腊则没有，而意大利仅取得部分成功。

欧洲最早建立现代政府的国家之一是普鲁士，它也是现代德国的统一者。普鲁士在工业化之前就开始组建有效的官僚体系，较晚引入民主负责制。所以，我将以这个故事来交代现代国家的兴起。

65

第4章

普鲁士建立国家

普鲁士和德国的官僚体系成为现代官僚的典范；战争和军
事竞争是国家现代化的源泉；法治国的意义；官僚自主性
为何幸存至今；战争为何不是通向现代官僚的唯一途径

马克斯·韦伯在 20 世纪初写下有关现代官僚制的著名描述，
丝毫不考虑他斥为腐败得无可救药的美国官僚体系。如果要讲私营
部门的质量，美国当时是现代工业化国家的典范，但它的政府在欧
洲人眼中却是极其落后的。韦伯所考虑的故乡德国的官僚体系，其
时已蜕变成纪律严明和技术熟练的自主组织，可与法国的著名官僚
体系媲美。

当时德国只有民主政体的雏形。从 19 世纪 70 年代起，新统一
的德国按俾斯麦宪法运作。这套宪法允许民选的国会，却将广泛权
力留给非民选的皇帝。皇帝掌控军队，并享有任命总理的专权。对
行政权力的主要制约不是民主，因为它要到第一次世界大战之后的
魏玛共和国才出现，而是皇帝统治必须借助的高度制度化的官僚体
系，外加发达的法律体系。由此而生的法治国，被描述为开明专制
政体，以非人格化方式提供对公民权利的坚强保护，即使公民没有
迫使统治者负责的选举权。

法治国证明是经济发展的很好平台，因为它对私有产权和合同
执行提供有力的保障。德皇虽说是"专制"统治者，但不能随意没

收公民财产或亲自过问公民诉讼。结果是，德国从 1871 年到 1914 年迅速完成工业化，在许多方面超过英国，成为欧洲领先的工业强国。

在经历了两次毁灭性的世界大战和国家分裂后，西部德国终于在 1949 年成为巩固的自由民主国家。它在这一段时期以及在 1989 年重新统一后，始终可以依赖非常有力的国家行政部门。这个部门在当代的治理测评中名列前茅。换句话说，德国在早期就发展出强大的国家和法治，只是它的负责制政府姗姗来迟。它之所以能做到这点，是因为现代德国的前身普鲁士国家，犹如公元前 221 年统一中国的秦国，曾与邻国进行长期的殊死搏斗。正如我们在第 1 卷中看到的，战争奖励高效且唯才是任的政府，而普通的经济活动于事无补。所以，战争是通向现代国家的重要途径。

1648 年《威斯特伐利亚和约》宣告三十年战争的终止，其时的德国可用军阀主义一词来形容。组成现代德国的区域那时分割成几十个主权小国，名义上是统一的，隶属于名叫神圣罗马帝国的跨国结构。给这个区域打上军阀色彩的是，这些小政治体中，仅有很少几个强大到能通过正规的官僚机构在境内征税，供养得起职业军队，乃至凭借武力垄断实施有效执法。这些小政治体的君主，倾向于用借来的钱聘请武装雇佣军。等钱用光了，这些雇佣军只好靠抢劫掠夺当地居民为生。他们不是向倒霉的农民征粮，就是摧毁农作物和基础设施，以防竞争对手的占用。尔后在三十年战争的过程中发生的饥荒和疾病，使德国城市人口减少三分之一，乡村人口减少五分之二。[1]

一个有国家的军队

霍亨索伦家族（Hohenzollern）年轻的腓特烈·威廉（Frederick William），在 1640 年 12 月成为勃兰登堡选帝侯。其时还不明显，一个伟大国家将以他继承下的领土为核心，而不是他更大的竞争对手，如萨克森国（Saxony）和巴伐利亚国（Bavaria）。犹如当时许多王朝政体，他的领土并不连贯，从东普鲁士（现属波兰和俄罗斯），一直延伸到德国西部的马克（Mark）和克利夫斯（Cleves）。他继承的官僚体系仍是家族制的 [2]，在领地上必须与代表土地贵族的封建等级会议分享权力。他在战争和税收问题上，又要与在自己庄园上享有主权的土地贵族进行磋商。他的祖先只是在 15 世纪和 16 世纪，才从经济学家曼瑟尔·奥尔森（Mancur Olson）所谓的"流寇"蜕变成"坐寇"。前者主要通过掠夺和战斗来获得资源，后者通过提供基本公共物品，如人身安全和公正司法，来向顺从的农业人口征税。[3] 这些坐寇后来就被称为容克阶级。

如第 1 卷所梳理的，负责制政府首次出现于 17 世纪末的英国。英国等级会议组成紧密结合的议会，有能力阻止国王的计划，还在一个世纪中废了两名国王。恰恰相反的事情发生于勃兰登堡—普鲁士。那里的等级会议软弱分裂，政治权力受到数位雄才大略的君主——大选帝侯腓特烈·威廉（1640—1688 年在位）、普鲁士国王腓特烈·威廉一世（1713—1740 年在位）和腓特烈二世（腓特烈大帝，1740—1786 年在位）——的逐步剥夺，转而集中于王室的中央政府。

实施中央集权的工具是军队。那时的统治者中，只有极少数在和平时期维持常备军。普鲁士参与的瑞（典）波（兰）战争，以 1660 年的《奥利瓦和约》（Peace of Oliva）宣告结束。但大选帝侯不愿遣散自己的士兵，从此便有了常备军。他在三十年战争结束时长大成人，认为普鲁士基本上是内陆国家，又在强大竞争对手的包围下，唯有通过军事实力，才能确保自己的生存。[4] 他施出各种计谋，接管等级会议的财政，解散独立的民兵组织，集财政和武力于自己控制的官僚体系。这个过程在他孙子腓特烈·威廉一世的治下仍在继续，尽管历史学家豪约·霍尔本（Hajo Holborn）称他孙子为"粗野人，所缺乏的不仅是文化上的优雅，而且是对他人感受的

69

敏锐……是凌驾于家人、随从和国家之上的强悍暴君"。[5] 但腓特烈·威廉是老练的国家建设者，将自己宫殿前的游乐花园辟为军事演习场地，又将宫殿底层改成政府办事处。根据历史学家汉斯·罗森伯格（Hans Rosenberg）的说法，他以"人力、自然财富、资金供给和经济技能只属三流的国家，打造出一流的军队"。[6]

此外，普鲁士的国家建设还有重要的文化方面。霍亨索伦家族在 16 世纪中叶变成加尔文主义信徒，与主要是路德教的贵族发生分歧。他们的加尔文主义至少有三大影响。首先，大选帝侯和他的继任者，以外来的荷兰和胡格诺派的教友充实新的中央官僚机构，使它更独立于周围社会。其次，清教徒的道德主义深深影响了个别领袖的行为，尤其是腓特烈·威廉一世。他的节俭、苦行、对腐败的疾恶如仇，都是传奇性的。最后，在普鲁士地区引进加尔文主义，因此创立一系列社会新制度，如学校、登记当地人口的教区和贫民救济院。最终，更为现代的新国家接管消化了这些制度。这造成了竞争性的压力，使路德教和天主教不仅在普鲁士而且在整个欧洲也推出类似改革。[7]

好比战国时期的中国，创建大规模军队不是出于国王的任性而是出于国家的生存需要。在这一点上，霍亨索伦家族的统治者比欧洲大陆的对手看得更清楚。[8] 事实上，普鲁士本身在七年战争中几乎消失。其时，腓特烈大帝同时与更强大的俄国和奥地利作战，差点被俘遇难，全靠自己的军事才能和纯粹幸运（俄国彼得三世的登基），才得以拯救国家，使之继续成为欧洲的重要大国。人们因而把普鲁士描绘成"一个有国家的军队"，而不是一个有军队的国家。[9]

普鲁士从家族制到现代官僚体系的转变是分阶段完成的，始于1640 年，止于 19 世纪早期的施泰因—哈登贝格（Stein-Hardenberg）改革。大选帝侯 17 世纪下半叶开始启动了这一进程，将文职和军事的官僚体系分开，把前者组织成一系列技术性的委员会（Regierungen）。为了筹集资源，军需处变成中央集权的主要工具。

它既要监管日益复杂的税收，又要发挥军事供应的功能，最终发展成国家经济政策的主要制定者。[10]

到了 18 世纪晚期，普鲁士官僚体系是奇特的混合物：它的用人和晋升，既有择优录用，又有家族裙带。腓特烈大帝大力提携有才华的军官和官僚，但经常还会将忠诚置于能力之上。一旦腓特烈的战争结束，择优晋升的压力也就消失。显要家族对某些官僚部门几乎形成垄断，可以贷款和贿赂换取招聘和晋升。换句话说，普鲁士遭受家族制复辟，就像中国在东汉末期所经历的。[11]

历史在普鲁士终结

根据哲学家亚历山大·科耶夫（Alexandre Kojève）的说法，历史终结于 1806 年的耶拿—奥尔斯塔特战役（Jena-Auerstadt）。其时，半家族制的普鲁士军队全军覆没，对手是拿破仑·波拿巴。拿破仑率领的是更为现代的军事机器，以国民征兵制为基础，遵照现代官僚的原则组织起来。年轻的哲学家黑格尔亲眼目睹拿破仑骑马穿越耶拿大学城，从这场失败中看到现代国家的胜利。他在《精神现象学》（*Phenomenology of Spirit*）一书中论证，人类理性的自我表现走过漫长的历史旅程，其高潮就是这种国家现代性。科耶夫 20 世纪 30 年代在解说黑格尔时认为，现代国家的想法一旦问世，最终将在全世界普及，因为它具有如此巨大的说服力，面对它的人要么顺从它的支配，要么遭到它的吞噬。[12]

现代国家的基础在耶拿战役之前就已打下，1770 年的官僚体系改革已引入考试作为晋升的依据。但没有军事失败的大难临头，旧体系无法克服惯性。兵败于拿破仑之后的改革，以施泰因男爵（Baron Karl vom und zum Stein, 1757—1831）和哈登贝格王子（Karl August von Hardenberg, 1750—1822）为首。施泰因是贵族，出身帝国骑士家庭，就读于哥廷根大学和英国，并且是自由主义哲

71

学家孟德斯鸠的追随者。[13] 在耶拿战役之后，哈登贝格的座右铭变成了"君主制政府中的民主原则"。[14]

施泰因—哈登贝格改革完成了从腓特烈个人独裁到真正开明专制（法治国）的转变。1807 年的《十月法令》，继法国大革命的先例，废除贵族的法律特权。官僚职位向平民全面开放，"唯才是举"（carrière ouverte aux talents）的法国原则被奉为圭臬。家族制的遗老遗少从官僚体系中被清除出去。官僚体系仍是贵族制的，但现在立足于教育水平而不再是出身。1817 年的就业法规，将中学古典教育和大学法律教育，定为聘任较高层官员的先决条件。与此同时，另有大学制度的改革。在威廉·冯·洪堡（Wilhelm von Humboldt）的领导下，大学改革在耶拿战役之前就已起步。改革创建的综合系统将全国最好最聪明的年轻人直接送入官僚机构。[15] 因此，普鲁士体制酷似由高等学院支撑的法国体制，或明治维新之后创建的日本体制。日本的新学术精英也从东京大学等学府直接进入政府。

不断变化的思想氛围，体现于哲学家约翰·费希特（Johann Fichte）的言论。他声称，贵族是"国家的第一等级，仅仅表示一旦遇上危险他们是第一个逃跑的"。[16] 择优是组织原则的核心，体现于德语的教化（Bildung）一词。它可翻译为"教育"，但具有更广泛的意义，除了正规学习，还包括道德修养。教化的概念受到 18 世纪末一代启蒙思想家的推崇，包括莱辛（Lessing）、赫尔德（Herder）、歌德、费希特、洪堡，尤其是伟大的哲学家康德。[17]

法治国

72

出现于 19 世纪的普鲁士国家，将成为统一德国的基石，也是专制独裁的典范。最高统治者不受负责制的约束，但要借助日益制度化的官僚体系。所以，政府行为具有正规性和透明度，随着时间的推移，更演变成对专断专制政体的法律约束。然而，法治国从未达到宪法对行政的约束程度，即英国人在光荣革命中取得的，或美国人在宪法中奉为圭臬的。不过它作为保障现代产权的手段还是足够好的，促进了德国在 19 世纪下半叶的经济增长和快速工业化。所以，它成了世界各地开明专制政体的典范。因此，当代新加坡有时会被比作 19 世纪的德国。

我在第 1 卷给法治下的定义是，法律得以制衡政治权力，包括政治体系中最强大的政治参与者。我在第 1 卷还表明，在许多文明中法治有宗教上的起源，宗教既为法治提供了法律内容，又提供了解释法律的宗教专家的等级制度。在基督教的欧洲，天主教在 11 世纪复活了罗马法；之后，又有各式法律制度获得制定。而第一名专制君主开始积累权力，还要等数百年之后的 16 世纪晚期。事实上，欧洲强大的法律传统推迟了专制主义工程，最终还限制了它的范围。

这在德国身上表现得最为真切，德国几乎就是各种法律制度的化身，如帝国议会以及在无数章程和合同上都有明文记载的封建权利和义务。各德意志邦国花在诉讼上的时间与花在战争上的几乎一样多。

正是在这样的背景下，崛起的专制君主开始破坏把主权赋予神（在实践中是神的代理人教会）的法律概念，转而宣称自己拥有主权。这种说法有时基于君权神授——上帝把主权直接授予特定的统治家族。从 17 世纪中期开始，有些思想家，包括雨果·格老秀斯（Hugo Grotius）、让·博丹（Jean Bodin）、托马斯·霍布斯和塞缪尔·普芬道夫（Samuel Pufendorf），开始构建新理论。这个理论无须诉求宗教权威，径直把主权赋予君主。普芬道夫在普鲁士特别有影响，先是大选帝侯的侍臣，最终又变成他的传记作者。

让专制主义与国家挂钩的世俗新论不一定是王侯权力的福音。根据这些新锐理论家，君主享有绝对权威，不再受基于宗教的法律的约束，理由在于，他们在某种意义上"代表"整个共同体的广大利益。例如，霍布斯在《利维坦》中认为，君主统治之所以合法，是因为他接受隐含的社会契约，同意保护公民的基本生命权。统治者虽不是选出的，但在某种意义上，所体现出的是公众对和平的追求，而不是自家的私人利益。政治理论家哈维·曼斯菲尔德（Harvey Mansfield）指出，国家已变成一个抽象符号，非人格化地代表整个共同体，而不是社会中特定群体的统治工具。所以，在公与私的区分上，有关的理论基础已经奠定。这一点对以现代眼光来理解政府作用非常重要。[18]

所有这些想法在普鲁士法律的演变中得到充分体现。在普鲁士国家的建立时期，君主的个人权威被认为是所有法律的源头。君主需要通过官僚体系来执政，后者反过来又以一套公共行政法律来表达自己的意志。事实上，普鲁士民事官员中的大多数是司法人员，官员最常见的教育背景是法律培训。[19] 在前述的约束行政的意义上，这并不构成法治。更确切地说，它有时被称为"依法治国"（rule by law）。在这个意义上，它与中国古代法家所倡导的律法非常相似，如秦汉等朝颁布的各类律法。[20]

有主见的领导者，如腓特烈·威廉一世和腓特烈二世，往往我行我素，不顾法律（甚至前者一度把后者打入监狱，尽管后者是他的儿子），没有遇上强大独立的司法制度的阻止。但普通公民，或彼此之间，或与国家打交道时，又可期望得到日益整齐划一、非人格化的待遇。新出现的民法包括行政法院体系，允许公民在受到政府不公对待时可起诉国家。在法国，下级法院的判决可一路上诉到最高行政法院，后者又可迫使行政部门遵守自己对法律的解释。[21]（行政法院也存在于采用民法的当代中国和亚洲，见下面第 25 章。）尽管法治国不能告诉君主他的做法是违宪的，但对下级政府的任意妄为仍可产生制约。

普鲁士国家在 18 世纪中叶，先通过塞缪尔·冯·科克采依（Samuel von Cocceji）的努力来统一法律体系，再采纳冯·卡墨（J.

H. von Carmer）和卡尔·苏亚雷斯（Karl Gottlieb Suarez）编写于 1794 年的《普鲁士普通邦法典》（Allgemeines Landrecht）。在拿破仑 1804 年颁布《民法典》之前，这个法典也许是民法传统中最重要的革新，它力图使法律明确，让每个公民都清楚国家的目标。

普鲁士法典仍是一份封建文件，因为它把公民分为三类——贵族、自由民和农民，各有不同的权利。农民有权留在自己耕种的土地上，但土地买卖只能在贵族之间发生。卡墨和苏亚雷斯本来希望这份法典成为宪法性文件，以保护人民免受君主的随心所欲，但在国王的要求下，颁布之前被迫把有关段落删除。这份法典承认私人事务中宗教和良心的自由，但给国家相当大权限，以控制政治讨论、审查媒体言论。[22]

有了耶拿战役的失败和施泰因—哈登贝格改革，社会各阶层不平等的法律待遇才被扫除。拿破仑的胜利引发特别重要的改革，那就是任何人都可拥有土地，由此开放土地市场。代表权没有正式扩展，但官僚体系感到自己在行使代表权。历史学家爱德华·甘斯（Edward Gans）说："国家的力量在于行政的宪政秩序……公民的自由在于它的法律秩序。"在普鲁士的行省，省督（Oberpräsident）公署协调行政部门，主持省议会，充当与中央沟通的渠道。主持中央政府政务的与其说是国王，倒不如说是哈登贝格的国务院（Staatsrat）。[23]

官僚体系的自主和民主负责制的悖论

亨廷顿用来界定制度化的四个标准之一是制度（机构）的"自主"程度。如果"有自己的利益和价值，有别于其他制度（机构）和社会力量"，那么制度（机构）就是自主的。[24] 所以，自主的司法部门在裁决时会严格遵循司法规范，既不会听从政治老板的遥控，也不会接受富裕被告的贿赂。自主的军队可以军事标准来晋升军官，而非政治标准。自主的反面是服从，即一个组织受外部势力的有效控制。第 1 卷中的叙任权斗争讲到，天主教会在 11 世纪和 12 世纪力求任命自己的神父和主教，这其实就是争取自主的斗争，为了独立于当时的宫廷政治。[25]

中国从未有过正式法治，但自秦朝以来，一直有官僚体系。它根据书面规则行事，建立对政府行为的稳定期望。中国自主的官僚体系对皇帝随心所欲的专制行为起了制动作用，这比欧洲整整早了一千年。事实上，明代一位皇帝自认可以调兵遣将，发动战争，却被大臣们解除武装，所用方式很有礼貌，但也很坚决。[26]

官僚体系逃避主人控制的现象，行政部门的代理人很清楚，无论是企业老总和国家总统，还是大学校长。要运行庞大组织，不管是公共的还是私人的，没有官僚体系是不行的。一旦将权力委托给一级级的行政机构，行政高管就会失去很多控制，往往成为官僚体系的囚犯。（这是英国广播公司系列喜剧《是，大臣》[Yes, Minister] 的核心前提，剧中的常任秘书汉弗莱是职业官僚，成功挫败名义上是他老板的政务大臣的各种倡议。）官僚体系越是自主和能干，潜在的失控危险也就越大。

这也发生在霍亨索伦王朝。像腓特烈大帝那样雄才伟略的国王，恐吓官僚体系，使之屈从于自己的意愿。他著名的政治遗嘱，呼应法国路易十四的家族制观点，"朕即国家"。[27] 他的继承者腓特烈·威廉二世（1786—1797 年在位）和腓特烈·威廉三世（1797—1840 年在位）不够强悍，权力的平衡由此决定性地偏向官僚体系。这些早期的国王让官僚体系变成独特地位的团体，有力且团结。正是这种内部团结给它带来高度的制度自主性。这些官员愈来愈把自己当作普鲁士国家的公仆，而不是霍亨索伦王朝的私仆。国家利益超越其时占据王位的个人的命运。1806 年之后，官僚体系向雄心勃勃、遍布才俊和教育良好的资产阶级开放，这种团队精神获得进一步加强。所以，有观察者在 1799 年宣称，普鲁士国家"与不受限制的君主政体相差很远"，而是一个贵族政体，"赤裸裸地化成官僚体系来实施统治"。[28] 由于这个原因，黑格尔在《法哲学》(*The Philosophy of Right*)一书中将官僚体系视作"普遍阶级"(universal class)的化身，它代表的是整个共同体，而不是必然偏袒自我利益的市民社会。

有效制度要有高度自主，就会有物极必反的情形。譬如，军队不向政治上的主人提供关键信息，以便自己来独立制定战争的目标。那么，它就是在篡夺政治权力。经济学家以委托人和代理人的关系来理解这个问题。官僚体系应该是没有自身目标的代理人，制定目标的是他们的老板——委托人。在君主国，委托人是国王或统治王朝；在民主国，委托人是通过民选代表间接执政的人民。在运作良好的政治体系中，代理人应有足够自主性来做好分内工作，但到最后还得向委托人负责。官僚机构的自主在君主政体中是对专制权力的制约，久而久之，它想逃离的不仅是皇帝的控制，而且还有民选的立法机构的控制，因为德国在 19 世纪末 20 世纪初已经走上民主化的道路。

普鲁士于 1871 年在首相奥托·冯·俾斯麦(Otto von Bismarck)的领导下统一了德国。之后，官僚机构继续保持自主，拒绝来自皇帝和新兴民主政体的干涉。选举权在 19 世纪 70 年代后逐步向民众开放，像社会民主党等新政党渐渐在国会取得席位（见第 28 章）。但帝国宪法保护官僚免受国会的干涉，官员可以参与国会，但国会无权任命官员。这时涌现出政治学家马丁·谢夫特(Martin Shefter)所谓的保守党和上层中产阶级政党的"专制联盟"。它支持官僚体系的自主，抵制新政党将自己追随者安插到要位的企图。[29]

这个专制联盟到 20 世纪仍然保持着它的影响力，一直到德国在第一次世界大战的战败和第一个民主政体魏玛共和国的出现。1918 年德皇被迫退位后，支配国家运转的官僚机器基本上完好无损。新的民主政党——社会党、民主党和中间派——不愿把太多自己人安插进去，唯恐引起官僚机构不满，转而反对新兴的共和国。甚至在 1920 年卡普政变（Kapp Putsch）之后，也不敢贸然将盘踞已久的右翼分子清除出去。1922 年，极端民族主义者刺杀总理瓦尔特·拉特瑙（Walther Rathenau）；那之后，政治任命才有所增加。但在纳粹 1933 年上台后，这些新上任的官员很快被开除。纳粹颁布重建职业官僚的法律，矛头所指就是犹太人、共产党人和"政党安插的官员"。[30]

　　过分自主的问题在普鲁士和后来的军方最为严重。施泰因—哈登贝格改革之后，在向中产阶级的开放上，军队比文官系统要慢得多。一直到 20 世纪，军队仍是特权的堡垒，自成一体，游离于平民社会之外。[31]普鲁士军队战胜丹麦、奥地利和法国，赢得了政治资本，谋求自己独立于民选的国会。此外，根据俾斯麦宪法，军队只向皇帝负责。由于这种高度自主，军方对德国外交政策发挥愈益增长的影响，就像历史学家戈登·克雷格（Gordon Craig）说的，成了"国中之国"。1887—1888 年的保加利亚危机时，总参谋部的阿尔弗雷德·冯·瓦德西将军（Alfred von Waldersee）认为，为了支持奥地利在巴尔干地区的利益，与俄国一战不可避免，从而敦促先发制人的战争。明智的俾斯麦知道，德国外交政策的目标应是防止反德联盟的出现。他成功遏制这种军方威胁，他的评说令人难忘，先发制人的战争好比出于对死亡的恐惧而先行自杀。他的继任者则比较软弱，挡不住军方的政治影响。阿尔弗雷德·冯·施利芬将军（Alfred von Schlieffen）和赫尔穆特·冯·毛奇将军（Helmuth von Moltke the Younger）掌控的总参谋部，制定对法国和俄国两线作战的计划，呼吁在 1905 年摩洛哥危机中采取激进姿态（这促使英法团结在一起），1914 年 7 月大公弗朗茨·斐迪南（Franz Ferdinand）在萨拉热窝遭到暗杀前，又催促对奥地利盟友的大力支持。军方认定的两线作战不可避免，反而成了自行实现的预言。皇帝被告知，为了应对巴尔干地区的事件，别无选择，只能照军方时间表向法国发起进攻，结果就是第一次世界大战的爆发。[32]

　　18 世纪建立的官僚体系的自主传统，一直延续到当代的德意志联邦共和国。纳粹政权在 1933 年上台后，顺利完成对军队的掌控，但对文职系统则基本未动。与布尔什维克等共产主义政党不同，纳粹既没有创立平行的政委体系，也没有把旧官僚体系推翻重来。它只是在有些部委（尤其是内政部）安插忠诚人士，以清除共产党人和犹太人官员，但最终发现，仍需要依靠官僚体系的现有能力。[33]

　　结果是，当纳粹政权 1945 年 8 月遭到盟军摧毁，官僚体系却存续下来，事实上证明还相当有韧性，即使有盟军占领当局的努力以清除出身纳粹或同情纳粹的成员。普鲁士所有文职官员中，约有81% 是纳粹党员，其中一半又是在 1933 年之前入党的。[34] 美国、英国和法国的占领当局，试图铲除德国政府中的纳粹影响。他们在纽伦堡举行对高级战犯的审判，又从官僚体系中清除可疑分子。但是，当西德的联邦共和国于 1949 年成立后，尽快组成得力政府来主持反苏的新北约组织成为当务之急，大批清洗出去的人因此而官复原职。1951 年通过的联邦法律，将复职权利赋予所有普通文职人员，包括有纳粹背景的，以及被东德驱逐出境的。最初有五万三千人被清洗出去，到后来仅有一千人永久不得担任政府工作。

　　联邦德国在 20 世纪中期成立时，德国社会已发生巨大变化。贵族和旧容克阶级遭到摧毁，纳粹政权变得臭名昭著，普鲁士的国家机器分崩离析，真正的民主价值观在社会上广为传播。德国官员的政治态度随时代而发生变化，但官僚体系的自主高效的传统基本上完好无损。

通往现代国家的途径之一

　　我在普鲁士—德国的官僚体系上花费这么多时间，是因为它称得上是现代官僚体系的典范，并获得了广泛认可。它也代表一部分国家选定的途径：为了应付军事竞争，而发展非家族制的现代国家，并一直存活至当代。这其中包括秦汉时期的中国，它的现代国家比普鲁士、瑞典、丹麦、法国和日本的国家几乎早了两千年。战争和高效的现代政府没有很大关联，许多长期参战的社会仍是腐败或家族制的。对一部分国家来说，战争仅仅是有利条件之一。

今天，许多发展中国家的制度非常脆弱；而普鲁士—德国的官僚体系让人印象深刻的是它的耐用和韧性。18 世纪普鲁士创立的官僚传统，活过了耶拿和拿破仑的战役，过渡到德意志帝国、魏玛民主政体与纳粹政权，然后又通过战后的联邦共和国重返民主。官僚体系的社会构成发生了巨大变化，一开始它是贵族的禁脔，最后变成反映广大德国民众意志的、择优选出的精英联合体；它保住了团队精神，最重要的是，还保住了对自主性的政治支持。

今天，德国官僚机器无疑受到政治系统的充分控制，最终要向联邦议院中民选的政党负责。这种控制主要体现在，处在官僚等级顶端的总理（political minister）由每一届政府任命。在德国历史上从未发生过大规模向党务工作者分派公职的情形，此即政治庇护主义，就像在美国、意大利和希腊发生的那样。在德国历史上，自主的官僚体系即使不是军国主义和对外侵略的力量，往往也是极端保守的力量。它获得自主性是在开放民主政治之前，这一事实意味着，如马丁·谢夫特指出的，庇护政治从来没有在德国登陆。我们将要看到，在强大国家巩固之前就出现民主的地方，从政府质量的角度看，结果都不太理想。

今日的德国、日本和少数其他国家，由于继承了政治发展的威权阶段的遗产，才在政府质量和控制腐败上获得高名次。我们不能称之为幸运，为获得这种官僚自主性而付出的代价是军事竞争、战争和被占领，以及破坏和拖延民主负责制的威权统治。在政治发展中，如亨廷顿阐明的，美好事物并不总是走到一起。

第 5 章

腐败

> 腐败的某些定义；腐败如何影响政治和经济增长；庇护政
> 治和依附主义作为民主参与的早期形式；从民主角度看，
> 庇护政治是坏的，但要胜过腐败的其他形式；随着国家变
> 得富裕，依附主义可能会式微

1996 年，世界银行新任负责人詹姆斯·沃尔芬森（James Wolfenson）发表讲话称，"腐败之癌"是贫穷国家经济发展的主要阻碍。世界银行官员当然清楚，从该组织的成立起，腐败就是许多发展中国家的大问题。在理应得到帮助的国家中，外国的援助和贷款常常直接进入官员口袋。[1] 在沃尔芬森的讲话之前，研究发展的专业人士普遍认为，对于腐败不仅没有好的对策，而且一定程度的腐败不可避免，也不致严重到会阻碍经济的增长。在冷战期间，许多腐败政府是美国的依附者（蒙博托·塞塞·塞科 [Mobutu Sese Seko] 治理的扎伊尔就是最好案例），而华盛顿并不急于批评亲密的盟友。

自冷战结束以来，国际发展组织大力提倡，把反腐败当作打造国家和加强制度的努力之一。如我们在第 3 章所提及的《全球治理指标》中看到的，政府效率与腐败控制有很大关联。国家是否强大有效所包括的不仅是腐败控制，但高度腐败的政府，在提供服务、执法和代表公众利益上，通常会遇上很大的麻烦。

腐败阻碍经济发展的原因有很多。首先，它扭曲经济奖励，使

资源不流向最有效的用户，反而流向有权索取贿赂的官员。其次，腐败是一种昂贵的累退税。许多国家收入微薄的小官小吏都有点小贪小污，但被挪用资金的绝大部分，都流到了有权从人口中榨取财富的精英之手。此外，寻求这种回报往往是费神耗时的行当；那些最聪明最有抱负的人，本可去经营创造财富的私人企业。与政治体系玩游戏以谋取私利，就是经济学家所谓的"寻租"。[2]

据称，在获得工商登记、申请出口许可证和约见高官的过程中，行贿具有润滑作用，可帮助提高办事效率。但是，这种做生意的方式非常糟糕。如果注册过程很快、出口许可证不存在、人人都可方便平等地获得政府帮助，岂不更好？明白无误的法治到头来反而更为有效。

腐败除了扭曲经济效应，还大大有害于政治秩序。一旦有了官员和政客皆腐败这一印象，就会大大降低政府在普通人眼里的合法性，还会破坏国家顺利运转所必需的相互信任。对腐败的指控，常常不是为了改善政府，而是充任政治武器。在大多数政客都参与腐败的社会中，挑选其中一个来施以处罚，往往不是改革而是夺权的迹象。对寻求巩固制度的新兴民主国家来说，腐败的事实和表现是最大的弱点之一。

如想了解国家从家族制到现代的转型，我们需要弄懂腐败的性质和来源。腐败的形式多种多样，对经济增长和政治合法性来说，有些更具破坏性。所以，有必要搞清它的基本定义。

公与私

关于腐败及其来源和潜在的补救，今天已有相当丰富的研究文献。尽管有这么多学术著作，但还是找不到一本普遍接受的分类专著，以了解通常以腐败为标题的各式行为。[3]

腐败的大多数定义，以挪用公共资源、谋取私人利益为中心。[4]

这是很有用的出发点，以此类推，腐败主要是政府特征，而不是企业和私人组织的。

这个定义意味着，腐败现象在某种意义上只出现于现代，或至少是正在现代化的社会，因为它以公与私的区别为前提。如我们在前面章节中看到的，公共领域和私人利益的区别，只有到了 17 世纪和 18 世纪的普鲁士才发展出来。在此之前，普鲁士政府（以及几乎所有欧洲国家）是家族制的。换句话说，君主认为治下的领土是自己财产，犹如他的家产或遗产。他可向亲属、支持者或对手赠送土地（以及居住于其上的人口），因为它只是私有财产的一种。在这种情况下，谈论腐败是没有意义的，因为当时没有公共领域的概念，挪用资源也就无从谈起。

随着中央集权的国家在 17 世纪和 18 世纪的增长，在大家眼中，统治者的领地与其说是个人财产，倒不如说是统治者代社会管理的公共信托。格老秀斯、霍布斯、博丹和普芬道夫提出有关国家主权的早期的现代原则。他们强调，君主的合法性不在于古代或继承得来的所有权，而在于君主在某种意义上是公共利益的守护者。他可以合法征税，但有前提，就是要提供必要的公共服务，首先是公共秩序，以避免霍布斯描述的"人人相互为敌的战争"。

此外，包括最高统治者在内的公职人员的行为，愈来愈承受正式规则的限制。组成普鲁士法治国的法律中已有明确规则，将公共和私人的资源分开界定。很多世纪以前，中国的儒家思想也发展出一种平行学说：皇帝不是土地和治下臣民的单纯主人，而是为公共幸福操心的社会道德卫士。中国皇帝可为私事而挪用公共资金，他 84 们也确实这样做了（如明末的万历皇帝），但公私账户之间的区别还是有明文规定的。[5]

并非只是腐败那么简单

有两种现象，与上述的腐败密切相关，却又不尽相同。第一是创造和提取租金，第二是所谓的庇护政治，或曰依附主义。

在经济学中，租金在技术上的定义是产品或服务的成本和价格之间的差价。产生租金的最重要的来源之一是稀缺：今天一桶石油的售价远远超过它的边际成本，因为它处在高需求之中。这两者之间的差异，被称为资源租金。纽约市公园大道上的公寓，业主要求的租金要比爱荷华州等量面积的高出很多，因为土地在曼哈顿是稀缺资源。

创造租金的可以是土地或商品的自然稀缺，也可以是政府的人为设定，典型案例是执照。在纽约市，合法出租车的总数由出租车与电召车委员会制定。这个数字封顶多年，出租车的数量因此跟不上市场需求，市政府颁发的出租车执照牌竟能卖到高达一百万美元一枚。执照牌的费用就是政治当局制造的租金，一旦市政府允许任何人都可以挂牌载客，马上就会消失。

在制造人为短缺上，政府有多种花招，最基本的腐败就与这种滥权相关。譬如，设定关税会限制进口，为政府创造租金。世界上一个最普遍的腐败地方就是海关部门。海关官员接收贿赂，或减少征收的关税，或加快清关过程以便进口商准时提货。在 20 世纪 50 年代和 60 年代的印尼，海关部门的腐败十分普遍，政府干脆最终决定，将之外包给一家瑞士公司，以检查所有进关货柜。[6]

政府可通过税收或监管来轻易创造租金，导致许多经济学家要么谴责租金扭曲市场对资源的有效调配，要么干脆把租金的创造和分配视同腐败。政府创造租金的能力鼓励许多雄心勃勃的人士从政致富，而不是自行创业或参与私营部门。道格拉斯·诺斯、约翰·沃利斯和巴里·温加斯特对所谓有限准入和开放准入（limited and open access）的秩序，作出根本区别：在有限准入的社会，精英故意对经济活动设置限制以创造租金，增加自己收入，防止活跃的现代竞争经济的出现。[7]

租金可以并已经在这些方面遭到滥用，但也有完全合法的用途，所以不能给予一概而论的谴责。最明显的"好"租金是专利或版权，政府允许发明或创作的主人在一段时间内享有专利。现在你手上这本书的生产成本，以及你为之付出的买价（假设你没有偷窃或非法下载），两者之间的差价就是租金。它在社会中获得合法性，成为刺激革新和创作的手段。经济学家穆什塔克·汗（Mushtaq Khan）指出，为了促进工业化，许多亚洲政府允许其所偏爱的企业收取超额利润，前提是要用作再投资。这为腐败和滥用打开大门，但也刺激了经济的快速增长，所达速度可能高于市场力量自身所能有的。[8]

所有政府的监管功能，例如保护湿地、要求披露首次公开募股、证明药物的安全有效，都在创造人工稀缺。有权批准或扣压，就能创造租金。我们可争论监管的适当程度，但很少有人因它会创造租金而予以放弃。为人诟病的纽约市出租车执照牌，当初也是为了保持最低水平的服务，确保公共运输的公平。没有此类的监管，很多出租车会干脆拒载短程客，或拒绝前往贫民区。

所以，政府对租金的创造和分配与腐败有很大程度的重叠，但他们却分属不同的现象。人们必须审视租金的宗旨，判断它是在制造政府官员挪用的纯私人产品，还是在服务于更广泛的公共目标。

庇护政治与依附主义

与腐败相关联的第二个现象是庇护政治，或依附主义。庇护关系是指两个不同地位和权力的人交换好处，通常涉及庇护人提供好处给依附者，以换取后者的忠诚和政治支持。提供给依附者的好处必须是个别配置的，如为亲戚争到邮局的工作、圣诞节火鸡和提前出狱，而不是适用于大众的公共物品或政策。[9]下面是一个案例："在西西里，有位学生想与教授认识以求帮忙，于是找到欠他人情的当地小镇的政客。政客让他去找自己住在中心城市的表弟，后者联系上教授的助理。接下来，助理就为学生与教授安排见面。学生的需求得到满足，作为回报，允诺在下次选举时为政客拉票。"[10]

庇护政治与依附主义的差别有时仅在规模上。庇护关系通常是庇护人和依附者之间面对面的，存在于各种政体，无论威权还是民主。而依附主义涉及庇护人和依附者之间较大规模的好处交换，往往需要多层的中介。[11] 所以，依附主义主要存在于需动员大量选民的民主国家。[12] 传统上被称作庇护政治的美国行为，根据这个定义，实际上应是依附主义，因为它指的是庞大的党派组织，通过等级分明的政治机器，分派广泛的好处。[13]

依附主义被认为是坏事，它在好多方面背离了良好的民主实践。在现代民主国家，我们希望公民的投票以政客承诺的政策为准，即政治学家所谓的"纲领性"政策。左派可能支持政府提供保健和社会服务，保守派可能喜欢将政府资源拨给国防。无论如何，投票偏爱应该反映出，什么是有益于整个政治共同体的普遍观念，而不只是有益于个别选民的。发达民主国家的选民，当然按照自身的利益在投票，不管这种自我利益是落在对富人的减税、对特定企业的补贴上，还是落在专为穷人的方案上。从广泛正义的角度，或从大众利益的角度，这类针对性方案都是合理的，即使它的公正实施只适用于某阶层，而不是人人有份。但政府特别不能因为具体个人对政府的支持，而向他或她提供好处。

在依附主义中，政客向政治支持者提供个别好处，以换取选票。这些好处包括公共部门的工作、现金支付、政治帮忙、仅给特定政治支持者的公共物品，如学校和诊所。由于多种原因，这对经济和政治制度都有负面影响。[14]

首先，也许是最重要的，庇护政治和依附主义影响政府质量。现代官僚体系以功绩、技术能力和非人格化为基础，一旦换成政客

87

的政治支持者或亲信，几乎不可避免，工作表现会变得愈来愈糟。安插政治任命的官员，也会增加工资支出，成为财政赤字的主要来源。与私营部门不同，公共部门无需面对破产，没有测量工作表现的方便标准。这意味着，充斥庇护式任命的政府变得难以改革。[15]

依附主义破坏良好民主实践的第二个方式，是让现有精英变得更强，阻止民主负责制的涌现。根据定义，依附主义的关系是不平等的，其中有钱有势的政客实际上是在收买普通公民的支持。这些政客通常对扩大自身的狭隘利益有兴趣，也可能对增进手下依附者的福利有兴趣，但不会在乎广大公众。由于纲领性政党的崛起，如英国工党和德国社会民主党（参见本书第三部分），欧洲的不平等在20世纪有所减少。这些政党推动广泛的社会福利计划，以相对公正的方式，将富人资源再分配给穷人。相比之下，许多拉美国家继续承受严重不平等，因为穷人往往把选票投给奉行依附主义的政党——阿根廷的庇隆主义党就是一个典型——而不是纲领性政党。奉行依附主义的政党不是为穷人争取广泛利益，而是向选民分发实际上的个别贿赂。

88

天然的社交模式

庇护政治和依附主义有时被视作政治行为的高度变异形式，只存在于发展中国家，发展中社会的特征易于产生它们。事实上，不管涉及家人还是朋友，政治上的庇护关系是人类社会组织的最基本形式之一。它是普遍的，因为它是人类天生的。所以，需要解决的历史大谜团不是庇护政治为何存在，而是它为何在现代政治制度中变成非法，且被非人格化的组织所取代。

我在第1卷指出，人类天生是社会性动物，它的社会组织植根于生物学。几乎所有人类社会，甚至许多有性繁殖的物种，分享两种基本的生物学原则：亲戚选择（包容适存性原则）和互惠利他。[16]

在亲戚选择中，人类偏爱共享基因的亲戚，偏爱程度与分享的基因
呈正比，这也是裙带主义的基础。互惠利他指的是毫不相关的个体
在面对面的基础上交换好处。

　　无论亲戚选择还是互惠利他，都不是后天习得的行为。无论文
化背景是什么，每个孩子都会本能地偏爱亲戚，与周遭的人交换恩
惠。这些行为不完全根植于理性的算计。人类生成一套情感，大大
有助于基于亲友合作的社会关系的发展。反常的表现——譬如，为
非人格化官僚体系挑选高素质雇员而不选自己亲友——是社会建构
出来的行为，违背我们的自然倾向。随着像现代国家这样的政治制 89
度的发展，人类开始以超越亲友的方式组织起来，学习相互之间的
合作。一旦这些制度分崩瓦解，我们又会回到作为社交预设形式的
庇护政治和裙带主义。

　　最早的人类社会组织是族团和部落，构成今天所谓的庇护式组
织，也是人类历史最初四万年中唯一的组织形式。族团由相互关联
的几十人的群体组成，部落以共同祖先为原则，可使社会规模大幅
扩展。亲戚选择和互惠利他对这两种人类群体的团结是必不可少的。
团结以血缘关系为基础；这两类组织中的群体首领或头人，都与他
的追随者交换恩惠。部落组织的领袖尚未拥有后来在国家层次社会
中赢得的绝对权威，如果无法继续向追随者提供资源，或犯了伤害
群体利益的过错，就会被人取代。在这样的组织中，领袖和追随者
之间有真正的互惠交往。

　　提供庇护的头人及其追随者，作为政治组织的形式，时至今日
都还没有被完全取代。它在人身上自然涌现，往往还是取得政治权
力的最佳途径。今天，权威的行使主要通过对正式组织的控制，如
国家、企业和非政府组织。它们在现代形式下的运作，要依赖非人
格化和透明的规则，但也往往是僵化和难以指挥的。所以，领袖通
常要依赖自己在晋升之路上培植的支持者网络。约瑟夫·斯大林和
萨达姆·侯赛因，不单以手中的军队和警察为权力基础，还掌控一

批追随者的忠诚。在斯大林的情形中，是以秘密警察首脑拉夫连季·贝利亚（Lavrenty Beria）为首的格鲁吉亚老乡。在萨达姆·侯赛因的情形中，是来自伊拉克中部提克里特地区的亲戚网络。这些庇护式网络被用来控制国家本身。同样，日本自由民主党等，也有各种基于庇护式网络的领导派别。许多政治发展欠缺的软弱社会，受到庇护式组织更公开的把持。例如，利比亚、刚果民主共和国、索马里、塞拉利昂和利比里亚，都处在民兵组织的威慑之下。　90

　　依附主义是互惠利他的另一形式，主要存在于民主政治制度下，其中的领袖必须参加竞选来争取上台。相比于精英的庇护式网络，依附式网络庞大得多，因为它经常被用来敦促数十万选民的投票。结果是，这些网络派发好处不依靠庇护人和依附者之间的面对面关系，而通过一系列中介来招募追随者。代表政治老板与个别依附者发展个人关系的，正是这些竞选工作人员——传统美国市政中的选区助理（ward heeler）和投票站站长（precinct captain）。

　　今天，几乎每一个民主国家都认为，公开收买选票是违法的，并通过像无记名投票那样的机制来予以阻止。[17] 对政客来说，问题是如何监控依附者的行为，以确保他们遵循交易的条件。此外，庇护人必须发出具有说服力的信号，让选民相信他会兑现提供个别好处的诺言。民主国家中基于种族的投票，无论是在 19 世纪的美国都市，还是在今天的印度和肯尼亚，都是司空见惯的，原因之一是种族成了可信标志，表明特定的政治老板将会照顾特定的受众。[18]

　　根据所有上述原因，庇护政治和依附主义构成了对良好民主实践的实质性和规范性偏离。在几乎所有现代民主国家中，它们都是非法的，都会招致指摘。所以，它们通常被认为是政治腐败的另一种形式。又有许多理由显示，依附主义应被视为民主负责制的早期形式，不同于其他形式的腐败——或根本就不能算是腐败。第一个理由是，它基于互惠关系，在政客和投票给他的选民之间，建立适当的民主负责制。即使提供的好处是个别的，不是纲领性的，政客仍须说到做到，以换取支持。而依附者在好处没有着落的情形下，还可以自由改选他人。此外，依附主义被设计成在选举时推动广泛的政治参与，这是我们认为的可取之处。[19]

　　在这方面，依附主义大大不同于纯粹的腐败，例如官员偷盗国库，将钱汇到瑞士银行，存到自己和家人的账户下。按照韦伯的方式，这种腐败有时被称作封建薪俸主义（prebendalism），说的是领主赠送封地给附庸，让他在封地上开发获利。[20] 撒哈拉以南非洲有许多依附主义，但政治学家尼古拉斯·范·德瓦尔（Nicolas van de Walle）认为，当地遭受的是更可怕的封建薪俸主义，夺走公民对民选官员的控制。[21] 在阿富汗，由于它与苏联和北约的连年战乱，基于庇护政治和依附主义的传统部落关系开始崩溃，取而代之的是更具掠夺性的封建薪俸主义，其中个别省长或部长挪用巨额资金，却很少提供公共服务。这些资源大多是国外援助，让挪用变得更为容易，使中央政府严重丧失了合法性。在这种情况下，回归到传统的庇护政治，可算是政治体系在运作上的一大进步。

　　把依附主义当作民主的早期形式而不是腐败的第二个理由是，它出现于许多年轻的民主国家。在那里，投票和选举权是新鲜事物，政客又面临如何动员选民的问题。在收入和教育水平都较低的社会，与广泛的纲领性议程相比，个人好处的承诺往往更能促成支持者的踊跃投票。这在美国曾经是千真万确的。美国是建立全体男性选举权原则的第一个国家，从某种意义上说，它发明了依附主义并以各种形式付诸实践，历时一个多世纪。[22]

　　依附主义与经济发展水平大有关系，这是一道简单的经济学题目：穷人的选票比富人的更容易收买，只需要像礼金或低技术工作那样的小恩小惠就够了。随着国家变富，政客需要提供的好处也在增加，依附主义的成本大幅上升。在 1993 年的选举中，台湾的国民党买到足够票数，以击败反对派民进党，代价是每票三百元新台币（约十美元）。而较穷的菲律宾在 1998 年举行选举，每票的代价是三美元。由于接受贿赂的台湾选民中仍有 45% 没把票投给国民党，再加上反对党将收买选票当作竞选议题，这一做法已在很大程度上消失于台湾的选举。[23]

依附主义一旦遇上较高收入水平就会后退，原因与市场经济的强劲发展有关。大多数穷国缺乏强大的私营部门和创业机会：这的确也是它们贫穷的初始原因。在这种情况下，对庇护人和依附者来说，政治是更保险的致富途径。今日印度的私营部门快速增长，但仍然弱小。对绝大多数的印度人来说，以庇护人或依附者的身份参政，仍是向上攀爬的主要阶梯。[24]

随着市场经济的蓬勃发展，私人致富的机会大增，在绝对和相对的水平上，都要超过从政提取的租金。雄心勃勃的年轻人，如想在今天的美国赚大钱，不必去政府工作。他们会去华尔街和其他美国公司，或在像硅谷那样的地方自行创业。事实上，要说服私营领域的成功人士参政，往往是相当困难的，因为这意味着他们的收入将会锐减。此外，在富国的许多选民眼中，纲领性的问题，如监管、环境、移民政策和工会的扩展能力，比依附政客提供的小恩小惠，更能影响自己的生活和福祉。[25]

当代对庇护主义和官僚质量的许多理解，以马丁·谢夫特的框架为基础。他认为，庇护政治的供应比它的需求重要得多。换句话说，当政客有机会获得可支配的国家资源时，庇护政治才会存在。这解释了他所谓的"外围"的政党，如俄共等共产主义政党，一开始仅有非常少的庇护和腐败。它们需要严格的纪律，上台之前确实也没有好处可以分发。[26]

对依附式恩惠的需求不会随着国家变富自动下降。实施依附主义的还有富裕国家，如意大利、希腊和日本。如想弄清其中原委，还须对它特定的历史途径，以及改革联盟未能出现的其他因素，作出更详细的介绍。

第6章

民主发源地

希腊和意大利如何卷入欧洲金融危机的中心；希腊和意大利南部成为低信任社会；希腊早期民主化的后果；尽管有现代化，依附主义仍在希腊加深

始于 2009 年底且又不断加剧的金融危机，不但动摇了欧盟，而且给欧元作为统一货币、欧盟作为促进和平与经济的框架带来威胁。危机的重点涉及某些欧盟国家，它们无力偿还十年来积累下来的高额主权债务，尤其是希腊和意大利。手持这种债务的金融机构因此蒙受质疑，主权债务危机迅速演变成欧洲银行业危机。

我将在本书第四部分，在国家和欧盟的层次，对欧洲民主政府的问题和经济管理的制度故障加以分析。像 2008—2009 年美国金融危机一样，欧盟金融危机有许多起因，非常复杂。但很明显，诱发因素之一是希腊和意大利的公共债务积累。如许多观察家指出的，创建欧元的《马斯特里赫特条约》(Maastricht Treaty)，提供共同的货币和货币政策，却没有相应的公共财政政策。它允许公共财政拮据的国家在 21 世纪第一个十年的经济增长时期，以没有反映潜在风险的低利率大举国债。

这个问题在希腊体现得最为真实，其债务占 GDP 的比例在 2010 年高达 140%。如图 7 所示，意大利的公债水平也已抵达不可持续的水平。这两个国家的欠债远远高于整个欧元区的平均值。两

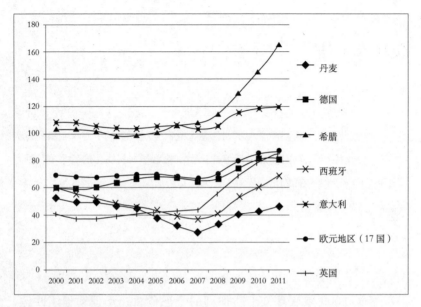

图7. 中央政府债务占GDP的比例
来源：欧盟统计局

国现任政府被迫下台，后续的技术官僚看守政府试图采纳急遽紧缩方案，使公共支出与收入相符。在欧元区，希腊和意大利估计有最大的"影子经济"，即不在税务机构账上的经济活动。[1]

目前的欧元危机暴露出北欧和南欧之间的大裂痕。今天在欧洲，并没有普遍的"福利国家危机"。德国、荷兰和斯堪的纳维亚国家，与美国和日本相比，拥有更大的公共部门。但这些国家成功渡过2008—2009年的华尔街危机，好过美国。特别是德国，在格哈德·施罗德（Gerhard Schröder）的《2010年议程》下，将21世纪第一个十年的公共财政梳理停当。它削减劳动力成本，控制债务总体水平。闯祸的国家——希腊、意大利、葡萄牙、爱尔兰和西班牙——则各有不同。爱尔兰和西班牙的财政在危机之前还比较负责，它们的问题始于住房泡沫破灭，导致银行倒闭，需要纳税人的庞大救助，从而使公共财政陷入混乱。过度支出导致不可持续的高额欠债，主要发生在希腊和意大利。

　　北欧和南欧之间的差异，导致不少观察者将之归咎于文化问题。一边是勤奋、新教和严于律己的北欧（德国、荷兰和斯堪的纳维亚），另一边是懒惰、天主教—东正教和挥霍无度的南部。我将在下面说明，文化在危机中确有发挥作用，但这些宗教差异不是问题的症结所在：新教的英国和冰岛也遭受重大的银行危机和政府赤字；而天主教的西班牙，在21世纪第一个十年后期房地产泡沫崩溃之前，基本上还有预算盈余。假如我们以宗教遗产来界定文化，真正分界线不是文化的，而在于依附主义的存在与否。

　　希腊和意大利的问题根源是，它们把公共就业当作政治庇护主义的源泉，导致臃肿低效的公共部门和膨胀的预算赤字。我们在第4章中看到，德国从专制时代继承了择优且能自主的现代官僚体系，它的现代国家发生在充分的民主参与之前，涌现出来的政党又以意识形态和纲领性议程为基础，依附主义从来不是政治权力的来源。相比之下，希腊和意大利在成为选举民主政体之前，并没有发展出现代官僚体系，在近代历史上一直使用公共就业来动员选民。结果是，它们长期无力控制公共部门的就业和工资开销，直到今天。希腊和意大利遵循的次序更接近19世纪的美国而不是北欧诸国。民主的来临早于现代国家，使国家屈从于政客的利益。

　　我们将在第9章至第11章中看到，尽管美国搞出了依附主义，但在进步时代结束时已将之连根拔起，为任人唯才的现代国家打下基础。家族制以利益集团参政的形式返回，不过独特的19世纪依附主义已不再普遍。相比之下，尽管希腊和意大利已是工业化富裕社会，旧式的依附主义仍在继续。在美国，经济发展造就的新兴中产阶级成为进步联盟的基础。相比之下，希腊和意大利的经验显示，经济增长本身不足以让依附主义消失，新兴的社会参与者被招揽进相沿成习的依附主义体系，再被诱导照章行事。这进一步证明，政

97

治发展不会遵循简单的途径，发展的组成部分可沿着平行的轨迹前进，最终却抵达不同的终点。

低信任社会

我要在一开始就指出，我讲的意大利是 19 世纪 60 年代才获得政治统一的社会，合并了相对繁荣、治理良好的北部和贫乏穷困、发展落后的南部。许多依附主义和政治腐败的特点被外国人用于整个意大利，但在历史上主要属于叫做梅索兹阿诺（Mezzogiorno）的意大利南部（罗马以南，包括西西里），而不属于伦巴第（Lombardy）、皮埃蒙特（Piedmont）、威尼托（Veneto）和托斯卡纳（Tuscany）。在意大利史学中，这被称为意大利的"南方问题"——南北两地的历史差异一开初为何存在？统一以来的一个半世纪中为何没有缩小？事实上，意大利人有一定程度的政治顾忌，不愿提及南部的与众不同。但这些差异太过明显，叫人无法忽略。[2]

对意大利南部和希腊的传统生活的社会学描述，相互之间有着极其惊人的相似，它们均缺乏社会信任，社会合作以家庭为主。[3] 有关意大利南部的传统文献提到，那里的家庭和国家之间没有公民结社——非正式的团体和协会。政治学家爱德华·班菲尔德（Edward Banfield）在巴西利卡塔（Basilicata）贫穷小镇的民族志叙述中，提出"无道德家庭主义"（amoral familism）的概念。在他笔下，其规矩是"使核心家庭短期的物质优势最大化，并认定其他所有人都在这样做"。只在直近亲属之间进行合作牺牲了人的宽广胸怀，使人们无法相信陌生人。"可给予他人的任何优势，必然以自己家庭为代价。所以，人们负担不起慈善的奢侈，即给别人超过他们应得的；甚至也负担不起正义的奢侈，即给别人他们应得的……对家庭之外的人，合情合理的态度是怀疑。"[4] 政治学家约瑟夫·拉巴隆巴拉（Joseph LaPalombara）指出，"亲友的交往仍占主导地位；家人、亲戚、邻居和村落，仍是赢得个人忠诚的最佳交往模式"。[5] 政治学家悉尼·塔罗（Sidney Tarrow）研究意大利南部的农民共产主义，他所揭示的文化围绕着"无处不在的暴力及死亡意识、女人在社会中的谦卑地位、腐败在经济和政治中几近神秘的作用"。他以班菲尔德的研究为出发点，作出进一步断言："在意大利南部，有些人参与现代的中间组织，取得第一手认知，但出于某种原因，仍视之为非法或腐败，而予以拒绝。"[6] 他的见解在罗伯特·帕特南（Robert Putnam）的经典研究《使民主运转起来》（*Making Democracy Work*）中获得大量实证。帕特南设计公民参与的测量实验，如报纸的读者群或体育俱乐部的会员，结果发现意大利北部有强大的社团纽带，而意大利南部要么没有，要有也是非常薄弱的。[7]

在 19 世纪的传统希腊乡村社会也有非常相似的现象。社会学家阿波斯托利斯·帕帕科斯塔斯（Apostolis Papakostas）指出，"把人组织起来的唯一可行办法，是通过家庭——这种社会组织在现代希腊的社会生活中一直发挥重要作用，尽管其结构因地而异"。[8] 犹如意大利南部，忠于家庭就会导致对陌生人的不信任。政治学家基斯·莱格（Keith Legg）这样写道：

> 家庭成员必须联合起来，以应付外人威胁……欺骗国家、陌生人和同事都是可接受的，经常还被当做聪明的证据。村民经常不愿与陌生人建立直接或新的关系，甚至与同事邻居都关系紧张……村庄中的房屋互相保持距离，大多数事件不会让村中其他人看到……当乡下希腊人住院时，亲戚会不断出现，检查医生本人及其治疗方法。[9]

根据这个描述，与希腊相像的不但是意大利南部，而且是我在《信任》中描述的其他低信任社会，如中国华南、西班牙和拉丁美洲的许多乡村。在这种社会中，邻居不是潜在帮手而是危险对手；居民住宅都是向内的，以防他人窥探家庭的财富。在这种社会中，企业往往是小规模的，由几代家人拥有，不会变成由职业经理掌控的大型现代公司。企业通常保持两套账本，准确的一套用于家人，另一套专为税司准备。猖獗的逃税在社会上被认可，因为国家只是另一危险的陌生人。[10]

希腊在 19 世纪末 20 世纪初的城市化很少触及这些社会模式。在西欧国家，如英国、比利时和德国，城市化是工业化的副产品，因为现代工业必须坐落在拥有港口和河流等交通枢纽的城市。在这种情况下，工厂劳工的纪律将礼俗社会转化成法理社会，以现代劳动分工打破传统社区。

相比之下，希腊更吻合于巴尔干其他地区、中东和非洲很多当代发展中社会。那里的城市化不是工业化驱动的，而是整个村庄搬到城市，将礼俗社会完好无损地保存下来。用帕帕科斯塔斯的话来说："希腊的城市可被称作农民的城市，它的市民可被称作城市的村民；城市中的高水平社会凝聚，都以交织的网络和熟人的频繁交往为基础。"[11] 希腊乡村以家庭为中心的低信任社会，就此变成 20 世纪初的都市社会。

所发生的历史事件凑在一起，使原本就偏低的信任变得更低。第二次世界大战期间占领希腊的先是意大利，后是德国。其时，希腊社会因意识形态的分歧而分裂，终于在德国占领的终结前夕爆发痛苦的内战，一边是希腊共产党，另一边是先后由英国和美国支持的政府。卷入战争的双方犯下无数暴行，导致超过五万人的伤亡，留下的两极分化一直延续到今天。

意大利南部和希腊之间当然也有重大区别。前者历史上著名的黑手党在希腊找不到真正的对应物。尽管如此，这两个地区都以家庭主义、深度不信任和公民社团的缺乏而著称。社会不信任与依附主义和低效官僚的现象有关，初看上去还不明显，但确实如此。强而有效的政府创造社会信任，又因信任的存在而好办事。但在希腊和意大利南部，信任和强有力的政府都没有。

这种不信任的来源是什么？先预告一下我将在下一章中提出的论点，与其说是文化，倒不如说是非人格化的强大国家和法治在历史上的缺席。由于缺乏值得信赖的公共权威，家庭和个人只好自力更生，从事低层次的"人人相互为敌的战争"。

希腊的早期民主

19 世纪的民主到来之前，希腊从未有机会巩固成强大、合法和自主的国家。事实上，作为奥斯曼帝国一部分，希腊没有自己的主权国家，却有抗拒奥斯曼当局——被称作游击队和盗贼（armatoloi kai kleftes）——征税的悠久传统。[12] 部分是由于法国大革命理想的启发，希腊在 1821 年宣布独立，发动反对土耳其统治的起义。不过，它未能单凭自己的力量取得成功，在法国、英国和俄国派遣海军和远征军将土耳其人赶走后才最终赢得独立。从某种意义上说，希腊的解放是现在所谓的"人道主义干预"的最初实例之一。国际社会强烈的道德关切，加上自身的战略利益，促成军事上的干预。希腊独立在欧洲自由圈子中成了轰动一时的大事，诗人拜伦勋爵充当了他那个时代的贝尔纳-亨利·莱维（Bernard-Henri Lévy，编按：法籍犹太人，1948 年生，法国"新哲学"运动领军人物，曾作为战地记者前往孟加拉国，介入反抗巴基斯坦的独立战争）。

希腊正式独立于 1830 年，但在很长一段时间中仍由外国人操纵。在欧洲大国的安排下，登上希腊王位的是巴伐利亚王子奥托（Otto），来自维特尔斯巴赫（Wittelsbach）家族。巴伐利亚人带来了军队和老练的官员，希望建立中央集权和非人格化的现代政府。像外来者试图在当代落后社会建立现代国家一样，奥托的顾问也无法渗透或控制希腊社会。他由此面临越来越大的抵制，在 1844 年

101

接受宪法，允诺在 1864 年之前开放普遍男性的选举权。希腊成为欧洲首批选举式民主国家之一，比英国早了整整一代。像美国一样，希腊民主建立于现代国家的出现之前。[13]

英国、法国、德国和比利时在巩固民主之前开始工业化。这意味着，在选举权扩展之前，已有组织良好的工人阶级的开端。这允许纲领性的社会党或社会民主党纷纷涌现，它们以工会运动为基础发展起来。犹如许多当代发展中国家，这个次序在希腊是倒过来的。希腊人是一流商人，在奥斯曼帝国中控制了相当比重的贸易，是中东和欧洲之间的桥梁。[14] 在 19 世纪 70 年代的外资流入之前，希腊一直是以农业为主的社会。大规模的城市化发生于 20 世纪之交，但城市主要是行政、文化和商业中心，而不是工业就业的来源——有时也被称为"没有发展的现代化"。真正的工业部门要到 20 世纪20 年代末 30 年代初才出现，其规模仍小于西欧。[15]

受外国支配的软弱国家、创业资本家阶级的缺席、选举权和民主竞争的较早开放，这些因素综合在一起，为希腊无孔不入的依附主义奠定了基础。19 世纪的希腊政治并不围绕广大社会阶级及其各自利益组织起来，而是基于地区和氏族。康斯坦丁·楚卡拉斯（Constantine Tsoucalas）认为，希腊没有地主资产阶级（如英国）和工业无产阶级，也没有组织政治活动的中产阶级精英（如西欧）。人们撤回家中以求安全，政治只涉及基于亲戚关系的荫庇网络；其存在理由不是意识形态或纲领性政策，而是为了人身安全。[16]

102

希腊没有强大的资本主义市场经济，这意味着国家成了事实上的就业来源。19 世纪的希腊政府开始将政治支持者塞入公共部门。到了 19 世纪 70 年代，希腊政府的人均官员数量是同期英国政府的 7倍，其中资深部长的薪俸可达希腊最富有地主收入的一半。[17] 在此借用一下本卷第 3 章的用词，希腊政府急剧扩大功能范围，接管一系列活动，包括本应留给私营部门的商业行为，但它的行政能力极其软弱。

19 世纪中叶的希腊社会靠乡村的庇护人—依附者关系组织起

来。转而，这个体系又天衣无缝地演变成民主的庇护式体系，其中的议员以提供工作和好处来控制选票。没有公共部门的改革，这一状态延续至特里库皮斯（Trikoupis，1875—1895 年在任）和韦尼泽洛斯（Venizelos，1910—1933 年在任）的政府。他们温和的措施，只在官员的教育水平和终身制上定下规则。[18] 外部事件有潜力为政党体系的深化改革铺平道路。1922 年，希腊被土耳其击败。这场灾难导致将近一百五十万希腊难民从小亚细亚迁回希腊，占当时人口总数的五分之一。这些难民大多富有进取精神，为稍后工业经济的腾飞作出贡献，并且没卷入既有的庇护式网络。与此同时，苏联的崛起引发世界各地成立共产党，均以群众动员的思想形式为基础，包括 1920 年加入莫斯科第三国际的希腊共产党。这些发展似乎在许诺，将会出现非依附式的新政治体系。[19]

广泛的参与和政治录用的新形式，确实出现于两次世界大战之间。但希腊社会的两极化非常强烈，无法取得基本稳定。它步履蹒跚，承受一系列的政变和冲突，在 30 年代中期遇上寡头政权对民主的镇压，接下来又是多年的外国侵占和内战。从 1967 年到 1974 年，民主因七年野蛮的上校专政而中断。等他们下了台，稳定的自由民主制才又重新出现。这些社会冲突给希腊社会留下很深分歧，愈益加深不信任的程度。[20]

希腊政治制度演变的显著之处是，它的经济现代化不同于英国和美国，没有促成中产阶级组成联盟，以改革国家和消除遍地皆是的依附主义为目标。恰恰相反，1974 年后稳定的民主选举政体使希腊从择优的官僚体系走上回头路，愈加精致的依附主义稳步扩展。牵涉其中的是两个主要政党，即中右的新民主党（ND）和泛希腊社会运动党（PASOK）。上校倒台后的希腊民主回归，被视作亨廷顿第三波民主的首个浪头，这本该庆祝。但人们对希腊民主政府的质量却从未给予足够的关注，其实希腊从未建立起真正的非人格化现代公共部门。这似乎与他人无关，直到 2009 年欧元危机爆发。

对国家的攫取

　　谈到第二次世界大战结束后的希腊依附主义，我们所要讨论的已不再是支配 19 世纪希腊政治的地方要人及其党羽。面对大量选民的希腊政党，已演变成更为复杂、组织良好和动员选民的组织，有点像 19 世纪后期的美国政治机器。[21]

　　这个体系已支配了希腊政府，情形正如乔治·马夫罗戈尔达托（George Mavrogordatos）通过教育和银行的案例所展示的。直到 20 世纪 80 年代，招募大学生到中学教育体系工作的机制是自动的，只凭递交申请书的先后次序。它仅有非常局限的择优标准的限制，由于申请人超过就业机会，助长教师数量的无节制增长，但至少还不受政治的操纵。等到泛希腊社会运动党在 1993 年上台，所有这一切都变了。执政党控制临时教师的工作机会，以之来奖励自己的追随者。此外，督察长制度被取消，现任校长的实际职权被降级，对教师绩效的择优评价一概废除，为自动晋升体系铺平道路。这些反精英或亲社会主义的措施，在意识形态上是正确的。但它确保的不是大众参与（这在教育领域中是很可疑的目标），而是政党对全权任命的控制。

　　同样的事也发生于国有的希腊国家银行。直到 20 世纪 80 年代初，它是希腊政府内备受尊敬的精英部门，其中约 90% 的员工都是通过考试招聘进来的。泛希腊社会运动党上台之后，将银行的全部薪资增加 50%（它有多达一万六千名员工），允许新员工不参加竞争性考试。庇护式任命因此从全体员工的 10% 升至 40%，而晋升的决策尽入政党的囊中。马夫罗戈尔达托向银行人事经理询问员工总数，得到的回答是，只有在法院命令下才能透露这一数字。[22]

　　在上述情况中，使教师和银行员工招聘变得政治化的是泛希腊社会运动党。但两个主要政党，都积极参与在公共部门安插自己的追随者。它们在 1981、1989、1993、2004 和 2009 年轮流上下台，

104

每次选举结束后，清除对方的政治任命，代之以自己人。强大的希腊公共部门工会已通过谈判定下规则，保证许多公共部门雇员的终身任期。与其每次执政党有变就要改换大批员工（如美国的庇护政治），希腊国家代之以扩展规模，以容纳新人。不用说，这两种做法无助于改善官僚体系的质量。不断扩大的公共部门，大大加深了希腊的预算赤字和债务危机。欧元危机爆发之后，经济合作与发展组织研究希腊的公共部门，发现希腊在 2009 年有 70 多万公职人员，是 1970 年的 5 倍。自金融危机开始以来，被解雇的公共部门员工人数等同于私营部门的失业人数，但公共部门的工资加奖金达到私营部门的一倍半。[23]

105

低质量政府

希腊的国家非常庞大，除了个别例外情形，质量却很差。自欧元危机发生以来，它的问题已在欧洲成为传奇：记录系统的缺陷引起土地证的频频失踪、法院案件积压如山、在医院和其他政府设施要等候很长时间。

希腊依附主义的起源并不难找，这是选举式民主政体太早来临的结果，让现代国家没有巩固的机会。在这方面，希腊的经验与美国没什么不同，也类似于拉丁美洲和南亚许多发展中国家。值得一提的是，随着国家现代化和经济发展，希腊没有改革运动的兴起。希腊的中产阶级从来没有组成联盟鼓吹对官僚体系的改革。相反，像城市居民和小亚细亚移民那样的新参与者，被拉进既存的依附主义，不得不入乡随俗照章办事。

为何有些国家能改革依附主义，而希腊却不能？我会在第 13 章重回本题，对发达国家的国家建设经验作出综合性的总结。但希腊案例已有几个因素，隐含部分答案的所在。

第一，它没有本土国家的强大传统。希腊是古代的"民主发源地"，在现代纪元开始时却是奥斯曼帝国的一个省，国内精英被招募去为非法的外国政权工作。希腊人为自由作出英勇奋斗，但单靠自己还是没有取得成功。外国影响在独立之后依然强劲，这在希腊首批政党与不同大国的关联中可见一斑，也见证于希腊在过去几个世纪的边界变迁。这种模式在第二次世界大战和冷战中继续存在，希腊成了国际斗争大棋盘中一个小棋子。我们将在下面看到，在包括意大利的世界其他地区，共产党和激进左翼倾向于拒绝庇护政治，改之为基于意识形态的群众动员。冷战的局面令美国宁可支持依附主义的腐败保守党，也不愿接受清廉的左翼政党。

106

直到今天依然如此，希腊一面穷于应付金融危机，但其政治的中心问题仍是对外国影响的怨恨。例如，布鲁塞尔（编按：指欧盟）、德国、国际货币基金组织（IMF）和其他外人，被看作软弱希腊政府背后的操纵者。相比之下，美国政治文化中也有相当多对政府的不信任，但民主制度的基本合法性深入人心。

对政府的不信任，与希腊无法收到税款有关。美国人大声说自己不喜欢缴税，一旦国会颁布新税，政府在执法上还是很积极的。跨国调查显示，美国按规矩交税的水平还是相当高的，肯定高过地中海大多数欧洲国家。希腊的逃税现象非常普遍：餐厅要求现金支付，医生申报贫困线工资收入，未曾申报的私人游泳池装点着雅典的景观。据说，希腊的影子经济——未向税务机构申报的隐蔽收入——高达 GDP 的 29.6%。[24]

第二，资本主义在希腊姗姗来迟。美国早早进入工业化，私营部门和创业是大多数美国人的主要职业。希腊很早就有城市化和现代社会的其他迹象，但未能建立工业就业的雄厚基础。由于缺乏创业机会，希腊人争取在公共部门找到工作，设法拉票的政客也乐意效劳。此外，希腊城市化的模式是整个村庄离开乡村，使乡村的庇护式网络完好无损。这种网络，如果遇上以工业为基础的发展，本来是会趋于瓦解的。

最后，它涉及信任，或被称作社会资本。[25] 我在本章开头指出，希腊与意大利南部共享同一声誉，即它们都是信任非常低的社会。有些社会科学家认为，信任只是社会上其他力量的副产品，如有效能干的政府，或让人人都富起来的强大经济。也有人认为，缺乏信任是一种文化条件，它独立于（或用经济学家的说法"外生于"）政治制度和经济制度，是系统性功能障碍的原因，而不是后果。

在我看来，希腊不信任的根源在于政治，特别是缺乏强大公正的国家。它多年来一直自我延续，久而久之形成文化习惯。无论是在希腊传统的乡村社会，还是在 20 世纪激烈的政治斗争中，不信任普遍存在。尽管希腊是世界上种族最同质的社会，却因家庭、亲属关系、地区、阶级和意识形态而发生分裂。[1] 希腊人从不把国家当作抽象公共利益的保护者，如德国和法国采取的方式，反把它当作可攫取来为狭隘党派利益服务的资产，从而使社会和政治的分歧愈益加剧。所以，现代希腊政党都不把国家改革列入自己的议程。欧盟和国际货币基金组织要求希腊实施结构性改革，以换取希腊债务的重组。但希腊政府在同意结束政党对庇护政治的控制之前，却宁愿考虑任何形式的紧缩。

在某种方面，意大利的情况与希腊非常相似。深度不信任和政治冷漠发挥着重要作用，削弱了意大利的公共行政。但意大利的情况比较复杂，因为意大利更富庶更多样化。它至少已展开对依附主义和由此而起的政治腐败的斗争，但它的现代化仍不足以带来完全现代的国家，与希腊相比也好不到哪去。

第7章

意大利和低信任的平衡

政府质量在意大利各地的差异；意大利国家在南方的软弱；
黑手党来自何方；意大利向依附主义和腐败开战；信任对
好政府来说很重要

有位观察家以下列语言描绘西西里的著名城市：

> 意大利第六大城市巴勒莫（Palermo），既是黑手党的首都，
> 又是地方政府受贿和腐败的全国象征。它在欧洲和非洲之间保
> 持着危险的平衡。繁华现代大都市的门面背后，是摇摇欲坠的
> 贫民窟、狭窄扭曲的小巷和老城潮湿的院落。其中的住房、医
> 疗和卫生的条件，会让人联想起开罗和加尔各答，而不是欧洲
> 的大城市。巴勒莫的生活是持续上演的戏剧：城市混乱交通的
> 日常折磨、老城又一宫殿的坍塌、基本服务（垃圾收集或公共
> 交通）的周期性中断、并不罕见的黑手党械斗、城市街道上布
> 满弹孔的尸体。[1]

在意大利南部，地方治理的持续失败的一大表现是垃圾收集。
在 1976 年，未收走的垃圾在巴勒莫街道一堆就是好几个月。21 世
纪第一个十年后期，那不勒斯遇上类似危机，甚至惊动了总理贝卢
斯科尼（Silvio Berlusconi）的内阁。[2] 道路建设好不了多少，只

是五十步笑百步。据《纽约时报》报道，意大利从 2000 年到 2011
年斥资一百亿美元，包括五亿美元的欧盟津贴，以建造从萨莱诺
（Salerno）到雷焦卡拉布里亚（Reggio Calabria）的 A3 高速公路，
由于严重的贪污和腐败，工程一直无法完工。[3]

109

　　罗伯特·帕特南通过实证研究表明，意大利地方政府的质量存
在巨大差异，这项研究已经成为当代政治学的准经典。他将之归因
于公民参与的参差不一，即所谓的社会资本，而不是经济或政治的
结构原因。他进一步指出，政府表现不佳的重要来源之一是当地依
附主义的悠久历史。

　　意大利"南方问题"的许多研究文献都以传闻为基础，但帕特
南设计有关政府绩效的十二项定量检测指标，包括政府内阁的稳定、
预算的准时通过、创新的立法、日托中心与家庭诊所的数量、官方
的及时回应。然后，他收集意大利各地几十年的数据，证明政府服
务质量确有南北之分：艾米利亚-罗马涅（Emilia-Romagna）、伦巴
第和翁布里亚（Umbria）的得分，持续高于西西里、巴西利卡塔和
卡拉布里亚（Calabria）。他的结果与意大利人对政府是否满意的各
项调查不约而同。[4]

　　至此为止，帕特南只是为意大利人早已察觉的东西提供统计证
据，等到要找出这些差异的原因，便引起很大争议。经济决定论者
可能认为，政府质量是社会经济现代化水平的产物，或是资源的产
物。意大利南部比北部穷，可能无法负担高质量政府。帕特南指出，
两个地区的差距持续多代，而当年的北部甚至比今天的南部还要穷。
此外，光是资源还无法解释差异，因为意大利政府在战后几十年中，
从北部朝南部调拨大量资金，以尽力帮助南部迎头赶上。在这段时
期内南部确有很大发展，但北部发展得更快，使得总体差距依然
如旧。

　　将之归因于不同的制度或政策也不行。意大利战后的政治体
系是高度集中的，所有地方接受法式长官的统一治理。这个体系

在 20 世纪 70 年代进行改革，中央政府将大量本地决策权下放给地   110
方，但总体结构仍追求全国各地的资源平衡。[5] 无论是受罗马中央
集权国家直辖的地区，还是允许自主决策的大体获得平等资源的地
方——要说 1861 年以来的政治秩序应为发展的差异负责，都未免
有点牵强附会。

因此，像爱德华·班菲尔德和其他一些南方观察家一样，帕特
南认为意大利的功能障碍在于继承下来的文化价值，即社会资本。
帕特南认为，社会资本产生于自治城邦，如热那亚、佛罗伦萨和威
尼斯，它们的昌盛在中世纪就已开始，持续到文艺复兴。这些共和
国按照自治的寡头制度组织起来，培养忠诚和信任的美德。相比之
下，那不勒斯和西西里的诺曼国王，以中央专制统治塑造意大利南
部，社会组织的主要模式是庇护人—依附者关系。所以，地区差异
的根本原因是政治性的。在帕特南看来，这种差异成了有关信任和
共同体的社会或文化习惯，绵延数个世纪。[6]

依附主义在意大利南部的起源

很不幸，要想作出一个历史的梳理，将意大利南部市民共同
体（civic community）的缺席归罪于强悍的威权政府，还真有几
个难题。首先，帕特南将当地的等级政治归因于西西里的诺曼王
国，但它在 1194 年就已正式结束，继承它的是北方的霍亨斯陶芬
（Hohenstaufen）王朝，成员包括几位神圣罗马帝国皇帝。（本书第
1 卷第 18 章讲述，南部诺曼王国在叙任权斗争中代表独立的天主教，
与教皇格里高利七世并肩作战，反对皇帝亨利四世。）即使霍亨斯
陶芬王朝延续了诺曼的早期传统——皇帝腓特烈二世确是伟大的中
央集权者——这个王朝本身也在 1268 年结束。欧洲历史上的此刻，
有个强大集权的诺曼王国在统治英国，另有个维京王国在统治丹麦。
但无论是英国还是丹麦，都没发展出依附式政府的格局。不用说，   111

很多情况在 13 世纪至 19 世纪之间的意大利发生，或许能对政府的当代模式作出更好解释。

将依附主义归罪于南部强大的垂直政权（与北部城邦的共和传统相比），还有第二个难题。我在第 1 卷指出，中央集权国家的存在是现代政府的必要条件，但没有说明特定社会中政治自由的程度。随着欧洲封建制度的退出，负责制的最终出现与否，关键在于君主（或国家）和社会中其他精英当权者之间的平衡。假如君主成功接纳贵族和上层资产阶级，如法国和西班牙，涌现出的是弱专制主义；假如君主和贵族联手起来反对农民，如普鲁士和俄国，涌现出的是强专制主义；假如贵族强过君主，如匈牙利和波兰，涌现出的是地方暴政和孱弱国家。只有在英格兰，国家和贵族精英相对平衡，没有输赢，由此产生宪政。国家经常站在非精英一边来对抗贵族，并非出于平均主义的意识形态，而是要剪去权力对手的翅膀。我们都知道，男爵通过大宪章来限制国王约翰的权力，但国王也在限制男爵和领主的权力，以保护佃户和非精英附庸。[7]

帕特南认为，诺曼人在意大利南部建立强大中央集权政府，这种垂直权力削弱了公民形成横向的信任或合作的能力。但在中世纪的此刻，没有欧洲政府能以中国或俄国的方式建起真正的中央专制国家，以穿透并控制整个社会。腓特烈二世之后的数世纪内，意大利南部的现实恰恰相反：中央权威持续软弱，无法防止贵族对农民的剥削。换句话说，意大利南部与其说像普鲁士和俄国，倒不如说像匈牙利和波兰。

像希腊一样，意大利南部本土中央政府的孱弱与国际政治有关。西西里和那不勒斯的王国，从霍亨斯陶芬王朝最终传到阿拉贡家族之手，又由于斐迪南和伊莎贝拉的婚姻，合并到西班牙的治下，之后组成他们孙子查理五世的帝国。查理五世既是哈布斯堡王朝的继承人，又是神圣罗马帝国皇帝。意大利南部先是西班牙哈布斯堡王朝的属地，在西班牙王位继承战争之后，成了西班牙波旁王朝的属

112

地。拿破仑入侵后，把他弟弟约瑟夫推上王座。近五个世纪，两个西西里王国的主权首脑是遥远的外国人，合法性经常在地方起义中遭到质疑。意大利史学的一派认为，当地的低信任不是来自中央集权的专制统治，而是由于西班牙哈布斯堡王朝的分而治之。[8]

不管如何，意大利南部持久的依附主义是现代现象；近代历史的因素，要比古老诺曼王国和西班牙哈布斯堡王朝的做法更为重要。反过来，我们应该看看，1861 年在北部皮埃蒙特王朝支持下创建的统一的意大利；其时，南部的波旁王朝已被朱塞佩·加里波第（Giuseppe Garibaldi）推翻。北部来客第一次面对南部的社会现实，感到非常震惊。那不勒斯的新总督向意大利第一任总理卡米诺·奔索（Camino Benso，加富尔伯爵）汇报："这不是意大利！这是非洲：在这些乡巴佬的旁边，贝都因人都成了公民道德的鲜花。"[9]

普鲁士在统一德国时将官僚和机构悉数"收归国有"，但皮埃蒙特王朝不同，它太小，无法完成类似的壮举。波旁王朝倒台后，控制全国新政府的北方资产阶级，遇上农民的暴动和混乱，不得已与南部的寡头政治达成协议，即安东尼·葛兰西（Antonio Gramsci）所谓的历史联盟（blocco storico）。[10] 政治学家朱迪思·丘博（Judith Chubb）说："不管是何种纲领，（南部精英）愿意向国会多数政府提供无条件支持，以换取庇护式公职和本地行政的完全自由。"[11]

传统的庇护人—依附者关系在意大利是古老传统。这两个名字（patronus and cliens）本来就起源于古罗马，所指的是上级与下级之间的高度形式化的法律关系，从罗马共和国的晚期起，就是罗马精英的权力基础。[12] 领主和附庸的封建关系可被看作庇护式合同，其中双方的职责和权限都有明确规定。随着封建制度在南部的废除，这些正式关系演变成非正式的；地主利用手中的财富和政治关系，来控制生活在自己土地上的农民。

这种传统的庇护政治（存在于世界各地的乡村社区），分阶段

113

发展成依附主义的现代体系。在希腊的情况中，社会还没有获得强大自主的国家时就引进民主。根据路易吉·格拉齐亚诺（Luigi Graziano）的研究，在 1860 年至 1922 年的自由共和国中，"政治组织围绕的是身份和庇护人，而不是思想和切实可行的方案，不仅吸收中和了反对派，而且掏空了'政党'这个概念的原意，只剩下一盘散沙般的依附者"。正如处在庇护式体系中的美国情形，这对政府质量产生了破坏性影响："保持体系运转的奖励带有特殊主义的性质，部长作出的奖励和制裁，也得带有同样特殊主义的性质。所以，他必须争取尽可能多的自由，以逃避官方的行为规范。"[13] 根据我们先前的定义，这个体系还不算真正的依附主义，因为意大利还缺乏大众政治。意大利的选举权扩展比希腊慢得多，在 1882 年人口中享有投票权的仅占 6.9%，要等到 1913 年才出现男性普遍选举权。[14]

　　像希腊一样，意大利南部的工业化也姗姗来迟。统一的意大利全国政府引进关税，以保护北部的工业和南部的低效地主。北部工业向南部的供应愈益增加，结果是以工业为代价，增强南部地主阶级的影响力，并鼓励南部中产阶级购置地产，参与当地的寡头政治，而不是自行创业。拿破仑废除封建主义（在西西里的废除晚于意大利大陆南部）之后的公共土地瓜分，以及 1860 年之后的教会土地瓜分，创造了众多机会，频频引发各社会阶级为土地而起的社会冲突。北部中产阶级的利益与创建现代新国家的目标一致，但南部中产阶级融入传统的寡头政治。农民失去潜在的盟友，只得退居到日益贫困和边缘化的处境。根据格拉齐亚诺的说法："（农民的）仇恨之前是针对远方的中央权威，因波旁王朝国王的家长作风而略得缓解，现在是针对地方上的新统治阶级。"[15] 在意大利南部，没有可推动国家现代化的创业中产阶级。

114

弱国家与黑手党的兴起

黑手党——让外人联想起西西里的第一乃至唯一的东西——不是以某种方式存活至今的古老制度。犹如坎帕尼亚地区的卡莫拉（Camorra）和卡拉布里亚地区的光荣会（'Ndrangheta），它在19世纪的意大利南部有其特定的起源。有理论称，黑手党原本是富裕佃户（gabelloti），利用夹在地主和贫农中间的角色来向双方敲诈租金。[16] 但迭戈·甘贝塔（Diego Gambetta）以一个优雅的经济学理论来解说黑手党的起源：黑手党只是民营企业家，功能是保护个人产权，因为所在社会没有国家的保护。换句话说，如果一方在私人交易中受骗上当，在秩序良好的法治社会，通常会上法院去告他的交易伙伴。但在国家腐败、不可靠和干脆缺席的社会，必须去找私人保镖，雇用他去威胁对方，如不付钱就要打断对方的腿。由此看来，黑手党只是简单的私人组织，提供通常是国家职责的服务——换句话说，以暴力威胁（有时需要实际的暴力）来强制执行产权。甘贝塔表明，黑手党崛起的意大利南部某些地区，恰好充斥基于土地、流动财富和大量交易的经济冲突，外加1860年后国家变质引起的政治动乱。[17]

使用暴力来保护产权，本来应该是合法国家的垄断权利，这样讲当然有很好的理由。如果没有垄断，保护市场本身也可成为激烈竞争的对象。黑手党成员很容易从保护转向敲诈，先造成威胁，再提供保护。私人保护也很容易演变成其他非法勾当，如卖淫和贩毒。甘贝塔认为，黑手党在西西里那样的低信任社会大有作为，可在短期内提供可靠保护。但它延续暴力和恐惧的氛围，从而降低了整个社会的信任程度。[18]

国家力量和犯罪组织之间的反比关系，在意大利的法西斯阶段得到很好说明。法西斯主义通常被理解为威权政府的一种，比19世纪欧洲传统的专制政府更为强大，它囊括大众政党、指导思想、对国家的彻底垄断、魅力型领袖、对公民社会的压制于一身。[19] 意大利的墨索里尼建立法西斯政权，但他的版本从未达到像希特勒政权那样的中央集权，更别说斯大林的苏联。墨索里尼的法西斯党从来没能深入南部，重组以群众为基础的政治。它无法容忍的是暴力游戏中的竞争对手，所以发动一个成功镇压黑手党的运动。但没有完全拆除其网络，也没有杀害或监禁其领导，只是将之纳入现有体系。所以，当 1946 年民主政权成立，黑手党迅速重新崛起。[20]

依附主义来了

第一次世界大战前夕，意大利开放选举权。十年后由于墨索里尼崛起，这一民主实验遭到中断。在这段时期，第一批大众政党涌现出来。左边的是菲利普·图拉蒂（Filippo Turati）创建的社会党，成立于 1894 年，分裂于 1921 年。其激进派改名为意大利共产党（Partito Comunista Italiano, PCI），加入第三国际。[21] 右边的是西西里教士唐·路易吉·斯图佐（Don Luigi Sturzo）构想的人民党（Partito Popolare）。它是以群众为基础的天主教政党，试图组织农民合作社，推动土地的再分配。所有这些政党在墨索里尼时期均遭到取缔，等到法西斯主义在 1943 年倒台后，很快又重新出现。

基督教民主党（Democrazia Cristiana, DC）作为人民党的继承者成立于 1943 年，原先设想是以群众为基础的进步政党，欲与意大利共产党争夺选票。它像早期的美国政党一样，在战后共和国的第一次民主选举中，面临如何让群众选民前去投票的问题。它与组织起来的北部天主教工人保持着紧密联系，但遇上如何深入南部的问题。那里的社会，仍以地方精英和庇护式网络为中心。在战后的早期大选中，君主主义和民粹主义的普通人阵线（Uomo Qualunque）等右翼政党在争取选票上相当成功。于是，基督教民主党改变战略，转而利用当地既存的庇护式传统。它借用现代的组织方式，建立总部设在罗马的等级制政党，以政党老板的网络在依附主义基础上招募选民。

在阿明托雷·范范尼（Amintore Fanfani, 20 世纪 50 年代长期担任总理一职）的领导下，基督教民主党变成以群众为基础的现代依附式政党。[22] 在许多方面，这个转变与 19 世纪 40 年代至 80 年代美国政党的转型非常相似。美国的转型是从庇护式政客的临时联盟，到组织良好的全国政治机器。意识形态——尤其是天主教与马克思主义亚文化的分裂——在战后意大利政治中继续发挥关键角色。但像社会党那样的团体，为了保持竞争力，必须愈益求助于依附式战术。[23]

依附主义在南部因政府的经济政策而获得加强。现代意大利仿照法国建立中央集权国家，罗马可在全国范围重新分配资源。19 世纪后期的自由主义政府，为了缓解南部贫困，开始大量投资于基础设施，尽管这往往有助于北部工业对南部的优势。[24] 1950 年，新共和国的政府设立发展部门南方基金会（Cassa per il Mezzogiorno），旨在促进南部的经济增长。它还充分发挥工业重建研究院（Institute for Industrial Reconstruction）的功用，这是一种国有工业的大型集团，能够提供融资、就业和政党庇护。国家在基础设施上花了不少钱，还对钢铁、石化和其他重工业作出重大投资。

工业政策的结果非常复杂。南部的人均收入和工业产值大幅增长，大批农民脱离土地。从 1951 年到 1971 年，农业就业人数由人口的 55% 降至 30%；有些去了南部和北部的城市，但许多人离开意大利，前往美国、欧洲和拉丁美洲。此外还有社会指标的巨大改进，如识字和婴儿死亡率，使其时的南部与 19 世纪时相比，不那么像"非洲"了。从 1951 年到 1981 年是南部的追赶期，其中南北之间的差距有所收缩（见表 1）。但这些投资并没有将南部建成自给自足的大工业基地，南部许多成功公司只是北部公司的分支。意大利的北部增长更快，到 20 世纪 70 年代，尽管有巨额资金的支援，两个地区

117

之间的发展差距仍然悬殊如初。像希腊一样，意大利南部也是"无发展的现代化"的案例。[25]

表 1. 1891—2001 年的意大利各地区人均价值的增加（意大利 =1）

	1891	1911	1938	1951	1971	1981	2001
西北部	1.16	1.22	1.43	1.52	1.28	1.22	1.24
中部 / 东北部	1.01	1.00	0.99	1.04	1.04	1.11	1.13
南部和离岛	0.88	0.84	0.70	0.61	0.73	0.70	0.68
年增长率（%）	—	2.29	0.85	0.96	6.33	2.79	2.08

来源：Emanuele Felice，《意大利各地区的长期不均（1891—2001）》

更重要的是，从政治方面考虑，南部的政府投资增长最终让政 118
治依附主义走了鸿运。用一位观察家的话说："从来不是国家或国
民整体拨来款项支持这个或那个项目、房屋或学校的建造、公共工
程或工业项目；永远是多亏了这个或那个地方议员、或当地基督教
民主党书记的关心。"[26] 像希腊一样，政治关系和操纵国家的能力
成了通向财富和人身安全的途径，比私人创业更为可靠，从而强化
了现有的南北差距，促成即将失控的政治偏袒文化。此外，庞大的
公共支出，给更公开的腐败提供了充分机会。黑手党在战后南部发
挥重要作用，确保基督教民主党的选民基础。像许多国家一样，他
们通过对公共承包的控制而获得报酬。20 世纪 60 年代从萨莱诺到
雷焦的公路竣工，与光荣会的兴起有关；那不勒斯在 20 世纪 80 年
代重建，又与卡莫拉的兴起相连。[27]

"贿赂之都" 与冷战结束

像希腊一样，共产党是意大利政党中受依附主义影响最少的，
它是以意识形态为基础的组织。但它是莫斯科的盟友，被怀疑只想

以民主过程夺取政权，所以被排除在执政联盟之外，即使常常获得
25% 至 30% 的选票。也像希腊一样，美国盟友从中施加影响，宁
可选择蒙受腐败污名的民主政党，也不愿接受非依附式的共产党。
意大利社会党和其他小党能够提名总理的机会很少，支配战后意大
利政治的是基督教民主党。政府内阁经常有变，但体系高度稳定，
督导意大利成功崛起为主要的工业强国。

　　1989 年冷战的结束，使这一切突然发生变化。随着苏联的崩溃
以及马克思主义作为合法化思想的衰落，意大利共产党与莫斯科失
去联系，于 1991 年宣布解散，为左翼民主党（Partito Democratico   119
della Sinistra）所取代。国内共产党威胁的结束，反过来又削弱了
基督教民主党继续掌权的理由。其时，它已把整个国家拖进腐败和
犯罪的泥沼。新政党涌现出来，特别是地方性政党北方联盟（Lega
Nord）。它以中小型企业家为基础，烦透了意大利国家的腐败和南
部的不断领取补贴。北方联盟好几次提议，为了躲避南部的腐败，
干脆让自己从意大利分离出去。

　　许多人相信，黑手党、依附主义和腐败代表传统社会习俗，随
着经济的现代化将会逐渐式微。但久而久之，这三个现象反而变得
更加强劲，冲出南部堡垒，污染了整个意大利。到 20 世纪 80 年代，
有罪不罚的文化已经抬头，到处都是以公共资源来谋取私利，对此
可以听听老一辈政客的下面一段话：

　　　　也许我太天真。我从不敢相信，会出现如此根深蒂固、四
　　下弥漫的腐败。我一定能想象缴纳公益会费、资助会议、设晚
　　宴招待和出版宣传刊物等，这些都要花费大笔金钱。但——我
　　坚持，这都是确实的真相——我从来都没想到，他们竟是如此
　　明目张胆的盗贼。当我发现，各党各派在定期按百分比收取公
　　共合同的回扣，我感受到莫大的震惊。[28]

这一切在 1992 年的"贿赂之都"（Tangentopoli）丑闻中暴发出来。出人意料的是，它并非出自南部，反而涉及来自米兰的社会党政客马里奥·基耶萨（Mario Chiesa）。被捕时，他正试图将六千美元的贿赂冲下抽水马桶；很快发现他还卷入一系列更大的丑闻。调查的扩大导致社会党总书记贝蒂诺·克拉克西（Bettino Craxi）的入狱。这证明在攫取战利品时，社会党像基督教民主党一样贪婪。[29]

同时，黑手党的影响也从西西里扩散到整个意大利。在 20 世纪 70 年代和 80 年代，由于国际毒品贸易的兴起，意大利犯罪组织的力量大幅增长，情形一如拉丁美洲。地盘争夺，导致巴勒莫等南部城市的敌对家族参与血战，特别是暴力派"科莱奥内人"（Corleonesi）得以崛起。南部许多个别政客本来就与黑手党有联系，由于巴勒莫前市长萨尔沃·利马（Salvo Lima）的反戈一击，这些关系变得更加系统化。利马前来投靠基督教民主党的老牌总理朱利奥·安德烈奥蒂（Giulio Andreotti），所带来的不只是强大的政治机器，还有与犯罪组织的广泛联系。[30]

当然也有对抗和抵消的力量。意大利司法部门在 1968 年全球起义后招募大批怀抱理想主义的律师，增强自身的自主性。这些左倾法学家在工作中稳步上升，到 80 年代，已有能力向根深蒂固的政治精英提出挑战。司法调查的对象，包括安德烈奥蒂、克拉克西和贝卢斯科尼，反过来指控司法部门怀有政治动机。这在一定程度上是真的。这些法官倾向于把矛头指向右翼政客，而不是左翼政客。许多法官心甘情愿持异常勇敢的立场，剑指腐败政客和黑手党头目。还有不少富有使命感的法官，其家族传统就是要承担公民职责，与西西里的潮流格格不入。20 世纪 80 年代和 90 年代的调查，导致黑手党向国家尚余的廉洁部分发起虚拟战争，有些法官和检察官惨遭黑手党的高调暗杀。高潮是 1992 年乔瓦尼·法尔科内（Giovanni Falcone）及其妻子和保镖的被暗杀，以及保罗·博尔塞利诺（Paolo

Borsellino）稍后的遇难。[31] 随着警长阿尔贝托·达拉·基耶萨
（Alberto Dalla Chiesa）、检察官加埃塔诺·哥斯达（Gaetano
Costa）和县长罗科·奇尼西（Rocco Chinnici）的被杀，公众舆论
渐渐动员起来，以支持反腐败工作。冷战不再是腐败保守政客的靠
山，"贿赂之都"丑闻和其他调查结果，终于迫使总理安德烈奥蒂
和基督教民主党下台。该党在 1992 年的选举中表现很差，自 1994
年不再在意大利政治中发挥作用。[32]

现代化的失败

促使二战后政治体系垮台的事件，假如能像 20 世纪初的美国
一样，为强大改革联盟铺平道路，意大利本来可以变得更好。不幸   121
的是，事情的发展不如人意。媒体大亨贝卢斯科尼带头重组右翼，
借助自己的企业帝国建立新的群众基础。以他为首的联合政府包
括翁贝托·博西（Umberto Bossi）的北方联盟和詹弗兰科·菲尼
（Gianfranco Fini）的民族联盟（Alleanza Nazionale）。这两个政党，
加上他自己的意大利力量党（Forza Italia），收留了不少基督教民
主党旧人。这个不同组合的联合政府在意大利执政，先是 1994 年，
中间是从 2001 年到 2006 年，后是从 2008 年至 2012 年。

贝卢斯科尼在公众眼中是现代开放的政客，走里根—撒切尔的
路线，希望降低税收，改革和精简国家机构，使之运行得像他的企
业那样有效。不幸的是，贝卢斯科尼自己就是旧体制的产物，他的
依附式思维已经定型，只是为其添加上了新的媒体技术。如果说现
代国家的精髓是公私利益的严格分开，贝卢斯科尼却在奔赴截然相
反的方向。他利用自己在报纸、电视和球队的持股，建立起大众政
治基础，在三个任期中，不仅未能启动意大利公共部门的认真改革，
而且激烈攻击独立的司法部门及其针对自己的贪污调查。他任命的
部长人选和颁布屏蔽被告人的法令，削弱了曾帮助摧毁旧政党体系

的净手运动（Operation Clean Hands）。[33] 贝卢斯科尼让议会多数
派给自己提供豁免权，拒不遏制无论外在还是实质的利益冲突。在
他的治下，南部的依附式政治持续不减，毫无变更。在 2011 年至
2012 年的欧元危机中，西西里无法控制自己的公共财政，以致被称
为"意大利的希腊"，更加剧了全国财政的虚弱。[34]

　　改革联盟未能在意大利出现，部分原因在于北方联盟及其领导
人翁贝托·博西。它的社会基础在充满现代气息的意大利北部，主
要是小企业主和中产阶级的职业人，受够了腐败和意大利国家的低
效。不幸的是，博西发展党务的中心议题不是国家改革，而是民粹
主义，如反对移民。他和他的政党也用依附式方法来赢得选民，对
贝卢斯科尼的滑稽表演表示默许，以便自己继续执政。这个社会团
体，本来应该是改革联盟的中心力量，现却变成中立派。[35]

　　贝卢斯科尼的几个总理任期中间还出现几个左翼政府，但也乏
善可陈，在上世纪 90 年代推出一些温和改革，重点放在大学、地
方政府和官僚机构的繁琐程序，具有一定效果。但从未出现强有力
的领导和亟须改革的共识，来改变意大利国家的性质，让它从庇护
政治中彻底解脱出来，将更多经济纳入正规部门，控制国家行政的
总体规模。

　　外部力量本来可以提供改革整个体制所缺乏的政治意志。意大
利在 1999 年进入欧元区，给罗马带来强大压力，非达到预算目标
不可。一旦进去了，像希腊一样，财政纪律却又变得松懈了。第二
次机会是 2009—2011 年的欧元危机，贝卢斯科尼被迫下台，换上
非民选的技术官僚马里奥·蒙蒂（Mario Monti）。不过到 2012 年
底，蒙蒂也被迫下台。新大选的共识，如果有的话，却是反对较为
认真的结构性改革。中间偏左联盟的新领袖马泰奥·伦齐（Mattoo
Renzi）能否改变这一体制尚有待观察。

　　希腊和意大利南部一直是依附式政治的家园，值得关注的是，
它们虽是现代工业社会，但不同于德国、英国和美国，在改革公共

122

部门和消除庇护政治上都乏善可陈。希腊和意大利南部的相似性相当惊人。相比于欧洲其他地区，它们的资本主义经济发展来得较晚。它们贫穷落后，在就业和经济发展上依赖国家，经历"没有发展的现代化"。在合法性和能力方面，它们的政府都相当单薄。

希腊和意大利有很大不同：意大利已有改革联盟的雏形，而希腊什么也没有。我一直强调意大利南北之间的地区差异，但冲突并不受领土的严格限制。许多观察家指出，北部也会经历腐败和依附主义，南部也能出产公德心很强的人，如乔瓦尼·法尔科内。朱迪思·丘博解释那不勒斯在 20 世纪 70 年代如何经历了公德心的重建，而巴勒莫却依然故我；西蒙娜·皮亚托尼（Simona Piattoni）指出，意大利南部的依附主义各式各样，有些对发展并不具有敌意。[36] 相比之下，在希腊很难找到有志于公共部门改革的重要选民团体。

信任的重要性

我在上一章的开头指出，希腊和意大利南部的社会特点是社会的普遍不信任，这种不信任既是对政府的又是对同胞的。信任和良好政府之间有没有关联？如果有，那又是什么？[37]

信任作为人的属性，在本质上没有好坏之分。如果我生活在充满小偷和骗子的场所，轻易信赖他人就会让我陷入麻烦。如果一个社会的成员都会遵循像诚实、可靠和开放那样的社会美德，那么信任就会作为副产品存在于这个社会，这样的信任才会大有价值。信任只有成为守信行为的普遍条件才有其意义。在这种条件下，它成了合作行为的标志与促进者。当然，机会主义者也可利用他人的信任来行骗。不过，如他想生活在社群中，这样做就会迅速导致他人的排斥和回避。

生活在高信任社会中有很多好处。合作在低信任社会中也是可能的，但要通过正式机制。商业交易需要厚厚的合同、诉讼、警察和执法，因为不是所有人都会兑现自己的承诺。如果我住在一个犯罪率很高的社区，我可能要随身携带武器，或在晚上闭门不出，或换上昂贵的门锁和警铃，以辅助我聘来的私人保镖。我们将在第二部分看到，在许多贫穷国家中，要有人整天留守家中，以防邻居来菜园偷窃或抢占房屋。所有这些构成经济学家所谓的交易成本，是生活在高信任社会的人无需担心的。此外，许多低信任社会从未意识到合作的好处，致使生意无法起步，邻居也不守望相助，等等。

　　同样道理也适用于公民和政府的关系。如果身边他人都这样做，人们变得更愿遵守法律。在本书上一卷，我提出证据表明遵循规范的习惯是人性中先天就有的，源于基因编码。在大多数社会中，政府监控和处罚违法的程度只能解释一部分遵纪守法；绝大多数守法行为源于看到身边他人都在遵守，自己也就遵循公认的规范。反之，如果官员看到同事受贿来让人插队，如果政客觉察到对手受惠于公共合同，他们就很有可能照葫芦画瓢。如果大多数公民都在偷税漏税（这在希腊和意大利是司空见惯的），缴足税金的人反而显得是大傻瓜。

　　所以，政府质量完全依赖于信任或社会资本。如果政府不履行关键功能——譬如，它不能保护我的产权，或不能保护我免受罪犯攻击或有毒废物污染——我就会考虑以自己双手做自我保护。如我们在西西里看到的，黑手党的起源就在于政府的失职，先是波旁王朝，后是意大利国家，都没能履行好自己的职能。这也是人们雇用"光荣之士"来做私人保镖的原因。由于黑手党本身也不值得信赖，对政府的不信任，遂演变成对每个人的不信任。

　　低信任社会造成经济学家所谓的集体行动难题。不信任在社会交往上的作用是适得其反的。如果大家都可信，每个人都会得益。但对任何个体来说，都没有动力去成为第一个不受贿或第一个缴足税金的人。不信任会导致恶性循环，每个人都受困于所谓的低水平均衡。大家都变得愈益糟糕，却无法脱身。相反，如果政府清廉、诚实并有能力，人们就会予以信任并追随它的领导。

124

希腊和意大利南部在 19 世纪和 20 世纪的政府，借用第 3 章的术语，功能范围很广，能力或力量却很弱。它们进入现代民主时代时，无缘继承普鲁士型的自主官僚体系。19 世纪之前，它们都由外国人统治，这种与外国的关联让政府的合法性受到玷污。在名义上获得独立之后，希腊的制度和政党仍受外部势力的影响。在意大利南部，问题在于内部殖民，制定南部政策的是以北部为主的中央政府。在希腊和意大利，政府开始是庇护政治的来源，随着整个体制的民主化和群众的政治参与，又变成公开依附主义的来源。 125

国家机构庞大但软弱，社会信任徘徊于低水平，两者关系究竟如何？它们的因果关系似乎是双向的。正如我们看到的，对政府缺乏信任导致个人寻求民间的解决方案，以求获得公共物品，如产权保护。解决方案可能以高度病变的形式出现，如黑手党；也可以是家庭自救，视自身资源为可靠行为的唯一源泉。在一定程度上，这两个社会中明显的家庭主义只是自我防御的措施，因为超越家庭的信任仅获得异常软弱的制度性支持。

另一方面，社会不信任一旦形成文化，就会有自己生命力。对政府持怀疑态度，或担心他人占你的便宜，会促使你采取行为，反过来又会加剧最初的状态。你尽量避免交税，因为你视政府为腐败和非法的；即使你不愿去利用陌生人，也不指望合作会有好的结果。

当然，并非所有国家都会陷入这一困境。我对质量高低不一的欧洲各国政府做了一番扫描，从韦伯式国家的德国到依附主义的希腊和意大利。现在我想谈谈两个中间案例，英国和美国，它们的政府质量已有长足的改进。19 世纪开始时，英国仍有庇护政治主导的文官体系，到 19 世纪 70 年代才取得改革的成功。美国在批准宪法后最初几十年仍有庇护政治，到 19 世纪 30 年代，又将之改造为成熟的依附主义。像英国一样，美国也进行改革，奠定韦伯式的现代国家。但美国政府的特殊形式——制衡制度——意味着，它建成韦伯式的现代国家要比英国晚，花的时间也比英国长。

第8章

庇护政治和改革

> 19世纪初，英国和美国都有庇护式官僚体系；印度参事会
> 是诺斯科特—屈维廉改革的起因；中产阶级的联盟；英国
> 为何从未发展出依附式政党

英国和美国在19世纪初都有庇护式政府，与希腊和意大利没有太大不同。不同的是，它们改革公共部门，为更现代的官僚体系打下基础。在英国，受贵族支配的庇护式文官体系在短短十五年中获得改革，取而代之的是高学历的职业文官。在美国，庇护政治根深蒂固，将之铲除需要更长时间。共和党和民主党介入官僚体系的工作分配已久，顽强抵抗以择优录用取代政治任命的努力。经过两代人持续不断的政治斗争，终于在20世纪初完成了整个体制的修复。

我们已经看到，民主能使政治改革变得困难。美国向所有白人男性开放选举权，比英国早了六七十年，不仅领先发展了大众政党，而且还开创了依附主义惯例。相比之下，英国在19世纪大部分时间仍是限制性的寡头政体，在大众政党利用公职来拉选票之前，成功改革了官僚体系。

英国因岛国位置而享有相当保障，从未面临内陆国普鲁士遇上的生存威胁。它的海军在18世纪和19世纪初的无数战争中变得专业化，但文官体系在很大程度上仍是庇护式的。议会负责制的确立带来压力，遏制最严重的公职滥权，但精英仍热衷于利用

政府公职以增进亲戚、支持者和自己的利益。[1] 担任要职的挑选标准仍是个人关系，而不是才干。请看塞西莉亚·布莱克伍德夫人（Mrs. Cecilia Blackwood）1849 年写给约翰·罗素勋爵（Lord John Russell）的信："犹如溺水的人抓住一根救命稻草，并且在我看来这根救命稻草太重要了。你不但是英国最伟大的人，而且是世界上最有权势的人……我想到，你母亲和我父亲是表亲，我希望能走进你温暖的光辉之中。我们现在建议，送我儿子去剑桥……我满怀希望，他能在一段时间内，如果不是现在，借助你的光辉获得合适职位。"[2] 任何社会都会有私人关系的交易，但在 19 世纪初的英国，如想获得公职，非得在精英小圈子中拉上关系不可。结果是，英国没有像普鲁士那样自主且精英的正规官僚体系，只有一个私人关系密切的公职人员集合体，他们的能力要打问号，训练更是通常踪影皆无。

1780 年，伟大的政治家兼哲学家埃德蒙·伯克攻击任人唯亲养成禄蠹（placemen）和挂空衔吃空饷（sinecure）的现象，这是试图遏制英国庇护政治的早期努力之一。[3] 早期改革的另一对象是印度参事会（Indian Civil Service, ICS）。英国参与对印度的直接统治要到 1858 年印度发生叛乱之后。之前，它特许一家商业公司，即东印度公司，在处理次大陆事务上行使准政府的权威。"文职"（civil service）一词起源于印度，以区分东印度公司的文职雇员和武装雇员。[4] 自愿参加印度参事会的人都不是英国社会的精英。特殊的工作条件和需要长期离家，使它成为辍学者、冒险家和职场失败者的避风港。借用亚当·斯密的话，一千英镑的东印度公司股票让你"分享的……不是掠夺品，而是掠夺者的委任权"。该公司的董事一职仅支付很少薪水，但可向朋友、亲戚和依附者提供工作和赚钱的良机，所以有巨大效益。[5]

尽管如此，印度参事会的工作多种多样，要求甚高，需要广泛的管理技能。公司董事会认识到，有必要提高官员质量，因此建立

128

赫尔利伯略（Haileybury）学院，让年轻新生学习语言、数学、文学、法律和历史。政府认识到需要更加能干的文职官僚，便催促董事会在填补空缺时建立竞争性选拔，而不是用以往的提名方式。1833年，在讨论申请新的特许状的《印度政府法》时，托马斯·麦考莱（Thomas Babington Macaulay，即后来的麦考莱勋爵）发表慷慨激昂的演说，提出印度官员的挑选应以公开竞争和学历为基础。从1834年到1838年，麦考莱又供职于印度枢密院（Supreme Council of India），发起对印度教育体系的改革，使英语成为印度教学和刑法的主要语言。[6]

　　东印度公司董事会最初拒绝公开招聘，因为这不符合自身利益。他们实际上是寻租联盟，把任命权留给自己，以谋取私利。此外，限制应聘者人数还牵涉重大的阶级利益：从1860年到1874年，送往印度的文职雇员中，近四分之三是贵族、绅士、陆军、海军、印度参事会和某类专能职业人等等各路能人的儿子。它的改革还须等待一名充满活力的年轻官员的上升，即查尔斯·屈维廉爵士（Sir Charles Trevelyan）。[7]

　　屈维廉出身男爵家庭，就读于赫尔利伯略书院，在东印度公司担任过各种职务，包括加尔各答副秘书长一职。他在改革之前的经历，使自己成了庇护政治的死敌和择优式社会的信徒。印度已变成"一向接纳英国职业人中废物和败类的污水坑"，他对此特别反感。[8]屈维廉在印度见到麦考莱，后来还娶了麦考莱的妹妹，两人在印度参事会的改革上密切合作。屈维廉后来转到财政部，1840年升任助理大臣，即事实上的财政主管。事实证明他是一名相当能干的行政人才，他注意到财政部组织混乱，像印度参事会一样，也承受着许多同样的功能障碍。[9]

　　屈维廉的合作者是史丹福·诺斯科特爵士（Sir Stafford Northcote），后者是威廉·格拉德斯通（William Gladstone）在贸易董事会的私人秘书。1854年，他们共同起草了《诺斯科特—屈维廉报告》。实际上，这篇刚刚超过二十页的文件，与其说是迥异于过去的大突破，倒不如说是过去十年中一系列改革报告的大成，改革对象是包括印度参事会在内的各公共部门。[10] 它呼吁停止任人唯亲，把考试当作取得公职的前提。它还提议将日常文书工作和高级管理功能分开，为后者的候选人设置高学历要求。报告中视为必需的人文教育，在理论上对所有阶级开放，但在事实上将候选人局限于贵族和上层资产阶级，因为他们才有把将儿子送去牛津和剑桥的金钱和关系。这些严格的学历条件使英国政府更接近普鲁士和法国的模式，还使之有可能发展成拥有凝聚力和自主性的文官体系。

像屈维廉那样的个人，憎恨以无能贵族为主的政府，从而迸发改革的动力。如果没有英国上流阶级的优越条件，这种改革仍是不可能的。如前面提到的，屈维廉是麦考莱的亲戚，麦考莱本身是格拉德斯通的亲信。《诺斯科特—屈维廉报告》问世时，格拉德斯通是财政大臣，在 1868 年升任首相，是他四次任期中的首次。诺斯科特是格拉德斯通的私人秘书，他们都是本杰明·乔伊特（Benjamin Jowett）的朋友。乔伊特是牛津大学贝利奥尔学院（Balliol College）的院长，也是改革大学体系运动的领导者。[11] 这些精英的个人关系足以在议会中建立联盟，推动《屈维廉—诺斯科特报告》的撰写和通过。这种运作方式与美国形成鲜明对比，那里没有团结的精英，必须在更大更多元的社会一州一州地对改革理念进行辩论和表决。

英国的第二组精英，以约翰·穆勒（John Stuart Mill）、埃德温·查德威克（Edwin Chadwick）和商人组织的行政改革协会为首，也提倡官员的择优录用和考核制度。这个团体的思想渊源是边沁（Jeremy Bentham）和詹姆斯·穆勒（James Mill，约翰·穆勒之父）的功利主义思想。他们强调行政管理中的合理性和高效率，通过政治经济俱乐部和有用知识扩散协会等团体的传播，这一思想变得广为流行。约翰·穆勒自己曾在东印度公司工作（他对印度有比屈维

130

廉略好的印象），在《诺斯科特—屈维廉报告》的起草阶段，写过有关改革的重要备忘录。[12] 他们的主张与《屈维廉—诺斯科特报告》不同，所赞成的不是人文教育，而是以科学、经济和工程为主的技术教育，即伦敦政治经济学院提供而非牛津和剑桥提供的那类教育。他们认为，这些实用技能比希腊文和拉丁文更适合于政府官员，并能消减在牛津剑桥体系中占主导的上层阶级的优势。[13]

这些改良主义的思想广为传播，所借助的渠道是中产阶级阅读的大众新媒体，以及 19 世纪上半叶兴起的旨在促进工业、科技和改革的无数俱乐部和社团，如有用知识扩散协会。它们还得益于上一世纪发生的价值观大革命，即经济学家阿尔伯特·赫希曼（Albert Hirschman）所谓的从激情到利益的转变。旧贵族是武士种姓的后裔，以荣耀、尊严和勇敢为重，蔑视绅士所不齿的商业和赚钱。工作本身不值得重视，这就是为何贵族孩子满足于凭借关系在牛津和剑桥逍遥度日，热衷于骑马、打猎和喝酒，而不是努力学习。相比之下，新兴中产阶级仅凭自己的刻苦和才华，加上创业的冲劲，正在创造大量新财富。[14]

大学体系如果不经大力改革，无法在这项新任务中发挥关键作用。19 世纪初，英国大学的特点，借用理查德·查普曼（Richard Chapman）的话，已是"暮气沉沉、腐败成风、闲人满地"，牛津教授几乎已经停止讲课。他报告埃尔登勋爵（Lord Eldon）在 1770 年的毕业经过："他要在考试中解答两个问题以测试他的希伯来文与历史：'骷髅地的希伯来文是什么？谁创建了大学学院？'他告诉我们，他的回答是'各各他'和'国王阿尔弗雷德'，考官表示满意，再没问其他任何问题。"[15] 这个改革过程到世纪中叶变得愈益激烈，大学承受一波波改革浪潮，以提高大学的水平和开放性，包括 1854 年《牛津法》、1856 年《剑桥法》和废除宗教入学考的 1871 年《大学测试法》。此外，伦敦大学创建于 1836 年，与其他学校一起增加针对牛津剑桥的竞争，参与有关教育改革的辩论。在改善考试制度上，本杰明·乔伊特是关键人物，因此成了文官体系改革中自然的同路人。

众多机构出现改革，背后是醒目突出的社会事实：工业革命正在英国加速，给社会结构带来巨大变化。大地主挥舞势力和权威的农业社会，迅速被都市社会所取代，引领潮头的是工业家和企业家。借用理查德·查普曼的话：

> 作为工业革命和"非国教徒的良心进军"促发的清教态度的结果，中产阶级激进派的重要性大为增加，他们越来越觉得政府有违正当的地方，主要都是庇护政治造成的。中产阶级之所以做出这样的攻击是因为，他们认定土地贵族出于自身利益在实施庇护政治；事实上，庇护政治确是政府（包括陆军和海军）贵族体系的一部分，它既无效率，又理屈词穷无可辩解。[16]

为了让自己孩子上牛津和剑桥大学，找到文职官僚的工作，中产阶级群体于此有直接的利害关系。[17]

英国中产阶级要求在所有机构提倡普遍性的择优晋升，这样做确实是出于自身利益，不过是社会阶级的整体利益，而不是其中个体的私人利益。这与缺乏创业精神的意大利南部中产阶级形成鲜明的对比；后者被纳入当地寡头政体，成为庇护网络的一部分。

1854 年出版的《诺斯科特—屈维廉报告》，没有获得即刻通过。更改文职官僚的录用条件，威胁到现任公职人员及其上层阶级的利益。1855 年，枢密院颁布法令成立文官事务委员会（Civil Service Commission），允许少数职位的公开竞争。[18] 这项报告的全部建议要到 1870 年才获得议会批准；其时，格拉德斯通已成为首相。如报告建议的，新法将官员划成两层，其中的管理阶层要求人文教育的资质标准，较低的行政阶层只要求包括英语和现代学科的"英国教育"。这个双层体系为中上层资产阶级后代开通就业渠道，也为凭借牛津剑桥的教育来通过新考试的旧贵族保留余地。

为官僚体系改革推波助澜的是克里米亚战争（1853—1856），英国参战陆军的行动计划漏洞百出。一个专门调查委员会在1855年指出，陆军的情报、战略和后勤都组织不善。这在媒体中引起轰动，要求对军队和官员进行大整顿。英国在穷兵黩武上远比不上普鲁士和日本，即便如此，战争乃至士兵和平民的生命危险，还是创造了和平时期无法形成的改革压力。[19]

英国公共部门的改革发生于扩大选举权之前，这一点至关重要。19世纪通过的三大改革法案，让英国从寡头政体演变成真正的民主政体（要到20世纪，选举权才扩展至妇女和少数民族）。1832年的改革消除了选举制度中的某些严重滥权，如腐败选区（仅有很少或根本没有选民的选区，仅仅是精英政客挂空衔的方便之门）。到19世纪60年代，英国每八名公民中仅有一人有权投票。[20]扩展选举权至大多数家庭，还须等待1867年和1884年的改革。在那之后，无资格投票者还占英国成年男性的40%，包括房客、租户、家仆、军人和水手。美国的同时可比数字为14%。[21]（我将在第三部分再来讨论这些法案为何获得通过。）19世纪30年代已在美国出现的选民动员和大众政党，要等到19世纪70年代才在英国出现。届时，自主官僚体系的基础已经奠定。等到英国政党可能受到诱惑将政府工作分配当作拉票良机，这道大门早已关上。

选举权扩大之后，英国政党在调动大批选民上还是磨磨蹭蹭的。在此期间，最倾向于依附主义的是保守党，或托利党。它的很多领导人是富有影响的地主，能指望非精英乡村选民的支持。保守党首相迪斯累利（Benjamin Disraeli）本是庇护政治的铁杆用户，却支持1867年改革法案。原因之一是，他相信自己的党能继续控制扩展后的选民基础。保守党在未来几十年中发生分裂，一派是旧地主精英，另一派是新资产阶级精英；后者中不少人进入保守党，是通过封号而不是政府工作。辉格党或自由党是中产阶级政党，不热衷于让自己发展成大众政党。

英国工党动员工人阶级，最终取代自由党成为英国政治中第二大党。它是工会代表大会（Trade Union Congress）的政治手臂，后者是 19 世纪晚期组织起来的，正式成立于 1900 年。工党成长于各式各样的左翼运动，带有浓烈的社会主义色彩，身为在野组织，无由左右政府资源的分配，要赢得支持者，必须依靠纲领性议题，如工作条件、工资和国家对工业的掌控。它第一次进入政府是在第一次世界大战期间，最终在 1924 年依靠己身之力上台执政。但它仍然无法染指官僚体系，此外，它自己也已演变成制度化的现代政党。[23]

诺斯科特—屈维廉改革是对传统庇护体制最激烈的突破。但平心而论，英国公共部门一直在从事渐进的改革，至少从 1780 年起，延续至今。后来涌现出许多改革委员会，包括 1874—1875 年的普莱费尔（Playfair）委员会、1886—1890 年的雷德利（Ridley）委员会、1912—1915 年的麦克唐奈（MacDonnell）委员会、1919—1920 年的重组委员会、1929—1931 年的汤姆林（Tomlin）委员会和 1953—1954 年的普里斯特利（Priestly）委员会。[24] 公共部门最后一次大规模改革是托尼·布莱尔（Tony Blair）在 20 世纪 90 年代发起的，主题是新公共管理。[25]

英国公共部门的改革历时长久，从某种意义上说尚未完成，但对庇护体制的铲除却是直截了当的。知识分子和社会批评家为改革制造声势，在媒体上获得广泛传播和辩控，以应对像克里米亚战争那样的意外事件。专家委员会随即深入研究，提出一系列建议，由议会颁布成法律。这个过程的最重要参与者同属一个精英小团体（英属印度是他们的共同背景），大多数身处伦敦。他们接受类似教育，相互熟悉，有些还是亲戚。英国的威斯敏斯特体制利于快速决策，因为仅有极少的制衡。它在 19 世纪 50 年代没有联邦主义或地方分权，没有最高法院宣告立法无效，没有行政与立法的权力分割，却

134

有严格的政党纪律（党领袖对党员议员的控制）。一旦英国的精英组成发生变化，中产阶级的参与者取代旧寡头，中产阶级的愿望能很快在立法中体现出来。

　　美国的情况不同，宪政制衡制度使公共政策的变化既困难又耗时。更重要的是社会差异：美国没有单一凝聚的精英，建国的民主基础令现有精英会不断遭遇新社会参与者的挑战。由于这个原因，美国没能从精英的庇护政治直接进入现代文官体系，反而花了一个世纪时间，走上受政党支配的依附主义弯路。对比英国，美国经验表明了两件事：第一，庇护政治和依附主义不是特定文化现象，不代表在现代社会幸存下来的前现代做法；相反，它们都是早期民主国家进行政治动员的自然产物。第二，较为民主的美国的经验显示，我们现在所谓的"良好治理"与民主有内在的紧张。

美国开创依附主义

美国与其他现代国家的不同；早期美国政府的性质和政党
的崛起；杰克逊革命和美国民粹主义；庇护主义及其传播；
依附主义和美国市政

自 20 世纪 80 年代的罗纳德·里根和玛格丽特·撒切尔时代起，
将"盎格鲁—撒克逊"的资本主义与欧洲大陆的互作比较，已是家
常便饭。前者赞颂自由市场、监管减缩、私有化和最小国家，后者
以法国为主，强调国家的参与和监管，支持福利大国的政策。美国
和其祖先英国确有不少共同的政治特点和政策倾向，但这种看法缺
乏历史眼光，遮蔽了英国和美国在政治发展上的重要差别。在很多
方面，英国的政治制度更接近邻近的欧洲大陆，而不是美国。

塞缪尔·亨廷顿在《变化社会中的政治秩序》第 2 章，即"政
治现代化：美国与欧洲"，确定美国政治的"都铎王朝"特性。[1]
根据亨廷顿所说，在 17 世纪定居北美的英国人，带来都铎时期或
中世纪后期的政治实践。这些古老制度在美国本土盘踞下来，犹如
冻结不变的古老社会一部分，最终被写入美国宪法。[2] 这些都铎王
朝的特性包括：普通法作为权威来源；普通法高于行政部门；法院
在治理中发挥相应的重大作用；地方自治的传统；主权由多个机构
分享，并不集中于中央政府；政府权力分割，而不是功能分割；司
法系统发挥的功能既是司法的，又是立法的；依靠全民武装，而不

是常备军。

　　亨廷顿认为，都铎王朝之后，英国在 18 世纪和 19 世纪发展出了统一主权和中央国家的概念。正如我们在前一章看到的，英国发展理性的现代官僚体系比普鲁士和法国晚，不过到 19 世纪第一个十年后期也已完成。中世纪英国的地方管理机构演变成议会各选区，权威越来越集中于伦敦；光荣革命之后几年中，国会被理解为主权唯一来源；普通法依然神圣不可侵犯，但英国从未生出司法审查的理论或实践，即法院可宣称议会法案无效。相比之下，美国人紧紧抓住都铎王朝的制度不放："因此，美国的政治现代化势头极弱又不彻底。在制度方面，美国政体虽不是落后的，但也绝非彻底的现代化……在当今世界，美国的政治制度仅因其古老这一点，就可以说是十分独特的了。"[3]

　　亨廷顿的看法得到一系列持美国例外论的作家的回应，他们也描述，美国在体制上不同于其他的发达民主国家。始于路易斯·哈茨（Louis Hartz）和赫伯特·威尔斯（H. G. Wells）等，他们提出疑问，"美国为什么没有社会主义？"[4] 一直到西摩·李普塞特（Seymour Martin Lipset），他在漫长学术生涯中对美国例外论作了广泛研究。[5] 哈茨指出，美国之所以不同，是因为它缺乏传承下来的欧洲封建阶级。北美作为新定居地（至少在欧洲人眼中），似乎是机会均等的国度，居民在生活中的地位全凭自己的劳动和才华。只有些微传承下来的不平等，无需强大国家来做财富再分配；却有对洛克自由主义的普遍信念，即人人都可自由帮助自己。非裔美国人是受种姓式限制的唯一群体，像欧洲白人工人阶级一样，最有可能赞成强大国家，以推进自己利益。[6]

　　另外还有一个因素。李普塞特指出，美国诞生于一场革命，反抗以英国君主为代表的集权政府。自由被理解为反中央集权的，出于对政府的强烈不信任，自由思想生气勃勃，成为李普塞特所谓的美国政治文化的五大组件之一。[7] 美国从都铎王朝那里继承了普通

法的传统，在光荣革命之后又继承了无代表不纳税的负责制政府，
所没有继承的就是强大的中央国家。英国的初期国家出现于诺曼征
服之后，要等到 18 世纪初，才发展成强大统一的主权国家。反对
英国的独立斗争，既加深了美国反中央集权的倾向，又确保新宪法
将多种权力相互制衡奉为圭臬。早期美国的物质条件也不鼓励国家
建设：它无须面对可能构成威胁的强大邻国，幅员广袤和乡村人口
的分散，又使权力下放几乎成为不可避免。

乔治·华盛顿的朋友

　　哈茨称，不同于欧洲，美国白人没有界限分明的社会阶级，这
并不错。但实际上，早期美国还是有基于教育和职业的阶级差别，
比如纽约和波士顿的商人—银行家精英，以及弗吉尼亚的庄园主贵
族。其时的精英是同质小群体，借用约翰·杰伊（John Jay）在《联
邦论》第 2 篇中的说法，他们"是同一祖先的后代，讲同一语言，
信奉同一宗教，执著于同一政府原则，在风俗习惯上也非常相似"。
宪法 1789 年获得批准，之后的上层美国公共部门被描述为"绅士
政府"，从某些方面看，与 19 世纪早期英国没有太大不同。[8] 它又
可被叫做乔治·华盛顿的朋友的政府，因为共和国第一任总统选出
的人士，与自己非常相似，既有良好资质，又有对公共服务的奉献
精神。[9] 父辈是地主士绅、商人和职业人的高官比例，在约翰·亚
当斯（John Adams）的政府中是 70%，在杰斐逊的政府中是
60%。[10] 美国建国时政治领袖的素质、《联邦论》的探讨深度、以
长远眼光来思考制度的能力，令今天很多人感慨不已。这个强大领
导班子之所以会出现，至少部分原因在于美国当时还不是完全的民
主政体，而是高度精英化的社会，很多政府成员是哈佛和耶鲁的毕
业生。像英国精英一样，他们中许多人互相熟悉，或上同一学校，
或一起参与革命或宪法的起草。

历史教科书在传统上将庇护政治的兴起定于安德鲁·杰克逊（Andrew Jackson）在 1828 年的当选。借用我们以前的术语，从 1789 年到 1828 年的美国政府，更准确地讲，应是庇护式体制，随后出现的才是依附式体制。自从托马斯·杰斐逊 1800 年当选，以及共和党人取代联邦党人，总统才开始使用委任权，让自己政治盟友担任要职，像 1870 年之前的英国首相一样。在 92 个获得允许的任命中，杰斐逊作出 73 个，因为"联邦党人继续掌控一切的情形，本来就不在期望之中"。他的继任者詹姆斯·麦迪逊（James Madison）和詹姆斯·门罗（James Monroe）作出大致相等的任命。[11] 无论联邦党人还是杰斐逊派别，所任命的对象都局限于地方显要的小圈子，具有很高的社会地位和忠诚品质，具有良好的教养，满足从事政治的主要素质要求。[12]

对强大能干政府唯一有兴趣的建国之父是亚历山大·汉密尔顿（Alexander Hamilton），他在《联邦论》第 70 篇至第 77 篇中，阐述"施政活力"的重要。作为第一任财政部长，他在这个当时的主要行政部门创建起庞大的官僚体系，但受到托马斯·杰斐逊的激烈反对。杰斐逊在就职演说中，阐述美国人对官僚体系和大政府的持久不信任："……我们可能怀疑，我们的组织太复杂太昂贵，官职和官员出现不必要的增长，有时对本应获得推进的服务反而造成伤害。"讲这句话时，整个美国政府只有大约三千雇员！

政府注定会有快速的增长，到 1831 年已达两万人。考虑到国家大小和欧洲的标准，这仍不算是庞大的官僚体系。[13] 直到南北战争，华盛顿特区只有约六万一千人，以纽约和费城的标准看仍是小镇，更不用说跟伦敦和巴黎比了。[14] 联邦政府被分为两大类：高级官员包括内阁部长和他们的助理、海外部长、地方总督和局长等；下级职员包括海关官员、邮递员和测量员等。[15] 虽说有初期的海军，但没必要维持庞大的常备军，安全事项全靠当地民兵，大多数美国人平常打交道的是州或地方的政府。

政治动员与政党的兴起

如果不在前后关系中考虑现代民主和首批大众政党的涌现，就无法理解依附主义的兴起，美国是这方面的先驱。

除非你把罗马政客调来恐吓对手的依附人群也计算在内，否则在选举式民主到来之前，政党根本就不存在。它们的前身是庇护人和依附者当中的精英派别，我们可在18世纪和19世纪英国议会中看到它们的身影。基于私人关系的派系和庇护政治存在于所有威权体系，从君主制欧洲的朝廷到当代中国无一例外。唯有选举式民主的来临，才为我们今天熟悉的现代政党的成立创造了动力。[16]

众所周知，美国宪法没有政党的条款，建国之父中许多人对政党治理国家的想法抱有敌意。詹姆斯·麦迪逊在《联邦论》第10篇中，对他所谓的"派系"危险发出著名警告。他指的是作为欧洲朝政特色的精英庇护网络，在他看来，这种派系当初导致希腊和罗马古典共和国的垮台。乔治·华盛顿在告别演说中告诫，要提防"政党精神的有害影响，这类冲突将会分裂乃至有可能摧毁新生国家"。他的继任者约翰·亚当斯也认为，"共和国分裂成两个大党……恐怕是我们宪法下最大的政治罪恶"。这些敌视源于这样的信念：政党只是共同体的局部代表，互相竞争只会导致分裂和不团结。他们希望，热心公益的个人出来领导国家，追求整体利益。约翰·亚当斯和亚历山大·汉密尔顿的联邦党，仅有精英派别的特性，还不能算是现代政党。许多历史学家认为，杰斐逊的共和党人组织反对派联盟，让首个真正政党的创始人之一杰斐逊成功登上总统宝座。[17]

建国之父在设计新民主政体的制度上非常有先见之明，但没料到，还要有妥善的机制来动员选民和管理大众的政治参与。在运作良好的民主国家中，政党发挥许多关键功能被公认是不可或缺的。它向志同道合的人提供集体行动的机会；让不同社会利益的人团结在共同纲领的周围；阐明共同关心的立场和政策，以提供有价值的

140

信息；创造个别政客的斗争所无法取得的稳定期待。[18] 最重要的是，它们是普通公民动员起来、参与民主政治竞争的主要机制。[19] 政党的出现，只是对选举权迅速扩展的民主政治体系的要求的回应，没有预先的计划。

尽管非裔美国人、妇女、原住民和无财产者不得投票，从一开始美国的选举权就比欧洲国家更为广泛。选举权的财产资格来自英国辉格党的古老观念：只有付税人（所以要有一定程度的财产和收入）才在政府中有份。正如托克维尔指出的，美国的建国原则是普通人的平等和自主。本着这种精神，许多州在 19 世纪 20 年代开始取消财产资格。到那时为止，选举只是精英驱动的事务，现在一下子打开大门，迎来全新的选民阶层。

杰克逊革命

安德鲁·杰克逊来自当时仍属边疆的田纳西州，在 1812 年战争的新奥尔良战役中，击败英军而一举成名。他第一次竞选总统是在 1824 年，无论是全民投票，还是选举人团投票，都赢得最多选票，但还是被拒绝总统一职。由于其他两名竞选人的交易，即约翰·昆西·亚当斯（John Quincy Adams）和亨利·克莱（Henry Clay），最终选择权落到众议院的手上。使这种安排成为可能的是选举人团，这个制度是建国之父设计的，为了在总统选择上让精英实施更多控制。杰克逊斥之为东岸贵族孵化出来的"腐败交易"。他借助民粹主义的愤怒和新获选举权的群体的支持，在 1828 年顺利击败亚当斯。

杰克逊是直言不讳的拓荒者，而约翰·昆西·亚当斯是典型的精英，他们之间的强烈对比，在美国政治文化中成了经久不衰的传奇。亚当斯属于东北部的精英集团，可说是波士顿的婆罗门，跟随父亲约翰·亚当斯在欧洲广泛游历，会说多种语言，以优等生成绩毕业于哈佛。相比之下，杰克逊出身于相对平凡的村野之家，仅受过断断续续的正规教育，打仗和吵架的名声倒是远播在外。[20] 正是杰克逊的非精英背景，让美国新增出的选民既感到熟悉又表示欢迎。今天，比较一下哈佛毕业的波士顿婆罗门约翰·克里（John Kerry）和反精英的保守英雄萨拉·佩林（Sarah Palin），就可听到亚当斯和杰克逊的当年对比的巨大回响。

　　杰克逊的总统任期奠定了沃尔特·米德（Walter Russell Mead）所谓的杰克逊民粹传统的基础。这个传统在美国政治中延续至今，在 2008 年奥巴马当选后的茶党（Tea Party）等团体中仍可听到它的回响。[21] 这一传统的根源是所谓的苏格兰—爱尔兰移民，在 18世纪中间几十年，大批移民从北爱尔兰、苏格兰低地、英国北部与苏格兰的接壤地带来到北美。[22] 在英国，这些地区的经济最不发达。驱使数十万苏格兰—爱尔兰移民来到美国的正是他们的极度贫困。虽然很穷，但无论在英国还是在美国他们都感到无比自豪。英国精英分子发现这种自豪有点讨厌，借用历史学家大卫·菲舍尔（David Hackett Fischer）的话，因为"弄不明白他们感到自豪的究竟是什么东西"。[23]

　　这些英国移民都来自一向非常暴戾的地区，数百年中发生的不是地方军阀之间的战争，就是这些军阀和英国政府的战争。这样的环境铸成强烈的个人主义，以及对枪支的热爱，这成为美国枪支文化的起源。苏格兰人和爱尔兰人成为与印第安人对峙的好斗战士。杰克逊带领他的田纳西志愿军，把克里克印第安人（Creeks）从佐治亚州和阿拉巴马州北部赶走，又把塞米诺尔印第安人（Seminoles）从佛罗里达州赶走。[24] 他们在当时的边疆定居，即从西弗吉尼亚州和卡罗来纳州到田纳西州和佐治亚州的阿巴拉契亚山区，还领导向西部的进军。例如，阿拉摩（Alamo）战役的英雄戴维·克罗克特（Davy Crockett）和山姆·休斯顿（Sam Houston），在驱赶克里克印第安人的战争中，都曾是杰克逊的部下。这批苏格兰和爱尔兰移民的后裔逐渐定居于一条狭长地段，从阿巴拉契亚山脉起，穿越德克萨斯

142

州和俄克拉荷马州，尤其在 20 世纪 30 年代沙尘暴之后，更延伸至加利福尼亚州南部。

一边是受强烈边疆精神驱动的苏格兰—爱尔兰移民，另一边是以新英格兰清教徒和贵格会教徒（定居于特拉华河谷）为首的既有精英，两者发生冲突是不可避免的。1824 年和 1828 年的亚当斯—杰克逊之争，除了要打破旧精英对美国政治的把持，还竖起了民粹主义的政治新品牌。

杰克逊 1829 年上台后说，既然自己在大选中获胜，就有权决定谁来掌管联邦机构，况且早先政府工作的庇护式分配已将公职变成精英的"物产"。[25] 此外，他还阐述"简单工作的理论"，宣称"所有公共职位的职责那么简单明了，至少不难完成，以致任何聪明人都能胜任"。[26] 之所以提出这种反精英讲法，是因为当时美国的平均教育程度只略略超过小学水平。[27] 杰克逊的体系就是频繁轮换在任的官员，因为"在做官上，没人比他人拥有更多的固有权利"，由此创造将政党支持者塞进官场的众多机会。[28] 在政治竞选中，这些公职可被用来动员政治上的追随者。杰克逊开始将现存精英的庇护体制转化成大规模的依附主义。（在美国历史书上，传统上把它叫做"庇护式"或"分赃"体制。）[29]

随后几十年在美国演化出的政党制度，无论在联邦一级还是在市政一级，都是为了应付新民主政体的政治需求而自行涌现出来的。随着选举权的扩展，政客需要一种方式来说服支持者，或前去投票，或在游行、示威和集会中为自己摇旗呐喊。像关税和土地权那样的纲领性议案，对有些选民来说很重要；但要激活教育水平低下的贫穷新选民，工作承诺或个人好处更为行之有效。它发生于第一个尝试扩展民主选举的美国。这表明，随之发生的依附主义不应被视为"正常"民主实践的畸变或偏差，而应是在相对欠发达国家植入民主的自然结果。没有一个国家，包括美国在内，能够一跃而踏进现代的政治体制。

法院和政党的国家

杰克逊革命后出现的政治体制，成了政治学家斯蒂芬·斯科夫罗内克（Stephen Skowronek）所谓的"法院和政党的国家"。[30] 换句话说，发展最快的是两个制约制度，即法治和负责制。19世纪美国所缺乏的，是那种已建立于普鲁士、法国和英国的自主的中央官僚国家。

新兴政党对政府运作实施高度控制，以取代国家功能，这可在预算制订中看出端倪。在欧洲议会体制中，这项工作通常由行政部门来完成，但在19世纪的美国，却成了国会政党的禁脔。政党控制带来"全国政治的团结，政府形式和行政程序的标准化……政党内部操纵组织政府机构……通过任人唯亲、轮流分赃实现行政程序的惯例化，对散布各地的邮局、国土局和海关实行遥控"。[31] 政党扮演这个综合性角色，代价就是放弃明确的纲领性目标，因为他们代表的庞大联盟仅有很少共同的目标。法院不让自己局限于司法功能，反而愈益为不同政府部门界定职责，监管政府与公民的关系，涉及实质性的决策。[32] 所以，亨廷顿会说美国分割权力，而不是分割职能。美国立法和司法的机构，开始行使在欧洲政治体制中通常由行政机构承担的职能。

这并不意味着美国的治理很差。在19世纪前三分之二的时间，除了海关、邮局和土地分配，联邦政府几乎无事可干。美国经济以农业为主，分布在辽阔的疆域，因孤立的农场和村庄而趋于本地化。没有显著的外国威胁，因此也不需要大规模的军事动员。在意识形态上，洛克的思想遗产不会赞同让国家以黑格尔的普遍阶级（官僚）模式，成为公共利益的保护者。[33]

由于没有改革压力，政党经营的依附主义获得进一步发展，在南北战争之前达到某种程度的高峰。1849年，扎卡里·泰勒（Zachary Taylor）在当选总统后第一年，撤换了30%联邦官员。民主党的詹姆斯·布坎南（James Buchanan）在 1857 年撤换同样数量的官员，尽管前任也是民主党人，即富兰克林·皮尔斯（Franklin Pierce）总统。[34] 林肯在 1860 年当选后，面对大量庇护式要求而不堪重负；四年后连任，希望保留尽可能多的公职人员，因为"又要重复我当选第一年做的，光是想想就让我痛不欲生"。[35] 军队本身也向政治任命开放，如丹·西克尔斯（Dan Sickles）。他是纽约政客，1861年被委任为准将，他的判断错误在钱瑟勒斯威尔（Chancellorsville）和葛底斯堡（Gettysburg）的战役中给联邦军造成了巨大麻烦。[36] 讽刺作家阿蒂默斯·沃德（Artemus Ward）说，联邦军在牛奔河之役（Battle of Bull Run）的撤退，是纽约海关出现三个空缺的谣言引起的。[37] 林肯抱怨他不得不应付络绎不绝的求官者；但他身陷这一体系之中，公职分配已成为组建政治联盟不可或缺的一部分。

像古代中国和近代早期欧洲一样，美国的战争证明也是对国家建设的激励。在内战期间，联邦军人数从一万五千上涨至一百多万，为了供养和运输这么多士兵，庞大的官僚体系应运而生。与此同时，美国国会大厦获得改建，巨大的穹顶得以完工。内战也改变了美国人对自己的看法：战争之前，他们说的美国是复数，反映合众国的起源；战争之后，他们说的美国逐渐变成单数，即林肯不惜投入战争而救下的单一国家。[38]

但这个国家集权的时刻转瞬即逝，美国迅速返回深入骨髓的都铎传统。联邦军在战后迅速复员，重新成为派往遥远西部要塞的小型边防军。从事战争动员的行政部门也被解散，政府资源的控制重返政党之手。随着重建时期开始和南部各州回归，共和党的霸权周期结束，改为两党体系支配政治，直到那个世纪的终结。根据历史学家莫顿·凯勒（Morton Keller），战时国家的遗产只剩下名号，成了改用于党派政治的军事譬喻：如政治运动、政党旗手（party standard bearer）、普通党员（rank and file）和选区区长（precinct captain）等等。[39]

出现于 19 世纪 70 年代和 80 年代的政治体系，实际上是高度组织起来的依附主义，程度远远超过内战前。由于美国疆域的迅速扩大和社会复杂性的不断增长，面对面的旧形式在全国范围让位于更加严密的等级结构，让政党用来分配好处和公职。[40] 英国评论家布赖斯勋爵（Lord Bryce）指出："与欧洲同类相比，（美国政客）特点是，频频将整个时间献给政治工作；多数从政治工作中获得收入，剩下的也希望如此；主要来自收入和教养较少的社会阶层……很多精于大众演说、竞选和党务管理。"[41] "政治机器"（political machine）这个字眼表明，让 19 世纪后期的依附主义运转顺利，需要何等精湛的组织化。

老板和城市政治

美国依附主义在市政一级发展得最齐全，也存活得最长。政治机器遍及几乎所有东部、中西部和南部的主要城市，成为动员非精英选民的机制。[42] 它们在纽约、芝加哥、波士顿、费城和其他城市显得特别重要，19 世纪末，大批东欧和南欧移民涌入这些地区，他们从未参与过投票。这些政治机器自发产生，以应对愈益增多的穷苦选民。这再一次表明，依附主义是激励这类人士的有效方法，应被视为民主参与的早期形式。它大大不同于存在于 19 世纪意大利南部的庇护人—依附者关系，那里的精英利用手中的财富和地位，来组织和支配大量的贫穷选民。相比之下，雄心勃勃但非精英的政客，把美国依附主义当作工具，向支持者提供实在好处，同时提升自己的财富和地位。有些研究政治机器的早期作家试图说明，美国依附主义具有文化或种族的因素，因为招募来的选民大多是爱尔兰或意大利的天主教徒，而改革派往往是地位较高的盎格鲁—撒克逊新教徒。[43] 但政治机器也存在于肯塔基州的莱克星顿和密苏里州的堪萨斯城，那里显然没有大批的新移民或天主教选民。真正的问题在于阶级，依附主义对教育程度较低的贫穷选民具有更为直接的吸引力。

市政一级的政治机器是美拉尼西亚头人和一语部落体制（见本书第 1 卷）的现代化翻版，只不过组织得更为严密。民选领袖向支持者分发好处，以发展政治支持的基础。[44] 在 19 世纪的美国，即使像莱克星顿那样的小城，所需要的组织规模也很大。成功的老板试图与尽可能多的支持者保持个人关系，但需要中介来管理拉票、资源分配和选民监督，如选区区长和选区助理（ward heeler）。正是这些中介，掌握选民的详细资料，迎合他们的需求，分发多种多样的好处，如邮局或市政府的工作、感恩节的火鸡和烧火的煤炭。莱克星顿的老板比利·克莱尔（Billy Klair），在禁酒令实施时期，让他控制下的市警察有选择地执法。[45]

与美国城市政治机器有关的各式人物和故事，讲都讲不完。[46] 最有名的也许是纽约市的坦慕尼大厅（Tammany Hall），作为慈善组织成立于 1789 年，正式名称叫圣·坦慕尼协会，在 19 世纪中叶受威廉·特威德（William Marcy Tweed）的掌控，人称特威德老板。他和他的手下通过对公共合同的控制而大发横财。例如，纽约州议会在 1858 年批准建造法院大楼，预算成本不得超过二十五万美元。到 1862 年，大楼还未完成，特威德批准追加一百万美元。到 1871 年，法院大楼仍然没有完工，总支出已高达一千三百万美元。为此成立特别委员会发起专门调查，却仍然落在特威德的掌控之中。委员会甚至要付一万四千美元给特威德拥有的公司，以印刷调查结果的正式报告。[47] 当代的印度、巴西和尼日利亚也有类似的故事，如果有人认为这种腐败只是当代穷国的发明，这实在是对历史的无知。

尽管有这些离谱的腐败，像坦慕尼协会一样的政治机器仍发挥重要作用。它动员受到边缘化的公民，让他们加入政治体系。这对新移民来说尤其如此，他们因宗教、生活习惯和纯粹的异国色彩，往往受到现有精英的鄙视。城市政治机器就此加以利用，提供关键的社会服务——例如，选区助理可去市政厅为新移民当翻译——在19世纪的美国社会，这样做的其他机构很少。

穷人从政党机器那里获得好处，只是自己的长远利益在受损。促使他们组织起来的是个人好处的分配，而不是广泛的纲领性议题。所以，更难让他们加入工人阶级或社会主义政党，像英国和德国那样。那里的工人阶级政党，要求比较正式的再分配，如全民医疗保险或职业安全计划。社会主义之所以从未在美国生根，原因之一就是共和党和民主党通过短期的好处，而不是长期的纲领性政策，捕获了美国工人阶级的选票。[48]

我在第5章中作出区别，一种是相互交流好处的依附主义，另一种是更具掠夺性的腐败，如官员直接窃取，这是很重要的区别。但依附主义往往会演变成纯粹的腐败，因为政客有权按照自己意愿分发公共资源，本该发给依附者的钱，最终却落到自己口袋。这在所谓的镀金时代（Gilded Age）变得很普遍，始于尤利西斯·格兰特（Ulysses S. Grant）当选总统的1869年，特点是一连串丑闻——动产信用公司丑闻（Crédit Mobilier affair）、威士忌小圈子（Whiskey Ring）、战争部长贝克纳普（Belknap）出售印第安要塞经商权（Indian post tradership），以及"工资抢夺"，即国会结束前给自己追溯加薪，从每年五千美元增至七千美元。[49]随着工业化发展和随之的财富积累，出现了居间调解私人利益和国会利益的游说者。特别是铁路企业，向联邦和州的议员提供捐献，以交换他们的支持。普遍认为，西部有些州实际上是在铁路企业的掌控之中。[50]

19世纪80年代的美国，与当代发展中国家有许多相似之处。它有民主制度和竞争性选举，但选票可以公职交易收买。政府质量普遍较差，但在打仗或调节经济上，本来就没有太多期待，所以也不算是大问题。美国19世纪最后几十年开始工业化，相关条件发生巨大变化，开始慢慢建造它所需要的欧式国家。

148

第10章

分赃体系的终结

美国为何在19世纪末需要现代国家；加菲尔德的遇刺和《彭德尔顿法》的起因；美国城市对政治机器的改革；形成改革联盟的社会新群体及其动机；总统的强大领导在促成变化上的重要性

从19世纪80年代初，到美国参加第一次世界大战，作为联邦雇用基础的依附式体系逐渐遭到拆除，（纽约、芝加哥、波士顿和其他美国城市的）新一代城市经理取代旧的政党老板。无论是全国还是地方，韦伯式现代国家的基础奠定下来。曾发明依附主义的美国，成功完成行政体制的现代化。

从1854年诺斯科特—屈维廉改革的颁布，到19世纪70年代现代官僚体系的建成，英国人在这段时期所做的，却花了美国人几乎两代人的时间。这反映两国不同的社会结构与政治价值，还涉及美国比英国更民主，更猜忌国家权力；也反映英国威斯敏斯特体制比美国的制衡制度更能采取果断行动。美国至今还没能成功建成像其他发达民主国家那样的高效国家，特别是有专制传统的，如德国和瑞典。甚至，我们将在本书的第四部分看到，美国国家的质量自20世纪70年代起反而有大幅衰败，正在销蚀着上述进步。

自由至上主义的天堂

美国在 19 世纪 80 年代初是小政府社会，罗恩·保罗（Ron Paul）和其他当代自由至上主义者希望它有一天会重现。联邦政府当时的税收仅占 GDP 的 2%，主要是关税和实物税；实际的治理工作主要是在州和地方的层次；那时美国是金本位制，没有可自由裁量印多少钞票的美联储；军队也小，只负责边境安全，没有纠缠不清的对外承诺。总统是软弱的，真正权力在国会和法院之手。没有正式的任期限制，但两党的激烈竞争导致频繁倒手的国会，令大多数议员停留在业余水平。私人利益充满活力，不断扩充，通过贿赂和依附主义，成功攫取国会的不少权力。[1]

这种类型的政府适合于 19 世纪上半叶的美国农业社会。到了 19 世纪最后二十年，美国经济的性质发生巨大变化。最重要的是交通和通讯技术的革命，铁路和电报已统一美国整个大陆，大大扩展了市场规模。正如亚当·斯密所解释的，劳动分工仅受限于市场大小。越来越多美国人离开自己的农场和乡村，移入城市，定居于新开发的西部地区。经济增长越来越涉及科学技术在工业过程中的制度性应用。劳动分工不断扩大，在发展的社会方面促成巨大变化。工会、专业协会和城市中产阶级开始出现,根据《莫里尔法》（Morrill Act）在内战中建立的接受政府赠地的学院等教育机构，培养起新一代受过大学教育的精英。铁路等新兴工业正在逃离地方监管。发展是多方面的，经济和社会方面的变化，转而要求政治方面的变化，特别与国家有关的制度。美国需要像欧洲韦伯式国家那样的东西，以取代一直在治理美国的政党主导的依附式体系。这种转变在 19 世纪 80 年代初开始加速。

官僚体系的诞生

在具有里程碑意义的 1883 年《彭德尔顿法》(Pendleton Act) 之前，曾有过对公共部门的改革。南北战争之前，有些技术机构已设置以考试为前提的职位，如海军天文台和海军医疗队，并向某些工种提供更为安全的任期。然而，这与其说是为了争取精益求精，倒不如说是为了防止政治任命的撤销。格兰特总统签署一项法律，授权成立文官顾问委员会，把正式执行择优制度定在 1871 年。但两年之后，国会担心它对庇护政治的威胁，撤销了这个机构的预算。[2]

改革运动往往如此，需一个外部事件来打破体系的平衡，迫使它走进不同的制度性秩序。1881 年 7 月 2 日，新当选的总统詹姆斯·加菲尔德（James A. Garfield），遭心理失衡的查尔斯·吉托（Charles Guiteau）枪击。吉托是一个求官者，认为自己应被任命为美国驻法国领事。加菲尔德在痛苦中挣扎两个月才死去。[3] 暗杀引起的愤怒推动了旨在取消分赃制度的公共运动。新总统切斯特·亚瑟（Chester A. Arthur）和共和党控制的国会仍予以抵制，但民主党和共和党中的超然派（Mugwump）开始煽动要求改革。加菲尔德死后不久，全国文官改革联盟（National Civil Service Reform League）成立，参议员乔治·彭德尔顿（George H. Pendleton）提出法案，建议对公共部门进行改造。1882 年中期选举让民主党上台，许多现任议员因继续支持庇护政治而被击败。1883 年 1 月，国会的本届成员读着墙上的笔迹，以压倒性多数通过了《彭德尔顿法》，此时新当选的议员甚至都还没来得及就座。[4]

《彭德尔顿法》的思想渊源在欧洲，特别是十年前英国的诺斯科特—屈维廉改革。在 1879 年，全国文官改革联盟的创始人纽约著名律师多尔曼·伊顿（Dorman Eaton），应总统拉瑟福德·海斯（Rutherford Hayes）的要求，出版对英国文官体系的研究。[5]

152

不过，欧式官僚体系最有名的倡导者是未来的总统伍德罗·威尔逊（Woodrow Wilson）。19 世纪 80 年代他刚刚完成约翰·霍普金斯大学的政治学博士学位，并在 1887 年出版了题为《行政管理的研究》的论文。[6]

威尔逊论辩说："行政管理的科学"是在欧洲长大的，不存在于美国。"在我们的行政管理实践中，很难找到公正的科学方法。市政府有毒的氛围；州政府扭曲的秘密；华盛顿部门揭发出来的混乱、闲职和腐败；这一切的一切让我们无法相信，良好行政的清晰概念在美国是众所周知的。"

威尔逊主张的行政体制基本上就是马克斯·韦伯后来描绘的，他预想到委托人—代理人的框架，主张政治和行政的严格分离。[7]行政人员只是简单代理人，像其时刚出现的现代公司的经理人员一样，唯一职责只是有效贯彻。学过德语的威尔逊提及黑格尔，以及普鲁士和法国的官僚模式，认定那些政府"做事效率高到让人离不开它们"；还有它们太专制，因而不适合美国的民主条件，不过仍可充任改革目标的球门柱。他继承亚历山大·汉密尔顿的传统，认为最重要的是，强大中央集权政府在很多功能上是必不可少的，从监管铁路和电报的运作，到遏制试图垄断市场的大企业。他在一篇声明中完美地总结美国政府的进退两难："英语民族，长期以来一直疏于行政方法的完善，却一门钻研对行政权力的遏制。它对政府的控制远远超过对政府的激励。它一直关注的，是敦促政府变得公正和温和，而不是变得灵活有效和井然有序。"[8]我们将看到，当他成为总统时，这位美国公共行政的奠基人发现，将自己的理论付诸行动会有多难。

《彭德尔顿法》是多尔曼·伊顿起草的，借鉴了英国改革的主要特色。[9]它恢复文官顾问委员会（伊顿成为它的第二任主席），建立（任人唯才的）行政分类体系，招聘不再是政党和国会的特权。它废除了强制捐献，联邦官员再不用将工资一部分上缴给任命自己的政党。由于美国政治的平等主义倾向，它没有以诺斯科特—屈维廉改革的方式制定管理阶层。它确实建立官员的考试要求和择优录取的原则，只是标准比不上英国的。英国改革旨在吸引牛津和剑桥的精英毕业生进入官员行列，美国没有让哈佛和耶鲁的校友充斥政府机构的平行意图，只想起用适中教育背景的人才。[10]

美国改革的落实到位非常缓慢。在 1882 年，文官中仅有 11% 是分类的，这个数字到 1900 年增长到 46%（在富兰克林·罗斯福 [Franklin D. Roosevelt] 治下是 80%，在第二次世界大战结束时是 85%，此后逐年下降）。[11] 国会继续紧抓它的庇护式权力，只有当即将离任的政党借此来保护政治任命时，才同意扩充职位分类。未分类工作仍是庇护政治的领域。在海斯、加菲尔德、亚瑟和克利夫兰（Cleveland）四届政府的换班易手中，少则 68%、多则 87% 的第四级邮政局长在全国范围换人。[12] 文官顾问委员会的权力时大时小，端看主席的能量和白宫的支持力度。多尔曼·伊顿在行使权力时小心谨慎，他的继任者往往胆子更小。

哈里森（Harrison）总统 1889 年让纽约的年轻新政客西奥多·罗斯福（Theodore Roosevelt）主持该委员会，情形由此大变。罗斯福想把文官制度改革当作自己政治野心的核心，但是当他在 1895 年去职时，庇护式任命的数量再一次上涨。文官顾问委员会自身的官僚机制往往就是不灵光的；它发布命令要求所有晋升要遵循统一的规则，但在许多联邦部门内却得不到落实。[13]

类似的改革发生在每一座由老板和政治机器操控的美国城市。例如在 19 世纪末的芝加哥，操纵共和党政治机器的是威廉·洛里默（William Lorimer）。他先是联邦众议员，后是联邦参议员，向政治支持者分发食品、煤炭、退休金、奖学金、许可证和就业机会。他在调查自己行为的参议院小组面前作证："我得到的庇护式好处，来自警长、县书记官、县司库、各法庭中的书记、州政府……我居住的城市中的大小任命，很少……不是出自我的引荐。"洛里默拥有一些与市政府签约的企业，凭借他所谓的"诚实行贿"，为自己积累了可观的财富。像其他城市一样，他的政治机器照看大批移民和工人阶级的利益。这些选民涌入芝加哥，在新兴工业中找到工作。[14]

洛里默和他的政治机器遭到商人、职业人和社会改革者的反对。他们组成联盟，如市选民联盟和立法选民联盟，这些人往往是中上层的中产阶级人士，受过高等教育，住在芝加哥周边的新郊区。对市选民联盟五十名成员的抽样调查发现，其中三十人是职业人，以律师为主。这些团体在友善的报纸上发表有关候选人背景的报道和宣传，以制造反腐败舆论；还试图让政府不受政党影响，从而变得职业化。不无讽刺的是，这批人以民主名义发出呼吁，实际上却代表大体是新教徒的芝加哥上流社会，瞧不起洛里默让天主教和犹太新移民获得权力的方法。洛里默也对市政改革者表示蔑视，称他们是借改革之名以增强自己实力和影响的伪君子。当调查结果发现洛里默在参议员竞选中犯有欺诈行为，他的政治生涯即宣告结束。他的竞选结果被判失效，他本人因此而受到谴责。洛里默的崩溃并不表示芝加哥政治机器的结束。理查德·戴利（Richard J. Daley）的政治机器继续支配芝加哥的政治，直到 20 世纪 60 年代，其时的市长戴利还将芝加哥的选票"递交"给总统候选人约翰·肯尼迪。

芝加哥的案例表明，美国市政的依附主义经常承担为民主化奠定基础的功能。地方精英没有掌控洛里默的政治机器，反而成了它的对手，最终还促使它的灭亡。政治机器分配资源的能力，在快速增长和种族多元化的城市中，还发挥凝聚和稳定的功能，犹如当代印度的依附主义也在凝聚并平衡包括种族和宗教在内的各式群体。

邻近的威斯康星州的政治就大为不同，那里有主宰州议会的大铁路利益集团和木材企业。罗伯特·拉福莱特（Robert La Follette）1900 年当选为州长，凭借的是农民、大学毕业生、政府官员和斯堪的纳维亚族裔的联盟。他随即创建自己的政治机器来提高铁路税收；

155

制定政党的初选制度来取代老板支配的大会制度，以推举候选人；通过一系列工会支持者赞同的社会立法。他充分利用与威斯康星大学的关系，视之为助手和思想的来源，甚至要校友在共和党大会充当"恐吓者"，以抵制共和党的坚定派（Stalwart）。拉福莱特在战术上不得不使用政治机器来打败政治机器，这一事实表明，政治机器以某种方式已变成政治中所固有的——换句话说，所有政治领袖必须组织联盟（尽管其成员并不总是有着同样的目标），经常还须依靠贿赂、利诱、恐吓和辩论等手段。伍德罗·威尔逊成为总统后，将会学到这一课。[15]

经济增长和政治变化

19 世纪 80 年代的美国政治体制似乎构成稳定的平衡，所有主要的政治参与者都得益于自己分配庇护式好处的能力。那么，为什么会出现变化？

第一个解释是，作为经济发展的结果，所在社会也在发生变化。我们看到，英国中产阶级要求进入贵族庇护者支配的文官体系，从而推动诺斯科特—屈维廉改革。美国中产阶级在推动变革上发挥类似的作用，其中的差别是，它的对手不是贵族，而是根深蒂固的政党体系。工业化造就的新参与者在旧式依附体制中无由插足，组织起来成立利益集团，能在旧政党体系中向现状提出挑战。

第二个解释是，与此同时发生的观念蜕变，向旧体制的合法性提出挑战，既谴责它的腐败，又提供接近当时欧洲模式的现代国家的愿景。思想水平的变化与社会变化紧密相连，进步时代的改革者，往往来自现代化造就的受过教育、身负专长、位居中产的阶层。但思想从来不是简单的"上层建筑"或阶级利益的依据。它拥有自己的内在逻辑，是政治变革的单独原因。

寻求改革的第一个群体是期待高效政府的企业界。在这个时期，美国资本主义发生巨大变化，出现像铁路公司那样的跨州大企业、依赖外贸的制造业、从自给自足转向商业经济作物的农业，它们有着各不相同的自身利益。像铁路那样的公司，发现很容易以庇护体制收买州立法机构，保护自身利益。支持改革的往往是都市的商家和厂家，低质量的政府服务让他们的利益蒙受伤害。"改革者反复传诵有关报道，称尚未递送的邮袋被遗忘在邮局的上锁库房；还在当地商会宣讲，普鲁士和英国海关处理同等工作量的效率是美国的四到五倍。"[16] 城市商人想要干净街道、公共交通、公安和消防保护，却因政党对市政府的控制而不可得。引发《彭德尔顿法》的，还有对纽约海关的调查。海关经手大量贸易额，向美国政府提供近 50% 的全部收入，是共和党老板罗斯科·康克林（Roscoe Conkling）控制的，也是庇护政治的主要来源。康克林的最终失败，反映了共和党内坚定派与混血派（Half-Breed）的权力斗争，最后的结果——海关采取择优招聘——符合纽约商界的利益。[17]

157

　　主张改革的第二个群体是涌现于 19 世纪末期的中产阶级职业人。日益增多的私营部门及其对技术专长的需要，创造了对高学历职业人的需求。同时，联邦政府、州政府和私人资助者在全国各地建立新的高校网络，扩大了职业人的供应。这个职业人阶层看重自身的地位和能耐，对掌控市政的老板的粗野和文化低下颇有反感。他们还是纳税人，不愿看到自己辛苦挣来的钱财流入政治机器老板的口袋。[18]

　　组成进步联盟的最后一个群体，是面对当代城市处境的城市社会改革者——如芝加哥赫尔大厦（Hull House）的创始人简·亚当斯（Jane Addams），她揭露城市穷人的险恶处境；以及改善穷人条件协会的领袖威廉·艾伦（William Allen），他抨击坦慕尼政治机器对公共资源的管理不善。[19]

　　没有思想，也就不会有社会动员。新兴的社会阶级确实存在——即具有相似背景、需求和地位的群体——如果没有意识到自己是群体一员，就不会去采取集体行动。在这方面，知识分子能在解释世界上发挥关键作用，向公众阐释自身利益的性质，还可展望替代性公共政策可能创造的不同世界。多尔曼·伊顿、伍德罗·威尔逊、写出一系列有影响的公共管理书籍的弗兰克·古德诺（Frank Goodnow）等，把现存美国机构描绘得相当负面，并建议师法欧洲。[20]

随后这些知识分子或自行组织新的公民社会组织，或使之合法化：譬如，提供改革建议的纽约市研究局、优先在"科学"基础上进行文官体系改革的美国社会学协会、成立于1870年以捍卫成员职业操守的纽约市律师协会。[21] 他们援引弗雷德里克·泰勒（Frederick Winslow Taylor）"科学管理"的原则，把它当作改组后美国公共部门的指导方向，这种原则被看作现代商业组织的前沿理论。[22]

改革者的自身利益是他们采取行动的基础，但这场斗争还有伦理上的意义。对庇护政治和政党老板制度的攻击染上强烈的道德色彩。奔赴全国各地的宣传人士，强烈抨击现存体制的弊端。西奥多·罗斯福的传记作者埃德蒙·莫里斯（Edmund Morris）如此描述：

> 对生活在20世纪最后二十五年的人来说，要弄懂文官体系改革在19世纪最后二十五年所激起的情感，是很困难的。检视这场运动的文献，里面随处可见道德重整运动中的那种滑稽感，只是稍为淡化。知识分子、政客、社会名流、教会人士和媒体编辑，怎么会为海关书记、印第安人学校总监、第四级邮政局长，去作如此热切的呼吁和争辩？……事实是，数千乃至数百万人加入这一行列，他们像历史上任何一次十字军一样狂热（也像它们一样受到了激烈抵制）。[23]

莫里斯提出疑问，为何对文官体系改革如此慷慨激昂。部分答

158

案在于寻求承认，即人们渴望自己的地位和尊严受到他人公开的承认。在文官体系改革运动中，起主导作用的是各路职业人——律师、学者、记者和其他类似人士。借用斯蒂芬·斯科夫罗内克的话，他们代表"旧贵族精英和新职业人之间的关键环节，他们的根底是历史悠久的美国家庭和新英格兰的上层文化"。[24] 这些中产阶级新精英追求改革，反对调动大批非精英选民进入庇护式体系的政治阶层。这些改革者往往是上流社会的新教徒，对涌入美国的天主教徒和犹太人心怀不满，因为后者勉强识字，也不熟悉美国的价值和习俗。从某种意义上说，改革者是在试图恢复他们的先辈在杰克逊民粹主义出现前已有的社会地位。当然，他们自视甚高，把自己当作落后社会中的现代化带头人。[25] 他们感到愤愤不平的是，低学历政客拥有他们无缘沾边的政治权力，而自己的学历和技术知识又得不到这个政治阶层的尊重。尽管有不少人追求物质利益的改善，但这些改革者坚信，自己体现出的是学历、才能、组织能力和诚实，要求他人承认其中的价值，从而迸发出道德主义的激情。[26]

159

领导能力

《彭德尔顿法》通过之后的二十年间，在联邦文官体系中消除依附式工作仍进展得相当缓慢。要执行文官顾问委员会的法令，全靠总统向自己的内阁施压，而他往往又是心不甘情不愿的。19、20世纪之交发生的两件大事让这一切发生了变化，更加基于择优的文官体系才得以诞生。

第一件事是 1896 年大选让威廉·麦金利（William McKinley）登上总统之位，同时让共和党成为国会中占支配地位的多数。两党在之前的二十年中势均力敌，从 1875 年到 1896 年，国会权力每隔两年从一党转至另一党，或互相不分上下。[27] 1896 年大选被称为重组选举（realigning election），持民粹主义的民主党人威廉·布赖恩（William Jennings Bryan）在选战中落败，从此扭转了选民力量的均衡，基于东北部商业利益的共和党在接下来的一代成为多数，同时坚定的民主党南方从民粹主义运动中分裂出来。[28]

　　第二件事是西奥多·罗斯福当选总统之后让美国的行政领导获得新的定义。19世纪后期的总统容易被人遗忘，往往只是国会两党决定的执行者。罗斯福充满活力，信奉汉密尔顿的观点，认定行政部门必须发挥自主的权威，尽量拓展有关总统宪法特权的现有观念。在之前六年中，罗斯福是文官顾问委员会的成员，现在他运用总统权力，大大扩展和加强联邦政府基于才干用人的部分——做到这一点相对比较容易，因为他的前任是共和党人，已在政府中安插了不少庇护式任命。罗斯福最初上台是在麦金利遇刺的 1901 年，他和自己的党又在 1904 年选举中赢得决定性多数，获得了大展宏图的授权。他与文官顾问委员会紧密合作，加强它对联邦机构的监管，并切断政党和属下官员的关系。该委员会获得更多资源，尤其是招聘和晋升的控制权，直达地方一级。[29]

　　改革努力在罗斯福 1909 年卸任后又变得松懈。继任者威廉·塔夫脱（William Howard Taft）没法跟罗斯福相比，他不是一个强干的改革者，不得不跟共和党的元老讲和，而这些人正是罗斯福有意疏远的。塔夫脱设置了一个经济和效率委员会，建议成立效率署以集中控制政府的预算，但这个计划在任内根本无法实现。伍德罗·威尔逊曾是全国文官改革同盟的副总裁，又被视为美国公共行政的创始人。他在 1912 年当选，成为格罗弗·克利夫兰（Grover Cleveland）以来的首任民主党总统，在推进改革方案上，仍遇到很大困难。国会试图收回罗斯福篡走的权力，威尔逊不得不与自己的党讨价还价。其时，民主党以南方集团为基石，对改革兴趣索然。威尔逊获得第一次世界大战动员工作的行政特权，但无力保证官僚机构能力的持久增长。在某种意义上，威尔逊之后的共和党总统重返 19 世纪的体系，对官僚机构的加强不再感兴趣。[30]

庇护政治在联邦一级的终止，到 20 世纪中叶方才大功告成。尽管富兰克林·罗斯福和他的新政让联邦政府的功能范围极大扩充，但在他的第一个任期内仍须借助庇护式任命，以确保政府要职掌握在忠诚人士之手。在联邦官僚机构中，职位分类的百分比在 20 世纪 20 年代末一度升至 80%，到 30 年代中期又落至大约 60%。这个趋势到 30 年代结束时重又得到修正，其时布朗罗委员会（Brownlow Commission）全面改写文官规则，让联邦政府的人事管理过程变得正规化。[31]

从 19 世纪 80 年代到 20 世纪 20 年代，美国逐步拆除政党政府的依附式体系，奠定专业官僚机构的基础，可与欧洲已存在好几代的体系媲美。美国率先有了依附式体系，与它的民主早于大多数欧洲国家有关，也与选举权扩展时尚没建立强大独立的国家有关。支持自主官僚机构的联盟最终得以出现，但它的成长还须依赖持久有力的领导，无论在联邦层次还是在受制于政治机器的市和州层次。

美国公共部门的改革，由于制度层次和社会的差异，比英国花了更长时间。英国的威斯敏斯特体制允许议会多数党作出快速决策。美国则相反，权力由总统和国会平分，国会本身又有强大的参议院，参众两院可由不同的政党把持。将权力分派给州和地方的联邦体制意味着，联邦层次的改革不一定会在全国铺开。有些州在联邦政府之前就开始对庇护体制进行改革，另外一些州则落后很多。最后，这两个国家是非常不同的社会。在英国，崛起的中产阶级较早进入像牛津和剑桥那样的精英教育机构，在伦敦的俱乐部和密室里协商改革的策略。美国也有类似的精英，即主导官员改革运动的哈佛和耶鲁毕业生，但他们的优势只在东北部，必须在广阔多样的全国范围寻求自己阶层之外的盟友。

当代发展中国家如要改革依附式的政治体制，如要建立任人唯才和技术过硬的现代政府，可从美国经验中汲取重要教训。首先，改革是深刻的政治过程，而不是技术上的。现代官僚体系自然有技

161

术特性，如职位分类、考试要求和晋升阶梯等。依附式体制的存在，不是因为以此谋职的官员或背后的政客不懂如何组办高效的机构，而是因为现任者受益于此，无论是掌握权力和资源的政治老板，还是靠他们获得工作和好处的依附者。把他们赶走，所需要的不仅是政府的正式重组。21 世纪之交，国际援助机构规定发展中国家必须实施公共部门改革。它们的经验证明，单纯的技术方法是徒劳无益的。[32]

　　第二个教训是，赞成改革的政治联盟必须基于在现存体系中没有严重利害关系的群体。作为经济增长和社会变化的副产品，它们是自然形成的。现存庇护体制之外的新商业利益、在政界找不到关系的中产阶级职业人、照看弱势人群的公民社会团体，这一切都是政治联盟的候选人。组建改革联盟的问题是，现存的依附式政客也在尝试将这些团体招进自己的队伍。在美国，许多铁路公司——工业现代化的典范——学会玩弄腐败庇护政治的把戏。这意味着，改革联盟必须包括经济上尚未现代化的旧群体，如小农和受到铁路伤害的运货人等。另一方面，在东部旧城市，大批移民已被现存的城市政治机器发动起来，不再是进步联盟的招募对象。

　　第三个教训是，政府改革反映相关群体的物质利益，或是根深蒂固的庇护式政客，或是新兴中产阶级选民，但在塑造人们如何看待自己利益上，思想仍然是至关重要的。中产阶级的选民可以因势乘便，收下送上门的政府职位；也可以在说服下转而相信，以非人格化方式录用最好人选，才更符合自己家庭的长远利益。实际选择通常取决于，这些思想在公开场合获得怎样的阐述。此外，在这种体系中有一个翻转点：如果你周围的每个人都找到庇护式工作，即使你认为不好，也会倾向于照葫芦画瓢；如果这样做的仅有很少人，它看起来就更像是越轨。在公共场合讨论公共部门就业的道德基础，变成帮助塑造这些选择的关键。

　　第四个教训是，改革需要花费大量时间。《彭德尔顿法》于

1883 年通过，但要到 20 世纪 20 年代，绝大多数官员才纳入基于择优的分类体系。即使这样，这种模式在罗斯福新政初期仍遇上短暂的逆转。如前所述，在采取决定性的政治变化的道路上，美国制衡制度所设置的路障比其他民主国家要多。由于改革需要对抗强大的既得利益，不能在一夜之间发生也是意料之中的。改革通常是偶然事件刺激而成的，如詹姆斯·加菲尔德的遇刺，或战时动员的迫切需要。但它永远得益于坚强的领导，如西奥多·罗斯福成为总统前后所发挥的。

美国为现代公共部门奠定基础的同时，也为官僚政府增长后的难题播下种子。任人唯才的制度建立不久，美国政府的新分类员工组织起来，成立自己的工会，游说国会来保护自己的地位和工作。1901 年，新成立的邮政工会开始要求对职位和薪水实施重新分类。作为应对，国会试图限制公共部门员工代表自己的游说能力。罗斯福总统支持他们成立工会，但要限制他们的政治活动，以保证自己对行政部门的最终控制。在美国劳工联合会的敦促下，越来越多公共部门的员工组织起来，《劳埃德—拉福莱特法》（Lloyd-La Follette Act）也在 1912 年获得通过。这项法案明确承认，公共部门员工有权组织起来，并可代表自己向国会请愿（但不能罢工）。[33]

公共部门自组工会和择优员工形成强大的利益集团，凸现自主官僚机构的固有难题。一方面，择优体系的建立是为了防护公共部门雇员免受庇护政治的损害，也为了避免官僚机构的过度政治化。另一方面，同样的防护规则可被官员用来逃避负责制，即使表现很差，也无须担心遭到解雇。官僚机构的自主造就官员为公益着想的高质量政府，但也能在就业保障和工资上保护官员的自身利益。

如今，这些公共部门工会已成为精英一部分，并使用政治体制来保卫自身利益。我们将在第四部分看到，美国公共行政的质量自 1970 年代以来有显著下降，很大程度上是因为这些工会限制有关录用和晋升的择优标准。他们是当代民主党的政治基础的一部分，使民主党政客不愿就此提出挑战。造成的结果就是政治衰败。

　　非人格化现代政府的发展不仅仅是依附主义和公开渎职的终止。干净诚实的官僚机构仍然可以不具备完成任务的能力或权威。所以，美国国家建设过程所包括的不仅是腐败的清除，而且要有政府的发展，使之具有足够的能力和自主性，既以较高水平来履行功能，又在根本上对民主的公民负责。这件事如何发生于美国某些关键部门，将是下一章的主题。

铁路、森林和美国的国家建设

> 美国政治文化中的连续性使国家建设变得缓慢且艰苦；监管铁路为何那么费时耗神；吉福德·平肖让美国林务局成为自主官僚机构；州际商务委员会与林务局在自主性上的对比

要拥有高质量的现代政府，不是只要消除了庇护政治和腐败即可。官员可能道德上正直且用心良好，却缺乏必要的技能来做好本职工作；他们也可能人手短缺，不足以提供适当服务；还可能缺乏必要的财政资源。像私营部门的公司一样，政府也是一个组织（或多个组织的集合），也会遇上管理不善的问题。所以，国家建设不只是从庇护式的家族制公共部门转为非人格化的官僚体系，还取决于组织能力的创建。

在美国，现代国家的建立大大晚于欧洲，与古代中国相比，更是迟了将近两千年。此外，国家建设工程一旦开始，又是缓慢且艰苦的过程，会遇上许多的挫折和反复。究其原因，一是历来坚决抵制政府权力的美国政治文化，二是为重大政治改革设了许多障碍的美国政治制度。在许多方面，美国人仍生活在这个传统中，对政府的不信任仍高于其他发达国家，反对政府改革的强大制度障碍依然存在，政府提供的服务常常劣于其他发达国家。

可通过第一个全国监管机构的故事来说明一切。它是州际商务委员会（ICC），职责是监督铁路。创建这个现代监管机构，来设定

运费、强制执行相关规则，足足花了近两代人的时间。然而，它仍 166
受制于政治势力，最终还是成了美国运输体系现代化的绊脚石。

　　与此相反，高质量政府和自主官僚体系（以及这类组织罕见于
美国的原因），也在吉福德·平肖和美国林务局的案例中体现出来，
我将逐一介绍它们的故事。

铁路和通向国家权力的漫长路程

　　无论在美国还是在欧洲，19 世纪中叶最具革命性的技术是铁
路。特别在美国密西西比河以西地区，它是将农户与遥远市场联结
起来的关键。正如亚当·斯密所预见的，随着单一全国市场在北美
大陆的建立，劳动分工的扩展飞速向前。借用历史学家理查德·斯
通（Richard Stone）的话，铁路的影响"经常决定特定地区的生死
存亡，铁路在经济欠发达地区是定居与否的决定因素……由于无法
吸引铁路，产品不能进入市场，小镇存活不下去，这样的故事数不
胜数"。[1]这样一来，建造铁路的步伐相当激烈。从 1865 年到 1880 年，
十三条最大铁路线的吨英里上涨 600%；光是在 1870 年至 1876 年
之间，铁路里程就翻了一番。[2]

　　欧洲的铁路或是政府发展的，或早就接受政府的严格监管，而
美国的铁路几乎全是自由市场的产物。这个行业的激烈竞争导致不
同经济利益的巨大冲突，包括铁路公司彼此之间。竞争最激烈的是
铁路大干线，这些公司往往超额建造铁路里程，引发毁灭性的运费
战争。例如在 19 世纪 80 年代，从圣路易斯到亚特兰大有二十条替
代路程的竞争。[3]处于接管状态的破产公司，往往以低于成本的价
格继续营业，损害仍属健全的其他公司（就像今天的航空业）。有
些铁路公司为了应对不断下降的收入，试图打造"合作池"（pool） 167
或卡特尔以限制价格竞争，却因投机取巧的公司与运货人的私下交
易而失效。在较小的支线，单一铁路公司经常拥有垄断优势，可以

向倒霉的农民和运货人任意提高运费。由于规模经济的原因，铁路公司愿意向长距离发送货物的大运货人提供批量折扣，从而激怒在竞争中处于劣势的本地小生产商和小运货人。此外，铁路的业主和工人之间也发生严重乃至暴力的冲突。[4] 在所有这些情况中，不同的经济参与者转向自己选出的代表，以求在政治上维护自身利益。那些政客动用州和联邦的各式措施，如禁止使用批量折扣和卡特尔。

在调和相互冲突的利益上，铁路跟其他公用事业没什么两样，如电话、电力和宽带上网。私人投资者希望获得最大限度的投资回报，预先决定要向某些客户——大城市的大运货人和大生产商——提供选择性服务。不过，向小参与者和乡村地区提供普遍服务，也有补偿性的政治利益。19 世纪后期的经济冲突，往往被描绘成小农户与寡头铁路的对抗。但事实上，铁路业主发现自己面临动荡的市场，往往无利可图。其中有些从中赚取巨大财富，其他的要么破产，要么发现自己的经济命运掌握在他人之手。19 世纪末普遍下跌的铁路股票价格，反映了铁路部门盈利的波动。[5]

19 世纪末期的铁路，在许多方面，类似于 21 世纪初的医疗保健体系。这两个部门在美国经济中都占据很大份额，而且非常重要。以投资额为标准，铁路在 19 世纪 80 年代是美国经济中最大的部门；而医疗保健部门在 2010 年消耗近 18% 的 GDP。无论铁路还是医疗保健体系都源出私营企业，不过因为大家对滥用的担忧，这些领域的政治干涉日益加重。19 世纪的政客限制铁路通过差价来收回成本，犹如今天的政客试图限制保险公司的保费歧视。铁路和医疗保健都有不同的利益集团互相对垒：反对铁路的是运货人和农户，反对医疗保险公司的是医生和药厂。由于有关政策在全国的执行不一致，这两个部门都造成低效的经济。最后，这些经济活动的影响超越州的管辖范围，有必要唤起统一的联邦规则，但鉴于美国联邦主义的传统和反中央集权的政治文化，这绝非易事。[6]

铁路业务的拓展带来利益冲突，作为回应，要求铁路系统对运营商和用户双方都更为公平可靠，就变成了相当大的政治压力。然而在美国历史的此刻，全国范围的经济监管还没有先例。宪法中的商业条款，仅把涉及外贸和州际贸易的监管权力留给联邦政府。在南北战争之后，不少州通过格兰杰法（Granger law），以禁止价格歧视；还有马萨诸塞等州，建立较为有效的委员会，以稳定市场。州政府制定价格和调节经济的权利，在最高法院 1877 年的芒恩诉伊利诺伊州（Munn v. Illinois）一案中获得肯定。[7] 但铁路无法在州层次获得适当监管，这是横跨多个辖区的州际贸易的最好案例。最高法院在 1886 年的沃巴什诉伊利诺伊州（Wabash v. Illinois）一案中承认此一事实，认为只有联邦政府才能监管铁路。

　　纯粹的自由市场体制无法提供足够服务，也无法协调相互冲突的利益。这一现象逐渐在概念方面获得承认。1885 年，一群经济学家建立从美国社会学协会分离出来的美国经济学协会，开始为全国铁路监管打下理论基础。他们以亨利·亚当斯（Henry Carter Adams，后来成为州际商务委员会的第一任首席经济学家）为主，认为政府需要出面干预，以解决运费和价格的纠纷，因为市场在现存体系内已经失灵。在 19 世纪的当时，今天微观经济学入门课程讲授的许多经济概念——公共物品、外部性、垄断和寡头的理论、边际主义——仍处于发展初期。[8] 犹如文官制度的改革，研究监管的学者也以他国的实践经验为借鉴，如英国。英国给美国遗留下自由放任经济的传统，却在更严密地监管自己的铁路。[9]

169

　　州际商务委员会是第一个联邦级的监管机构，它的创建经过暴露了美国国家建设的迟到。这个故事的不同凡响之处在于，美国足足花了四十余年——从 19 世纪 80 年代中到第一次世界大战结束——才定出一条"现代"监管规则，同样的规则在欧洲早在 19 世纪中叶就已到位。在全国范围监管铁路的经济逻辑是无懈可击的，但美国政治的文化和机构合谋起来，将掌握足够权力的州际商务委员会的成立，推迟了将近两代人的时间。

　　19 世纪 80 年代，美国国会几次尝试为铁路制定全国性规则，所依据的不是一以贯之的运输经济学理论，而是为此项法案组合起来的不同地区利益的政治联盟。西部的农业利益极力推动对卡特尔的禁止。这对规模经济不明显和竞争门槛低的其他工业还有效果，但不适合在多数情况下占垄断地位的铁路。显而易见的解决方案是允许卡特尔，但要严格规定运费，以平衡铁路和用户双方的利益。这个方案的最终实施还需要等待几十年。同样，禁止对长途和短途的运费歧视使铁路的定价无法反映实际的经营成本。这种歧视往往是有效的，让铁路采取迂回路线，以利用乡村地区过剩的运输能力。

　　无论是反卡特尔条款，还是运费歧视的禁止，本身都是值得商榷的政策，所发生的作用适得其反。这种紧张关系体现于 1887 年《州际商务法》，国会终于借此建立州际商务委员会，作为永久性监管机构。但它不是权威的执法机构，只是独立的委员会，由两大政党委任专员，任期交错，以求平衡。按"法院和政党"社会的惯例，这个新机构没有权力来设定运费或广泛政策，只能在逐案基础上裁决投诉，裁决的强制执行权又要留给法院。国会并没有试图调和当初推动立法的各方的利益冲突，只授予模糊权力，它的有限权威需要政府其他部门自己来界定。[10]

　　美国第一次在外交政策之外面对州政府的自主问题。行政部门从含糊不清且考虑欠周的立法中获得代理权，以自视为理性的态度来制定政策，但在行使职权时到底能走多远？我们在第 4 章看到，普鲁士国家拥有最高的自主程度，其所造就的优质官僚机构可自作决定，无须向民主政客负责。19 世纪晚期的最高法院让美国移向与普鲁士正好相反的方向，只授予最少权威，这不是为了民主负责制，而是为了保护私有财产权。它在芒恩和沃巴什的裁决之后变得愈益保守，认定公司是受第十四修正案保护的法"人"。该修正案明确规定，所有美国公民有权利获得"法律的正当程序"。它是在南北战争之后制定的，以保护新获解放的非裔美国奴隶的权利，但最高法院用它来保护私有财产权。从 1887 年到 1910 年，最高法院作出有关第十四修正案的裁决有 558 项，其中最引人注目的是 1905 年洛克纳诉纽约州案（Lochner v. New York）。在最高法院看来，限制工作时间的纽约州法律违反了第十四条修正案对"合同自由"的隐含保护。[11]

　　最高法院对联邦政府在州际贸易上的监管权力自然持怀疑态度。借用斯蒂芬·斯科夫罗内克的话："最高法院现在坚定地致力于从美国民主冲动中拯救民营经济……拒绝州际商务委员会对法律（即《州际商务法》）几乎每一种广泛解读，使之沦为统计信息的收集机构。"[12] 所以，政党和法院在限制行政自主上互相支持：先是通过州际商务委员会的繁琐结构，让政党任命的专员保持控制权；然后再限制这个委员会的监管权力。

　　在 20 世纪的第一个十年中，一系列新立法的通过才给了州际商务委员会开初就应有的行政权力。1903 年的《埃尔金斯法》（Elkins Act）允许州际商务委员会设定最低运费，1906 年的《赫本法》（Hepburn Act）赋予它强制执行这些运费的权力，1910 年的《曼—埃尔金斯法》（Mann-Elkins Act）将增加运费的举证责任移至铁路的肩上。[13] 直到此时，监管体系才采取了更为现代的形式；政府也把铁路当作公用事业，由行政来设定运费，而不单靠市场力量。

　　历史学家加布里埃尔·科尔科（Gabriel Kolko）认为，这些进步时代的改革通常是铁路利益和大资本驱动的，它们利用自己对国会的影响力，借助州际商务委员会来限制竞争。[14] 他在这一点上仅部分正确。《州际商务法》通过后的十年左右，铁路收入趋于稳定，并开始上扬；那之后，政治力量的平衡偏向主张对运费歧视实行禁止的小农和运货人的民粹主义利益。这个偏向对铁路的消极影响，要到第一次世界大战中才变得明显；其时，战争动员大大增加对铁路服务的需求。美国铁路系统的能力严重不足，反映出铁路公司的投资不足；它们由于运费的限制，越来越难以收回成本。由于德国潜艇截击美国对欧洲的海运，美国港口货物积压，州际商务委员会在纾解交通上证明是无能的。最终结果是，威尔逊总统在 1917 年 12 月宣布整个铁路系统国有化，调整运费和工资，让政府直接经营。要到 1920 年的《埃施—康明斯法》(Esch-Cummins Act)，铁路才回到私人手中。[15]

斯蒂芬·斯科夫罗内克把 1920 年《交通法》(Transportation Act) 视为里程碑，"全国的行政权威取代法院和政党的限制，在这过程中，又实现了美国政府的组织、程序和思维方式的转变"。[16] 他讲得肯定没错，美国第一个全国监管机构为联邦政府权力在 20 世纪的增长树下了先例，但留下的经济遗产错综复杂。它的组织结构基于平衡两党的政治任命，但却妨碍了它发展足够的官僚自主性，使它始终受制于背后的政治利益。在接下来的几十年中，州际商务委员会从几乎无权，一下子转变到过多施加监管负荷，这阻碍了全国铁路系统的创新和再投资。例如，州际商务委员会不允许南方铁路公司在 20 世纪 60 年代实现引进铝质漏斗车 (Big John) 的效益，最终令其丧失了与驳船竞争的能力。[17] 铁路面对来自卡车和船舶的日益激烈的竞争，后者实际上得到了其他政府项目的补贴，如州际公路系统的兴建。到了 20 世纪 70 年代，美国铁路处于大危机之中，大部分铁路陷入融资麻烦。东部被迫破产的三十七家铁路公司中，宾州中央交通公司是最后一家。[18] 对此，智识氛围到 70 年代后期出现明显的转变，转而趋向放松交通体系管制的共识。卡特政府开始一系列改革，以减轻过去几十年累积下来的监管负荷，并放宽公共运输规则，允许铁路享有更灵活的定价。

在此讨论州际商务委员会，不是要找出适当水平的监管或不监管。要点是，国家对经济的权力有潜在危险，因为它有可能遭到各种利益集团的攫取，而付出代价的是普通公众。随着时间的推移，所有官僚机构往往会变得越来越受规则的束缚，特别是在受到立法者的政治要求的驱策时。创建政府机构，既要屈从于民主意愿，又

172

要有足够自主性，不受强大利益集团的攫取，这非常困难。

　　很多人会说，这是政府本身的问题之一，解决办法是大刀阔斧地削减或干脆取消监管。但国家的交通运输系统不能留给市场力量本身，19 世纪末期的混乱局面首先就是自由市场制造的。官僚机构常常被指责为迟钝和缺乏弹性，但这个观点的缺陷在于它不懂当初的立法任务往往才是官僚行为不正常的根源。州际商务委员会卡在中间，一边是要求低价的消费者，另一边是谋求卡特尔协议的铁路公司，以保障自己资本的回报。州际商务委员会的政策变化，有时偏向于消费者，有时偏向于铁路，都是为了应对国会和白宫的政治潮流的转向。作为 1971 年铁路重组的一部分，政府经营的"美铁"（Amtrak）专门提供客运服务；在今天，无人会把它当作高效创新的铁路服务的榜样。原因不在于它是政府运行的（欧洲和亚洲政府经营的铁路往往是高效服务的带头人），而在于它承受的政治任务自相矛盾：既要收回成本以作再投资，又要向众多城镇和乡村提供服务。那些地区选出的立法者，有权增减美铁的预算。它如果不必履行第二个任务，只将服务重点放在人口密集的华盛顿、纽约和波士顿的走廊，就有可能成为赚钱机构，并能提供更好的服务。

　　假如州际商务委员会当初就是高效自主的行政机构而不是委员会，就有可能在过去一个世纪中发挥更为有效的作用。更为自主的官僚机构会有更多灵活性，或设定运费，或在不同利益群体中作出仲裁，如政府在 1917 年至 1920 年的铁路国有化短暂时期中所做的。它可能会预见到，铁路因公路和航空的兴起不再享有自然的垄断地位，从而批准更真实反映实际成本的运费。美国的国家设计具有复杂的制衡，使这种局面很难出现：州际商务委员会的历史表明，法院和国会持续支配行政的决策。这种对政府质量的特别限制植根于美国政治体制中民主负责制和法治的强劲。

　　这是否意味着，美国没有能力以德国、丹麦和日本的方式创建高效自主的官僚机构？答案可以是对，也可以是不对。尽管美国体制偏向于反对这种类型的强大政府，官僚自主的个案仍出现于美国的历史进程。这样的案例是 20 世纪之交的美国农业部门，尤其是吉福德·平肖（Gifford Pinchot）的作用和美国林务局（U.S. Forest Service）。

吉福德·平肖和美国森林

美国农业部是林肯总统在 1862 年设立的，作为提升美国农场生产力的发展战略之一。同年的《莫里尔法》创办一系列政府赠予土地的学院（或称赠地学院，如宾夕法尼亚州立大学、密歇根州立大学、康奈尔大学、堪萨斯州立大学和爱荷华州立大学等），以培养新一代农学家。农业部原本只打算招揽科学家，到 19 世纪 80 年代开发出不同宗旨：免费发放种子。国会的免费种子计划获得农业州的议员支持，到 19 世纪末，竟占用了农业部大部分预算。换句话说，美国农业部变成带有联邦政府特色的一个庇护式变体，向政治依附者分配种子，而不是工作。

在这种情况下，农业部发现很难留住训练有素的科技人员。1883 年《彭德尔顿法》获得通过，随即建立择优体系，所有这一切由此发生变化。美国农业部是首批不让庇护政治染指自己的招聘的联邦机构之一，开始雇用新成立的赠地学院培养的掌握最新农业科学的大批毕业生。正如政治学家丹尼尔·卡彭特（Daniel Carpenter）所说，农业部的许多局长和处长享有相对较长的任期，得以培训与庇护政治或免费种子没有关联的一代新员工。[19]

换成当代说法，美国农业部人事政策的转变构成"能力建设"。官僚机构的质量不仅取决于新人的高等学历，而且取决于这些人组成相互信任的网络，拥有所谓的"社会资本"。像他们德国和日本的同行一样，这些新官员具有类似背景（事实上往往毕业于同一学校），相信现代科学，并迫切想把理性的方法应用到美国乡村社会的发展中去。随着时间的推移，这种思维方式变成农业部组织风气的基础，特别是在它关键部门之一的美国林务局。

　　如今，林务局管理一百五十多个国家森林公园和超过两百万英亩的土地。农业部下属的林业处（Forestry Division）成立于 1876 年，在那之前，森林多被认作向西部移居者的障碍。全国各地有大片土地，上面的树木被一砍而光，林地本身被遗弃不用。20 世纪第一个十年，像新英格兰那样的旧定居区，基本已变得光秃秃。有人担心，再过一代人，美国大多数森林将完全消失。重新恢复这些土地的地力，是政府干预的伟大成就之一。美国林务局一直被认为是美国最成功的官僚机构之一，它的品质和团队精神已成为传奇。鉴于作为个体的护林员生活于相互隔离的分散环境，难以产生通常出现于城市组织环境的凝聚力，它的成就显得格外了不起。[20]

　　这一国家建设的遗产主要出自一个人的努力，即 1898 年来农业部主管林业处的吉福德·平肖。假如说美国在一定程度上有（或曾有）贵族阶层，吉福德·平肖就是成员之一。他出生于祖父的暑期度假屋，父母是宾夕法尼亚州的大户人家，他被送到菲利普斯·埃克塞特学院（Phillips Exeter Academy），然后再送到耶鲁大学。[21]他在耶鲁大学时加入秘密团体骷髅会（Skull and Bones）。多年以后，美国第四十一任总统老布什也成为它的成员。像约翰·昆西·亚当斯、西奥多·罗斯福、詹姆斯兄弟（William and Henry James）和 19 世纪其他美国精英一样，平肖年轻时也遍游欧洲，除其他知识外，开始接触科学林业的欧洲理论。他尽管享有特权，却非常要求上进，一心想做出点名堂。平肖和谢拉俱乐部（Sierra Club）的创始人约翰·缪尔（John Muir），1896 年同去俄勒冈州的火山口湖（Crater Lake）旅行。缪尔在日记中写道：“夜间大雨，除了平肖，所有他人都睡在帐篷内。”[22]宗教在塑造他性格中起了重要作用。他在英国旅行时，和母亲一起被牧师詹姆斯·艾特肯（James Aitken）发起的提倡社会责任的复兴运动所吸引。平肖在许多方面体现了马克斯·韦伯的新教工作伦理，他说："我的钱不是赚来的，而是我祖父在纽约的土地的增值。他在遗嘱中没有把钱留给土地，而是赠送给我。我以这种方式提前获得工资，现正努力工作以求偿还。"[23]

平肖也许是因为出身大土地所有者家庭，一开始就对林业和自然产生兴趣。此时耶鲁大学没有森林管理课程。他毕业后接受建议去了欧洲，遇到杰出的德国森林专家迪特里希·布兰迪斯（Dietrich Brandis）爵士，后者曾代表英国政府，在印度和缅甸做过广泛的森林管理。布兰迪斯认为，平肖学习科学的森林管理应持续多年，但年轻的美国人急于把科学林业的福音带回老家。他在 1890 年返回美国，开始写作关于森林管理的文章，很快被公认是这个问题上的专家。平肖先被聘为菲尔普斯·道奇公司（Phelps Dodge）的顾问，后又为铁路大王科尼利厄斯·范德比尔特（Cornelius Vanderbilt）的孙子乔治管理其家族在北卡罗来纳州的森林。

替美国林务局打下基础的不是平肖，而是伯纳德·费尔诺（Bernhard Fernow）。他是普鲁士人，曾受训于芒登（Munden）森林学院和首创中央森林管理技术的普鲁士林业部。费尔诺移民美国后一直活跃于科学协会，成为美国科学促进会（American Association for the Advancement of Science）和美国林业大会（American Forest Congress）的秘书。费尔诺 1886 年被任命为农业部林业处的主管，接替两名通过庇护关系被任命的前任。他利用自己的网络，开始给林业处配备受过专业训练的农艺师。他通过科学论文和简报发起广泛的宣传，培植众多的外部支持团体，例如当地林业协会、大学和私人木材商，以及对森林管理有兴趣的其他人。费尔诺曾企图招揽平肖，让他从耶鲁大学一毕业即来政府工作，但未获成功。平肖 1898 年接任林业处主管，以政治关系和媒体手段，弥补自己在森林学术知识上的欠缺。[24]

平肖在接下来的三年中将林业处提升为林务局，加大预算并扩招员工。他在政府中的许多最亲密同事，本来就是他在耶鲁大学的

同学。甚至，有的还是他所在的骷髅会的会员。他为全国林务员创
建了一个培训和交流的中央体系，以专家、无党派和职业的森林管
理为原则，保护多方用户的利益。严格地说，林务局的目的不只是
养护。不同于像约翰·缪尔那样的早期环保主义者，平肖认为森林
的存在是为了加以利用，但要在可持续基础上收获经济利益。所以，
他发起各种新方案，旨在帮助私营森林业主实施较佳管理。

　　平肖最大的成就见之于1905年。他设法让联邦拥有的森林从
内政部转到农业部，归他的林务局管辖。内政部土地办公室的风气
完全不同于林务局。它的员工多是律师和会计师，没有森林管理的
专业知识，认定自己任务主要是向欲获得公共土地的私人开发商提
供服务。但它在政治上很受西部政客和商人的欢迎。那些政客和商
人嘲笑林务局的人，说他们只是一帮"瞪着大眼泡长着罗圈腿的东
部小哥，满眼忧伤又心不在焉的教授和虫子专家"，"懒得实地勘察，
闭门造车制定法律，干着对他人极度不公之事"的官僚。土地办公
室是共和党庇护政治的重要来源。支持内政部控制森林的大人物之
一是众议院议长乔·坎农（Joe Cannon，今日的美国众议院办公楼
就以他命名），他是来自伊利诺伊州的共和党人，他反对环保的倾
向可一言以蔽之，"不会为风景花一分钱"。坎农攻击平肖"出生时
口含金汤匙"（按：喻指出身富贵之家），批评政府科学家"勤勤恳
恳地嘬住公共资源的奶头不放"。在此背景下，平肖开始组建联盟，
以支持一项新法案，力图将控制森林的权力从内政部转到农业部。[25]

　　争夺对公共土地的控制，是在政治舞台发生大变化的背景下
发生的。南北战争后的几十年中，两大政党轮流控制国会；而到了
1896年的"重组选举"，共和党一举控制了参众两院和总统一职。
这让詹姆斯·威尔逊（James S. Wilson）被任命为农业部长，他将
在三位总统下连任此职，创下长达十六个春秋的记录。威尔逊发挥
关键作用，让农业部由分配种子的机构变成以科学为基础的前瞻性
组织，不只是林务局，还有农业推广服务、纯食品和药品的监管等。[26]

西奥多·罗斯福在麦金利1901年遇刺后成为总统，他本来就是伟大的户外活动家，在农业部生物调查处的哈特·梅里亚姆（C. Hart Merriam）以及约翰·缪尔的影响下，又成了环保事业的同路人。罗斯福还在纽约州长的任上就是平肖的朋友，分享这位林务局主管的议程，成为他计划的强大靠山。[27]

平肖获得总统的支持，总统的政党又控制国会。但在美国的分权体制中，这不意味着，土地办公室的易主已是板上钉钉。乔·坎农是美国历史上最强悍的众议院议长之一，是共和党保守派的代表，又是强烈反对土地办公室易主的西部议员强大组合的盟友。这个组合包括来自怀俄明州的众议员弗兰克·蒙代尔（Frank Mondell），他是众议院公共土地委员会的成员，带头反对易主法案。在坎农的敦促下，众议院在1902年以一百票对七十三票否决此项提案。

如果是一名普通官员，在一个普通部门，此时也就接受命运，打起退堂鼓了。但平肖不只是官员，更是熟练的政治操盘手。他花费多年时间，培养与广大利益团体、报纸编辑和科学会社的交情，包括奥杜邦协会、塞拉俱乐部、妇女俱乐部联合总会、西部牧场主协会、全国贸易委员会和全国畜牧协会等。为了取得支持，他向对手参议员阿尔弗雷德·基特里奇（Alfred Kittridge）选区的霍姆斯特克矿业公司（Homestake Mining Company）允诺，绝不会把联邦土地上的木材运往外州。他在媒体、学术界和广受尊重的科学权威中，成功激起支持易主的巨大呼声。他最大胆的举措是包抄坎农，建立起与众议员蒙代尔的私人友谊，陪他前往黄石地区，频频游说他改变初衷，转而支持农业部。议长坎农发现自己竟输给一名中层官员，1905年国会两院最终通过了将土地管理权转给平肖的林务局的法案。[28]

正如丹尼尔·卡彭特所说，平肖战胜坎农是官僚机构取得自主性的非凡案例，因为美国不比德国和法国，从不以强大的官僚体系出名。[29] 平肖取得这种程度的自主，不是因为他获得了任何法定权力。在国家安全和外交政策之外，美国极少向行政部门授予重大权力，在这个案例中也并不例外。平肖所做的不是官僚体系内的操作，而是政治上的，在政府内外建立非正式盟友的网络。在民主的美国，这就是行使权威的途径。他的对手指责他是官僚帝国主义，恨恨地抱怨："政府的个别行政官员（无权）在如何保存土地上参与立法。"另一国会议员批评平肖的"宣传机器"，以纳税人的钱每年寄出九百多万份通告，指责林务局是"未经国会授权的新机构"。[30]

平肖的倒台发生于三年后所谓的巴林杰丑闻（Ballinger affair），也是他参与权力游戏的结果。其时，威廉·塔夫脱（William Howard Taft）接替西奥多·罗斯福担任总统，他在环保问题上的承诺引起前总统核心圈子的质疑。正如平肖所说，塔夫脱"软弱但不邪恶，一副谦谦君子形象，只要不超道德底线，可以任人涂抹"。[31]内政部的新部长詹姆斯·加菲尔德（遇刺总统的儿子），指派西雅图前市长理查德·巴林杰，担任尚留在内政部的土地办公室的主管，有权向私人开发商开放阿拉斯加土地。该办公室的年轻员工路易斯·格拉维斯（Louis Glavis）注意到，巴林杰和不少西雅图地产商有可疑交易，包括巴林杰获得提名之后收到的付款。格拉维斯试图在林务局两名员工的协助下向总统举报。但塔夫脱发布禁言令，允许巴林杰解雇这位举报人，还恳求平肖放过此事。平肖不惜违抗总统，写信给农业委员会主席乔纳森·多利弗（Jonathan Dolliver），为自己员工的举措辩护。信件内容在参议院公布，塔夫脱为此解雇了平肖，结束他作为美国首席护林人的职业生涯。[32]

平肖决定惹恼塔夫脱总统，可视作官僚的一种傲慢，他太习惯于阅读自己的宣传须知了。他作为首席护林人的最后一步棋，对可持续林业的事业产生了积极影响。塔夫脱因此事而陷于困窘，共和党保守派被迫处于守势。两年后，议长坎农在共和党进步派的造反中失去了委任权。罗斯福一派保持压力，以维护他在环保议题上的遗产。林务局购买额外土地的权力在 1911 年的《威克斯法》（Weeks

180

Act）中获得国会批准，那是它权力的最后一次巩固。[33] 平肖凭借他全部政治技巧创造的机构，即使在最初的魅力型领袖离开后，也能生存下去。

平肖的职业生涯还远远没有结束。他帮助罗斯福在 1912 年作为进步党候选人竞选总统，自己也竞选参议员，只是未能成功，最终两次当选为宾夕法尼亚州长。

攫取和自主

州际商务委员会和美国林务局，只是美国国家建设和政治发展的两个案例。还有一些发生于进步时代，但下一波的国家建设还要等到 20 世纪 30 年代的新政，随之出现的是今天美国政府的众多机构：联邦贸易委员会、证券交易委员会、食品和药物管理局、联邦航空署、全国劳工关系委员会和环境保护署等。

州际商务委员会与林务局都是国家做出的必要干预。铁路构成潜在的垄断企业，其规模和资金需求已造成巨大的社会冲突。森林在私人业主的手中没有获得妥善管理，国家公共土地的分配又变成贿赂和腐败的巨大来源。在这两种情形下，国家需要公正的监管部门，不受强大利益集团的操纵。对这些问题，美国在国家建设上作出回应。美国的国家建设晚于其他工业国家，如德国和英国，后两者没有美国式的制衡体系或反中央集权的政治文化的制约。

这两个政府机构在质量和履行任务的效率上有很大不同。我认为，这与它们运行时的自主程度有关。从某种意义上说，由于矛盾的任务和治理结构，州际商务委员会永远不可能是自主的。它不是单一主管治下的等级制的行政部门，而是均衡代表两个政党的委员会。这保证它不可能远离立法监督者，也永远不会有像吉福德·平肖那样的高瞻远瞩的领袖。它在成立初期曾试图另起炉灶，但立刻受到法院的阻止，然后追随国会的政治风向。结果是，州际商务委员会虽然最终获得履行工作的执法权，但一直是政治力量的俘虏，因为正是后者创建了它。它要遵守他人定出的规则，在一段时间内显得束手无策，无法适应。它是 20 世纪 70 年代放松管制的首批对象之一，甚至在里根就任总统之前。

林务局则非常不同，它是伯纳德·费尔诺以独特的科学林业精神组织起来的。它的顶头上司农业部正在变得现代化，又长期处于詹姆斯·威尔逊部长强大稳定的领导之下。它的第二任主管吉福德·平肖，是进步时代最活跃最杰出的人才之一，与跟自己有着共同价值观、愿景和热情的总统声气相投。他和政治上司并没有简单执行国会定出的政治任务：他设计自己的任务。没有民选官员指示他，或发表关于现代林业技术的报告，或拉拢报纸编辑，或联系全国的科学协会和贸易团体。更不用说，也无人告诉他，与同情的议员密谋将森林的控制权从内政部撤出。事实上，大多数关注此事的立法者，在原则上强烈反对官员以这种方式插手政治。毕竟，中层官员应是单纯代理人，国会才是委托人，这分明是代理人失控的案例。平肖相信，自己的议程与国会领袖不一定相同，却是为长期的公共利益着想。这就是国家自主的含义：政府回应利益集团的要求，但不受掌控；要看长远的公众利益，不轻易为民主舆论的短期变更而动摇。林务局成为全国首屈一指的官僚机构，正因为它不受制于过度限定其自由裁量权的规则。

作为代理人的吉福德·平肖，却没有接受作为委托人的国会的严格控制。这一事实表明，当代经济学家用来理解组织功能障碍的委托人—代理人框架，在了解高效官僚机构如何运作上，恐怕还不够。

讲到林务局却避而不谈吉福德·平肖的背景和性格，是不可能的。犹如他的朋友罗斯福，他是 20 世纪末逐渐凋谢的那一批美国精英的代表：有着盎格鲁—撒克逊血统，在宗教信仰上是虔诚清教徒，来自古老东北部，熟悉欧洲的做法，在菲利普斯·埃克塞特和耶鲁大学接受教育（罗斯福上了哈佛大学）。在他所创建的机构中上班的人，不少是他耶鲁的老同学；另有许多年轻新人，毕业于自己家族资助的耶鲁大学林业学院。在约翰·昆西·亚当斯的传统中，他正是那种东北部精英；而西部和南部的民粹主义者，在杰克逊的传统中，又学会对前者的鄙视。在美国创建庇护体系的，是更为民主的杰克逊主义者。他们对大政府的敌意，以及对产权的僵化捍卫，使19世纪的国家变成政治机器，经常还通过同一人，向有私人利益关系的人和政治支持者分配工作、种子和土地。反过来，古老东北部的精英熟悉欧洲传统，在进步时代改弦易辙，创建了在非人格化基础上对待公民的择优的现代国家。

美国是第一个在现代国家建立之前，向所有白人男性选民开放选举权的民主政权。结果是，它搞出了庇护主义的惯例，在19世纪的大部分时间，只有积弱不振的全国政府。美国跟随英国也改革公共部门，但由于制度上的障碍，这个过程费时更长。

美国20世纪初的公共部门改革，并没有终止狭隘的私人利益对公共部门的政治攫取，或政治腐败。美国政客不再像19世纪80年代那样，向个别选民分配公共部门的工作或圣诞节火鸡，改以补贴、税收减免和其他福利立法的方式，向大批政治依附者施以恩惠。我们将在第31章看到，利益集团政治所侵蚀的，不仅是州际商务委员会和铁路监管，而且是林务局本身。到20世纪80年代，它已变成被各路选区攫取的功能日益失调的机构。

世界上其他国家——很可能是发展中世界中的大多数——正处于19世纪初美国的处境。它们在国家非常软弱的条件下采纳民主选举，开放选举权。像19世纪30年代之后的美国一样，它们有依附式的政治体制，以个人好处换取选票。

中产阶级的新参与者对创建更为现代的政府具有浓厚兴趣，遂与根深蒂固的庇护式旧政客进行长期的政治斗争，结果是依附式政治在美国的终结。这种转变的背后是工业化带来的社会革命，它调

183

动一大批对依附式旧体制毫无兴趣的新政治参与者。然而，如希腊和意大利显示的，非人格化政府并不是经济现代化必然会带来的副产品。

与许多当代发展中国家相比，美国在创建现代国家和克服依附主义上具有很大优势：它从共和国的第一天起就有强烈的民族认同，所依据的与其说是种族或宗教，倒不如说是以自己民主制度为中心的政治价值观。在某种意义上，美国人崇拜宪法；它体现普世价值，让文化背景不同的新移民容易融入。如西摩·李普塞特经常指出的，在美国，个人可能被指责为"非美国"，但这种方式很难用于"非德国"或"非希腊"。美国主义代表自愿接纳的价值观，而不是继承下来的种族特性。所以，成功的国家建设取决于民族认同的事先存在，这个认同又成为向国家而不是社会团体表示忠诚的所在。

第12章

民族建设

民族认同是国家建设的关键；民族主义应被视为认同政治；
认同是与技术和经济变化相关的现代现象；通向民族认同
的四条途径

国家建设的成功关键在于并行发生的民族建设，它往往是暴力
和胁迫的过程，第一部分所讨论的所有国家都发生了这一过程。

国家建设是指创建有形的机构——军队、警察、官僚体系和政
府部门等。它的完成包括招聘员工、培训官员、向他们提供职位和
预算、颁发法律和指令。相比之下，民族建设是创建民族认同，让
人们对之忠心耿耿，以取代对部落、村庄、地区和种族的效忠。与
国家建设相比，民族建设需要创建无形的东西，如民族传统、符号、
共享的历史记忆和共同的文化参考。民族认同的创建可通过国家在
语言、宗教和教育上的政策，也可借助自下而上的诗人、哲学家、
宗教领袖、小说家、音乐家和其他无由接近政治权力的个人。

民族建设是国家建设成功的关键，直达国家的核心内涵：国家
作为合法暴力的组织者，有时会呼吁自己的公民，甘冒生命危险来
保家卫国。公民如果觉得国家并不值得自己最终为它牺牲，就不愿
响应。民族认同对国家力量的影响，并不局限于它的强制权力。很
多所谓的腐败不是由于贪婪，而是一种副产品，因为立法者或政府
官员觉得，他们对家庭、部落、地区或种族群体比对整个民族共同

体负有更多义务，所以就公钱私挪。他们不一定是不道德的人，只是其道德责任的圈子小于他们效劳的政治体。根据国家是否兑现社会契约中的承诺，公民也能理性地算出自己忠诚的程度。如果他们觉得国家合法，亲身体验到爱国主义的热情，政治稳定就会获得极大的提升。今天，当代中国共产党以经济表现来赢得合法性，另外还有重要的额外支持，即中国表现出来的民族主义。

如果强烈的民族认同是国家建设的必要组成部分，出于同样原因也会变得非常危险。民族认同往往围绕种族、人种、宗教或语言而建立，这些原则一定会包容某些人，排除其他人。民族认同经常形成于对其他群体的故意反对，一方面加强内部凝聚力，另一方面被用来延续冲突。民族凝聚力可以表现为对外侵略。人类为竞争而合作，又为合作而竞争。[1]

民族认同与现代化

民族主义是一种具体形式的认同政治，我们可以在法国大革命中找到它的第一次重要表达。它基于如此的观念：国家的政治边界应该对应于主要以共同的语言和文化为定义的文化边界。[2]

认同的关键在于这样一个概念：一个人的内在真实的自我跟周边社会认可的社会规范或惯例是会相脱节的。内在的自我，以民族、种族、人种*、文化、宗教、性别、性取向和能把人类群体聚合起来的其他特征为基础。哲学家查尔斯·泰勒（Charles Taylor）跟随黑

＊　编者注：此处的民族、种族（种族群体、族群）、人种对应的英文分别为nation、ethnicity（ethnic group）、race，其中nation强调的是政治意义上的民族共同体（有学者建议译为"国族"，但鉴于并不通行于国内学界，所以暂不取）；ethnicity指的是人类学意义上的民族划分（如中国有56个民族），为与nation的译法区分开，这里暂译为"种族"，间或译为"族群"，需要指出的是，这里的"种族"不取其生物学意义而强调其人类学和社会学意义；race指的是生物学上具有某些共同遗传特征的人群，通常译为"人种"或"种族"，为与ethnicity的译法相区分，这里译为"人种"。

格尔指出，认同的斗争在本质上是政治的，因为它涉及对承认的需求。要向经济学家说声对不起，因为单有物质资源，人类不会感到满足，他们还希图真实的自我获得他人的承认——获得尊严和平等。这就是为什么，承认的象征——旗帜、联合国席位和国际社会成员的法律地位——对民族主义者来说至关重要。本书为发展设定了六个方面，其中之一是社会动员，它不过是新认同出现时的副产品，人们开始意识到共享的经历和价值。[3]

民族主义的两大理论家本尼迪克特·安德森（Benedict Anderson）和欧内斯特·格尔纳（Ernest Gellner），将民族主义的出现与现代化联系起来，尽管他们在某些关键方面有不同的强调。在前现代社会，不存在认同问题。在任何狩猎采集或农业经济中，社会认同有所分化——猎人和采集者、男性和女性、农民、教士、战士和官僚——但由于社会流动极少，也没有严格的劳动分工，人与人打交道时没有太多选择。事实上在前现代印度，整个劳动分工在迦提或种姓（jati or caste）体系中变得神圣化，这个体系把流动性已相当有限的社会，再通过宗教制裁加以冻结。在农业社会，个人重要的人生选择——住哪里、以什么为生、信什么宗教和跟谁结婚——都由身边的部落、村庄或种姓所决定。所以，人们不会花费很多时间，坐着问自己："我是谁，果真吗？"

根据安德森，借助印刷术的发明和图书流通的增长，商业资本主义涌现于 16 世纪欧洲，这一切随之开始发生变化。印刷机让书面通讯的成本锐减，使本地语书籍的出版成为可能。马丁·路德使用德语而不是拉丁语，成为 16 世纪早期畅销作家，为建立起共同的德国文化发挥了关键作用。路德告诉他的读者，他们的救赎所依靠的，不是罗马天主教会规定的仪式，而是自己内心的信仰。通过自己选择，个人可与一个新的共同体联系起来。

本地语书面语言的出现，使安德森所谓的"想象的共同体"第一次成为可能，德语的言说者和阅读者成为一个整体。19 世纪菲律宾小说家何塞·黎刹（José Rizal）在七千岛屿的居民中，以类似方式创造了对菲律宾的认同。报纸在 19 世纪变得流行，受到有文化的新兴中产阶级欢迎，在唤醒民族意识上发挥了巨大作用。从未离开自己小村庄的人，通过阅读会突然感到，与偏远村庄的他人建立起了联系。远在互联网和现代化交通之前，平面媒体就让人们产生了虚拟旅行的感觉。[4]

　　欧内斯特·格尔纳还认为，民族主义出现于社会发生深刻变化之时，他将之定在 19 世纪从农业社会到工业社会的过渡时期。农业社会没有统一文化：语言和礼仪的巨大差异将不同阶级分隔开来。所以，俄国贵族说法语，爱沙尼亚和拉脱维亚的宫廷说德语，奥匈帝国的宫廷语言直到 1842 年都是拉丁语。说俄语、爱沙尼亚语和拉脱维亚语的主要是农民。这些语言障碍，一开始是征服和王朝政治的结果，后来又得到刻意保持。设置这样的分层社会，就是为了阻止社会阶级的相互流动。

　　如格尔纳解说的，工业社会的要求非常不同：

　　　　以增长为生的社会必须付出一定代价，增长的代价就是永恒的创新。创新的先决条件是永不间断的职业流动，这肯定发生在两代人之间，通常又会发生在人的一生中。为了在不同工作之间转换，为了顺带与其他社会地位的人沟通和合作，这种社会的成员必须要以正式、严谨和无关上下文的方式，来从事口头和文字的交流……

　　　　这就是现代社会的一般概况：识字；流动；形式上平等，却又带有连绵不定、可说是原子化的不平等；共享基于识字和学校灌输的同质文化。传统社会与此形成极其鲜明的对比，识字只是少数人和专家的素养；常态是稳定的等级体系，而不是社会流动性；文化是多元的和不连贯的。[5]

188

　　工业化过程使劳动分工不断扩大，为现代民族主义打下基础，基于语言的文化又成为凝聚社会的统一源泉。[6]

　　经济现代化为语言统一创造激励，可以法国的情形为例。在19世纪60年代，法国人口的四分之一不讲法语，另外四分之一把它作为第二语言。法语只是巴黎和知识精英的语言，法国乡村农民使用的，是布列塔尼语（Breton）、皮卡第语（Picard）、佛兰芒语（Flemish）、普罗旺斯语（Provençal）等方言。犹如巴布亚新几内亚的高原地区，相邻山谷的居民无法理解对方的语言。随着资本主义市场经济在19世纪的扩张，法语的使用大幅上升。借用尤金·韦伯（Eugen Weber）的话："人们只要……浏览布列塔尼报纸，就会认识到，越来越多的家长和孩子开始致力于统一和法语化。它们意味着流动性、先进性、经济和社会方面的提升……工业发展有助于迁来城市的多语种劳工的语言统一。"法国语言的最终统一要到第一次世界大战才大功告成，战壕里的公共服务完成了始于经济必需的统一过程。[7]

　　劳动分工的不断扩大促进社会流动性，以迫切方式提出了认同问题。上一刻，我是萨克森州小村庄农民，下一刻，我在柏林西门子工厂上班。在21世纪初，类似的迁移也在整个中国发生，农民离开内地的村庄去深圳和广州的工业部门打工。农村固定、亲密和局限的世界，被现代城市庞大、匿名和多样的世界所取代。这种转变——斐迪南·滕尼斯率先阐述的从礼俗社会到法理社会的经典过渡——不仅涉及从一个社会职业到另一个的身份变化，而且对身份本身也提出了疑问。现在，我不再生活在自己村中亲友的大拇指底下，在人生道路上有更多选择。"我是谁"一下子变成现实且迫切的问题。这种转变以危机或创伤的形式表现出来，造成涂尔干所谓的失范（anomie）。涂尔干看到，失范在现代化社会中表现为较高的自杀率，还表现为居高不下的犯罪率和家庭破碎率，这些常常与社会的迅速变化有关。[8]

　　格尔纳的理论将民族主义与工业化和基于语言的文化挂钩，但有一个麻烦：它无法解释民族主义在非工业社会的出现。在西欧和北美的许多国家，经济增长推动社会变化的次序如下：扩大的商业—工业化—城市化—社会动员的新形式，但这不是必然次序。正如我们看到的，在希腊和意大利南部，要么跳过工业化阶段，要么大幅减弱它的影响。这两个社会经历城市化，但没有创建大型工业部门。我管这种现象叫做"没有发展的现代化"，它也盛行于许多非西方社会。那里的殖民主义促进城市化，造就现代化精英，却没有大规模的工业招工，以推动社会的全盘转型。

　　与西欧相比，民族主义在前殖民地世界有不同的来源。这些国家即使没有按西欧模式实行工业化，仍能获得新精英阶级，来面对殖民者的不同文化。这些精英承受巨大压力，以顺应殖民国家的文化和习俗，许多人成功进入支配性的权力结构。但这却造成了认同的危机，由于语言和西化，他们反而与自己的家人和同胞分道扬镳。英国训练的年轻律师圣雄甘地在南非实习时，突然省悟到这个危机，最终走上争取印度独立的征途。这个危机迫使身处不同法国殖民地的三个黑人作家，艾梅·塞泽尔（Aimé Césaire）、利昂·达马斯（Léon Damas）和利奥波德·桑戈尔（Léopold Senghor），发明了"黑人性"（Negritude）这个概念。他们将法国白人眼中充满种族贬义的"黑人"（nègre）一字，转换成让自己倍感骄傲的源泉。

　　从欧洲出口到殖民地的很多东西中，既有全体民族的认同，又有对本土身份尊严的承认。如利埃·格林菲尔德（Liah Greenfeld）解释的："作为核心的西方社会（把自己定作民族）势力范围愈益扩大，其他社会或属于这个以西方为中心的超社会体系，或在寻求挤入，事实上别无选择，只得成为民族。"[9]这意味着，民族主义在前殖民世界会有非常不同的形式。在西欧，发起最杰出的民族主义运动的是德国人，他们试图把所有说德语的人团结在单一主权之下。在印度、肯尼亚和缅甸，民族主义不能以语言为基础，因为它们的社会在语言族群上支离破碎，缺乏可以自己的文化来统一全国的支配群体。所以，乔莫·肯雅塔（Jomo Kenyatta）领导的肯尼亚茅茅（Mau Mau）起义，以占全国人口多于 20% 的基库尤人（Kikuyu）为主；但他们无法指望持久支配国家，或把自己的语言和习俗强加于整个社会。事实上，许多国家仍在使用殖民者语言。第一，它与种族亚群的方言相比，被认为是较为中性的选择。第二，它与本土语言相比，更能让前殖民地与全球经济挂起钩来。

通向民族认同的四条途径

大多数研究民族认同的学者断言，它是"社会建构"的，遂与许多民族主义者发生争论。民族主义者认为，民族是以生物学为基础的原生分类，自古以来一直存在。厄内斯特·格尔纳认为，民族主义是现代现象，是顺应城市化的工业社会的需求而产生的。其他人走得更远，不承认民族认同与工业化等巨大的社会力量的关系，视之为艺术家和诗人的创造。受经济学影响的另一学派认为，认同基本上是协调的机制，被政治家用来促进潜在的经济利益。[10]

民族主义是现代化的副产品，具体的民族认同又是社会建构的，这些当然正确。但社会建构主义的观点回避了几个重要问题：谁在建构新的民族认同？这个过程自上而下，抑或自下而上？有些民族认同一旦建立起来，就变得极其牢固，有些则无法持久。例如，苏联花了七十年时间试图造就国际化的"苏维埃新人"，以超越像族群和宗教那样的范畴。然而，当苏联在 1991 年分裂成各加盟共和国时，被认为死去多年的古老民族认同重又抬头。今天在克里米亚那样的地方，只有俄罗斯人、乌克兰人和鞑靼人，却没有苏维埃人。同样，欧盟自 20 世纪 50 年代以来，一直在努力建构超越民族的欧洲公民认同。以 2009 年欧元危机之后的角度看，这个工程显然是失败的。民族建设的范围和可能性又是什么？

民族认同远远不是社会建设那样的开放式过程，它的形成要通过四个基本过程，可以单独发生，也可组合起来。有的是公开自上而下的政治行为，倚赖国家权力的强制执行；有的自下而上，是人们自发行动的结果。自上而下和自下而上的过程，相互之间必须要有某种互补性。否则，认同是不会生根的。

第一，确定政治边界，以迁就人口。第二，流放或肃清种族群体，以迁就现有边界。第三，促使亚群人口融入主流文化。第四，以社会中人文和自然的禀赋为前提，修改民族认同的概念，以迁就政治的可行性。最成功的民族认同工程，来自所有四种方法的互动。但请注意，前三个过程往往包含暴力和胁迫。

1. 移动边界，以适应已设定的民族认同。世界上的王朝政治体，如罗马、孔雀王朝、奥斯曼帝国和奥匈帝国，在创建时是不考虑文化认同的。民族主义的原则从法国大革命之后变得广为接受，导致其时的大政治体分裂成多个在语言族群上同质的小政治体。所以土耳其大为缩小，只剩下在安纳托利亚使用土耳其语的核心地区，奥匈帝国分裂成巴尔干地区的无数小国。最近一次帝国解体是前苏联，它表面上建立于普遍性的意识形态之上，1991 年之后重又回复到基于语言族群的较小国家。也有扩大边界以包容同族人口的，如德国和意大利的统一。

2. 流放或肃清人口，以创建更为同质的政治体。这在前南斯拉夫解体后的巴尔干战争中被称为"种族清洗"。合法性的原则从王朝统治转变为民族统一，在某种意义上，种族清洗只是这个转化的天然伴生品。

    多语种的庞大农业帝国，与非人格化的管理和法治是兼容的，事实上还依靠这类普遍性的制度来行使治理功能，因为它们在多元语言族群的人口互动中变得兴旺起来。在公元 2 世纪罗马帝国的巅峰时期，旅客从英国到北非、叙利亚和小亚细亚，能够期望找到类似的行政机构、法律和道路。维也纳在世纪之交（Fin de siècle）是世界上最自由最国际化的城市之一，反映了以它为首都的奥匈帝国的多样化。

当多种族帝国解体成为按民族主义原则组织起来的国家时，少数民族会被困在其中。如果新民族国家采取宽松的法治，本可加以容纳，但民族主义的自我伸张使这种局面较为罕见。结果是人口的大批迁徙，少数民族被迫搬离新成立的民族国家，或与邻国的少数民族互换。希腊人和土耳其人自拜占庭帝国以来，一直在小亚细亚和爱琴海东部一起生活，到了 1919 年至 1922 年的希腊土耳其战争就都要自我分离出来。在某种意义上，触发第二次世界大战的就是那些被困人口，如在捷克斯洛伐克苏台德地区的德国人，以及在波兰波罗的海的德国人。1945 年战争结束时，又看到德国、波兰、乌克兰、捷克和其他国家的人口大迁徙（以及大量的边界重定）。所以，巴尔干地区的种族清洗不是后冷战时期的发明。有些评论家指出，早期历史的种族清洗促成了现代西欧的稳定，只不过被现代欧洲人遗忘了。

3. 文化同化。从属人口可以采纳主流群体的语言和习俗，在某些情况下通过广泛联姻，以致不再成为独特的少数民族。同化能够自愿发生，因为少数民族融入主流文化有利于自身的利益。把巴黎法语当作全国通用语，导致法国方言数量减少，就是此类案例。同样，大多数移民群体抵达美国后学习英语，接受美国风俗，因为这是在社会上攀升的正道。

一个最大的同化故事也许是中国。值得注意的是，在这么大国家中，汉族竟占总人口的 90% 以上。中国并非总是如此同质的，目前的民族构成是两千多年不断同化的结果。四千年前，汉族文明的所在地是北部的黄河流域。公元前 3 世纪，第一个汉族国家是秦国（当今中国的北部和中部）通过征服建起的，在之后数世纪中，向东南、西南、西部和东北扩展。在这个过程中，汉人遇上不同种族的土著人，特别是北部和西部的突厥—蒙古游牧民族。这种原始的文化多样性，仍保存在今日犹存的不同形式的口语中。但书面语言从秦代起就是统一的，成为帝国的共同精英文化的基础。中国深受非汉人的影响，几乎所有外人最终都接受中国文化的规范，与汉人广泛通婚，以致不再是少数民族。主要例外是西部省份新疆的穆斯林维吾尔族、内蒙古的蒙古族、西藏人。同化继续是政府的政策，这三个地区都有迁来定居的汉人。

我们不应低估在实现文化同化中所需要的强力，乃至胁迫。民族语言的选择是使用者的政治行为。很少人自愿放弃自己的母语，特别是他们还聚居于世代相传的特定区域。文化同化的主要手段是公共教育体系，次要手段是公共行政的语言选择。对学校体系的控制，因此是很有争议的，也是国家建设者的中心目标。 195

4. 调整已设定的民族认同，以适应政治现实。所有的国家建设工程，为了取得理念与现实的对称，最终都会碰上实际难题。遇上简单的强权政治时，让步的通常是理念。认同问题又无法与领土问题分开。可以多种方式来调节理念：领土要求可以调小；认同依据可从种族或宗教，转至意识形态或共同文化的灵活概念；也可引进新概念来取代现有概念。更改民族认同的定义以适应现实情况，是民族统一中最少强制性最有希望的途径。

历史失忆症

建设认同的工程富有争议，因为组成世界的从来都不是随时准备成为政治体的紧密同质的"民族"。作为征服、迁徙和贸易的结果，所有社会都是各种认同的复杂混合物，包括部落、种族、阶级、宗教和区域的，无论是过去还是现在。有关民族的观念必然意味着，对民族界限之外的人或加以改造，或加以排除。他们如果不想和平顺从，就会遇上强制手段。这种胁迫可以自上而下由国家来完成，也可采取集体暴力的形式，由共同体杀死或驱走它的邻居。20 世纪中叶的欧洲有约二十五个国家，是中世纪结束时五百多个政治体中的幸存者。

在所有讨论过的案例中——德国、希腊、意大利、英国和美国——现代成果，包括高水平经济发展和自由民主制，都有赖于历史早期的暴力和胁迫。我在这点上已谈及德国和希腊，它们有大量流散人口，散布在各自国土以东的其他种族之中。当代德国和希腊的国家始于暴力，前者是俾斯麦对丹麦、奥地利和法国的战争，后者是希腊反对奥斯曼帝国的革命。暴力在下一个世纪持续不断，人口被迫迁徙，边界不断重划。

描绘现代民族主义现象的首批学者之一欧内斯特·勒南（Ernest Renan），谈及伴随民族建设过程的历史失忆症。据他介绍："对民族的形成来说，遗忘乃至历史错误，都是必不可少的。这就是为什么，历史研究的进步往往会对民族性造成威胁。实际上，所有政治组织起源方面的历史探究都会造成暴力事件，但不管怎么说，这些探究结果是有益的。"他认为，这种失忆症可追溯到欧洲的野蛮征服，其时，单身武士征服罗马帝国腐朽的残兵败将，迎娶当地女子，采纳她们的习俗。历史失忆症几世纪以来一直继续，我们已忘记那些曾经骄傲的独立政治体，如勃艮第、帕尔马大公国、萨克森和石勒苏益格，它们现在通通只是地方区域，从属于更大的领土国家。[11]

196

英国和美国有时被视为和平政治发展的典范，它们通过渐进式的零敲碎打的改革，建立起自己的民族认同，成功避免其他社会遇上的剧烈动荡。这只在一定程度上是真实的，勒南的历史失忆症也适用于这两个国家。英国使用盖尔语（Gaelic）的原始凯尔特人（Celtic），多次受到来自海峡彼岸的入侵，首先是罗马人，然后是一波波的盎格鲁人、撒克逊人和丹麦人，最后是讲法语的诺曼王朝。从英格兰到大不列颠的转变，涉及兼并威尔士、苏格兰和爱尔兰的经常性暴力，其终结还要等到1916年复活节的爱尔兰起义，以及爱尔兰共和国的独立。毋庸多言，北爱尔兰从那时起一直不是英国大家庭中的快乐成员。写本书时，苏格兰也已计划对自己的独立与否实行公投。

与勒南的历史失忆症相呼应的是马基雅维利的类似观念。他在关于罗马的《论李维》书中指出，这个伟大城市的建立奠基于一场同室操戈，即雷穆斯（Remus）遭到罗慕路斯（Romulus）的杀害。他更为广泛的观察是，所有公正的事业都起源于犯罪。[12] 民主政体在美国的成立也是如此。北美不是通常所谓的"新定居点"，而是地广人稀的土著部落的领土。这些群体不得不忍受被消灭、流放或驱赶至保留地的命运，为新定居者建立自己的民主制度腾出地盘。美国的民族认同以平等、个人权利和民主原则为基础，但它的建立仍以原住民的利益为代价。这没有使结果变得不民主不公正，也没有使当初的犯罪变得不是犯罪。此外，美国民族认同应该优先考虑的，是以《独立宣言》的平等为基础的政治联盟，还是宪法对各州权利的保护？这个问题仍无法通过民主过程获得和平解决。德国和希腊可能对近代历史的暴力仍有生动回忆，但英国人和美国人也不应忘记，他们当代的民族认同也是过去血腥斗争的受益者。

第13章

好政府，坏政府

有些发达国家的政府比其他国家政府更为有效；政治改革
如何发生；就改革而言，现代化既不是充分条件，也不是
必要条件，但大有裨益；局外人在推动改革中的作用

现在可以对国家建设过程和公共部门现代化作出一个普遍性的
结论了。本章的目的是解释，为何有些发达国家进入 21 世纪时拥
有相对有效廉洁的政府，而其他国家却受困于依附主义、腐败、低
效、对政府乃至整个社会的不信任。这种解释可能会给我们带来启
发，让当代发展中国家制定适当的对策，以应对当今的腐败和依附
主义。

所有社会都始于韦伯所谓的家族制国家，政府官员不是统治者
的亲友，就是控制社会的精英的亲友。这些国家仅向统治者偏爱的
个人提供政治权力和经济机会，很少以普遍适用的规则，在非人格
化的基础上对待公民。[1] 现代政府——非人格化和普遍性的国家官
僚体系——是随着时间推移渐渐发展起来的，在许多情况中又根本
无法产生。

我选取了在这个现代化进程中各有成败的几个不同案例。德国
在 19 世纪的早期几十年中发展出现代国家的核心。我们将在第 23
章看到，日本在明治维新的开放时期，几乎从零开始，不久就建立
了现代官僚体系。相比之下，意大利和希腊没有发展出强大的现代

国家，今天仍在继续着依附式的做法。英国和美国是居中的案例，199
在 19 世纪上半叶仍有庇护式官僚体系，在美国更演变成全面的依
附主义。在 19 世纪 50 年代的《诺斯科特—屈维廉报告》之后，英
国对自己的体制实施了相当果断的改革。而美国从 19 世纪 80 年代
初到 20 世纪 30 年代，才对公共部门作出渐进的改革。

家族制国家可以是高度稳定的。它是用人类社会交往的基本组
件建造起来的，即人类偏爱家人和有互惠关系的朋友的生物学倾向。
精英通过庇护式锁链来营造权力基础，即让依附者为求自身好处来
追随庇护人。所有这一切，因仪式和宗教，以及令精英统治合法化
的思想，而获得进一步加强。与社会上的其他人——特别是农业社
会中分散的贫困农民——相比，这些精英组织得更好，更容易获得
武器和暴力使用的训练。随着社会规模的扩大，非正式的庇护网络
转换成正式的依附等级。但政治的基本组织原则——互惠利他——
保持不变。控制这种体系的精英一旦取得政治权力，很少被从属于
他们的非精英所取代，只会被组织得更好的其他精英群体所取代。
若干世纪以来，这类前现代国家持续取得成功，直至当前仍继续存
在于世界各地。

通向现代政府的途径

那么，如何从家族制国家成功过渡到现代国家？这里选择的有
限案例表明，至少有两条重要途径。

第一条是军事竞争。古代中国、普鲁士和日本都觉得，它们在
从事与邻国的长期斗争，而有效的政府组织是民族生存的关键。军
事竞争所创造的激励，远远超过任何经济激励。毕竟，如果我和我
的全部家人有可能在战后遭到屠杀，任何其他东西都会失去价值。
建立军队的需要，使因才录用变得紧迫，使新税和财政收入的增加
成为必需。此外，它要求官僚组织统筹税收、财政和后勤，以补给 200

战场上的部队；还被迫招募非精英进入行政系统乃至统率军队，从而打乱精英的内部关系。

民族建设是成功的国家建设的关键，在这方面，战争也在发挥关键作用。一旦民族主义在法国大革命时期成为广为接受的原则，民族认同也获得锻造，就往往要通过调整政治边界，以便对应现有的文化、种族或语言的共同体。我们在上一章中已看到，这通常需要以暴力重新划分边界，或杀戮，或流放，或迫使当地人口同化。

我们在第 1 卷看到通过战争取得国家现代化的案例，尤其是中国，即我所说的建立连贯、普遍和非人格化的国家的第一个社会。中国人在公元前 3 世纪就发明了任人唯才和文官考试制度，这一做法要到 19 世纪才在欧洲得到广泛的实施。无论是马穆鲁克还是奥斯曼帝国，都通过今天看来是相当离奇的军事奴隶制——到外国捕获年轻男子，使之与家人隔绝，再将之培养成将士和行政官员——来获得比较现代的公共管理。

普鲁士也感受到了军事竞争的压力，遂逐步引进现代自主官僚体系并一直存活至今。它始于大选帝侯在 1660 年《奥利瓦和约》之后拒绝解散军队，而常备军的军费开支又使整个行政机构的重组成为必需。普鲁士 1806 年败于拿破仑，迫使官僚机构在施泰因—哈登贝格改革中向中产阶级开放。择优精英官僚体系的建立，造成一个专制的政治联盟，支持了官僚机构的持续自主。此后，任何政客或政党试图安插政治任命的官员，就会遭到官僚机构的极大反对，而被迫打退堂鼓。在普鲁士，这种自主性走得太远，民主选举产生的领袖发现，很难让官僚体系的军队就范。俾斯麦通过战争缔造现代的德意志民族，释放出咄咄逼人的民族主义，在两次世界大战中达到高潮。所以说，普鲁士为取得现代国家与民族认同，付出了非常昂贵的代价。

国家现代化的第二条途径是，有志于高效廉洁政府的社会群体组成联盟，推行和平的政治改革。形成这样联盟的主要动力是社会经济现代化的进程。如第 2 章的发展总框架指出的，经济增长往往通过劳动分工的不断扩大而带动社会动员。工业化引发城市化、高水平教育、专业化和一系列其他变化，产生出旧农业社会所没有的新兴参与者。这些参与者在现存的家族制体系中没有重大利害关系。他们可以加入现存体系，也可组织局外人的联盟，改变体系的运作规则。

英国和美国属于后一种情况。它们都是早期的工业化国家，其新近形成的中产阶级促成官僚体系的改革，体现于诺斯科特—屈维廉改革和《彭德尔顿法》。英国改革进程的速度远远超过美国，原因有好多：第一，英国的精英更为团结，对改革进程享有相当的控制权。第二，与美国复杂的制衡制度相比，威斯敏斯特体制在采纳决定性政治行动时较少遇上障碍。减缓美国改革进程的是法院、州一级的反对和取得立法多数的难度，而这些在英国都是无足轻重的。最重要的区别在于，改革开始之前，依附主义就已在美国政治中深深扎根，难以铲除。

我们因此要面对依附主义的问题，在有些国家，它为何显得如此强大且普遍？本书所选案例昭示的答案基本上就是马丁·谢夫特所说的：它与引进现代制度的先后次序有关，特别是民主选举权的首次开放时间。[2]我给依附主义下的定义是，以个人好处而不是纲领性政策，来换取选票和政治支持。我又把它与精英的庇护体系区别开来，后者也有依附性招聘，但范围更为有限，组织更为松散。如果民主的降临，是在现代国家巩固成拥有政治联盟的自主制度之前，就会出现依附主义。在收入和教育水平低下的社会，依附主义是政治动员的有效形式，所以可被理解为民主的早期形式。在美国、希腊和意大利，选举权开放于现代国家的建成之前：美国是在 19 世纪 30 年代，希腊是在 1844 年至 1864 年，意大利是在 1946 年之后。在这三个国家中，政党把公共官僚机构当作向政治依附者提供好处的源泉，对国家能力带来可预见的灾难性影响。有效政府的原则是

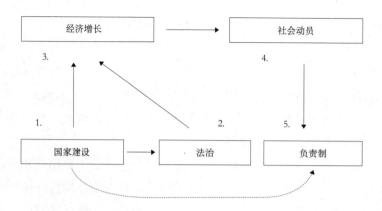

图8. 普鲁士/德国的发展道路

任人唯才，民主的原则是大众参与，两个原则可一块起作用，但总有潜在的紧张。

发展的不同方面的互动当然要比这更为复杂，可以用图示来加以说明。

图 8 显示普鲁士／德国的发展道路。普鲁士开始建设强大的国家，与经济发展无关，而是民族生存的需要。（国家建设和负责制之间的虚线表明，后者对前者的影响是负面的。）国家建设发生在专制政府的治理下，如我们看到的，确实会对法治发展产生积极影响。官僚机构通过法律实施统治；即使国家并不接受民主负责制的原则，官僚机构是公共利益守护者的概念，也愈益成为主权的基础。

现代国家和法治相结合，为始于 19 世纪中期的经济腾飞提供了舞台。经济史学家亚历山大·格申克龙（Alexander Gerschenkron）指出，后发的德国在工业化进程一开始，就拥有高能力国家，在推动经济增长方面比英国发挥了更大作用。[3] 经济增长随即导致工人阶级的出现及其在德国社会民主党旗帜下的动员。德国通向自由民

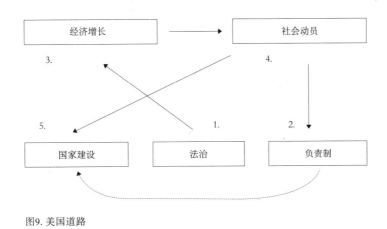

图9. 美国道路

主的道路，历经 20 世纪初的战争、革命和镇压。强大自主国家的过早发展，对民主负责制产生非常不利的影响，它先是将德国推入第一次世界大战，然后又破坏了魏玛民主政体。完全制度化的自由民主还要等待 1949 年德意志联邦共和国的诞生。

　　美国沿着非常不同的道路走向政治现代化（见图 9）。它从英国那里继承得来的强大法治，即普通法，在民主来临之前已遍布整个殖民地。法治凭借对私人产权的坚强保护，为 19 世纪经济的快速发展奠定了基础。美国过早引进白人男性普遍选举权，造就了几乎遍及各级政府的依附主义（图 9 中的虚线），对国家建设造成决定性的负面影响。新兴的社会群体因经济增长而涌现出来，在公民社会中获得动员，成为现存政党中的新派别。之后，改革联盟推动国家的现代化。

　　最后，图 10 显示希腊／意大利南部的途径。发展的切入点既不是国家建设，也不是经济增长。相反，它是社会动员（即前文所述的无发展的现代化）和早期的民主化。资本主义经济的软弱和机会的缺乏，使国家成为遭到攫取的早期目标，攫取者首先是社会精

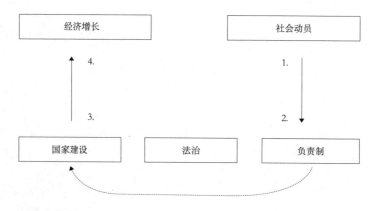

图10. 希腊/意大利南部的道路

英群体，随着民主的深化又有大众政党。广泛的依附主义削弱了国家能力，从而进一步限制了经济增长的前景（虚线）。

腐败和中产阶级

在英国和美国，经济现代化带动社会动员，反过来又为铲除庇护政治和依附主义创造条件。在这两个国家，寻求终结庇护体系的是新兴中产阶级。这可能会导致人们相信，社会经济的现代化和中产阶级的诞生，会自行创建现代政府。但这种观点在希腊和意大利的案例中失灵。它们拥有富裕的现代社会，但还在实行依附主义。并没有建立廉洁现代政府的自动机制，因为还有一大堆其他因素共同影响着结果。

其中一个因素是经济增长的质量。我们看到，工业化在希腊和意大利南部起步较晚，早前的城市化进程又非常不同于英国和美国。在英国和美国，工业化创造出新的职业群体和社会关系。在希腊和意大利南部，乡村人口只是搬进城市，随身带来乡村生活的习惯和方式。在蓬勃发展的资本主义经济中,推进个人利益的最好途径往往是广泛的公共政策,如低税率、各式监管和国内外贸易的统一标准。相比之下,如果礼俗因城市的农村化而获得完好保存,就很容易保留依附式社会组织。作为依附本质的个人好处,就会显得比政策更为重要。[4]

其次,不能保证中产阶级的成员会支持反依附主义的改革联盟。即使在美国,工业化催生的新兴社会参与者中,并不是所有成员都参加了进步运动。如我们看到的,铁路公司想出点子,利用现存的庇护体系来促进自己的利益。在很多情况下,冲锋陷阵的是铁路公司的顾客——商人、运货人和农民——来反对他们认为的铁路公司和政客之间的惬意关系。新组织起来的中产阶级反对依附主义,从某种意义上说,他们是在与现存城市政治机器进行一场竞赛,都在争取像新移民那样的新社会群体。

在希腊和意大利南部,招揽中产阶级进入改革联盟的竞争,在开始之前几乎就已告失败。在意大利北部已有强大的改革派中产阶级,原可领导一个联盟,来改变南部政治的性质。但这些群体发现,由于现存国家的软弱,这份工作显得太过雄心勃勃,倒不如转而利用本地精英及其手下的依附者,更容易保住和平与稳定。在这两个地方,最少依附主义的团体是最左的共产党。但他们都以推翻整个民主政治体制作为自己议程,所以受到英国和美国等外部势力的强烈反对。(在意大利,共产党成功赢得都灵和博洛尼亚的地方政权,以运行比较廉洁有效的市政府而著称。)美国的进步势力往往也是左翼的,但对它们来说,保留现存美国体制有重大利害关系,因而有更好机会在全国范围赢得政权。

第三,可以文化因素来解释结果的差异,一方面是德国、英国和美国的,另一方面是希腊和意大利的。推动改革的有不同社会群体,自利仅仅解释了部分原因,但捕捉不到经常伴随此类运动的高度道德主义。在每个国家,改革运动的领袖均有个人的宗教动机,包括普鲁士的大选帝侯和腓特烈·威廉一世。他们的加尔文主义倾向促成从国外引进自己的教友，并为自己描绘出严守纪律的愿景：正直国家领导的朴素的道德社会。荷兰国家也受加尔文主义的渗透，从天主教西班牙的手中赢得独立之后，在 17 世纪已积累了巨大的财富和权力。[5] 早在英国内战之前，清教主义就是英国改革的重要动力，在 19 世纪继续影响新兴中产阶级的行为。在 19 世纪晚期的美国，进步时代的上层改革者也是如此。他们不只是认为，政治老板和依附政治在妨碍他们赚钱，而是出于道德原因，对公共机构变成私人工具感到义愤。美国人可能不信任国家权威，但相信自己的民主政府非常合法，也相信金钱利益和腐败政客对民主进程的操纵违反了民主原则。像吉福德·平肖那样的领袖个体，受新教信仰的虔诚所驱动，这种虔诚性在很大程度上已在美国当代公共生活中消 207 失了。

有了覆盖广泛的信任半径和社会资本，对国家的忠诚才能占据首位，超越对家庭、地区和部落的忠诚。传统上，英国和美国的社会得以享有这两种禀赋，至少在与希腊和意大利南部相比时是如此。人们如不主动参与公民社会组织，就不可能发起社会运动；要想得到激励，还要看同胞是否也有愿为广大共同体承担公民责任的理想。

英国和美国社会资本的来源多种多样，其中之一与如上所述的新教派别形式有关。它在这两个国家都有很深的根基，鼓励基层组织的宗教生活，无须依赖中央集权的等级制度。第二个来源与强烈的民族认同有关，以制度为中心——在英国是普通法、议会和君主；在美国是相似的普通法传统和源自宪法的民主制度。到 19 世纪，两国政府都被视作民族主权的合法体现，享有相当广泛的忠诚。

希腊人和意大利人一直在民族认同上感到困扰。希腊社会在种族、文化和宗教上非常同质，但国家经常被视作外国势力的工具，从而变得不合法。所以，忠诚仅局限于直系亲属的狭隘小圈子，国家反而被视为怀疑对象。外国势力曾在意大利特别是南部相互竞争，

挑起意大利人的内斗。1861 年以后出现的统一国家，将文化和发展
水平迥异的地区扭在一起，但从未建立起让南部同化于北部的中央
集权政权。迄今，区域忠诚往往超越民族认同，如北方联盟的存在
所表明的。也有英勇的个人，如阿尔贝托·基耶萨（Alberto dalla
Chiesa）和乔瓦尼·法尔科内（Giovanni Falcone），表现出强烈的
公民责任感；在北部城市，还保留着共和主义的强大公民传统。但
在南部，合法国家制度的缺席让信任半径仅局限于亲友，这一倾向
又通过像黑手党那样的组织而变得制度化。

家族制复辟

208

在美国人、英国人和德国人自我满足于自己的政治体制之前，
有必要在此指出，在任何政治体制中，家族化的问题从未得到最终
解决。我在本书第 1 卷中指明，依靠亲友是人类社交的预设模式，
如果没有严厉的惩罚，始终会以不同的形式卷土重来。非人格化现
代国家迫使我们采取有悖于本性的行为，而它们随时都有遭到侵蚀
和扭转的风险。在任何一个社会，精英都在设法利用已有优势，进
一步巩固自己和亲友的地位，除非遇上政治体制中其他势力的明确
制止。在这点上，发达的自由民主制和其他政治秩序没什么两样，
以致人们可以认为，家族制复辟的过程一直延续至今。

美国进步时代的改革只消除了依附主义的一种，即政党分配联
邦、州和地方的政府工作以换取支持，但没有终止政党向政治支持
者分派的其他恩惠，如补贴、税收减免和其他福利。近年来，困扰
美国政治的大问题之一，就是利益集团通过捐款和游说有效买通政
客。此类活动的大多数完全合法，所以从某种意义上讲，美国发明
了一种新形式的依附主义，只不过规模更大、金额更高。这个问题，
我将在本书最后一部分再做论述。

这不仅是美国的问题。如前所述，日本有强大自主的官僚体系

的传统，体系中的职位从来不是贪污的交换货币。另一方面，几十年来，预算津贴却一直是日本所谓的金权政治的交换货币。自民党巧妙分派政治好处，几十年得以维持霸权地位。像电力工业那样的日本利益集团，其攫取政府监管的能力，在 2011 年日本东北大地震和福岛核灾难之后笼罩日本的危机中，昭然在目。

给战争一个机会？

209

在所列案例中，军事竞争是国家现代化建设的重要动力，但并不是实现这个目标的充要条件。我们的样本故意偏向于成功的案例；有些评论家指出，世界其他地区的长期军事竞争并没有创造出现代国家。巴布亚新几内亚和其他美拉尼西亚地区的部落就是如此，彼此厮杀已有四万年，但是在欧洲殖民者到来之前，这里甚至还未有国家层次的组织形式。拉丁美洲在很大程度上也是如此，其战争结束时，家族制精英仍在掌权（见第 17 章）。在亚洲和欧洲，显然还有其他因素，如自然地理、社会阶级结构和意识形态，与战争一起帮助创建了现代国家，在其他地方则未见这种情况。

反过来，其他国家虽没有经历军事竞争，却也创建出了非依附式的现代政府。瑞典和丹麦在现代早期打了很多仗，邻国挪威、芬兰和冰岛却没有，今天都有非常相似的廉洁政府。从 19 世纪后期起到朝鲜战争结束，韩国一直是外来侵略、占领和暴力的受害者，但它的官僚体系在质量上可与日本媲美。英国前殖民地新加坡也是如此。加拿大、澳大利亚和新西兰现拥有非依附式的现代国家，但与军国主义从未沾边。

在许多情形下，高质量的政府是直接殖民的遗产（挪威和冰岛分别在 1813 年和 1874 年独立于丹麦；加拿大 1867 年与英国分手）；在另外一些情形中，则要归功于对他国模式有意的照抄。为了应对东南亚动员起来的左派势力，新加坡和马来西亚几乎从零开始，凭借当初非常靠不住的条件，创建了有效的现代政府。[6]

这些观察对目前有重要意义。军事分析家爱德华·勒特韦克（Edward Luttwak）曾以半认真的口吻建议，在软弱国家的区域，如撒哈拉以南非洲，国际社会需要"给战争一个机会"。[7] 他认为，现代国家在欧洲的诞生通过数世纪的不懈战争，而非洲仅有殖民时代留下的非理性国界，未能以类似方式获得自行整合，那里的国家既没有强大的官僚体系，也没有总体的民族认同。

且不说没有人希望像欧洲那样的暴力经验降临于他人身上，何况尚不清楚几个世纪的冲突是否真的会在世界其他地区建立起强大的国家。为何如此？非洲的国家建设还有何种替代的方法？这些问题将在本书有关殖民主义遗产的部分得到阐述。另一方面，一些国家没有经历战争也获得了现代政府，这一事实表明，发展中国家今天也可选择类似的和平道路。

过早引进民主会助长依附主义，今天的强大国家，往往是在引进民主之前就打造完成的。这些事实也许进一步表明了，当代发展中国家应尽量遵循相同的次序。这实际上是塞缪尔·亨廷顿在《变化社会中的政治秩序》得出的结论——各式社会在需要民主之前先需要秩序，最好在过渡的专制时期，先行转向完全现代的政治和经济的体系，而不是试图直接跃入民主。他在书中，不但称赞现存共产党政权在扩大政治参与和加快经济增长上的能力，还赞许墨西哥革命制度党（PRI）建立的那种政权。从 20 世纪 40 年代到 2000 年，革命制度党一直在统治墨西哥，2013 年该党重返权力中心。它以民主和经济活力为代价，建立起异常稳定的政治秩序，一扫墨西哥独立后第一个世纪中的政变、独裁军阀（caudillo）和社会暴力冲突。[8] 亨廷顿的学生法里德·扎卡里亚（Fareed Zakaria）在先后次序的重要性上有类似的观点，只不过他把引进民主之前的必要步骤，从政治秩序换成了自由法治。[9]

这种说法似乎与本书案例的逻辑相符，但实际上，却不是今天良好的指导方针。[10] 这样说没错，社会应先建立韦伯式的强大自主的官僚体系，或基于独立法院和受过良好训练的法官的自由法治。但问题在于，这两种制度的建设都不是轻而易举的。制度往往是历史遗产预定的，或是外部势力塑造的。在发展中世界，许多贫穷社会创建威权国家，借助镇压和拉拢的某种组合，得以持续掌权。由于我们已看到的原因，几乎没有一个社会，能创建像中国文官或普鲁士法治国那样的体系。在那种体系中，专制权力体现于高度制度化的官僚体系，其运行严格遵守清晰明确的规则。当代许多威权国家，充斥着庇护政治和严重腐败。在当代世界中，唯一类似的体系是某些波斯湾君主政权和新加坡，但由于它们的特殊情况，外人很难效仿。在这种情况下，拖延民主化，代之以无情、腐败和无能的独裁政权，又有什么意义呢？

　　刻意安排政治制度的引进次序大有问题，其最后一个原因与道德或规范有关。基于自由和公正的定期选举的负责制，本身就是一件好事；此外，它还可对政府质量或经济增长产生影响。政治参与权是对公民道德人格的承认，行使这个权利让他对共同体生活有了一定程度的主体感。公民可能会做出不当或错误的决定，但作出政治选择本身，是人类繁荣的重要组成部分。这不仅仅是我个人的看法，世界各地的广大群众正在动员起来，以捍卫政治参与权。2011年的"阿拉伯之春"是民主思想吸引力的最新展示，而且它发生在许多人认定那里原本是文化上愿意接受独裁政权的地方。

　　在有过按次序引进现代政治制度经验的国家，如普鲁士和英国，非民主的旧政权是传统君主制，其自有合法性的来源。20 世纪中叶，即殖民主义退潮之后，涌现出的绝大多数威权国家就不同。它们建立于军事政变或精英的权力争夺。其中最稳定的是新加坡和中国，它们凭借良好的经济表现来维护合法性，但还是无法像霍亨索伦王朝一样，享有明明白白的支持源泉。

　　不管是好还是坏，现代发展中国家在先后次序上并无现实可行的选择，必须像美国一样，在民主政治体制的背景下建设强大国家。
这就是为何进步时代的美国经验异常重要。今天没有一个国家能切
实模仿，经一个半世纪军事斗争建成强大国家的普鲁士。另一方面，
完全能够想象民主国家的民间团体和政治领袖，会组织改革派联盟，
要求改革公共部门和终止腐败。从美国经验得出的最重要教训是，
国家建设首先是一种政治行为。现代国家的结构需要遵循某些正式
规则（譬如，择优选用官员，而不是靠关系），实施这些规则，不
可避免地一定会伤害受益于现状的政治参与者。所以，改革需要赶
走这些参与者或绕过他们，动员组织将受益于廉洁有效政府的新社
会力量。

国家建设是件艰苦的工作，需要很长时间来完成。从《彭德尔
顿法》到罗斯福新政，足足花了四十多年，才在联邦政府消除了庇
护政治。在纽约和芝加哥等城市，政治机器和依附主义一直存活到
20 世纪 60 年代。我指出过，美国政治体制对改革一事壁垒高筑，
但不是每个国家都是如此。通常情况下，国家能利用外部危机，如
金融崩溃、灾难和武力威胁，来加速这一进程。在极少数历史先例中，
这种政治现代化在一夜之间发生。

我们看到，希腊的国家建设因外部势力而变得尤为艰难。几个
世纪以来，希腊受到土耳其的统治。外部势力帮助希腊赢得独立，
但安插巴伐利亚的奥托作为新独立国家的首位国王。它们试图让希
腊政治体制迅速现代化，通过支持或反对像希腊共产党那样的国内
团体，继续实施干涉。所有这一切削弱了希腊政府的合法性，增加
了民众对国家的不信任，最终未能建成完全现代化的政治体制。从
某种意义上说，欧洲联盟、国际货币基金组织和希腊政府，在 21
世纪初金融危机中的争斗，只是这个长篇故事的最新版本。

因此，希腊的故事预示了本书下一部分的主题，即如何把现代
政治制度移植到他处。全球化进程发轫于 15 世纪欧洲的航海探索
和殖民主义的兴起，让世界各地一下子发生接触。各地本土社会与

213

西方的文化和制度发生碰撞，后果是深刻的，又往往是致命的。这意味着，政治发展不再局限于单个区域或社会。外国模式或被强加，或被当地人自行接纳，制度发展因此而面对非常不同的情境。这个过程为何在世界某些地方顺水顺风，在其他地方又坎坷重重，将是本书下一部分的主题。

第二部分

外来制度

第14章
尼日利亚

尼日利亚的政治腐败；尼日利亚拥有丰富的天然资源，却未能获得发展；失败植根于软弱的制度和糟糕的政治；尼日利亚的经历不同于其他发展中国家

希腊和意大利的政府跟北部的欧洲邻国相比，存在着依附主义和腐败，但仍拥有现代化核心，能提供基本公共物品，足以使自己社会成为富裕的发达国家。当我们转向非洲的尼日利亚时，就可看到它的依附主义和腐败属于完全不同的等级，因而也成了当代世界发展失败的最悲惨案例之一。

请看下面彼得·坎利夫－琼斯（Peter Cunliffe-Jones）讲述的故事。他是一名英国记者，羁留尼日利亚数年，他的远房亲戚曾参与当年对当地的殖民统治。一个名叫罗伯特的德国商人娶了尼日利亚女人为妻，在妻子的家乡建起加工大豆的工厂。那是本地作物，且有很好的市场。由于不能在当地买到需要的机器，以及电力供应不可靠，生意起步很难。凭借一定的毅力，罗伯特和妻子最终设法让工厂运转起来。坎利夫－琼斯讲述：

三个月之后，麻烦就开始了。他们卖出第一箱豆油后，当地政府的官员就在厂门口出现，声称他们建厂时违反规定。要想了事，议会主席要求他们将收入的百分之十，存入一个特别

账户。罗伯特拒绝支付，还去报了警。于是，议会主席派出一　
伙暴徒，砸了他的车。警察局长也卷入其中，不过不是来帮忙，
而是来索取自己名下的回扣。

罗伯特和妻子意识到别无他法，只得照付。他们不受干扰一段
时间，生意终于有了利润。然后，州长听说他们的生意，也来要求
回扣：

> 罗伯特再次拒绝支付，结果被捕，罪名是违反就业法和贿
> 赂官员……罗伯特只好付钱给州长、警察局长、议会主席和办
> 案法官，以换取出狱。此后，他终止生意，将设备出售收回了
> 部分成本，带上妻子返回德国……他们创造的两百份工作与生
> 意一起消失，剩下的只是一个空仓库、一群失业工人、一大堆
> 大豆和许多愤怒的农民。[1]

这似乎是发展中世界有关腐败的典型故事，也提出了某些疑问。
罗伯特和妻子的创业意愿本应导致双赢的局面：得益者包括种植大
豆的农民、工厂产品的消费者、公司雇用的两百名员工，甚至包括
公职人员。他们将会看到政府长期税收的增加，由于创造出这么多
就业机会，还会在下次选举中获得赞赏。光说官员贪婪、选择个人
利益和牺牲公共利益，那还不够。即使根据这种自私小算盘，他们
也是目光短浅，杀了会生金蛋的鹅。一旦罗伯特离开，他们既不能
征税，也不能提取贿赂。潜在的双赢却变成了两败俱伤。

表现不佳

尼日利亚是撒哈拉以南非洲人口最多的国家，约有 1.6 亿。它
在 21 世纪初的大宗商品繁荣时期变得富裕起来；尼日利亚政府"重

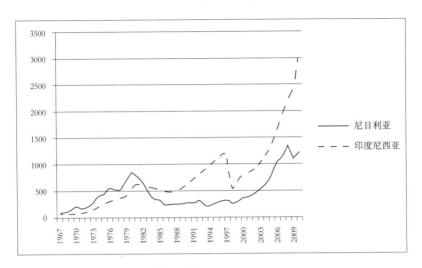

图11. 人均GDP, 以2000年美元价格为常量
来源: 世界银行

定"了一下 2013 年的经济规模, 竟高出世界银行等组织先前估计的 60%。但这些财富中只有很少流向尼日利亚的人民整体。

图 11 显示, 尼日利亚的人均收入在五十年间, 即从 1960 年到 2010 年, 增长约 90%, 这相当于每年 1% 的复合增长率, 非常可怜。它的石油热潮始于 70 年代初, 在之后三十年中, 其人均收入实际上是下降的, 到 2005 年才恢复到 1974 年的水平。以"新兴"非洲的标准来看, 这个成绩不佳; 以东亚国家的标准来看, 这个成绩太差。拿尼日利亚与韩国和台湾地区那样的高增长经济相比, 也许是不公平的。但政治学家彼得·刘易斯 (Peter Lewis) 指出, 印度尼西亚提供了一个非常发人深省的对照。[2] 像尼日利亚一样, 印尼也是种族多元化、石油丰富的大国 (2010 年的人口是 2.33 亿)。印尼的人均收入在 1960 年是尼日利亚的 60%。到 2010 年, 则高达尼日利亚的 118%。

尼日利亚在这段时期的增长几乎都与石油出口有关。1958 年,尼日尔河三角洲地区开始生产石油。随着油价在 20 世纪 70 年代能源危机中攀升，尼日利亚迎来经济繁荣。然而，无论从哪方面看，石油都成了祸而不是福，让它受苦于"荷兰病"。荷兰在 20 世纪 50 年代的天然气繁荣期也经历了这一现象，它的货币受大宗商品的影响而升值，反而削弱了能源之外其他工业的竞争力。在生产石油之前，尼日利亚出口大量的可可豆、花生、棕榈油和橡胶；在生产石油之后，它几乎完全依赖石油，无论是出口收入还是政府税收。[3] 作为能源大国，印尼也面临类似的挑战，却在促进非石油出口和制造业增长上，取得斐然的成绩。印尼的出口总额中，能源占的比例从 1975 年的 75%，降至 2003 年的 22%。而尼日利亚对能源的依赖，却在同期有所增加。创建现代商品农业或制造业，才是经济发展的可持续道路。在这一点上，尼日利亚是彻底失败的，因为它的出口总额中仅有 4% 与能源无关。[4]

据估计，从 20 世纪 70 年代到 21 世纪初，尼日利亚总共获得约四千亿美元的石油收入。[5] 不同于出口导向型的东亚经济，这笔钱没有变成物质或人力（即教育）的再投资，也没有对尼日利亚普通人的收入产生太多影响。事实上，它的贫困率急剧上升；发展的其他指标，如儿童死亡率，几乎没有变化。表 2 显示，与印尼减贫的成功形成对比，尼日利亚进入 21 世纪时，超过三分之二的人口仍陷于贫困之中。

那么多钱去了哪里？答案是，它掉进尼日利亚政治精英的口袋，这并不奇怪。那个精英群体以一系列大佬（ogas）及其庇护网络为中心。有些大佬是传统精英的后裔，即英国殖民主义之前的统治者；其余的白手起家——退伍军官、商人和成功利用政治体制谋取私利的政客。有些人非常富有，如阿里科·丹格特（Aliko Dangote）。他是北部的族长，据说是世界上最富有的黑人，2014 年的净资产估计为两百五十亿美元。[6] 最糟糕的贪污者中有许多是州长，如阿拉米阿耶塞哈（Diepreye Alamieyeseigha）。他当选为州长，管辖尼日

220

尔三角洲中最贫穷的州之一，却在伦敦和开普敦拥有物业。2002年，英国警方在他公寓内发现九十一万四千英镑的现金。[7]

表2. 低于贫困线的人口百分比　　　　　　　　　　　　　　　　221

年　份	印度尼西亚	尼日利亚
1976	40.1	—
1980	28.6	28.1
1984	21.6	—
1985	—	46.3
1990	15.1	—
1992	—	42.7
1996	17.5	65.6
1999	23.4	70.6
2003	17.4	70.2

来源：彼得·刘易斯（Peter Lewis），《越来越远：印度尼西亚和尼日利亚的石油、政治和经济变化》

政治在尼日利亚是致富的普遍途径，收入很少来自创业和真正的价值创造。在透明国际的清廉指数中，尼日利亚在一百八十三个国家中排名第一百四十三[8]，其腐败导致无能的故事是传奇性的。例如在70年代中期，雅库布·戈翁（Yakubu Gowon）的军事政权宣布，购买一千六百万公吨的混凝土，以建立一系列军事设施和其他大型基础设施。与上一年的进口额相比，这个数字翻了两番。满载混凝土的船舶抵达拉各斯港口，却无法卸载，最长的要等待一年，因为并没有混凝土的实际需求。当初下这么多的混凝土订单，是为了让政府官员向船舶收取滞期费。混凝土在船舱中逐渐硬化，不少船舶被迫凿沉，堵塞港口好几年。[9]

贪污从高层往下渗透，影响尼日利亚社会各阶层。很多西方人对尼日利亚的了解仅止于一件事：它是提供虚假横财的电子诈骗邮件的源头。在尼日利亚，这被称为"419号诈骗"，即尼日利亚刑法的条款。因为尼日利亚对产权保护不周，尼日利亚中产阶级经常在自己房子上画出大招牌，声明这栋房子是不卖的。这样做的原因是，避免在外出度假回来时，发现自己房子已被偷得所有权的陌生人占用。[10]

　　这个国家有这么多贫困和腐败，毫不奇怪还有很多暴力，尤其是在尼日尔三角洲。自20世纪50年代起，西方石油公司就在那里开采。特别引人深思的是，这个资源未能惠及当地主要居民伊贾人（Ijaw）和奥戈尼人（Ogoni）。三角洲是尼日利亚最贫困地区之一，在过去五十年中，已泄漏将近一百五十万吨原油。它污染水道，毁灭了当地居民赖以为生的传统渔业。这引发了武装暴乱，经常袭击石油工业；当地大佬也赞助以抢劫和敲诈为生的众多帮派。位于阿布贾的联邦政府试图安抚这种愤怒，向南部发送大量资源，其中的大部分最终还是落到当地政客的口袋里。[11]

　　最近，与基地组织（al-Qaeda）有联系的伊斯兰激进组织博科圣地（Boko Haram）在北部发起一系列致命袭击，针对政府设施、基督教堂和位于首都的联合国营地，还在2014年扣押了两百多名学生。博科圣地的暴力，无法被尼日利亚北部的贫困证明为合理。但它和其他持不同政见团体发现，对它们的行动来说，这个国家腐败的政府是很容易的目标，因为政府仅拥有非常虚弱的合法性。

独裁与民主

　　许多从外部观察尼日利亚政治制度的评论家，专注于民主的存在与否，以及民主制度如何与种族和宗教的复杂组合进行互动。尼日利亚1960年获准从英国独立出来，继承了规定定期选举的民主宪法，也继承了殖民政府建立的法律制度，甚至具体到英式法庭中佩戴假发的法官。但民主没持续多久，1964年暴力性的竞逐选举导致全国各地秩序崩溃。到1966年，军方推翻文职政府，自己本身也发生分裂，即东部的伊博人和北部的穆斯林人。一次反政变之后，伊博人宣布成立独立国家比夫拉（Biafra）。内战接踵而至，造成一百万到三百万之间的人死亡，最后以欲分离出去的国家在饥荒中的军事失利而告终。[12]

　　军方在尼日利亚的石油繁荣时期继续掌权，到1979年才让位给民选政府，改用第二共和国的称号。1983年混乱且富有争议的选举，导致军方又一次接管政权。一系列将军担任首脑，直到前强人奥卢塞贡·奥巴桑乔（Olusegun Obasanjo）在1999年的新民主选举中当选为总统。从那以后，尼日利亚一直是选举民主政体，但民主制度的质量不高。让奥马鲁·穆萨·亚拉杜瓦（Umaru Musa Yar'Adua）掌权的2007年大选，特点就是大量的欺诈和暴力，前美国大使约翰·坎贝尔（John Campbell）称之为"貌似选举的事件"。[13]

　　形式上民主的存在与否，对尼日利亚的经济增长或政府质量来说，仅发挥极小影响。考虑到它对能源出口的严重依赖，尼日利亚的经济表现几乎完全与全球大宗商品的价格挂钩。所以，它的经济在20世纪70年代军人统治下有所增长；在20世纪80年代和90年代初文官和军人的统治下，因石油价格崩盘有所萎缩；在2000年文官统治下，因石油价格上涨再度增长。贫困率、健康状况、腐败程度和收入分配，与政权的类型没有太大关联。

　　这就提出一个有趣问题：为何民主没能促成显著的改善？开放政治体系，允许信息自由和民主竞争，不是能导致民众把票投给更诚实的候选人，或提供公共物品给大家的候选人吗（不只是自己的支持者）？如果民主意味着民治，当代尼日利亚强迫我们回答的问题是，人们为何没有震怒，为何没有奋起，如美国人或英国人在19世纪中所做的？[14]

　　理查德·约瑟夫（Richard Joseph）等学者已经给出答案。他把尼日利亚的政治视作"封建薪俸式"（prebendal），好比是寻租、依附主义和种族的混合物。石油的存在，使国家可获得源源不断的资源租金，并在精英之间分享。在理论上，所有穷人——70% 生活在贫困线之下——对终止腐败和公平分配资源有共同兴趣，但他们分裂为两百五十多个种族和宗教的小社群，不愿相互合作。他们垂直从属于精英控制的依附网络。谁施舍足够的庇护好处和福利，谁就能在下次选举中赢得支持。这个体系相当稳定，因为寻租联盟的精英成员认识到，使用暴力来攫取更大份额，只会损害每个人的利益，包括自己的。应付像三角洲武装袭击那样的暴力，典型对策是压迫和拉拢的组合，或加强镇压，或增加福利来收买不满者。[15]

224

　　这就是为什么，民主对尼日利亚腐败和政绩的影响如此有限，如此失望。毫无疑问，民主政权好过军政府，有自由活泼的新闻业，经常披露腐败的丑闻，批评政客和官僚的表现不佳。总统奥巴桑乔的政府，在 21 世纪第一个十年成立经济和金融犯罪委员会（EFCC），第一任主席努胡·利巴杜（Nuhu Ribadu）成功起诉部分官员。光是披露腐败的信息，往往不足以产生真正的负责制，因为积极参与政治的人，都成了依附网络的成员。选举非常激烈，往往还有暴力和欺诈，因为这直接影响到能否获得国家资源。组织这些网络的领袖，不愿看到反腐败措施走得太远。一旦经济和金融犯罪委员会看上去将要独立于政治主子，就被叫停，利巴杜也遭到撤职。尼日利亚央行行长拉米多·萨努西（Lamido Sanusi）在 2014 年指出，高达两百亿美元从国家石油公司的账本上消失，随后不久就被撤职。以种族和宗教为基础的依附主义，取代了以意识形态或公共政策为基础的广泛政治动员。

　　在依附式政治体制中，选民以选票换取政客提供的个人好处，这个行为是理性的。有关非洲依附主义的大量文献显示，种族变成方便的信号器，以及庇护人和依附者之间的承诺机制。它可确保选民将会支持具体候选人，后者当选后又会提供针对性的好处和服务。[16]

贫穷的制度根源

尼日利亚并不是非洲的典型，在过去几十年中，它的经济和社会表现均落后于整个非洲大陆，只是在 2000 年的资源热潮中才赶上来。尽管如此，它是非洲大陆人口最多的国家，自然非常重要。它不过是一个极端，它的现象随处可见，不仅在撒哈拉以南非洲，而且在世界各地的欠发达国家。

尼日利亚发展问题的根源是制度。的确，在民族因软弱制度和坏政府而受困于贫穷的案例中，很难找到比这更好的。在三个基本政治制度中——国家、法治和负责制——缺乏民主并不是尼日利亚的核心问题。不管尼日利亚民主制度的质量有多差，自军人统治在 1999 年结束以来，激烈的政治竞争、辩论和行使负责制的机会一直存在。

尼日利亚真实的制度缺陷在于前两个：既缺乏强大有效的现代国家，又缺乏提供产权、公民安全和交易透明度的法治；而且这两个缺陷相互关联。现代国家在非人格化基础上提供必要的公共物品，如公路、港口、学校和公共卫生，但尼日利亚做不到，其政府的主要活动是掠夺性的，或借用约瑟夫的话，是封建薪俸式的。它从事的是提取租金，分配给政治精英的成员。这导致对法治的屡屡践踏，如罗伯特的故事，公职人员为了追求贿赂，却把创造就业机会的商人赶出国门。

尼日利亚的国家非常软弱，不仅在技术能力上，而且在道德意义上。它缺乏以非人格化和透明方式执行法律的能力，更缺乏合法性。人们对一个叫做尼日利亚的民族几乎没有忠诚，无法取代他们与自己地方、族群和宗教共同体的关联。尼日利亚复杂的选举法规

定，当选总统的人无须在全国大选中获得多数票，但要在不同区域
获得一定票数。在这个聪明规则下，代表某地区或某族群的候选人，
很难控制整个体系。但这不能保证，尼日利亚人会有民族认同，或
相信总统和其他国家领袖会公平对待自己的群体。近年来的稳定全
靠精英之间的非正式协议，除了其他事项，它保证北部穆斯林和南
部基督徒的轮流掌权。

　　尼日利亚的国家和法治为何变得如此软弱？如果强大的政治制
度是经济发展的关键，那么来自何方？不少观察家的答案是气候和
地理的物质条件。

第15章

地 理

> 孟德斯鸠关于制度起源、气候和地理影响的理论，及其现代的对应物；最近几年，经济学家复活这些辩论；地理对制度的性质产生明显的影响；理解三个将讨论的地区的框架

　　自工业革命以来，发展中世界和发达世界在财富上出现巨大差异。在1500年，欧洲、哥伦布到来之前的美洲、中国和中东地区的人均财富没有很大差别。在过去两百年中，世界部分地区在经济上出现突飞猛进。图12显示的就是这个"大分叉"。

　　至少自亚当·斯密起，经济学家的当务之急是，解释欧洲乃至整个西方为何能够超越世界上其他地区。西方不但是首先工业化的，而且在过去两百年中，始终领先于世界上其他地区。只有在20世纪下半叶，东亚的部分地区——日本、韩国、新加坡和台湾——才迎头赶上，缩小差距。在21世纪，另一组所谓的新兴市场国家，即金砖国家——巴西、俄罗斯、印度、中国和南非——似乎也将要加入富国俱乐部。即使这终将发生，但还是有一个待解之谜，为何要花费这么长时间？

　　经济成果的差异相当于政治制度的差异，人均计算的最富国家与最强大制度的国家有很大关联。后者的标准是：相对廉洁的高效国家、透明且可执行的法规、开放的法律和政治制度。尼日利亚的情况表明，经济成果和政治成果之间也有联系。如果掌管国家的

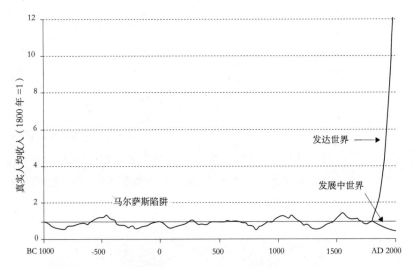

图12. 工业化国家和非工业化国家的人均收入

来源：Gregory Clark，《告别救济》（*A Farewell to Alms*）

是以掠夺公共资源为主要目标的精英；如果产权得不到尊重；如果国家不能设定统一政策，或教育自己的百姓；那么，即使拥有像石油那样的宝贵资源，也无法维持持续的经济增长。正式民主制度的存在不足以保证良好效果，国家和法治是这个混合物中的重要组成部分。

那么，世界不同地区的制度为何有差异？西方为何有巨大的先发优势？如果制度对财富和增长非常重要，为何不选择最好的，以求一劳永逸呢？

《论法的精神》

夏尔·德·塞孔达·孟德斯鸠男爵（Charles de Secondat, Baron de Montesquieu, 1689—1755）最闻名于世的，也许是他以

分权来遏制暴政的主张，以及商业会软化道德和政治的观察。在一 229
定意义上，孟德斯鸠是第一个现代比较政治学家。他对政治的看法
既来自不同欧洲国家的经验，包括英国和他的家乡法国；也来自非
西方国家的经验，如中国和土耳其。他的巨著《论法的精神》（*The
Spirit of the Laws*）第14章至第19章，广泛讨论气候和地理对政
治制度的影响。

孟德斯鸠认为，地理可通过几种途径对制度的性质发生影响，
第一条途径是，它得以塑造以后被称作民族性格的东西。他在第14
章中认为，气候对性格有直接的影响：

> 置人于一个封闭且温暖的地方……他就会感到非常晕眩。
> 在这种情况下，如果你向他推荐一个大胆举措，我相信，你会
> 发现，他对此不抱好感。他现时的软弱让他感到绝望，他处于
> 完全丧失能力的境界之中，变得惧怕一切。温暖国家的人胆怯，
> 像老人一样……寒冷国家的人勇敢，像小伙子一样。北方人迁
> 到南方之后，就做不出故乡同胞在从事的功业。而故乡同胞，
> 因为在自己的气候中作战，则拥有充沛的活力和勇气。

孟德斯鸠继续指出："在寒冷国家，他们对欢乐仅有些微的感
受；在温带国家，他们有更多；在温暖国家，他们的感受变得细腻
考究。"他的观察会得到很多今人的肯定："我去英国和意大利的歌
剧院，观赏同样的作品和演员。同样的音乐在这两个国家产生截然
不同的效果，一个如此凛然冷淡，另一个如此眉飞色舞。几乎是不
可想象的。"

地理影响制度的第二条途径是对权力的影响。他在第15章中
讨论奴隶制，提及亚里士多德有关自然奴役的理论，但怀疑自然奴
隶的存在。他还拒绝这样一种观念：非洲奴隶制的基础在于黑人在
生物学上的固有低劣。他认为，奴隶制是人类约定和胁迫的产物。

谁胁迫谁成为奴隶，不是生物学的产物，而是自然地理的产物。孟
德斯鸠在第 17 章作出以下结论，值得在此全文引用：   230

> 在亚洲，他们一直有庞大帝国；在欧洲，这些帝国根本就
> 无法生存。亚洲有大平原，被山脉和海洋割成广阔的分隔。它
> 更接近南部，它的泉水更易干涸，它的山上只有少量积雪，它
> 的河流并不宽广，只构成小小的障碍。
>
> 亚洲的强权应该永远是专制的，如果它们的奴役不严厉，
> 就会造成与国家性质不一致的分隔。
>
> 在欧洲，自然分隔造就中等规模的众多民族；它们中的依
> 法治理，不是不符合国家的保全，恰恰相反，而是如此有利。
> 如果没有这个局面，国家反而会陷入衰败，成为邻国的猎物。
>
> 正是这一点塑造了向往自由的天才，使外国势力对每一局
> 部的征服和管辖都异常艰难，除非是法律或商业上的优势。
>
> 相反，在亚洲盛行的是卑躬屈膝的精神，他们从来都未能
> 将之抛弃。在那个国家所有的历史中，都无法找到一段发现自
> 由精神的篇章。除了过度的奴役，我们看不到任何其他东西。

从亚里士多德到卢梭的政治理论家都认为，气候和地理帮助
塑造政治制度的性质。到 20 世纪下半叶，欧洲殖民帝国分崩离析，
发展中世界国家纷纷宣告独立，这种推理开始失宠，尤其是气候影
响民族性格乃至发展的论点。孟德斯鸠的北方居民勇敢和南方人享
乐懒惰的观点，被驳斥为粗糙的刻板见解或种族主义的偏见。这些
以及文化决定发展的相关论点，均被攻击为"对受害者的谴责"。

南部有色人和欧洲人之间有内在差异的观点，到 19 世纪后期
被视作生物学理论。其时，庞大的殖民帝国正在瓜分亚洲、非洲和
中东。欧洲人以社会达尔文主义学说为基础，相信自己固有的种族
优越感，来辩解对世界各地的征服。殖民地人民被视为尚不适合民   231

主和自主，因为仍处于较低的进化阶段，还需要数百年的监护，才能自行操作现代的制度。以雅利安种族优越主义为基础的纳粹，编造出这一观点的最极端最怪诞的版本，以此来辩护对波兰和俄罗斯等邻国的征服。可以理解的是，第二次世界大战之后出现了对生物学决定论的反击，更兴起补偿性信念，倡导个人和人类社会之间的固有平等。[1]

孟德斯鸠从未将南北方之间的行为差异归因于人类生物学。相反，他似乎认为，全世界人类在根本上都是相似的。不同的只是气候和地理的条件，影响生物学上难以区分的个体，从而在政治行为上造成系统性差异。对他来说，奴隶制不是自然的，其之所以存在是因为，有些社会比较善于组织起来从事战争和征服。北欧人享有的政治自由，不是内在自然特征乃至文化特征的产物。他们像他人一样，也想征服彼此，并且在这方面确实做得不错。在孟德斯鸠看来，自然地理把欧洲国家分为均衡数量的竞争性政治体，谁也无法实现大一统，欧洲自由成了这一现实的结果。相比之下，中国、波斯和土耳其等庞大亚洲帝国，因所处地域的开阔和平整而获得便利，更容易实现军事集权。

经济学家进场

近年来又出现复苏的辩论，称气候和地理是现代制度和经济增长的决定因素。[2] 并不奇怪，提出这种论点的主要是经济学家；对他们来说，能够对行为做出唯物主义解释的是第二天性。例如，杰弗里·萨克斯（Jeffrey Sachs）指出，地理和当代发展水平之间有很强的关联，工业化国家大多地处温带，而大部分贫穷国家都在热带。他认为，地理在两个重要方面促进或阻碍经济增长。首先，享有水路等运输手段是国家从贸易中获益的关键，如亚当·斯密在欧洲早期贸易和商业中看到的。非洲和中亚的内陆国家，与那些拥有港口和通航河流的国家相比，在出口产品上处于巨大劣势。其次，热带居民要比温带居民承受更多疾病。萨克斯估计，光是密集的疟疾发病率，就把热带国家潜在的人均增长率削去 1.3%。[3] 从某种意义上说，萨克斯的论点重复的是孟德斯鸠地理影响的第一个途径，只是穿上了现代外衣：炎热的南方气候直接影响经济表现，不是让他们变得享乐懒惰，而是让慢性疾病折磨他们，从而妨碍他们的工作和兴旺。

贾雷德·戴蒙德（Jared Diamond）的元历史（meta-historical）著作《枪炮、病菌和钢铁》（*Guns, Germs, and Steel*），也指出发展道路上的物质障碍，大体上是地理气候的产物。欧洲之所以能主宰世界，有好几个地理因素。例如，连接欧亚大陆的是一条东西向交通线，而南美洲的南北轴，却要跨越不同的气候地带，给交通带来很大不便。它使相应的技术在欧亚相似的气候地带横向蔓延；而西半球的气候差异阻止了类似的蔓延。欧洲人成功培育出小麦和黑麦，成为主要的经济作物，还驯服与流动性休戚相关的马匹。更大的流动性推动种族之间的通婚，造就遗传基因的多样化，从而对多种疾病产生免疫能力。相比之下，新大陆相对同质的基因，让那里的居民特别容易罹患从外部引入的疾病。根据戴蒙德的研究，所有这些因素加在一起，解释了西班牙人征服新大陆为何几乎毫不费力。[4]

无论是萨克斯还是戴蒙德，在他们有关发展成果的原始叙述中，都没有重视制度问题。相比之下，经济史学家道格拉斯·诺斯，将拉丁美洲表现劣于北美，归因于两者在产权和法治上的制度差异。这与殖民者的身份有关，开发北美殖民地的是带来普通法和议会政府的英国人，开发南美殖民地的是重商主义和专制主义的西班牙或葡萄牙。[5]

经济历史学家斯坦利·恩格尔曼（Stanley Engerman）和肯尼斯·索科洛夫（Kenneth Sokoloff）以类似的口吻指出，制度是至关重要的，其本身又是殖民者在新大陆遇上的地理和气候的产物。

233

他们注意到，拉丁美洲有连续不断的威权等级政府，外加剥削性的经济制度，与北美的民主政府和开放市场形成鲜明对比。恩格尔曼和索科洛夫未将这些制度上差异归因于殖民者的身份，而是追溯到经济学家所谓的要素禀赋（factor endowment），即在美洲各样气候和地理中能种植的作物或能开采的矿物。他们指出，在美国独立战争时，由于雇用奴隶的大型种植业相对高效，古巴和巴巴多斯已是富有殖民地。像马萨诸塞和纽约一样，巴巴多斯也是英国殖民地，却出现高剥削社会，让少数种植主精英管辖一大批奴隶人口。

同样，西班牙殖民地新西班牙（墨西哥）和秘鲁的建成，与黄金和白银的开采有关。这些殖民地并未从非洲进口奴隶，但迫使广大原住民成为非自愿劳动力的来源。集中于采矿业的经济实力蔓延到土地所有权，导致大庄园在未来几个世纪持续增长，与北美特点的家庭农场形成鲜明对比。恩格尔曼和索科洛夫也把不同政治制度的起源——一边是专制和寡头，另一边是民主和平等——追溯到气候和地理的原始条件。[6]

这些制度长期保持稳定，即使当初造就它们的条件发生变化。受惠于这些制度的精英，利用手中的政治影响力，来保持最初的优势。所以，拉丁美洲的克里奥尔（Creole，编按：指生于美洲的西班牙白种人）精英在以后岁月中成功阻止新移民，从而防止劳动力市场中的竞争。他们也限制选举权，直到 19 世纪晚期，比美国迟了很久。结果是，整个拉丁美洲仍是世界上最不平等的地区，尽管它今天的政治制度大体上是民主的。

经济学家达龙·阿西莫格鲁、詹姆斯·罗宾逊和西蒙·约翰逊（Simon Johnson），在一份经常被引用的论文中，对此作出修改。他们认为，早期制度的差异与其说是由于要素禀赋，倒不如说是由于疾病引起的早期定居者的夭折。在可以安全定居的地方，欧洲人就会要求自己的权利，以及限制国家随意侵犯私产的制度。在疾病使得定居成本太高的地方，殖民列强建立所谓的"榨取性"经济制

234

度，辅以"专制"的政治结构。这些早期的制度结构证明非常耐用，因为既定掌权者在之后几世纪中，得以继续限制他人进入经济和政治体系。[7]

有些经济史学家指出，从1500年到如今的"命运逆转"（reversal of fortune），已否定了简单的地理决定论，即萨克斯和戴蒙德的论点的变种，让富裕与北部温带气候挂钩，让贫困与南部热带气候挂钩。人类历史中的大部分时间，最富有最高效的地区往往是在南方。这是真实的，首先就发生在欧洲。罗马帝国围绕地中海，北非是主要产粮区，英国和斯堪的纳维亚是贫困边缘，供野蛮部落居住。中华帝国始于偏北的黄河流域，然后扩大至南部和西南部，而不是北部；寒冷地区——中国东北、朝鲜和日本——显著落后。在美洲，最富有的文明阿兹特克（Aztec）和玛雅（Maya），在热带和亚热带的墨西哥和秘鲁兴旺起来。北美和南美的温带地区人烟稀少，只有相对贫困的狩猎采集或游牧的社会。这种模式在欧洲征服西半球后仍然延续。西班牙人在原住民文明所在地建立殖民帝国；基于奴隶的富饶种植园经济，兴起于加勒比海和巴西东北部（亚热带）。在17世纪初，巴巴多斯蔗糖岛（sugar island of Barbados）的人均收入超过北美十三个殖民地，超额估计是三分之二。在美国大革命时期，古巴的富庶远远超过马萨诸塞。[8]

萨克斯和其他学者的模式，即世界上最富有国家均处于北温带气候地区，只是工业革命后的现代模式。经济理论在通常情况下会预测，富裕乡村的热带和亚热带地区，在走上工业化道路上应该享有优势，因为它们拥有最多的劳动力和资金。阿西莫格鲁、罗宾逊和约翰逊认为，由于制度的原因，这没有发生。欧洲殖民者受到吸引，赶到拥有密集人口的旧富裕地区，奴役当地居民，创造榨取性制度，阻止工业发展必需的竞争性市场经济的兴起。相比之下，人烟稀少的贫穷地区无需背负不良的制度遗产，允许更包容的制度出现。

235

　　所有这些论点的共同之处是，它们把政治制度的起源追溯到大体上是经济的因素，包括气候和自然地理，但并不局限于此。阿西莫格鲁和罗宾逊批评所谓的地理决定论，即萨克斯和戴蒙德的，认为良好制度是发展的起因，但还是把制度的起源追溯到气候和地理的条件。地理与要素禀赋仍是决定性的，只要它们塑造的政治制度此后一直延续下去。气候和地理环境的影响，随着时间的推移，也会因技术革新而发生变化。如果没有大西洋航运，加勒比海的蔗糖贸易不可能发生；由于开发像甜菜那样的替代品，蔗糖的竞争力又急剧下降。然而，所有遵循这种传统的作家都同意，如地理、气候和疾病那样的经济条件，如劳动力、贵金属和雨量那样的资源可用性，以及种植园农业的可行性，都是制度性质的最终决定因素。他们明确指出，非物质的因素——观念或意识形态、文化和殖民者社会的特殊传统——在解释当代政治和经济发展的成果时并不重要。

236

一元、二元、三元以至多元决定论

　　经济学家这种广泛的立论，正因为显而易见的决定论，而遇上大量批评。像杰弗里·萨克斯那样的学者似乎在说，无法改变的因素使某些国家无法摆脱贫困和落后，如热带的位置，或水路交通的缺乏。批评者以经济成功的新加坡和马来西亚为例，表明过往不一定能预测未来，因为它们均位于热带，都有榨取性殖民制度的历史。人们在一般情况下不喜欢这一类论点，因为它们似乎在否认，人类可以有能动性，可以掌控自己生存的处境。

　　我们在摈斥气候和地理对制度很重要的论点之前，应该考虑一下表明它们确实重要的宏大史实。地理与气候对早期国家的形成至关紧要。如本书第1卷指出的，世界上第一批国家出现于非常特殊的地理条件之中。大多数出现在冲积河谷，包括尼罗河、底格里斯河、幼发拉底河、黄河和墨西哥谷，那里肥沃的土壤孕育了高产量的农业和高密度的人口。此外，这些冲积河谷需要不大也不小。如果太小，如巴布亚新几内亚和东南亚高地，就不能支撑有能力支配自己所在地区的足够多的人口，在创建国家层次的制度时，便无法发挥规模经济的优势。另一方面，如果过大且开放，就无法阻止奴隶和其他屈从人口逃离国家权威。部落社会是平等的，能在辽阔领土上生存下来。国家是强制性的，通常需要强迫公民的服从。人类学家罗伯特·卡内罗（Robert Carneiro）认为，某种程度的地理界限是必需的，以允许创建最早的国家。考古学家伊恩·莫里斯（Ian Morris）指出，文明崛起于彼此远隔的地方，却分享相同的环境条件（他所谓的"幸运纬度"），如欧洲和中国。[9]

　　这些地理条件颇能解释分布在世界各地的不同层次的政治组织。今天仍有少数幸存的部落和族团层次的社会，不愿被纳入国家，存活于非常特殊的环境：山脉（阿富汗和东南亚高地）、沙漠（阿拉伯半岛贝都因人、撒哈拉沙漠牧民和喀拉哈里沙漠昆申人）、丛林（印度和非洲的部落）、北极（爱斯基摩人和加拿大因纽特人）。他们存活下来，只是由于国家难以将武力延伸到这些地区。巴布亚新几内亚没有本土国家，尽管现代人类已在那里居住了四千年。这似乎与地理有关，那里只有似乎没有尽头的一系列小山谷，却没有足以支撑较大文明的大冲积河谷。几千年来，阿富汗是位于十字路口的定居地，迄今未能巩固成强大的中央集权国家，尽管有一系列侵略者的努力，包括希腊、波斯、英国、苏联和北约。它地形多山，地处内陆，四周邻国又是强大的伊朗、俄罗斯和印度，似乎解释了这一结局。[10]

　　在专制与民主的存在与否上，自然地理也发挥一定作用，但运作机制不是像经济学家讨论的那样，而是如孟德斯鸠指出的，跟某些地形不适宜军事征服和防御有关。经济学家倾向于认为，政治权力来源于经济实力，并为经济利益服务。但政治权力往往依靠卓越

237

的军事组织，而军事组织又是领导、士气、意志、战略、后勤和技术的产物。资源是军事力量的重要组成部分，但经济实力无法简单转化成军事力量。在将近两千多年的时间里，部落组织的骑兵驰骋出中亚，征服定居的农业文明，尽管农业文明更富裕，组织更复杂。这些群体中最有名的就是蒙古人。他们在 13 世纪初，杀出亚洲内陆的本国领土，征服当今的俄罗斯、乌克兰、匈牙利、波斯、整个宋朝中国、地中海东部和印度北部。

238

两项重大因素使这些征服成为可能：第一，马匹的驯化，如贾雷德·戴蒙德指出的，新大陆对此闻所未闻，直至西班牙的引进。第二，欧亚大陆的大部是相对平坦开阔的平原。蒙古人非凡的机动性，源自没有辎重队，主要以掠夺为生，掠夺对象是他们袭击的富有文明。游牧入侵者征服农业文化，导致文明反复循环于昌盛和衰败，成了中东、中国和与中亚接壤的其他地区的特点，如阿拉伯大历史学家伊本·赫勒敦（Ibn Khaldun）观察到的。

自然条件给这些和其他部落骑兵的扩张设限。在欧洲，蒙古人终于遇上一系列山脉，更重要的是，还遇上阻止马匹快速移动的茂密森林。在印度，他们的弓在恒河平原的温度和湿度中开裂。以马匹和骆驼为坐骑的阿拉伯人，在西非的征服受到孑孓蝇的阻碍；他们的马匹在森林地带因孑孓蝇而纷纷死去。这解释了穆斯林北部和基督教 / 万物有灵教南部之间的分界线，属于前者的西非国家是尼日利亚、贝宁、多哥、加纳和科特迪瓦。[11] 中亚野蛮人的征服时期走到尽头，是因为欧洲人采用火药和大炮，身处防御阵地，就可在远距离消灭敌方骑兵。

从俄罗斯、波罗的海和东欧政治体走过的不同政治途径，也可看出地理和技术条件对政治的影响。俄罗斯是蒙古指挥官拔都和速不台在 13 世纪 30 年代征服的，所谓的"鞑靼轭"持续了整整二百五十年。蒙古人对俄罗斯臣民的福祉没有特别兴趣，先设立掠夺型国家，再通过一系列俄罗斯代理人来榨取贡物。蒙古人摧毁成

形于基辅罗斯的新生国家，切断俄罗斯与拜占庭、中东和欧洲的学 239
术交流和贸易，破坏俄罗斯的拜占庭—罗马法律传统。俄罗斯政治
发展的时钟，在蒙古人入侵后的所谓的封禄期（appanage period）
出现倒退；其时，权力分授给数百个小公国。结果是，在西欧提供
有效地方政府的封建主义，无法在俄罗斯获得发展和巩固，甚至没
有时间建造对捍卫封建权力来说至关重要的城堡。

地理继续发挥关键作用，帮助巩固强大的专制俄罗斯国家。在
俄罗斯，国家享有的对社会的权威和权力，远远超过任何一个西欧
专制政治体。莫斯科留里克王朝的伊凡三世（1440—1505）实施中
央集权，后续的沙皇又投身于大规模的领土扩张。俄罗斯草原的开
放性，加上自由贵族的相对弱势，给了莫斯科公国巨大的先发优势。
沙皇组织以服役贵族为基础的蒙古式轻骑兵，只碰上很少天然防御
屏障，直到遇上波兰和立陶宛等组织良好的共同体，以及南部的土
耳其人。像诺夫哥罗德那样的独立商业城市，在西欧的政治自由发
展中非常重要，但在军事上绝不是对手，只得臣服于莫斯科的中央
集权。

在地理影响欧洲政治自由的发展上，孟德斯鸠具有非常深刻的
洞察力。他说："自然分隔造就中等规模的众多民族。"不同于非洲，
欧洲的地理促进强大国家的形成。各民族之间的政治竞争，需要有
良好法律的强大国家的兴起。如果没有这个局面，"国家反而会陷
入衰败，成为邻国的猎物"。另一方面，欧洲的大山、大河和森林，
又使任何一个国家难以取得绝对优势。结果是，没有一个征服者能
以中国皇帝或俄罗斯沙皇那样的方式制服整个欧洲，使之臣服于单
一的政治权威，欧洲地理中，有助于自由的另一偶然特征是有一座
难以征服的邻近大岛，并且它积聚了大量财富和海上力量，足以抗
衡企图主宰整个欧洲的其他国家。此事屡屡发生：英国在 15 世纪 240
末顶住西班牙的无敌舰队，在 17 世纪顶住路易十四的扩张计划，
在 19 世纪早期顶住了拿破仑，在 20 世纪顶住了希特勒。

三个地区

在下面章节中，我将追踪发展中世界三个地区的政治制度的发展：拉丁美洲、撒哈拉以南非洲和东亚。

东亚当然是今日的大明星，日本、韩国、新加坡以及台湾、香港地区已成功加入发达俱乐部，中国也在赶超美国，将成为世界上最大的经济体。相比之下，撒哈拉以南非洲是最贫穷的地区，尽管在 21 世纪初，那里的部分国家也有出色的表现。拉丁美洲介于中间，充斥世界银行所谓的"中等收入国家"，如墨西哥、巴西和阿根廷。它们似乎不会在短期内达到欧洲、北美和东北亚的高收入水平；不过，智利可能是一个例外。

如经济学家指出的，这些经济增长的成果，确实与殖民主义的制度遗产有关。地理和气候对殖民地当局当初能建立起来的制度产生很大影响。但地理不是宿命，每个地区都有很多挣脱邻国命运的显著案例，由于意识形态、政策和领袖的选择等其他因素，表现得更好或更坏，最终走上新的发展道路。

一般来讲，有关殖民主义的文献过分强调殖民主义的遗产。当代的制度成果，乃至当代的发展成果，不但受殖民列强政策的影响，而且受早前本土制度性质的影响。特别是东亚近代的卓越表现，原因在于许多东亚国家在与西方接触之前，就已发展出强大的现代国家。这在中国和日本防止了外国势力的全盘征服和统辖。相比之下，在欧洲人征服之前的撒哈拉以南非洲，一半地区还是部落组织，剩下的"国家"也非常原始脆弱。所以，没有强大的本土国家传统，可作为殖民列强的发展基础。拉丁美洲再一次介于中间。西班牙人在墨西哥和秘鲁，遇上人口高度集中的大帝国。但这些政治体外强中干，以中国的标准看，一点儿也不现代。它们甚至在疾病施虐之前，差不多即刻就崩溃，留下几乎一片空白的制度遗迹，让新殖民国家在新大陆随心构建自己的封建制度。

241

白银、黄金和蔗糖

新大陆的资源和人口影响制度；西班牙制度的性质，以及
马德里寻求将它们移植到新大陆；继承下来的阶级结构和
种族削弱了法治和负责制

　　拉丁美洲是非西方世界中首先被欧洲人殖民的，也是有关政治
制度起源的现代经济理论的发源地。拉美大部分地区建立起高度不
平等的威权政治制度，原因在于，经济生产以殖民者遇上的地理、
气候和资源等物质条件为基础，具有"榨取"性质。根据这个观点，
即使创建制度的经济和技术的原始条件开始改变，制度特征仍持续
数百年。出现在北美的不同政治制度——更民主、更平等、在经济
上更自由——反映出当地农业生产的不同条件。

　　这个基本故事是正确的。拉丁美洲的特点是不平等的"先天缺
陷"，迄今还未恢复过来；但光以经济来解释制度的起源，还远远
不够完整。拉丁美洲制度是多种因素决定的（overdetermined），换
句话说，专制和不自由的性质有多种来源，并不限于殖民者发现的
物质条件。这并不是说，仿佛西班牙和葡萄牙已在欧洲创建了自由
平等的制度，只要条件允许，本来可以将之植入新大陆。事实上，
它们只是试图在殖民地重建自己政治制度的翻版。在 18 世纪波旁
王朝君主治下，西班牙的国内条件发生变化，引进一系列温和的自   243
由改革。随着西班牙本身的自由化，输往美洲的制度类别也变得自

由化了。

北美和拉美之间的真正差异，与其说是在开初的制度条件，倒不如说是在之后发生的事件。在16世纪初，所有欧洲国家，包括英国，都是威权专制、等级分明和不平等的。但欧洲的国家在未来两个世纪中，经历众多暴力的战争和革命。首先，建立起一系列强大统一的现代国家；其次，在政治制度上发生变化，最终导致现代民主政体的兴起。在解释后续事件上，犹如夏洛克·福尔摩斯（Sherlock Holmes）对狗不叫的评说，没有发生的与已经发生的，有时都很重要。在拉丁美洲，也有一只不叫的狗：大规模和持续的政治暴力，在塑造西欧的国家和民族认同上非常关键，却没有波及新大陆。一方面，这是一件好事，拉丁美洲一直是比欧洲或亚洲更为和平的大陆。另一方面，它的政治制度因此而发展缓慢，古老形式的威权政府及其所依据的社会不平等，也持续更长时间。

剥削

西班牙人征服新大陆不是出于战略原因，如欧洲列强 19 世纪末在非洲做的，也不想将自己的生活方式强加于新大陆居民。他们建立殖民地只是想致富，所以被吸引到人口众多的富庶地区，如阿兹特克和印加（Inca）在墨西哥和秘鲁的所在地。阿兹特克帝国的首都特诺奇蒂特兰城（今天的墨西哥城）位于墨西哥谷，在埃尔南多·科尔特斯（Hernando Cortes）抵达时，可能已有一百万人，外加周围乡村的数百万。印加帝国从厄瓜多尔延伸至智利北部，涵盖多达一千万人口。西班牙在墨西哥和秘鲁设置两个总督辖区，正是因为那里有珍贵的黄金和白银，还因为能征用密集的当地人口充当奴工。

西班牙人先掠夺所征服的帝国以利己。印加统治者阿塔瓦尔帕（Atahualpa）被告知，为了赎命，必须装满一房间的金银。他做

244

到了，但还是遭到西班牙人的杀害。到这些资源耗尽时，他们又在墨西哥的萨卡特卡斯（Zacatecas）发现银矿，在秘鲁的万卡韦利卡（Huancavelica）找到汞矿，在安第斯山脉的波托西（Potosi）发现银山（当时在上秘鲁，今日在玻利维亚）。

在法律上，原住民被认为是西班牙皇家的完整臣民，其产权获得的法律保护无异于欧洲人。托管权（encomienda）可认为是另一种形式的奴隶制，该制度让西班牙国王向征服者赠予原住民而非土地。在这种情形下，原住民必须工作，以换取家长式保护。在有些情况中，教会试图与西班牙王室的地方代表携手，保护原住民免遭新移民的虐待。但在实践中，这些法律保护措施没有得到遵守。在西班牙定居者社区的带头下，事实上的奴隶制成了普遍做法。16世纪晚期，在总督弗朗西斯科·托莱多（Francisco de Toledo）的治理下，印加的劳役制度（mita）被修改成更严厉的强制劳动，要求劳工长期离开当地社区，忍受矿中极其危险的工作条件。殖民当局还强制已经稳步下降的人口迁移到所谓的"归化区"（reducciones），以便更好地控制和征召劳工。[1]

拉丁美洲的精英是西班牙殖民当局者——出生在半岛的（peninsulares）——以及被称为克里奥尔的白人定居者。西班牙的早期政策试图凭借不赠予土地的托管权制度，来阻止土地贵族的兴起。但克里奥尔还是凭借山高皇帝远的优势当上了大地主，其过程因长子继承制（mayorazgo）而获得加速。这个长子继承制是从西班牙进口的，允许地主家庭集中和扩充手中的土地；获得进口的还有另一项举措，那就是地主更愿意住在城市而不是自己的庄园，控制农民劳工的是代表缺席地主利益的经理。

精英的另一部分是获益于贸易的商人，他们的垄断权是重商主义的官方赋予的。这两个群体互为共生，商人将地主生产的主要产品，出口到受保护的市场，以获得稳定收入。随着时间的推移，这个市民—商人精英，像旧政权法国和西班牙的精英一样，向愈益虚弱的哈布斯堡殖民政权购买爵位和公职，以巩固自身权力。[2]

　　拉丁美洲的种族和人种的巨大分隔，使阶级差别变得根深蒂固。借用历史学家大卫·菲尔德豪斯（David Fieldhouse）的话：“因为墨西哥人和秘鲁人扮演了欧洲工人阶级的角色，西班牙美洲就没有了白人无产阶级。这使西班牙殖民地不同于已成‘纯粹’欧洲定居地的北美殖民地。”[3] 阶级差别与人种和族群差别相互重叠，使穷人和富人一目了然。更确切地说，由于通婚的普遍程度，从白色到黑色构成了一个浅深不同的连续体，标识着社会阶梯上的每一个层级。几个世纪以来，这种社会分层塑造着拉丁美洲的政治，至今在许多方面仍然如此。

奴隶制—种植园综合体

　　如果说有哪个地方气候与地理有着直接的政治影响，那么种植园综合体的出现就提供了例子，它要把热带农产品出口到欧洲去，特别是蔗糖。蔗糖不同于小麦和玉米等粮食作物，不适合家庭种植，因为人们无法以吃蔗糖为生。它是纯粹的出口作物，需要在种植地获得就近加工和大量投资，并从规模经济中受益。它最适宜长在潮湿炎热的气候中，如热带或亚热带。15 世纪初，甘蔗栽培在葡萄牙和欧洲南部其他地区出现，很快转移到葡萄牙在西非的殖民地，如圣多美（São Tomé）。在那里它开始了与非洲奴隶发生了命中注定的关联，因为刚果和贝宁王国就近向甘蔗种植园提供劳工。[4]

　　欧洲人 15 世纪晚期抵达西非时，奴隶制已在那里存在好几个世纪，主要是北非和中东之间跨撒哈拉贸易的结果。葡萄牙人发现附近有不少奴隶，便让他们在圣多美的甘蔗种植园工作。1494 年的《托尔德西里亚斯条约》，让葡萄牙拥有现在的巴西，这一劳工制度证明是可以出口的。不同于秘鲁和墨西哥，葡萄牙在新大陆只发现很少的金银，人口也不是很多。但巴西东北部有完美的气候，适合葡萄牙人从非洲引进甘蔗。从西非运奴隶来巴西新建的殖民地很方便，因为那里的盛行风使从东向西的航程变得非常容易。而大西洋北部的航程比较困难，因为当地的盛行风朝相反的方向吹。在热带恶劣的工作条件下，奴隶人口繁殖得太慢，无法维持一定数量，所以出现三角贸易：非洲奴隶出口到巴西，蔗糖和像朗姆酒那样的蔗糖产品出口到欧洲，欧洲再将制成品出口到非洲，以换取更多奴隶。

今天巴西是新兴市场金砖四国俱乐部的创始成员，以及拉丁美洲的工业重地，但它的起源却是基于奴工的种植园殖民地。葡萄牙没有足够的力量或资源以西班牙治理墨西哥和秘鲁的方式来治理巴西，只好将权力和土地批给一组"授地舰长"（captain donatory）。他们在自己控制的领地上，俨然就是君主。这些授地非常广阔，沿海岸延伸一百三十英里，深入内地五百英里。事实上的权力落在强大而粗野的种植主阶级手中。他们拥有奴隶，到 16 世纪末，已在相对松散的政治体系中积聚了大量政治权力。[5]

蔗糖革命的第二阶段发生在往北一些的加勒比海，那里的条件和贸易风有利于到英国和北欧其他地区的出口。克里斯托弗·哥伦布遇到的加勒比（Carib）和阿拉瓦克（Arawak）原住民，早已死于疾病，极少数后裔融入白人或奴隶的定居者群体。自 16 世纪中叶开始，巴巴多斯、向风群岛（Windward Islands）和背风群岛（Leeward Islands）成为巨大的出口工业中心。之后，这个中心西移至法属殖民地圣多明各（今海地）、牙买加和波多黎各，最后才抵达古巴。英国、法国、西班牙和荷兰，甚至丹麦，都参与殖民和建立种植园的活动。投资于种植园的商业公司，一开始对白人契约劳工和非洲奴隶一视同仁，但之后发现，后者比欧洲人更能抵抗当地疾病，并能在更苛刻条件下工作。但这并不等于非洲人在新大陆的兴旺；像巴西的情形一样，加勒比海的奴隶人口也无法补充自己，必须依赖来自非洲的新人。结果，从 1600 年到 1820 年，运到美洲的非洲人是欧洲白人的五倍。[6]对新兴的跨大西洋商业经济来说，奴隶制是不可或缺的。英国奴隶制殖民地的出口值，几乎是非奴隶制殖民地的十倍。[7]

菲利普·科廷（Philip Curtin）所谓的"种植园综合体"，以及因此而孵化出的奴隶制，其兴起与气候和地理有清晰的关联。在哪里会出现奴隶制，与殖民列强的身份没有关系。更为自由的英国人和荷兰人，像专制的西班牙人一样，都渴望参与这项贸易。

如果有个历史事件，能证明自然条件对制度的重要性，那就是奴隶制和棉花在美国南部的兴起。美国独立战争时，奴隶制存在于整个美国，包括北部殖民地。但那时很多人认为奴隶制是即将死亡的制度。尽管乔治·华盛顿和托马斯·杰斐逊拥有奴隶，但利用奴隶种植像烟草和小麦那样的农作物，在经济上并不特别划算。

所有这一切因棉花在美国南部的传播而发生巨大变化，19 世纪初，轧棉机的发明，以及英国新兴纺织工业对原棉的大量需求，又促进了进一步的变化。像蔗糖一样，棉花受益于大种植园的规模经济，从而重燃对奴隶的需求。跟加勒比海和巴西不一样的是，美国大陆的奴隶人口繁殖得很快。虽然奴隶贸易结束于 1807 年，奴隶劳工仍在不断增加，愈益成为本地资本的重要来源。

历史学家对北美的奴隶制经济有长期辩论，经常还非常激烈。248 有些人追随南北战争之前的批评者，认为这种做法经济效率低下，在同等条件下无法与自由劳工竞争，终将在自由市场中自行消亡。有些马克思主义史学家认为，驱动南北战争的，与其说是有关奴隶制的道德考量，倒不如说是自由劳工和奴役劳工的竞争。不过，总的来说，直到南北战争前夕，以奴隶制为基础的种植园生产，似乎是颇具竞争性的经济企业；只是在战争和奴隶制取消之后，与北方相比，南方的人均收入才开始下降。[8]

强大的经济利益在北美奴隶制中涌现，很快压倒英国定居者带来的民主和平等的政治倾向。南北战争之前，"特殊制度"的南方捍卫者为了给奴隶制辩护，以圣经为依据提出许多新奇论据，从人种的自然秩序，到简单炮制的等级和人种支配的传统。亚伯拉罕·林肯会强调，这些理论和"人人生而平等"的建国主旨相矛盾，可是，它还是挡不住经济自利成为压倒性的原则。

本土国家

拉丁美洲制度发展问题上的一大疑惑是，在塑造后续发展中，前哥伦布时期的美洲本土政治制度为何没有发挥更大的作用。拉丁美洲制度在很大程度上是欧洲殖民者建立的，无论是从欧洲进口的，还是因应当地条件自创的。欧洲移民在热带非洲和东南亚大部也受疾病的限制，一如在加勒比海的情形。在世界其他地区——南亚、中东和东亚——已有大量原住民，经常还组织良好，难以驱走，所以大规模的欧洲移民受到阻碍，或进展缓慢。在西班牙新大陆帝国的核心区域——墨西哥和秘鲁——限制定居的不是疾病，而应是组织起来的当地人口。不同于北美的游牧部落社会，以及阿根廷和智利抵抗白人殖民者的马普切人（Mapuche），阿兹特克人和印加人已组成国家层次的复杂社会，可在很大范围内行使中央权威。只是他们权力崩溃的速度和彻底——如威廉·普雷斯科特（William Prescott）和贾雷德·戴蒙德等学者描述的——相当惊人。[9] 皮萨罗率领仅一百六十八名西班牙军人，却击败指挥可能达八万军队的印加王阿塔瓦尔帕，自己竟无一人伤亡。

戴蒙德将之归功于技术因素，如西班牙人拥有印加人没有的马匹、步枪和钢剑，以及在战术上的突然袭击。众所周知，西班牙人带来摧残土著人口的旧大陆疾病，最终杀死 90% 的当地居民。[10]

有关阿兹特克和印加崩溃的叙述，并不完全令人信服。政治学家詹姆斯·马奥尼（James Mahoney）指出，在美洲其他地区，欧洲人在当地更原始的群体面前享有类似的技术优势，为了打败他们，却花了几十年。从长远看，疾病在原住民文明的最终消亡中肯定是

249

一大因素，但当地人口的灾难性下滑，要等到 16 世纪下半叶才开始，离阿兹特克和印加的政治崩溃已有相当的间隔。现在看来，真正的解释必须涉及政治和制度。尽管这会有后见之明的嫌疑，但崩溃的事实表明，这两个文明并不像它们看起来那么制度化。

　　如果我们将阿兹特克或印加的国家与中国作比较，就会看得一目了然。中国在东周时期，尤其在长达五百年的狂暴的春秋和战国时期（公元前 770—前 221 年），逐渐脱离部落群体。中国北部的政治体总数从大约一千个减少至七个，每一个都发展出中央集权的官僚体系。中国在秦汉时期获得统一，前者是在公元前 221 年，后者是在公元前 202 年。在秦汉一统期间，组成中国的不单是早期战国七雄的残存，还有分布各地的部落和贵族势力。汉朝官僚体系模仿秦国，花了近二百年时间来肃清这些地方势力，建立统一的现代行政制度，治下的人口总数可与同期罗马帝国媲美。

　　新大陆本土帝国的政治发展水平，与其说像中国汉朝，倒不如说像东周中叶。无论阿兹特克帝国还是印加帝国，组织层次仍是地方性的分支世系制（如印加土地上的"阿伊鲁"氏族 ayllu，这种社会单位至今依然存在于玻利维亚和秘鲁高地）和部落联盟。在这两个帝国中，种族是高度混杂的，使用相关但往往互不相通的语言。阿兹特克帝国是通过征服创建起来的，比科尔特斯的到来早了几个世纪。印加帝国的创建，比西班牙人的到来仅仅早了几十年。这两个帝国都通过镇压来维持统治——尤其是广泛拿臣服者用作生人祭的阿兹特克人。这使西班牙征服者很容易找到本土盟友，那些盟友踊跃加入与本土统治者的战斗，以求得自己的解放。科尔特斯与特拉斯卡拉人（Tlaxcala）和托托纳克人（Totonacs）建立联盟，与数万土著战士一起，向特诺奇蒂特兰城发起进攻。皮萨罗在秘鲁的情形也是如此，不久前，两位印加王子阿塔瓦尔帕和瓦斯卡尔（Huáscar），为继承萨帕印加（Sapa Inca，即最高领袖）的宝座而发生流血冲突。恰如墨西哥的情形，西班牙人也利用印加的内部分裂。在击败印加王子图帕克·阿马鲁（Tupac Amaru）的最后战役中，本土盟友还证明是关键因素。阿马鲁设法在 18 世纪发动最后一次有组织的抵抗，在当代秘鲁仍是本土骄傲的象征。

阿兹特克和印加有时被描述为拥有"官僚机构"，但它们的行政发展水平远远比不上中国西汉中叶，最明显的也许是语言。中国行政官员早在公元前第二个千年的商朝（先于周朝），就以书面形式互相沟通。相比之下，阿兹特克人有被称为文字雏形的象形文字，可用于祭祀，但无法用于官僚等级体系中的常规通信。印加人没有书面语言可言，仅有名叫奇普（quipu）的彩色结绳体系，用来记录统计信息，要与帝国边远地区进行交流，就必须依赖使用克丘亚（Quechua）口语的使者。这意味着，这两个本土文明无法创建类似中国典籍的文献库，作为官僚教育的共同课程和文化认同的基础。更不用说，这两个新大陆文明无法像中国一样，颁布书面法律，让复杂的官僚等级体系来监管，以渗透各自的社会。[11]

所以，存在于墨西哥和秘鲁的文明，似乎更接近公元前 3 世纪的印度孔雀王朝，而不是同期的秦汉文明。在阿育王领导下的孔雀王朝，以武力成功统一北部三分之二的印度次大陆，但在三代以内就衰落了，因为他们从来没能建立强大的行政体系。像印加人一样，他们没有用于行政管理的书面语言。[12] 这两个新大陆帝国覆盖广袤的领土，却非常软弱。一旦西班牙人击败并杀死作为军事集权象征的蒙特苏马（Montezuma）和阿塔瓦尔帕，帝国就分崩瓦解，分裂成其组成部分的种族和部落的群体，再也无法重组。在这些从属群体中，许多只是将忠诚从他们的本土领袖转移到西班牙人身上。所有这一切发生在原住民因欧亚疾病而遭受灾难性人口下降之前，而人口下降封死了任何幸存制度的命运。墨西哥人口从科尔特斯到来时的一千万，下降到 1585 年的两百万，到 16 世纪初更降至一百万。秘鲁人口从征服前的九百万降到 1580 年的一百万多一点，到 1620 年更降至六十万。[13]

新大陆的本土文化以各种方式塑造当代拉丁美洲，从墨西哥的亡灵节仪式，到安第斯山脉特有的阿伊鲁氏族组织。不过，与世界其他地区（特别是东亚地区）的国家层次的本土组织相比，前哥伦布文明的较高层次的政治遗产发挥的作用小得多。

弱的专制主义

地理和气候并不是决定拉丁美洲政治制度的唯一因素。西班牙和葡萄牙也试图将自己的制度出口到殖民地。

率先在新大陆开创殖民地的哈布斯堡西班牙，在本书上一卷中被定为弱的专制主义。从 1520 年开始，西班牙国王击败当时的公社叛乱（Comunero revolt），削弱西班牙议会（Cortes），实施宫廷的集权，但仍受制于既有的法律制度。因为在西班牙，法律制度的罗马根源比西欧其他地区更深入人心。查理五世虽然在新旧大陆都获得庞大帝国，但拥有的合法征税权力仅局限于卡斯提尔一地。由此，他在意大利和低地国家的昂贵军费，只好让卡斯提尔独家承担。在 16 世纪，这导致向外国银行家的大量借款。西班牙皇家一再破产，试图通过货币贬值满足收入需求。像法国一样，西班牙最终也向富裕精英出售公职，使腐败合法化，削弱国家以非人格化方式统一施政的能力。强大的专制国家享有自主性，能掌控治下的精英；但西班牙政府不同，随着时间的推移，反而遭到治下精英的攫取。[14]

在这种情况下，来自新大陆黄金和白银出口的收入是至关重要的。但西班牙政府颁布严格的规则，以限制经济交换——这被称为重商主义——它错误地认为，这将使来自殖民地的收入最大化。新大陆的出口必须先行抵达西班牙，事实上是唯一港口，必须使用西班牙的运输船只，殖民地也不得与西班牙制造商竞争。如亚当·斯密在《国富论》中证明的，重商主义导致极端低效，非常不利于经济增长。它也有很明显的政治后果：能够进入市场和经济投资的仅

局限于国家偏爱的个人或公司。这意味着，个人的致富道路需要通
过国家和政治的影响力。这导致寻租心态，而不是创业心态，大量
精力都花在寻求政治支持上，而不是如何开发创造财富的新企业。
在这个体系中涌现出来的地主和商人阶级，凭借国家的政治保护而
变得富有。

西班牙统治在新大陆的正式机构是以印度理事会（Real y
Supremo Consejo de las Indias）为中心的威权体系。这个理事会和
负责经济事务的贸易院（Casa de Contratación）一起编写法律，颁
布法令——到 1600 年已累计四十万条。制衡这些行政机构的是并
行的行政法院（audiencia）体系，由律师或法官主持。他们不得与
当地女子结婚，也不得以任何其他方式干涉他们主持地区的政治。[15]
到了 16 和 17 世纪，由于财政的拮据和愈益争权的克里奥尔的抵制，
这种结构逐渐消亡。

西班牙政府可能希望塑造新大陆制度，但没有足够的权力或权
威，将自己的意志强加于殖民地。这个问题典型地体现在"服从但
不执行"（Obedézcase, pero no se cumpla）的流行语中。在伊比利
亚半岛上重新征服摩尔人的，并不是正在现代化的国家，而是遵循
皇家合同的"自由骑士"（free-lance）。他们中的许多人，如科尔特
斯和征服秘鲁的皮萨罗，都是半独立的代理人。西班牙王室花了 16
世纪大部分时间试图控制他们，使用像托管权那样的制度，向殖民
者赠予原住民而非土地。此时，处身欧洲半岛的本土政府因欧洲和
地中海的战争而债台高筑，本身变得日益衰弱。西班牙采纳的公职
出售的办法，也逐渐出口到新大陆殖民地，使权力平衡偏向地方精
英。此前是民选的地方政府的理事会和市政会的职位，到 1600 年
实行公开出售，成为世袭的特权。国家的制度化由此发生倒退，其
官僚体系从现代的变成家族式的。

思想在制度演变中是非常重要的。在殖民统治第一个世纪中，
没有西班牙的霍布斯和洛克来告诉定居者：他们拥有自然和普遍的

人权。作为替代品，他们拥有继承或购买得来的封建特权。与北美的英国殖民者相比，拉丁美洲的克里奥尔更有可能要求保护自己的特权，而不是自己的人权。[16]

詹姆斯·马奥尼指出，到 1600 年开明的波旁时期，西班牙出口的思想开始发生变化。西班牙王室配合在欧洲半岛发生的改革，从 17 世纪 50 年代起，禁止行政法院席位的买卖——其中大多数由克里奥尔购得——并开始让更专业人士主持行政法院，他们来自欧洲，职位是委任而不是购得的。从法国借鉴来的总督制度也扩展到殖民地，以任命的专业代表代替地方上买来的行政长官和市长。贸易也因查理三世的《自由贸易法》而获得开放：对港口和运输船只的限制被取消，与北美的直接贸易变得合法化。其他方面的努力，包括削弱秘鲁和墨西哥的商人垄断，以增加经济体系中新参与者的竞争能力。[17]

这些新制度的影响是巨大的。帝国重心开始从秘鲁和墨西哥的旧中心，往南移向温暖的更适合定居的阿根廷和智利。阿根廷原先只是秘鲁总督辖区的一部，到 1676 年开始有自己的总督辖区。布宜诺斯艾利斯港的人口到 1800 年已增长至五万。贸易因告别重商主义而有显著增长，从 1682 年到 1696 年，出口到西班牙的货物价值增加了十倍。针对这日益繁荣的前景，欧洲移民开始改变目的地，涌到这些新区域，构成新的社会群体，完全不同于旧精英的克里奥尔地主和商人。这些移民带来更自由的思想，为保守主义与自由主义的恶性冲突做好了准备。这个冲突支配了独立后拉丁美洲的政治。[18]

在美国和法国大革命之后，思想再一次变得重要。它们带来的平等观念，随着时间的流逝，使奴隶制在道义上越来越难以接受。当然，美国大革命没有对美国殖民地的奴隶制产生直接影响，但给定居于整个新大陆的人们带来摆脱欧洲监护的念头，帮助促使法国的破产，为 1789 年大革命打下基础。法国大革命对奴隶制殖民地的圣多明各产生了即刻的直接影响。1791 年，圣多明各在杜桑·卢维杜尔（Toussaint Louverture）的领导下，爆发了奴隶反抗，持续了好几个阶段后，在 1804 年赢得彻底独立，建立以奴隶领袖为首的新国家海地。英国议会于 1807 年终止奴隶贸易，在随后几十年中，派遣英国海军到非洲海岸，以执行对奴隶贸易的禁令。宗教思想也是关键，如威廉·威尔伯福斯（William Wilberforce），他对新教福音派的皈依，促使他成立了废除奴隶贸易协会。奴隶制在英国殖民地持续到 1833 年的《奴隶制废除法》，在美国持续到 1865 年第十三条修正案的通过，在古巴持续到 1886 年，在巴西持续到 1888 年。

拉丁美洲的先天缺陷

拉丁美洲天生就有缺陷。西班牙和葡萄牙把自己的专制主义和重商主义制度带到新大陆，以应对在当地找到的经济机会。它们在这样做时，不仅复制了伊比利亚半岛的阶级结构，还复制了其独特的政治体制，其中的威权国家遭受地方精英的部分攫取，以致无法对精英行使支配。这种阶级结构与欧洲相比有一个重大差异，那就是许多拉丁美洲国家的经济阶级与人种和种族划分相对应，变得更加难以克服。

拉丁美洲国家 19 世纪初开始从宗主国赢得独立，它们继承了这一遗产。这些新独立国家的宪法大多数在名义上是代议制的，事实上还有不少以美国 1787 年建立的总统制为蓝本。但拉丁美洲所有的国家，除了极少数的例外，在维持稳定的民主和持续的经济增长上，都遇上了大问题。

不稳定的政治和经济的长期表现不佳，与背后的不平等问题密切相关。阶级结构和资源分配不均，造成尖锐的政治两极化，19 世纪对立的两极是自由派和保守派，20 世纪是保守派政府和马克思主义或民粹主义对手。拉丁美洲的经济增长发生于不同时期，尤其是在 19 世纪后期和 20 世纪中叶，不少国家在一定程度上缩小了与发达世界的差距。但政治不稳定打断正常的经济生活，逆转早期的成果，使差距重新增大。经济精英支配名义上是民主的政治体制，维持自己的社会地位，从而阻止经济机会的民主化。[19]

在墨西哥可清楚看到历史遗产的影响，它是西班牙哈布斯堡帝国在新大陆的两个总督辖区之一。在 18 世纪波旁王朝的治理下，经济自由化的努力只取得有限的效果，因为墨西哥城的经济精英奋起反对新来者，以保护自己的地位。不同于新开发的阿根廷，流动的雇佣劳工制度始终没能在墨西哥乡村扎根。相反，大地主通过债务劳工等半强制手段控制了广大农民。[20]

墨西哥独立战争开始于 1810 年，其时，18 世纪的矿业繁荣已经放缓。下一章将予以详述，它开始时只是一场社会革命，以两位神父以及他们贫穷的信徒为主，旷日持久，动荡不断。这场战争一直持续到 19 世纪 20 年代中期，摧毁了作为墨西哥出口主要来源的采矿业。[21] 动荡之后，墨西哥在政治上仍然相当不稳，在此后四十年中见证了六次政变和一系列独裁军阀。

美国大革命只是暂时打乱经济增长。相比之下，墨西哥的经济恢复还要等到波费里奥·迪亚斯（Porfirio Díaz）的崛起。他统治墨西哥长达三十五年（1876—1911），被称为波费里奥独裁。他接手的是因几十年冲突和低增长而基本破产的国家，急需经济盟友。他在这一点上是相当成功的，创建银行业，让少数与政府挂钩的银行赚到大钱，从而让政府有资源来制止无法无天的状态，提供必要的政治稳定。这段促成经济增长的非常时期，让墨西哥部分赶上北美，以及像阿根廷那样更为自由的新兴大国。但迪亚斯建立的不是开放或自由的经济秩序，而是我们今天所谓的权贵资本主义（crony capitalism）。在某些方面，它类似于旧日的重商主义体系，只是操作人不再是西班牙王室，而是换成了地方精英。[22] 无论在经济上还是在政治上，它都没有赋权给墨西哥大众。由此而来的社会紧张终于在墨西哥革命中爆发，这次动荡导致迪亚斯在 1911 年被推翻，动荡持续至 1916 年。事实上，墨西哥获得真正的稳定，还要等到革命制度党在 20 世纪 40 年代的兴起。这意味着，在整整一代人的时间内，经济增长或是停滞不前，或是在开倒车。

革命制度党一直是占支配地位的政党，掌控墨西哥政治直到 2000 年，总统宝座被国家行动党（Partido Acción Nacional）的候选人比森特·福克斯（Vicente Fox）取得。20 世纪 50 年代和 60 年代是经济强劲增长的时期，墨西哥再一次拉近与美国的差距。但不平等和阶级的根本问题仍没得到解决。革命制度党确有显著成绩：它在 20 世纪 30 年代进行重大的土地改革，解散墨西哥的大庄园；同样重要的是，它还继续对哥伦布到来之前的象征物实施革命性的复兴，培养强烈的民族认同。不过，它是通过依附主义赢得稳定的，向自己偏爱的政治团体分发国家资源，从而限制竞争，阻止墨西哥发展出具竞争力的私营部门。墨西哥经济已大幅放宽（特别是在 1994 年北美自由贸易协定的谈判之后），但仍以大寡头垄断和新重商主义的贸易限制为主。革命制度党经过十二年的缺席，在 2012 年重返洛皮诺斯总统官邸（Los Pinos），希望能在这次更致力于认真的结构性改革，包括关键的能源部门的自由化。

气候和地理是拉丁美洲天生缺陷的根源。西班牙在墨西哥和秘鲁等处建立榨取性奴隶经济，留下不平等的遗产。这项遗产在最后一个银矿关闭后仍在负隅顽抗，使北美风格的开放型经济迟迟不能到来。

物质条件影响拉丁美洲政治制度的性质，但并没有将之完全封死。正式制度随着时间的推移正在朝民主的方向演变，正如欧洲的情形。更为僵化不变的是阶级结构，它将人口分割成较白较富的精英和更穷更黑的大众，正是这一结构在塑造着正规制度的运行方式。这意味着，19 世纪和 20 世纪出现的形式上的民主，所导致的不一定是普通民众享有权利，而是精英对民主政治体制的间接掌控，用以维持社会现状。

第17章
不叫的狗

战争对中国和欧洲现代国家的形成至关重要，却少见于拉丁美洲；为什么在拉美激发国家现代化的因素非常弱；拉丁美洲经历较低水平的暴力，我们应否感到遗憾

要说拉丁美洲的先天缺陷是社会不平等，在某种程度上等于什么也没说。拉丁美洲的独立战争始于1808年，其时，世界上只有极少数国家享有经济和社会的高度平等。除了比较自由的英国和荷兰，欧洲的大部分地区是农业秩序，执政的是享有盘根错节特权的封建精英。中国没有封建主义，但有强大的威权国家，一个地主阶层，以及大批依赖他人的穷苦农民。其他所有的农业大帝国，如印度、土耳其、波斯和东南亚王国，也都如此。北美是世界上少有的无须受困于这种根深蒂固的社会不平等的地区之一，至少对它的白人人口而言是这样。除了法国，还没有哪个地方拥有现代国家。

在接下来的两个世纪中，有些国家朝着非常不同的方向发生演变。普鲁士、丹麦、荷兰、英国和其他欧洲国家，跟随法国，建立起韦伯意义上的中央集权的官僚体系。法国大革命不仅释放出了大众对政治参与的要求，而且提供了认同的新形式，即共享的语言和文化。对新兴的民主大众来说，它成了认同的核心纽带。这种现象被称为民族主义，导致欧洲政治版图的重新划分。以语言族群团结为原则的国家，取代因通婚和封建义务而连在一起的王朝国家。法

国大革命的国民征兵制，代表这些趋势的首次汇合：巴黎的革命政府能调动相当数量的强壮男性来捍卫法国。在拿破仑的统率下，这支动员起来的国家力量征服了欧洲的大部。

　　拉丁美洲在 19 世纪和 20 世纪的有趣之处，与"不叫的狗"有关。可以说除了智利这个例外，像法国和普鲁士那样的强大国家从未在拉美地区出现。它的民族主义和爱国热情，也没以欧洲的形式喷涌出来。在欧洲，整个人口可能会在愤怒中觉醒，奋起反对他们的邻国。除了一二例外，拉丁美洲国家从未获得支配和调动自己人口的能力。在许多方面，从西班牙和葡萄牙那里赢得解放的新独立政府，与前殖民政府非常相像。旧政权西班牙的特点是弱的专制主义：国家是中央集权和专制的，但在能力上相对孱弱，无法支配自己的精英。许多独立后的拉丁美洲新政府在名义上是民主的，但从未能发展出中等以上的国家能力。作为未能建成现代国家的特征，拉丁美洲国家无法从自己人口征得相当水平的税收。结果，政府像旧政权西班牙一样，只好通过增加货币供应量来应付财政赤字。通货膨胀是变相的税收，造成居民不得不承受的许多扭曲和不公。与其他任何地区相比，通货膨胀更成了 19 世纪和 20 世纪拉丁美洲的标记。

　　为什么强大的现代国家不能像在欧洲那样在拉丁美洲出现？如果有能解释这结果的单一原因，那就是，新大陆相对缺乏国家之间的战争。我们看到，战争和战争的准备是中国、普鲁士和法国创建现代国家的关键。甚至在美国，20 世纪驱动国家建设的，仍是对国家安全的担忧。欧洲自 1945 年以来一直处于和平之中，但先前几个世纪的特征却是国家之间频繁激烈的暴力。在过去两个世纪中，重新划分欧洲版图的主要政治行为——法国大革命、拿破仑战争、意大利和德国的统一战争——都包含高度的暴力，高潮是 20 世纪的两次世界大战。

261

　　拉丁美洲当然也有大量暴力：今天，贩毒集团、街头帮派和游击队组织的残余，经常在当地出没，所有这些给当地人带来莫大痛苦。但在国家之间的战争上，与欧洲相比，拉丁美洲一直是和平的所在。对它来说，这是上天的赐福，但同时也留下了制度上的问题。

和平的大陆

社会学家米格尔·森特诺（Miguel Centeno）通过资料显示，在过去两个世纪中，拉丁美洲一直比欧洲、北美和亚洲更为太平。以累积的战斗死亡数（见图 13）、死亡率、为战争而动员的人口百分比和战争强度（即一年中的伤亡率，见图 14）为标准，这个结论是真实的。他还指出另外两个事实：第一，暴力程度随着时间的推移在不断下降，使拉丁美洲在 20 世纪成为世界上最太平的地区之一；第二，拉丁美洲的暴力往往发生于民间，而不是在国家之间。森特诺进一步指出，拉丁美洲的战争发生时，在性质上往往是有限的，很少涉及整个人口的大规模动员，如法国大革命之后和两次世界大战中发生的那样。[1]

拉丁美洲确实经历的战争有两波。第一次是从西班牙独立出来，导火索不是美国大革命和法国大革命的思想，而是法国对伊比利亚半岛的占领，以及拿破仑让哥哥约瑟夫在西班牙登基，在 1808—1810 年之间取代波旁王室。葡萄牙君主将政府所在地从里斯本搬到里约热内卢，一俟拿破仑战败后再搬回半岛。合法权威在宗主国的崩溃，引发克里奥尔在布宜诺斯艾利斯、加拉加斯和墨西哥北部的起义。一开始，保皇势力还能成功镇压。波旁王室的斐迪南七世在 1815 年重回西班牙王位。随之，第二波起义爆发，导致几乎整个南美洲在 19 世纪 20 年代中获得独立。

拉丁美洲独立战争比美国大革命持续更长时间，给基础设施带来更大损害，使经济在 19 世纪上半叶大部分时期出现倒退。这些战争最显著的特征是，很少触动社会中的阶级结构，对国家建设带来极为有限的影响。

262

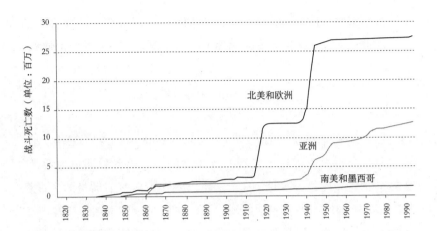

图13. 累积的战斗死亡数

来源：米格尔·森特诺，《血和债：拉丁美洲的战争和民族国家》

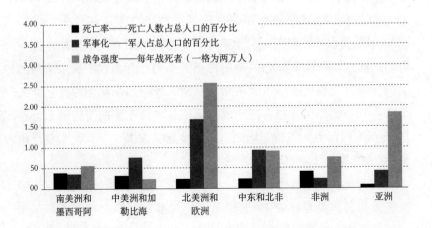

图14. 各地区的战争

来源：来源：米格尔·森特诺，《血和债：拉丁美洲的战争和民族国家》

保守群体几乎在每个新独立国家中都占据了支配地位，表明社会革命的缺席。反讽的是，委内瑞拉的民粹主义总统查韦斯，把拉美解放者西蒙·玻利瓦尔（Simón Bolívar）几乎神化成了一个左派英雄。玻利瓦尔出身富裕的克里奥尔家庭，在击败西班牙军队中确有英勇的军事表现，但也有前后不一致的政治承诺。他有时表达自由见解，有时又坚持更专制的观念，而社会革命排在他想做的事的末位。解放美洲南部的另一位军事天才何塞·圣马丁（José de San Martín）也是如此，他提议在西班牙统治结束后，在秘鲁建立君主制政府。真正倡导社会革命的只有两名神父，米格尔·伊达尔戈（Miguel Hidalgo）和何塞·莫雷洛斯（José María Morelos）。他们组织动员一支本土和混血儿的穷人军队，对墨西哥城的克里奥尔精英造成威胁。莫雷洛斯的纲领承诺："在新政府的治理下，除了出生在半岛的人，其余的将不再有印第安人、黑白混血儿（mulatto）和黄白混血儿（mestizo）的称号，统统叫做美洲人。"

伊达尔戈和莫雷洛斯最终都被捕处死，运动也被镇压。当地的克里奥尔精英，鉴于已回西班牙的斐迪南七世同意接受 1812 年自由宪章，而决定支持墨西哥和秘鲁的独立。对他们来说，独立意味着，可防止自由主义改革向新大陆蔓延。[2] 相比之下，美国大革命的发起者是彻底的自由民主派。美国从英国独立出来，虽没引发社会革命，却在新国家的制度中嵌入了民主原则。尽管拉丁美洲独立运动的领袖感到非采纳正式的民主制度不可，但他们更为保守，更不愿搅乱当地的阶级结构。

独立带来国家建设的艰巨任务。西班牙帝国的各组成部分试图各自建立起独立的新政治秩序。在欧洲，这意味着某些政治单元的重新分割，并将另外一些合并成更为集权的政治体。玻利瓦尔在 1819 年创建叫做大哥伦比亚的实体，包括当今的委内瑞拉、哥伦比亚、巴拿马、秘鲁北部、厄瓜多尔和巴西的部分地区。这个广袤的区域，遍布山脉和丛林，妨碍了中央集权的出现，到 1830 年又分裂成各自独立的国家（1903 年巴拿马也在美国帮助下脱离哥伦比亚）。同样，领导墨西哥独立的阿古斯汀·德·伊图尔维德（Agustín de Iturbide）封自己为皇帝，领土还包括中美洲。到 1823 年，中美洲作为统一的中美洲联邦共和国分离出去，很快又解体为萨尔瓦多、危地马拉、尼加拉瓜、洪都拉斯和哥斯达黎加几个独立国家。后来，虽有好几次重新统一的努力，但都遭到有关各国的反对。这些新政治体往往对应于早前西班牙帝国的行政区，但没有像法国和德国那样的强烈的文化认同。另一方面，已被分割成地方封地的阿根廷和墨西哥，在数位专制统治者的手中重新获得统一。其中包括布宜诺斯艾利斯的胡安·曼努埃尔·德·罗萨斯（Juan Manuel de Rosas），他逐步平息地方上的反叛，建立起中央集权政府。[3]

国家之间战争的第二波发生于 19 世纪中叶，可被看作独立后领土重新洗牌的压轴戏。为了控制拉普拉塔河（Río de la Plata）的出海口，阿根廷和巴西发生一系列武装冲突，最终导致乌拉圭 1828 年诞生为独立的缓冲国家。接下来，两国为了取得对乌拉圭的影响力又发生争执，引起为保护自己商业利益的英国和法国的干预。巴西和阿根廷还卷入三国同盟大战（War of the Triple Alliance）。那是一个奇怪的冲突，让这两个大国对抗贫穷的巴拉圭。对巴拉圭来说，这是彻底的灾难，自那以后，它"就在地缘政治的地图上……被挪走了"。[4]

当时另外两个主要的冲突分别是美墨战争和太平洋战争。前者的结果是，迅速扩张的美国自墨西哥那里夺走从得克萨斯到加州的整块土地。后者的结果是，在智利、秘鲁和玻利维亚三个参战国中，智利赢得阿塔卡马地区（Atacama）的丰富资源，迫使玻利维亚成为内陆国。太平洋战争结束于 1883 年，自那以后，拉丁美洲国家边界基本固定，再也没有国家之间的大冲突（例外是玻利维亚和巴拉圭在 20 世纪 30 年代的查科战争，即使在拉丁美洲，记得它的人也很少）。[5]

拉丁美洲国家之间的战争罕见，在政治上又不重要，因而有关　265
拉丁美洲历史的许多重大调查研究，几乎都把它们给遗忘了。与欧
洲、古代中国乃至北美相比，拉丁美洲的战争对国家建设仅有边际
作用。所以，查尔斯·蒂利的格言"战争创造国家，国家发动战争"
仍然是正确的，但是它需要回答，为什么战争在某些地方要比在其
他地方频繁。

一个地区国家建设的落后可以从国家能力的各种测量指标中看
出，尤其是税收。在中国和早期现代的欧洲，长期战争对资源的需求，
导致国家向公民征税，建立财政部和官僚机构来主持税收，设置行
政等级来统筹大规模后勤等。所有这一切促使 17 世纪和 18 世纪的
早期现代欧洲国家，急剧扩大税收，发展文职官僚体系。组织起来
的暴力还彻底消灭了作为家族制壁垒的社会阶级，如法国旧制度下
的买官者和普鲁士的容克阶级，从而推动政治的发展。[6]

相似的发展从未在拉丁美洲出现。森特诺指出，在能够查阅到
19 世纪数据的巴西和墨西哥，政府的人均税收不超过英国同期的
一半，乃至四分之一。此外，它们更倚重于间接税，如关税和消费
税。这种税是累退的，比企业和个人的直接税更易征收，也是行政
能力单薄的发展中国家的偏爱。即使在战争时期，巴西政府向财富
和生产征收的税金，仍不超过总收入的 4%。有"拉丁美洲的普鲁士"
之称的智利，与邻国相比有着突出军事实力，但它的征税比例更低。
在这方面，它们只是在追随自己殖民地主人的模式。西班牙永远无
法从自己臣民那里筹集足够的税收，从 1557 年到 1662 年，多达十
次被迫宣告破产。[7]

国家间战争的相对缺乏也许能解释，拉丁美洲何以比欧洲更少
拥有强大国家，但不能解释，有些国家的政府何以比其他国家更为
有效。政治学家马库斯·库尔茨（Marcus Kurtz）指出，19 世纪以
来，国家效率的排名一直相对稳定，智利和乌拉圭一贯在榜首，玻　266
利维亚、巴拉圭和海地通常在榜尾。[8] 他认为，智利、乌拉圭和阿

根廷之所以能建立起强大国家，是因为当初就有自由的农业劳工和相对强烈的精英共识。但 20 世纪 30 年代之后，阿根廷国家因阶级冲突而发生逆转。其中的历史偶然性显示，想要提供国家建设的理论模型，也是相当困难的。[9]

　　没有激烈的国家间战争也导致了一些熟悉的结果。在 19 世纪末和 20 世纪初的群众政治参与之前，拉丁美洲只承受很少的竞争压力，无须按法国和普鲁士的模式来巩固强大官僚体系。这意味着，当选举权在 20 世纪初开放时，没有出现"专制主义联盟"，来保护全国官僚体系的自主性。民主政治竞争的推广，在阿根廷、巴西、墨西哥、哥伦比亚等国家，创造巨大激励，促使政客以依附式方法招揽选民，使公共行政部门变成政治任命的储备。拉丁美洲国家遵循希腊和意大利南部的途径，将 19 世纪的庇护政治改造为 20 世纪成熟的依附主义，而智利和乌拉圭只能算是半个例外。

　　拉丁美洲国家创建庇护式政府之后，就会面临政治学家芭芭拉·格迪斯（Barbara Geddes）所谓的"政客困境"。像 19 世纪美国一样，改革国家政府，使之更唯才是用，肯定符合公共利益。但这样做会消耗政客的政治资本，所以很少人愿意沾手。格迪斯认为，改革只会在特殊的条件下发生，譬如，当各政党相互平衡，没人会因推动改革而获得特别的优势时。[10]

　　来自外部的冲击不是军事威胁，而是以金融危机的形式出现，这有时也能有效推动改革。所以在上世纪 80 年代初拉丁美洲的债务危机之后，出现让中央银行和财政部变得更专业化的重大努力，使国家在宏观经济政策上有了较佳的表现。在巴西和其他的地区，反对依附主义和腐败的中产阶级联盟开始崭露头角，对腐败政治阶层的起诉在 21 世纪第一个十年也有所增加。今日的巴西给人喜忧参半的图景，优秀的部委与腐败低效的部委和平共存。[11]

再也没有战争

与欧洲和东亚相比，拉丁美洲国家之间的战争为何如此罕见？确实发生的战争，又为何没有激励政府像亚洲和欧洲一样投身认真长期的国家建设？这里面有众多可能的原因。

第一个原因是前面已经指出的阶级分层，这在拉丁美洲更添上种族和人种的色彩。如前所述，战争与暴力在拉丁美洲依然非常流行，与欧洲的差别在于，它 19 世纪和 20 世纪的战争都是内斗，而不是外争。墨西哥、阿根廷、乌拉圭、哥伦比亚、尼加拉瓜和许多其他国家，都经历了长期的内部冲突。这些冲突破坏经济，令社会愈益贫困，反映出社会和阶级的痛苦分化。它们又遏制各国精英发起人口总动员的意愿，因为这会让蠢蠢欲动的非精英手上有枪。精英本身往往依不同的区域、意识形态或经济利益而分成好几派，社会不信任又限制边缘人口对国家的忠诚。在欧洲，大众对政治参与的要求出现于战争之后。譬如，20 世纪 20 年代英国工党的兴起，从某种方面来说是工人阶级在第一次世界大战中受苦受难的结果。在拉丁美洲，相比之下，精英通常逃避国家之间的冲突，恰恰是为了避免求助于大众。

第二个原因是地理。欧洲在地理上分割成不同区域，使单一政权很难称霸整个大陆。但每个区域内，既有开阔的领土，允许强大的经济和军事力量的聚积；又有可通航的大河，促使与内陆地区的通商和沟通。相比之下，安第斯山脉的山脊和茂密的热带森林，将拉丁美洲分割成相互隔离的不同区域。委内瑞拉、哥伦比亚、秘鲁和玻利维亚，虽与巴西交界，却因为难以穿越亚马孙丛林，而无法与这个当地最大的经济体保持密切交往。拉丁美洲第三大国哥伦比亚，也被安第斯三大山峦（Andean cordillera）分隔开来，以至今日政府无法在整个领土上有效施政，让游击队和贩毒集团觅得避难所。在 21 世纪初，巴拿马和哥伦比亚之间没有一条公路，尽管它们曾同属一个国家。在这种情况下，想要有效部署军事力量，显然是很困难的。

第三个原因是民族认同。也可以说是，由于深受种族和人种差异的影响，当地许多社会只有微弱的民族认同。19 世纪出现于欧洲的强大国家，其建国原则把语言族群当作民族认同的核心。欧洲在 20 世纪遇上如此多的暴力，部分原因就是种族身份不符合现有的政治边界，必须通过战争来予以重新安排。欧洲的战争与国家建设的进程紧密相连。

秘鲁、玻利维亚、危地马拉和墨西哥永远都不会如此，那里大量的印第安人和混血儿生活在乡村地区，基本上不受国家及其提供的服务的影响，也感受不到自己应尽的义务。在欧洲精英看来，他们的态度从最好的角度看是冷漠，从最坏的角度看是不信任和敌视。语言也无法成为统一国家和辨别彼此的认同来源，因为所有精英要么讲西班牙语，要么讲葡萄牙语，非精英则继续使用克丘亚语（Quechua）、艾马拉语（Aymara）、纳瓦特尔语（Nahuatl）、玛雅语（Mayan）和其他本土语言。至今，危地马拉城的商业精英，与生活在高原的土著群体，几乎没有任何共同之处。甚至于，这两组参与者在 20 世纪 80 年代卷入一场残酷的内战。

阻碍拉丁美洲国家建设的最后一个原因是强大的外部势力——美国、英国和法国等欧洲列强——都试图影响当地的事态发展。特别是美国，坚决维护政治和社会的保守秩序，不时干预，试图帮助推翻左翼领袖，如危地马拉的雅各布·阿本斯（Jacobo Árbenz）和智利的萨尔瓦多·阿连德（Salvador Allende）。根据门罗主义，美国也试图阻止外部势力与拉丁美洲国家组成联盟，如 19 世纪的英国和法国，以及 20 世纪的苏联。这种联盟本来可以在制度建设上有所帮助。由于身处社会流动性历来很大的国度，美国的政策制定者往往对其他社会中根深蒂固的社会分层视而不见。西半球唯一成功的政治革命兼社会革命，是菲德尔·卡斯特罗在 1959 年领导的古巴革命，但在接下来的五十多年中，一直面对美国的遏制或颠覆。

　　拉丁美洲过去两个世纪中没有看到更多暴力事件，无论是国家之间的大规模战争，还是社会革命，我们是否应该感到遗憾？毋庸置疑，发生在欧洲和亚洲的社会革命都付出巨大代价：数千万人丧生于清洗、处决和军事冲突，数亿人流离失所、入狱、饿死和遭受酷刑。在通常情况下，政治暴力只会招致更多政治暴力，而不是渐进的社会变革。我们既不想在拉丁美洲，也不想在世界其他地区，"给战争一个机会"。但这种看法不应阻碍我们的直面正视，如马基雅维利指出的，眼前的公正结局经常是以往犯罪的产物。

第18章

清洁的石板

对拉丁美洲制度的唯物主义叙事的例外；哥斯达黎加没变成"香蕉共和国"；阿根廷本来应该像加拿大或澳大利亚一样，却出现倒退

西班牙人和葡萄牙人来新大陆开发资源，随身带来威权政治制度，留下不平等和糟糕政府的遗产，直至今日。有关地理、气候和资源与该地区政治结果的关系，可编织出一个大故事，但这一模式也有重要的例外和限制。有些国家做得很好，超越了自己物质禀赋所能给出的结果，有些国家则反是。所有这一切表明，物质条件并不是解释 21 世纪现状的唯一因素。人类在历史关键时刻做出政治选择，促使自己的社会走上非常不同的轨迹，不管是好还是坏。换句话说，尽管面临的选择会受物质条件的限制，人类仍是掌握自己命运的能动者。

"贫穷海岸"

摆脱拉丁美洲天生缺陷的一个好榜样是哥斯达黎加。它是中美洲小国，人口不到五百万，却比大多数邻国富裕。它在 2011 年的人均收入超过一万二千美元，远远高于邻国危地马拉（低于五千美元）、洪都拉斯（四千美元）和尼加拉瓜（三千美元）。[1] 许多外国

人知道它是生态旅游的目的地，以茂密的热带雨林著称，但可能不清楚，像英特尔和波士顿科学那样的跨国公司，也在那里设有组装工厂。也许没在哥斯达黎加发生的东西，更让人吃惊。不同于萨尔瓦多、尼加拉瓜和危地马拉，它在过去六十年中既没有军事政变、独裁、血腥内战和死刑执行队，也没有美国、古巴和其他境外势力的干预。自 1948 年以来，它一直是稳定的民主国家，竞争性的选举和政党的上下台定期发生。就是在主要依靠热带农产品咖啡和香蕉、气候和资源禀赋也与邻国不相上下的条件下，哥斯达黎加走到了今天这种程度。[2]

哥斯达黎加迥然不同于中美洲其他地区，这个事实引出不少有关成因的理论和神话。哥斯达黎加人自己认为，他们一直有平等和民主的文化，而没有标志西班牙美洲特色的土地寡头；人种和种族上的同质，也有助于政治稳定。甚至有文化上的假设，将它的成功追溯到早期定居者是西班牙犹太人（Marrano，改信天主教的犹太人）的事实。[3]

至少第一个解释有一定道理。与 16 世纪初即是帝国高等法院所在地的危地马拉相比，哥斯达黎加好比一潭停滞的死水，孤立而缺乏吸引力，因为它既无贵金属，又无可被利用的本土人口。哥伦布努力在 1502 年来到哥斯达黎加，后来的欧洲人嫌太偏远，大体是避开的。所以有了这个家喻户晓的笑话：它应被命名为"贫穷海岸"（Costa Pobre），而不是富饶海岸（Costa Rica）。随着咖啡工业在 19 世纪的增长，它的大庄园更趋向远少于危地马拉和萨尔瓦多，政治权力因此没有集中在保守派土地寡头之手。[4] 非洲奴隶在 1800年占人口的六分之一，但没多久就和原住民一起，或死去，或融入更广泛的黄白混血儿中。在这方面，它与拥有大量印第安人口和严重不平等的危地马拉大相径庭。[5]

犹如所有的国家叙事，这个历史遗产还没开始对 20 世纪下半叶的成功作出解释。在 1948 年之前，哥斯达黎加经历了与邻国相 272

似的政治功能障碍。虽然它的家庭农业比其他地区更为广泛，但咖啡和香蕉的出口增长仍造成富裕种植主的寡头政治。这个寡头政治为了保护自身的经济利益，证明是愿意诉诸暴力的。哥斯达黎加在 1821 年独立时通过民主宪法，但在 19 世纪仍受一系列独裁者的统治，还陷入自由派和保守派的不断争斗。保守派乐于使用选举欺诈和武力，以夺取和维持政权。哥斯达黎加人将自己的民主政体追溯到 1889 年选举，但 1914 年还有一次军事政变。随着国家的工业化，出现越来越多的政治两极分化。与其他地方一样，保守精英怀着恐惧心情注视着工会的成立，以及社会主义和共产主义政党的涌现。所有这一切导致 1948 年的内战，一边是选举失败后仍试图保持权力的左翼政府，以拉斐尔·安赫尔·卡尔德隆（Rafael Ángel Calderón）为首，另一边是反对派联盟，以社会民主党的何塞·菲格雷斯（José Figueres）和赢得大选的反共斗士奥蒂略·乌拉特·布兰科（Otilio Ulate Blanco）为首。[6]

其时，掌控萨尔瓦多、尼加拉瓜和危地马拉的是保守派地主寡头，但已面临日益增长的挑战，来自新动员起来的参与者，如工会、基督教社会活动家和新兴的社会主义和共产主义政党。在这三个国家中，旧精英越来越求助于军队来镇压左翼，以保护自身的利益。左翼的回应变得更加激进，寻求国际共产主义运动的帮助，开展武装斗争。在萨尔瓦多，以法拉本多·马蒂（Farabundo Martí）为首的农民起义，在 20 世纪 30 年代遭到残酷镇压。受其启发的马克思主义革命团体，自称为法拉本多·马蒂民族解放阵线，又在 20 世纪 70 年代向政府提出挑战。在尼加拉瓜，桑地诺运动（Sandinista）武装反对阿纳斯塔·索摩查（Anastasio Somoza）独裁政权，1979 年在古巴和苏联的帮助下上台执政，结果引发里根政府对当地反革命运动的资助。在危地马拉，美国资助的政变在 1954 年推翻左翼的雅各布·阿本斯，到 20 世纪 70 年代和 80 年代，又挑起漫长且血腥的内战。这些冲突要等到 20 世纪 90 年代初才获得解决，至今

273

还留下两极分化和不信任的遗产。

哥斯达黎加的内战为何没有引发不信任和暴力的恶性循环？这很难解释，只能说跟当时个别领袖作出的选择有关。卡尔德隆的左翼联盟包括共产党人，但并不追求特别激进的议程，甚至在遭到窃取选举的指控后，还成立新的选举法院，以便更公平地主持未来的选举。以菲格雷斯为首的保守派叛军，武力推翻卡尔德隆政府，继续推行与前任相似的社会民主议程，将权力交还给1948年选举的合法获胜者，即保守的布兰科。作为回报，新政府接受新的制宪会议，加强无党派的选举法庭，向女性开放选举权。[7]

更重要的是，1949年宪法废除了常备军，这在拉丁美洲来说相当独特。对当地其他寡头政权来说，这一强制性工具是掌权的基础，至此却被这个保守派的广泛联盟放弃。这一选择影响哥斯达黎加左翼的后续发展，他们也发誓放弃武装斗争和马克思主义，转向改良派的社会民主主义道路。

重要的政治竞争者，决定使用宪法规则来限制对手和自己，在拉丁美洲是非常罕见的。这类似于确立宪政原则的英国光荣革命。换句话说，英国革命党人没有夺取政权，利用国家来偏袒自己的狭隘利益；而是接受具约束力的规则，就因为这些规则是普遍有效的。

非洲国家博茨瓦纳突破限制，在经济和政治上取得远比邻国成功的业绩，哥斯达黎加也是如此。跟博茨瓦纳一样，如果想把哥斯达黎加纳入解释经济和政治发展的现有理论结构，却又非常困难。它的气候、地理、人口、20世纪中叶之前的政治历史等赤裸裸的事实，根本不会让人想到它的表现将大大不同于中美洲其他地区。这个当代的结果似乎是历史上一系列幸运事件的产物，包括早期独裁者托马斯·加迪亚（Tomás Guardia），他比同时代人开明得多，大力推广教育，削减咖啡业精英的权力。政治领袖作出的好选择，如菲格雷斯在1948年危机中做的，也深受早期选择的影响。譬如，哥斯达黎加的反共右派相对温和，它的共产党本身也少激进主义色彩。[8]

274

哥斯达黎加的经验显示，地理和气候的物质条件，以及由此产生的社会结构，可通过优秀领袖和当事人的选择而得以抵消。

清洁的石板

地理、气候和人口只能影响当代发展的结果，而不能最终决定它。如果有人还不相信，可以考虑阿根廷的案例。在某种意义上，它与哥斯达黎加截然相反。哥斯达黎加成功摆脱种植园农业、阶级和种族分裂的普遍模式，而阿根廷却反其道而行之。它享有地理优势，原本可以促进北美式民主和资本主义的发展，却屈从于阶级分化和起伏波动的经济表现。这些本来是西班牙帝国旧中心的特色，如秘鲁和墨西哥。阿根廷没有成为南美洲加拿大的事实表明，纯粹基于经济的发展理论都有局限性。

墨西哥和秘鲁在前哥伦布时代拥有大量原住民。相比之下，阿根廷创建于曾被称为"新定居地"的区域，犹如美国、加拿大、澳大利亚和新西兰的情形。当然，这实际上并不是新定居地，而是人烟稀少，住的是狩猎采集的原住民，有些地方分布着一些农业社区，如佩文切人（Pehuenche）、特维尔切人（Tehuelche）、佩尔切人（Puelche），他们的亲属同时还散居在智利的南部。这些群体往往对欧洲定居社区作出顽强抵抗，但最终都像在北美一样被边缘化。至此，定居者可能会认为，他们占领无主空地（terra nullis），可自由创建自己的制度。

在拉丁美洲，阿根廷人口是最欧化的。它不同于墨西哥和秘鲁，没有分成一边是白人定居者阶级，另一边是印第安人和黄白混血儿的大众。奴隶制存在于殖民地晚期，黑人数量曾高达布宜诺斯艾利斯人口的四分之一。但它的奴隶制很早就被取消，黑人逐渐被纳入欧洲人口。[9] 19 世纪末发生一次大迁移，来自欧洲的大量移民，使阿根廷人口从 1869 年的一百七十万增至 1914 年的七百九十万，这让它在事实上经历了一场大规模"漂白"。这些新移民中，46% 来自意大利，32% 来自西班牙。阿根廷有区域的分隔，有布宜诺斯艾利斯大都市和乡村腹地之间的鸿沟，但没有种族与人种的政治问题。[10]

阿根廷是发生于 18 世纪和 19 世纪的"命运逆转"的经典案例：在 16 世纪仍相当富庶的热带和亚热带地区开始变穷，被先前是边缘地的温带地区所取代（见第 16 章）。在哈布斯堡王朝时期，阿根廷在西班牙新大陆帝国中只是落后的乡下，但从 18 世纪后期起，开始迅速赶超老牌的殖民中心。甚至，19 世纪末期的阿根廷被认为是经济奇迹，不亚于今天的中国和新加坡，曾引发嫉妒、惊愕和欧洲的踊跃投资。从 1870 年到 1913 年，阿根廷的出口量是世界上增长最快的，增速达到每年 6%。到 19 世纪末，它的人均 GDP 大致等同于德国、荷兰和比利时，高于奥地利、西班牙、意大利和瑞典。[11]它在 19 世纪末期的经济增长备受关注，但詹姆斯·马奥尼指出，其产值的加速可追溯到更早时期，因为阿根廷的人均 GDP 在 1800 年就已略高于美国。所以它初期的经济增长并不是昙花一现，足足持续一百多年，从独立日起，一直到 20 世纪 30 年代大萧条。[12]

这段时期的阿根廷充分融入全球经济，以布宜诺斯艾利斯港口为基地，所生产的不是黄金和白银，而是输向欧洲市场的牛肉、羊毛、小麦和其他大宗商品。温和的气候和广袤的潘帕斯草原（pampas），为种植各种食物提供了理想条件，加上像冷藏船那样的新式运输技术，能抵达遥远的市场。作为回报，它获得来自以英国为主的较发达国家的大量投资，用以扩建铁路和通讯等基础设施，大大刺激了生产力的增长。

阿根廷 19 世纪的成功原因相当简单。它的定居始于比较自由的西班牙殖民主义波旁时期，从来没有受困于限制性的贸易惯例、垄断和法规，即哈布斯堡王朝重商主义的保护措施。墨西哥和秘鲁的商人和地主精英，即使在自由改革到位之后仍在支配经济，而阿根廷就没有如此的社会遗产。借用历史学家图略·霍尔珀林·唐吉（Tulio Halperin Donghi）的话，阿根廷"生来就是自由的"。[13]

从 20 世纪 30 年代起，这个命运逆转本身又发生颠倒，阿根廷经济开始持久的停滞和衰退。加拿大、澳大利亚和新西兰从中等收入攀升到高收入地位，阿根廷却大大落后。它一度等同于或富过瑞士、意大利和加拿大，到 1978 年人均 GDP 跌至瑞士的六分之一、意大利的一半、加拿大的五分之一。[14] 在 20 世纪 80 年代初的债务危机中，阿根廷成为拖欠主权债务的拉丁美洲俱乐部的创始成员之一。随之而来的是恶性通货膨胀，年增长率在 1989 年高达 5000%。20 世纪 90 年代，它通过国家货币局让比索与美元挂钩，短暂回到稳定货币和经济增长。从 2000 年到 2001 年，阿根廷又被经济大危机压垮，放弃比索与美元的挂钩，就此陷入经济大衰退。在 21 世纪第一个十年中，在又一个民粹主义政府的领导下，经济增长借助全球大宗商品的热潮重又出现；政府鼓励短期的经济扩张，却以长期可持续性为代价。阿根廷，尽管有这么多优势，已回归到拉丁美洲早期的平均值。

阿根廷的糟糕表现已经促成了一项小小的产业，专门致力于研究社会学家卡洛斯·魏斯曼（Carlos Waisman）所谓的"阿根廷之谜"，即发展的逆转。[15] 最方便的答案是，几代官员和政治领袖实施的恶劣经济政策。国际货币政策或金融危机的教科书都会列上阿根廷，因为它多次经历快速增长、通货膨胀、货币贬值和经济崩溃的周期。它也是经济民族主义之弊的教科书案例：在 20 世纪 50 年代，鼓励国内制造以替代进口的措施——保护缺乏竞争力的国内工业——导致极大的低效，包括未能在国外找到市场的国产汽车迪·特拉（Di Tella）。这些坏政策还在继续：21 世纪第一个十年的民粹支出政策，导致拉丁美洲第二高的通货膨胀率；政府还一直在国家统计上做手脚，试图予以掩饰。

如果说阿根廷糟糕的经济记录是坏政策的结果，就会引发更多疑问：一开始为什么采用坏政策？对阿根廷精英来说，从早期错误中学得教训，让阿根廷有个健全的经济基础，为什么这么步履维艰？答案当然是政治。阿根廷在 20 世纪第一个十年，似乎有机会建立基于广大中产阶级的自由包容的政治秩序。但一系列糟糕的政治选择，在 20 世纪 30 年代和 40 年代，把它引向类似于秘鲁和墨西哥的旧式两极化政治。它没有继承的深刻的阶级分层，却自行开发出来，再加上阿根廷式的人治政治和依附式动员，一直在扭曲政策选择，至今不衰。

如果想找出 20 世纪逆转更深刻的历史原因，有两个比较突出。第一是土地所有权的集中，特别是布宜诺斯艾利斯港周围的农业地区。自 19 世纪 20 年代始，阿根廷国家出租大片土地，最终被少数家庭以非常低廉的价格买到手。迟至 20 世纪的第三个十年，五十个家庭拥有一千一百万英亩的土地，占布宜诺斯艾利斯省的 13%。到第一次世界大战时，六个最大地主的收入高于阿根廷国家主要部委的预算。土地所有权的集中发生于雨量充沛的温带农业区，本来是非常适宜家庭农业的。

民主不会在有利氛围中自动兴起，而是有关资源分配的精心政治选择的结果。这些选择的本身，反过来，又受思想和意识形态的驱动。在美国历史上，个体家庭要求西部联邦土地的平均分配，大土地投机商和企业要求巩固自己的土地所有权，两者之间一直存在紧张关系。这场战斗发生在国会，如果说家庭农业在某种程度上胜出，功劳全在那些有意鼓励小农场的法案，如 1787 年《西北条例》（Northwest Ordinance）和 1862 年《宅地法》（Homestead Act）。[16] 不同于美国，独立后的早期阿根廷政府采纳截然不同的政策，允许土地所有权集中。由此产生的土地寡头控制了阿根廷的政治，直至 20 世纪 30 年代。美国作出一个选择，阿根廷作出另外一个，气候地理与这些结果毫不相干。[17]

第二个历史原因是领导风格，以及阿根廷对待制度的矛盾态度。

278

开国领袖之一是独裁军阀胡安·曼努埃尔·罗萨斯，从 1835 年到
1852 年，担任布宜诺斯艾利斯省长。他自己是富有大地主，抢占
印第安人的土地，分派给追随者，从而奠定政治基础。他在这样做
的同时，建立了自己阶级对阿根廷政治的支配。他还善于团结周围
支持者，以反对各式敌人，如邻国的巴西、巴拉圭、欧洲列强和支
持强大集权政府的反对派统一党（Unitarios）。除了其他手段，他
还下令所有的官方文件都印上"杀死卑鄙、肮脏和野蛮的统一党"。
这不仅仅是简单的文字，罗萨斯在独裁统治时期，将成千上万的对
手置于死地，其中 3 765 人被割喉。他肯定不是乔治·华盛顿。[18]

　　罗萨斯不是制度建设者，他的独裁政权很少制定法律，甚至都 279
没有全国政府可依循的宪法。他建立忠于他本人而不是思想或制度
的支持者群体，这个先例后来被其他领袖模仿。阿根廷直到 1853
年才有宪法，并且直到 1880 年，才肃清最后的地方叛乱和印第安
人的起义，定都布宜诺斯艾利斯。[19]

　　阿根廷由此背负两个不良的历史遗产：强大的土地寡头和人治
的专制传统。全国权力巩固之后的数十年显示，这些历史遗产不一
定就会决定新兴共和国的经济衰退或政治衰败。事实上恰恰相反，
它的经济在 19 世纪最后几十年出现腾飞，到 20 世纪初，政治体系
也变得愈益开放。

　　塞缪尔·亨廷顿认为，要想在现代化过程中维持政治秩序，制
度必须适应日益增长的政治参与的要求。从 1880 年至 1930 年，这
实际上正在阿根廷发生。19 世纪末期的阿根廷政治体制，像意大利、
德国等欧洲国家一样，以设有严格财产资格的男性选举权为基础，
允许地主精英在体制中占据支配地位。但很快，这个寡头共和国就
受到挑战。经济增长、初期工业化和大批外国新移民，促成新兴社
会群体，在政治体制中寻求代表权。首先是中产阶级——像律师和
医生那样的职业人、官员和不以农业为生的有文化者。在 19 世纪
90 年代，这批人士成了支持激进公民联盟（Unión Cívica Radical）

的基础。一开始，由于土地寡头的普遍欺诈和选票操纵，激进公民联盟被排除在政治参与之外，激起后者几次发动武装起义夺权。在总统罗克·萨恩斯·佩尼亚（Roque Sáenz Peña）领导下，保守党开明派在 1911 年上台执政，向所有成年男性开放选举权。这大大扩展了选民队伍（仍不包括移民），导致伊波利托·伊里戈延（Hipólito Yrigoyen）在 1916 年的当选。他的激进党在之后的十四年中继续掌权。

280

激进党事实上并不激进，无意颠覆现有的社会秩序和商品出口经济，其领导包括土地寡头的成员。它的表现犹如美国、希腊和意大利早期民主政党，向支持者作公共职位的依附式分配，以建立广泛政治基础，设置由专业政客运行的现代政治机器。激进党运用这些手段，成为阿根廷第一个真正的全国性政党。此外，伊里戈延强化罗萨斯的人治风格，大搞对自己个人的崇拜，而不是对自己政党的思想纲领。激进党也引导完成从传统寡头庇护政治到现代依附主义的过渡，就像意大利基督教民主党人在第二次世界大战后所做的。[20]

至此为止，还没有理由认为，阿根廷不能以美国和英国的方式取得政治发展。工业化导致新社会群体的动员——首先是中产阶级，然后是不断增长的工人阶级。政治体制正在适应这些群体对参与的要求，扩展公民权，放开代表相关利益的新政党。每个新兴群体在追求代表权时，都遇上了暴力。但美国和英国在工业发展的相应时期，也有大量暴力。旧地主寡头能感觉到，自己的影响力在渐渐溜走。但 20 世纪 20 年代涌现出的政治力量，还无人能从根本上挑战旧地主寡头的地位。阿根廷之所以不同于秘鲁和墨西哥，是因为它没有组织起来要求土地改革的贫困农民。

哥斯达黎加精英在 1948 年作出好的政治选择，阿根廷精英却作出非常坏的政治选择，首先就是 1930 年 9 月的军事政变，推翻伊里戈延的激进党政府。这次政变是旧地主寡头与军方合作的结果。

纽约股市 1929 年的狂泻和大萧条的开始，减少了对阿根廷出口的需求，从而带来经济危机。阿根廷所受挫折并没有西半球其他国家大，但仍引起旧精英的极大担忧，害怕自己的经济和社会地位受到威胁。

具有讽刺意味的是，军队是阿根廷国家中唯一经历现代化的部门。政府向德国军方寻求建议，俾使自己的军队专业化，在 20 世纪最初几十年，军队变得更加自主，能控制内部的晋升，还能保护自己利益不受政客侵犯。军队中许多人对伊里戈延干涉军队颇为不满，还萌生自己的理念，想照希特勒 20 世纪 30 年代在德国的做法，组建新阿根廷国家准法西斯社团组织。所以，军队已做好准备，与旧寡头联手，拒绝新社会参与者进入体制。[21]

阿根廷土地寡头即使失去政治权力，本来还可像英国地主贵族一样，继续享受自己的生活方式和财富。这次政变阻止不了阿根廷工业化带来的社会大变动，土地寡头不管如何，都会在一代人时间内失去权力。假如全球经济危机发生于十年之后，事情可能会有很大不同。但精英拙于判断自己的利益，对民主规范的承诺也非常脆弱。

1930 年政变之后的时期，被称为阿根廷"臭名昭著的十年"。一连串从政的军人试图通过选举舞弊、镇压和公然非法来行使统治。保守寡头没有达到政变策划者定出的目标，十年的权力争夺为 1943 年第二次军事政变打下基础，转而又为胡安·庇隆的崛起铺平道路。身为军官的他，利用自己在军政府担任劳工部长一职，建立起自己的政党和权力基础。[22]

详细说明庇隆和庇隆主义的后续历史，以及 1943 年至 1983 年的军事政变和回归民主，不是我的意图。1983 年之后，军队退出政治，民主在阿根廷得到恢复。让外人难以理解的是，这些斗争并不完全符合通常用以解释 20 世纪欧洲政治的意识形态范畴。庇隆和他第一任妻子伊娃，可被视为左翼人士，因为他

281

282

们在工人阶级和劳工运动中建立权力基础，追求有利于工业无产阶级的社会再分配。另一方面，庇隆是一名军官，他的动员方法借鉴于法西斯主义用以组织国家的社团方式。他很少用到马克思主义，而是利用民族和阿根廷爱国主义。他所建立的不是纪律严格的列宁主义政党和思想性强的干部，而是向支持者分派依附式恩惠的民粹主义大众政党。他继承罗萨斯和伊里戈延的传统，建立高度人治的支持者群体，他们只效忠于魅力型的个别领袖而不是提出明确纲领的政党。在这一点上，他的妻子尤甚。在庇隆离去之后，这种意识形态上的错位仍在持续。上世纪 90 年代，庇隆党在卡洛斯·梅内姆（Carlos Menem）的领导下，追随保守的新自由主义政策；21 世纪第一个十年，在基什内尔夫妇（Néstor and Cristina Kirchner）的领导下，追随左倾的民粹主义纲领。

庇隆发明一个延续至今的民粹主义传统，那就是所采纳的社会政策可在短期内赢得选票，但从长远看，在经济上却是灾难性和不可持续的。他试图通过海关关税和进口限制，来维持充分就业；他让比索升值，使进口商品变得便宜；他向农产品出口征税，为慷慨的社会政策买单。这些措施让一系列扭曲渗入经济，需要相当复杂的外汇管制来行使管理，最终导致生产效率的长期下降和庞大赤字，只得求助于印钞机。在庇隆的治下，阿根廷工人阶级成了超政治化的政治基础，上面是颇有争议的单独一人。[23]

从另一个角度看，造成真正伤害的是 1930 年首次军事政变。它让军队进入政界，并发出信号：阿根廷精英不愿遵守政治游戏的自由民主规则。政变破坏法治：新政府设法让自己的成员充斥阿根廷最高法院，从而让它追认批准原本应该受到谴责的违宪夺权。以自己人充实法院这种做法——富兰克林·罗斯福 1937 年也想如法炮制，却遭到美国公众的强烈抵制——为几乎所有后续的阿根廷总统所仿效，给法治带来可怕后果。[24]

283

阿根廷出生时拥有清洁的石板。它不同于墨西哥和秘鲁，所继承的社会没有阶级或种族的高度分层。它在成立初期表现不错，正因为它能像英国殖民地一样，采用鼓励创业和增长的自由经济政策。阿根廷政治精英所做的，就是使它变成阶级差别缠身的两极化国家，由此而起的分裂，又使它在经济增长的合理政策上无法达成共识。这些精英包括，害怕失去权力和地位的旧寡头、试图以国家为代价来保住自主性的军队、很快需要保护既得利益的工人阶级领袖、基于人身关系而非政策以行交易的政治阶级。

哥斯达黎加和阿根廷有一个共同点，都没有遵循唯物主义的预定论，即当代成功的经济发展或政治制度建设，取决于早期殖民地制度或自然资源禀赋。这并不意味着，这个理论必然是错的；只意味着，它们不足以充分解释具体情况中的政治发展过程。这个过程非常复杂，涉及多方面的因素，除了气候和地理之外，还包括领导能力、国际影响和意识形态。

这些偏离的案例显示，人类能动性在制度发展中非常重要。假如它的领袖没有在 20 世纪 40 年代后期作出好的政治选择，哥斯达黎加很有可能成为另一个萨尔瓦多或尼加拉瓜。相比之下，由于精英对社会变化的过分担忧，以及早期领袖的人品操行，阿根廷浪费了诸多天然优势。在所有这些情况中，假设的历史是非常容易想象的。拉丁美洲和加勒比海是欧洲列强殖民地中最古老的非西方社会。我们现在将眼光投向撒哈拉以南非洲，那里的殖民主义始于数世纪之后，没有在制度上留下类似的烙印。如果拉丁美洲国家的问题是，西班牙和葡萄牙的早期制度留下威权政府、不平等和阶级分化；那么非洲的问题是，殖民当局想以廉价方式行使统治，根本没留下什么制度遗产。如果拉丁美洲的国家是软弱的，发展不出韦伯式的现代官僚体系；那么在撒哈拉以南非洲，国家往往压根就不存在。

284

第19章
非洲风暴

今天撒哈拉以南非洲的情况并没想象中那么糟糕；其中有
些国家处于全球发展排名的底部；发展的关键阻碍是缺乏
有效国家；欧洲人为何去非洲开拓殖民地

　　非洲饥饿儿童的照片在 20 世纪 90 年代频频出现，娱乐圈中知
名人士，如波诺（Bono）和安吉丽娜·朱莉（Angelina Jolie），纷
纷呼吁对所在穷国实施债务减免和外国援助，这一切让西方观众应
接不暇。反讽的是，这项运动抵达高潮时，非洲的命运恰好在经历
一场重大转机。根据世界银行的统计，整个撒哈拉以南非洲在长期
低迷之后，从 2000 年到 2011 年，取得超过 4.6% 的年经济增长率。[1]
有些是资源丰富的国家，包括安哥拉和尼日利亚，正好赶上中国和
其他新兴市场国家驱动的 21 世纪第一个十年大宗商品热潮。经济
学家史蒂芬·拉德莱（Steven Radelet）指出，即使排除极其腐败的
国家，仍有约十七个核心国家，不但在经济上取得增长，而且举行
相对自由和公平的多党选举，实施民主治理。当然还有记录非常糟
糕的国家，不论从经济增长还是民主治理上来说，如索马里、津巴
布韦和刚果民主共和国。亚洲也有政绩非常不同的国家，一边是新
加坡和韩国，另一边是缅甸和朝鲜。同样道理，非洲故事也很复杂，
并不符合非洲大陆饥饿儿童的刻板形象。[2]
　　撒哈拉以南非洲近期的回升，不应掩盖从 20 世纪 60 年代独立

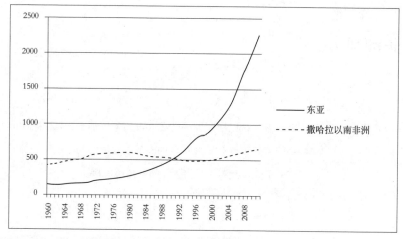

图15. 撒哈拉以南非洲和东亚，人均GDP，1960—2011年
来源：世界银行

到90年代中的灾难性表现。第14章讲述的尼日利亚，并不是非洲的典型；它只是染上同时也在困扰其他非洲国家的疾病，而且病情特别严重。图15将撒哈拉以南非洲的人均GDP，与东亚地区发展中国家做了比较。它显示，后者收入曾是非洲的零头，现在几乎变成非洲的四倍；从70年代初至90年代中，非洲的人均收入实际上是下降的。

　　这些汇总的统计数据掩盖了非洲人在这段时间的苦难生活。索马里、利比里亚和塞拉利昂完全土崩瓦解，接管的军阀帮派给童子军吸食毒品，将他们变成病态杀手。从葡萄牙独立出来的安哥拉和莫桑比克，却陷入有外国势力干涉的持久内战。苏丹与自己南部打了一场长期战争，其间对达尔富尔居民犯下暴行，最终南苏丹在2011年成为独立国家。乌干达、赤道几内亚和中非共和国，在怪诞独裁者的统治下备受苦难。刚果民主共和国，先因蒙博托·塞塞·塞科的盗贼统治而破产，后又陷入崩溃和长期冲突，被杀人数多达五百万。许多冲突是全球对非洲大宗商品的需求驱动的,如钻石、铜、钴、棉花和石油,又因发达国家提供的武器和雇佣军而得心应手。[3]

　　非洲经济在这段时间的表现不佳,与陷入困境的政治制度有明确关联。很明显,承受流血冲突的国家不会发展。出于这个原因,经济学家保罗·科利尔和其他非洲问题专家,终其学业生涯,一直在研究冲突以及减轻冲突的方法。科利尔自己率先承认,冲突本身是软弱的制度带来的。如果国家有合法、强大和有效的政治制度,即使在领土上发现钻石或石油,也不会诱使反叛集团蠢蠢欲动,也不会吸引外国势力从中染指。挪威发现海上石油后并没有四分五裂。与此类似,许多人指责是种族分裂制造了冲突。但科利尔等人发现,种族往往只是政治领袖用来动员追随者的工具,而不是冲突本身的根本来源。尽管有国内的种族差异,瑞士凭借强大的制度而变得富裕起来。[4]

非洲的弱国

　　非洲有着各种各样的政体,包括稳定的民主国家、专制的盗贼统治以及失败的国家,但还可对此做出某种概括。有一种非洲治理模式,是非洲大陆许多国家的特征,明显不同于拉丁美洲和东亚。

　　尼古拉斯·范德瓦尔(Nicolas van de Walle)和迈克尔·布拉顿(Michael Bratton)把这种治理称作"新家族制"(neo-patrimonialism)。我在本书中使用的韦伯式"家族制"是指,政府的官员是统治者的亲友,政府的运行是为自己的利益。相比之下,现代政府的官员遴选基于优点和特长,现代政府的运行为广大公众利益着想。新家族制的政府有现代国家的外在形式,如宪法、总统、总理、法律制度和非人格化的伪装,但实质上的具体运作仍是与亲友分享国家资源。[5]

　　非洲新家族制的第一个特点是它的人格主义。独立之后,总统

288

或头人成为政治中心（几乎所有后殖民的政治体制都是总统制，而不是议会制，所有总统又都是男性），每个人都向他效忠。领袖也成立政党，但在组织程度和重要性上，远远比不上以意识形态为组织原则的欧亚政党。非洲领袖自己树立的形象是父亲和黑手党老大的混合。扎伊尔的蒙博托头戴豹皮帽和墨镜，手持仪仗棒；坦桑尼亚的朱利叶斯·尼雷尔（Julius Nyerere）让人管自己叫"师父"；多哥总统纳辛贝·埃亚德马（Gnassingbé Eyadéma）据说拥有神奇力量。总统的权威非常大，不管宪法怎么说，无须与立法机构、法院和部长分享权力。[6] 直到最近，几乎没有非洲总统遵守任期的限制，或愿意将权力和平移交给继任者，像乔治·华盛顿在连任两届总统后所做的那样。赞比亚的肯尼思·卡翁达（Kenneth Kaunda）任职二十七年，蒙博托任职三十二年，乔莫·肯雅塔任职十四年，几内亚的塞古·杜尔（Sékou Touré）任职二十六年，加纳的夸梅·恩克鲁玛（Kwame Nkrumah）任职十五年，埃塞俄比亚的梅莱斯·泽纳维（Meles Zenawi）任职十七年，喀麦隆总统保罗·比亚（Paul Biya）任职三十二年，赤道几内亚的特奥多罗·奥比昂（Teodoro Obiang）任职三十五年，乌干达的约韦里·穆塞韦尼（Yoweri Museveni）任职二十七年，安哥拉的爱德华多·多斯桑托斯（Eduardo dos Santos）任职三十五年。（截至本书发稿时，比亚、奥比昂、穆塞韦尼和多斯桑托斯仍大权在握。）南非第一位黑人总统纳尔逊·曼德拉，在非洲革命政治领袖中鹤立鸡群，原因之一是，他在五年的单一任期后自愿放弃总统职位。

　　非洲新家族制的第二个特点是，大规模挪用国家资源来培植自己的政治支持，导致普遍的依附主义。总统以特别明显的方式向支持者分派公职和好处，程度超过 19 世纪的美国，造成行政部门的膨胀。譬如，蒙博托的扎伊尔政府在官员工资单上有六十万人，而世界银行估计，实际需要不会超过五万人。单是中央银行雇员，就相当于整个私人银行部门雇员的一半。蒙博托最初利用国有化的比利时财产来建立自己的政治基础，根据记者米歇拉·朗（Michela Wrong）报道：

> 蒙博托当然是财产再分配中获益最大的，拿到十四个种植园，合并为拥有两万五千名员工的集团，成为扎伊尔第三大雇主，生产扎伊尔四分之一的可可和橡胶。接下来，轮到他自己恩巴恩迪部落（Ngbandi）的成员，在刚刚国有化的公司和重要企业中谋得要职，招致有关乡下人进城的嘲笑和挖苦。但蒙博托非常谨慎，确保所有主要种族群体的获利，因为他需要后者的支持。被称为"大菜头"（Grosses Legumes）的新社会阶级由此而生——普通扎伊尔人使用此词时，既怨恨又敬畏。[7]

据估计，赞比亚的公共行政部门在 20 世纪 90 年代有十六万五千名员工，而肯尼亚的国家工作人员，从 1971 年的一万八千二百一十三人增至 1990 年的四万三千二百三十人。在大宗商品价格上涨的 20 世纪 60 年代和 70 年代，还养得起这些迅速扩展的国有部门。但大宗商品的价格在 20 世纪 80 年代暴跌，整个非洲陷入严重的债务危机，公共部门臃肿不堪，薪水开销变得难以为继。[8]

杰弗里·赫布斯特（Jeffrey Herbst）认为，所有后殖民非洲的新家族制政府，不管大小和威权类型，最重要特点是骨子里的软弱。[9]再一次借用韦伯的定义，国家力量体现于，它能否在自己领土上制定和执行各式规则，并且所依靠的不仅仅是肉体胁迫，还要有合法权威。非洲领袖能够囚禁和恐吓自己的政治对手，但他们国家提供基本公共服务的能力，如城市之外的卫生和教育、法律和秩序的维持、纠纷的裁定和宏观经济政策的调控，经常是不见踪影的。

以征税为标准，撒哈拉以南非洲的国家能力明显低于拉丁美洲，仅是发达国家的零头。当地许多最贫穷国家的税收，不超过 GDP

的 7% 至 15%；其中征税较高的，仅仅是由于它们拥有丰富的天然
资源。[10] 税收的种类也反映出国家能力的弱小：基本上都是关税
和形形色色的间接税（现在遵循外国捐助者的建议往往是增值税），290
而不是难以征收的个人所得税。所以，国家预算需要有其他来源。
对有些国家来说，如安哥拉、尼日利亚和苏丹，那就是自然资源的
租金；对其他国家来说，外援已成为预算的主要来源。在 20 世纪
90 年代非洲衰退的最低点，外国捐助者的资金相当于 GDP 的 8%
至 12%，在许多情况下占了政府预算的大半。[11]

　　前面已经说过，政府能否在自己领土上行使武力垄断，也是衡
量政府能力的标准。撒哈拉以南非洲在独立后一直有内战、分裂主
义运动、叛乱、政变和其他内部冲突，其中不少时至今日仍在继续。
塞拉利昂、利比里亚和索马里在 20 世纪 90 年代经历国家的彻底失
败，退回到军阀体制。扎伊尔拥有庞大军队，看起来令人印象深刻，
在解放刚果—扎伊尔民主力量联盟（Alliance of Democratic Forces
for the Liberation of Congo-Zaire）1996 年从东部入侵时，却一夜
之间兵败如山倒。与入侵军队相比，它给刚果人民带来更大的伤害，
一边逃离，一边劫掠。洛朗·卡比拉（Laurent Kabila）的新政府
证明是一路货色，无法抵挡来自邻国一批批的掠夺性民兵和士兵。
无法控制暴力，是非洲弱国特有的情形。

　　国家能力软弱的最后一个指标是后殖民非洲政府的人力资本，
这直接导致糟糕的公共政策。不同于东亚，非洲没有官僚政府的悠
久传统，在殖民地政府离开后，找不到受过训练的接管干部。例如，
在比利时人 1960 年离开时，刚果仅有十几名受过大学教育的行政
官员。

　　新独立的政府缺乏行政专业知识，在政策上犯了一系列大错，
其中最显著的是农业销售董事会。它人为压低支付给农民的价格，
错误地认为，这将为工业化积累资本。农业出口本来是经济增长的
最佳途径，却在整个地区出现突然下降。[12] 例如，作为这些不当

政策的结果，加纳的可可产量从 1965 年的五十六万吨下降到 1979　291
年的二十四万九千吨。接管通用矿产公司（Gécamines）——当时
占出口收入的 70%——的扎伊尔人，将盈利转至总统的特别账户，
既不投资新产能，又不维护现有产能，让矿山年产量从高峰期的
四十七万吨跌至 1994 年的三万六百吨。[13]

　　将撒哈拉以南非洲和东亚区别开来的制度大缺陷并不是民主。
尽管非洲的民主道路坎坷不平，从 1960 年到 2000 年，它作为一
个整体仍要比东亚更为民主。制度缺陷也不在法治。后殖民早期的
亚洲明星国家（和地区），如韩国、台湾地区、新加坡、马来西亚、
中国和印尼，都是威权政府，仅有比较软弱的司法体系，其统治者
在法律面前仍能随心所欲。东亚已有，拉丁美洲需要更多，而非洲
几乎完全缺乏的，是强大一体的国家。它既能有效控制暴力，又能
执行经济上合理的良好公共政策。

国家软弱的根源

　　非洲国家能力的缺陷，不但要追溯到殖民遗产，而且要追溯到
欧洲殖民统治之前非洲社会的性质。在这方面，非洲的遗产完全不
同于拉丁美洲。在拉丁美洲，西班牙和葡萄牙成功消灭本土政权，
在新大陆土地上复制自己重商主义的专制政治体制。欧洲人从殖民
地榨取资源，其间涌现出人种和种族的差异，更加强旧大陆带来的
阶级等级制度。拉丁美洲的遗产被我定为"软弱的威权"国家，后
来在 19 世纪，也没发展成强大的威权或民主的国家。

　　非洲有另一种遗产。由于殖民主义起步较晚，持续较短，殖民
统治者成功破坏了现存权威的传统来源，却没有植入能过渡到独立
的现代国家。欧洲人发现，他们只能从撒哈拉以南非洲（除了南非）　292
榨取很少利益，而热带地区的气候又特别恶劣。因此，他们在殖民
地只投入了最低限度的定居者和资源。欧洲人在第二次世界大战结

束后的几十年中决定退出，廉价的殖民主义在现代政治制度上只留下很少影响。

非洲只是在 1882 年之后才被深入殖民，即大卫·阿伯内西（David Abernethy）所谓的欧洲殖民主义第三阶段。第一阶段开始于西班牙和葡萄牙对新大陆的征服，第二阶段是收缩期，从北美殖民地的反抗到拿破仑战争的善后。第三阶段始于 1824 年的英国缅甸战争，以 19 世纪最后几十年开始的"瓜分非洲"为高潮。[14]

前后阶段之间有一些重要区别。到了 19 世纪，欧洲对非西方世界的技术领先，甚至大于西班牙征服新大陆时。欧洲正处在工业化中，像轮船和马克沁机枪那样的发明，让欧洲征服者在对手面前享有巨大优势。早先限制欧洲扩张和定居的疾病，因欧洲的医学进步以及像奎宁那样的新药，而变得不再重要。阿伯内西指出，麦格雷戈·莱尔德（Macgregor Laird）在 1832 年出征尼日尔河，四十八个欧洲人死去三十九人；到 1854 年对同一条河作再一次探险，却没有一人死去。[15]

这些差异有深刻的影响。在新大陆的第一波殖民，以殖民者可征用的黄金、白银、蔗糖、棉花和其他大宗商品的形式，为大都市权力创造经济盈余。在 19 世纪的扩张时期，许多欧洲人希望复制西班牙在墨西哥和秘鲁的成绩，也有人确实做到了，只是规模较小。对刚果的殖民是比利时国王利奥波德二世（Leopold II）的个人项目。他成功建立以掠夺资源为主的残暴政权，让自己变得非常富有。就总体而言，特别是在热带非洲，在新殖民地中找不到新的黄金国（El Dorado）。像列宁和约翰·霍布森（John A. Hobson）那样的帝国主义专家认为，欧洲的剩余资本需要在欧洲之外寻找投资机会和新市场。但非洲花生、可可、象牙和棕榈油的产量，救不了全球资本主义，甚至都还不够自己的行政开支。随着奴隶制的废除，17 世纪和 18 世纪重要的奴隶、蔗糖、朗姆酒和制成品的三角贸易也告终结。在很大程度上，欧洲已对非洲能生产的东西失去兴趣。

　　推动殖民主义第二波浪潮的，与其说是对资源的榨取，倒不如说是欧洲列强的相互竞争。上场的有几个新参与者，特别是 1871 年后新统一的德国和奉行扩张主义的俄国。旧列强在相互竞争的同时，一直试图对俄国施加制衡和牵制。意大利、比利时、日本和美国也加入游戏，将竞争推向以前尚无争斗的新地方。大卫·菲尔德豪斯（David Fieldhouse）认为，俾斯麦总理治下的德国宣布建立海外帝国的长远目标，触发了瓜分非洲的狂潮。德国的海外野心直接导致 1884—1885 年的柏林会议；其间，欧洲列强就瓜分各自滩头港口的腹地达成普遍规则的协议。从 1878 年到 1914 年，欧洲增加了八百六十五万三千平方英里的新殖民地，从而控制地球陆地表面的 84.4%。[16]

　　新的人种理论使最新一波的欧洲征服合法化。西班牙人在新大陆开拓殖民地时，曾辩论他们发现的原住民是否有灵魂。至少，天主教会的结论是有的，并尝试——不十分有效——阻止定居者最可怕的掠夺。到 19 世纪，情况发生变化。查尔斯·达尔文出版了《物种起源》一书；新兴的"科学人种主义"学说声称，造成世界人种现存等级的是欧洲白人在生物学上超越其他人种的固有优势。接踵而至的就是瓜分非洲的狂潮。尽管民主和议会政府已在欧洲和北美获得广泛推广，这类观点还是涌现出来，使武力对付非白种人合法化。这样一来，殖民定居者获得范围更广的政治权利，而非洲人是与之无缘的，从而造成公民和臣民之间的尖锐对立。[17]

　　瓜分非洲一旦开始，便取得神速的进展。使这一切成为可能的，当然还有非洲的具体特征。最重要的是，非洲本土社会与东亚形成鲜明对比，并不具备国家层次的强大制度。在非洲遭瓜分之前，非洲大陆只有大约一半的社会进入国家层次，其余都是基于亲戚关系的部落社会。

　　尽管人类起源于非洲，并在那里居住了五十万年（见第 1 卷第 3 至 5 章），为何还只有这么少的国家层次的强大社会？杰弗里·赫

布斯特对此作出了透彻的分析。首先，人口密度太低。非洲目前有
世界上最高的出生率，但回到 19 世纪末，却是人口最稀疏的。要
到 1975 年，非洲的人口密度才达到欧洲 1500 年的水平。在 1900 年，
日本每平方公里的人口密度是 118 人，中国是 45.6 人，撒哈拉以南
非洲是 4.4 人。[18] 如第 1 卷指出的，像高效农业那样的技术革新允
许人口的扩充。但经济学家埃斯特·博塞鲁普（Ester Boserup）等
人也认为，相反情形也可达到同样效果：人口增多使需求增加，激
励技术创新，容许更大的分工。无论是哪一种因果关系，前殖民非
洲的技术水平的落后都是惊人的：农业不用犁，作物生长全靠雨水，
没有灌溉，先进的金属加工尚未问世。后者对政治有巨大的影响：
日本有悠久的金属工艺传统，与欧洲人接触不久，就能自行制造枪
支；相比之下，非洲人依赖进口枪支，一直延续到 19 世纪。[19]

　　限制非洲国家形成的第二个因素是自然地理。如前所述，政治
巩固取决于发展军力以及行使武力垄断的能力。强大国家形成于欧
洲和中国，因为马匹能轻易横穿以河流与山脉为界的平坦地。以这
种方式发展军力，当然是建立中央集权国家的关键。在非洲，仅有
的平坦开阔地，处于撒哈拉大沙漠及其南边的稀树草原带（savanna
belt）。所以毫不奇怪，非洲拥有国家层次社会的部分，往往聚集在
这些可让马匹和骆驼驰骋的地区。

　　在稀树草原带南部的热带森林，证明是国家形成道路上的一大
障碍。在前殖民时期，一直要朝南走到南非，才能找到像祖鲁（Zulu）
王国那样的较大政治单位。非洲有大河，但可供长途航行的又很
少。（尼罗河当然是个例外，确实促成了国家层次文明的发展。）正
是基于这个原因，欧洲早期为奴隶贸易或作为贸易仓库而设的沿海
定居点，一直是与腹地隔绝的。腹地的地图还要等待理查德·伯顿
（Richard Burton）、大卫·利文斯通（David Livingstone）、亨利·
斯坦利（Henry Morton Stanley）和约翰·斯皮克（John Banning
Speke）在 19 世纪后期的探险。像罗马和印加那样由不同地区组成

295

的帝国，要联系在一起，关键是道路建设，但在树木丛生的热带地区，个中的艰巨可想而知。

我在第 1 卷提到，根据罗伯特·卡内罗的理论，社会从部落层次转型到国家层次，重要条件是地理界限。[20] 在不受约束的开放地域，部落单位如感到中央政治权威的压力，就会选择逃之夭夭。这实际上就是热带非洲的情形，那里的荒地很多，灌木丛就在附近。根据赫布斯特，这就是为何在非洲大部分地区，政治权威在人们眼中与领土无关。由于维持远距离的控制非常困难，权威的行使更多是对人的。非洲统治者像人口稠密的欧洲的封建领主一样，没有领地的精确地图。相反，他们只看到自己的权威，经由进贡依附者的网络，朝四面八方辐射出去。[21]

在我看来，赫布斯特描述的，与其说是国家的另一种概念，倒不如说是部落层次和国家层次之间的社会，或者说更偏向于部落。在这一方面，它们很像公元前第一个千年前半段的中国西周社会，或五世纪欧洲的克洛维（Clovis）时代。在这样的社会中，社会组织仍基于分支世系，作为群体受到攻击时，能够向上聚成非常庞大的单位。但分支世系也会轻易分裂成非常小的单位，视具体情况而定（见第 1 卷第 3 章），偶尔还能浓缩成酋邦。它具有类似于国家的特性，但又不是国家；譬如，无法阻止下属单元的离去，无法行使对领土的控制。

需要注意的是，当我说前殖民非洲的政治组织是"部落"的，该词有非常具体的含义，不同于在当代政治中使用（或滥用）的。今天的肯尼亚，特别从富有争议的 2007 年总统选举以来，已沿着种族界限发生断裂，促使基库尤、卢奥（Luo）、卡伦津（Kalenjin）和马赛（Masai）那样的群体相互争斗。无数其他非洲国家的政治，也建立在类似的种族关系上，如 1994 年卢旺达种族灭绝中遭到胡图人（Hutu）屠杀的图西人（Tutsi）。像基库尤那样的种族群体，有时被松散地称作"部落"，而种族政治也被称作某种形式的部落制。

296

更有一种倾向认为，现代非洲政治简直就是古代文化模式的延伸。

但非洲种族群体在很大程度上是现代现象，它们或是在殖民时期创建的，或是在后殖民时期合并的。经典的分支世系——在人类学眼中是部落——是一个群体，成员经过两代、三代或更多代，可追溯到共同的祖先。维系这个体系的是一组具体的信念，认为已死的祖先和未出生的后代，都有影响活人命运的神奇力量。根据埃文斯–普理查德（Evans-Pritchard）对苏丹南部努尔人的经典描述，这些世系可以扩展，取决于在选择共同祖先时往前查几代。对大多数日常活动来说，相关的祖先都是近亲，亲戚群体相应也很小。

现代种族所涵盖的如果不是数百万，至少也有数十万人。他们可以宣称自己是共同祖先的后裔，犹如罗马部落说自己是罗慕路斯的后裔。这样的祖先那么遥远，与其说是真人，倒不如说是神话和寓言的体系。我们将在下一章看到，当代非洲的种族认同往往是殖民当局培养的。当局相信，某些群体比较"尚武"，所以适宜充当士兵的人选。或者，当局只是想在不同群体中挑拨离间，使大家变得更容易治理。今天，种族认同的主要功能之一是，在国家资源的依附式分配中充当信号灯：如果你是基库尤人，能选出基库尤人的总裁，就很有可能获得政府职位和公共工程等好处。

推一扇已经打开的门

在被瓜分之前，非洲几乎没有中央集权的强大国家。到第一次世界大战，非洲大陆已被瓜分，欧洲列强也没创造出新的国家，其中原因与殖民主义第二波浪潮的上述特征有关。欧洲各国政府的兴趣，与其说是经济的，倒不如说是战略的。他们希望确保现存属地，防止新兴强国的包抄。他们感兴趣的是建立势力范围或保护地，而不是直接统治非洲本土，也不想在这个过程中花费太多国家资源。如果这些领土能够提供经济利益，那就更好。

　　驱使殖民当局扩展的常常是全国政府之外的参与者。其中有当地的殖民代理人，在没有知会或取得宗主国中央部门批准的情况下，就擅自扩大殖民范围；有现存殖民地的定居者，要求获得保护和新土地；有各种各样的当地贸易商和特许公司，即使没有成为对宗主国政府来说举足轻重的经济利益，也成了强大的游说团体；还有传教士，视非洲为皈依和文化征服的好地方。

　　有人说，大英帝国是在有点心不在焉中建成的。这其实是真的，不但适用于大英帝国，而且适用于其他欧洲帝国。例如，法兰西帝国在非洲的两大属地之一是法属西非（Afrique Occidentale Franaise），创建者却是一群法国军官。他们不顾巴黎的命令，自行跋涉到尼日尔河上游河谷，最终进入乍得。法国商人游说政府，让路易·费代尔布（Louis Faidherbe）将军担任塞内加尔总督，还让殖民当局向塞内加尔河流域挺进，以减少他们亏欠当地酋长的进贡。刚果自由邦的创建者不是比利时政府，而是国王利奥波德二世。他把这一大片土地当作自己私产，它的债务后来却是比利时被迫承担的。英国在西非的扩张，其实是它在取缔奴隶贸易时的副产品；塞拉利昂的弗里敦（Freetown）原是英国海军基地，后又成了重获自由的奴隶的避难所；为了防止贸易商人逃避设在海港的海关，英国才逐步吞并周围地区。俾斯麦发现很少德国企业愿意在非洲投资，尽管如此，英国还是担心德国在坦噶尼喀的插足，会威胁到通向印度的交通，从而加强对乌干达、桑给巴尔和东非其他地区的控制。[22]

298

　　在非洲开辟殖民的混合动机造成不断的拔河之争，一边是想扩大控制和深化投资的当地欧洲人群体，另一边是对新属地价值持怀疑态度的政府（和背后的纳税人）。殖民列强经历今天所谓的"使命蔓延"，即美国外交政策在冷战之后的死穴：原先只是有限的目标和短期的小型干预，却促成当地的利益与承诺，为了使努力不至于中途夭折，不得不作出进一步的干预。例如，镇压恐怖分子的需求从阿富汗溢出，延及巴基斯坦；又需要通过军事和经济的援助，来稳住巴基斯坦；还需要在中亚谋得物流基地，后者遂变成美俄关系中讨价还价的筹码。这种动态导致不断扩大的卷入，而国内在承担如此重大责任上，并不一定已经达成共识。

在非洲，这种逻辑导致廉价的殖民主义，只求保住影响，没有在可持续的政治制度上作充分投入。在新加坡，英国创建的不但是先前没有的港口，而且是直辖殖民地和行政结构，以支持在东南亚地区的全部利益。在印度，他们创建英印军队和更高级的官僚体系，这些制度在 1947 年移交给独立的印度共和国，至今犹在。在非洲，他们在"间接统治"的名义下创建最简陋的行政体系。正因为如此，他们未能向独立后的非洲国家提供经得起考验的政治制度，从而为随后的国家衰弱和失败做好了铺垫。我们接下来要讨论的，正是这样一种体制。

第20章
间接统治

> 塞拉利昂和国家崩溃的危机；既残酷又软弱的国家；何为
> "间接统治"，其何以获得发展；法国的直接统治如何不同，
> 最终证明仍无法植入现代制度

塞拉利昂在20世纪90年代陷入可怕内战，军阀福戴·桑科（Foday Sankoh）率领的革命联合阵线（RUF）开始招募童子军——十二三岁的男孩，有的甚至更年轻——让他们吸食大麻、安非他明和可卡因，再迫使他们在朋友面前杀死自己的父母。这些心灵深受创伤的儿童，被带进最可怕的罪行。他们还犯下进一步的暴行，如切开孕妇的肚子以判断婴儿的性别，或截断被俘士兵或普通平民的手臂，使之无法回来复仇。女子经常遭到强奸，被迫成为童子军的妻子。1999年，革命联合阵线向塞拉利昂首都弗里敦发起被称为"死城行动"的进攻，洗劫整个街区，肆意强奸杀害居民。[1]

如何解释人类的这种退化？有一个答案，通常不会获得明确表述，只是人们心照不宣的默认。那就是，非洲历来如此。热门电影《血钻石》（*Blood Diamond*）描述的塞拉利昂冲突、乌干达北部上帝抵抗军（Lord's Resistance Army）的叛乱、卢旺达的图西种族大屠杀，更加深了西方的观念：非洲是一个残暴和野蛮的地方。罗伯特·卡普兰（Robert D. Kaplan）等人认为，西非的文明幕布破碎了，这些社会正在返回部落制的原始形式，唯有手上的武器是现代的。[2]

这个答案反映出对非洲历史和部落制的极大无知。以部落形式组织起来的社会是有序的，分支世系制是一种政治秩序，既维持和平，又限制权力。仅有极少数的部落酋长或头人，才拥有欺压同胞的权力或权威。与国家层次的社会相比，大多数部落社会事实上是相当平等的。它们有规范个人行为的明确规则，还有执行这些规则的严格方法（即使是非正式的）。部落的分支经常发生相互之间的小冲突，但并没有生活在霍布斯式的失范暴力之中，如 20 世纪 90 年代塞拉利昂和索马里代表的，也没有想方设法发明各种怪诞的酷刑。

像塞拉利昂那样的国家，为何深受恐怖暴力的煎熬？另一种解释是殖民主义。欧洲殖民主义历史上，确实存在过对原住民实施系统且密集的暴行。[3] 塞拉利昂断人手臂用以警告威胁的做法，令西方舆论义愤填膺；但在利奥波德的比属刚果，这种做法是军警（Force Publique）的家常便饭。根据记载，"进入刚果的士兵被告知，要解释自己用掉的所有弹药；所以砍下并烟熏受害者的手脚和私处，放入篮子，呈献给指挥官，以证明自己的战绩"。[4] 虽然奴隶贸易已被禁止，但非洲殖民地的经济，仍依赖不同类型的强迫劳动和经济榨取。非自愿征用也是欧洲人的普遍做法，所有殖民地要求大多数男人提供劳役，包括难以忍受和有损健康的工作，导致成千上万人死亡。数千人应征加入欧洲军队，经常死在远离家乡的战场。英国在塞拉利昂的茅屋税战争（Hut tax war），以叛乱罪名吊死九十六名部落酋长。[5] 欧洲殖民官员经常像小霸王，很少受到制衡，任意颁布裁决（无论公正与否）。再看一下下面这段小插曲，来自德国控制下的喀麦隆。"保护地的帝国大臣莱斯特，让达荷美（Dahomey，西非国家贝宁的旧称）士兵的妻子在丈夫面前接受鞭刑，导致 1893 年 12 月的兵变；还在晚上从监狱提取女囚犯，以满足自己的性需求。莱斯特为此被带到纪律委员会面前，被裁定在执行任务中犯有过失，取消资历，调往另一个同等职位。"[6] 20 世纪后期兴起一门新学科，专门揭露欧洲殖民主义的恐怖，并试图解释，当代非洲的许多问题都植根于殖民地历史。与这个新学派携起手来的还有许多新兴的经济理论，也将管理不善追溯到榨取性的殖民制度。

　　把特定的殖民实践与当代结果直接相连，这一类理论注定会有缺陷。首先，塞拉利昂不是当代非洲的典型，比属刚果也不是非洲殖民地的典型。非洲大陆五十多个主权实体中，绝大多数和平稳定，塞拉利昂只是极少数失败国家之一。同样，比属刚果的殖民当局以残酷和盘剥出名，也属特例。像埃德蒙·莫雷尔（Edmund Dene Morel）那样的新教传教士和活动家，谋求保护普通刚果人不受掠夺，揭露军警和比利时公司的劣行。欧洲境内的民意最终迫使比利时政府大力抑制利奥波德的私营企业。绝大多数殖民政府，尤其是在独立即将来临之前，只使用很低水平的强制手段。

　　非洲殖民地国家和独立后出现的国家，这之间确实存在较大的连续性，但与特定恶行的继承无关。残暴只是其中一部分，主要的殖民地遗产是软弱国家，缺乏足够的权力或权威迫使治下的人口服从。独立后的非洲总统制看上去非常强大，所掩盖的现实却是，国家根本无法渗透和塑造社会。塞拉利昂——以及利比里亚、索马里和刚果——的恐怖代表了软弱国家的极端版本，因为独立后的国家彻底崩溃。填补真空的不是非洲的传统社会，而是失去祖国的半现代化混血年轻男子。他们自行组织起来，利用全球经济的机会，凭借钻石等大宗商品，来赚取自然资源的租金。

　　说一个国家既残酷又软弱，似乎有点自相矛盾。杀害、监禁和拷打对手的不都是强大国家吗？但事实上，这两者可以合二为一。所有国家都集中并利用权力——即以暴力强迫他人，但成功国家更多依靠权威——民众广泛相信政府的合法性，自愿遵从国家的意志。在和平的自由民主国家中，拳头通常躲藏在法律、习俗和规范的手套之中。公开使用胁迫和暴行的国家之所以这样做，就是因为它们无法行使正当的权威。在渗透和塑造社会时，它们只有迈克尔·曼所谓的"专制权力"（despotic power），而没有"基础权力"

302

（infrastructural power）。[7] 无论非洲殖民地国家，还是殖民结束后出现的独立国家，概莫能外。[8]

殖民地国家的现实，不是欧洲人强力植入的专制政权，而是"间接统治"。自 1858 年的印度叛乱以来，这个策略一直在实施之中，到了弗雷德里克·卢吉勋爵（Lord Frederick Lugard）之手，第一次获得系统性阐述。除了其他任职，卢吉还担任北尼日利亚（1900—1906 年）和香港（1907—1912 年）的英国总督。他从非洲经验中汲取教训，认为英国既没有资源也没有人力，以管辖香港的方式来直接管理庞大的非洲属地。他在《英属热带非洲的双重任务》中断言，将欧洲的法律和制度强加给不情不愿的非洲臣民，只会适得其反；如果采纳原住民自己的习惯做法，反而会给他们带来更好更公正的治理。这促使新式政权率先出现于北尼日利亚的穆斯林酋邦；处理日常政务的是英国人挑出的当地酋长，仅接受以地区殖民官（district officer）或专员为首的极少白人的监管。[9]

即使在非洲殖民主义的高峰时期，在非欧洲人的总量也是很少的。表 3 提供所选地区的殖民官人数与当地人口的比例，从肯尼亚的 1 比 18 900（有很多白人定居者，需要更多关注），到尼日利亚和喀麦隆的 1 比 52 000。

在非欧洲人总数稀少不可避免导致，殖民当局必须依靠酋长、303 村中长老、首领、办事员、通译和其他黑人官员来从事政府的实际工作。世界各大首都的财政部对资助贫困的属地毫无兴趣。借用格雷伯爵（Earl Grey）的话："改善不文明人的措施是否合理，最可靠的检测是要看他们能否自足。"如许多评论家指出的，间接统治与其说是新政策，倒不如说是对当地实际情况的承认。这一切事实表明，殖民主义的制度遗产不可能是强大的中央集权国家，因为英国把恰恰相反的东西——保存习惯法——当作自己明确的政策目标。如历史学家萨拉·贝里（Sara Berry）描述的，这是"小本经营的霸权"（hegemony on a shoestring）。[10]

表 3. 非洲的欧洲殖民官密度

	人口	年代	殖民官	比例
尼日利亚和喀麦隆	20 000 000	1930 年代末	386	1:52 000
肯尼亚	3 100 000	1930 年代末	164	1:18 900
法属西非	14 500 000	1921	526	1:27 500
比属刚果	11 000 000	1936	316	1:34 800
加纳	3 700 000	1935	77	1:48 000

来源： Michael Crowder，《热带非洲的白酋长》（The White Chiefs of Tropical Africa），载 Lewis H. Gann 和 Peter Duignan 合编，《非洲殖民主义（1870—1960）》（*Colonialism in Africa 1870-1960*）；Karen Fields，《殖民地非洲的复兴和叛乱》（*Revival and Rebellion in Colonial Africa*）

对"本土法律和习俗"的搜索

英国殖民地的间接统治在表面上看来颇受欢迎。相比法国的目标是让殖民地同化到单一同质的法兰西帝国，卢吉的理论还有道德上的考量。他认为，与其试图把非洲人改造成二流欧洲人，倒不如让他们遵循自己的法律和习俗，接受传统权威的治理。这符合许多早期帝国的做法，它们也认识到，不能输出自己的制度，强加给文化背景截然不同的他人。恢复当地传统的愿望，导致手忙脚乱地去寻找"本土法律和习俗"。不管招致怎样的评说，这种寻找确实给人类学这个新领域带来大力的推动。殖民政府提倡有关专家的研究成果，如一直试图确定非洲"正宗"法律传统的查尔斯·米克（Charles Meek）和埃文斯-普理查德的著作。[11]

说起来容易做起来难。根据贝里的研究，欧洲殖民官员认为，"非洲社群包含相互排斥的社会文化单位——部落、村庄和亲戚群体——习惯和结构一直都没有很大变化"。[12] 这适用于非洲的某些

304

地区，如北尼日利亚（卢吉有直接经验），当地的穆斯林酋邦已有成文的法律，还建立起行政体系。但它不适用于非洲的许多其他国家，那里的部落认同是重叠的，还在不时发生变化。在许多地区，殖民地官员硬要找出部落"酋长"来承接下放的权力，只好捏造出一个，有时干脆提拔地区殖民官的男仆或助手。其实，殖民当局遵循"每个非洲人都有自己部落"的信念，凭空造出本来并不存在的部落，"梳理杂乱的种族背景，创建更为纯粹清晰的部落认同，来作为部落权威的基础"。[13]

借用特伦斯·兰杰（Terence Ranger）的话，这种"传统的发明"是基于对非洲社会的深刻误解：

> 白人将欧洲新传统与非洲的惯例相比较，这其实是两个毫无比较性可言的东西。欧洲人发明的传统的特点就是僵化，它包含各种有记录的规则和程序——如现代的加冕仪式。这些东西给人以定心丸，因为在一个变化万端的时期，它们代表了那些不变的东西……
>
> 几乎所有对 19 世纪殖民统治前的非洲的最新研究都强调，单一"部落"认同的假设与现实相差太远，大多数非洲人在多重认同之间进出，有时称自己是这个酋长的部下，有时又说自己是那个教派的成员；有时属于这个氏族，有时又是那个职业行会的新会员。[14]

间接统治的作用不是要发展本土制度，以实现现代化目标，而是要把想象中的权力关系冻结起来。

马哈默德·马姆达尼（Mahmood Mamdani）进一步指责，独立后暴虐的头人，在很大程度上是间接统治促成的"分权式专制"（decentralized despotism）的产物。英国的间接统治，是为了达到两个长期的经济政策目标。首先，他们在商业性农业和白人定居者

305

的要求下，试图将惯例的土地使用权转换成现代产权。现代产权是正式的，可以自由转让，由个人或法人实体拥有。如第 1 卷阐述的，惯例的土地使用权是私人产权的非正式体系，有时会被误解为共产党集体农庄式的公有制。传统的惯例财产，与亲戚系统密切相连，由于对亲戚的义务而受严重限制。个人通常无法决定土地的自由转让。[15] 特别是酋长，更没有转让土地的权利。在这个意义上，惯例财产只存在于野蛮时代的欧洲。欧洲中世纪盛行的封建产权已经比较现代，因为它是正式且个人的，以合同为基础。将惯例的土地使用权改成现代产权，比从欧洲封建的土地使用权到现代产权的转换更具革命性。它涉及相关亲戚群体中的权威结构的巨大变化。当殖民当局试图向惯例业主购买土地时，却发现无人有权转让。在间接统治下造出从属的部落酋长，原因之一就是向他授予相当于欧洲封建领主的权力，让他有权将共有财产纳入现代产权体系。[16]

　　向本土酋长授权的第二个原因是让他成为税收官。所有殖民政府都向殖民地男性征收人头税，让殖民地有能力支付自己的管理费用。但人头税还可达到另一目的：迫使臣民以现金缴纳人头税，就会鼓励他们走出丛林，投身现金经济，成为欧洲商业性农业的劳工。本土当局的主要功能由此变成征税。他们既有现代武器，又有殖民地军队的支持，在征税上效率更高。欧洲人由此把自己政治权威的模式，强加给以不同形式组织起来的社会。

　　马姆达尼认为，这样做的结果是，新酋长比真正的传统权威专制得多。部落社会往往是自愿平等的，对头人有很多制衡。他引用 1881 年一段对话，一方是南非的本土法律和习俗委员会（Cape Commission on Native Laws and Customs），另一方是被认为非洲最专制领袖的祖鲁前国王开芝瓦约（Cetshwayo）：

　　　　你作为祖鲁国王，对你的臣民，拥有所有权力吗？
　　　　——与领土上的酋长们一起。

你是国王，酋长们怎样从你那里获得权力？

——国王想选出新酋长时，就把领土上的酋长召集起来，征求他们的意见，以确定候选人是否适合充任大酋长，如果他们说"是"，新酋长就产生了……

如果有人试图杀死国王，会被处死吗？

——他会被罚，以牛抵过，并接受严厉的训斥……

有人逃离部落，会受怎样的惩罚？

——如果他所在地酋长曾给他财产，就会要求退回，然后他可自由离去。[17]

根据马姆达尼的研究，英国间接统治造出的新酋长比祖鲁国王更加专制，拥有现代欧洲国家式的权力：有权单方面取得土地所有权，有权征税，有权颁布正式法律，有权惩罚犯罪。中央殖民政府可能显得极其微弱，在地方一级却成立更专制的体系，不受真正非洲传统社会的制衡。他们还在公民和臣民之间划清界限：前者是白人定居者（偶尔情况下是混血儿或亚洲人），享有现代法律体系及其连带的权利和特权；后者受制于发明出来的惯例法律。法律多元化掩盖了这一事实：与非洲黑人相比，白人殖民者的权利获得更为详尽的保护。非洲人从来没有机会，以自己希望的方式来应用自己的法律。惯例法律必须符合欧洲的道德，禁止某些令人反感的做法（印度的寡妇殉夫自焚，也许是这方面最有名的案例）。这种双重标准的极致表现，就是南非的种族隔离政权。[18]

307

兰杰、马姆达尼等人认为，间接统治和发明传统留下恶性影响，由此引出激烈辩论。托马斯·斯皮尔（Thomas Spear）认为，欧洲官员操纵非洲社会的能力——创造以前不存在的独裁者、部落和种族认同等——被过度夸大了。新传统必须以现存的实际文化为基础，才能被人接受。欧洲人也没有立即简单冻结某种状态，统治者和被统治者之间一直有持续不断的相互适应，仅"在解释传统及其对殖民治理和经济活动的影响时，才引出不可解决的争论"。有些新部落酋长活像独裁者，其他的试图软化欧洲人的要求，或伪造人头税表，或包庇个人躲避殖民地的司法部门。当地代理人为了行使权威，必须寻求合法性。这通常意味着，设法考虑被统治者的利益和愿望。在白人地区殖民官和当地人口之间斡旋的，不只是酋长，还有通译和助理。试图合并、移动和拆散部落的社会工程计划，往往以失败告终。与其说欧洲人操纵非洲社会，倒不如说非洲人常常操纵欧洲人。殖民官寻求弄懂"惯例"的规则，得到的却是偏袒个别当权者或个别利益的故事；他们太天真或太无知，以致无法发现真相。借用卡伦·菲尔兹（Karen Fields）的话："间接统治只是一种方式，让殖民地国家成为惯例秩序中生出的权力的消费者。不是真正的权力从殖民当局转给非洲统治者；恰恰相反，而是真正的权力掌握在被统治者手中。"[19]

　　这场辩论中的真相可能介于两者之间：在某些情况下，殖民当局能把自己的意愿强加于当地人；在其他情况下，非洲人能发挥能动性，予以抵制。与征服美洲新大陆的欧洲人相比，非洲殖民主义者留下的制度烙印实在太浅。

　　这个复杂过程在肯尼亚非常明显，它在最近几年中深受种族冲突的血腥折磨。今天的种族群体——基库尤、卡伦津和卢奥——在它变成英国的保护地之前，大大不同于现在的状态。殖民当局显然把种族当作控制肯尼亚人口的手段，但绝不是凭空"创造"种族认同。他们所做的只是启动经济现代化的缓慢进程，在广泛意义上缔造认同的基础，再加以形式化，使种族认同成为统治工具。要把乡村肯尼亚人逐步吸入市场经济，就要有更高级别的社会关联。来自不同分支的两个基库尤人，如在肯尼亚乡村见面，会视对方为陌生人，如在内罗毕相遇，身边还有卡伦津人或卢奥人，就会视对方为同种同族。

　　到最后，间接统治的遗产是好坏参半。它确实造成地方上的专制、暴政和不公，但殖民地国家的权力不够强大，无论是在地方一级，还是在中央一级，都无法赢得对国家意志的例行服从。殖民当局通过因地制宜从当地人口那里获得更多首肯，但也经常误解地方情形，以致认识不到，许多非洲人其实希望获得现代财产和投身更广泛的市场经济。[20] 非洲日益扩展的市区没有实施间接统治，逐渐涌现出像种族和阶级那样的认同新来源。结果是，民族主义运动突然出现于 20 世纪 40 年代和 50 年代，让欧洲人措手不及。非洲人不想回归传统，而要迈向独立和国家主权。今天，作为间接统治发明地的北尼日利亚，其贫困情形要比更受现代化势力影响的南半部严重得多。所以，间接统治的影响是非常保守的。它所欠缺的是，无论是在抱负上，还是在实践中，都没有为强大的现代国家打下一个基础。

法式殖民主义

比利时像英国一样在刚果实行分权形式的统治，而法国和葡萄牙，则在自己的非洲殖民地拥有更为集中的行政管理。对法国人来说，这是第二天性，因为法国政府本身就是高度集权的。法国人认为，罗马法具有普遍适用性，不愿向习俗屈服。间接统治没给独立后的非洲留下强大政治制度，直接统治会有不同结果吗？简而言之，答案也是否定的。不管英法方法之间有什么理论分歧，资源和知识的局限阻碍了法国当局在塑造殖民地上超过英国。实际上，法国以既定的方式而不是应有的方式与非洲人打交道，造成了极度的冷漠无情。这种态度在独立后的数十年中，感染了法国对非洲法语国家的政策。[21]

像英国一样，法国也通过酋长实施统治，但不认为他们是拥有自己传统合法性的共同体代表，只把他们当作法国政府的代理人，两者的关系相当于"军官与军士之间"。[22] 一直用到 20 世纪 40 年代的规则，是 1854 年在专制的第二帝国时期制定的；执行这些规则的，是像塞内加尔总督路易·费代尔布那样的军官。法国遵循法属阿尔及利亚的模式，逐步征服撒哈拉以南非洲的独立政治体。法属西非和法属赤道非洲等的大片土地，被分割成较小的"治理圈"（cercle），再依次分为市镇和村庄。第二帝国在 1870 年变为第三共和国，但没有作出大的改变；如果有的话，那就是法国的共和传统在实施统一规则上变得更加一丝不苟。既定目标是让殖民地"同化"到法国体制中，尽管规定法语和教育的普遍应用，但没有让大多数非洲臣民最终成为法国公民的长期计划。[23]

　　法国和英国的许多重要区别，在于如何管理、培训和录用殖民官。所有管辖广大区域的官僚体系，必须在两种人之间作出选择。一种是通才，可以是优秀的领导者和管理者；另一种是专家，对特定地点的情形了如指掌。后者因自己的当地知识而占优势，但易于被当地利益俘获，养成狭隘的偏见。詹姆斯·斯科特（James Scott）称这种当地知识为"智慧"（mētis）。[24] 通才更为可靠，往往也更为有效，但倾向于在不适宜的场合滥用普遍的理论。英国政府倾向于奖励专家，而法国模式比较鼓励通才。所以，法国殖民官每隔几年就会被调走，不只是在非洲各地，而是去帝国其他部分。这样一来，他们中很少有人学会讲本土语言或掌握当地知识。[25]

　　法国和英国在招募何种人充当殖民官上也有不同。在英国，他们往往来自上层中产阶级或士绅家庭，其中大部分人上的是公立学校（即美国的私立学校）和名牌大学，如牛津或剑桥。（我们已在第 8 章中看到，英国官僚体系的改革始于印度参事会的改革。）在法国，新人来自资产阶级，与他们的英国同行相比，对非洲酋长更为不屑，视之为封建或君主制的残余。法国殖民当局发现，自己无法吸引足够数量的优秀候选人。对那些殖民官的性格人品，还有很多轶事奇闻。一位医生报告："嗜权的精神病患者在殖民地特别多——在比例上，远远超过法国本土。他们都是心理不平衡的个人，追求殖民地生活，在精神上特别受异国情调的吸引。"殖民地学校

310

（École Coloniale）主任在 1929 年说："当一个年轻人离开法国去殖民地时，他的朋友就会想，他一定犯了什么罪？他一定在逃离什么见不得人的事？"约瑟夫·康拉德（Joseph Conrad）《黑暗之心》（*Heart of Darkness*）中病态的库尔兹先生，还是有现实原型基础的。所有这一切在 20 世纪 30 年代开始发生变化，法国提高殖民官的教育水平和专业精神，获得改善的医疗条件又鼓励他们带家人一起上任。这又引发当代发展部门熟悉的新问题：他们会在殖民地的外籍人士社区，整日与妻子和孩子在一起，而不是与当地人在一起。[26]

　　法国人最终发现，同化的政策不可行。已获得丰富经验的殖民地学校毕业生开始争辩，要采纳更为灵活的政策，以帮助殖民地社会在"自己的结构中进化"。到了 20 世纪中叶，整个欧洲的规范在发生变化：对传统文化的完整性有更大赏识，也认识到以蛮力将外国制度强加于当地社会只会造成破坏。人类学开始时只是欧洲殖民主义的工具，现在变成强大舆论，以争取本土文化的平等和尊严。[27]借用一名法国耶稣会士的话："习俗属于共同体本身。不让共同体享有对它的解释权和修改权是一种暴行，比没收耕地或森林更严重，尽管不太明显。"[28]像其他殖民国家一样，法国人在当地的总人数极为稀少，也没在任何殖民地植入法式的强大制度。所以到最后，直接统治和间接统治殊途同归，都归于失败。

　　反讽的是，让非洲人变成法国人的政策失败，却造成反面效果，让法国人变成了非洲人。法国人与独立后的非洲打交道，更愿意依据当地规则来玩当地的权力游戏。相比之下，美国和英国，至少还对像民主和人权等的普遍原则作口惠而实不至的表态。所以，法国人很高兴与独裁统治者合作，如蒙博托和象牙海岸的费利克斯·乌弗埃-博瓦尼（Félix Houphouët-Boigny）；或为了自身的外交利益，派遣伞兵以支撑令人厌恶的政权。这也导致国内的腐败，如 20 世纪 90 年代初的"精灵事件"（Elf affair），其中的高层商人和官员，卷入以利润丰厚的合同交换回扣的丑闻。[29]

非洲在欧洲殖民主义之前不具备强大的现代国家，这是非洲大陆被轻易征服的原因之一。非洲殖民统治的遗产是削弱现有的社会结构——即使政策的明确目标是予以保护——但没有植入现代的国家制度。独立后的软弱国家只是软弱的殖民地国家的继承人。

塞拉利昂的崩溃是这份遗产的长期后果。它是英国在非洲的最古老殖民地之一，经由酋长的网络接受间接统治。在弗里敦的白人殖民当局对这些酋长，时而贿赂，时而威胁。它在 1961 年获得独立，没有现代国家可言。殖民当局留下的行政架构变质退化，尤其是在西亚卡·史蒂文斯（Siaka Stevens）1968 年上台之后。他曾是警员，以哗众取宠和无耻腐败出名。

当金刚石砂矿（例如在河流中找到的那些）成为塞拉利昂所有政治参与者的争夺对象时，行政架构的恶化日益加速。保罗·科利尔认为，驱使这和其他非洲冲突的，不是社会不满，而是贪婪。[30]但自然资源的竞争并不一定引起冲突，博茨瓦纳的金刚石就被用来造福于自己的人口。塞拉利昂的问题是，它缺乏能维持秩序和公正、和平利用资源的国家。它的内战，以及因毒品而疯狂的童子军，并不构成对传统非洲的回归；除了贫穷之外，也反映不出社会或文化的悠久传统；它们只是一种现代创新，受全球金刚石行业的经济激励；更代表国家的彻底失败。[31]评论家兰萨纳·加贝列（Lansana Gberie）指出："教训是……别无选择，唯有建立强大的官僚国家，在社会中发挥作用，有效提供像教育和就业那样的服务，并避免已成非洲弊政标志的腐蚀性腐败和公款滥用。"[32]

英国和法国在撒哈拉以南非洲的经验，与当代国家建设活动有许多相似之处，如在伊拉克、阿富汗和海地。下一章，我会继续追问，向殖民地提供强大制度一事，有人做得更好吗？

第21章

国产或进口的制度

间接统治作为干预现代国家建设的先例；美国和日本作为
国家建设者

有人可能会认为，殖民历史与 21 世纪初的世界无关。在第二
次世界大战之后的三十年中，大部分殖民帝国被拆解，最后的帝国
苏联也在 1991 年瓦解。为何还要关注外国列强当初在移植制度上
的成败？

之所以有关是因为，像美国那样的个别强国以及广大国际社
会，自冷战结束以来，一直在发展中贫穷国家试图建立国家机器。
最明显的就是美国在 21 世纪第一个十年中对阿富汗和伊拉克的占
领。先是美国的"反恐战争"，后是它的体面退出；对这两件事来说，
建成切实可行的国家是中心任务。另外在世界各地，包括柬埔寨、
波斯尼亚和科索沃、塞拉利昂和利比里亚、海地、索马里、东帝汶、
刚果民主共和国、巴布亚新几内亚和所罗门群岛等，还有维持和平
和国家建设的其他努力。

这些干预的道德框架显然不同于殖民主义。殖民列强并没有托
词，假称他们占领外国领土是出于原住民的利益，只是试图以文明
使命感来为自己的行为辩解。要到他们离开前的最后十年左右，殖
民政府才开始公开追求发展的目标——甚至，他们对殖民地的工业

化一直怀有戒心，因为国内厂商不想看到竞争对手。他们也不特别　　314
忧心民主，因为他们一直以非民主的理由来为自己的统治辩护。

　　这个框架在 20 世纪有了改变。第一次世界大战后，国联（联
合国的前身）向英国和法国等殖民列强授予托管地（mandate），但
要求这些地区的治理必须以居民的利益为重。第二次世界大战之后，
随着《世界人权宣言》的公布，随着新独立的前殖民地国家在国际
论坛（如联合国大会）上的影响不断增强，国际法律的框架有了新
改变。冷战和苏联的否决权，曾阻止安理会对维和任务的授权。冷
战结束后，闸门打开，联合国秘书处的维和部变成热闹场所。到 20
世纪 90 年代末，在波斯尼亚和卢旺达等地的暴行发生之后，所谓"提
供保护责任"的新学说兴起，责成国际社会采取积极行动，以保障
受困于冲突和镇压的人民的人权。[1]

　　新干预的目标在快速演变，开始时只是在冲突地区推动停火和
维持和平，但很快发现，没有制度就没有持久和平。国际社会如想
退出冲突地区，全靠这些社会建立稳定政府，在没有外界帮助下提
供自身的安全。干预的授权因此从维和扩展到国家建设。

　　曾是印度尼西亚一省的东帝汶，在 1999 年公投独立，成为
主权国家。它仅有的简陋行政部门，又遭到印尼人临走时的破
坏。联合国被要求成立一个代表团——联合国东帝汶过渡行政当局
（UNTAET），帮助东帝汶建立新的国家。在阿富汗和伊拉克，美
国发现自己陷入类似的困境。阿富汗从 20 世纪 80 年代起，由于
国家的崩溃，变成恐怖分子的避风港。要防范基地组织的重整旗
鼓，就要承担在喀布尔建立全国政府的艰巨任务。同样，伊拉克在
萨达姆·侯赛因的治下还有正常运作的国家。2003 年 3 月美国入
侵伊拉克，早早决定解散伊拉克军队，国家机器随之崩溃。伊拉　　315
克在 2005—2006 年转向全面内战，国家建设成了美国占领当局的
中心目标。[2]

　　国际社会在冲突地区或冲突后地区维护稳定的记录参差不齐。

在某些情况下，如波斯尼亚、科索沃、东帝汶、所罗门群岛和萨尔瓦多，维和行动大体上防止了冲突的重燃。在阿富汗和刚果民主共和国，它们的努力则付诸流水。有人称，在索马里和刚果东部的人道主义干预，无意偏袒了冲突中的一派，实际上延长了危机。[3]

国家建设的结果非常令人失望。即使建不成合法可行的中央集权国家，美国也计划在 2014 年从阿富汗撤回大部分军队。伊拉克多少有一个国家，但它的根本稳定、腐败程度和对民主的承诺，仍毫无把握。重复的干预和数十亿美元的外国援助，至今还没能在海地和索马里建成切实可行的国家。在其他情况下，如巴尔干半岛和所罗门群岛，维持基本稳定还得依靠境外势力持续不断的参与。

这些失败引起长时间的讨论，包括创建和巩固制度的先决条件，以及外人在推动此举上能够发挥的潜在作用。这让我们又回到殖民主义的研究，因为殖民主义提供了外人试图向不同文化社会植入制度的丰富经验。

许多欧洲殖民主义的先例和实例与现今的干预措施搭不上关系。殖民列强植入现代制度最成功的地方是：那里的原住民薄弱，组织原始，人口稀少，或被战争和疾病杀死，或被赶往保留地，或以其他方式从画面中消失。这是美国、加拿大、澳大利亚和新西兰——曾是英国殖民地，现是自由民主的模范——的故事，但这种模式不会重复。即使我们能在世界上找到如此的空旷地带，当代关于原住民的权利的观念，也会对这种形式的殖民构成不可逾越的障碍。撒哈拉以南非洲的英法殖民当局，为国家建设的现代干预提供了更好的先例。它们仅有少量资源，不涉及大规模的欧洲移民，还在晚期开始注重发展的目标。英国的间接统治特别让人产生兴趣，因为它从一开始就宣称，"丹麦"不是外国统治的目标，以此直面我所谓的"达到丹麦"的问题。[4]

问题是，丹麦并不是在数月或数年内演变成今日丹麦的。当代丹麦——所有其他的发达国家——花了几个世纪的时间，才逐渐发

316

展出现代制度。如果境外势力试图将自己的好制度强加给某国，很可能会产生普里切特、沃尔考克和安德鲁斯所谓的"同构模仿"：只是复制西方制度的外表，而毫无实质（参见前文第 3 章）。制度要想取得成功，必须符合当地的习俗和传统。例如，全盘进口外国的法典往往不受欢迎，因为它们不反映当地价值观。制度往往是相辅相成的。如果一个国家没有钢铁市场、经理或工人、将产品运向市场的基础设施、保护投资者权利的法律体系，你就不能在那里建立钢铁厂。在各种目标中选择轻重缓急，就要对地方制度的性质有深入的了解。此外，制度的演变以地方精英和掌权者的利益和想法为基础。这些精英是谁，如何看待自己的利益，对善意的变化或改革又会有怎样的抵抗，外人往往是一头雾水的。[5]

　　鉴于这些考虑，许多评论家认为，国际社会应该大幅缩减自己的野心，改成"足够好"的治理；不要追求丹麦，而是追求更现实的目标，如印尼和博茨瓦纳。[6]与其从美国或欧洲进口全套的现代法典，为何不在某些情况下试试惯例的法律？与其坚持整个官僚体系没有任何腐败，为何不对低级官员的小偷小摸睁一只眼闭一只眼，只处理最令人震惊的大案？与其要求人们把票投给并不存在的纲领性政党，为何不接受依附主义的现实，争取达成能促进稳定的寻租联盟，以求某种程度的经济增长？

　　例如，在 2001 年秋季塔利班溃败之后，人们可想象非常不同的美国政策。与其建立统一集权的民主政体，美国其实可试图建立部落首领、军阀和其他权力掮客的联盟，只要他们同意维持和平、打击基地组织和其他恐怖分子。与其试图在伊拉克建立民主政体，美国不如让萨达姆·侯赛因的军队保持完好无损，只是换上与旧政权没有关联的新将领。

　　事实上，英国在非洲的间接统治，就是"足够好"治理的早期版本。卢吉和其他行政官员认识到，没有足够的资源和人力以统治香港和新加坡的方式来治理非洲殖民地，所以将计就计，尽可能利

317

用当地传统和客观事实。我们看到，赞成直接统治和同化政策的法国所取得的结果，与英国不相上下。

正如我们已经看到的，间接统治有很多陷阱，往往导致意想不到的不良后果。首先，对本地知识的需求非常巨大，往往超越外国殖民当局的能力。搜索"本土法律和习俗"，很容易受当地人的操纵，导致对当地做法的误解。非正式法律的规范化，让原来灵活流畅的习俗变得僵化。在其他情况下，殖民当局并不真正愿意让当地酋长做主，要么认为酋长有违欧洲定居者的利益，要么认为酋长违背"文明道德"。在另一些情况下，对当地传统的尊敬本来是令人钦佩的，却导致对非洲人的目标演变视而不见。他们并不希望保留自己的传统文化，反而希望走向现代化。北尼日利亚是间接统治的诞生地，也是最一以贯之的实施者。但让人颇不舒服的事实是，它几十年来恰恰因为受困于传统，一直是该国最贫穷、教育程度最低的地区。

同样的矛盾在当代原住民的权利运动中也显而易见。西方舆论作出180度的转弯。在殖民时期，原住民被视为野蛮人，需要接受强行的"文明化"；时至今日，世界幸存的土著社群继续传统生活的权利，理应得到严肃的考虑。在秘鲁和玻利维亚等国家，这引发矿业能源公司和土著社群之间的暴力冲突，后者获得全球的非政府组织的支持。

原则上，很难说传统社群不能以自己的传统来治理自己。对大多数人来说，替代的选择不是生活在丹麦，而是勉强存活于肮脏的城市贫民窟。外人推崇本土权利，所遇到的问题是，他们像间接统治的实施者一样，很难准确判断当地社群的实际利益。许多社群已部分现代化，如20世纪初的许多非洲人。实际上，还有很多人不愿错过加入现代世界的机会。继续生活在传统村庄，依旧使用当地方言，可能代表人生机会的戏剧性终止。这往往是自称是代表本土的善良外人所忽视的。

间接统治造成的许多问题，重现于非洲和其他贫困地区的当今发展计划。例如，世界银行、美国国际开发署和其他捐助者，发起所谓的社群主导型发展项目，首次在 20 世纪 90 年代的印尼推出。[7] 它背后的理论很合理，也很有吸引力：与华盛顿和伦敦相比，当地人更了解自己需要什么，应该成为旨在帮助自己的发展项目的驱动者。犹如实行间接统治的殖民官员，社群主导型发展项目也征求社群意见，以决定如何支配捐助者的资金，如用于灌溉、道路和厕所等。受外界捐助者雇用的当地主持人，被认为拥有足够的相关知识，能把乡村社群组织起来，以听取他们的意见。作为社群组织起来，这本身就是希望能建立社会资本，即使在项目终止之后，仍可发挥作用。

社群主导型发展项目碰到两个不同问题，首先是要弄清社群的真正意见。像其他社群一样，主宰村庄的是地方精英，往往是声称代表群体的老年男性。具体的社群代言人究竟是真正体现整体利益的好人，还是只想把厕所建在自家附近的有权有势者，这很难弄清。为了避开这样的难题，外界捐赠者规定有关社群必须包括妇女、少数民族（如果有的话）和其他被边缘化的人。这种做法符合西方的公正标准，只是不符合当地标准。它会导致这样一种情况：外人要么被迫让当地精英包揽一切，要么试图采用社会工程的激进措施。很少捐赠者有足够的地方知识，弄得清自己的工作进展。在殖民时期实施间接统治的地区长官，非常熟悉这种进退两难，所不同的是，他们大多有更长任期，从而比发展项目的援助官员掌握更多地方知识。尽管这类项目在世界各地激增，对发展的影响，迄今为止还无法确定。[8]

里欧·松崎（Reo Matsuzaki）建议，国家建设要取得成功，在某种程度上取决于代理人的自主性，能否利用当地知识来实现发展目标。他指出，日本对台湾实行殖民统治时期（从 1895 年的甲午战争，到日本在 1945 年的战败）在建立制度上相对成功。日本在台湾的目的不是善意的，跟它在韩国实施的做法一样，也想使之日本化，包括迫使台湾人讲日语，使台湾成为向日本出口大宗商品的平台。但它也追求发展目标，建立大批基础设施、学校和地方行政机构。所有这一切在日本人离开后都幸存下来。

松崎认为，这是因为像儿玉源太郎那样的总督，本身是军事官僚强人，地位显赫，允许他们可自行做出决定，无须接受东京的严格监督。接下来，儿玉又委任和保护自己在当地的助手后藤新平，使后者能凭借自己对台湾实际情况的密切了解来落实政策。在土地和教育的问题上，他们因应当地的发展情况，对政策作出频繁调整。此外，他们在台湾任职多年，获得足够的本地知识，一眼就能看出 320
故障所在。

可堪对比的是美国对菲律宾的宗主权，那里的行政官员（如未来的总统威廉·霍华德·塔夫脱，1901—1903 年担任菲律宾的文职总督）不断遭到华盛顿政客的否决。控制钱包的国会领袖，急于将美国模式的政府强加给他们只有模糊概念的社会。由于国内天主教势力的反对，美国政府错过将天主教土地分配给贫农的良机。美国行政官员让菲律宾的法院体系负责土地分配，而不由美国式的行政部门。他们没有认识到，不同于美国，菲律宾遍地文盲的情况意味着，法律诉讼将受有文化的精英的主宰。尽管有美国促进土地改革的明确意愿，他们仍就果然成功获得大片土地。美国向菲律宾出口19 世纪美国模式的"法院和政党"政府，由此导致土地寡头的兴起，一直占据支配地位。[9]

所以，我们应该警惕把制度当作礼品的外国人，他们很少有建立持久国家的足够的本地知识。如果他们在制度建设上半心半意和资源不足，经常会造成弊大于利的后果。这并不是说，西方的发展模式不好，或没有一定程度的普遍有效性。但是，每个社会必须以本土传统为出发点，让那些发展模式适应自己的条件。

制度最好由本地的社会参与者创造。他们能借鉴国外做法，同时也熟悉自己历史和传统提供的局限和机会。制度发展的最出色案例中，有一些是在东亚发生的，当地精英能借鉴自己国家和民族的长期经验。在其他很多地方，这种传统并不存在，必须被创建出来。

如前所述，光是建立正规的国家制度，无论是进口的模式还是本土的模式，都是不够的。国家建设还要伴以并行的民族建设，才能卓有成效。民族建设添加了一项道德因素，即共享的规范和文化，从而加强国家的合法性。它也可以是不宽容和侵略的源泉，并且常常必须以专制方法来达成。有两个成对比较的例子可以说明这一点，一个是尼日利亚和印度尼西亚，另一个是肯尼亚和坦桑尼亚。

第22章
共同语

民族认同在发展中国家既重要，又存在诸多问题；印度尼西亚和坦桑尼亚成功建立起民族认同，尼日利亚和肯尼亚却没有；民主或专制，哪个更有助于民族认同的建立

我们在前面章节中看到，强大民族认同的存在是欧洲国家建设成功的关键。在当今发展中世界，软弱国家往往是副产品，源自民族认同的脆弱或根本不存在。这在撒哈拉以南非洲更成为特殊的问题，那里的独立国家是殖民当局的发明，边界是任意划定的，与单一种族、语言或文化的共同体不符。它们曾是庞大帝国的行政单位，居民习惯于生活在一起，但没有共通的文化感或认同感。像尼日利亚和肯尼亚那样的新独立国家，在殖民主义留下的真空中，没有作出努力来铸造新的民族认同，因此在以后年份中，备受高度种族冲突的困扰。相比之下，印尼和坦桑尼亚的建国领袖规划出促进民族团结的理念。印度尼西亚当然不是非洲国家，但与尼日利亚有许多相似之处，如第14章指出的。肯尼亚和坦桑尼亚也有许多共同的特性。当然，印尼和坦桑尼亚也面临巨大政治挑战，包括腐败和种族冲突，但相对水平也很有关系。由于早期对民族建设的投入，它们的政府更为连贯且稳定，作为结果，近年来取得较好的社会效益和经济效益。

石油与种族

像许多发展中国家一样，尼日利亚从来就不是历史上的国家，无论殖民当局还是独立后的新领袖，都没有认真地从事过国家建设。英国接管尼日利亚时，所征服的不是组织良好的中央集权大国，像他们征服印度莫卧儿帝国时遇到的那样。土著人口主要忠于部落层次的小单位。[1] 现被称为尼日利亚的领土，由时任总督的弗雷德里克·卢吉，在 1914 年 1 月 1 日首次合并为单一政治单位。这同一个卢吉，当年曾使间接统治成为英国的殖民政策。尼日利亚由两块疆域合并而成，一块是北尼日利亚保护地，另一块是南尼日利亚殖民地兼保护地。而后者本身，又是 1906 年拉各斯殖民地和尼日尔三角洲保护地的合并。这些地区因宗教、种族和财富的差异，仅有很少的共同之点，尤其是在南北之间。南部在欧洲传教士的努力下逐渐皈依基督教，而北部信奉伊斯兰教。合并是为了行政上的便利——较穷的北部不断出现财政赤字，与南部合并之后，财政上的补贴就会变得比较容易。当然，这一计划的明智与否，殖民当局从来没有想过还要去请教当地人。[2]

英国对在尼日利亚找不到的东西，也没有加以创建。它自 17 世纪以来一直待在印度，创建军队、全国官僚机构和受过教育的中产阶级，以及推行能统一次大陆不同种族、宗教和种姓的共同语（英语）。苏尼尔·基尔纳尼（Sunil Khilnani）认为，在某种意义上，"印度"作为政治单位的想法首创于殖民时代，围绕着渐渐引进的制度和民主理想建立起来。此外，印度作为帝国的支柱，在英国的战略计划中举足轻重。[3]

英国来到尼日利亚的时候，从某种意义上说，已因全球帝国的负担而筋疲力尽。一旦他们决定不能以印度的方式在非洲投资，间接统治就是对策。所以，他们有意决定不植入强大国家结构，不努力发展经济，甚至对培养尼日利亚的有文化阶层，也兴趣索然。在

独立前夕，北部的英语识字率是 2%，全国仅有一千名大学毕业生。 324
尼日利亚人不得进入官僚体系的高层，在第二次世界大战结束时，
任职于各级政府的非洲人仅有七十五名。[4]

如前所述，人们必须组织起来争取自己的自由，是强大国家和
廉洁行政的形成途径之一。值得注意的是，尼日利亚从未有过强大
的民族主义政党，或向英国统治提出挑战，或在自己上台后追求国
家建设的战略。相反，英国人把主权放在盘子里，交给尼日利亚人，
还写下新国家宪法，提早公布离开的时间表，最终在 1960 年兑现。
独立后上台的尼日利亚政党，从一开始就是地区性和种族性的，相
互之间的怀疑甚至超过对前殖民主人，缺乏尼日利亚民族概念，也
不知如何给新国家的认同定位。民族认同的缺乏很快导致国家的崩
溃，由此陷入内战。[5]

在比夫拉湾（Gulf of Biafra）发现的大量石油储备，给尼日利
亚相互竞争的种族群体带来争夺目标，也造就让未来政治保持稳定
的机制。政府控制经济资源，将之分给精英，后者再将之（扣下自
己的丰厚份额之后）分给追随者网络。如果有心怀不满的群体，以
暴力威胁寻租联盟，就会受到更多补贴和现金的收买。政治腐败和
依附主义，就是尼日利亚为稳定和民族认同的缺乏付出的代价。

印尼开始时像尼日利亚一样，但在随后几年中有非常不同的
发展。20 世纪之前，印尼的国家根本不存在。这个地域涵盖超过
一万一千个岛屿的群岛，曾有各种不同名字，如印度群岛、东印度、
热带荷兰和荷属东印度群岛。它包括各种各样的苏丹王国、部落和
贸易站，以及说几百种不同语言的种族群体。很少原住民知道自己
村庄之外的世界，或自己岛屿之外的世界。[6]

这一切在 19 世纪和 20 世纪之交发生改变。其时，荷兰向荷兰
东印度公司总部的巴达维亚（Batavia，即今天的雅加达）之外扩展 325
政治控制和贸易网络。定期的轮渡给人带来群岛是一个整体的感觉，
更使朝觐麦加变得可行，让印尼穆斯林与更广大的穆斯林共同体相

连。接触到欧洲教育的少量本土精英涌现出来，开始接纳西方概念，如民族主义和马克思主义。[7]

到了 20 世纪的第三个十年，这个殖民地有了十分多样的认同定义。由于大部分人是穆斯林，他们可把自己当作伊斯兰国家，如巴基斯坦。印尼共产党要发动阶级革命，让自己与共产国际挂钩，就像中国和越南共产党已经做的那样。还有很多区域和地方的认同，本来是可以支持当地的单独政治体的，特别是在较大岛屿的爪哇和苏门答腊。

相反，名叫印度尼西亚的单一国家的全新理念，出现于 20 世纪 20 年代后期。其时，印尼全国协会、印尼全国政治协会代表大会和青年印尼（ Young Indonesia，民族主义的青年团体 ）先后成立。[8] 1928 年 10 月在巴达维亚召开的第二次印尼青年大会，通过国歌《伟大的印度尼西亚》（ 第一次公开使用 "印度尼西亚" 一词 ），并宣布印尼语为民族语言。

对新生国家来说，采用印尼语为民族语言是认同形成的重要因素。印尼语是经典马来语的标准化版本，好几个世纪以来，一直是群岛的贸易商和旅行者的通用语。但把它当作第一语言的印尼人很少，绝大多数继续使用爪哇语（Javanese）、巽他语（Sundanese）和荷兰语（受过教育的精英）。爪哇语是殖民地中掌握政治优势的种族群体的语言。相比之下，印尼语更平等，也没有反映讲话者和听话者相对地位的复杂标志。许多早期的青年民族主义者不会说印尼语，或说得不好。采纳印尼语，提倡多民族的印尼，合在一起就战胜了 20 世纪初流行的其他认同概念。区域性的独立运动，曾在爪哇、苏门答腊和西里伯斯（Celebes）出现，在更广泛的印尼团体成立之后，决定自行解散。由于荷兰耍弄分而治之的伎俩，许多新民族主义精英认识到，形成最广泛的联盟是赢得独立的关键。

在印尼的理念背后，最重要的推动者之一是印尼独立后的首位总统苏加诺。1927 年，他出版名叫《民族主义、伊斯兰教和马克思

326

主义》的小册子，讨论当时的三大思潮，认为当中不存在根本矛盾，不会阻碍反荷兰统治的广泛政治战线的成立。苏加诺声称，伊斯兰教和马克思主义的启示是相似的，因为它们都反对高利贷。他批评追求神权国家的"狂热"穆斯林，理由是他们会引起与印尼其他宗教团体的冲突。同样，他反对教条的马克思主义，因为它敌视宗教。苏加诺不愿将西方自由主义纳入到他的综论里面，因为这种学说没有为强大国家提供理由。在他看来，强大国家在塑造民族认同和实施再分配上，将发挥整合作用；而为了取得"社会正义"，再分配是必不可少的。

这些思想后来被苏加诺在 1945 年的讲话中阐述为"五大支柱"，成为支撑印尼独立国家的"潘查希拉学说"（Pancasila）的基础。[9]苏加诺是个极其混乱的理论家，想把实际上是相互矛盾的各种思想综合起来。不过，他的目的不是哲学，而是实用。他想创建综合性的民族认同，可以让自己把盛行于印尼的各种政治潮流汇合在一起，同时又能予以牵制。他以尽可能宽泛的术语来为印尼民族下定义，不提及其中任何一个种族。他接受宗教，但是使之中性化，只字不提伊斯兰教，只提泛指的一神教。[10]

苏加诺的民族综合，只能在日益专制的国家的框架内获得实施。1950 年独立后的原本宪法规定，印尼是多党制的民主政体，苏加诺总统只是装饰性首脑。在 1955 年的第一次大选后，苏加诺开始向现行的议会民主政体发起攻击。由于少数种族的叛乱在外岛爆发，1957 年 3 月颁布了戒严令。苏加诺在军队和印尼共产党的支持下粉碎了自由反对派，又以纳沙贡（Nasakom）为基础建起全国阵线。纳沙贡是一个缩写，代表他小册子中的三股势力，即民族主义者、穆斯林和共产党人。他越来越依赖共产党的支持，以及来自中国和苏联的外援。他还利用国家机器，在潘查希拉思想的基础上，调动广大群众的支持。[11]

苏加诺最终还是归于失败，因为他事实上无法综合这三大支柱，尤其是其中的两个，即以军队为代表的民族主义者，和以印尼共产党为代表的马克思主义者。这两个支持来源，对彼此越来越持怀疑的态度。在苏加诺总统警卫队发动政变未遂之后，一些将领被谋杀，这导致军队在苏哈托将军领导下的反扑，苏加诺被迫下台，随后引发血腥清洗，印尼共产党因此遭到摧毁，丧生人数高达五十万到八十万。[12]

　　由此产生的苏哈托将军的新秩序，放弃苏加诺纲领中的马克思主义，仍依靠中央集权的强国作为民族团结的保障，还依仗潘查希拉思想作为民族认同的来源。印尼的华人少数民族，曾是印尼共产党的主要发展对象，现被迫改用印尼名字，融入广泛的大众中去。这场危机暴露了穆斯林多数民族和华人少数民族之间的激烈对抗，而印尼共产党的失败又使穆斯林组织得以加强。但新秩序政权继续使用潘查希拉思想，抵制使印尼国家更伊斯兰化的要求。甚至，苏哈托越来越依靠华人商界，视他们为政权的支持者。[13]

　　文化同化的机制是教育，印尼语从一开始就是公立学校的教学语言。国家推出培训教师的方案，让他们去自己省份之外的地方工作（常常也在那里结婚）。印尼复制的这个行政体系，类似于中国皇帝和奥斯曼帝国用来治理行省的方式。在苏哈托新秩序时期，比较重要的成就是小学教育的扩展，接受过小学教育的人口比例从 1971 年的 55.6% 增至 1985 年的 87.6%。学校体系使用印尼语已有两代多人的时间，说印尼语的人日益增多，今天已接近人口的 100%。[14]

328

　　印尼的民族认同变得根深蒂固，所用方式是尼日利亚永远也无法借鉴的——综合思想的明确阐述、民族语言的确立、基于全国军队的专制政权的支持。然而，这一综合过程的极限在东帝汶（前印尼属东帝汶）、西巴布亚（原西新几内亚）、安汶（Ambon）和亚齐（Aceh）等地暴露无遗，它们从未接受出自雅加达的民族叙事。[15]西巴布亚和东帝汶分别在 1963 年和 1976 年被印尼正式吞并，其种族大体上是非穆斯林的美拉尼西亚人。苏加诺在 1927 年的小册子中引用欧内斯特·勒南的定义，认为民族是享有共同历史、以同一共同体的方式行事的群体。根据这个标准，这两个地方从来没有把自己当作印尼民族的一部分。它们不属于印尼皈依伊斯兰教之前的满者伯夷（Majapahit）印度教王国，即现代民族主义者想象为印尼认同源泉的历史时期。它们自有与美拉尼西亚之根更近的认同源泉；在东帝汶的情况中，还存在葡萄牙宗主国的历史。当早期印尼民族主义者访问群岛的东部时，发现那里是全然陌生的部落居住地，有人甚至称当地人为"食人族"。[16] 印尼政府将爪哇和其他地区的移民迁入这两个地方，以改变种族平衡；推广印尼语的教学；通过学校促进潘查希拉思想的传播；依靠武力对付当地武装叛乱，以维持主权。尽管有亲印尼民兵的可怕暴行，东帝汶仍在 1999 年的全民公决中投票赞成独立，在 2002 年成为独立国家。西巴布亚留在印尼中，只是仍有低水平的持续叛乱和独立运动。

尽管印尼国家实施的民族认同仍然有局限，但在这个百年之前远远不是单一国家的区域，政府已取得相当了不起的民族融合。事实上，印尼认同在 20 世纪 90 年代已变得非常安全。在 90 年代末的亚洲金融危机之后，整个国家过渡到民主政体，向各省和地区大幅下放权力，无须担心分裂倾向。印尼仍是个断裂国家，针对华人、基督教社群和其他少数民族社群的暴力仍在继续。腐败程度仍然很高，但所有的成功都是相对的。考虑到印尼建国初的种族、宗教和区域的分裂，它的国家建设成就还是相当出色的，印尼本来可以看起来更像尼日利亚。[17]

尽管有区域、宗教和人种上的明显差异，坦桑尼亚在民族建设中的记录非常类似于印尼。坦桑尼亚在种族上高度多样化，分为一百二十个不同族群。像印尼一样，多年来执掌统治的是强大的一党制国家，把民族建设定为明确目标，并在很大程度上获得成功。它采用自上而下的专制权力来实现这一目标，也像印尼一样。

最适合与坦桑尼亚相比的国家是它北面的肯尼亚。两个都是英国殖民地或托管地，在气候和文化上也非常相似。事实上，两国之间的边界是殖民当局划定的直线，从西部的维多利亚湖一直到印度洋，人为地分开散居于边界地区的当地居民。

在冷战期间，两国经常被拿来做比较，因为肯尼亚采纳乔尔·巴坎（Joel Barkan）所谓的"庇护—依附（patron-client）资本主义"，而坦桑尼亚采纳"一党制社会主义"。[18] 在 1963 年独立后的二十年中，肯尼亚的增长大大超过坦桑尼亚，据说是展示了市场经济的优势。（见表 4）

表 4. GDP 增长率，1965—1990 年

	1965—1980	1981—1985	1986—1990
肯尼亚	6.8	3.2	4.9
坦桑尼亚	3.9	0.4	3.6

来源：世界银行

但从上世纪 80 年代末起，两个国家的位置颠倒过来。相对于坦桑尼亚，肯尼亚遭遇急剧的经济衰退（见图 16）。最近，坦桑尼亚分享撒哈拉以南非洲的强劲增长，从 1999 年到 2011 年，取得约 6% 的年增长率。相比之下，肯尼亚遭受种族群体暴力的折磨，特别是自 2007 年总统大选以来。它的 GDP 增长率在 21 世纪第一个十年一直偏低，而且有很大波动，受到持续的政治冲突的影响。相比之下，坦桑尼亚一直保持稳定。原因最终可追溯到：坦桑尼亚的一党专政实施民族建设的政策，而较为自由的肯尼亚没有这样做。

与肯尼亚相比，坦桑尼亚在塑造民族认同上享有现存的优势，它的一百二十个种族群体中没有一个大得足以支配整个国家。而肯尼亚有五个主要的族群，占人口的 70%。[19] 这些较大族群——基库

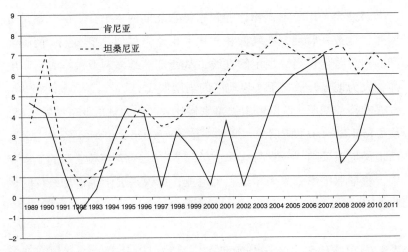

图16. GDP增长率，1989—2011年

来源：世界银行

尤、卡伦津、卢奥、马赛、卡姆巴（Kamba）和卢希亚（Luhya）——
中的任意两个，一旦组成联盟，就足以控制政府。同样重要的是，
斯瓦希里语（Swahili）在坦桑尼亚充当民族语言。斯瓦希里语是一
种班图语（Bantu），从桑给巴尔等沿海地区的商人那里借用了不少
阿拉伯词汇，是东非许多国家的口语。它是殖民时代的通用语，也
是商人的语言，所起的作用与印尼语非常相似。19 世纪晚期的坦噶
尼喀是德国控制的，与在肯尼亚的英国相比，德国殖民当局作出更
加协调一致的努力，使之成为民族语言。所以在独立时，使用它的
坦桑尼亚人大大超过肯尼亚人。[20]

　　坦桑尼亚开国总统尼雷尔（Julius Nyerere），发挥了与印尼苏
加诺相似的作用。他以自己的乌贾马学说（ujamaa），建立起基于
社会主义意识形态而非基于种族的民族认同。他的乌贾马学说就是
非洲社会主义，在他的文章以及像《1967 年阿鲁沙宣言》（Arusha
Declaration）那样的文件中，获得清晰详尽的阐述。[21] 他认为，种

331

族分裂是对社会主义项目的严重威胁，所以极力抑制他所谓的"部落制"。跟苏加诺一样，他对西方多元化的自由观念没有耐心，希望实施一党专政，从而改造社会。为了达到这个目标，他创建了作为政治工具的坦噶尼喀非洲民族联盟（Tanganyika African National Union），后来又演变成坦桑尼亚革命党（Chama Cha Mapinduzi）。这个政党坚持列宁主义纪律，对全国各地的干部实施集中的控制。不同于许多非洲新统治者，尼雷尔不但关注城市，而且力求坦噶尼喀非洲民族联盟渗透乡村。[22] 在这个过程中，尼雷尔的政府比乔莫·肯雅塔做出更大努力，把斯瓦希里语当作民族语言，使之在1965 年成为所有中学的必修课。借用亨利·比嫩（Henry Bienen）的话："斯瓦希里语是坦噶尼喀民族认同的重要组成部分，等同于坦噶尼喀的本色。"[23]

　　肯尼亚的情形非常不同。大种族群体基库尤人，凭借自己在政治和经济上的主导地位，在独立后扮演支配角色。反抗英国殖民当局的茅茅起义，在很大程度上是基库尤人领导的，他们还为国家贡献了开国总统乔莫·肯雅塔。肯雅塔成立自己的民族主义政党，即肯尼亚非洲民族联盟。但根据构思，它不是基于意识形态的列宁主义组织，而是庇护式分配体系。在人们眼中，国家不是站在不同种族群体上面的中立仲裁者，而是等待攫取的奖金。所以，当肯雅塔的继任者丹尼尔·阿拉普·莫伊（Daniel arap Moi）在 1978 年上台时，庇护政治突然从基库尤转向支持莫伊的卡伦津和其他种族群体。坦噶尼喀非洲民族联盟追求从富人到穷人的再分配，而肯尼亚政府追求从一个种族到另一个种族的再分配。抓到政治权力的种族群体对庇护政治的公然利用，用记者米歇拉·朗（Michela Wrong）一针见血的评语说就是："轮到我们吃了。"[24]

　　肯尼亚的经济衰退能直接追溯到莫伊的崛起，以及随之而来的庇护政治和腐败的水涨船高。从那时起，肯尼亚的政治以各种族群体抢夺总统和国家资源的零和游戏为中心。它的高潮是 2007

年总统大选后的大杀戮，其中一名候选人是基库尤的姆瓦伊·齐贝吉（Mwai Kibaki），他的对手是卢奥的拉伊拉·奥廷加（Raila Odinga）。[25] 开国总统的儿子乌呼鲁·肯雅塔（Uhuru Kenyatta）在 2013 年被选为总统，但由于他在 2007 年群体暴力中扮演的角色，而遭到国际刑事法院的起诉。

坦桑尼亚推动民族语言，努力杜绝地域主义和种族认同。这一切意味着，随着时间的推移，种族群体在坦桑尼亚变得越来越不重要，远远低于肯尼亚和没有把民族建设当作明确目标的其他国家。经济学家爱德华·米格尔（Edward Miguel）发现，坦桑尼亚和肯尼亚的种族多样性非常相似，但前者提供更高水平的公共物品，表明那里的种族色彩比较不明显。[26]

强烈的民族认同本身并不能创造良好效果，必须与明智的政策关联起来。从独立日到 90 年代初，尼雷尔在坦桑尼亚建立非洲社会主义的努力，除了民族建设，在其他方面都是大灾难。在经济政策上，坦桑尼亚占据经济制高点，把生产者的财富再分配给他人，从而摧毁了经济奖励。它破坏作为出口收入的主要来源的农业部门，提倡替代进口的工业，从长远看却是不可持续的。它阻拦外国的私人投资，主张"自给自足"。在政治领域，坦桑尼亚犯了许多严重的早期错误。它宣布自己为一党制国家，让坦噶尼喀非洲民族联盟的干部监管政治和社会生活的一切。不单是其他政党，公民社会组织也被禁止或受到严格控制；新闻自由非常有限。社会主义时期最糟糕的政策，也许发生于 1973 年至 1976 年之间；那时，80% 的乡村人口被迫参加乌贾马集体农庄。它在大规模社会工程上的努力，跟苏联和中国一样，给经济和个人自由带来可预见的负面影响。[27]

坦桑尼亚债务危机发生于 20 世纪 80 年代后期。自那以后，糟糕的经济政策宣告结束，改成更为明智的市场经济。这种变革，加上它避免尼日利亚式或肯尼亚式的种族冲突，让它在 20 世纪 90 年代至 21 世纪第一个十年取得令人印象深刻的增长速度。也像印尼

333

一样，这并不意味着，种族（或宗教）不再是冲突和不稳定的潜在来源。桑给巴尔的穆斯林获得日益增长的动员，赞成另外组建独立的国家。印尼和坦桑尼亚成功创造的，都是更为有效的政治秩序。

我曾说过，成功的民主国家受益于历史上以暴力和非民主手段完成的民族建设。在欧洲发生的情形，也在发展中国家发生，如印尼和坦桑尼亚。今天，这两个国家都是相当成功的民主政权。2013年自由之家给印尼的自由度评级是 2.5（最好是 1，最糟是 7），坦桑尼亚是 3.0。当年在建立民族认同时，这两个国家都比现在专制得多。反过来，鉴于现存的分裂和国家权力的局限，很难想象尼日利亚和肯尼亚今天会投入民族建设的项目。在这两个国家中，无人有足够的权威，来书写民族叙事或颁布新的民族语言。所以，就共享的认同和现代国家的建立而言，先后次序和历史都很重要。

当我们转向东亚国家时，就会发现截然不同的民族认同和国家传统。中国、日本和韩国，至少是世界上种族最同质的社会之一，很早就有基于共同语言和文化的强烈民族认同。但事情并非总是如此——中国文明在古代从黄河流域扩张出去，征服南部、东南部和西部，吸收无数非汉族人口，本身又遭受北部和西北的突厥野蛮人的入侵。第 1 卷已经指出，中国发明的不只是第一个国家，而且是第一个现代国家。它的建立围绕一种共同的文献语言，其中的古典著作一直是历代官僚的教育基础。从中国历史的一开始，民族认同和国家建设就相互关联。中国边界上受儒家文化影响的其他社会——韩国、日本和越南——也是如此。所有这一切发生在它们与欧洲殖民主义和西方观念有深入接触之前。这个事实对当代发展成果有强大影响：不同于尼日利亚和印尼，所有这些亚洲国家在 19世纪和 20 世纪，只需建立现代国家，无须同时从事民族建设。像同时代的欧洲一样，它们的民族已经井然成型。

334

第23章

强大的亚洲国家

> 与西方接触之前，中国、日本和其他东亚社会就有了强大
> 的现代国家；东亚的问题不是软弱国家，而是国家无法受
> 到约束；日本在外国压力下引进法律，及其官僚体系的自
> 主完全失控

在拥有自由民主、工业化和高收入的社会中，绝无仅有的非西方世界国家或地区——日本、韩国和台湾——都在东亚。中国、新加坡、越南、马来西亚和其他快速发展的国家也都在亚洲，它们缺乏民主政治制度，却有高效的国家。撒哈拉以南非洲的特征是国家软弱和经济表现不佳，东亚恰恰是它的反面，位居光谱表的另一端。

关于"东亚奇迹"及其神速增长的原因，已经有大量的解释文献，大体可分成两派。一派认为，东亚的成功在于市场友好型的政策；另一派强调，更重要的是工业化政策和其他促进经济增长的国家干预。也有文化上的理论，把它们的成功归因于亚洲人节俭和尽职（工作伦理）的价值观。由于东亚各地区之间有巨大差异，对增长来源的合理诠释，既可以是市场导向的，又可以是国家驱动的。与中国大陆和韩国相比，香港地区一直更为开放，仅有较少的集权，但三地都取得迅速增长。不管政府干预多少，快速增长的东亚经济体的共同点是：它们都拥有强大胜任的国家。[1]

推行工业政策的积极政府是在经济领域"挑选优胜者"，通过信贷补贴、特殊许可和基础设施的支持，予以大力提携。对它来说，

强大的国家尤为重要。尽管自由市场的原教旨主义者认为，工业政　　336
策永远都不会奏效，但这种做法在某些地方证明是非常成功的。[2]
不过，成功的前提非常具体。假如政客插手其中，无视市场提供的
价格信号，所造成的后果可能很危险：投资的决策会取决于政治理
由，而不是经济原因。拉丁美洲、非洲和中东的发展中国家，历史
上有不少案例，因疯狂的腐败和寻租，导致国家工业政策变质并最
终崩塌；第 18 章中提到的阿根廷努力打造国内汽车工业的案例就
是很好的说明。能让政府干预发挥作用的国家，必须拥有彼得·埃
文斯（Peter Evans）所谓的"内嵌式自主"：官僚体系必须对社会
需求作出反应，无须承受寻租政治群体的压力，以促进为广泛公共
利益服务的长远目标。[3] 这种政策在日本、韩国、中国大陆和台湾
地区取得成功，在其他地方却遭遇失败。结果的不同，在于政府质
量的好坏。

　　强大的亚洲国家来自何方？新加坡和马来西亚是殖民地的产
品；中国、日本和韩国，在与西方有深入接触的数百年之前，已有
国家和民族认同的强大传统。在 19 世纪和 20 世纪，这些传统国家
在西方殖民列强手中承受严重破坏，需要对国家制度进行大幅度的
重组与改革。但政府建设没有必要像非洲不少地方那样从零开始。
此外，中国、日本和韩国各自已有强烈的民族认同和共享的文化。
事实上，它们是世界上种族最同质的社会之一。悠久的国家传统和
民族认同，是东亚在经济发展上获得显著成绩的基石。

　　大部分东亚国家在工业化开始时，认为拥有强大国家是理所当
然的，在这点上与欧洲非常相似，但走过的政治发展途径却完全不
同。欧洲在中世纪后期已建立法律制度，远远早于 16 世纪末到 18
世纪之间兴起的国家建设。这意味着，尽管有欧洲君主的自我吹嘘，
现代欧洲国家的权力一直比东亚国家更为有限。除了法律限制，欧　　337
洲国家权力又进一步受制于新兴的社会参与者，如中产阶级和工人
阶级，他们组成自己的政党，向国家要求权利。法律与负责制紧密

配合，以牵制国家的权力。根据法律，像英国议会那样的封建会议，有权要求国王在征税前必须获得许可。原本建立在少数寡头基础上的议会，在组织政党和争取扩大代表权的新兴社会力量手中，也可成为确立权力的工具。

相比之下，东亚的政治发展开始时没有法治，只有国家。由于缺乏超越的宗教，除了皇帝颁布的制定法，中国从来没有发展出一个法律体系，也没有独立于行政权力的法律等级制度。皇帝依法治理，把法律当作吏治的工具。中国统治者手中握有早熟的现代国家，能阻止违抗自己宗旨的社会参与者兴起，如宗教组织、躲在固若金汤的城堡中的贵族（如欧洲的）、在自由城市享有自治的商业资产阶级。结果是，传统亚洲政府的专制程度大大超过欧洲。

东亚的政治挑战与其他殖民地世界非常不同。国家权威是理所当然的，出问题的恰恰是它的反面：如何通过法律和负责制政府来限制国家权力。国家和社会之间的天平，在世界其他地方严重偏向于社会，在东亚强烈偏向于国家。可以制衡国家权力的社会组织确实存在，但受到严密的控制，光靠自己几乎没有蓬勃发展的机会。这一模式一直延续到今天。

日本官僚体系

日本是第一个走上现代化道路的非西方国家，加入发达国家的行列，在某种意义上，成为大格局中的典范（paradigmatic of this larger pattern）。它继承下的国家传统足够强大，能成功抵制外国列强的殖民企图，甚至它的传统制度能借鉴进口的欧洲模式进行重组。这个过程的关键是中央集权的官僚体系的建立，从 19 世纪末起，这个官僚体系成为政府权威的主要来源。最终的结果是，失去控制的军队享有太多的自主性，竟把整个国家拖入一场灾难性战争。法治和民主负责制的到位，不是通过民主力量的全民动员，而是通过美国等外国势力的干预。

在德川幕府时期（1608—1868），幕府将军名义上是天皇的附庸，实际上以天皇的名义在行使真正的权威。统治日本的不是中央集权的官僚国家，而是幕府——将军在江户（东京）的行政机构——和大名（或军事领主）统治的几百个藩，各自分享权威。由此产生的"幕藩制"常被定为类似于欧洲的封建主义，因为权力分散在藩的层次，每个大名拥有自己的城堡和麾下的武士。

把这一体制称为封建主义，无疑忽略了它在行政管理上的整齐划一，以及前现代日本国家渗透社会的非凡能力。在前现代时期，日本继承下来的官僚政府传统，深受中国的规范和实践的影响。借用彼得·杜斯（Peter Duus）的话："尽管有封建结构的外表，日本在许多方面是官僚国家的模范……政府办事处堆满能想象出的每一份记录和文件，从土地调查，到以各种方式记录大多数居民的人口登记。（在养马的南部藩，甚至马匹的怀孕和死亡都有记录。）"[4]在 1868 年后的经济现代化之前，日本政府像中国一样在许多方面已具有现代形式。

日本的现代化始于 1853 年美国海军准将马休·佩里率"黑舰"到来，是亨廷顿所谓的"防御型现代化"的典型案例。佩里和其他西方列强要求日本对外开放，导致允许外人进入日本市场的一连串不平等条约。这个投降让德川幕府丧失了合法性。由此引发的武装叛乱，在 1868 年以明治天皇的名义，复辟了中央集权国家。目睹西方列强已夺走中国的沿海领土，不愿重蹈中国覆辙的渴望使复辟中央国家变得尤为紧迫。废除不平等条约，促使殖民列强承认日本是平等强国，始终是日本现代化的重要动力，一直到 20 世纪的最初几十年。像普鲁士一样，对军事威胁的担忧激励了日本的国家建设。[5]

日本的政治发展在 19 世纪 70 年代具有惊人的速度。所有的藩在 1871 年一下子都被取缔，武装力量全部并入全国军队。武士精英在德川制度下是唯一允许携带武器的，到 1876 年被剥夺津贴，也被禁止佩带象征性的两把武士刀（katana）。新征召的军队运用现代的组织原则，行伍中有不少以前被人瞧不起的农民。这些变化导致 1877 年的武士起义，称为萨摩叛乱（Satsuma Rebellion），但很快败于新征召的军队之手。[6]

我们倾向于认为，这些历史事实是日本决定进行现代化的必然结果。相对于世界其他地区，这些发展是非常了不起的。在欧洲，取消封建特权和建立中央集权的现代国家是漫长的过程，从 16 世纪后期到 19 世纪后期，因不同国家而异，包含大量且暴烈的社会冲突。在当今发展中世界，尽管有多年的努力，这样的整合还是无法完成。例如，根深蒂固的准封建土地精英继续掌控巴基斯坦，丝毫没有放弃特权的打算。索马里和利比亚，无法强迫民兵并入新的全国军队。相比之下，现代国家的整合在日本仅仅花了短短十多年的时间。

解释这种差别的各种原因中，最突出的是德川日本强烈的民族认同。日本是个岛国，从一开始就接受从未中断的单一王朝的统治，所以享有种族和文化的高度统一性。明治的寡头政体很小心，通过将神道和天皇崇拜提升为国教的政策，刻意培育这一认同。神道产生直接的政治影响，为天皇为首的新国家提供了合法性。[7] 这些传统已存在好几个世纪，只是在 1868 年后获得更多的重视。与大多数发展中国家的精英相比，明治维新领袖需要建立的只是国家，而不是民族。

日本天皇在新体制中实际上并没有亲政，真正权力落到寡头小圈子手上，包括伊藤博文、山县有朋、井上馨和内务府的各式匿名官员。他们在幕后操作，以天皇的名义颁布政策，首批行动之一就是建立韦伯式的现代官僚体系，还经常亲自监管那些行政部门。随着时间的推移，这些政治团体和官僚机构上层已经变得难分难解，来自藩政府的官员成为全国官僚机构的核心。从 1868 年到 1878 年，这些藩政府失去独立性，改成县行政机构，隶属于东京的中央政府。

340

　　像欧洲一样，教育也成了进入高级官僚机构的敲门砖。如想进入像财政和工商那样的精英部委，东京帝国大学（今东京大学）法律系就是首选的途径。到 1937 年，超过 73% 的高级官僚是东京大学的毕业生。[8] 日本官僚机构的能力增长非常出色，无论是速度还是质量。1900 年以前获得任命的县知事，超过 97% 没有受过正规大学教育。从 1899 年到 1945 年，同类官员中的 96% 不但受过大学教育，而且是 19 世纪晚期新建大学的西式教育。[9] 东亚之外当代发展中国家中，能在国家行政部门中如此迅速积累人力资本的，实在是也想不出几个。

　　像普鲁士官僚体系一样，日本官员也要接受竞争性考试的筛选，一届届地进入，几乎没有横向插入仕途的机会，使庇护式任命难以发生。官僚体系的职业轨迹是 1884 年创建的，相关的退休金体系奖励长期服务。考试制度建立于 1887 年，到 1893 年变得更加重视法学和法律。1899 年的《文官任用令》规定，招募进入官僚机构最高层的人必须要通过高级考试。[10] 此外，许多官员都来自当初领导明治维新的萨摩藩和长州藩，造就高官小圈子中坚固的凝聚力。[11]

　　像德国国家一样，日本国家也是在战争中炼成的。日本从 1894 年到 1895 年与中国交战，随之吞并台湾；在 1905 年的日俄战争中打败俄国，取得了在中国的落脚点；在 1910 年又对朝鲜殖民。像普鲁士一样，军事行政结构的现代化也被视为国家生存的关键。陆军和海军的预算大幅增加，开办新式军事学院，让军官接受欧洲军事技术的训练。国家特别关心死于战争的军人，1869 年在东京设立靖国神社，以慰死者的灵魂。德川政权一直就是崇尚武士道精神的军事寡头。这个武士伦理，在日益自主的军事官僚体系中，又与现代组织技术结合起来。日本民族主义从一开始就带上军事色彩。这个传统一直延续至今，保守政客积极参拜靖国神社，让作为日本近邻的中国和韩国感到不安。[12]

法律在日本的扩展

　　到日俄战争时，日本已把韦伯式现代国家视作理所当然。它的问题完全不同于大多数当代发展中国家：不是要打造国家权力，而是要建立能限制国家权力的制度。在唯我独尊的国家面前，维护产权和经济增长的前景，防止对个别公民的滥权，都是非常必要的。这意味着，需要建立法治。

　　与中国一样，前现代日本有悠久的依法统治的历史，但这不是法治。换句话说，法律被视作天皇的规范化政令，所约束的是臣民，而不是天皇自己。日本最早的成文法律是 7 世纪和 8 世纪从中国唐朝借来的，分别为 702 年的《大宝律令》和 718 年的《养老律令》。跟中国的情形一样，日本早期的法律主要是刑事的处罚表，没有合同、财产和侵权等私法概念。法律的起源不是拥有法官和专家等级制度的独立宗教权威，这跟中国一样，但不同于欧洲、印度和中东。法律只是政府的行政分支，无论是全国的还是藩一级的。到了明治维新，日本传统的刑法和行政法是书面且正式的，在整个日本比较统一。行政法规深入日本乡村，能对国界内每一个公民进行登记。[13]

　　作为现代化努力的一部分，日本邀请西方法律学者到日本来充当顾问，派学生和官员去西方学习法律。事实上，日本的传统法典没有覆盖整个法律领域，尤其是涉及经济的。这意味着，必须从外国进口缺乏的部分。此外还有更为深刻的缺陷：日语中没有与法语（droit）、德语（Recht）和英语（right）中的"权利"对应的字。人类在组成社会之前就有天生的个人权利，而政府的部分功能就是要予以保护，这在欧洲和美国的法律中是基本概念，但日本对此一无所知。在商讨明治宪法时，曾考虑过美国《独立宣言》中的自然权利，但最后明确予以拒绝。[14]

　　鉴于这一传统，可能不可避免，日本在研究英国普通法之后决定予以放弃，转而采用基于法国和德国的民法体系。英国权力分散

342

的庞大体系由法官制造法律，相比之下，更为紧凑的民法体系，能被直接嫁接到现行的日本官僚传统上。在许多情形下，民法是全盘进口的，最终扩充的《民法典》在 1907 年公布。有关家庭事务的传统法律获得保留，有关家庭的规则从武士阶级扩展到整个社会。[15]

日本采纳《民法典》，实施现代的依法统治。但法治暗示的概念是，规则所约束的不但是普通公民，而且是最高权力本身，也就是天皇。在现代政治体制中，这通常落实于正式文本的宪法，既阐述最高权威的来源，又明确规定（从而限制）政府的权力。日本政府在 1889 年颁布《明治宪法》，一直生效到 1947 年美国为之编写第二次世界大战后新宪法。

《明治宪法》由五人秘密起草，其中一人是德国宪法专家赫尔曼·罗斯勒（Carl Friedrich Hermann Rösler）。在之前的十三个月中，明治维新最强大的寡头伊藤博文周游欧洲，专门研究欧洲的宪政。他选择出国这么久来研究这个问题，他的同事又允许他这样做，显示领导班子的共识——法律对日本未来非常重要。（伊藤后来担任韩国统监，1909 年被韩国民族主义者刺杀。）

明治宪法否决基于议会主权的英国模式，代之以更为保守的模式，比较接近德意志帝国的俾斯麦宪法。[16] 它把最高权力归于天皇，而不是日本人民。所有下级部门的权力均来自天皇的权威。他有权任命部长、宣战和缔结和平，从而拥有对军队的独家控制。宪法规定一个世袭的贵族院，一个以财产为限制的民选国会，享有选举权的人不超过人口的 1%。国会有批准预算的权力，但不能予以消减。如果它不愿批准政府提出的预算，前一年的预算就会自动生效。宪法列举一长列的公民权利，但随即加以修饰，称它们要受制于法律乃至和平和秩序的需要。在任何情况下，这些权利被认为是天皇的慷慨赐予，而不是自然的，或上帝赋予的。[17]

《明治宪法》的评价有很大争议，取决于评论者认为玻璃杯是半空还是半满。乔治·秋田（George Akita）指出，日本在 20 世纪

30 年代转向军国主义，促使许多当代日本学者强调，《明治宪法》偏离良好的民主实践，不可避免地为以后肆无忌惮的专制做好了准备。不过他认为，对半来会更有意义。日本的情况是，既有皇权不受任何正式限制的一面，也有权力以各种形式被规范化并受到限制的一面。天皇可以委任内阁大臣，但他的所有的法令都必须要有一位阁臣副署；在行政权力上与枢密院（仿照英国的先例）分享，枢密院成员是所谓的元老；到 20 世纪的第二个和第三个十年，又与首相和内阁分享。民选的国会能够有效否决预算的增加，在财政支出稳步上升的时代，显得对政府更具杠杆作用。这个权力在第一个国会召开之时就变得非常明显。像德国的法治国一样，日本的最高权力归于天皇，但没有导致反复无常和任意妄为的滥权，因为最高权力的委托执行要通过受规则约束的官僚体系。[18]

　　当然，更好的是有完全民主的宪法来保护个人权利，而不是以《明治宪法》或俾斯麦宪法为代表的半专制宪法。权力过于集中于一小撮人的政治秩序，无疑是在向经济和政治滥权招手。真正的法治，必须对国家和站在国家背后的主要精英具有约束力。由于没有第三方执法，宪法的耐久性取决于主要利益集团的态度：遵守宪法的条款是否符合自己的利益。所以，现在要问的有关日本宪法的问题是，要求对天皇权力实行限制的社会和政治参与者到底是谁？日本寡头本来可以更武断的方式实施统治，为何在权力上接受法律限制？

　　在这方面，日本 1889 年的解决办法非常不同于英国 1689 年的解决办法，因为日本国家只需面对极少的反对组织，无论是精英的还是基层的。最强大最危险的阶级是从前的武士。无论地位还是收入，他们在明治维新中遭受的损失都最大，不准携带刀剑，剃去传统发髻，改为西式短发。很多人被迫从事不体面的职业，如小生意和农耕，否则就会陷入贫困。武士阶层在明治维新后发动六次武装暴动，但在 1877 年萨摩叛乱的军事失败后，逐渐消失于政治舞台。另一个不满的群体是农民，其中许多人由于明治改革的地税和征兵而受到很大伤害。他们在 19 世纪 70 年代举行抗议活动，但不满仅局限于地方，所以未能形成全国性的运动或政党。最后，还有接受自由民主思想的中产阶级自由派。他们组成民权运动，建立自由党，散发请愿书，组织抗议活动，从而受到明治政权的镇压，其中一些成员甚至转向暗杀和武装反抗。政府 1871 年公布天皇将在 1880 年之前颁布宪法，民权运动就此偃旗息鼓。[19]

日本宪法与英国宪法形成明显对比。它不是两个悠久的社会群体在长期冲突后同意分享权力的结果，也不是中下层社会群体组织起来强加于天皇的产品，像在法国大革命中发生的那样。几乎所有评论家都认为，宪法的起草和颁布都是自上而下的过程，获得像伊藤博文那样的高官显要的积极推动。寡头可能受制于民权运动，但在政治进程中始终得以掌舵。日本没有类似阿拉伯之春的情形。[20]

最终推动日本建立宪法的，并不是国内社会团体，而是外国榜样。其时的西方列强并没有公然迫使日本颁布宪法。相反，日本人自己看到，宪法是成为与西方平起平坐的强国的必需。他们遵循如此的三段论，"所有现代国家都有宪法，日本渴望成为现代国家，所以日本必须也要有宪法"。一定要废除不平等条约，是发动这些改革的直接政治借口，最后在 1899 年获得成功。但追求这个目标的动力，与其说是经济利益，倒不如说是日本亟欲在西方列强眼中成为现代社会的渴望。[21]

官僚体系的自主性彻底失控

像德国一样，明治维新后创建的韦伯式现代官僚体系变得如此自主，以致把全国带入灾难。我认为，日本在 20 世纪 30 年代向右转的根源在于这方面的发展，而不在于更深层次的社会原因。

从社会方面来解释日本的"法西斯化"，最著名的努力之一是巴林顿·摩尔（Barrington Moore）。他认为，有三条不同途径通向现代化，不管是哪一条，农民都起关键作用。第一条是以英国和北美国家为例的民主途径，其中的农民经济和封建政治，要么被强行转化为商业性农业（英国），要么根本就不存在，因为家庭农场太占优势（北美）。第二条是通过农民革命来取得现代化，那是共产党的俄国和中国所走的途径。第三条就是法西斯途径，压制性农业体系孕育出专制国家，之后又逃脱创造者的掌控。[22]

日本为何没有中国或俄国式的农民革命？摩尔的论点相当有说服力。在明治维新之前的一世纪中，德川的税收制度鼓励农业效率的提高，农民实际上变得越来越富。此外，税收是集体评定的，政府收税方式又相对非人格化，促成村庄一级高度的社群团结（或可称作社会资本）。这与中国形成鲜明对比，那里的税收承包——把征税外包给经常是掠夺性的代理人——以及以家庭为中心的个人主义，在农民身上培养了不信任。[23] 清代中国农民的不满和愤怒，远远超过明治日本的农民，这种愤怒最终被中国共产党用来实现农民动员。在明治维新前后，随着农业变得日益商业化，也有农民奋起反抗，但终未达到足以酿成全国起义的水平。[24]

摩尔试图把乡村土地使用权与 20 世纪 30 年代军国主义政府的崛起挂起钩来，但难以令人信服。他想在日本和普鲁士之间画等号。从 16 世纪起，普鲁士农业土地使用权的制度变得日益压抑，其军队确实牵连其中，军官团的成员直接来自在平民生活中惯于欺压农民的容克阶级。但在 19 世纪末的日本，封建土地使用权已被更自由形式的租赁和商业性农业所取代。还有一部分大地主幸存下来，直到 20 世纪 40 年代后期美国强加土地改革，成为保守党的政治基础。但在政治上，他们在日本保守派联盟中的重要性，远远低于第一次世界大战之前的德国容克阶级，或 1930 年政变时的阿根廷大庄园主。实际上，新兴军国主义国家中的官僚积极分子是反对他们的。[25]

实际上，如果没有独立的军队，完全可以假设一段虚拟历史：即日本朝英国式民主的方向发展。日本避开第一次世界大战，经历

347

经济增长的鼎盛期，促成高等教育的普及，以及城市中产阶级的快速增加。欧洲列强在 1920 年回归亚洲市场，鼎盛期随之戛然而止。接踵而来的持续的经济衰退，见证了工会和劳资纠纷的增长、马克思主义者和左翼团体的兴起、以日本庞大工业财阀（Zaibatsu）为主的工业资本主义的巩固。所有这一切不一定是民主的致命伤，因为它们当时也在英国、法国和美国发生。如果越来越有能力在日本国会角逐权力的政党，能容纳新群体的参与，民主在 20 世纪 30 年代获得巩固也是可能的。[26]

在这条路上挡道的是日本军人，不仅有日本本土的，而且有海外帝国的。在某种意义上，日本的威权主义诞生于满洲，而不是东京或日本乡村。日本在 1930 年华盛顿海军会议上对英国和美国作出让步，海军为此而感到阵阵刺痛，而陆军希望在满洲建立一个国中之国。那里的关东军下级军官刺杀军阀张作霖，在 1931 年的九一八事变后，抢占了南满大部。在东京的文职政府意见分歧，对此没有作出妥善反应。在任何情况下，《明治宪法》都不允许民选的文职政府直接统辖军队。天皇不再是军队的指挥官，反而成了它的俘虏，程度甚于第一次世界大战前的德国，于是开始了一段政治暴力日益喧嚣的时期。军队或右翼的政治狂热分子开始以天皇的名义行动，暗杀文职政客，包括 1930 年遇害的滨口首相和 1932 年遇害的犬养首相。另有激进军官试图在 1936 年发动政变，虽然受挫，但文职政府已如惊弓之鸟，无法阻止关东军 1937 年挑起的卢沟桥事变，以及对中国的全面侵略。[27]

不同于德国和意大利的法西斯主义，日本军国主义与大众政党没有关联。军方虽有右翼团体的平民盟友，但不同于德国军队，在日本没有强大的社会基础。它是野战军中年轻军官的产物，如九一八事变的策划者石原莞尔。他在自己的旅行和研究中，发展出世界强国之间很快会有"全面战争"的观念。日本军方发展自己的反资本主义的民族思想，谴责工业社会的物质主义和自私，怀念想

348

象中的田园生活。但它所赞赏的，与其说是农业生活，倒不如说是旧军事贵族基于荣誉的精神气质。军内的官僚自主性特别强烈，原因在"将在外，君命有所不受"的传统。[28]在 20 世纪 30 年代，代理人成功让自己转化成委托人。

法律和民主

日本败于太平洋战争，改用美国在 1947 年起草的宪法，终于迎来真正的法治。该宪法没有任何修订，一直使用到今日。引致这一结果的有几个重要的法律步骤，包括天皇在 1945 年 8 月 16 日宣告，接受《波茨坦宣言》的无条件投降；另有 1946 年 1 月 1 日的帝国诏书，放弃天皇是神灵的教义。[29]日本战败后遭到外国占领，政府起草一份建议，对《明治宪法》仅作细微改动。它被泄露出去后，引起同盟国最高统帅道格拉斯·麦克阿瑟（Douglas MacArthur）将军的关注。他下令起草一份截然不同的文件，在 1946 年 2 月递交给震惊中的日本政府。

349

这份美国文件含有关键的变动：最高权力不再归于天皇，而是归于人民；贵族制度遭到废除；所列出的基本权利，再也没有明治宪法式的修饰；著名的第九条放弃对外宣战和设置军队的权利。这份宪法在新当选的国会中接受辩论，在 1947 年 5 月 3 日生效。[30]

像前东京都知事石原慎太郎那样的当代民族主义者，抨击第九条乃至全部的战后宪法，认为它是外人强加于日本的，主张予以修改，以恢复军事能力和自卫权利。在接受这样叙述之前，我们应该注意到，美国在 1945 年后试图强加好多条政策，有些作用非常持久，另外一些则以失败告终。除了体现在宪法中的民主体制，持久作用的还包括结束租约体系、分田分地给个体农户、提升妇女合法权利和政治权利。绝大多数日本人后来对这些强加于人的变革都非常感激，特别是妇女。她们的权利因一名年轻女子的坚韧而获得保障，她叫贝亚特·希洛塔（Beate Sirota），任职于宪法起草委员会。[31] 实际上，日本体系已在均衡中卡死，即便是主权、土地改革和妇女权利之外的流行议题，现存参与者光凭自己绝不会同意变革。美国与其说强迫日本咽下苦果子，倒不如说帮助日本达成更为积极的均衡。

另一方面，美国也没能获得它所想要的全部，其中之一就是财阀的解体。它们是庞大的工业综合集团，据称应该为战争的资助和推动负责。财阀在名义上解散了，但很快组成非正式的经连会（keiretsu，以住友、三井和三菱等著名品牌为中心），后来成为日本经济奇迹的基础。[32]

构成当代日本法律的法典，无论是借来还是强加的，其具体实施的方式也不同于欧洲和北美。日本和其他亚洲国家的法律诉讼一直少于美国，在太平洋战争结束后的三十年中，律师和诉讼的人均数量实际上只有减少。与西方人相比，日本更偏重于仲裁和非正式的纠纷解决过程。[33]

强加制度的最后一个失败是，试图给日本官僚机构带来更多民主控制，即削弱它的自主性。像德国的情形一样，盟军占领当局也试图把他们眼中的战犯和极端民族主义者从官僚体系中清除出去。但日本需要稳定和良好的治理，特别是在冷战的压力之下，只好能省则省。在许多情况下，只有战时的正副部长遭到撤职，年轻官员得到晋升，继续保留官僚体系的传统。即使有了新民主宪法，官僚机构仍是日本政治决策的中心。长期占据支配地位的自由民主党，控制政府支出，向自己偏爱的利益集团发放补贴好处，但从来未能成功渗透官僚体系，或安插自己的亲信。恰恰相反，从官僚机构退休下来的无数官员，投身于政治，取得重要的领导地位，从而促进自民党和政府的亲密合作，即所谓的"高官空降"（amakudari）。日本官僚体系成了"铁三角"的一条腿，另外两条分别是商界和支配日本政治整整两代人的自由民主党。

现在回过头来可以看得很清楚，引导日本战后经济奇迹的通商产业省（如今的经济产业省），其大部分官员都是战时计划官员的后裔。该省的起源与满洲关东军的军官有关。中央经济体系就是他们为满洲设立的，1941 年被带回日本本土，成为亚洲战时资源分配体系的核心。[34] 20 世纪 70 年代和 80 年代，美国贸易代表在经济问题上的谈判对手，其实就是自己父辈在太平洋战争中交过手的日本官员的后裔。

相对于政治体系中的其他部门，日本的官僚体系是强大的。但它在战后的化身，在集权和果断方面，永远都赶不上中国。权力往往分散于众多部门，其中每一个又充斥派系和派别，需要在做出决定前寻求共识。近年来，推迟做出艰难选择的趋势得到进一步加强，无论是核电站还是农业补贴。此外还有强大的证据显示，官僚体系本身在衰败。"高官空降"制度在 2007 年宣告终止，减少了对招募精英的激励；政党又在想方设法，将自己支持者塞入关键的官位。

日本失去主权

日本自 19 世纪中叶以来的政治发展创造了一个模式，被其他东亚社会追随，只是所用方式各有不同。

日本在与西方相遇之前就已有强大国家，具备韦伯式官僚体系的诸多特点，国家和社会的"天平"大大倾向于国家。虽有不同的社会群体——农民、商人和武士——但不同于欧洲的独立城市、教会和行业公会等，还没有为采取集体行动而组织起来。所以，公民社会在要求以法治和负责制政府来限制国家上，遇上更多的困难。

日本民主化后，公民社会获得极大发展，出现环保、女权主义、媒体、民族主义和宗教等各式群体。但日本公民社会为追求政治目标的组织能力，仍比不上其他工业化民主国家。日本民主党崛起，在 2009 年赢得首相一职，在某种意义上，代表了更强大反对派文

化的兴起。但它在 2011 年日本东北大地震和福岛核危机之后表现　352
不佳，让人怀疑这个转变的持久性。

日本缺少本土的公民社会，外国压力成了补偿。明治寡头在权力上接受制约，不是因为国内有要求权利的公民大动员，而是因为想从西方列强那里获得平等地位。1947 年宪法更是外人强加的，将近七十年来一直保持合法且稳定，唯一原因是日本在国际体系中的特殊地位。它通过第九条和 1951 年的《美日安保条约》，将安全的要害部分（自卫能力）实际上外包给美国。只要美国保卫日本的承诺，在朝鲜和中国等的威胁面前仍然可信，1947 年宪法还会保持活力。（第二次世界大战中另一个战败国德国也是如此，把主权外包给北约和欧盟。）持强烈民族主义的首相安倍晋三在 2012 年重新执政。他表示打算修订第九条，让日本回归比较正常的主权国家。如果这种情况真的发生，许多战后协约的功能可能也要随之改变。

日本还为其他亚洲国家创造了另一个先例，那就是威权统治者的道德品质。这些品质植根于日本的儒家传统。借用乔治·秋田的话，明治领袖：

> 首先相信仁慈的精英主义，它源自对基于能力的自然等级的接受……像贤明的儒者一样，明治领袖充分认识到，如果君主和臣民能协力谋求共同利益……开明精英和专制精英只有一线之隔，这里面所包含的意义是，大众可以通过教育和训练提升到能够深入参与政府治理的高度。[35]

明治寡头和高级官僚，如 50 年代领导日本的岸信介，以及在战后兴盛时期指导通商产业省的佐桥滋，确实很傲慢，蔑视普通公民的权利，渴望权力。但又不同于世界其他地方的威权领袖，他们　353
还能清楚认识到，自己只是更高公共利益的仆人。明治寡头如此谦虚，今天几乎无人知道他们的名字，除非是认真攻读日本历史的学生。他们立足于传统，非常称职，将日本推向史无前例的发展目标。

这个儒家传统的起源当然在中国，我们马上进入对它的讨论。

第24章

法律在中国的挣扎

中国的国家早于法律；王朝中国的依法治理；宪政主义在
现代中国的开端；当代中国重建基于规则的行为

日本的制度最终来自中国。在中国，拥有韦伯式现代特征的中央集权国家出现于公元前221年的秦朝，到西汉（公元前206—公元9年）获得进一步巩固。中国建立起任人唯才的中央官僚体系，登记人口，征收统一税项，掌控军队，监管社会，比欧洲出现类似国家制度整整早了一千八百年。[1]

这个早熟的现代国家，阻止了可能提出挑战的强大社会参与者的出现。在欧洲，根深蒂固的世袭贵族、独立的商业城市、天主教和形形色色的新教派别，都有自己独立的权力基础，能对国家权力加以限制。类似的这些东西在中国一开始就比较软弱，强大国家又采取行动，使之始终停留在软弱状态之中。所以在中国，贵族行使领土主权的程度比不上欧洲；像佛教和道教那样的宗教受到严格控制；城市更像欧洲易北河以东的行政中心，而不像西欧独立的大都市。重要的是，由于如前所述的地理环境上的差异，如果从国际着眼，欧洲的权力比中国更为分散。这意味着，任何一个欧洲国家，如果想扩张进而建立大一统的帝国，马上就会遇上邻国的抵抗。这些邻国一方面以军事力量对付外来侵略，另一方面很乐意支持侵略国内部的竞争对手。欧洲国家的合并在 20 世纪中期达到的水平，只相当于中国的战国中期（公元前 475—前 221 年），其时中国的大国总数降至六七个。或许，欧盟有一天会完成中国在秦初就已取得的统一，但迄今尚未发生的现实表明，欧洲国家与社会之间的平衡，多么不同于中国。

当欧洲殖民列强与中国遭遇时，中国正处于清朝（1644—1911）统治之下。它是来自满洲的外来王朝，当时已属王朝晚期。清朝入关后的第一个皇帝顺治，只是简单接手明朝制度，留用明朝官员，继续运行既有的行政机构。[2] 在那个年代，中国农业经济与一千六百年前的汉朝相比没有很大不同。自 17 世纪开始，普遍的商业经济开始起飞，所有这一切发生巨大变化。像欧洲和奥斯曼帝国一样，中国也经历了价格和人口的迅速上升。[3] 英国、葡萄牙和荷兰的商人开始出现在中国南部港口，把中国拖进全球贸易的大体系。一个更大更独立的商业阶层在中国出现，其福祉不再完全依赖政府。中国商人成了资金的来源，稍稍提升了自己相对于政府的自主性。到 19 世纪末，小型的中产阶级开始在中国城市出现；结束王朝中国的辛亥革命的许多领袖，均来自这个阶级。

历史学家彭慕兰（Kenneth Pomeranz）认为，与中国相比，18 世纪中的欧洲在技术或制度上并无显著的优势。在他看来，英国后来在工业革命中的起飞，在很大程度上，只是拥有大量煤炭和棉花等原材料的意外副产品。[4] 然而，工业革命的肇因不但是资源的投入，而且是关键体系的综合：依据观察到的事实引申出普遍理论的科学体系；应用这些知识来解决实际任务的技术体系；向技术创新提供奖励的产权体系；对外部世界抱有一定的文化好奇心；在科学和技术领域培养愈多学生的教育体系；最后，在同一时间允许和鼓励以上各个项目的政治体系。中国在上述体系中可能拥有几个，但缺乏所谓的"体系合成"的能力，即让所有体系一起到位。体系的合成功能，最终还得由政权来提供。如日本已经表明和当代中国正在证

356

明的，并没有深厚的文化原因使亚洲国家无法提供这样的合成功能。但在 19 世纪僵化保守的中国，这个合成的确没有发生。[5]

晚清能够借鉴两千年之久的国家传统，避免非洲式的全盘殖民化。到了 19 世纪，它深深陷入礼制上的习惯和僵化，无法适应欧洲列强带来的竞争压力。中国的"屈辱世纪"开始于 1839 年。清政府试图禁止鸦片进口，结果在第一次鸦片战争中被迫向英国开放港口。1842 年的《南京条约》把香港割让给英国，让外国公民享有治外法权，还准备向法国、美国和其他西方列强作出进一步退让。原始民族主义的义和团运动，试图在 20 世纪初驱逐外国势力，反被西方列强打败，导致中国付出巨额赔款。日本在 1895 年甲午战争中击败中国，取得台湾和曾是中国藩属国的朝鲜。中国本部在 20 世纪 30 年代逐渐遭到日本的侵占。[6]

中国 20 世纪早期的混乱和落后，使许多西方人认为，中国社会一直是贫穷无序的。但他们遇到的是正在走下坡路的异族政治秩序，反映不出往昔政权的辉煌。中国在 20 世纪下半叶的崛起，更好地展示了一个年轻蓬勃的政治体的潜力。在动荡时期，无论中国政府还是中央集权统治的传统，都没有消失。尽管有 20 世纪早期的巨大破坏，王朝中国和今天中国共产党主持的政治体，相互之间还是有很大连续性。

357

不管是当时还是现在，中国政治的中心问题不是如何集中和部署国家权力，而是如何以法律和民主负责制来予以限制。在国家、法律和负责制之间保持平衡的任务，在日本完成于 1940 年代末，在中国仅完成一部分。……邓小平领导下的改革始于 1978 年，从那时起，中国缓慢走向更加基于规则的政治体制。但法治的确立还有遥远的路程，政权的可持续性在很大程度上将取决于，法治能否成为 21 世纪政治发展的主调。

中国法律的性质

中国是从未发展出真正法治的世界文明的代表。在古代以色列、基督教西方、伊斯兰世界和印度，法律起源于超越的宗教，而加以解释和执行的是按等级制度组织起来的宗教学者和法学家。在每一种情况下，法律守护者都是与政治当局截然分开的社会群体——犹太教法官、印度教婆罗门、天主教神父和主教、伊斯兰教乌里玛。法律对统治者专制权力的限制，取决于法律宗教等级和政治等级在制度上的分离，以及这两个集团自身统一或分裂的程度。这个分离在西欧是最引人注目的，11世纪晚期的叙任权斗争，让天主教有权任命自己的神父和主教；法治的建立远远早于现代国家的建立，与中国形成鲜明对比；西欧法律还限制了国家建设，而中国则不存在这样的限制。

相比之下，中国从来没有超越的宗教，也从来没有法律源于神圣这样的借口。在中国人看来，法律只是人类的理性工具，国家以此来行使权力和维护公共秩序。这意味着，像日本一样，中国只有依法统治而没有法治。法律并不能限制或约束君主本身，因为后者才是法律的最终来源。法律的执行可以公正，但不是因为公民拥有与生俱来的权利；权利是仁慈统治者的恩赐，公正只是治安良好的条件。正是由于这个原因，产权和私法——合同、侵权和其他不涉及国家的个人纠纷——很少得到强调，与西方普通法和罗马民法的传统形成鲜明对比。[7]

实际上，中国传统文化中含有不少对法律的敌意。儒家认为，规范人类生活的应是道德，而不是正式的书面法律。这意味着，要以教育和正确的教养来培养正确的道德行为，即"礼"。儒家主张，依赖书面法律是有害的，因为正式规则太空泛，无法在特定情况下产生良好效果。儒家伦理是高度情境化或语境化的。很大程度上，正确的结果取决于参与各方的关系和地位、案例中的具体事实、事先无法知道和界定的条件。好的结果不靠规则的非人格化应用，而要靠斟酌当地情境的圣人或君子。在最高层拥有一个好皇帝是体系正常运作的条件。[8]

儒家观点的对立面是赞成书面法律的古代法家。儒家认为，人性在本质上是善良可教的。但法家相信，人类是自私的，很容易陷入混乱；人类行为需要接受调整，不是通过道德，而是通过严格的激励——最重要的是，对越轨要严惩不贷。借用一名历史学家的话，法家认为政府必须"向大家公开法律，公正执法，不考虑关系或等级"，并认为"法律是稳定政府的基础，因为它是固定和众所周知的，可为衡量个人行为提供精确尺度"。相比之下，"以礼为基础的政府无法这样做，因为礼是不成文和特殊主义的，可有任意的解释"。[9]在很多方面，法家传统更接近当代西方的理解。西方视法律为普遍、明确和公正的规则，主张人类行为的调整主要通过激励而不是道德。假如说西方传统寻求通过法律，来限制政府的自主性；那么中国传统力求通过灵活的道德体系，使政府的自主性最大化。[10]

尽管法家在公元前 2 世纪的汉朝初期消失，但后续的中国政府总是儒家和法家的混合物。在汉唐明清各朝代，都有重要的法典出台，大多是法家传统的对刑事犯罪的处罚表，还根据儒家的思路规定出因事制宜的不同结果。[11]跟西方相比，在调节中国人的社会行为上，正式法律发挥的作用要远远小得多。许多纠纷的审理根据宗族、氏族或村庄的惯例规则（不成文的），而不通过法院体系。正式诉讼是遭人贬低的，法官不像在以色列、中东、印度和欧洲是地位高尚的单独群体，而只是另一类官僚而已，没有自己独立的培训机构和行会传统。在欧洲，中世纪第一批官僚来自律师的行列；在像法国大革命那样的事件中，发挥关键作用的也是律师。这样的情形在中国是无法想象的。[12]

中国获得宪法

统治中国的晚清政权对西方挑战的反应，比明治日本的统治者慢得多。为了回应西方对中国传统法律的批评，特别是惩罚的残酷性，1902 年朝廷责令成立以沈家本为首的委员会，研究对《大清律例》的修订。

跟日本的情形一样，中国的改革者认为，中国军事和政治上的软弱源自传统制度的缺陷。犹如面对国际货币基金组织的当代发展中国家，它们很清楚，为了被视为平等的主权国家，必须以西方标准来调整自己的实践。委员会成员前往日本、欧洲和美国，研究替代的宪法模式，在 1911 年起草了一份全面修订的法典，含有商法、程序法和司法组织等条款。也像日本一样，中国的改革者在研究普通法之后，决定予以放弃，转而采用民法体系。在刑法修订一事上，他们几乎完好无损地借用了德国法典。他们复制很多日本的做法，因为日本在过去十年中已成功废除不平等条约。两位日本学者冈田朝太郎和松冈义正，在 1906 年的北京成立第一所现代法学院。但这些改革遇上来自朝廷保守派的重大阻力；他们对有关传统家庭的变革尤为生气。[13]

清政府提出一个九年计划，以君主立宪制取代旧朝廷，全盘借用明治宪法的内容（只是删去对天皇的适度限制）。无论修改后的法典还是建议中的宪法，还没来得及付诸实施，就发生了 1911 年的武装起义。被称为《十九信条》的宪法在最后一分钟颁布，这对挽救旧政权来说已是微不足道，再者也太晚了，1912 年伊始它被中华民国取代。[14] 在之后的军阀割据和内战期间，各式政治人物制定宪法，给自己添加合法性，但在限制权力上很少有实际作用。[15]

辛亥革命之后力图复兴中国的代表人物，是民族主义运动的领袖孙中山。他视亚伯拉罕·林肯和法国大革命为自己灵感的来源，但他创建的国民党是列宁主义的专制政党。国民党在 1927 年与共

360

产党分裂，之后在蒋介石领导下，颁布一套组织法，作为中华民国的临时宪法。它在训政时期确定国民党的一党统治，在 1946 年正式终止，代之以《中华民国宪法》。国民党政府在 1949 年被共产党打败之后退守台湾，通过"动员戡乱时期"所授予的紧急权力，仍实施独裁统治。真正的"宪政"在 1991 年来到台湾，也正式宣告"戡乱"和军事统治的结束。[16]

　　在很大程度上，20 世纪早期宪法是毫无意义的，但国民党在 1929 年至 1930 年出版的修订版民法就大不一样，其中有些条款成为当代中华人民共和国的法律。修订部分有三大转变，有些直接来自 1911 年对《大清律例》的修改。第一个转变是从清朝法典的禁罚条例变成承认公民权责的体系，中国公民第一次不再是国家权力的臣民，而是拥有积极法律权利的个人。第二个转变是经济上的，清朝法典将产权与宗族或父系亲戚群体嵌在一起，让处置财产的权利严重受制于对家庭成员的义务；相比之下，国民党法典承认产权属于个人，可以自由转让，从而开拓包括合同和侵权在内的整个私法领域，而这被清朝法典视为"琐碎小事"。最后的转变是驳斥父系家庭的法律依据，让妇女拥有继承财产和提出诉讼的充分权利，在这一点上，中国的法律改革是超越同期日本的。[17]

对法律的破坏

　　中国共产党在 1949 年夺得政权时，已从外国占领中解放大陆，恢复了中央集权国家的主权。……[18]毛泽东上台后的首批行动之一，就是把国民党政府制定的法典一笔勾销。一旦用得着，法律就变成打击"阶级敌人"的武器。从 1952 年到 1953 年，法律本身成了靶子。曾接受过法律训练的前国民政府的法官和书记，现在遭到清洗，代之以共产党的干部。刑法被用来对付意中的敌人，警察开始在司法体系之外独立操作，设立庞大的拘留营网络，囚犯是诸如"地主、反革命分子和富农”等群体。在私有财产已被淘汰的国家，民法基本上荡然无存。周恩来总理在 1958 年解释：“……我们的法律制定应该跟上经济基础的变化。制度、规章和条令不应该是固定不变的，我们不要怕变。我们主张不断革命，法律应为继续革命服务……” [19] 毛泽东本人也宣称：“（我们必须）依靠人治，而不是法治。”

当然，没有一个社会能在完全没有规则的情形下存活。20 世纪 50 年代，共产党为了寻求经济的稳定和增长，开始引入苏联法典，以重建中国法律。但 1957 年的“反右”运动和 1958 年的“大跃进”，使这个过程缩短。“大跃进”是一场受意识形态驱动的运动，目标是动员群众支持工业化，结果却带来大饥荒…… [20] 这场灾难之后，在 20 世纪 60 年代初，还有一次重建法律体系的努力，又因 1966 年至 1976 年的“文化大革命”而告终。“文化大革命”抛开基于规则的行政管理的外衣，削弱政府的运作，以非常手段对付共产党自身。 [21]

1978年以后依法治理的重建

只有通过“文革”经历者的心灵创伤，才能理解毛泽东死后出现的中国以及始于 1978 年的改革。从“文革”中劫后余生的共产党精英，在 20 世纪最伟大的政治家之一邓小平率领下，绝不允许毛泽东式的个人专断再一次发生。随后发生的政治改革进程，逐步建立了一系列规则，以防止再次出现魅力型领导者以毛泽东的方式破坏整个中国社会。此外，法律被看作一种机制，共产党能以此来引导和监督老百姓对政府的不满。作为结果，在毛泽东过世将近四十年之后，中国社会有了更多的依法治理，官僚也回归传统。

但中国还不是法治主宰的社会。中国共产党的高层领袖，同意以规则来调节相互之间的关系，但从来没有承认法律高于共产党。……

　　几乎所有的共产主义国家都跟随苏联采用了正式宪法。……中国第一部宪法于 1954 年通过，高举 1949 年《共同纲领》的社会主义原则，全盘进口苏联宪法的许多条款。该文件提及的"社会主义改造"的逐步完成，在"文革"期间遭到拒绝，代之以 1975 年起草的更左的宪法，公开提倡共产党对国家的专政。

　　从 1976 年毛泽东去世和"四人帮"倒台以来，不断出现新宪法或宪法的重大修订，分别颁布于 1978、1982、1988、1993、1999 和 2004 年。这些修改在很大程度上反映了发生在政治领域的变化，即向右转和走向市场经济。例如，八二宪法第十八条为外国投资及其保护提供基础，八二宪法的 1988 年修订版为土地使用权的商业转让提供依据。八二宪法的 1992 年修订版以"社会主义市场经济"和"国有企业"取代"计划经济"和"国营企业"。新版本也让共产党将部分权力移交给国家，反映后者在经济管理上的更大功能。

　　这些宪法修订更多的是共产党决定新政策的声明，而不是管束自身的严肃法律。当代中国宪法的制定有两条原则，相互之间却有潜在的矛盾。一方面，邓小平在 1978 年主张："必须使民主制度化、法制化，使这种制度和法律不因领导人的变化而变化，不因领导人的看法和注意力的变化而变化。"[22] 宪法规定，民选的全国人大，与地方各级人大一起，是行使"国家权力的最高机构"。宪法进一步指出，共产党必须遵守宪法和法律。汉学家李侃如（Kenneth Lieberthal）指出，在 1978 年之后的几十年中，全国人大在政策讨论中发挥更大作用，在共产党视为政治之外的领域，通过了"相当可观的正式法律"。这与毛泽东治下的局面形成强烈对比。[23]

　　另一方面，宪法序言中的四项基本原则，使共产党在整个政治体制中的支配地位神圣不可侵犯。在实践中，共产党对政府和立法机构实行严格控制……法律仍然更多的是统治的工具，而不是合法性的内在源泉。[24]

364

规则的扩展

自 1978 年的改革以来，中国的正式法律和非正式的规则，都有循序渐进的大幅度增加，对下级政府的行为加以界定和限制。要衡量中国新兴的依法治理，不能单看所通过的正式法律的数量，而要看决策是否基于规则。可在两个方面看到这种决策的扩展及其局限性：产权和共产党高层的晋升和换届。

邓小平时代的改革开始时，中国面临巨大的法律真空，尤其是在私法或民法的领域。为了鼓励经济增长和市场经济，有关合同、合资、土地使用、保险和仲裁等的法律获得迅速增长。日本在 19 世纪 90 年代进口德国法典，是整个体系一起实施的。而当代中国法律的来源相当不拘一格，根据具体需求零零碎碎地加以采纳。例如，刑法在很大程度上仍基于建国初期从苏联引进的法律。1986 年，全国人大通过《民法通则》，明确指出是来自德国民法的。但事实上，它来自德国民法的日本版和 1930 年国民党版。学者陈建福指出，尽管国民党法典在 1949 年被正式取消，但"国民党民法典……一直是中国民法和民法学的发展基础"。[25]

中国借鉴欧洲大陆的民法传统，其中之一是，私人公民有权在行政法院起诉政府的非法行为。全国人大在 1989 年通过《行政诉讼法》，罗列向政府决策提出上诉或挑战的规则。共产党认为，这是约束和指导下级政府的有效途径。在《民法通则》公布之后的数十年中，这类诉讼的数量稳步上升，但它的效用仍然相当有限。上世纪 90 年代的一项研究表明，即使在最进步的省份，原告起诉政府而打赢官司的可能性大约只有 16%。……[26]

在《民法通则》下采纳的民法典，最终还是源自西方，为类似西方私法的东西打下基础。它承认一定范围的独立的合法参与者，可以获得财产，签订合同，出售财产，上法庭捍卫自己的权利。党内理论家在原则上提出反对，认为除了"人民"（也就是国家），谁

365

366

也不得拥有生产资料。改革者只好巧立名目，让国家保有正式的所有权，再创造出一套可以购买、出售、抵押和转让的使用权。所以，在中国蓬勃发展的房地产市场中，无人在技术上"拥有"公寓或房子，仅有长达七十年的租期，代价是土地使用费。[27] 监管合同的法律也是煞费苦心，尝试调和个人权利和国家权力。合同没有全部的自由，因为当中有条款允许国家来"管理"或废除合同，所用的不可抗力条款又是定义不清的。[28]

1986 年的《民法通则》从未打算成为综合的民法典，只是普遍原则的声明，让后来的临时立法来填补空白。此外，它还作了特别的修改，以符合思想或政治的标准。例如，德国和国民党的法典在界定法律人格时把"自然人"和"法人"分开；而《民法通则》实际上废除自然人，代之以公民的概念。这看似微小的差别，在区分中国和西方的法律观念上，却是非常重要的。西方把自然人当作权利和义务的持有者，独立于国家的任何行动；在中国，公民的称号是国家赋予个人的。[29] 当代中国的法律接续清朝的传统实践，不承认个人权利持有者的单独领域，某种意义上产权仍被看成国家赋予个人的仁慈。[30] 在实践中，国家可在任何时候合法收回这种权利。国家有时提倡法治和公民意识，作为抑制不满情绪的手段，使中国普通公民更意识到自己的合法权益。但执法的前后不一致会让期望落空，导致对法律的不信任。[31]

当代中国越来越受规则的管理，但仍不具备西方式的产权和合同执行。从理论上讲，政府既没有承认私有制的原则，又没有建立以保护私有财产为根本职责的法律体系。改革以来的三十年中，中国的法律、法院、诉讼和仲裁，以及一系列法律或准法律的业务，如雨后春笋般出现。但中国的司法机构，仍没有像欧洲、北美和日本法院那样的威望和独立。在中国经营的西方企业，需要面对复杂的"地形"。虽然有越来越明确的关于外商投资的规则出台，但很多外国人发现，在他们的中国伙伴看来，合同与其说是可强制执行

367

的法律文件，倒不如说是他们之间个人关系的象征。如果打交道的对象是与政界关系密切的强大实体，如国有企业，外国人就会发现，自己的权利经常得不到保障。[32]

换句话说，产权保护和合同执行的程度，在根本上是政治问题，而不是法律问题。政府保护大多数产权，因为认识到这符合自身的利益。如果它决定改变产权状态，除了自身的政治控制，无须面对任何其他的法律约束。许多农民发现自己的土地成了市政当局和开发商觊觎的猎物，他们想把它变成商业地产、高密度住宅和商场等，或道路、水坝和政府大楼等公共设施。开发商如与腐败的地方官员合作，非法获取农民或城市房主的土地，就可赚取暴利。此类征地，也许是当代中国的社会不满的最大来源。[33]

除了产权和合同，规则已经到位的另一重要领域，是高层领导的任期限制、退休、聘用和晋升的程序。世界其他地区威权政府的最大麻烦之一是，高层领导不愿在任职多年后自动下台，也缺乏决定继承人的制度。[34] 我已指出过撒哈拉以南非洲很多总统都有漫长的任期，无论专制国家还是民主国家。阿拉伯之春的原因之一是，这几个国家的总统多年赖在宝座上不走，突尼斯的本·阿里二十三年、埃及的穆巴拉克三十年、利比亚的卡扎菲四十一年。如果上述领袖建立规范化的继承体系，在十年或八年任期后自己下台，就会给国家留下更为积极的遗产，也不会遭到革命浪潮的席卷。

中国共产党已有相关规则，有助于中国威权统治的稳定性和合法性。中国宪法规定，高层领导的任期最多只能十年。从邓小平退休以来，已有两次高层领导的换班，以十年为一周期，分别在 2002 年的十六大和 2012 年的十八大。另外还有比较不正式的规则，例如，一旦超过六十七岁，就不能成为中央政治局常委的候选人。在共产党的低层组织，强制退休的规定更为普遍。最高级别的领导换班，其实际的政治运作仍是混沌不清的，但至少已有制度化的过程。[35]

这些规则是毛泽东的"大跃进"和"文革"的直接结果。犹如

368

斯大林统治下的苏联，在魅力型领袖的不受限制的个人专断中，直接蒙受苦难的是共产党的高级干部。他们之后制定的规则，就是为了防止类似领导者的再次出现。……

当代中国体系中基于规则的决策的优缺点在于：一方面，有抱负的政治领袖，在接班、晋升和可接受的政治行为上，要遵循正式和非正式的规则；另一方面，这些规则还不算是对政治权力的真正的宪法限制，只反映出当前共产党精英赞成集体领导的共识，尤其对那些亲身经历过"文革"的人来说。但规则本身，仅需一纸通知，就可能被同一领导集体改掉。

在拉丁美洲的自由民主国家，通过民主选举产生的总统，也想逃避宪法规定的任期限制。有些人，如阿根廷的卡洛斯·梅内姆（Carlos Menem）和厄瓜多尔的拉斐尔·科雷亚（Rafael Correa），成功修改他们国家的宪法。因为规则已经嵌入法治制度，这些努力在政治上是代价高昂的，不一定会成功。例如，梅内姆尝试增加自己的总统任期，不是一次，而是两次，最终还是归于失败。哥伦比亚的阿尔瓦罗·乌里韦（Álvaro Uribe）成功修改宪法，赢得第二个任期，但在争取第三个任期时，遭到独立的宪法法院的拒绝。中国虽有领导换届的新规则，但对权力的正式制衡还有待创建。

中国建立法治以限制政治权力的工作，仍在进行之中。扩展法治的先例已定，更加忠实于中国宪法是未来改革的显而易见的途径。[36]……

369

第25章
中国国家的再造

中国主要的历史遗产是优质的官僚体系；中国党国体制的
结构；中国官僚体系的自主性及其来由；"坏皇帝"的问题，
为何中国最终仍需要民主负责制

　　耶稣诞生的几个世纪之前，即西汉时期，中国已有中央集权政
府，呈现出马克斯·韦伯所说的现代官僚体系的很多特性。政府有
能力展开地籍调查，登记国内众多人口。它创建中央集权的官僚体
系，官僚精通文字，受过良好教育，依功能组成等级制度。官僚体
系的考试制度初露端倪，让贫穷但聪明的年轻男子有机会出人头地。
这个官僚体系能向庞大的农民人口征收土地税，征召他们入伍服役。
国家规定统一的度量衡，以促进贸易。官僚体系也趋向于非人格化，
例如，中央政府不时调换官员去不同地方，以确保他们不与当地人
发展家庭关系。军队接受文职政府的严格控制，被派往边疆，很少
参与朝廷政治。中国政府拥有足够的资源和技术，从事建造庞大的
公共工程，如长城和旨在促进商业和水利的运河。一旦需要，强大
的国家也可能变得非常暴虐，它会迁徙整个人口，没收自己精英的
财产。[1]

　　现代国家应做的事中，还有不少是汉朝政府没做的。它没有
提供普及教育、卫生保健和养老金。当时的公共物品和服务非常简
陋，往往渗透不到偏远的乡村腹地。许多著名工程，如京杭大运河

和长城，花费几个世纪的时间才得以完成。官僚体系的考试制度忽而实行，忽而废除，它的完全出现还要等到 14 世纪初的明朝。此外，中国早熟的现代体系并非一直持续。中央集权的国家在公元 3 世纪崩溃，过了三百年才得到恢复。当它在隋唐时期重现时，支配它的不是择优的精英，而是成功攫取国家权力的贵族家庭。当时和现在一样，政府官员的腐败一直是大问题。政治发展与政治衰败的周期，在随后的年代中不断重演，直到 20 世纪初。

我认为，1978 年改革以来在中国出现的国家，不像之前的毛式国家，也不像中国人试图复制的苏维埃国家，反而更像上述的古典国家。当代中国一直在从事对悠久历史传统的光复，不管这一过程的参与者是否意识到这一点。

某种程度上，这种说法似乎有点荒谬。今天中国的官僚体系并不遵循清朝的精心仪式，没留长辫子，也不再学习儒家经典，改读马列主义宣传资料、工程教材和西方管理文献。毛泽东时代的共产党干部或苏维埃官僚的心态，仍可在今天共产党和政府官员的行为中找到。许多当初发明的制度性结构依然存在，如单位和户口。但如果观察的不是中国政府的外表而是本质，源自过去的连续性就非常让人吃惊了。

自 1978 年以来，中国政府性质的变化，至少可以与经济政策的变化媲美。事实上可以这么说，如果没有政府性质的相应变化，从中央计划经济到市场导向经济的巨变也不可能发生。现代中国的大多数评论家，只注意经济政策的变化，而不关心使之成为可能的政治基础。

毛式国家的退却

在本书涵盖的前例中，官僚体系的政治化通常意味着，政客攫取国家，以官僚体系中的职位来做庇护式分配。这发生于美国杰克逊革命之后的国家，也发生于希腊和意大利的国家，当时这两个国家正开始走上民主化道路，开放政治竞争。

在中国，接管国家的不是庇护式政客，而是让国家服从于意识形态目的的纪律严明的列宁主义政党。遵照布尔什维克的模式，列宁主义政党由两部分组成，一是精英的核心，其成员凭借思想忠诚而进入严格的等级机构，二是群众基础，发挥对社会余众的渗透作用。"文革"前，共产党员占中国总人口的 2.5%；今天有大约 8600万党员，占总人口的 6%。

共产党的等级制度复制国家的等级制度，从地方党委、市级党委、省级党委、国家级的中央委员会、中央政治局和中央政治局常委，最后到共产党总书记。对国家的控制可通过多种机制：在包括所有中央部委的最高层，作为负责人的共产党人戴两顶帽子；在地方，包括城市街道和乡村，工作人员接受共产党干部的监督。在 20世纪 50 年代，即中国"苏维埃"时期的高峰，国家在中央部委一级获得最大自主性，无需事事请示；级别越低，所受的政治控制就越大。[2]

中国实践偏离苏联先例之一是军人和文官的关系。在布尔什维克革命之后的内战时期，苏维埃红军发挥重要作用，但一直严格服从苏联共产党。这种控制在 20 世纪 30 年代的血腥清洗中得到巩固，其时，四分之一到一半的苏联军官遭到斯大林的清洗。相比之下，中国共产党的掌权，基本上依靠人民解放军与日本人和国民党的长期武装斗争。许多共产党领袖，如邓小平和毛泽东，本身就是中国内战时成功的著名将领。所以，解放军总是享有比苏联军队更多的自主性。[3]

大家熟悉的党国结构在"大跃进"和"文革"期间受到完全的颠覆。"大跃进"利用共产党机器来组织军事风格的工农群众运动，以达到毛泽东完全不切实际的工业化目标。这扰乱了经济部委的日常业务，取而代之的是自下而上的混乱的群众动员。结果造成了大饥荒和经济灾难，但共产党等级制度存活了下来。"文革"就不同了，它破坏的不只是政府，还有共产党本身。毛泽东发动"文化大革命"，部分原因是他担心自己权威受到侵蚀，另外的原因是他反对官僚政府的根本原则。为了恢复原先的革命热情，毛泽东绕过所有中间层次，让自己的权威借助地方革命委员会直达"群众"。各部委的负责人来上班，才发现自己的权力已被下属夺走。20 世纪 30 年代，斯大林利用亲自控制的秘密警察来清洗苏联共产党。中国则利用革命委员会和年轻的红卫兵，来清理自己人，或将之遣送去农村。解放军在这一段时期受到任意调配，有时为了恢复"纪律"，有时需要站在革命委员会一边。共产党通常是政治化的发动者，现在却接受党外人士的控制和清洗，与政府一起中断正常运作。[4]

在"文革"期间两次被打倒的邓小平，把恢复共产党的纪律和重建政府的权威当作他改革的关键。邓小平从来没有质疑共产党需要对政府实施领导和掌控，只是认为两者必须遵守规则，这恰恰是毛泽东无政府治理方法的反面。上一章描述的修宪努力，即反映了他的观念：第一，共产党需要恢复自己的权威；第二，它要弱化对政府的政治监管，让部委来妥善管理预期中的经济巨变。同样重要的是重申共产党对军队的控制，因为在毛泽东去世后的微妙时期，解放军几乎成了竞争派别的仲裁者。不管邓小平自己是否意识到，他其实是在恢复中国传统政府的许多制度性遗产。……

随之出现的政府不同于它的毛式前身，变得更加专业化。中国在 1978 年的改革之后，重新引进择优的官员考试制度。政治学者杨大利指出，20 世纪 90 年代末和 21 世纪初发生了一系列改革，增加官员职位的择优竞争，惩戒没有取得好成绩的大批官员。[5] 在 2012 年，全国有一百一十二万人参加考试，以争夺二万一千个官员职位。[6] 中国也恢复大学体系，规定竞争性入学要求（很多欧洲大陆国家都无法做到）。[7] 改革者在刻意寻求韦伯式的官僚体系，在不经意中还在寻回自己的传统。

374

当代中国政府是中央集权的，规模庞大，异常复杂。共产党仍在领导和控制政府，从头到尾复制政府的等级结构，监督各级政府的活动。但党的控制在 20 世纪 90 年代开始弱化，其性质也发生了巨大变化。

任何中央集权的官僚体系都要面对委托权的问题。在名义上，统治王朝中国的是京城的官僚机构，但在通信技术恶劣的年代，要管理如此人口众多的大国，就意味着要将权力委托给省县一级的下属。在长安、洛阳、开封和北京的中央政府，通常不知道地方上发生的事，颁布命令的几个月乃至几年之后，才发现那些命令根本没有得到落实。毛泽东之后的领导，早早就认识到委托权的重要性。中国仍是单一大国，不是联邦制的，但省市已获得不少权力，以自以为合适的方式执行中央指示。所以，中国各地的政策相互之间有很大差异。像广东那样的南部省份，以及像深圳那样的南方城市，对市场经济的友好程度，远远超过北京。以深圳为例，它的市政供水承包给二十六个私营公司，而北京的市政供水仍受控于单一的国有公司。[8]

在中国，许多单一省份比欧洲的主要国家还要大。广东和江苏有近八千万常住人口，还要加上数以千万计的农民工。1997 年，重庆市从四川省分离出来成为独立的行政单位，本身就拥有将近三千万的人口。结果是，省市层次的政府复制中央政府的官员结构，也有以功能划分的各部门和共产党监督机构。中国官僚体系的整体规模相当大，而且一直在快速增长。政治学者裴敏欣把 2000 年的官员人数定在四千多万。他指出，准确的统计是很难得到的。中国的下级政府复制上级政府的劳动分工，导致高度复杂的体系，权力界限往往是相互冲突的。例如，市政水源管理是市政府的首要责任，但向城市供水的分水岭的地区管理处也有权力，中央水利部也参与其中。[9] 此外，共产党保持较小但并行的等级制度，领导和监督政府的工作。

375

中国国家的自主性

如果说有一种特性，把中国的党国体制与其他发展中国家区别开来，那就是自主程度。中国政府不是强大社会利益集团的简单传动带，它能按照自己的旨意来设定独立的政策议程。这种自主性是显而易见的，既体现于制定政策方向的共产党高层领导，又体现于有自由裁量权来执行上级指令的下级干部。我会逐一来讨论。

一个高度自主的国家，如果既没有民主负责制，又不受制于法治，结果是非常危险的。这就是发生在毛泽东时代的情形：享有无限自由裁量权的领导者，通过像"大跃进"和"文革"那样的异想天开，酿成无尽的苦果。但同样的自主性，落在像邓小平那样的聪明理智的领导者手中，就能带来在自由民主制中难以想象的改进。在自由民主制中，利益集团的压力、游说者和正式程序的限制，既阻止国家采取迅速行动，又降低最后决策的质量。中国式的自主性，可让国家省去许多这一类的麻烦。愿意为公共利益服务的领导，如有这种自主性，就能让政府在政策问题上，采取比民主政体更为大胆更为迅速的行动。

这不是说中国没有利益集团。中国确实没有代表私人利益的华盛顿市 K 街游说团等，但它的体制下仍有强大的派系，还有一些致力于维护某种毛式状态的既得利益群体。邓小平的早期改革带动了人们迅速上涨的期望，特别是在城市知识分子和学生当中。前苏联的戈尔巴乔夫改革激发了 1989 年的政治风波。……邓小平在 1992 年著名的南方讲话之后，重新返回改革议程，开放价格，让某些国有企业民营化，公开提倡向市场经济的过渡。邓小平的最终胜利从来不是百无一失的，但他能大幅度修改政策的事实，就是当时国家享有自主性的明证。

在较低的级别，中国共产党允许下级政府在执行任务时享有高度自主。明显的实例就是下放大量权力给省市，让它们以因地制宜

376

377

的方法执行政策。这种分权往往与总部设在北京的部委的利益发生冲突，而且胜出的经常是地方。

大多数西方评论家注意到，改革中的家庭承包制让农业个体化，允许农民保留更多自己生产的农作物，从而创造市场激励。他们还指出四个经济特区的设置开放了外资进入。这些确实是至关重要的：随着私人奖励的生效，改革后的农业总产值在四年内翻了一番，出口工业也在像深圳那样的南方城市打下基础。但同样重要的是治理结构的改变，让地方政府承担财政负责制。政治学者戴慕珍（Jean Oi）通过查证表明，前期的经济增长不是靠私营部门，而是靠所谓的乡镇企业，即摇身变为营利企业的地方政府。[10]

西方公共行政的基本原则之一是公共部门不得保留盈余，因此也就没有动力去控制成本，或谋求事半功倍的高效。如果某部门在结束财政年度时尚有盈余，就要想方设法把它用掉，原因就在于此。[11]

中国的体制颠覆这一原则，允许地方政府保留多余收入，将之用于自己的选项。地方政府有硬性的预算约束，有权征收一定税款，还可启动补充税收的牟利企业。盈余的 70% 必须投入新投资，其余的可由乡镇企业自由支配。部分盈余被用于公共用途，还有一定数量的金额掉入当地官员的口袋。许多外部评论家称这种现象为彻头彻尾的腐败，但它实际上是一种盈余分享制度，用来鼓励地方政府大力推动经济增长。它的成功相当壮观：在改革初期的几年中，中国的很多工业产值来自乡镇企业，而不是新兴的私营部门。[12] 从某种意义上说，中国独立发现了西方所谓的新公共管理的原则，即把市场化的激励机制引进公共部门。

任何正统的美国经济学家，永远都不会建议像乡镇企业那样的制度。外部观察者只知道体系的特点，但不了解具体的国家，透过无知的面纱得到的预测只能是，乡镇企业将成为腐败和自我交易的温床。如果尼日利亚和巴基斯坦试图实施这样的制度，可以想见各

378

种形式的滥用。中央政府可能无法强加硬性的预算约束或新投资的比例，或允许地方政府征收掠夺性的税款，或挪用全部的盈余。更有可能的是，上级政府会与下级政府勾结起来瓜分盈余，并使用自己制定规则的权力来偏袒国有企业。

但中国不是尼日利亚和巴基斯坦。中央政府得以向乡镇企业施加严格纪律，使之将注意力集中在持久的经济增长上，所用方式与其他东亚国家推行的工业政策非常相似。当情况变了，政策也跟着发生变化。在20世纪90年代初，乡镇企业富裕起来，盈余分享制度出现高度腐败。……1994年的税制改革拿走很多地方政府的收入，迫使它们改用不同类型的财政手段，鼓励它们以有利于市场的形式来推动工业发展。新兴的中产阶级越来越多地选择合作，支持共产党统治的延续。[13] 赵鼎新和杨宏星认为，1994年的税制改革是国家自主性的很好例证。他们声称，所涉及政策的具体内容无关紧要，重要的是，一旦看到早先措施造成意想不到的后果，中国政府马上改弦易辙，即使在巨大既得利益的面前，仍能成功地贯彻新的方针政策。邓小平和共产党认识到，他们的合法性依靠持续强劲的表现，在作出大胆迅速的修正时，并不受制于意识形态或以往的实践。[14] 之后又有江泽民十年的新改革，如政治学者杨大利所查证的，打击政府部门的走私活动，褫夺解放军的许多营利性企业，颁布有关政府采购的更透明规则。[15]

这种激励地方政府的制度，明显不同于毛泽东时代意识形态驱动的旧干部制度，也与马列主义政权的许多基本原则相异。同样引人注目的是，国家的重点放在促进长期的增长，而不是短期租金的最大化。可以说，共产党高层领导促进增长是出于自身利益，为了加强合法性和掌权。但许多国家的政府，如东亚之外的许多发展中国家，不会自动产生对自身利益的长远认识，以及对合法性的注重。正是在这里，中国几千年之久的儒家政府传统可能在发挥重大影响。

379

有关中国未来的最大问题之一是，在何种程度上，政府最高层能像过去一样继续自主。裴敏欣认为，随着时间的推移，政府的服务质量有所下降，很大程度上是因为下属部门变得太自主，或者说，在行使错误的自主。那是指，他们不管政绩如何，都能保住自己的政治经济地位，还能抵制国家和共产党上级的惩戒。这些下属部门包括强劲的国有企业，如名列世界上最大公司的中国电信和中国海洋石油总公司。在 21 世纪的第一个十年，相对于私营部门和外国投资者，这些国有企业变得更加强大，利用政治影响力，让自己免受竞争的威胁。[16] 此外，像铁道部那样的官僚机构，变成难以控制的变相小王国。它是一个庞大组织，在中国控制五万七千英里长的铁路和两百五十万名员工。[17] 多年来，中央政府一直在争取对这个赔钱部门的控制，却没有成效。2011 年年中，温州附近发生新高铁列车相撞事件，引发公众高度关注。铁道部试图掩埋出轨车厢，从而掩盖渎职证据，迫于中国微博的舆论，只好重新挖出。中央政府以此为契机，以腐败的指控将部长刘志军革职，并宣布将把铁道部分为两个独立组织。像许多政府重组一样，中央政府虽然发出公告，但迟迟没有行动。大概是因为强大而神秘的铁道部，拥有足以保护自己的政治影响力。[18]

严重依赖金钱激励的行政体系，会为腐败打开大门。西方经济学家曾预测，这会招致寻租和腐败。他们并没有完全弄错，只是猜不透腐败的程度，以及政府能够提供的真正服务。目前，中国政治体系中仍普遍存在大量的庇护政治、裙带关系、山头主义、政治影响和彻头彻尾的腐败。裴敏欣认为，中国渐进式的政治过渡造成"分散攫取"，即庞大政府体系中的地方权贵利用手中的政治控制，榨取各式各样的租金和贿赂。共产党上级很清楚，普遍的腐败深受老百姓的痛恨，共产党继续执政的合法性在很大程度上取决于自控能力。共产党已作出许多公开承诺，一定要控制和惩治腐败，最近一次是在 2012 年的共产党十八大之后，已发表声明的，既有新一届

380

领导班子的总书记习近平，又有负责铲除腐败的中央纪委书记王岐山。但裴敏欣认为，随着政府变得更大更复杂，党的监控能力或将逐渐下降，官员会利用更多资源和方式来寻找应付的对策。[19]

中国国家的负责制

中华人民共和国是威权国家，它的宪法赋予共产党领导地位。共产党无意搞多党选举，并谨慎地控制有关民主的公开讨论。……虽然没有负责制的正式机制，但可以说，共产党和国家还是在回应中国社会中不同参与者的需求。

它的发生可通过好几个机制。自 1989 年以来，中国政府允许农村地区的村民选出权力有限的村委会和村干部。它隶属于更大的选举体系，一直延伸到全国人大，代表也开始表现出一定程度的独立性。[20] 如政治学者蔡晓莉（Lily Tsai）介绍的，除了这些正式机制，农民群体还有非正式的反馈机制，可向地方官员提出投诉和改善政府服务的建议。此外，政府和共产党的组织建立正式的投诉渠道，让公民表述自己的观点。当然，政府没有一定要作出回应的法律义务。只是当地官员经常得到上级部门的鼓励，最好大事化小，小事化无，以防社会不稳。[21]

最重要的反馈机制是公众抗议。如果政府对社会稳定与"和谐"的关注近乎偏执，抗议活动所引起的就不一定是简单的压制，也可以是明显的让步。2010 年，官方报告的社会抗议估计就有十八万件——农民对土地征用表示愤慨、父母担心附近工厂的污染、农民工受当地官员的虐待。[22] 在胡锦涛的领导下，共产党在衡量官员政绩时，改变经济增长和维持稳定的先后次序，以致单一事件就有可能导致当事官员的职业生涯的终结。许多当地官员觉得，通过优惠、补贴和规则调整来安抚示威者，反而更容易。为达到这些相互冲突的目标，地方官员承受重大压力。[23]

381

中国民间有很强的信念，认为上级政府要比下级政府较为关心老百姓，也较为清廉。[24] 对高层政府的良好愿望抱有信念，对政府合法性来说是很重要的，这也就是政府作出回应的原因。但事实上……2012 年薄熙来案件的爆料显示，高层领导的渎职也达到令人震惊的水平。

下级政府在政策和政治方面，理应受到上级政府的严格监管，但在中央集权的体系中，也必须享有执行上的自主性。在王朝中国，皇帝在监视属下官僚机构的行为时，会遇上信息不灵的难题，只好叠床架屋搞出更多的中央监控体系。例如，宦官比官僚机构更值得信赖，可以用来监视官僚机构。等到宦官队伍也变得不可靠时，明朝皇帝不得不建立内正司，以监视宦官的行为。当代中国的情形则是：上级政府监察下级政府的行为；共产党组织部监察政府的行为；共产党内部的特殊机构，如中纪委，负责监察其余部分的共产党。在这样的氛围中，被监督的官员想尽办法，或掩盖不良行为，或防止信息向上传达。到最后，唯一解决办法就是向下负责的体系，让自由的媒体和真正有权的公民来监督国家。

在毛泽东之后实行的规则、法律和程序，绝大多数是为了监管下级政府的行为，让他们对上级政府作出更积极的回应。如果政治体系只向上负责，而不向下负责，它的表现在很大程度上取决于高层领导的选择和意愿。我在上一章提到法家和儒家的古代争论，前者主张明确的程序，后者强调灵活和基于情境的贤君道德。前现代的中国政府选择道德，而不是对高层领导的正式法律约束，程序只用于如何把皇帝圣旨传递给社会各界。当代中国在某种意义上继续着这一传统。公民必须依靠领导的良好愿望，而不是对权力的程序限制。

如在优秀领导的手中，这种体系的表现实际上可胜过民主体系，因为后者要受制于法治和正式的民主程序，如多党选举。而这种体系无须受制于利益集团的游说和诉讼，无需组成繁琐的政治联盟，也无须教育公众认清自己的真正利益，就能作出艰难的重大决定。亚洲快速增长的国家和地区，包括新加坡、韩国、日本和台湾，其历史上的"内嵌式自主"获得广泛的推崇，中国也不例外。相比于世界其他地区的威权政体，中国在 1978 年后一直专注广泛的共同目标，如经济增长、稳定和公共服务的扩展。邓小平和他之后的领导都明白，共产党的生存取决于合法性，不再靠意识形态，而必须靠自己的治国表现。

这个体系的问题出在中国历史上一再确认的"坏皇帝"身上。与民主体系相比，威权体系可以采纳更迅速更果断的行动，但它的成功取决于优秀领袖的不断出现——不是技术意义上的优秀，而是对共享的公共目标的承诺代替了为自身争权夺利。王朝中国的对策有二：一是建立复杂的官僚体系结构，限制君主的实际权力；二是以一套精密的体系培养君主，使之陷入繁文缛节的仪式，不能为所欲为。即便如此，这个体系还是不足以防止坏皇帝的周期性出现，或跋扈、或懒惰、或无能、或贪婪。

当代中国面临的正是这样一个问题。中国在过去几十年中的表现，从经济增长和减少贫困，到提供基本社会服务，都超过大多数威权政权和许多民主国家。但目前中国的体系能保证好领导的持续供应吗？

中国的威权政府在体系的持续上面临多种挑战。第一个是出现一个魅力型领袖，利用民粹主义的激情，建立自己的追随者群体，打乱标志后毛泽东时代领导特点的集体协商一致原则。有很多未获解决的社会不满可被利用，从中国极大的贫富不均到人们公认的猖獗腐败。

第二个威胁不那么剧烈，但可能性更大。政府将失去自主性，输给其他社会参与者，遭到经济增长孕育出的强大利益集团的攫取。裴敏欣认为这不再仅仅是可能性，政府现在就面临盘根错节的强大群体——国有企业、个别部委甚至整个地方，都在抵制政府的权威。

384

政府试图控制下级的腐败，但自己也有可能成为高层腐败的牺牲品。……考虑到中国从中等收入攀到高收入的艰难征途，它的政绩难免会失色，它的权威也可能会下降。……在十八大召开和习近平崛起之后，共产党承诺新的经济改革，同时再一次强调意识形态和纪律。新一届领导能否实现重大的政策变化，还有待观察。

最后一个威胁，与体系合法性的内在来源有关。中国政府往往认为，它构成一个非西方的政治和道德的不同体系。这不错，如我指出的，王朝中国和当代中国之间有许多连续性。但把进口的西方思想即马列主义当作自己合法性的基础，阻止了共产党以坦率彻底的态度将合法性建立在中国的传统价值之上。另一方面，它也不能简单放弃马列主义。所以，它必须维持高速的经济增长，充当民族主义的旗手，以延续合法性。……

要解决上述问题，从长远看，唯一办法就是增加对国家的正式的程序约束。这意味着，首先，要稳步拓展以规则为基础的决策，让上级的政府和共产党也接受法律的约束。其次，正式约束需要政治参与的扩大。信息问题曾经困扰王朝中国，现在又临到当今政府头上，它的最终解决还得依靠对信息的正式保障。中国经济增长创造的庞大且不断增长的中产阶级，比较不愿意接受家长式威权主义。过渡到对权力的更正式约束，可以循序渐进，首先应该着眼于法治，而不是负责制。当前的中国宪法是一个不坏的基础，可基于它建立起不断齐全的法律体系。如果中国政治体系要长久持续下去，这两者最终都是不可或缺的。[25]

法治或民主负责制广为扩展的动态过程会出现吗？不会，因为不能指望自上而下的命令。……但随着新兴社会参与者的上场，要求更为有效的约束制度，变更就会变得比较容易。在过去，中国政府强大到足以防止可能提出挑战的社会群体的出现。但在当代中国，社会动员的速度是史无前例的，拥有数亿成员的庞大中产阶级已在中国出现。在许多其他社会中，中产阶级一直是促使政治变化的动力，最终也是促进民主的动力。中国法治和民主的未来将取决于，这些新社会群体能否改变国家与社会之间经典的天平倾斜。这是本书第三部分要加以阐述的普遍现象。

第26章

三个地区

拉丁美洲、撒哈拉以南非洲和亚洲的比较；区分它们并解释其经济表现的关键在于国家力量；殖民地遗产只能部分解释当代的结果

本书第一部分追问的是，韦伯式现代国家为何只出现在部分发达世界，而没有出现在其他地方。第二部分继续考察那些发展较晚而不得不面对西方殖民主义的地区，主要关注拉丁美洲、撒哈拉以南非洲和东亚。这三个地区内部有很大差异，相互之间也有系统性差异，让我们有机会讨论不同的发展途径。

从 20 世纪下半叶起，东亚是三个地区中经济增长率最高的，如表 5 所示。有些人也许会感到惊奇，因为整个拉丁美洲的人均收入要比东亚高。那是因为，后者有几个比较贫穷的大国，如印尼和菲律宾；再加上，在很多方面表现突出的中国仍有广大的贫困农民。

在政治制度上，情况又不同了。拉丁美洲确实比东亚好得多，更远远超过撒哈拉以南非洲。它在世界银行所有六个全球治理指标中，排名都高于五十个百分位（percentile）（见图 17），在反映民主和政治参与的"回应和负责制"一项，排名特别高。同样是这一项，东亚的排名就显著落后。撒哈拉以南非洲，在所有六个指标中都很差。这反映出，在始于 70 年代初的第三波民主化浪潮中，所有地区都看到民主政体的增加，但最强劲的表现出现在拉丁美洲。亚洲

最大规模最具经济活力的中国，仍是威权政体，同样的还有越南和朝鲜。如此国家在西半球只有古巴一家，只是在 21 世纪第一个十年，委内瑞拉、厄瓜多尔和尼加拉瓜等国的民主出现明显倒退。

表 5. 增长率和人均 GDP

	增长率 1961—2011(%)	人均 GDP，2011*（美元）
东亚	7.3	7 294
拉丁美洲	3.8	11 595
撒哈拉以南非洲	3.5	2 233
经合组织（发达国家）	3.2	38 944

来源：世界银行

*人均GDP是以购买力平价为准

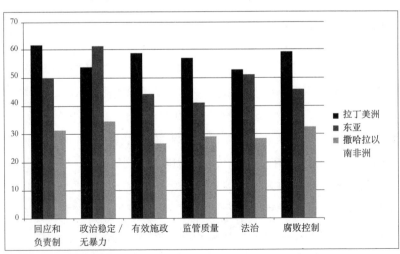

图17. 地区比较，全球治理指标（百分位排名）[1]

来源：世界银行，《全球治理指标》

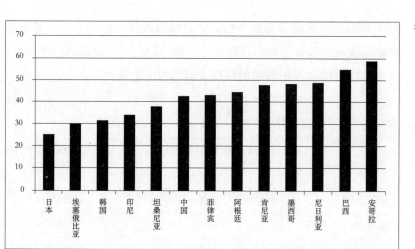

图18. 所选国家的基尼指数
来源：世界银行

尽管拉丁美洲在民主上优于东亚，但在国家制度上仅占很小优势。政治稳定和法治的排名，在拉丁美洲和东亚之间大致相当，在撒哈拉以南非洲大幅走低。

地区之间的差异也可以不平等来测量，图18介绍的是所选国家的基尼指数（基尼指数的范围从0到100，其中0代表完全平等，100代表完全不平等）。撒哈拉以南非洲的国家有很大不同，埃塞俄比亚相对平等，石油资源丰富的尼日利亚和安哥拉有高度的不平等。自20世纪50年代以来，东亚，日本和韩国仅有低度不平等，同样情形是毛泽东时代结束时的中国。但随着21世纪第一个十年快速的经济增长，中国收入分配的悬殊几乎赶上拉丁美洲水平。在同期十年中，拉丁美洲的不平等开始小幅下降；尽管如此，它的贫富之间仍有巨大差距，酝酿令人不安的政治后果。[2]

当然，增长和治理的平均统计掩盖了每个地区内部的重要差异。拉丁美洲既有极其贫困的海地、危地马拉和巴拉圭，又有出口喷气式飞机等高科技产品到世界各地的巴西。然而，这些地区都有自己的特性，使得区域内国家彼此类似，却又不同于区域之外。许多拉丁美洲国家经历了通货膨胀、货币危机、货币贬值和经济衰退的周期循环，最近一次是上世纪80年代初的债务危机（阿根廷是在21世纪初）。相比之下，东亚地区快速增长的经济体，在这段时期中几乎毫发无损。撒哈拉以南非洲在数年后，也经历了与拉丁美洲类似的债务危机，有的甚至更为严重，导致许多国家要求债权人予以减免，帮助它们再一次回到经济增长的轨道。尽管今天的拉丁美洲大体上是民主的，但情况并非总是如此。在 20 世纪 60 年代和 70 年代，专制军政府在巴西、阿根廷、智利、秘鲁和玻利维亚等国接管政权。大多数所谓的"发展型国家"——成功应用国家权力（通常是威权政体）以促进快速增长的国家——聚集在东亚地区。很难在拉丁美洲和撒哈拉以南非洲，找到这一类国家。[3]

发展的途径

第二部分一开始就列举了将当代发展结果归因于地理、气候和殖民地遗产的各种理论。所有这一切都有一定可取之处。但人类社会行为的本质非常复杂，将结果追溯到单一原因的理论很少能经得起全方位的考验。

将政治（因此也是经济）发展与地理和气候关联起来的理论，可以解释部分的重要结果。经济学家着眼于自然资源的禀赋：金银开采和种植农业的需求导致对原住民的奴役，或从非洲进口奴隶；剥削性的工业又为新大陆的威权政府创造经济基础。

但拉丁美洲的威权制度有好多先决条件。建立于秘鲁和墨西哥的政治秩序，是移民殖民地；哥伦布到来之前的国家结构的制度遗迹，几乎全被成功铲除。作为移民殖民地，它倾向于复制伊比利亚半岛的重商主义社会，仍以阶级为基础，只是原住民和混血儿代替了欧洲的白人农民。西班牙当局最初试图在美洲建立直接的专制统治，但远距离的现实意味着，它在殖民地行使的权力远远比不上国内。西班牙的专制主义比较弱，在欧洲就无法征得满足自己需求的足够税款；面对新大陆不驯服的克里奥尔殖民者，就更加束手无策。克里奥尔为自己创建了基于特权而不是自由的寡头政府。殖民地在 19 世纪初脱离西班牙，过渡为独立国家，但寡头政府仍然存在。21 世纪的拉丁美洲继续在这个遗产中生活，成为世界上最不平等的地区。

如孟德斯鸠指出的，地理在其他方面也非常重要，某些地形比较适合动员和部署大批军队。在欧亚大陆（以中国和俄罗斯为主），相对开阔的原野鼓励了中央集权大国的形成巩固。在撒哈拉以南非洲，难以在广袤沙漠和热带雨林投射权力，这抑制了国家的出现。欧洲介于两者之间，它的地理鼓励中等政治体的形成，但阻止了其中任何一个强大到足以征服整个欧洲。

拉丁美洲的地理使它更接近撒哈拉以南非洲，而不是欧洲。它的整个大陆被山脉、丛林、沙漠和南北交通线划分成相互隔绝的地区，不利于大面积帝国的兴起。随着原住民人口的崩溃，人口密度大到足以支持强大国家的地区太少。一旦西班牙和葡萄牙的殖民统治开始，根据非常低效的重商主义规则，盈余要出口到宗主国，无法留在本地用来再投资。

在 18 世纪下半叶，整个拉丁美洲在政治方面与欧洲看不出有什么不同。支配两者的都是专制政权，以及使用政治权力来保护自己特权的经济寡头。在之后两个世纪中，欧洲经历一系列深刻的政治变化，让自己变得比拉丁美洲更民主，经济上更平等。主要原因之一是，欧洲在这段时期中经历了大量暴力，始于法国大革命和拿破仑战争，继之以意大利和德国的统一战争，结束于两次世界大战的灾难。大量的军事竞争导致强大现代国家的形成和巩固，如普鲁士的施泰因—哈登贝格改革。与此同时，快速的工业化让数以百万计的农民离开乡村，走进拥挤且多元化的城市。这一转变创造先决条件，使民族认同基于语言族群的现代概念得以出现，引发进一步军事竞争。民族主义有助于现代国家的整合。内部革命和外部战争成功消灭曾是旧寡头秩序支柱的整个社会阶级，如法国的买官者和普鲁士的容克阶级。

拉丁美洲的发展途径非常不同。没有像法国大革命那样的暴力来推翻旧寡头政治，也没有国际上的长期竞争来刺激现代国家的形成。由于种族多样性和工业化的缓慢或缺乏，民族认同非常淡薄。这意味着，冲突更多发生在国内的阶级之间，而不是在国外的国家之间。到 1945 年，欧洲疲惫的精英愿意接受自由民主制和实行再分配的福利国家，以确保社会和平。拉丁美洲精英也面临社会动荡，特别是在古巴革命之后；但这种动荡从来没有严重到激励国家建设或欧洲式再分配的地步。拉丁美洲没有欧式的社会共识，以中间偏左和中间偏右的温和政党为主，只有贫富之间尖锐的两极化。更为欧式的政治秩序要等到 21 世纪第一个十年才在智利和巴西出现。

地理、气候和殖民地遗产并不能解释今天的所有结果。阿根廷的气候和殖民历史，让它避免了 19 世纪拉丁美洲其他地区的不平等和经济停滞，本来应当继续发扬光大的，却没有，因为它的精英在 20 世纪初做出了错误选择。它尽管有适宜的气候和地理，却继承了拉丁美洲旧政权的政治文化，如军阀独裁和人治领袖。反过来，哥斯达黎加本有可能会看到独裁和内战，演变成另一个中美洲香蕉共和国，但由于精英在重要历史关头做出正确选择，却发展成稳定的民主国家。

撒哈拉以南非洲的情况完全不同。欧洲殖民主义的致命遗产，不是"榨取"性威权国家，而是强大制度的根本缺乏。瓜分非洲来得太晚，已是 19 世纪的最后几十年，西班牙和葡萄牙在新大陆的殖民地已历时四个半世纪。不同于拉丁美洲，欧洲早期殖民者在非洲没有发现大批人口或主要矿产。除了南部的温带地区，热带的疾

392

病和气候使非洲不适宜欧洲人定居。在 20 世纪中期出现独立呼声之前，根本没有时间或资源来建立制度。非洲殖民地几乎无法负担自己的行政管理，导致欧洲人寻求"间接统治"的廉价出路，利用非洲当地代理人来征收税款或强迫年轻男子服劳役。这个草率拼凑的制度，被强加于与其说反映种族现实不如说反映战略竞争结果的领土上。撒哈拉以南非洲的大部分地区，在第二次世界大战后的独立日所接收的政治遗产，就是这个拼凑的制度。

不同于拉丁美洲，独立后的非洲没有在幕后操纵的根深蒂固的精英。摆脱殖民统治的独立，为新精英的出现创造了机会。他们主要是接近殖民统治的城市知识阶级，没有安全的社会基础，既不是土地贵族，又没有资本主义经济的环境，只好把国家当作改善经济的主要渠道。低能力的国家塞满了庇护式员工，使政府规模大幅增加，却进一步削弱了自己提供真正服务的能力。政治变成攫取国家及其资源的新家族制的竞赛，不同群体排队等待"轮到我们吃了"的时机。在这些条件下，就无法形成持久的官僚体系，既能代表广泛公共利益，又能迫使精英遵守经济上合理的规则。

人们普遍观察到，留给新独立国家的边界不符合现存种族和部落的认同，这给撒哈拉以南非洲带来许多痛苦。这一点传统智慧正在给人以误导，让人以为比较明智的边界划分本来是可以促成独立后更团结的国家。它的真实性仅存在于有限的范围之内。例如，如果当年英国没有将南苏丹和达尔富尔，与喀土穆的阿拉伯核心连接在一起，苏丹本来可以避免两场漫长且代价高昂的内战。但在非洲大部，种族群体太小、太混杂，无法成为欧式现代民族国家的基础。与东亚和欧洲形成对比，非洲本土的国家层次的强大政治体，在欧洲殖民之前没有从事过充满暴力的艰难认同塑造。如果要说殖民列强帮助塑造认同，它只是以种族代替部落制——换句话说，以较大的亲戚群体取代较小的，目的是为了分而治之。非洲的殖民统治者既没有时间也没有动力，来创建可塑造民族认同的强大国家，大多

393

数独立后出现的精英，也没有把国家建设放在首要地位。撒哈拉以南非洲淡薄的民族认同，不是因为做得不好，而是因为根本就没有做。坦桑尼亚是一个例外，由此也证实了这同一条规则。尼雷尔创建坦桑尼亚认同一事显示，尽管之前有相当复杂的种族多样性，只要精英有心于这个项目，仍可取得成功。

与西方殖民列强发生对抗之前，已拥有强大的国家制度和民族认同的社会，确实存在于世界其他地区，主要是东亚。中国在秦国统一全国时就发明了现代国家，比早期现代欧洲出现国家整整早了一千八百年。中国人创造的国家是中央集权、官僚治理和非人格化的，统治幅员辽阔的领土，其整齐划一的程度远远超过罗马帝国。中国的国家权力在以后数千年中跌宕起伏，有时遭到内部亲戚群体的攫取，有时又承受外部蛮族的入侵。尽管如此，中国、日本、韩国和越南等国都发展出了以强大国家为模式的政府，政治组织的水平远远高于拉丁美洲和撒哈拉以南非洲的本土社会。数世纪的征服和同化造就了种族同质性，更强化了国家建设的努力。这些社会对享有共同文化有着强烈的感受，这建立在共同的书面语言和广泛的精英识字率的基础上。

应当注意的是，这些概括并不适用于整个东亚。许多东南亚国家有非常不同的政治发展轨迹。如第 22 章指出的，印尼在 19 世纪根本还不是一个国家，在种族上也是支离破碎的，跟尼日利亚差不了多少。在许多方面，新加坡和马来西亚只是英国殖民主义的直接创造，现代化的成功不依赖于前殖民时期的本土国家。值得注意的是，即便如此，它们仍建立起比较强大团结的国家。这些是如何发生的，将会是一个引人入胜的故事，遗憾的是，这已超出了本书的范围。[4]

东亚早期的国家制度化，让它更容易抵抗外来威胁。在防止西方殖民企图上，日本是最成功的。中国屡次遭到西方列强的攻击，部分领土已被侵占，清廷在 19 世纪多次蒙受屈辱，但西方列强从来没能完全分解中国国家的结缔组织。尽管在20世纪20年代、30年代和40年代，国家权威因军阀割据、内战和日本占领而短暂失灵；到1949年，强大的中央集权国家很快又在中国共产党的领导下获得重建。类似的情形是越南，曾受法国的侵占，最终成功推翻殖民政权，打败美国支持的继任者。世界上组织最好最为强大的民族主义革命都发生于东亚，即中国和越南，这绝非偶然。这些国家的领袖，在取得内战／民族解放战争的胜利之后，迅即把军事实力转换成国家权力。

中国和它所影响的国家，的确是儒家道德和官僚体系的传承人。这个体系通过教育和教化，把统治者引向共同利益的宽广概念，外加儒家对识字和教育的强调，给现代经济的发展带来意想不到的重要好处。东亚自20世纪下半叶以来的快速增长，是技术官僚的强国推动的，领导阶层不管有多专制，始终认准经济和社会发展的共同目标。伊藤博文、山县有朋、朴正熙、李光耀、邓小平及其治下政府的行为，与历史和文化的古老传统是否存在因果关系，很难用社会科学的方式加以证明，但相互关联是客观存在的。其中有些人腐败，大多相当专制，但亚洲整体的渎职程度，要比撒哈拉以南非洲好得多。同样重要的是，东亚的领袖在经济管理上更能干，也更懂得国家行政专业化的重要性。这并不是说，东亚没有很多腐败。只是相比于世界上其他地方，那里的行贿者在公共物品和广泛发展上获得更多回报。

中国、日本、越南和韩国在寻求经济现代化时，可把强大而有凝聚力的国家和悠久的民族认同视作理所当然。相比之下，撒哈拉以南非洲新独立的国家就无法做到。它们什么都要一块从头开始——建立现代国家、塑造民族认同、创建法治制度、举行民主选举和促进经济发展。欧洲和东亚的制度发展的先后次序不同，有时间上的奢侈，可以慢慢来。

东亚的强大国家在拥有法治之前，就发展出官僚机构，而欧洲的先后次序恰恰相反。数世纪以来，东亚早熟的强大国家，一直阻止可能提出挑战的独立参与者的出现。欧洲的自由民主制脱胎于国家和社会之间的大致平衡，而东亚国家与社会之间的天平偏向于国家。这意味着，对大多数发展中国家来说，中心问题是软弱的国家；就东亚而言，所缺乏的是法治或政治负责制对国家权力的限制。我们在第一部分中看到，在获得现代国家制度之前就开放民主的国度，很容易出现大规模依附主义。这个问题在东亚，没有世界其他地方那么严重，因为东亚的民主政权少于拉丁美洲或非洲，并且第一批往往出现于已有强大国家的工业化国度。我还没详细讨论菲律宾，它似乎是个例外，也佐证了有关的规则。犹如 19 世纪的美国，菲律宾在拥有现代国家之前就开放民主，所以经历了大规模的庇护政治和依附主义。

　　东亚的国家和社会之间的天平，正在发生迅速的变化，因为它现在遇上在前现代世界中要么不存在，要么还不够有力的两股力量。第一是工业化，它组织动员强大的新社会参与者，如农耕社会没有的中产阶级和工人阶级。第二是世界各地的社会出现更为强烈的互动，即我们现在所谓的全球化。商品、服务、人员和思想，在国际上的流通比以前更容易，使得外国参与者也能对国内发展发挥更大影响。东亚国家如果在传统上强大，今天却要面对两个抵制，一是自己的新社会群体，二是从世界各地涌入的思想观念。当初类似的社会动员曾经改变了欧洲社会，为民主打下基础，同样的情形现又在当代东亚发生。

　　我们需要密切关注民主扩展的动态过程。民主成为世界政治组织的主要形式，不但因为它是好主意，而且因为它能为一定社会群体的利益服务，从而获得后者的大力推广。反过来，这些群体又是经济和社会的广泛发展的副产品。思想与这个过程很有关系，它既与社会中不同阶级的物质利益发生互动，又对之加以塑造。

第三部分

民　主

第27章

民主为什么会扩展？

第三波和民主化理论；对出现民主浪潮的理论解释；民主植根于特定社会群体的利益；社会动员作为经济变化与民主之间的桥梁；政党成为民主斗争的关键角色

日本、中国等东亚社会是悠久政府传统的继承人，在19世纪和20世纪开始工业化时，就已预设了强大的国家。在这之前，它们是高度不平等的农业社会，少数精英对大批无组织农民行使垄断权力。我说过，随着经济快速增长，国家与社会之间的平衡开始发生变化；又随着新社会群体动员起来，要求分享政治权力，当代中国的威权体制将面对重大的挑战。这会导致正式的民主负责制在中国最终出现吗？我们没法预测这种结果，所能做的只是尽量了解世界其他地方的民主化进程，以及它们对未来的引申意义。

从1970年到2010年，在亨廷顿所谓的第三波民主化中，世界民主政权的数量从大约四十五个上升到将近一百二十个，约占世界上全部国家的60%。据他介绍，第一波持续时间很长，从19世纪20年代一直到19世纪末；第二波持续时间较短，发生于第二次世界大战结束之后。第三波始于西班牙和葡萄牙在20世纪70年代初的民主转型；继之以军事统治在希腊和土耳其的结束；随后是一系列拉丁美洲国家，包括巴西、阿根廷、秘鲁、玻利维亚和智利；再移到亚洲，即菲律宾、韩国和台湾地区的民主化；最终是共产主义世界的崩溃，促成民主返回东欧和前苏联的部分继承国。民主专家拉里·戴蒙德（Larry Diamond）认为，第三波在21世纪第一个十年出现倒退。在某些评论家眼中，2011年初的阿拉伯之春暗示第四波的开端，但埃及、利比亚和叙利亚的受挫使这种说法丧失说服力。[1]

为什么会发生这一波又一波民主化浪潮？为什么发生在某些地区和社会，而不在其他地方？为什么有些建成了相对稳定的民主政体，而其他的出现倒退？为什么只在20世纪，民主变成全球性现象，而不在之前的四万年人类历史中？

民主为什么会扩展的问题有一个曾以不同形式出现的答案。那就是，民主之所以站稳脚跟，是因为民主思想本身的力量。它在托克维尔《论美国的民主》的导言中得到强有力的阐述。托克维尔指出，支撑现代民主的人人平等的思想，在过去八百年中得到越来越多的认同，这种不可阻挡的势头在他身上引起了一种"宗教恐惧"。他认为，这个进步是天赐的事实。[2] 其他学者也一致认为，思想是非常重要的，将之追溯到历史和文化的特定根源，或是古代雅典，或是基督教。黑格尔和尼采认为，基督教学说强调人类尊严的普遍平等，其世俗版就是现代民主政治。特别是黑格尔，还在现实世界中找到相关的发展，如法国大革命和要求平等承认的原则的出现。在黑格尔看来，要求平等承认的原则源于人类理性的内在逻辑。在第三波和最近的阿拉伯之春中，通过广播、电视、互联网和带来他处动荡消息的活跃分子，各种思想迅速跨越国际边界。20世纪90年代初，民主转型的浪潮发生于撒哈拉以南非洲，灵感显然来自不久前柏林墙的倒塌和东欧的剧变。

就第2章的发展六方面的框架而言，侧重于思想或文化价值的理论，就会断定类似于图19的因果关系。

401

思想确实非常强大，可用来解释政治制度，但这个解释所引起的疑问，与它所解决的疑问一样多。例如，人类平等和民主的理念为何在某些时期而不是在其他时期广为流传？至少从古代雅典起就

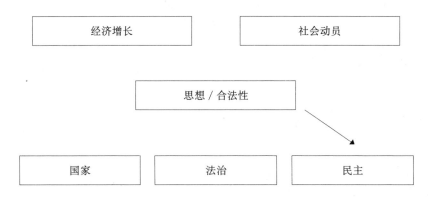

图19. 思想和民主

有了民主理念，但它的制度化还要等到 18 世纪末。托克维尔并没有解释，人人平等的思想为何变得越来越强大，只称它是天意。民主并没有在世界各地兴起，也没有在世界各地获得同样欢迎。这导致不少人断言，民主不代表普遍趋势，只是西方文明的特定文化，他们包括塞缪尔·亨廷顿、当代中国政府和形形色色的伊斯兰主义者。假如这是真的，这种思想为何产生于西方，而不在其他地方？

　　另一种学派不把民主当作思想或一套文化价值的表述，而当作社会中深层次结构性力量的副产品。社会学家很早就注意到，较高的经济发展和稳定的民主政体，相互之间很有关联。今天，世界上大多数富裕的工业化国家是民主政体，剩下的大多数威权国家则有欠发达。一份知名的研究显示，威权政府向民主政府的过渡，可发生于经济发展的任何层次，如果人均收入超过一定门槛，民主政府就更容易坚持下去。这给人的印象是，经济发展的过程中确有使民主更易发生的东西。[3]

　　经济发展和民主之间到底有何关联？难道人们获得一定程度的幸福，就会神奇般调整价值观，改而赞成民主？把发展和民主连接起来的统计相关性，并没有为二者之间的因果机制提供洞见。这些

402

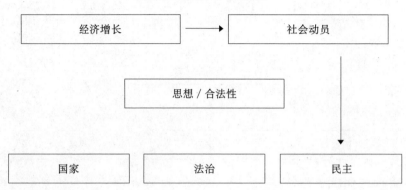

图20. 增长和社会动员

相关性当中存在不少例外。例如，依据这种观点，稳定的民主国家不应是贫困的印度，而应是富裕的新加坡。

　　我在第 2 章中提出过一条替代的因果途径，即经济增长可通过社会动员来影响民主制度。这里的关键是劳动分工。亚当·斯密认为，劳动分工受制于市场的规模；反过来说，随着市场因贸易增长而不断扩大，先在商业经济，然后在工业经济，新的劳动分工就会出现和加深。这种分工意味着，将会创造出新的社会群体。斯密本人从未明确提出这种推论，但合乎逻辑的思维是，这些新群体无法参与旧农业社会的政治制度，就会要求分享政治权力，从而增加要求民主的压力。换句话说，经济增长造成社会动员，后者又导致对政治参与的要求，而且愈演愈烈（图 20 的线条）。

　　斯密对劳动分工的描述，是 19 世纪主要社会理论家念念不忘的中心概念之一。首先是卡尔·马克思，他把劳动分工转化成社会阶级的理论，使之成为自己学说中不可或缺的组件。

403

马克思的洞见

马克思的框架可以概括如下：在旧的封建秩序中，第一个获得动员的新兴社会阶级是资产阶级，他们遭到旧地主的蔑视，但却通过积累资金，采用新技术，使工业革命成为可能；工业革命动员的第二个新阶级是无产阶级，其剩余劳动力受到资产阶级不公正的挪用；这三个阶级想要不同的政治结果，传统的地主阶级想保留旧的专制秩序；资产阶级想要可保护自己产权的自由（法治）政权，对正式的选举民主倒无所谓（他们对法治的兴趣总是大于民主）；无产阶级一旦意识到自己的阶级属性，就会要求无产阶级专政，使生产资料社会化，废除私有财产，实施财富再分配。工人阶级可以支持普选制的选举民主，但这不是目的，只是手段，为了达到控制生产资料的目的。

后马克思主义传统中最重要学者之一是巴林顿·摩尔，本书有关日本（见第 23 章）的篇幅，已提及他出版于 1966 年的《独裁与民主的社会起源》（*Social Origins of Dictatorship and Democracy*）。这本书很复杂，提供一系列历史案例的研究，包括英国、德国、日本、中国、俄罗斯和印度，试图解释民主为何在某些国家而不是其他国家出现。人家记住他，可能是因为他那句直率的评论："没有资产阶级（布尔乔亚），就没有民主。"他说那句话并不是指，资产阶级的崛起不可避免地会引出民主。例如在德国，工业资产阶级在"铁和黑麦"的著名联姻中，与专制的容克土地贵族结盟，支持俾斯麦的威权主义，后来也在希特勒的崛起中发挥作用。摩尔认为，迅速扩大的资产阶级，如能成功取代地主和农民的旧秩序，民主就能出现。他指出，英国就是如此，乡村的创业资产阶级成功推出商业化农业，迫使农民离开土地，再用其中的收益来为工业革命提供资金。这个残酷的过程削弱了旧土地贵族的力量，同时又催生了现代工人阶级。

摩尔特别重视农业生产的形式。而马克思在很大程度上忽略农民，认定它会被资本主义工业化所淘汰，如英国的情形。然而，革命在俄国和中国爆发，那里人口绝大多数都是农民。尽管马克思认为农民阶级注定要消失，列宁和毛泽东的掌权都靠农民的支持。摩尔在考虑这些因素后认为，民主化在他所谓的"压制劳工"的农业中会遇上特别障碍，因为农民被拴在大庄园土地上。结果是专制地主阶级存活下来，反过来又催生了工农革命运动。在这两个极端之间，中产阶级的民主前景就变得很可怜，我们已在上述几个拉丁美洲国家中看到这种场景。

巴林顿·摩尔的著作引出质疑其论点的大量新文献，特别是他的断言：资产阶级或中产阶级，对民主的出现至关重要。[4] 这里不想探究学术争辩的细节，但很明显，他的假设需要做出重大修改。例如，资产阶级远远不是统一的群体，既有像蒂森（Thyssens）和洛克菲勒（Rockefellers）那样的大工业主，又有被马克思主义者蔑称为"小资产阶级"的小店主和城市职业人。这些群体的利益依特定情况而非常不同。在许多情况下，中产阶级的重要群体都不支持民主。[5] 工人阶级能被吸收入共产党或农民的反民主的激进运动，   405
但在事实上，许多工人阶级组织仍坚决支持民主选举权和法治。

需要注意的是，自由民主的两个组成部分——自由的法治和群众的政治参与——是可分离的政治目标，最初曾获得不同社会群体的青睐。如许多历史学家指出的，发起法国大革命的中产阶级，并不是坚定的民主派，也不想让农民和工人即刻获得选举权。《人权宣言》被认为是法律保障，可保护资产阶级的财产和个人自由，限制国家权力，但不一定将选举权赋予法国民众。同样的情况是，在上世纪英国光荣革命中迫使国王接受宪法协议的辉格党，其主要成员是富有的纳税人，包括一部分贵族、士绅和上层中产阶级。只是在随后的两个世纪中，日益增多的商业和工业的资产阶级、中产阶级的律师、医生、官员和教师，以及因教育和财产而脱离工人阶级的其他职业人，才纷纷加入他们的队伍。这些群体在 19 世纪构成英国自由党的支持基础。自由派的主要兴趣与其说是民主，倒不如说是法治——对私有财产和个人权利的法律保障和相关政策，如自由贸易、选贤任能的官僚体系改革、使社会流动性成为可能的公共教育。

　　随着时间的推移，自由和民主的议程开始衔接起来，民主便成了中产阶级的目标。法治和民主负责制毕竟是制约权力的可选的两种方法，在实践中往往又相互支持。禁止国家任意掠夺财产需要政治权力，为获得权力，就要扩展选举权。同样，争取选举权的公民，可向制约政府压制权的法治寻求保护。选举权可被视作另一个受保护的合法权利。自由民主制——体现法治和普选的政治体制——从而变为一套纲领，为大部分中产阶级和工人阶级所期待。

　　巴林顿·摩尔不是希望看到共产主义在全世界获得胜利的马克思主义者。他视自由民主制为理想结局，但意识到有强大的社会力量，往往使这个理想结局变得不可企及。本着这一精神，摩尔修改过的马克思主义分析框架，在理解民主如何传播和为何传播上，仍是非常有用的工具。他的关键洞见是，在社会中最渴望民主的社会群体就是中产阶级。如果要了解民主的可能性，就要在中产阶级与偏爱其他体制的群体中，作出各自的力量对比。譬如，旧土地寡头倾向于支持专制制度，农民或城市贫民的激进群体专注于经济再分配。现代民主政体有自己的社会基础，如果不予以重视，就无法正确估量民主转型的前景。

　　我们可以总结一下主要的社会参与者，他们的强弱和互动决定民主在特定社会出现的可能性。当欧洲大陆在 19 世纪和 20 世纪初走上民主道路时，这些是欧洲的主流群体，如今也存在于许多当代发展中国家。

1. 中产阶级，定义来自职业和教育，而不是收入水平，倾向于支持自由民主中的自由。换句话说，他们需要保护自己权利尤其是财产不受掠夺性政府侵犯的法律规则。被理解为普遍政治参与的民主，他们可能支持，也可能不支持。对可能会影响自己财产和收入的经济再分配，他们更加模棱两可，即便不是表示公开的反对。在 19 世纪丹麦、希腊、法国、阿根廷、葡萄牙和西班牙的民主转型中，中产阶级群体是主要领导者。在 20 世纪初芬兰、瑞典、荷兰、比利时、德国和英国的全面民主运动中，他们是联盟的重要组成部分。[6]

2. 工人阶级——马克思著名的工业无产阶级——反过来更热衷于自由民主中的民主。这意味着，他们有权参与政治。他们在丹麦、比利时、芬兰、瑞典、荷兰、德国和英国，与中产阶级联合起来，以争取选举权的充分扩展。[7] 他们比中产阶级对经济再分配更感兴趣，往往更侧重于再分配，而不是产权的自由保障。由于这个原因，世界上相当多的工人阶级，愿意在 19 世纪支持非民主的无政府工团主义（anarchosyndicalist）政党（如在南欧和拉丁美洲的大部），在 20 世纪支持共产党或法西斯政党。那些政党都允诺再分配，但要以自由主义的个人权利为代价。

3. 大地主，特别是那些利用奴工的（奴隶制、农奴制和其他非市场条件的劳工），是民主的专制反对者，几乎无一例外。巴林顿·摩尔最不朽的见解之一，就是要想尽一切办法，打破这个特定社会群体的势力，才可让充分民主兴旺起来。[8]

4. 农民，他们有复杂不一的政治诉求。农民在许多社会中是非常保守的群体，信奉传统社会的价值，愿意接受作为地主阶级依附者的从属地位。最早的反革命运动之一是 1793 年法国旺代省（Vendée）的农民起义，反对巴黎的革命政府。正如我们在希腊和意大利看到的，使用依附式方法的保守党能把他们动员起来。在恰当情形下，他们也会变得激进，

407

与工人阶级联手成为革命支持者。他们是布尔什维克、中国和越南革命的步兵。

这四个群体构成重要的社会参与者，他们的互动决定了 19 世纪的政治发展与民主转型的过程。在这段时期的初期，几乎世界上所有最先进的国家，都以这些群体中最后两个为主，即地主寡头和农民。工业化的日益增长吸引农民离开乡村，加入工人阶级，使之在 20 世纪初变成最大的社会群体。随着贸易的扩大，中产阶级人数也开始膨胀，首先在英国和美国，随后在法国和比利时，19 世纪末再在德国和日本等"后发国家"，为 20 世纪初社会和政治的重大对抗布置好了舞台。

408

以政党为中心

马克思的分析框架的缺点之一是他以"阶级"为决定性的变量，即使它还算有用。马克思有时讲起来，让人觉得社会阶级——资产阶级、无产阶级和封建阶级——是定义明确的政治参与者，可以作出目的性很强的理性决策。在现实中，社会阶级只是智识上的抽象概念，对分析有用，却不能发起政治行动，除非它体现于具体的组织。新动员起来的社会群体可以多种方式参与政治：参加罢工和示威、利用媒体、今天还可借助脸书和推特等社交渠道。公民也可组织公民团体，或为了特定原因，或表达相互支持。如果要让参与经久不衰，就需要予以制度化。在过去两个世纪中，这意味着成立政党。

雅典娜是从宙斯脑袋中跳出来的，但上述四个群体不同，他们来到世界上时并不是团结的政治参与者，必须在政治上动员起来，以政治党派为代表。正是由于这个原因，政党尽管不在早期民主理论家的意料之中，却被认为对民主取得成功来说是必需的。像英国托利党、德国保守党和德意志帝国党那样的保守政党，刚开始只是精英的政治派别，到后来才被迫把自己组织为大众政党，参加竞选。代表中产阶级的是各式自由党，如英国的自由党和德国的进步党、左翼自由党和国民自由党。动员工人阶级的是社会主义政党，如英国的工党和德国的社会民主党；到了 20 世纪初，又改成几乎在所有工业化社会边缘涌现出来的共产党。农民是组织最差的社会群体，到 19 世纪末，很大程度上消失于英国、美国、丹麦和瑞典，要么成为独立农户，要么干脆离乡背井。在希腊和意大利，保守党实际上代表农民，更以庇护政治来控制农民。在保加利亚，农民成功组成自己的政党。

　　对民主化只作基于阶级的简单分析会有问题：有些跨领域的议题，使各阶级的人士联合起来，由此打乱政党的阶级轮廓。在那些议题中，最重要的是种族、宗教和外交的政策。19 世纪晚期的德国国会，有代表波兰和丹麦两个少数民族的政党，还有代表天主教利益的中央党；中央党本身又分成左右两翼。像帝国政策和海军建设那样的议题，本来是德国保守派的事业，却得到工人阶级的支持。在英国，爱尔兰自治和大英帝国的议题引起尖锐的分歧，在决定大选结果上，其重要性往往不亚于阶级利益。在当代中东，伊斯兰政党通常在社会底层和乡村地区享有社会基础，但它们的公开信息基于宗教，而不是阶级。

　　政党可以尝试代表特定的阶级，经常又是自主的政治参与者。它可以把自己的议事日程，从经济转到认同政治、宗教和外交政策，从而动员不同阶级的选民来争得权力。实际上，它们无须代表支持自己的社会阶级的真正利益。一个极端的案例是，某些国家的共产党最终变成人类历史上最大的工农压迫者。在美国，共和党在传统上是商业利益的堡垒，却获得工人阶级选民的大力支持，所依据的理由是文化的而不是经济的。

　　像政府官僚体系一样，政党不是社会阶级掌控的机器人手臂。相反，它们在代表自己选民时，可有相当大的选择余地。职业政治家创建政党，让追随者围绕具体的思想组织起来，再筹办现实世界中的政治机器。成功的共产党需要像列宁那样的组织天才，方能掌权。保守政党通常对传统、宗教、君主和稳定的议题充满激情，由于潜在的社会基础日益衰退，又被迫争夺大众选民。有些改变自己议程，以吸引中产阶级和工人阶级的选民，如英国保守党。其他通过庞大的依附式网络，不但幸存下来，而且欣欣向荣，如意大利基督教民主党。无法适应新选举政治的保守政党，也会诉诸非民主手段，以保住自己权力，如 1930 年的阿根廷政变（见第 18 章）。依附式的党组织经常与人治的政治风格携手并进，其中支持者团结起来支持的，是胡安和伊娃·庞隆等魅力型领袖，而不是连贯一致的纲领。所以，组织能力不是简单估量社会阶级的力量就可轻易预测的，还得依靠历史的偶然因素，如领导能力、个性和思想。

经济增长、社会动员和民主

民主为何扩展，为何会在未来扩展得更远？民主制度由多种原因驱动，最重要之一是经济变化。如图 21 所示的，经济增长与民主在好几个阶段中相互关联。经济增长借助劳动分工的扩张催生社会动员，反过来，社会动员又催生对法治和更多民主的需求。支配旧农业秩序的精英，经常试图阻止新群体进入政治体系。只有等到新动员起来的群体，被成功引入体系以参与政治，稳定的民主体制才会出现。反过来，如果这些群体找不到参与的制度化渠道，就会产生不稳定和混乱。

在这方面，思想还是非常重要的，但与发展的其他方面的变化有关。例如，人类尊严普遍平等的观念问世数个世纪，但在静态的农业社会永远不会有太大效果，因为社会流动性太低。农民周期性地奋起反抗，向政治现状提出挑战，或由于自己的权利受到离谱的侵犯，或出于纯粹的饥饿和绝望。这类反抗的个别领袖可能渴望加

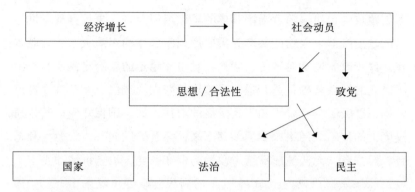

图21. 经济增长和民主

入寡头政治，但从未想到要取消现存的阶级体系，也就不算是真正的革命者。从 17 世纪到 18 世纪，不断扩大的资本主义经济体系，开始在欧洲部分地区重整社会体系，社会平等的理念方才产生广泛的震撼力。现代资本主义既需要社会流动性，又促成社会流动性。作为结果，越来越多的人要求通道和机会的均等。一边是社会动员，另一边是民主和法治，两者之间有多重的因果关系。思想既是重要的，又有自己的自主性——亚当·斯密和马克思，都不能被理解为自己社会阶级的单纯发言人——社会背景和深刻的经济变化，又塑造人们接受思想的能力。

民主在欧洲分阶段逐步出现，历时超过一百五十年，是中产阶级、工人阶级、旧寡头和农民之间交叉斗争的结果。所有这些参与者又被经济和社会中的根本变化所塑造。马克思—摩尔的框架，经过几点修正，基本上还是合理的，我将在下一章详细阐述这个故事。

第28章

通向民主的漫长之路

随着社会的演变，欧洲在 19 世纪取得民主进步；民主在
胜利之前遇到的各式反对；保守政党往往决定民主进步的
性质

我在第 1 卷讲述了负责制政府在英国和美国的崛起。现在回过
头来看，负责制的前身只是偶然存活下来的封建制度，即中世纪庄
园会议（medieval estate），又叫议会。在中世纪，征税权力归于代
表社会中寡头地主的庄园会议。法国、西班牙、瑞典、普鲁士和俄
国的君主，从 16 世纪晚期起，成功打破庄园会议的势力，巩固自
己的专制统治。相比之下，波兰和匈牙利的庄园会议战胜君主，建
立软弱的分权政治体系，结果很快败于外国军事征服者之手。只有
在英国，议会和君主势均力敌；议会在 17 世纪成功抵抗国王，导
致 1688—1689 年的宪政妥协，即光荣革命。

负责制政府不单单意味着，反对派群体压过政府并迫使政府接
受自己的要求。在人类历史上，在野群体一直与当朝群体争斗，一
旦获胜就取而代之，摇身一变，成为压迫他人的新当朝群体。相比
之下，负责制政府意味着，向广大公众负责的原则和反对派的合法
性都获得正式承认。这就是思想发挥关键作用的案例。洛克解释，
各国政府的权威不在神权，而在保护本国公民个人权利的能力。政 413
府也可能是个人权利的主要侵犯者。洛克进一步指出："如果人民

没有自愿同意，政府便无权要求人民的服从。"我们今天所谓的合法性，源自人民可以"选择自己政府和统治者"的能力。"无代表不纳税"和"被统治者的同意"，是光荣革命和不到一世纪之后的美国革命的号召性原则。从"英国人权利"（传统的封建权利）到"天赋人权"（人类的普世权利）的转变表明，这些新革命永远不再会是一个精英群体取代另一个的改朝换代。

光荣革命确立议会负责制的原则，但18世纪初的英国离真正民主还很远。议会成员由英国一小部分富人选出，到了1830年，有资格投票的人仍不超过总人口的3%。相对于负责制，民主来得更晚，在1689年妥协之后的数个世纪内渐渐发生。

法治和民主负责制可被视作制约政府的两种可选手段。这并不奇怪，它们在历史上一直密切关联，得到共同的倡导。在英国内战中，议会对国王最大的不满之一就是他践踏普通法。早期斯图亚特王朝在权威可疑的法律机构起诉对手，如国王的星室法庭（Court of Star Chamber）。议会的要求是，国王在税收问题上向议会负责，还得依法行事。只有遵守法治才能保证，成功取代当朝群体的在野群体，不会使用新到手的权力来向对手施以报复。

自由民主制中制约国家的两个组成部分——自由的法治和民主负责制——往往相互关联，但在概念上却是分开的。上一章指出，它们往往得到不同社会群体的倡导。这意味着，自由民主制来到时很少是一个整体，而是随着时间的推移，先后引进的，这使民主何时开始难以确定。例如，美国何时成为自由民主国家？与民主相比，它的法治来得更早。普通法引入殖民地，远远早于美国大革命和制宪会议，但要取得法律保护的平等，还得等上好几个世纪。大多数美国人认为，18世纪后期宪法通过后就有民主了。但在1787年，选举权仍有严重限制，之后才逐步开放给无产白人、非裔美国人和妇女，直到1920年第十九条修正案的批准才彻底放开。实际上，对南部黑

414

表 6. 所选国家的选举权扩展

国　家		年　份	
	有选举权的百分比	成年男性选举权	普遍选举权
奥地利	6.0（1873）	1907	1919
比利时	1.0（1831）	1919	1949
英国	2.3（1830）	1918	1929
丹麦	14—15（1848）	1849	1915
芬兰	—	1906	1906
法国	0.25（1815）	1875	1945
希腊	—	1864	1952
冰岛	9.8（1903）	1920	1920
爱尔兰	0.2（1830）	1918	1923
意大利	2.3（1871）	1919	1945
日本	1.0（1899）	1899	1946
卢森堡	2.0（1848）	1892	1919
荷兰	2.4（1851）	1917	1917
挪威	—	1898	1915
普鲁士 / 德国	—	1849/1867	1919
韩国	—	1948	1948
瑞典	4.8（1865）	1920	1920
瑞士	—	1848	1959—1990
美国	9.4（1828）	1820s	1920

来源：Eisenstadt和Stein Rokkan合编，《建设国家和民族》；查尔斯·蒂利，《民主》

人投票的各种设限意味着，充分选举权还要等到 1965 年《选举权法》
的通过。

我们如果将自由民主的不同标准用于 19 世纪，就会看到欧洲
和其他国家的第一波民主化历时相当漫长。表 6 列出不同国家抵达
选举权各个里程碑的日期，还有为实现普选所花费的时间，以及各
国的差异。除了限制选举权，19 世纪欧洲的威权政府还有其他遏制
民主的措施。例如，普鲁士在 1849 年开放普遍的男性普选，但仍采
用三级投票制和开放式投票，直到 1918 年。像英国、意大利和丹麦
等国家，另有非民选的上议院，可否决立法，或以其他方式予以修改。
许多国家对政治组织施加限制，特别是社会主义或共产主义旗帜下
的新工人阶级群体。民主在这个时期不是单向的，像法国那样的国
家先授权给公民，随着专制政权的回归又予以取消，周而复始。

选举权

欧洲通向民主的道路是分阶段的，中间有持久的停滞，或主动
的倒退。为何要走这条迂回路线，最简单的理由是，在 19 世纪 70
年代之前，欧洲社会还没为民主做好准备。

如序言指出的，法国大革命把《拿破仑法典》带到欧洲大部分   415
地区，在法国确立现代行政国家，但没有引进民主。拿破仑的战败
迎来长时间的专制复辟，受到奥地利、普鲁士和俄国组成的神圣同
盟的庇护。保守的君主制政权试图让时光倒流到 1789 年之前，欧
洲从西到东都是专制主义，相互之间只有程度的深浅。共和政府只
存在于少数瑞士州邦（canton）和德国城邦；法国、荷兰、比利时、
挪威和其他德国城邦（当然还有英国）是君主立宪制，君主的正式
权力受制于法律；奥匈帝国、普鲁士、意大利和俄国的君主，所持   416
的权力面对的约束很少，大多数通过熟稔民法的官僚来实施统治。[2]

走向民主的第二个高潮发生于 1848 年革命，但激起的希望很

快破灭。借用历史学家埃里克·霍布斯鲍姆（Eric Hobsbawm）的话："1848 年革命在欧洲近代史上，看起来像是一场兼有最远大的希望、最辽阔的地域、最快获得胜利却也旋即彻底失败的革命。"[3] 与"阿拉伯之春"相比，这场"人民之春"影响欧洲核心几乎每一个国家。它始于法国七月王朝的垮台和第二共和国在 1848 年 2 月的成立，然后在下一个月蔓延到巴伐利亚、普鲁士、奥地利、匈牙利和意大利。不受冲击的国家都位于欧洲大陆的边缘，包括瑞典、英国、希腊、西班牙和俄国。革命很快遭到镇压，始于哈布斯堡王朝 5 月的复苏，年底前覆盖整个欧洲大陆。革命思想的迅速传播表明，民主觉醒的"传染效应"不只是互联网和社交媒体的副产品，同样也可发生于报纸时代。[4]

　　这些革命的爆发和最终失败，反映了欧洲社会变化的不彻底。19 世纪初，大部分仍是农业社会，主要参与者只是地主和农民；仅在英国和荷兰，才有相当规模或政治影响的中产阶级。到 19 世纪中叶，小型的工商业资产阶级几乎在每一个角落涌现；随着教育和扫盲的推广，报纸和公众讨论也变得愈加普遍。19 世纪 40 年代，可在整个欧洲大陆看到我们今天所谓的"公民社会"；它们是自愿性的私人团体，经常趁宴会或公共节日的时机组织起来，让志同道合的人们相聚、交换意见、发表批评政府的意见（英国这样的组织出现得更早）。但在大多数地方，政党仍是非法的。在更为专制的地方，活动人士组织秘密社团，如青年意大利党的朱塞佩·马志尼（Giuseppe Mazzini）。发动 1848 年革命的正是这些中产阶级群体，无论是合法的，还是非法的。[5]

　　此时的社会转型非常不完全，即使是经济最发达的欧洲社会，中产阶级仍只是人口的少数。它本身又是分裂的，有的想要健全的法律，以保护自己的人身和产权；其余的有志于更广泛的民主参与。欧洲人口的大多数仍是农民、手工业者、商人和尚未组织起来的早期工人阶级。欧洲的情形堪比今天新兴的市场国家，如泰国和中国。

1848 年的保守派得以遏制革命的浪潮，一是通过民族主义的诉求来分裂中产阶级的队伍，二是充分利用中产阶级对混乱的恐惧。

保守秩序在 1848 年复辟之后的数十年，证明是经济和社会变革最大的时期，无论就欧洲历史还是美国历史来说。较先进的国家——英国、法国、德国、比利时和荷兰——开始时主要还是农业社会，到第一次世界大战前夕已变成都市—工业社会。这导致社会阶级发生巨大变化，为大众民主政治打下了基础。

所以，霍布斯鲍姆关于 1848 年革命彻底失败的判断过于苛刻。革命的爆发及其可能卷土重来的恐惧，一直存留在 19 世纪下半叶所有威权领袖的脑后，并为之后两代人的政治变革预设了议程。例如，普鲁士在 1847 年至 1867 年间引进普选，尽管还需要公开投票和分层选举。1871 年之后新统一的德国通过正式宪法，第一次让民选国会发挥作用。社会民主党因政党的合法化而有机会扩大组织，尽管有极端保守的俾斯麦首相的压制，仍在第一次世界大战前夕成为国会中的最大群体。在 19 世纪 80 年代，俾斯麦实施欧洲第一个社会保障和医疗保险的体系，旨在抢走新工人阶级政党的势头。

法国也是如此。路易·拿破仑 1851 年通过政变上台，随后宣布称帝，号称拿破仑三世，但仍觉得需要举行公民投票，以赢得合法性（他曾被选为 1848 年革命之后的共和国总统）。法国人习惯于投票的理念，即使在高度监管的条件下。第二帝国比较自由，不同政治观点可得到公开表述。它治理下的经济扩张，为普法战争和巴黎公社之后真正民主的第三共和国铺平道路。迈向更自由的民主社会的许多努力，因此是保守派领袖作出的，他们经历过 1848 年，意识到自己面对的是已动员起来的社会，截然不同于 19 世纪早期。

在 19 世纪中叶支持宪政的中产阶级，结果在民主上却是出尔反尔，因为他们的民主冲动在许多国家都被民族主义所劫持。法兰克福和柏林议会中的德国自由派，往往更热衷于建立统一的德国，而不想在现存德国城邦中争取民主化。作为精英，他们愿意"代表"

民族，实际上却不愿让自己同胞享有选举权。他们中许多人，最终都支持俾斯麦和他的专制帝国，因为他证明是能统一德国的不二人选。当国家提供关税保护时，他们作为德国资本主义的领头人和受益者，毫不犹豫地放弃经济自由主义。同样，奥匈帝国各地方的自由派，对自己作为民族精英的特权更感兴趣，而不是选举权的扩展。在英国，对爱尔兰自治的反对，以及对帝国政策的支持，让保守派在 19 世纪晚期，赢得中产阶级和工人阶级的共同支持。在欧洲，这不会是民族主义战胜阶级利益的最后一次。

反民主的论点

对民主扩展的抵制，既关乎思想领域，又关乎欧洲现存精英的物质利益。在 19 世纪，不少认真的知识分子愿意列出周到的论点来反对普选或一人一票的原则。其中几点至今仍然突出，很值得商讨，即使已经很少获得公开的阐述。

对民主最为持久的批评家之一是哲学家约翰·穆勒（John Stuart Mill），他的《论自由》（*On Liberty*）自 1859 年出版以来，一直是自由派的重要文件。他的《论代议制政府》（*Considerations on Representative Government*）发表于英国第二次改革法案之前的 1861 年，罗列反对普遍平等选举权的论点。他以辉格党的经典论点开始："决定税收的议会，不管普通税还是地方税，其成员只能由付税人本身选出。"[6] 唯有纳税人才能投票的想法，恰好是"无代表不纳税"原则的另一面，即英国和美国革命的口号。所以穆勒认为，最好实施直接税而不是间接税，因为这会提醒公民时刻警惕政府的乱花钱。这个论点还意味着，"接收教区救济的，应该被强制取消选举权资格"。换句话说，接受福利补助的人不应有选举权，因为他们基本上是在占纳税人的便宜。

穆勒第二个反对平等选举权的论点，与选民的资格和责任有关。

419

他并没有质疑普选的原则，因为"拥有和行使政治权利，包括选举权，是对大众心灵进行道德和智识训练的主要手段之一"。但他对一人一票的原则表示异议。在当代耳朵听起来如同天方夜谭的说法中，他指出，"如果有人断言，在社会承认的每一种权利面前，人人都应该平等，那我的回答是，请等到人人作为人类的价值也变得平等时"。[7] 由此引申出的论点是，不同阶级的人依据各自的教育水平应有不同数量的选票：非熟练工人一票、工头三票、律师、医生和牧师五到六票。他指出，刚刚把路易·拿破仑选作法国总统的数百万"农民，既不能读也不能写，对公众人士的了解，甚至光是名字，也只局限于口头传说"。[8] 在美国内战后的数十年中，随着吉姆·克劳法（Jim Crow law）的蔓延，美国南部的白人会使用非常相似的论点，来限制或剥夺非裔美国人的选举权。

420

其他思想家提出，只有精英才能成为公共利益的客观监护人，因此应该获得信任，以代表那些无选举权的人。例如，埃德蒙·伯克早在 18 世纪就认为，来自衰败选区（rotten borough，拥有极少选民，容易受人操控）或其他不平等选区的下议院成员，并没有比代表性不足的选区享受更好的道路、监狱或警察，因为特权阶级比他人更能"回避地方利益、情感、偏见和朋党"，从而具有"更顾全大局的见解"。[9] 工人阶级本身没有资格实施统治："理发匠或肥皂工人的职业，对任何人来说，都不是光荣的……如果他们……被容许执政，国家就会承受压迫。"[10]

这个见解被沃尔特·白芝浩（Walter Bagehot）吸收进他的经典作品《英国宪法》，发表于第二次改革法案即将推出的 1866 年。他在书中宣称："就我们议会在这个方面的代议性质而言，我不认为将工人阶级排斥在有效代表范围之外是一种缺陷。工人阶级对我们协调的公众舆论的形成几乎没有什么贡献，因而，即便其在议会中缺乏影响力，也不会损害议会与舆论之间的协调关系。无论在代议制度还是在被代议的事情中，他们都被排除在外。"[11] 白芝浩所

谓的政府"庄严"部门——君主制和上议院——事实上获得了相当
多的公众支持，足以在没有工人阶级和穷人积极参与的政府中，成
为合法性的依据。[12]

　　许多保守的意大利思想家也提出过反对民主的不同论点。他们
主张，开放选举权是毫无意义的，因为真正民主是无法实现的。最
早阐述这一观点的是加埃塔诺·莫斯卡（Gaetano Mosca）。他指出，
不同类型的政权——君主制、贵族制和民主制——在实际生活中没
什么差别，因为归根结底都掌控在精英之手。"政治阶级"会在各
式制度下维护自己的权力，在民主制度下也会做同样的事。即使"共
产主义和集体主义的社会，毫无疑问也是官员管理的"。经济学家
维尔弗雷多·帕累托（Vilfredo Pareto，*即帕累托最优定律的发明
者，经济学学生应该很熟悉*）也认为，不管政权类型为何，继续行
使支配权的仍是精英。他根据自己对收入分配的统计研究，定出一
条帕累托定律：无论什么时候什么地方，20% 的人口总是拥有 80%
的财富。这就好比是自然规律，因此，以政治措施来加以补救的努力，
如扩展选举权或再分配收入，都是毫无意义的。[13]

421

　　这些保守的意大利思想家提出马克思论点的一个变种，即正式
民主的出现和选举权的扩展不会改善人民大众的生活，只会以不同
形式保持精英的支配地位。莫斯卡和帕累托认为，不同的制度并不
会改变这种状况，所以赞成维持现状。马克思当然认为，解决办法
是无产阶级革命。他的追随者在 20 世纪布尔什维克和其他共产党
革命后，继续尝试设计一种真正平等的社会。在某种意义上，这些
意大利思想家被证明是正确的：共产主义没有消除统治者和被统治
者的差别，也没有终止精英的压迫，只改变了掌权者的身份。

　　让共产主义来解决马克思、莫斯卡和帕累托发现的问题——尽
管出现正式民主，精英继续占据支配地位——以失败告终。但这并
不意味着原先的批判是完全错误的。像定期选举和新闻自由那样的
民主程序，并不能保证人民获得充分的代表性。（我会在第 31 章和

第四部分回到这个问题。）

　　没有受过教育的人不能负责地行使选举权的论点，在公共教育的普及面前不攻自破。大多数欧洲社会在 19 世纪末开始实施面向大众的公共教育。基于生物学的反民主的新论点，却并没有遭遇同样的命运。查尔斯·达尔文的《物种起源》在 1859 年出版后，兴起了一种"科学"种族主义学说，它所解释和辩护的，不但是对非欧洲人的殖民征服，而且是不让黑人、移民和少数族裔获得平等权利。妇女被认为不够理性，也没有选举权；更由于生物学的原因，注定不适合从事男性的职业。[14]

　　值得注意的是，所有这些 19 世纪的反民主论点，都接受许多支撑民主的现代概念。他们承认，政府应对公民负责，具有良好政治判断的公民都应有参与政治的权利。与现代规范的不同之处，仅在于他们对各类人士——穷人或无产者、没受过教育者、黑人和其他少数族裔、女性——能否负责地行使政治权力的评估。这意味着，他们在实证事实面前也会不攻自破。当社会没有因选举权扩展到工人或妇女而分崩离析，当穷人和黑人能接受教育并在社会中攀升上来，坚持政治排斥的论点就会变得异常困难。

422

　　很少有当代政客敢于公开赞成对选举权的限制，或以教育或收入为条件来裁定选民的资格，尤其是在选举权限制等同于种族等级的美国等社会。

　　但在当代的政治话语中，仍可听见几乎所有这些 19 世纪保守论点的回声。例如，可以经常看到，精英对民主选民选择"民粹主义"政策发出抱怨。在精英看来，民主选民并非总能选择对，可能会选择短期需求，而不求长期的可持续性；他们的投票往往以候选人个性而非政策为依据；他们的投票有时出于依附式原因；他们可能追求会扼杀奖励和增长的收入再分配。但到最后，在是否要对选举权实施系统性限制上，这些担心都不是令人信服的理由。犹如 19 世纪的精英，今天精英往往也得心应手，把自己狭隘利益打扮成普遍真理。

民主国家的选民并不总是正确的，尤其是在短期内。目前尚不清楚，解决当代治理问题，是否在于不断提高大众的参与程度。如政治学家布鲁斯·凯恩（Bruce Cain）指出的，大部分选民根本没有时间、精力或专业知识，来仔细研究复杂的公共政策。尽管为了鼓励更高层次的民主参与，通过如公民投票一般的机制，把更多议题放在选民的面前，但结果却往往不是民意的准确表述，而是组织最好资源最多的团体对公共空间的支配。[15] 创建择优的官僚体系，最终对公众负责，又不受制于民主政治的变幻莫测，是当初反对民主扩展的论点之一，只是现在已被遗忘。

423

掌权的保守派

经典的马克思主义者和现代的经济学家，把争取民主的斗争简化为富人和穷人的斗争，穷人组织起来，目的就是要把富人的财富和收入再分配给自己。如果威胁足够严重，富人在政治权利和直接再分配上做出让步，民主就会出现。[16] 中产阶级可与任何一方联盟，但更多的是接受富人的买通，最多只支持有限的民主。任何有关正义或合法性的论点，仅仅是掩盖赤裸经济私利的"上层建筑"。在这个马克思主义叙事中，富人从不让步到足以实现真正的民主，穷人只有以暴力夺取政权，才能达到这个目的。政治学家亚当·普沃斯基（Adam Przeworski）的统计显示，大多数选举权的扩展，实际上是对大众动员的回应。所以，民主是争来的，而不是赠予的。[17]

保守的社会群体可以不同方式解释自身利益，其中有些比较有利于非暴力的民主转型。相对于德国和阿根廷（不要说俄国和中国），英国的自由民主制在 20 世纪 30 年代获得和平的巩固，原因与英国保守党的战术行为有关。它在 19 世纪初依然是旧土地精英的政党，相当于代表普鲁士容克阶级或阿根廷大庄园主的有关政党。但它没有试图通过暴力或威权统治抵制社会和政治的广泛动员，

反而重新诠释自己的私利，既允许选举权的扩展，又得以保住自己   424
的政治权力。

　　英国是以缓慢步伐扩展民主直至充分实现的欧洲国家之一。它
的选举权扩展历时三个重大的改革法案，分别在 1832、1867 和
1884 年。如表 6 指出的，男性普选的实现要到 1918 年，妇女拥有
选举权要到 1929 年。[18] 1832 年的改革法案确实可被看作一种对策，
因为保守派担忧，作为经济变化的结果，会有来自底层的威胁和鼓
动。但是让英国真正民主化的 1867 年法案和 1884 年法案，来自保
守党首相本杰明·迪斯累利和自由党首相威廉·格拉德斯通的努力。
他们并未面临迫在眉睫的革命威胁，而是在相当不同的政治考量下
作出改革。

　　几乎所有的现代评论家都认为，1867 年的《"大"改革法案》
并不是基层驱动的。精英感到"在工人阶级成员的脑海中发生了悄
悄的变化，犹如地壳运动"。人们还普遍预期，1832 年改革之后，
还会有后续的政治举措。带来这个转变的不是以格拉德斯通为首的
自由派，而是他的竞争对手保守党迪斯累利。他推出激进的改革法
案，导致选举权的即刻倍增。[19]

　　迪斯累利的动机一直是争论的焦点，许多保守党同事指责他
是自己阶级利益的叛徒，或充其量是在炽热斗争中丧失原则的机会
主义者。历史学家格特鲁德·希梅尔法布（Gertrude Himmelfarb）
认为，迪斯累利的行动源自不同的原则考量，即托利党是代表天然
秩序的全国政党，其中的贵族和工人阶级已变成盟友。保守党的信
条也有走向民主的动力，因为"它相信，底层阶级不仅在气质上是
天然保守的，而且在政治上也是保守的"。[20] 换句话说，伯克在上
个世纪表述的观点，即保守寡头可以"代表"整个民族的利益，不
只是掩盖阶级利益的意识形态烟幕弹，而是伯克自己的阶级真正相
信的。

　　相信它的不只是富有的保守党。在 1884 年第二次选举权扩展

之后，保守党在几乎一代人时间内，继续支配英国的政治选举。迪斯累利是正确的，很多工人阶级和乡村的贫穷选民，不顾自己的阶级利益，在随后的选举中都把选票投给保守党。（这种现象对 21 世纪初的美国人来说并不陌生，许多工人阶级的选民倾向于共和党候选人，尽管共和党的经济政策有损于自己的收入，如自由贸易和反工会组织的政策。）保守党代表一组对工人阶级选民具有吸引力的价值观，包括教会、传统、君主和民族认同，再后来还能将议程转向其他议题，如外交政策。这让保守党修改自己的社会基础，不再是大地主的政党，而是新兴都市中产阶级的政党。这些中产阶级选民在有些议题上（如产权保护）与旧寡头站在一起，在其他议题上接受扩展选举权的观点。这些趋势再加上对组织活动的强烈偏爱，使保守党一胜再胜。[21]

英国民主化的模式是精英政党推动的，不是基层从下鼓动的，但不是独一无二的。政治学家露丝·科利尔（Ruth Collier）指出，这种自上而下的过程可被称作"支持选民的动员"，驱使瑞士、智利、挪威、意大利、乌拉圭以及英国的"当朝群体"，向"在野群体"提供选举权。这些案例显示了一条制度安排可以自我加强的路径：一旦选举政治的原则在有限选举权的体系中获得确立，现任者可试图通过寻找新的选民、转向新的议题、跨越阶级界限，来继续执政。[22]

当然，有些精英群体选择不遵守民主规则，转向军队或其他不民主方式，以保护自己的利益。这发生于在 20 世纪 20 年代和 30年代的意大利和德国、1930 年的阿根廷、1959 年古巴革命之后的许多拉丁美洲国家。选择哪一条途径取决于好多因素：保守派是否相信，一旦民主开放，仍可保住控制权；保守派内部团结如何；民主力量的团结及其构成的威胁如何；其他国家精英的应对方法。新兴的工业资产阶级往往比旧土地寡头更愿接受变化，不仅因为资金可以迅速转移，而且因为他们更都市化，更有文化，更容易与其他文化和有着进步思想的国际精英打成一片。理念和规范也在塑造物 质利益：跟普鲁士的容克阶级相比，英国土地贵族更愿意让自己女儿嫁给新兴的富裕平民，也更愿意接受辉格党的观念，即教育和识字的普及会使工人阶级的选举权变得安全。[23]

遗憾的是，大多数欧洲国家的民主化故事没能以渐进和平的选举权扩展告终。对整个欧洲来说，随着欧洲大陆卷入两次世界大战，民族问题超越阶级问题而占据优先地位。德国、奥地利、英国、法国和俄国的工人阶级，在1914年8月决定支持各自政府，从而破坏了第二国际的团结。在包括英国的许多国家中，成年男性普选权还要等到第一次世界大战在1918年的结束。工人阶级在战壕中的牺牲，使得在道德上再也无法拒绝他们的选举权。德国和奥地利在战争中的失败，导致德国皇帝的退位、魏玛共和国的成立和奥匈帝国的解体。

旧专制秩序的政治结构遭到拆除，但政治右翼在中欧和东欧的社会基础并没有消失。旧土地寡头继续通过文职体系和军队在幕后行使影响力。中产阶级的储蓄和安全，在战后的通货膨胀和经济动荡中遭到彻底的摧毁，愿意接受在20世纪20年代兴起的新法西斯政党的招募。由于第一次世界大战和新近布尔什维克革命的榜样，工人阶级也变得愈益激进，被吸收进无意于自由民主的共产党。随后的两极化，掏空德国、奥地利和意大利的政治中间派，促成希特勒和墨索里尼的崛起，为第二次世界大战铺平道路。稳定的自由民主制到20世纪下半叶才传遍整个西欧，扩展到东欧还要等到共产主义在1989年至1991年的倒塌。欧洲的民主之路，真可谓漫长。

第29章

从 1848 年到阿拉伯之春

阿拉伯之春的起源；当代中东和 19 世纪欧洲的异同；宗教
和民族主义作为通向政治动员的替代途径

2011 年 1 月，一位名叫穆罕默德·布瓦吉吉（Mohamed Bouazizi）的突尼斯街头小贩自焚，随即引发阿拉伯之春。它推翻了本·阿里的独裁统治，引发一系列起义，蔓延至埃及、也门、利比亚、巴林和叙利亚，威胁当地每一个政权的稳定。据媒体报道，布瓦吉吉的蔬菜车摊几次被警方没收，他去抗议时又遭警方的掌掴和侮辱。他由于基本尊严不被承认，给自己浇上汽油，引火自焚，两周后死于烧伤。他的故事在阿拉伯世界播出后引起共鸣和愤怒，最终成为一场重大政治革命的导火索。

部分评论家相信，伊斯兰国家或阿拉伯国家在民主化道路上，遇上世界其他地区所没有的特殊阻力。这个地区基本上不受第三波民主化的影响，它对自由民主的抵制被认为多多少少与伊斯兰或阿拉伯文化有关。阿拉伯人是个例外、只会被动接受独裁，这样的简单论点因 2011 年 1 月初的事件而宣告寿终正寝。[1]

但隔开一段时间看，阿拉伯社会将无法维持自由民主的预言，可能证明是正确的。阿拉伯之春已经过去四年，自由民主的政府不可能在当事国家中出现，唯一例外可能是它的发源地突尼斯。在埃

及，以前遭到取缔的穆斯林兄弟会当选，主持新议会和总统职位才 ⟨428⟩
一年，总统穆罕默德·穆尔西（Mohamed Morsi）就在 2013 年夏
天被军方赶下台。埃及国家随后发动血腥的镇压，不仅对伊斯兰群
体，而且对自由派的批评者。解放广场上的起义不是取而代之的革
命，只是迫使军队领导的国家进入战术性撤退。在反卡扎菲的军事
斗争之后，利比亚仍陷于混乱，中央政府无法让许多民兵放下武器。
叙利亚反巴沙尔·阿萨德（Bashar al-Assad）的和平抗议被无情
粉碎，就此陷入长期内战，一方是激进的伊斯兰武装力量，另一方
是复兴党的独裁统治。在巴林和其他海湾阿拉伯国家，抗议活动遭
到暴力镇压，传统的君主继续掌权。在整个地区，暴力和不稳定给
公然反民主的圣战组织带来机会。

　　这些不利结果导致许多西方评论家谴责整个阿拉伯之春。有些
只从简单的国家利益出发：美国、以色列和其他国家，原先已与阿
拉伯世界旧独裁政权发展互利关系，现在却要面临不稳定和不确定。
也有人提出更明确的论点，认为阿拉伯之春并不代表民主浪潮，只
是政治伊斯兰的抬头，最好只能引出狭隘的民主，最坏可能造成极
端伊斯兰主义的广泛传播和持久混乱。[2]

　　阿拉伯之春的长期后果当然不可预测。那些批评混乱结局的评
论员，那些认为从长远看也不能导致良好民主成果的评论员，往往
把欧洲民主化过程的漫长、混乱和暴力忘得一干二净。运作良好的
稳定自由民主制，包括多个不同制度的互动：不仅是总统或立法院
的选举，而且是精心组织起来的政党、独立的法院体系、有效的国
家官僚体系和警惕的自由媒体。此外，还有文化上的必要条件：政
客和选民对待对手不能有赢家通吃的态度，必须尊重规则而不是个
人，必须有认同和建国的集体意识。

　　打倒像本·阿里和穆巴拉克那样的独裁者，仅仅是铲除了专制 ⟨429⟩
权力的一个来源。让其他制度到位，可不是一夜之间就会发生的事。
2003 年入侵伊拉克的美国策划人预期，民主会在推翻萨达姆·侯赛

因之后自发出现，结果却沮丧地发现，不得不帮忙维持一个缺乏制度、混乱和暴力的社会。

　　早期的民主转型，可给阿拉伯之春的未来提供怎样的经验教训呢？像东欧和拉丁美洲那样的地区，与中东有许多明显的差异，首先就是文化和伊斯兰教的影响。事实上，为阿拉伯政治变化提供更好先例的，与其说是发生于上世纪 70 年代的第三波民主转型，倒不如说是 19 世纪的欧洲。在 20 世纪晚期的拉丁美洲和东欧，我们遇上的国家都曾有民主经验，有的还持续几十年，中断只是由于军事政变（拉丁美洲）和外国占领（东欧）。所以在某种意义上，民主化只是恢复在民族经验中已有根底的旧政治秩序。尤其是拉丁美洲，已有成熟的民主党派，一旦开放，马上获得新生。对东欧来说，西欧国家和欧盟是成功民主制度的榜样，就在近邻，具备强大的说服力，又可为民主化提供大量的援助和激励。

　　相比之下，今天的阿拉伯世界和 19 世纪的欧洲都没有民主的现成经验。今天提供政治模式和具体援助的国际社会，在很大程度上以美国和其他西方国家为基地，在阿拉伯世界许多人眼中反而成了怀疑对象。这明显不同于从苏联掌控中挣脱出来的东欧国家，它们敞开怀抱，欢迎欧盟和北约等的西方制度。

　　当代中东和 19 世纪欧洲都没有直接的民主经验，但相互之间仍有重大差别，首先就是政治伊斯兰主义。宗教在 19 世纪欧洲也发挥主要作用，德国的中心党、法国和意大利的基督教民主党组织起来，就是为了捍卫宗教利益，而不是阶级利益。尽管如此，不同于今天中东，欧洲的阶级和民族往往是比宗教更重要的认同来源。（也并不总是如此，从 20 世纪 50 年代到 70 年代，支配阿拉伯政治的是世俗民族主义者，而不是伊斯兰主义者，掺杂以社会主义和共产主义的左翼政党。）

　　保守势力也有不同特征。今天的伊斯兰国家中，只有巴基斯坦像 19 世纪初大多数欧洲国家一样，还保留大地主控制广大农民的

430

社会结构。在大多数伊斯兰或和阿拉伯的国家，保守派来自部落精英、传统君主制家族及依附者、军官、旧专制政权周边的裙带资本家和伊斯兰主义者。欧洲保守派除了相互之间的帮助，没有外部支持。相比之下，中东保守派多年来得到美国和其他西方国家的实质性外援，还有以波斯湾的石油和天然气为代表的丰富资源。中东的工人阶级比 19 世纪欧洲的同类更为软弱，因为不少地区像希腊和意大利南部一样，经历的只是"没有发展的现代化"。埃及和其他阿拉伯国家有工会，在争取民主的初期斗争中也发挥了重要作用，但不同于 19 世纪英国或德国，他们并不代表人口中日益增长的多数。

不过，阿拉伯世界和一个世纪之前的欧洲也有相似之处。首先，民主过程植根于经济变化所带来的社会动员。工业化在 19 世纪欧洲的渐进发展，创造了不断增长的中产阶级和无产阶级；大批前农民离开乡村，来到城市，愿意接受新政党的招募，响应以认同政治为基础的呼吁。

自 20 世纪最后几十年以来，同样情形也在中东地区出现。中东的城市化进展迅速，城市居民占总人口的比例，从 1970 年的 30% 增至 2010 年的超过 50%。[3] 联合国编制的人类发展指数（健康、教育和收入的综合指标）在埃及增长 28%，在突尼斯增长 30%。大学毕业生在 1990 年和 2010 年之间上升得更快，他们在这两个国家中抱怨，找不到与自己教育水平相称的工作。巧妙运用互联网和社交媒体来传播镇压的图像，组织反对现政权示威的，正是这些群体。

塞缪尔·亨廷顿在《变化社会中的政治秩序》中认为，中产阶级是政治变化的关键。他指出，革命永远不会是最贫穷者组织的，因为他们既没有资源又缺乏教育水平，不足以从事有效的组织工作。中产阶级最有可能经历社会地位的快速上升，如果以后的向上攀升遇上阻碍，就会面临最尖锐的失望。创造政治不稳定的，就是他们的期望和现实之间的差距。

　　无论是阿拉伯世界还是 1848 年欧洲革命，在组织革命和要求政治变化上，中产阶级都是关键参与者。反对本·阿里的突尼斯起义，以及反对穆巴拉克的解放广场示威，都是城市中产阶级领导的。他们觉得，自己在社会和经济上取得进展的机会，受到了威权政权的遏止。（利比亚和也门的动荡比较复杂，中产阶级的人数较少，外加纷繁复杂的部落争斗。相比之下，叙利亚的中产阶级稍大，但教派认同很快掩盖阶级或经济上的不满。）

　　新兴中产阶级不是城市化的唯一产品。在很多方面，可以恰当地把政治伊斯兰主义在中东的兴起，看作一种认同政治，而不是宗教本身的复兴。它取代阶级意识，成为动员局外人的振臂高呼。换句话说，中东经历的与欧洲在 19 世纪末期经历的完全相同，从礼俗社会到法理社会，从传统村落到现代城市，还有与之相伴的所有失范和认同混淆。对独立后的一代人来说，世俗民族主义曾是认同来源，到了上世纪 70 年代末，由于未能创造持续且分享的经济增长，再加上在以巴冲突等问题上的政治失败，而变得颜面扫地。宗教就此占据真空，在已有卫星电视和互联网的新近城市化的乡村农民看来，成了认同的明确来源。今天政治伊斯兰主义拥有实力的原因之一是，它可同时为认同、宗教和社会阶级的问题发言。

　　社会阶级在当代中东仍然重要，只是蛰伏在宗教政治的表皮之下。西方自由民主的支持者，主要来自受过教育的城市中产阶级；而伊斯兰政党，如埃及的穆斯林兄弟会和突尼斯的复兴运动党（Ennahda），倾向于去乡村或城市的贫困和边缘群体开展招募。这些政党在旧威权政权下是遭到取缔的，只好改而向穷人提供社会服务，等到政治空间开放，恰好处于动员这些群体的有利地位。伊朗的伊斯兰保守派也是如此，往往向社会的穷人和文化程度低的人开展招募。

　　1848 年的欧洲经验显示，专制政权的倒台和民主选举的组织，仅仅是政治发展的长期过程的开端。民主的建立在于，让民众参与

432

商定的政治过程制度化，首先得有组织良好的政党。领导革命的中产阶级自由派，必须继续加强组织，以参加竞选，还必须与其他群体结成联盟。但 1848 年的自由派革命党人，在威权当局发动军事反攻之前的短时期内，没做上述两件事。率领阿拉伯革命的中产阶级群体，在起义后最初两年，在组织起来参加长期竞选上，也有类似缺陷。他们内部发生分裂，置重心于个别领袖，而不是大批的政治追随者。他们现在面临的是重振旗鼓的军政府，将会积极限制他们的组织活动。

在欧洲，带头推动民主的中产阶级群体很少能光靠自己，都需要形形色色的跨阶级联盟。在丹麦，中产阶级群体在 1848 年与农民阶级（更正确的说法是农户，因为旧农民阶级至此已基本消失）携起手来要求结束专制主义，在 1915 年与工人阶级携起手来要求普选。在德国，中产阶级与工人阶级政党携起手来支持魏玛共和国，像瑞典、比利时和荷兰的中产阶级一样。在瑞士、英国和意大利，他们与保守政党联合起来扩展选举权。

433

如第 28 章指出的，中产阶级群体不一定支持自由民主。他们可与保守势力保持一致，不扩展民主，反而要求对威胁到自身利益的民众力量予以压制。拉丁美洲许多中产阶级群体，在 20 世纪 60 年代、70 年代和 80 年代的独裁统治中，就遵循这种战略。这样做的还有土耳其的中产阶级群体，一直到 20 世纪 90 年代末。这种模式重现于 2013 年的埃及，许多以前的自由派，非常厌恶当选才一年的伊斯兰总统穆尔西，因而愿意支持把他赶下台的军事政变。

在 19 世纪的欧洲，为争取民主的大众动员受到民族主义的劫持。这种现象首先在法国大革命中表现出来，其时《人权宣言》的呼吁，迅速变成法国民族权利的激进主张。它在 19 世纪 70 年代的德国也很明显，当时许多 19 世纪 40 年代和 50 年代的自由派，对俾斯麦及其强力统一德意志民族，表示狂热的支持。它再次出现于 1914 年 8 月，那时作为第二国际创始成员的工人阶级政党，其普通成员都决定支持各自政府，就此一头栽进世界大战。

有个明显的文化因素，让中东出现民主的可能变得异常复杂，那就是伊斯兰教。穆斯林占人口多数的许多社会，必须抗衡反民主的伊斯兰激进组织，而东欧和拉丁美洲的第三波民主转型就没有这方面的威胁。许多评论家认为，伊斯兰教本身对民主构成不可逾越的障碍，因为它从不接受教会与国家分离的原则，更坚持宗教极端主义的暴力传统。遵守民主规则的伊斯兰组织，如突尼斯的复兴运动党和埃及的穆斯林兄弟会，经常被指责是利用民主来取得权力，真正意图仍是建立不自由的神权国家。这些群体的崛起招致保守的威权政府的反击，所引起的两极化政治只允许两个选择，都是非民主的。

政治伊斯兰主义是否会成为永久性障碍、进而阻止自由民主在　　434
伊斯兰国家出现，并不是一目了然的，就如断言民族主义将使民主不可能在欧洲出现一样。政治伊斯兰主义在过去几十年中，有自己的跌宕起伏，在 20 世纪还经常输给世俗民族主义或自由威权主义的运动。随着时间的推移，所有复杂的大文化体系，都可以不同方式来解释。基督教（伊斯兰教也是如此）有平等主义的中心思想，但数世纪来一直与威权统治者联盟，为不自由的秩序辩护。欧洲和拉丁美洲的第三波民主化故事，就包括 20 世纪 60 年代第二次梵蒂冈大公会议，对教义进行重新解读，使之与现代民主兼容。[4]

伊斯兰激进派也可走上同样的道路，当前的扩张似乎更源于当代中东社会的社会条件，而不是宗教的内在本质。实际上，政治伊斯兰主义的传播也可被看作一种认同政治，类似于欧洲当年的民族主义。首先提出这一论点的是欧内斯特·格尔纳，本书第 12 章曾介绍过他有关民族主义起源的理论，现可回顾一下。格尔纳认为，随着社会走向现代化，从礼俗社会（小村落）到法理社会（大城市），认同就会发生错位，而民族主义就是对此的回应。它主要发生在现代化国家，其中基于血缘和地域的狭窄认同消失，代之以将个人与广泛文化运动连接起来的普世学说。他认为，现代伊斯兰主义的兴起，就是对中东类似需求的回应；宗教在中东发挥的作用，等同于民族思想在欧洲发挥的作用。对住在开罗或卡拉奇的充满困惑的前农民来说，或对欧洲的第二代穆斯林移民来说，如本·拉登一般的人物可以对"我是谁"的问题提供颇具说服力的回答。政治伊斯兰主义在 20 世纪晚期的兴起，并不是永恒不变的伊斯兰教的返回，如伊斯兰激进派的支持者和批评者认为的，而是对大部分中东国家的半现代化困境的回应。

恰如 19 世纪欧洲迈向民主的冲动被引上民族主义的岔道，中东的大众动员同样也有可能遭到宗教的劫持。[5]

435

所以，把东欧和拉丁美洲的第三波转型当作阿拉伯之春的先例是带有误导性的。提供更好模型的，反而是欧洲从专制主义、民族主义到民主的备受折磨的漫长旅途。希望自由民主制很快在阿拉伯世界出现的人，在这一类分析中找不到任何安慰。我们只能希望，如果它真的发生，无须花费像欧洲那样长的时间。19 世纪欧洲没有现成的民主经验，也没有清晰的制度模式可以遵循。当代中东就不一样了，以法律和民主对权力的制约来平衡强大的国家，已成全世界的规范。但要达到这个目标，还得依赖于建立一系列互相勾连的复杂制度，后者又要借助于经济和社会条件在性质上的转变。稳定民主的社会基础在1848年的欧洲尚未存在，在今天中东的许多地方，可能同样尚未存在。

第30章

中产阶级和民主的未来

工人阶级在发达国家成为中产阶级,从而打乱马克思的预言;技术、全球化和中产阶级社会的未来;暴力在实现现代民主中的作用

根据卡尔·马克思的说法,现代资本主义将走向他所谓"生产过剩"的终极危机。资本主义利用技术从无产阶级的劳动中榨取剩余价值,导致财富的高度集中和工人的日益贫困。运行这个体系的资产阶级不管如何富裕,也不可能消费生产出的一切。无产阶级出卖劳动力使资本主义成为可能,却穷得买不起自己生产出的产品。愈益增加的不平等导致需求的不足,资本主义体系就会自行倒塌。马克思认为,摆脱这场危机的唯一办法是革命,让无产阶级夺得政权,重新分配资本主义体系的成果。[1]

马克思的场景在 19 世纪中期的所有工业化国家似乎还相当合理。新兴工业城镇的工作条件非常恶劣,大批贫穷工人不时涌现出来。关于工作时间、安全和童工等规则,要么根本不存在,要么执行不力。换句话说,当时欧洲人的处境非常类似于 21 世纪初的中国、越南、孟加拉和其他发展中国家的某些地区。

通向无产阶级革命的道路上,出现许多意想不到的发展。首先,工人的收入开始上升。早期涨幅是粗放型经济增长的结果,由于更多新工人被动员起来,脱离农业人口。等到这个过程达到自然限制,

相对于资本的劳工价格开始上涨。这种动态正发生于今日中国，劳
动力成本在 21 世纪出现迅速上涨。

其次，许多国家开始建立普遍的公共教育体系，增加对高等教
育的投资，最先开始这样做的是美国。这不仅仅是慷慨的公共开支：
新兴工业需要工程师、会计师、律师和秘书，以及能够识字和掌握
算术的小时工。如果较好的技术和增加的人力资本促成了增长的生
产力，相应的较高的劳动力成本也就很容易得到解释了。

第三，上一章所描述的选举权扩展，导致工人阶级政治权力上
升。这件事的发生归功于工会合法化和扩展工会的斗争，以及与之
相关的政党的崛起，如英国工党和德国社会民主党。保守政党的性
质也开始发生变化，不再代表富有地主，而改以新兴中产阶级的精
英为自己的支持基础。工人阶级新发现的权力，被用来推动监管工
作条件的社会立法，引发对福利国家广泛政策的提倡，如养老金和
公共医疗。

第四，到 20 世纪中间的几十年，工人阶级不再增长，无论绝
对数量还是占总劳动力的比例。事实上，马克思的无产阶级相对规
模在变小，因为工人看到自己的生活水平获得大幅提高，从而进入
中产阶级的行列。他们现在拥有财产，得到更好教育，更有可能把
票投给可以保护自己特权的政党，而不是那些试图颠覆现状的政党。

第五，在工人阶级之下又出现新的穷人和弱势群体，往往包括
新移民、少数族裔和其他边缘化人群。这些群体只有薪水较低的服
务性工作，或长期失业，依赖政府福利。制造业工人有工会为代表，
已变成劳动大军中的贵族，但绝大多数劳工没有这样幸运。在养老
金等福利与正规工作捆绑在一起的国家，他们只好进入非正规部门。
这样的人很少有法律界定的权利，甚至没有他们居住的土地或房屋
的合法所有权。在拉丁美洲和发展中世界的许多地区，非正规部门
的员工可能占总劳动力的 60% 至 70%。不同于工业工人阶级，这
批"新穷人"难以组织，也就无法采取政治行动。他们不是生活在

工业城镇的大宿舍，而是散居在全国各地，往往是自谋职业者。

最后，全世界的政治左派放弃对经济和阶级问题的关注，而且由于认同政治的传播，变得四分五裂。我已经提到过，工人阶级的团结在第一次世界大战时受到民族主义的破坏。到 20 世纪中，发达国家兴起新形式的认同，包括黑人力量、女权主义、环保、同性恋权利、移民和原住民权利，引发与各阶层都有关联的一系列新事业。这些运动的许多领袖来自经济精英群体，其文化偏好与工人阶级选民相差甚远，而后者曾经还是进步政治的堡垒。

认同政治取代阶级政治，给旧马克思主义者带来大量困惑。他们多年来一直把旧的工业工人阶级当作首选的弱势群体，只好试图以格尔纳所谓的"错误地址论"（Wrong Address Theory）来解释这种改变。极端的什叶派穆斯林认为，大天使加百列犯了一个错，将本应给阿里的信息，送给了穆罕默德。马克思主义者也喜欢这个思路，认为历史精神或人类意识犯了一个大错，本应给阶级的唤醒信息，由于可怕的邮政错误，却被送到民族的手上。格尔纳接着认为，在当今中东地区，同样的信息被送到宗教而不是民族的手上，但根本的社会学机制还是相同的。[2]

出乎马克思意料的上述六个发展中，前四个涉及工人阶级蜕变成广大中产阶级的现象。在 20 世纪动荡的上半叶结束时，欧洲和北美的发达民主国家终于找到了幸福位置。以前的政治是两极分化，一边是富裕的寡头，另一边是大量的工人阶级或广大农民，在从事有关资源分配的零和斗争，现在有了大大改观。许多发达国家的旧寡头，或是演变成更具创业精神的资本家精英，或是消亡于革命和战争。工人阶级通过工会和政治斗争，为自己赢得更大特权，在政治观上转变成中产阶级。法西斯主义使极右翼声名狼藉；冷战和来自斯大林俄国的威胁又败坏了共产党左派的名誉。在政治领域发挥作用的，仅剩下中间偏右和中间偏左的政党，它们在很大程度上接受自由民主的框架。中间选民——政治学家最喜欢的概念——不再是要求对社会秩序实施系统性改革的穷人，而是在现存体系中拥有利害关系的中产阶级个人。

其他地区就没有这么幸运。拉丁美洲有高度不平等的遗产，许多国家的旧地主寡头并未消亡，因为没有像耗尽欧洲那样的政治斗争。分享经济增长好处的是组织起来的工人阶级，而不是在非正规部门的劳苦大众，结果是高度两极化的政治，让人联想到 19 世纪的欧洲大陆。激进的反体制群体持续存在——以古巴为首的共产党、乌拉圭的图帕马罗斯运动（Tupamaros）、尼加拉瓜的桑地诺运动、萨尔瓦多的马解阵线（the FMLN）和委内瑞拉的乌戈·查韦斯的玻利瓦尔运动——都是阶级斗争的症状。

从亚里士多德的时代起，思想家就认为，稳定的民主政体必须依靠广大的中产阶级。贫富悬殊的社会容易出现寡头统治或民粹主义革命。马克思相信，现代社会的中产阶级永远是享有特权的少数。到 20 世纪下半叶，中产阶级却成了最先进社会的人口的绝大多数，从而削弱了马克思主义的吸引力。

中产阶级社会的出现也增加了自由民主作为政治体制的合法性。我在第 28 章提到，莫斯卡、帕累托和马克思等学者批判自由民主制，认为它的出现到最后仍是一场骗局，只是在掩盖精英的继续统治。但正式民主和选举权扩展的价值，在 20 世纪已变得十分明显；欧洲和北美的民主多数派，使用投票箱来选择对自己有利的政策，监管大企业，落实福利国家的再分配规定。

谁是中产阶级？

在进一步分析中产阶级崛起的政治后果前，必须退后一步，给中产阶级一个定义。经济学家和社会学家会有不同的思考方式。前者通常以收入来确定中产阶级，典型方法是选择一个统计范围，如收入分配的五分位的中间三个，或收入中位数的 0.5 倍到 1.5 倍。

这使中产阶级的定义依赖于社会的平均收入，无法作跨国比较。例如，在巴西充任中产阶级成员，就意味着大大低于美国的消费水平。为了避免这个问题，有些经济学家选择消费的绝对水平，从最低的每天五美元（相当每年一千八百美元的购买力平价），到六千美元至三万一千美元的年收入（以 2010 年的美元价值为恒准）。这解决了一个问题，却又生出另一个，因为个人对阶级的观感通常是相对的，而不是绝对的。如亚当·斯密在《国富论》中指出的，英国 18世纪的穷光蛋生活得可能像非洲的国王一样。

社会学家依据始于马克思的传统，往往不看收入而看收入的赚取方式——职业地位、教育水平和收入之外的财产。为了弄清不断增长的中产阶级的政治影响，社会学的方法更为可取。收入或消费的简单测量，无论相对还是绝对的，只能告诉你当事人的消费习惯，极少透露他们的政治倾向。亨廷顿的理论指出，期望和现实之间的差距具有破坏性影响，与之紧密相连的是社会和职业的地位，而不是绝对水平的收入。社会地位和教育水平低下的穷人，短暂攀升，得以摆脱贫困，之后不幸又返回困境，很可能会专注于每天的日常生存，而不是政治活动。相比之下，中产阶级成员——例如，受过大学教育却找不到合适工作，"沦落"到低于自己尊严的社会底层——就会更具政治挑战性。

所以从政治角度看，中产阶级地位的重要标志是职业、教育水平和可能会被政府没收的财产（房子、公寓和耐用消费品）。马克思当初的"资产阶级"定义，是指生产资料所有权。现代世界的特点之一是，这种形式的财产通过股权和养老金计划，已呈现极大的民主化。没有大量资金的个人，只是在从事管理或专业的工作，其社会地位和眼界也往往不同于打工仔或低技术工人。

拥有财产和教育的强大的中产阶级，更有可能相信产权和民主负责制的必需。他们要防止贪婪和不称职的政府对自己财产的侵犯，可能也有参与政治（或要求参与权）的空余时间，因为他们的较高收入给家庭生存提供了较好的保障。许多跨国研究显示，中产阶级拥有不同于穷人的政治价值观：他们更看重民主，想要更多个人自由，对另类的生活方式也更宽容，等等。政治学家罗纳德·英格尔哈特（Ronald Inglehart），主持了旨在衡量全球价值变动的世界价值观调查。他认为，经济现代化和中产阶级地位造就他所谓的"后物质"价值观，其中的民主、平等和认同，比经济分配的老生常谈更为突出。威廉·伊斯特利（William Easterly）把他所谓的"中产阶级共识"，与经济高增长、教育、卫生、稳定和其他积极成果联系在一起。有理论认为，中产阶级在经济上拥有"布尔乔亚（资产阶级）"价值观，包括自律、勤奋、鼓励储蓄和投资的长远眼光。[3]

早先对 19 世纪欧洲的讨论明确显示，中产阶级并不一定是民主支持者，尤其是在中产阶级仍占人口一小部分的时候。在这种情况下，扩展普遍的政治参与，可能导致难以为继的再分配，中产阶级就会支持允诺稳定和产权保护的威权统治者。

可以说，这就是当代泰国和中国的情况。从 1992 年到 1997 年，泰国的政治体制从军事威权政体演变成相对开放的民主政体，为民粹主义政客他信·西那瓦（Thaksin Shinawatra）的崛起铺平了道路。他信是泰国最富有的商人之一，通过政府向农民提供债务减免和卫生保健的计划，组织起大众政党。中产阶级在 90 年代初期坚决支持民主开放，现在转而反对他信，并支持逼迫他下台的 2006 年军事政变。他信被指控腐败和滥用权力，自那以后只能从流亡地施加影响。泰国后来愈益两极化，一边是他信的红衫军支持者，另一边是中产阶级的黄衫军，2014 年民选政府被军队赶下台。[4]

类似的动态可能也存在于中国，它的中产阶级人数要根据具体的定义，估计是 2012 年十三亿总人口中的三到四亿。这个新兴中产阶级往往是抵制威权政府的源头，活跃于新浪微博（相当于推特），倾向于曝光或批评政府的不当行为。来自"亚洲晴雨表"（Asia Barometer）等的调查数据显示，民主在中国获得广泛支持，但在

442

问及民主的具体内容时，不少受访者的答案，要么是更多的个人自由，要么是政府积极回应他们的需求。许多人并不反对整个体制，而且相信，当前中国政府已在提供这些东西。中国的中产阶级不太可能支持在短期内过渡到普选的多党民主；只是现在还无法获得有关这一题材的准确数据。

泰国、中国和 19 世纪欧洲的情形显示，中产阶级相对于社会总人口的比例，是决定其政治行为的重要变量。中产阶级如只占总人口的 20%—30%，就可能站在反民主势力的一边，因为它担心底下的大批穷人，以及他们可能追求的民粹主义政策。当中产阶级成为社会中的最大群体时，危险大大降低。实际上，中产阶级也可在此时投票赞同福利国家的各项好处，让自己得益。这可能帮助解释了人均收入抵达较高水平后，民主就会变得更加稳定，因为中产阶级通常与财富一起增长。民主的基石是中产阶级社会，而不是拥有中产阶级的社会。

这样的社会在第二次世界大战之后的最初几十年出现于欧洲，自那以后，再逐渐向世界其他地区蔓延。第三波民主化并不是新兴中产阶级"造成"的，因为许多民主转型发生在尚无明显中产阶级的国家，如撒哈拉以南非洲。传染、模仿和既存威权政权的失败，都是触发民主转型的重要因素。有的国家仅有少量中产阶级，夹在富有精英和贫困大众的当中，它巩固自由民主制的能力就要低于拥有庞大中产阶级的国家。启动第三波的西班牙，从 1930 年内战时的落后农业社会，蜕变成 20 世纪 70 年代初的现代社会。它的周边都是欧盟民主国家的成功榜样，此时去考虑民主过渡，就要比一代人之前容易得多。

这显示，尽管有 21 世纪早期的挫折，全球的民主前景仍然良好。高盛公司一份研究报告预测，世界收入分配五分位的中间三个，其消费将从目前总收入的 31% 升至 2050 年的 57%。[5] 欧盟安全研究所的一份报告预测，中产阶级的人数将从 2009 年的十八亿，增至

443

2020 年的三十二亿和 2030 年的四十九亿（预计全球人口届时抵达八十三亿）。[6]这一增长的大部分将发生在亚洲，尤其是中国和印度，但世界各地都将参加这一趋势，无一例外。

如果没有广泛的共享，经济增长本身不足以创造民主的稳定。中国社会稳定的最大威胁之一是，自 90 年代中期以来，收入差距出现突飞猛涨，在 2012 年已达拉丁美洲的水平。[7]拉丁美洲取得中等收入的地位远远早于东亚，但一直承受高度不平等和相应的民粹主义的困扰。最有希望的发展之一是，它的收入不平等在 21 世纪第一个十年出现显著下降，如经济学家路易斯·费利佩·洛佩斯—卡尔瓦（Luis Felipe López-Calva）和诺拉·卢斯蒂格（Nora Lustig）查证的。[8]拉丁美洲的中产阶级有显著的涨势。根据联合国拉丁美洲经济委员会，它的穷人在 2002 年占总人口的 44%，到 2010 年降至 32%。[9]不平等有所下降的原因并不完全清楚，但其中一部分与社会政策有关；它的有条件现金转移计划，刻意向穷人散发好处。

444

中产阶级和依附主义

庞大中产阶级的到来，可能大大影响依附式的实践和相应的政治腐败形式。我先前论证过，依附主义是民主的雏形：在大批穷人和文化偏低选民的社会中，选举动员的最简单方式，经常是提供个人好处，如公共部门的就业机会、物质赠予和政治青睐。这还意味着，随着选民变得富裕，依附主义将会减少。不但政客发现要花费更多，而且选民会看到，与自己利益攸戚相关的是广泛的公共政策，而不是个人好处。

已经发生的官僚体系改革，通常借助于崛起的中产阶级。我们在第 8 章看到，英国的诺斯科特—屈维廉改革为新兴中产阶级的利益服务，因为后者受到旧贵族庇护网络的排挤。资本主义的发展孕育出来的中产阶级，几乎光是根据定义，就可说是任人唯才的支持者。美国也是如此，进步时代的官僚体系改革运动，全靠中产阶级群体的驱动，因为后者处在既有的庇护体系之外。这些受过教育且往往还是新教徒的商人、律师和学者，看不起在愈益扩展的城市中动员大批移民选民的政客。商人和企业家期待政府提供日益复杂的服务，因此需要称职的官僚体系。在中国、印度和巴西，当代反腐败运动也向中产阶级发出积极的招聘。

犹如民主的情形，中产阶级的简单出现并不意味着，这个群体将自动支持清廉政府和依附主义的终止。社会新参与者完全可被纳入现存的庇护网络，从中获利。在美国，铁路公司——19世纪现代技术的典范——很快学会如何买通政客，如何操纵庇护政治以维护自己利益。美国西部许多州的立法机构，据说都是铁路集团掌控的。甚至，正是铁路公司有能力玩这种政治游戏，才促使中西部农民等农业群体踊跃参加进步联盟，以支持官僚体系的改革。

随着经济的增长，不同的利益集团竞相招募新兴中产阶级，以支持自己的事业。庇护式旧政客乐得把自己的慷慨延伸到中产阶级支持者。在一个民主国家，中产阶级在这场斗争中是否愿意支持改革派，取决于自己的人数、经济安全感和社会地位。他们如觉得受到排挤和得不到承认，就有可能把自己的愤怒，化成改革或推翻现存依附式体系的行动，无论对手高于自己，如英国，还是低于自己（却有政治权力），如美国。

民主的未来

在促成自由民主制上，广泛中产阶级的存在既不是充分条件也不是必要条件，但在维持它的时候却非常有用。卡尔·马克思的共产主义乌托邦未能在发达世界实现，就是因为他的全世界无产阶级蜕变成了全世界中产阶级。在发展中世界，新兴中产阶级加强了印尼、土耳其和巴西的民主，并有望改变中国的威权秩序。假如中产阶级逆转，开始萎缩，自由民主制将会怎样？

　　遗憾的是，有很多证据显示，这个过程在发达国家可能已经开始。自上世纪80年代以来，收入差距有大幅增加。最为显著的是美国，那里1%最富有家庭的收入在1970年占GDP的9%，到2007年增至23.5%。实际上，这段时期经济增长中有这么多获益流入只属于顶端的一小部分人，相反，自1970年代以来，中产阶级的收入一直停滞不前。[10]

　　在美国和其他国家，这种停滞由于其他因素而不易察觉。大批女性在同一时期进入劳动力市场，增加了家庭的总收入，只是很多中产阶级成员发现，他们通胀调整后的薪水越来越少。世界各地的政客把低廉的补贴信贷当作可接受的收入再分配的替代品，导致依赖政府支撑的房地产繁荣。2008年至2009年的金融危机，就是这一趋势的后果。[11]

　　日益加剧的不平等的原因很多，可用公共政策加以控制的只是其中一小部分。最常被提及的一个罪魁祸首是全球化——运输和通讯成本的降低在全球劳动力市场有效增加了数亿低技能工人，从而压低发达国家中可比技能工人的薪水。

　　随着中国和其他新兴市场国家的劳动力成本上升，部分制造业开始返回美国和其他发达国家。部分原因是，由于自动化的普及，劳动力成本占总生产成本的比例越来越小。这意味着，即使制造业搬回国内，在去工业化初期丢失的中产阶级工作，也不太可能再有了。

　　这也点明了技术进步的更为重要的长期效应，在一定意义上，技术进步是全球化的根本推动者。在过去几十年中，以技术来代替劳工的情形不断发生。在19世纪和20世纪初，它给工业化国家带来巨大效益，受益者不但是精英，而且是广大民众。这一段时期的重大技术革新，在一系列工业中——煤炭、钢铁、化工、制造和建设——为低技术工人创造了大量就业机会。反对技术变化的卢德运动（Luddite）证明是非常错误的，只要有更高薪水的工作来替代正在消失的工作。亨利·福特在密歇根州高地公园工厂发明的汽车装配线，实际上降低了所需要的平均技能水平。他将早期汽车轿厢工业的复杂操作分解开来，改成小学五年级水平的工人即可胜任的简单重复步骤。这个经济秩序支撑了广大中产阶级的兴起和相应的民主政治。

447

信息和通信的最新技术进展，却有非常不同的社会效果。自动化消灭大量低技术的装配线工作，每过一年，智能机器就更上一层楼，夺走更多以前是中产阶级的工作。[12] 实际上，已经无法将全球化和技术分开：如果没有高速的宽带通信和运输成本的下降，就不可能把客户服务和后台业务，从美国和欧洲搬至印度和菲律宾，也不可能在深圳生产苹果智能手机。在这个过程中被摧毁的低技术工种，一如较早时期，也会被更高报酬的新工作所取代，但技能要求和新工作数量大大不同于亨利·福特时代。

由于人的天赋和性格的自然差异，不平等始终存在，但今天的科技世界会把这些差异加倍放大。在19世纪的农业社会，数学能力特强的人没有很多机会来利用自己的才识。今天，他们可以成为金融奇才、遗传学家和软件工程师，所赚薪水占国民财富的比例只会越来越高。

此外，现代科技造成罗伯特·弗兰克（Robert Frank）和菲利普·库克（Philip Cook）所谓的"赢家通吃"（winner-take-all）社会。任何领域的顶尖成员，如企业总裁、医生、学者、音乐家、演艺明星和运动员，可获得不成比例和愈益增长的高收入。过去，由于通讯和运输的高昂成本，这一类技术和服务的市场都是地方性的，以致专业等级中二三流人士也有大量工作机会，因为广大受众得不到顶尖服务。但在今天，任何人都可在高清屏幕上观看纽约大都会歌剧院或英国皇家芭蕾舞团的现场转播，因为他们宁可看电视，也不愿去出席本地三流或四流剧团的实地演出。[13]

再访马尔萨斯

托马斯·马尔萨斯的《人口论》运气不好，出版于工业革命前夕的 1798 年；彼时，科技的海啸正在积聚力量。他的人口增长将超过生产力增长的预测，在之后的两个世纪中证明是非常错误的。人类社会在人均基础上变得越来越富，达到历史上前所未有的程度。马尔萨斯经济学，跟卢德运动一起，一直被嘲讽为只会向后看，又对现代技术的本质一无所知。[14]

但马尔萨斯并没有给人口增长将超过生产力增长一事定下具体期限。目前形式的人类已存在五万年左右，而发达世界在高生产力的轨道上仅有两百多年。我们今天认定，相当于蒸汽动力和内燃机的革命性新技术，会在未来不断涌现，但物理定律无法保证这样的结果。完全有可能的是，工业革命的前一百五十年已摘尽泰勒·考恩（Tyler Cowen）所谓提高生产力的"低垂之果"，未来的创新仍将继续，但提高人类福利的效率会下降。另有一些物理定律显示，地球的承载能力可能有硬性限制，无法在高生活水平上维持不断增长的人口。

即使技术革新仍以高速度继续出现，也不能保证像 20 世纪早期的装配线一样，向中产阶级提供大量工作。新机器的发明者和使用者将获得新的工作和奖励，差不多总是比那些丧失工作的拥有更高教育水平。

许多可预见的创新甚至会使生产力变得更糟，因为它们都在生物医学的领域。许多经济学家和政客认定，延长寿命或治愈疾病的新技术无疑都是好事。发达国家公民现在得以享受的长寿，确实带来了经济效益。但有些生物医学技术在延长寿命上取得成功，却以生活质量为代价，更大大增加病人对照顾者的依赖。在所有发达国家中，临终护理成本都在加速度增长，甚至超过了总体经济增长率，将成为政府开支的最大项目。死亡和一代代的新陈代谢是那种典型的对个人来说是坏事，对整个社会来说却是好事的事。有很多理由相信，如果平均寿命再延长十年或二十年，整个社会将会变得更糟。首先，一代代的新陈代谢对社会变化和适应是至关重要的，如果平均寿命提高，社会变化和适应就会递减。[15]

无法预测未来技术革新的性质——无论其整体速度，还是对中产阶级就业的影响，还是其他的社会后果。如果技术革新不能创造广泛分享的经济利益，如果它的整体速度下降，现代社会将会回到马尔萨斯的世界，这会对民主的生存产生重大影响。在共享增长的世界中，伴随资本主义的不平等不可避免，但在政治上还能容忍，因为最终受益的是每一个人。在马尔萨斯的世界，人与人的关系是零和的——本人的收益必然意味着他人的损失。在这种情况下，如要选择致富的最佳策略，既可投资于生产性的经济活动，又可以从事于掠夺——人类社会在工业革命之前的大部分历史，都处于这般境地。

调整

卡尔·波兰尼在《大转型》(*The Great Transformation*) 一书中认为，资本主义经济不断制造颠覆性变化，社会又在努力适应这种变化，即所谓的"双重运动"。政府经常被迫卷入调整过程，因为私营市场和个人光靠自己难以应对技术革新的后果。[16] 所以在中产阶级社会的命运上，必须考虑到公共政策。

为了应付全球化和技术革新的挑战，整个发达世界推出一系列对策。在光谱表的一端是美国和英国，除了短期的失业保险，政府为身处去工业化的群体仅提供最少的帮助。甚至，无论政府部门还是学术界和新闻界的专家，常常拥抱向后工业世界的转型。公共政策在国内支持监管解除和私有化，在海外推动自由贸易和投资开放。特别是美国，政客积极干预以削弱工会力量，或以其他方式来增加劳动力市场的灵活性；给个人的建议是，接受颠覆性变化，会有更好机会，可在新经济中成为创新且有趣的知识工作者。

法国和意大利在光谱表的另一端，对试图裁员的公司施加繁琐的规则，以保护中产阶级工作。它们不承认需要调整工作规则和劳动条件，在短期内制止工作的消失，从长远看却失去相对于其他国家的竞争力。像美国一样，它们经理和劳工之间的关系往往是高度对抗的。在盎格鲁—撒克逊的世界，资本所有者通常占上风；在拉丁欧洲的世界，劳工在保护自己特权方面表现良好。

在 2008 年至 2009 年的危机中应对最成功的，是像德国和斯堪的纳维亚半岛那样的国家。它们走中庸道路，右边是美国和英国的放任态度，左边是法国和意大利的硬性监管。它们的经理和工人的社团体系（corporatist system）创造了足够信任，工会愿意在裁员上给予企业更多灵活性，以换取较高福利和再就业培训。

民主在发达国家的未来，将取决于如何处理中产阶级逐渐消失的问题。金融危机之后涌现出新民粹主义群体，从美国的茶党，到欧洲反对欧盟和移民的各式政党。它们的共同点在于，都认为自己遭到本国精英的背叛。这在许多方面并没有错。精英在发达世界的智识和文化领域领风气之先，很大程度上没受中产阶级衰退的影响。在这个问题上，除了返回福利国家的老套，没有任何新的对策。

应对中产阶级衰退的恰当方法不一定是德国体系，或其他的特定措施。唯一真正的长期对策是新教育体系，让绝大多数公民获得更高层次的教育和技能。如果要帮助公民作出灵活调整，以适应不断变化的工作条件，就需要同样灵活的国家和私人机构。但现代发达民主国家的特征之一，就是随着时间的推移，已越发僵化，使制度调整变得越来越难。事实上，所有的政治体系——过去和现在——都易于产生衰败。自由民主的体制曾是成功和稳定的，但不等于会永葆青春。

我们将在本书最后一部分转向政治衰败。

第四部分

政治衰败

第31章

政治衰败

美国林务局的中心使命变成对野火的控制；科学管理的失败；林务局因相互冲突的任务而丧失自主性；什么是政治衰败，及其两个来源

　　在进步时代，伯纳德·费尔诺和吉福德·平肖创建的美国林务局，是国家建设中首屈一指的案例。在1883年《彭德尔顿法》之前，也在择优官僚体系的推广开来之前，美国政府仍是依附式体系，其中的公共职位由政党分配，以依附主义为基础。相比之下，林务局却配备大学毕业的农学家和护林员，以才能和技术专长为招聘标准。本书第11章曾叙述过它的斗争，平肖尽管面对众议院的传奇议长乔·坎农的强烈反对，仍为林务局夺得对土地办公室的掌控。在这个国家建设的萌芽阶段，核心问题仍是官僚体系的自主性：决定如何分配公共土地的，应是林务局专业人士，而不是国会政客；林务局还应有权招聘和晋升自己的员工。多年后，林务局仍是高质量官僚机构的光辉榜样。

护林熊（林务局如何丧失自主性）

　　让人大吃一惊的是，在许多评论家看来，今日林务局却是高度功能失调的官僚机构，以错误的工具在执行过时的任务。它配备的

仍是专业护林员，其中不少人仍对林务局的使命高度敬业，但它已经失去了许多当年在平肖领导下争得的自主性。国会和法院对它下达名目繁多且经常相互矛盾的任务，它不可能同时满足，在这个过程中，又花费纳税人大量金钱。林务局内部的决策体系常常陷入僵局，平肖辛辛苦苦培养出来的士气和凝聚力荡然无存。情况变得如此糟糕，以致有人写了整本书来论证应该彻底取消林务局。[1] 没有一个政治制度是永恒的，林务局的当前处境让我们知道，削弱高质量政府的力量来自何方。

推动 19 世纪末期官僚体系改革的是学者和活动家，如弗朗西斯·利伯（Francis Lieber）、伍德罗·威尔逊和弗兰克·古德诺，他们对现代自然科学能解决人类问题充满信心。像同时代的韦伯一样，威尔逊对政治与行政分得很清楚：政治是理应接受民主竞争的终极目标领域，而行政是可通过实验进行科学分析的执行领域。类似的智识革命也出现于商业世界，即弗雷德里克·泰勒"科学管理"学说的兴起。除了其他项目，它主要运用工时与动作的研究来尽量提高工厂效率。许多进步时代的改革者试图让政府采纳科学管理，认为公共行政可以变成一门科学，以免受政治的不合理要求。他们希望，社会科学终有一天可成为严谨的自然科学。[2]

在有了 20 世纪的经验之后，早期对科学的信心，以及公共行政也可变成科学的信念，看来既幼稚又偏颇。在这一时期，自然科学发明了大规模杀伤性武器，官僚机构被用来管理死亡集中营。这些早期改革者身处的背景是，运行政府的仍是政治投机者，或腐败的市政老板，就像目前许多发展中国家的情形。今天，没有公立大学愿意让州立法机构来做招聘和终身教职的决定，也没有人希望由国会挑选疾病控制中心的工作人员。所以要求公共官员的甄选以教育和才能为基础，在当时是完全合情合理的。

科学管理的问题是，即使最有资格的科学家偶尔也会出错，有时还错得可怕。这就发生在林务局的身上，最终让扑灭森林火灾演

457

变成它的中心任务。

　　林务局的使命演变始于 1910 年爱达荷州大火，它在爱达荷州和蒙大拿州烧掉三百万英亩的林地，导致八十五人死亡。火灾损失引起的政治抗议，导致林务局日益专注于野火控制。局长威廉·格里利（William Greeley）宣称："消防是科学管理的问题"——也就是说，他乐得把它纳入既有任务。[3] 到 80 年代，这个任务的规模急剧膨胀，甚至有评论员称之为"向野火发动的战争"。林务局的常设员工增至约三十万人，在高峰年间更雇佣几万消防员，还拥有大量飞机和直升机，每年花在灭火任务的支出高达十亿美元。[4]

　　控制野火的问题是，"科学林业"的早期支持者并不清楚火灾在森林生态环境中发挥的作用。森林火灾是一种自然现象，在维护西部森林的健全中自有重要功能。不耐阴影的树木，如巨型西黄松、北美黑松和红杉树，需要火灾来定期清理林地，以便新树的萌芽再生。一旦野火受到控制，森林就会受到外来物种的入侵，如花旗松。（北美黑松事实上还需要火灾来传播自己的种子。）长年累月下来，这些森林积累下茂密的树木和大量的林下干柴，使万一发生的火灾变得更加猛烈，更具破坏性。它烧死的不是小型的入侵物种，而是巨大的古老树木。公众的关注始于 1988 年的黄石大火，它烧掉将近八十万英亩的林地，过了好几个月才得到控制。生态学家开始质疑防火目标的本身，导致林务局在 90 年代中期改弦易辙，转而实施"任它烧"的新策。

458

　　多年的错误政策不能一下子逆转，因为西部森林已成巨大的火药桶。此外，由于西部人口的增长，越来越多的居民搬到森林附近，更易受到野火的威胁。据估计，从 1970 年到 2000 年，野地与城市的交叉地界增加超过 52%，而且还会继续下去。像喜欢住在洪泛区和堰洲岛的人一样，他们让自己暴露于不应有的风险，更借助政府资助的保险来减轻自己的负担。通过选出的议员代表，他们努力游说，以确保林务局和负责森林管理的其他联邦机构获得拨款，继续保护自己财产免受野火的威胁。最终要做理性的成本效益分析，证明也是非常困难的。政府可能动辄花上一百万美元，仅仅是为了保住价值仅十万美元的家，因为在政治上无法作出见火不救的决定。[5]

与此同时，曾被平肖用来创建高质量机构的最初使命却遭到侵蚀。刚开始时，它既不是灭火，也不是环境保护，而是对森林资源的可持续利用——即木材采伐。至此，这个使命的范围已大大缩水。在 20 世纪最后十年，国家森林每年的木材收成从一百二十亿板英尺下跌到四十亿板英尺（编按：一板英尺为一英尺长、一英尺宽且一英寸厚的木材体积）。[6] 部分原因与木材的经济效益有关，但更重要的是，它反映上世纪美国观念的转变。随着环保意识的抬头，天然森林越来越不被当做可利用的经济资源，反而成了值得保护的自然保留地。这个转变只是当时社会观念的诸多变化之一。大坝等大型水电项目，早前被视作掌握自然的英勇壮举，后来被理解为有意想不到的严重后果。在北美地区，水坝的建造在 20 世纪 70 年代几乎全部停止。当林登·约翰逊总统签署 1964 年《野生动物法》时，林务局使命的变化也被写进法律，责成林务局、国家公园管理处、鱼类及野生动物局，监管和保护辖下的九百多万英亩土地。[7]

459

不少批评者指出，即使是当初的核心使命，即可持续地采伐木材，林务局也做得并不好。它木材的销售价格远远低于运营成本，这意味着，政府无法从本是富有价值的资产获得适当收益。原因是多方面的：它未能对木材进行合理定价，漏掉很多机构的固定成本。像其他机构一样，林务局不能保留盈余，所以没有控制成本的动力。反过来，它的动力只在于如何增加每年的预算和人员编制，不在乎自己的创收。[8]

林务局的政绩为何在几十年中出现如此恶化？这个故事对政治衰败背后的各种力量会有所提示。

当初，吉福德·平肖的林务局曾被视作美国官僚体系的黄金标准，因为他为训练有素的职业组织赢得高度自主性，中心使命是国家森林的可持续利用，成员愿意为之奋斗。早先的林业处及其上司农业部，属于 19 世纪以党派为基础的依附式政治体制，主要目的是向国会成员提供政治好处。新林务局能够任命和提升自己员工，并在日常工作中不受国会干涉，是履行这个中心使命的关键。

　　一旦林务局单一明确的使命被潜在冲突的多项任务所取代，问题便露出端倪。在 20 世纪中间的几十年，消防任务开始取代木材开采，无论预算还是人事都集中于消防。不过，消防任务本身也存在争议，随即被保护主义和环保主义的功能所取代。然而，旧任务一个也没被丢弃，反而与支持林务局内不同派别的外部利益集团挂起钩来：木材消费者、环保人士、房屋业主、西部开发商和寻求临时消防员工作的年轻人。早在 1905 年就被平肖挡在土地买卖之外的国会重新插手微观管理，只是这回不是通过旧式腐败来插手（典型如 1908 年巴林杰丑闻导致塔夫脱总统解雇平肖的那次），而是通过立法授权，迫使林务局追求经常相互矛盾的不同目标。例如，为了保护住在野地与城市交界的越来越多的屋主，符合环保人士主张的"任它烧"的政策就无法直接实现。对森林的长期健康有利的事情，对个体屋主来说却是坏事，牵涉于这一过程的双方，纷纷求助于国会和法院，迫使林务局保护各己的偏爱。

　　平肖当年创建的这个小而有凝聚力的机构，曾被赫伯特·考夫曼（Herbert Kaufman）在《护林员》（*The Forest Ranger*）一书中大加赞赏，却渐渐演变成一个各自为政、大而无当的烂摊子。它沾上很多政府易患的通病：官员只在乎保住自己的预算和工作，而不是高效履行自己的任务；即使科学和周遭的社会都在发生变化，他们仍抱住旧的任务不放；其中很多人像平肖一样，为了保住自主性与利益集团建立联系，但由于没有单一明晰的任务，最终还是难逃各路依附者的一再攫取。

460

全线沦陷

如果林务局只是政治衰败的一个孤立事件，还算说得过去。不幸的是，公共行政专家的大量证据显示，美国政府的整体质量在不断恶化，历时已超过一代人的时间。借用保罗·赖特（Paul Light）的话："对想要有所作为的年轻人来说，联邦政府已成为最后一招的目的地。"根据帕特里夏·英格拉哈姆（Patricia Ingraham）和大卫·罗森布鲁姆（David Rosenbloom）的研究，自 20 世纪 70 年代以来，联邦机构一直处于"瓦解"之中。[9] 这一结论获得两个沃尔克委员会（Volcker Commissions）工作成果的支持，它们分别在1989 年和 2003 年进行过有关公共服务的调查。[10]

许多美国人的印象是，过去几十年中，美国政府的规模一直在扩展，但这只部分正确。政府承担的任务确有显著增加，从减少儿童的贫困到反对恐怖主义；但自第二次世界大战结束以来，联邦雇员的实际规模一直维持在大约二百二十五万人以下，其间还有反复的裁员。在 2005 年，雇员总数约一百八十万人。真正扩展的部分，首先是一系列公共机构，它们执行公共功能，却又独立于政府；其次是大批莫名其妙的承包商，他们或是提供食堂服务，或是保护外交人员，或是为国家安全局管理计算机系统。[11]

有迹象显示，美国的官僚体系已偏离了韦伯的理想，不再是一个唯才是举、唯贤是用、充满活力、高效运作的组织。这个体系从整体上已经改变了择优取士的做法。随着两次中东战争结束，一半的联邦新雇员来自退伍老兵，并且这个群体大部分是无能的。尽管或许是可以理解的，因为是国会命令导致了这一结果，但这绝不是大多数公司自愿选择雇员的做法。对联邦雇员的调查提供了一个令人沮丧的画面。学者赖特指出："激发联邦雇员积极性的，是薪酬而非使命感；相比企业和非营利组织，公职毫无竞争力却让公务员深陷其中，还无法给予他们足够的资源来做好本职工作；他们既不

461

满意对表现出色的奖励，又不满意对差劲工作的姑息；也缺乏对自己组织的信任。"[12]

根据 2003 年全国公共服务委员会的调查，"进入官僚体系的人经常发现，自己陷入规则和章程的迷宫，个人发展受到阻碍，创造力遭到扼杀。对最好的雇员来说，薪水太低；对最差的来说，薪水又太高"。[13] 当然，驱动政府工作的一直是服务伦理，而不单是金钱奖励。这同一调查又发现，希望为公众利益服务的年轻人更愿进入非营利机构而不是政府。有项调查问及受访者的组织在管教表现欠佳者方面做得怎么样，只有 9% 回答"非常好"，67% 回答"不太好"或"不好"。这些趋势在 21 世纪初的头十几年变得日益加剧。[14]

制度如何发生衰败

林务局的痛苦只是政治衰败广泛现象中一个小案例。随着时间的推移，政治制度既有发展，也会遇上普遍的政治衰败。即使社会变得富裕和民主，这个问题还是无法得到解决。的确，民主本身也可以是衰败的来源。

有关衰败的许多最著名文献，包括奥斯瓦尔德·斯宾格勒（Oswald Spengler）、阿诺德·汤因比（Arnold Toynbee）、保罗·肯尼迪（Paul Kennedy）和贾雷德·戴蒙德的著作，都专注于整个社会或文明的系统性衰败。[15] 可能是有文明衰败的一般进程，但我严重怀疑，可以从既有案例中提取社会行为的普遍规律。我在这里感兴趣的衰败，仅涉及具体制度的运作，可能与系统或文明的更广泛进程有关，也可能毫不相干。单个制度可能发生衰败，而周围的其他制度仍然健康。

塞缪尔·亨廷顿使用"政治衰败"的术语，来解释许多新独立国家在第二次世界大战后的政治动荡。传统政治秩序因经受快速变

462

化而在全球各地陷入崩溃混乱。亨廷顿认为，随着时间的推移，社会经济的现代化引发对新社会群体的动员，现有的政治制度又无法满足它们的参与要求。政治衰败的根源就是因为制度无法适应变化的情况——即新社会群体的崛起及其政治诉求。[16]

所以，政治衰败在许多方面是政治发展的条件：破旧才能立新。但过渡可能是非常混乱和暴力的，不能保证政治制度会持续、和平且充分地适应新条件。

我们可以这个模型为出发点，获得对政治衰败的更广泛理解。如亨廷顿所言，制度是"稳定、受尊重和不断重复的行为模式"，最重要的功能是促进人类的集体行动。如果没有明确且稳定的规则，人们每一次交往非得重新谈判不可。这些规则的具体内容，随着时间的推移，在不同社会中都会有差异。但制定这种规则的能力却是基因遗传的，经过数世纪的社交生活进化得来的。

个人可能在计算自己私利之后再接受制度的约束。但人类的天性向我们提供一组情感，鼓励我们遵循规则或规范，与规范本身的合理性无关。有时，遵循规则因宗教信仰而获得加强；在其他情况下，遵循规则只因为它们是古老的传统。我们在本能上是墨守成规的，留意自己的同伴，寻求对自己言行的示范。规范行为的巨大稳定性促成了持久的制度，允许人类社会取得社会合作，水平之高是其他物种无法比拟的。[17]

但制度的稳定性也正是政治衰败的根源。创建制度是为了满足特定情况的要求，但原初的环境随时可能发生变化。亨廷顿描述的社会动员，仅仅是导致制度功能障碍的条件变化形式之一。环境变化是另一种，人类学家推测，气候变化导致玛雅文明和美国西南部印第安文化的衰落。[18]

制度无法适应不断变化的环境，有好几种原因。第一是认知，人类遵循制度性规则，理由不完全是理性的。例如，社会学家和人类学家推断，各种各样的宗教规则有着理性的根据，是为了满足不

同的功能需求——譬如，调节性生活和繁殖的必需、转移财产的先
决条件和参加战争的组织方法。但即使有证据显示，自己的信仰是
错的，或有不良的后果，狂热的宗教信徒仍不会放弃。当然，这种
认知的僵化远远超越宗教的领域。大家创造并使用有关世界的心智
模型，共同分享，甚至在自相矛盾的证据面前仍会坚持下去。这发
生在自称是世俗和"科学"的马克思主义身上，也发生在当代新古
典经济学身上。我们看到，美国林务局自认在森林管理上拥有"科学"
知识，就是生动的案例。尽管有越来越多的证据显示，它控制野火
的对策反而在破坏森林的可持续性，这个"科学"知识导致它的我
行我素和顽强坚持。

　　制度无法适应的第二个重要原因，是政治体制中精英或现任参
与者的作用。新社会群体涌现出来，挑战现有的平衡，促使制度的
发展。如果出现成功的制度性发展，体制规则发生变化，先前的在
野群体变成当朝群体。至此，新当朝群体在新体系中有了利害关系，
从今以后就会采取保卫现状的行动。他们已是当朝群体，可使用手
中优越的信息和资源，在规则上做出有利于自己的操纵。我们看到，
《彭德尔顿法》建立起来的分类体系（任人唯才），马上在 20 世纪
第一个十年中组织工会，以保护自己的工作和特权。这个堡垒所防
卫的，不仅是腐败的政客，而且包括自己的上级，后者会要求下级
改进表现、克尽厥职。

　　现代国家制度即使不一定是民主的，也应是非人格化的，它
在我所谓"家族制复辟"的过程中，尤其易被当朝群体攫取。我
们已经知道，人类的自然交往以亲戚选择和互惠利他两大原则为
基础，即偏爱家人和相互交换好处的朋友。现代制度要求人们违
背自己的自然本能。如果没有强大的制度激励，政治体制中的当
朝群体，就会使用职位来偏袒亲友，从而削弱国家的非人格化特
征。权力越大的群体，会有越多的机会。精英或当朝群体的攫取
过程，就是折磨所有现代制度的疾病。（前现代制度或家族制没有

464

这个问题，因为它们从一开始就遭到攫取，成了当朝群体的私人
财产。）

　　我在本书第 1 卷提及家族制复辟的众多案例。世界上第一个现
代国家，创建于公元前 3 世纪的汉朝中国，到东汉末期就遭到精英
家庭网络的攫取，一直延续到 7 至 8 世纪的隋唐时期。其时，中央
集权的国家才得到重建，但存在于汉朝的非人格化程度，要等到 11
世纪的北宋时期才得以恢复。马穆鲁克的奴隶将士，因保卫埃及和
叙利亚免受蒙古人和十字军的侵占，而赢得合法性，结果自己却成
了盘根错节的精英。甚至，到了王朝末期，马穆鲁克长者发现自己
在主持庇护式精英网络，目的就是阻止年轻同行的攀升。这个事实，
再加上对枪械等新技术的蔑视，导致他们败于奥斯曼帝国之手，马
穆鲁克国家彻底崩溃。最后，旧制度的法兰西国家从 16 世纪末期起，
把自己的公职逐步出售给富裕的精英。腐败的买官者变得盘根错节，
使国家的现代化无法实现，只有在遭到革命的暴力剥夺之后，改革
才成为得可能。

　　从理论上讲，民主本应该会减少精英攫取的问题，特别是被美
国宪法奉为圭臬的麦迪逊式民主。它防止一家独大的派系利用手中
的政治权力来对国人为所欲为。它的做法是，让一系列相互制衡的
政府部门分享权力，允许不同的利益集团在广大多元的国家中相互
竞争。麦迪逊认为，与其试图调节这些派系（我们今天称之为利益
集团），倒不如利用它们的数量和多样性来保障个人自由。如果民
主国家中某个群体获得不当的影响力，滥用它的地位，受到威胁的
其他群体就可联合起来予以制衡。

　　民主确实能对精英权力提供重要制约，但经常是名不副实的。
当朝的精英群体通常享有优越的资源和信息，可用来保护自己。如
果普通选民对体制内精英如何吞食他们的金钱自一开始就一无所
知，当然也就谈不上对他们的愤恨。认知的僵化也可能阻止社会群
体动员起来维护自己的利益。在美国，许多工人阶级选民支持许诺

465

为富人减税的候选人，尽管这样做会伤害自己的经济利益。他们这样做是因为相信这些政策会刺激经济的增长，最终还是会惠及自己，或使政府的赤字最终变为财政自给。这个理论证明是非常固执顽强的，尽管已出现大量相反的证据。

此外，不同群体组织起来保护自己利益的能力各有不同。在地理上，蔗糖生产者或玉米种植者聚集在一起，全神贯注于自己产品的价格；而普通的消费者或纳税人分散在全国各地，这些商品的价格又只占他们日常开支的一小部分。这个事实，再加上往往有利于它们的制度性规则（种植蔗糖和玉米的佛罗里达州和爱荷华州，都是总统选举中的关键州），让这些群体在农业政策上拥有巨大影响力。不同组织能力的另一案例是，中产阶级群体往往比穷人更愿意也更能捍卫自己的利益，如保留住房抵押贷款的省税功能。这也使得人人有份的社会保险和医疗保险，比只针对穷人的议案，在政治上更容易获得支持。

最后，自由民主制几乎普遍与市场经济连在一起，市场总会造就赢家和输家，加倍放大詹姆斯·麦迪逊"获取财产的不一样和不平等的天赋"。在平等机会的条件下发生，这一类经济不平等本身不是坏事，只要它能刺激创新和发展。但是如果经济赢家寻求将自己财富转换成不平等的政治影响力，就会在政治上造成大问题。他们可以在具体交易上这样做，譬如，向立法委员或官员行贿；或追求更有害的制度性规则的改变，譬如，在自己已占支配地位的市场遏制自由竞争。美国、日本和巴西等，有效使用环境或安全问题来保护国内生产者，公平的竞争环境开始变得有所偏袒。

美国政治制度的衰败不同于社会或文明衰落的现象，在有关美国的讨论中，已成为高度政治化的话题。[19] 美国最大的优势从来不是政府质量，私营部门从一开始就更重要，更具创新精神。尽管政府质量变得恶化，像页岩气和生物技术那样的新机遇，仍为未来的经济增长奠定基础。这里的政治衰败仅仅意味着，许多具体的美国政治制度遇上故障，而僵化的认知和根深蒂固的政治力量相结合，随着时间的推移而愈益强大，阻止了这些制度的革新。所以，制度改革是非常困难的，很可能会给政治秩序带来重大的破坏。

第32章

法院和政党的国家

司法和立法的机构继续在美国政府发挥重大作用；对政府的不信任导致行政问题寻求司法解决；利益集团、游说团和美国政治的家族制复辟

政治制度的三个范畴——国家、法治和民主——体现于现代自由民主国家的三个分支——行政、司法和立法。美国拥有不相信政府权力的长期传统，一直把制约制度——司法和立法——放在行政制度之前。我们在第9章至第11章中看到，根据斯蒂芬·斯科夫罗内克，19世纪美国政治的特点是"法院和政党的国家"，在欧洲由行政部门执行的政府功能，在美国却让法官和议员承担。直到19世纪80年代后期，美国才建立起中央集权且任人唯才的现代官僚体系，在全美国行使管辖权。其中属于分类体系的人数，要等到五十多年之后的罗斯福新政时期，才升至80%。[1]

向更为现代的行政国家的转化，与政府规模（我在第2章将之标为功能范围）的巨大扩展平行进行。表7列出，随着时间的推移，所选发达国家的总税收占GDP的百分比。如表8所示，支出的增速甚至超过税收的。

表 7. 税收占 GDP 的百分比　　　　　　　　　　　　　　　　　468

国家	1965	1975	1985	1990	1995	2000	2005	2011
澳大利亚	21.0	25.8	28.3	28.5	28.8	31.1	30.8	26.5
奥地利	33.9	36.7	40.9	39.6	41.2	42.6	42.1	42.3
比利时	33.1	39.5	44.4	42.0	43.6	44.9	44.8	44.1
加拿大	25.7	32.0	32.5	35.9	35.6	35.6	33.4	30.4
丹麦	30.0	38.4	46.1	46.5	48.8	49.4	50.7	47.7
芬兰	30.4	36.5	39.7	43.5	45.7	47.2	43.9	43.7
法国	34.1	35.4	42.8	42.0	42.9	44.4	43.9	44.1
德国	31.6	34.3	36.1	34.8	37.2	37.2	34.8	36.9
希腊	17.8	19.4	25.5	26.2	28.9	34.1	31.3	32.2
冰岛	26.2	30.0	28.2	30.9	31.2	37.2	40.7	36.0
爱尔兰	24.9	28.7	34.6	33.1	32.5	31.7	30.6	27.9
意大利	25.5	25.4	33.6	37.8	40.1	42.3	40.9	43.0
日本	18.2	20.9	27.4	29.1	26.8	27.0	27.4	28.6
卢森堡	27.7	32.8	39.5	35.7	37.1	39.1	37.8	37.0
墨西哥	n/a	n/a	17.0	17.3	15.2	16.9	19.1	19.7
荷兰	32.8	40.7	42.4	42.9	41.5	39.7	38.8	38.6
新西兰	24.0	28.5	31.1	37.4	36.6	33.6	37.5	31.5
挪威	29.6	39.2	42.6	41.0	40.9	42.6	43.5	42.5
葡萄牙	15.9	19.7	25.2	27.7	31.7	34.1	34.7	33.0
韩国	n/a	15.1	16.4	18.9	19.4	23.6	25.5	25.9
西班牙	14.7	18.4	27.6	32.5	32.1	34.2	35.8	32.2
瑞典	35.0	41.2	47.3	52.2	47.5	51.8	49.5	44.2
瑞士	17.5	23.9	25.5	25.8	27.7	30.0	29.2	28.6
土耳其	10.6	11.9	11.5	14.9	16.8	24.2	24.3	27.8
英国	30.4	35.2	37.6	36.1	34.0	36.4	35.8	35.7
美国	24.7	25.6	25.6	27.3	27.9	29.9	27.3	24.0
经济合作与发展组织总体	24.2	29.4	32.7	33.8	34.8	36.0	35.7	34.1

来源：Vito Tanzi 和经济合作与发展组织

表 8. 政府收入、支出和赤字占 GDP 的百分比，2011 年

国家	政府收入	支出	赤字
澳大利亚	22.9	26.1	3.2
奥地利	48.3	50.8	2.4
比利时	49.7	53.6	3.9
加拿大	38.5	44.1	5.6
丹麦	55.7	57.6	2.0
芬兰	54.2	55.2	1.0
法国	50.6	55.9	5.4
德国	44.4	45.2	0.8
希腊	42.9	52.5	9.6
冰岛	41.8	47.4	5.6
爱尔兰	34.1	47.2	13.1
意大利	46.1	49.9	3.7
韩国	32.2	30.3	−2.0
卢森堡	42.7	42.7	−0.1
荷兰	45.7	49.9	4.3
新西兰	34.9	41.7	6.8
挪威	57.3	43.9	−13.4
葡萄牙	45.2	49.5	4.3
西班牙	36.4	46.0	9.6
瑞典	51.5	51.5	0.0
英国	40.5	48.2	7.7
美国	30.9	41.5	10.6
经济合作与发展组织总体	23.7	29.7	6.0

来源：世界银行，经济合作与发展组织

（澳大利亚、新西兰、经济合作与发展组织的数字都不包括地方政府的收入）

有关国家建设的许多文献，即"现代行政国家的兴起"，倾向于认为历史是单向棘轮，一旦开启就无法逆转。这似乎在政府的功能范围上获得证实。这两张表格显示，尽管里根和撒切尔在美国和英国的革命，积极寻求国家部门的缩减，但税收和支出的总体水平自 70 年代以来并没有很大变化。"大政府"似乎很难拆除，这为进步力量送来慰藉，同时给保守派带来惊愕。

我们此刻只关注美国。政府的功能范围在 20 世纪获得显然不可逆转的扩展，掩盖政府质量（我在第 3 章称之为"力量"）的大幅衰败。政府质量的恶化反过来使它的财政赤字更加难以控制。数量（范围）的问题很难解决，除非质量（力量）的问题同时获得解决。使用不那么抽象的语言，那就是指，与使用不同制度安排的其他民主国家相比，美国的制衡体系更难做出决策。它在过去减缓美国福利国家的增长，它的复杂程序现在也使国家的缩减变得异常艰难。除非这个程序在某种程度上获得简化，以及政策的贯彻变得更加高效，否则，光是执行任何政治秩序都必需的核心功能——负责任的预算制定——都困难重重。

美国政府质量的衰败根源在于，它在某些方面又回到了"法院和政党"治国——法院和立法机构，篡夺很多行政部门的应有功能，使政府的整个运作变得颠三倒四和效率低下。法院的故事是，在其他发达民主国家中由行政部门处理的功能，在美国愈益变成司法功能，从而导致昂贵诉讼的激增、决策的缓慢和执法的高度不一致。法院已不再是政府的制约，反而成了政府扩张的替代品。

国会也在篡夺权力。利益集团无法再通过贿赂和依附式机器直接操纵立法机构，便改用完全合法的新措施来攫取和控制立法者。利益集团施加的影响力，与它们在社会中的地位不成比例，既扭曲了税收和支出，又通过利己的预算而增加了财政赤字。它们促使国会支持往往互相矛盾的多种任务，从而破坏了公共行政的质量。所有这一切导致代表性的危机，普通老百姓觉得，原本是民主的政府

470

不再真实反映自己的利益，反而在受精英的暗中操纵。具有讽刺意味和异乎寻常的是，促成这场代表性危机的，在很大程度上，是旨在使体系变得更民主的改革设计。

　　这两种现象——行政部门司法化和利益集团影响力蔓延——往往削弱人民对政府的信任。这种不信任绵延不断，开启恶性循环。对行政部门的不信任，导致更多对政府的法律制约，从而降低政府的质量和效率。同样的不信任，导致国会对行政部门颁发常常是相互矛盾的新任务，如果不是无法实现的，也证明是难以执行的。这两个过程导致官僚机构的自主性下降，反过来又造就僵化、受规则约束、毫无创造力和颠三倒四的政府。普通老百姓转过身来，又在这些问题上指责官僚机构，好像官员喜欢这一连串的详细规定、法院命令、专项拨款和复杂任务。那些任务是法院和立法机构颁发的，官僚机构既无权过问，也无法控制。美国政府的问题在于，它的体制把应是行政的权力分给了法院和政党。

　　美国政府的问题是出现不平衡，一边是国家的力量和能力，另一边是原本设计来约束国家的两个制度。简言之，相对于国家能力，美国有太多的法律和"民主"。

非同寻常的诉讼

　　20 世纪美国历史上最伟大的转折点之一，是最高法院 1954 年对布朗诉教育局案（Brown v. Board of Education）的裁决，以宪法为理由，推翻裁定隔离合法的 19 世纪普莱西诉弗格森案（Plessy v. Ferguson）。后续十年的民权运动就以此为起点，成功拆除种族平等道路上的正式障碍，保障非裔和其他少数族裔的权利。利用法院来强制执行新社会规则成了榜样，20 世纪后期许多社会运动纷纷模仿，包括环境保护、妇女权利、消费者安全和同性婚姻。

　　美国人如此熟悉这段英雄叙事，以致很少人明白他们争取社会变革的路径有多奇特。在布朗一案中发挥主要作用的，是全国有色人种促进协会（NAACP）。它是一个私人自愿性协会，代表少数黑人父母和他们的孩子，向堪萨斯州托皮卡教育局提出集体诉讼。当然，倡议只能来自私人团体，因为州政府在支持隔离的势力的控制之中。全国有色人种促进协会一路上诉到最高法院，法律代表就是未来的最高法院大法官瑟古德·马歇尔（Thurgood Marshall）。这很可能是美国公共政策的最重要变化之一，它的成功不是因为代表人民的国会投了赞成票，而是因为私人通过法院体系促成规则的修改。不过，像《民权法》和《选举权法》那样的后续改革，都是国会自行采取的措施。即使在这些情况下，这些法律的强制执行仍靠私人的主动性；他们有资格向政府提出起诉，再让法院去执行。

其他自由民主国家都没有这样做。所有欧洲国家在 20 世纪下半叶有类似的变化，涉及少数人种、少数族群、妇女和同性恋者的法律地位。但在英国、法国和德国，相同结果的实现不会是通过法院，而是通过代表议会多数的司法部。立法规则的改变，不会是依赖求助于司法体系的私人，而是借助于社会群体和媒体的舆论压力的驱动，再由政府本身去执行。

美国做法的起源与这三个制度的演变次序有关。在法国、丹麦和德国，法律来得最早，其次是现代国家，后来才是民主。相比之下，美国的发展模式稍有不同，具深刻传统的英国普通法来得最早，其次是民主，最后才发展出现代国家。美国的国家是在进步时代和新政时期取得的，始终比较软弱，能力也比不上欧洲和亚洲国家。更重要的是，美国自建国以来，其政治文化就是围绕着对行政部门的不信任建立起来的，从而让法院和立法者瓜分在其他国家属于行政部门的功能。

改革者在进步时代和新政时期试图建立欧式的行政国家，直接与当时保守的法院发生冲突，高潮是罗斯福政府试图对最高法院实

472

施大换血，由于随后的反弹被迫让步。20 世纪中叶法院变得更为顺 473
从，允许越来越大的行政国家，但美国人仍高度怀疑"大政府"和
联邦的新机构。对政府的不信任不只是保守派的垄断，许多左派也
倾向于让草根行动，借助法院来赢得首选的政策结果，因为他们担
忧强大企业集团对全国制度的攫取，或不受羁绊的安全至上国家的
崛起。

对抗性法条主义

　　这段历史导致法律学者罗伯特·卡根（Robert A. Kagan）所谓
的"对抗性法条主义"（adversarial legalism）的体系。自建国以来，
律师一直在美国公众生活中发挥重要作用；在 20 世纪 60 年代和 70
年代社会变化的动荡岁月中，其作用更有急剧的扩充。国会在此期
间通过二十多个主要的民权和环境的立法，包括产品安全、有毒废
物清理、私人养老基金和职业安全与健康等诸多方面。这是进步时
代和新政时期的监管式国家的大幅扩张，美国今天的企业和保守派
都热衷于对此提出抱怨。[2]

　　使这个体系如此笨拙不灵的，不单单是监管条例的繁多，而是
它所追求的法条主义的严谨方式。国会授权成立形形色色的联邦新
机构——平等就业机会委员会、环境保护局和职业安全与健康管理
局等，却又不愿放手，以致那些机构得不到欧洲和日本国家那样的
规则制定权和执法权。它所做的，只是让法院承担监管和执行有关
法律的责任。国会特意鼓励诉讼，扩大有权起诉者（standing）的
范围，其中很多人所受特定规则的影响其实已是非常牵强的。[3]

　　例如，正如政治学家夏普·梅尔尼克（Shep Melnick）所描述，
联邦法院改写 1964 年《民权法》第七条，"将一条专注于故意歧视
的软弱法律，转化成弥补过去歧视的大胆使命"。与其让联邦机构
拥有足够的执法权，"共和党在参议院作出关键决定……让检察功 474

能基本上私人化。他们让私人诉讼成为执行第七条的主导模式，在之后年份中促成私人请求执法的大量诉讼，远远超出了当初的设想"。在整个美国，私人请求执法的讼案从 20 世纪 60 年代后期的每年不到一百件，增长到 20 世纪 80 年代的一万件，再到 90 年代末的两万两千多件。[4] 光是律师费就在同期增长六倍，除了诉讼直接成本的飙升，另有诉讼过程的日益缓慢和结局的不确定。[5]

　　这类冲突的解决，在瑞典和日本借助官僚机构和有关各方的和平协商，在美国依靠法院体系的正式诉讼。这对公共行政来说会有许多不幸后果，借用肖恩·法尔杭（Sean Farhang）的话，所促成的程序以"不确定、程序复杂、冗余、缺乏定局和交易成本高"为特点。不让行政部门加入执法，也减弱了整个体系的负责性。[6] 在欧洲的议会体制中，官僚体系公布的新规则需要接受审查和辩论，也可在下次选举中通过政治行动加以修改。在美国，制定政策的是终身任职的法官，往往不是民选的；过程又是零零碎碎和高度专业化的，所以也是不透明的。

　　诉讼机会的大增给许多先前受排斥的群体带来机会和权力，首先就是非裔美国人。出于这个原因，诉讼和起诉权受到许多进步左派的小心守护。但这意味着，公共政策的质量因此付出巨大代价。卡根以奥克兰港的疏浚为例来说明这一点。在 20 世纪 70 年代，奥克兰港预期大型的集装箱船舶将会投入服务，决定发起疏浚海港的计划。这个计划必须得到一系列政府机构的批准，包括陆军工程兵部队、鱼类及野生动物管理局、国家海洋渔业局和环保局，以及加利福尼亚州类似的相关机构。关于怎么处置从港口疏浚出来的有毒物质，有诸多可选方案，但都在法院受到了挑战。每准备一次新的可选方案，都要导致项目被搁置更长时间、成本更加高昂。环保局对这些诉讼的反应是消极应对，只取守势，不采取任何行动。疏浚计划最终到 1994 年才获得通过，所耗费的成本数倍于原先的估计。[7]   475

　　这样的案例在美国政府承担的全部活动中俯拾皆是。先前描述的林务局的痛苦，其中不少可归因于它的判断一再遭到法院体系的质疑。它带来的效果是，上世纪 90 年代初，它和土地管理局管辖下的美国西北部沿太平洋地区停止所有伐木，因为受《濒危物种法》保护的花斑猫头鹰受到威胁。[8]

法院一旦被用作执法的工具，原先对政府的制约，现在已演变成极力扩展政府功能的机制。例如，由于国会在 1974 年的立法，自 1970 年代中期以来，专为残疾儿童的特殊教育计划的数量和开支都有大幅上升。国会的这个立法基于联邦地区法院的调查报告，认为残疾儿童也有"权利"。这不是单纯的利益集团，很难作出权衡，也无须遵循成本效益的有关标准。国会又把这项立法的解释和执法扔给法院。无论是遵守预算的限制，还是作出复杂的政治权衡，法院都是特别糟糕的制度。结果，全国各地的学区本来就有限的教育经费，还要分出越来越多的资金给特殊教育计划。

这个问题的解决方法，不一定是许多美国保守派和自由至上主义者所主张的，即简单废除规则和关闭有关机构。政府致力于服务的这些标的都很重要，如有毒废物管理或环境保护，私人市场出于自身机制是不会参与的。保守派往往看不到，对政府的不信任导致美国体制的监管以法院为基础，效率远远低于拥有强大行政部门的其他民主国家。

不过，美国进步派和自由派在这个体系的形成上也有责任。它们同样不相信官僚机构的做法，诸如南部各州建立了隔离学校体系，又或深受大企业集团利益的影响。在立法者没有提供充分支持时，它们很乐意让非民选法官进入社会政策的制定过程。

对行政的法条主义和权力分散的态度，与美国政治体制另一显 ₄₇₆ 著特点高度吻合，即乐于接受利益集团的影响。利益集团既能够利用法院体系向政府提出直接诉讼，以达自己目的；又有更为强大的渠道，即控制更多权力和资源的国会。

第33章
国会和美国政治的家族制复辟

> 19世纪的依附主义变成互惠的利益集团；利益集团影响公共政策的质量；对民主来说，利益集团究竟是好还是坏；美国国家的家族制复辟

我们已经知道，美国政治在19世纪的大部分时间是彻头彻尾的依附主义。政客动员选民去投票，所用方法是个体化福利的承诺，有时是小恩小惠或现金，大多数是联邦、州和市一级的政府工作。但分配庇护式好处有巨大的溢出效应，即官员的腐败。政治老板和国会成员，可利用自己控制的资源中饱私囊。

作为官僚体系改革的结果，如第10章和第11章所述的，这些依附主义和腐败的历史形式，在很大程度上已经结束。可以很安全地说，它已不是今天美国政治体制面临的主要威胁。新上台总统可在联邦政府中颁发四万多个政治任命——远远超过任何其他发达民主国家——但政党已不再大量分配政府工作给忠实的支持者。当然也有个人腐败的恶性案件，如2006年绰号"公爵"的加州众议员兰迪·坎宁安（Randy "Duke" Cunningham）和2011年伊利诺伊州长罗德·布拉戈耶维奇（Rod Blagojevich）分别被判有罪。但防止这类腐败的规则已经非常广泛且严格，以致政府有关披露和利益冲突的繁多规则，在有意加入政府的人士看来，已经成了妨碍。

互惠利他

478

　　不幸的是，美国政治中的权钱交易又卷土重来，这一次完全合法，更难根除。在美国法律中，贿赂罪的狭义定义，是政客和私人明确商定具体交换条件的交易活动。对于生物学家所谓的互惠利他，或人类学家所谓的"礼尚往来"，法律则没有明文规定。在互惠利他的关系中，有人给他人提供好处，与非人格化市场交易不同，并没有即刻获得回报的明确期望。确实，如果有人给他人礼物，随即要求回报，他人很有可能会感到被冒犯而拒收。在礼尚往来中，接收一方会觉得自己有一种知恩图报的道德义务，只是要在另一时间或地点进行回报。法律禁止的是市场交易，而不是恩惠交换，这恰恰成了美国游说团兴起的基础。[1]

　　我在前面指出，亲戚选择和互惠利他是人类社会交往的两个天生模式。它们不是学来的行为，而是我们大脑和情感中的基因遗传。在任何文化中，某人收到社会其他成员的礼物，就会觉得在道义上有义务予以回报。早期国家叫做家族制，因为它被视作统治者的个人财产。统治者再雇用自己的家人、亲族和朋友——常常是开初帮助他开疆拓土的武士——来参与行政管理。这种国家是围绕天然的社交模式建造起来的。

　　现代国家建立严格的规则和激励，以克服偏爱亲友的倾向。这些措施包括公务员考试、择优录取、利益冲突管控、反贿赂和反腐败法等制度。但天生社交性的力量十分强大，千方百计试图返回，犹如寓言中的小偷，因为大门已经锁上，只好转而尝试后门、窗户和地下室的爬行空间。

　　在我看来，说美国国家在 20 世纪下半叶出现家族制复辟是公平的，使用的方式跟中国东汉、败于奥斯曼帝国之前一个世纪的马穆鲁克政权、旧制度下的法国没什么两样。今天阻止公然裙带关系的规则还很强大，足以防止它成为美国政治的普遍政治行为。但有

479

趣的是，看看诸如肯尼迪、布什和克林顿等等所有这些精英总统，就知道组成政治王朝的冲动有多么强烈。

另一方面，互惠利他在华盛顿肆意横行，成了利益集团成功破坏政府的主要渠道。法律学者劳伦斯·莱斯格（Lawrence Lessig）指出，利益集团可以完全合法的方式来影响国会议员，只需先捐款，然后坐等不确定的回报。有时，发起礼尚往来的是国会议员，先对特定利益集团有所偏袒，预期自己以后会得到竞选捐款的回报。礼尚往来经常不涉及金钱。例如，某议员在豪华度假村出席某个专题会议，打个比方说，是关于金融衍生品市场监管的，所听到的是银行业不需要更多规则，而不是可靠的反面论点。在这种情况下，攫取这位政客的方式不是金钱（尽管周遭有大量的奢侈）而是理念，因为利益集团的观点已先入为主，给他或她留下了正面印象。[2]

华盛顿的利益集团和游说团有惊人的增长，从 1971 年的一百七十五家注册游说公司，上升到十年之后的两千五百家；到 2013 年，注册的说客高达一万两千多人，花费超过三十二亿美元。[3]这项活动对美国公共政策的扭曲效应，可在多个领域中看出，首先是税法。经济学家认为，所有税收都有可能削弱市场有效配置资源的能力，影响最小的是那些简单、统一且可预期的税种，可让企业作出妥善的规划和投资，而美国的税法恰恰相反。美国名义上的企业所得税，比其他发达国家高得多，但很少公司的实际缴税有这么高，因为它们通过交涉为自己得到特殊的豁免和好处。[4]

托克维尔称，法国大革命之前的旧精英错把特权当自由。他指的是，免受国家权力侵犯的条例，只适用于精英本身，而不适用于全部公民。在当代美国，精英也把自由挂在嘴上，但依然乐意享受特权。

有些政治学家认为，所有这些金钱和活动，并没导致政策明显偏向于游说团的要求。但考虑到在过程中投入的金额，这有点令人难以置信。[5]利益集团和说客的目标，并不是促进新政策，而

480

是防止不利于自己的政策出笼，即使它符合公众利益。在其他情况下，它们把现行立法程序弄得更糟。与议会制国家或党纪严明的国家相比，美国的立法过程始终支离破碎。国会繁复众多的委员会在管辖权上有重叠，颁布的任务往往复杂多重，甚至相互冲突。例如，1990 年《全国经济适用住房法》"对问题的本质提出截然不同的理论，分别体现于三个独立建议之中"；还有《清洁空气法》，在强制执行时可有多种规定方式。这种分散式的立法过程，导致法律的不连贯，几乎是在邀请利益集团的参与，即便利益集团没有强大到足以重塑整个立法，至少也可以借机保护自己的具体利益。[6]

　　例如，美国总统奥巴马的 2010 年《平价医疗法》，在立法过程中变得臃肿不堪，因为不得不对形形色色的利益集团作出妥协和让步（side payment），包括医生、保险公司和制药业。法案的文本长达九百页，极少数国会成员能审查它的细节。还有一种情况，利益集团会阻止那些可能损害自己利益的立法通过。2008 年至 2009 年的金融危机，以及非常不受欢迎的对大银行的纳税人救助，最简单最有效的应对方法，莫过于通过一项法律，硬性限定金融机构的规模，或大幅提高准备金比例。[7] 有了这样的限制，铤而走险的银行可以破产，而不会触发体系性危机，也不需要政府出来解困。像大萧条时期的《格拉斯—斯蒂格尔法》（Glass-Steagall Act）一样，这样的法律可能只需几张纸，但在金融监管的国会审议中并没有获得认真的考虑。最后出笼的是《华尔街改革及消费者保护法》，或《多德—弗兰克法》（Dodd-Frank Act）。可能好过压根没有监管，法案洋洋数百页，授权有关部门定出进一步的规则，让银行和消费者在未来付出高昂代价。它没有痛痛快快地限制银行规模，只是设置金融稳定监督委员会，以评估和监管带有体系性风险的有关机构，最后还是没有解决银行"大到倒不起"的问题。无人会找到确凿证据，把银行的竞选捐款与具体国会议员的选票连接起来。

但要说在阻止限制规模和提高准备金比例上，银行业的说客军团没有发生重大作用，那是没人会相信的。[8]

激情和利益

普通美国人普遍鄙视围绕国会的利益集团及其用金钱影响政治的做法。无论政治光谱的左右，都非常关切民主程序已被损害或劫持；右边的茶党共和党人，以及左边的自由派民主党人都认为，利益集团在行使不当的政治影响，同时又在大捞油水。结果是，对国会的信任降至历史最低水平，差点连两位数都不到。[9]

经济学家曼瑟尔·奥尔森在《国家的兴衰》(*The Rise and Decline of Nations*) 一书中，对利益集团政治对经济增长乃至民主的恶性影响提出过一个著名的论点。他特别考察了英国在整个 20 世纪持续的经济衰退，认为民主国家进入和平稳定时期，会积累不断增多的利益集团。这些集团不去从事追求创造财富的经济活动，而是利用政治体系为自己攫取福利或租金。这些租金总体上说并不具生产力，且会有损全体公众利益。但公众会碰上集体行动的难题，无法有效地组织起来，像银行业和玉米生产商那样保护自身利益。结果，日积月累，越来越多的精力被耗入寻租活动，只有像战争或革命那样的巨大震荡才能阻断这一进程。[10]

这段有关利益集团的叙事极为负面，与公民社会（志愿组织）有益于民主健康的正面叙事，形成鲜明对比。托克维尔在《论美国的民主》中指出，美国人非常乐于组织私人社团，在他看来这是"学习民主的学校"，可让人学到为公共目的而组织起来的技能。个人本身是弱小的，只有为了共同目标与他人合在一起，才能抵制暴政，当然还可做其他事情。这种思路得到其他学者进一步的阐述，如罗伯特·帕特南。帕特南认为，这种喜欢组织起来的倾向——"社会资本"——当然有益于民主，但在 20 世纪下半叶却渐渐成为危险。[11]

建国之父之一詹姆斯·麦迪逊对利益集团也有相对乐观的看法。他认为，即使不同意特定集团追求的目标，但大国中的众多集团可防止其中任何一个垄断支配。如政治学家西奥多·洛伊（Theodore Lowi）指出的，20 世纪中期的"多元主义"政治理论也赞同麦迪逊的观念：一如追求狭隘自身利益的个人通过自由市场的竞争可以创造公共利益，诉求各不相同的利益集团之间的相互作用也会产生公共利益。政府没有理由来监管这个过程，因为没有谁能高高在上地界定何为高于利益集团私心的"公共利益"。最高法院对巴克利诉法雷奥案（Buckley v. Valeo）和联合公民诉联邦选举委员会案（Citizens United v. Federal Election Commission）的裁决（编按：这两项裁决取消了利益集团参与竞选活动的献金限额），实际上是认准了对洛伊所谓"利益集团自由主义"的良性解释。[12]

那么，如何调和这两个截然相反的叙事——利益集团破坏民主，损害经济增长；抑或，它是健康民主的必需条件？最明显的方法就是把"好"的公民社会和"坏"的利益集团分开。在阿尔伯特·赫希曼看来，驱动前者的可以说是激情，驱动后者的可以说是利益。[13] 前者可以是非牟利组织，如寻求为穷人建立住房的教会群体，或要求保护沿海栖息地的游说组织，因为相信环保政策符合公众利益。后者可以是烟草工业或大银行的游说者，唯一目的就是要在最大程度上提高公司的利润。罗伯特·帕特南试图从中作出区别，声称一边是邀请成员来积极参与的小协会，另一边是需要缴纳会员费才能参与的"会员制组织"。[14]

不幸的是，这种区别经不住理论上的推敲。某群体自称代表公众利益，并不等于它实际上真是在这样做。例如，某医疗宣传群体要求调拨更多资金，以应对特定的疾病，实际上可能在扭曲公共政策的轻重缓急，仅仅因为它擅长于公共关系，使得更广泛更具破坏性的疾病反而出现了资金短缺。利益集团在为私利着想的事实，并不意味着它的呼吁是非法的，或无权在政治体制中获得代表性。如果出现一个考虑欠周的新规则，将严重损害某行业及其职工的利益，相关利益集团当然有权让国会知道。事实上，在政府行为的后果上，游说者往往是最重要信息的来源之一。在环保群体和企业之间的长期争斗中，自称代表公共利益的环保人士，在权衡可持续发展和利润与就业时，并不总是正确的，如奥克兰港疏浚案例显示的。[15]

反对利益集团多元论的最有力的论点，是说它缺乏代表性。埃尔默·沙特施奈德（E. E. Schattschneider）在《半主权人民》（Semi-Sovereign People）中认为，美国实际上的民主实践，与"民有、民治、民享"政府的流行形象毫无关系。他指出，政治结果很少回应大众偏好，大众的政治参与和政治意识都非常低，真正做出决策的只是组织起来的利益小群体。[16]曼瑟尔·奥尔森的理论也持类似的论点。他指出，不是所有群体都能组织起来采取集体行动。他的早期作品《集体行动的逻辑》（Logic of Collective Action）实际上认为，相对于小群体，组织大群体要困难得多，因为向所有成员提供好处的大群体会吸引搭便车的人。在民主范畴中，全体公民（至少其中大多数）可能对负责任的财政预算有持续兴趣，但作为个体的美国人比较不在乎，远远比不上将通过预算协议获得补贴或减税的利益集团。所以，争取获得国会关注的利益集团，无法代表美国人民的整体，只代表美国社会中组织能力最强、最富有的群体（两者往往等同）。这种偏差不是随机的，而是倾向于损害无组织人们的利益。他们往往较穷，文化程度不高，要么就是已被边缘化。[17]

莫里斯·菲奥里纳（Morris Fiorina）提供的大量证据表明，他所谓的美国"政治阶级"远比作为整体的美国人民本身更为极端。他的一系列调查数据显示，在许多有争议问题上，包括堕胎、赤字、学校祷告和同性婚姻，美国大多数公众支持妥协的立场。例如，在他们看来，利用生育诊所的多余胚胎来做干细胞研究，可以获得联邦的资助。无论左翼还是右翼，政党积极分子都比普通党员更强调

484

意识形态，坚持更极端的立场。支持中间道路的大多数并不热衷于此，但他们却大多缺乏组织。这意味着，左右政治的是组织起来的积极分子，无论是政党、国会、媒体、游说团，还是利益集团。这些活跃分子群体汇总在一起，没有促成妥协，反而导致极端化和政治僵局。[18]

缺乏代表性的利益集团不只是美国公司和右翼的产物。民主国家中最强大的组织包括工会、环境保护群体和妇女组织，以及争取同性恋权利、老年人、残疾人和原住民等各群体的倡导者。在当代美国，似乎每一种疾病或医学状况都会催生自己的宣传群体，以游说更多的关注和资源。多元主义理论认为，相互抗衡的这些群体加在一起就构成民主的公共利益。但也可以说，它们固有的对狭隘利益的过度代表，反而阻碍了代议制民主代表真正的公共利益。

利益集团和政府质量

利益集团说服在国会的代理人，颁发常常是自相矛盾的复杂任务，让行政部门在行使独立判断或作出常识决定时大受约束，从而削弱了官僚体系的自主性。

这方面的案例数不胜数。国会希望联邦政府在采购货物和服务时，既有效又价廉，还要求政府采购遵守一套繁琐的规则，称作《联邦采购条例》（Federal Acquisition Regulation）。不同于私营部门的采购，政府采购有细致入微的程序，承受无穷无尽的上诉。在许多情况下，国会个别成员直接干预，以确保有利于自己选民的采购。五角大楼的大型采购尤其如此，实际上成了国会个别幸运成员分配工作的项目。国会和公众都谴责采购中的"浪费、欺诈和滥用"，假如以更详细的约束规则来解决，只会进一步抬高采购成本，降低采购质量。

利益集团和多元论观点认为，公共利益无非是私人利益的总和，但更深刻的问题在于，它们破坏了审议的可能性，还破坏了对话和交流对个人喜好的塑造。无论雅典的古典民主，还是托克维尔赞赏的新英格兰市政厅会议，公民都能就自己社群的共同利益进行直接的对话。人们很容易把这些小型民主理想化，或尽量抹杀大型社会中的真正差异。但任何主持过焦点座谈（focus group）的组织者都会告诉你，只要保证信息均等、规则公平，不同意见的人只要有三十分钟面对面的讨论，就会在高度敏感议题上改变原有的看法，包括移民、堕胎和毒品。很少单一议题的倡导者，在被迫面对其他需求时，会坚持自己的事业胜过一切。多元理论的问题之一是，它认为利益是固定的，立法者只充当其传动带，没有自己的见解，也不受审议的影响。

人们普遍认为，国会里再也没人进行审议。国会"辩论"只相当于一系列谈话要点，对象不是国会中的同事，而是作为积极分子的观众。如果由于审议或更多的了解，立法者偏离原先立场，那些积极分子是毫不留情的。

在运行良好的治理体系中，无论立法机构还是官僚机构中都会有大量审议。这不是官僚机构内部的彼此交谈，而是一系列复杂协商，参与其中的有政府官员、企业界、外部执行者、服务提供者、民间群体、新闻媒体、社会利益和意见的其他信息来源。[19] 在具里程碑意义的1946年《行政程序法》中，国会规定一定要有咨询。它要求监管机构公布拟议中的规则变化，征求公众评论。但这些协商程序往往变成例行公事，只图形式，实际决定并不来自内部审议，而要看利益集团之间的政治对抗。[20]

政治衰败

法治是一种基本保障，保护个人免于暴政统治。但在20世纪下半叶，法律的重心不再是对政府的制约，而成了扩大政府功能范围的替代工具。在这个过程中，官僚机构原本可以有效执行的功能，却移交给法院、行政部门和个人的混合体。美国不想搞出"大政府"，结果庞大政府非但没能避免，反而因为落进法院之手而使负责性越发缺失。

同样，作为人民意志的代表，立法者应该确保各项政策反映公众的诉求，但政党都受制于强大的利益集团，后者加在一起也不能代表全部的美国选民。这些集团的控制非常强大，足以扼杀从农业补贴到银行监管的合理政策，还把税法弄成充斥特权的一团糟，使非人格化的公共行政难以实现。

美国在进步时代和新政时期，试图建立韦伯式的现代国家，它在很多方面取得了成功。食品和药物管理局、疾病控制中心、武装力量和美联储，是世界上最能干、运转最良好、拥有自主性的政府机构之一。不过，美国公共行政的整体素质仍然很成问题，因为它持续依赖法院和政党，削弱了国家行政的力量。

衰败现象的原因之一是智识的僵化。律师和诉讼成为公共行政的组成部分，这没有得到其他民主国家的广泛认同，却成了美国根深蒂固的干事方法，没有人知道还可以有其他什么替代选择。严格地说，这与其说是意识形态的问题，倒不如说是左右双方共享的政治传统。同样，尽管民粹主义者普遍抗议利益集团对国会的影响，很多人（首先是最高法院的成员）还是看不到问题的存在。此外，没人能找到遏制其影响力的现实途径。

政治衰败的两个根源——智识僵化和精英群体施加影响力——是所有民主国家的通病。甚至，它是所有政府都要面对的问题，不论民主与否。这里讲述的问题，即过多依赖司法和利益集团，也存在于其他的发达民主国家。但利益集团的影响在很大程度上取决于各自制度的特殊性。不同民主国家提供给政治参与者的激励有很大不同，有些政府比较易受这种力量的左右。我将在下一章指出，作为世界上最早最先进的自由民主制的美国，与其他民主政治体系相

487

比，承受着更为严重的政治衰败。对国家的持久不信任是美国政治的特点，这导致政府设置的不平衡，损害了采取必要集体行动的前景，结果就是我所谓的"否决制"（vetocracy）。

第34章

否决制的美国

美国的制衡体系如何变成否决制；其他民主国家迫使集体
决策的有力机制；委托给行政部门的重大权力；欧盟越来
越像美国

　　美国宪法通过复杂的制衡体系来保护个人自由，这是建国之父
故意设计的，用以约束国家权力。美国政府是在反抗英国君主专制
的革命中诞生的，同时，还借鉴了英国内战中抵抗国王的古老资源。
自那以后，对政府的强烈不信任，对分散个体的自发活动的依赖，
就一直是美国政治的特点。

　　美国的宪政体系可以对权力实施多种制约。在议会制中，统一
的行政部门（以单一权威为首的行政部门）执行立法多数派的意愿。
相比之下，美国的总统制将权威分成两半，一半是民选的总统，另
一半是享有同等民主合法性的国会，两者的生存相互独立。美国宪
法还设立司法部门，随着时间的推移，赢得可以宣告国会立法无效
的权力。它还进一步把权力分给各州——或者应该这样说，曾是权
力持有人的各州，在宪法批准后的二百年中，颇不情愿地把自己权
力慢慢移交给联邦政府。国会本身分成两院，其中的参议院按原先
设计应是各州权力的堡垒。在像英国那样的许多民主国家，上议院
大体上只有礼仪性的权力。在美国，参议院却非常强大，行使具体
权力，如确认行政任命、宣战和媾和。美国的行政部门并不总向总

统负责，许多监管委员会的主席是国会政党任命的。

亨廷顿指出，美国的权力与其说按功能划分，倒不如说按立法、行政和司法三部门复制，导致分支之间周期性的权力争夺，以及哪个部门应占支配地位的冲突。最近的实例是国会在国家安全政策上的权力，以及法院在堕胎等社会政策上的作用。美国的联邦主义时常不是把权力清晰委托给适当的下级政府，而是层层复制。例如，让联邦、州和地方的当局，都来管辖有毒废物的处置。在这种冗余和等级不分明的体系中，政府的不同部分可轻易阻止对方。

极端化

发达民主国家面临的最重大挑战之一是，它们福利国家的承诺难以为继。当代福利国家的现有社会契约，是几代人之前谈判达成的，其时出生率较高，民众寿命没那么长，经济增长更为强劲。融资的方便使所有现代民主国家把这一问题推向未来，但到一定时候，人口现实的真相终会浮出水面。

这些问题并非不可克服。英国和美国走出第二次世界大战时，债务占 GDP 的比例比今天更高。[1] 瑞典、芬兰和其他斯堪的纳维亚国家在 20 世纪 90 年代，发现自己的大福利国家陷入危机，遂对税收和支出作出调整。澳大利亚甚至在 21 世纪第一个十年的能源热潮之前，就成功消除了几乎所有的外债。

但 21 世纪初期的美国政治体制无法应对这个问题。失败的根本原因在于两个主要政党自身，自 19 世纪末以来两党在意识形态上从未像今天这样极端。自 20 世纪 60 年代始，美国政党大致呈地域分布，几乎整个南方从民主党移向共和党，而在东北部则几乎找不到共和党的踪影。自新政联盟破裂和 80 年代民主党一统国会的局面结束以来，两党变得愈益平衡，对总统和国会两院的控制几度易手。这种激烈的政党竞争，导致争夺竞选资金的"军备竞赛"，

490

两党之间的个人礼让之风荡然无存。[2]

　　前一章指出，对于这种极端化在美国社会如何变得根深蒂固，社会学家有不同看法。但毫无疑问，正是政党和驾驭其行为的积极分子，把他们自己搞成愈益僵化且在意识形态上更为抱团的群体。在大多数州中，他们利用对选区重划的控制，刻意操纵选区的划分，以增加自己的连任机会，从而加强党内同质性。初选的普及让候选人的选择，落到了少数为选举做足了准备的积极分子之手。[3]

　　但极端化尚不是故事的结束。民主政治不是用来结束冲突的，而是要通过商定规则来化解和减少矛盾。美国人一向意见分歧，包括对奴隶制、堕胎和枪支管制等众多议题。好的政治体制减少潜在的极端化，鼓励代表最广大人群利益的政治方案出台。当极端化碰上麦迪逊式的制衡政治体制，后果尤其具有毁灭性。[4]

否决者

　　理想情况下，民主国家向政治社会的每一成员提供平等的参与机会。民主决策应在协商一致后采纳，共同体的每一成员都同意具体的决定。这通常是家庭、族团层次和部落层次的社会才有的事。

　　随着群体变得越发多元和规模越发增大，协商一致的决策效率急剧降低。这意味着，对大多数群体来说，决策不再以协商一致为基础，而是以群体中部分成员的同意为基础。做出决策所需要的百分比越小，做起来就越方便和越高效。所需票数的百分比和花在决策上的时间和精力成本，可见图 22。曾主持过俱乐部或委员会的人都知道，如要在大群体中取得共识，成本会有指数级增长。

491

　　经常用于民主国家的多数表决规则（majority voting，即 50% 加 1），离理想的民主程序还很远，因为它等于解除了将近一半人的选举权。在简单多数投票规则（plurality voting，有时被称为超过标杆的第一名）下，少数选民事实上可代表整个共同体来做出决定。

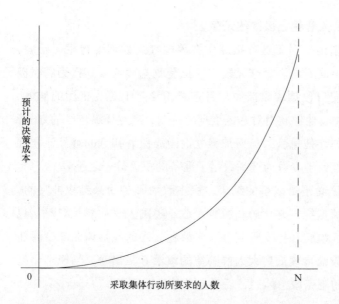

图22. 政治参与和决策成本

来源：詹姆斯·布坎南（James Buchanan）和戈登·塔洛克（Gordon
Tullock），《同意的微积分》（*The Calculus of Consent*）

（美国和英国都有这样的投票体系，在 1992 年以 43% 的选票选出
比尔·克林顿，在 2001 年以 42% 的选票选出托尼·布莱尔。）[5]

很明显，像多数表决规则那样的规定，并不是依据深刻的公正 492
原则，只是降低决策成本的权宜之计，以帮助大共同体做出决定。
民主国家还有其他机制来迫使当事人做出决定，减少潜在的否决者。
这些措施包括，终止辩论提付表决的规则、限制议员提出修正案的
规则，以及立法机构在重要事项上（如预算）无法达成协议时的所
谓"回归"（reversionary）规则。根据明治宪法，如果日本国会未
能达成新预算，上一年度的预算就算自动通过。智利等拉丁美洲国
家也有自己的回归规则，如果预算得不到通过，预算权力自动回到
总统和行政部门之手。[6]

其他类型的规则是为了促进稳定牺牲少数人的特权。第二次世界大战后的联邦德国，吸取魏玛民主的教训，对不信任的"肯定"投票有特殊规定：除非能够组成替代的政府，否则，任何政党都不得推翻一个联合政府（即行使否决权）。议会制度演变出一个迫使立法部门做出决策的最佳机制：如果在特定议题上陷入僵局或有高度争议，政府可解散议会，举行新选举，让民主选民直接对特定议题发表意见。

政治学家乔治·采贝利斯（George Tsebelis）造出"否决者"一词，以比较不同的政治体系。将权力委托给体系中不同政治参与者的制度性规则，可构成潜在的否决点，其中个别否决者可阻止整个体系的行动。事实上，宪法中的所有特征——总统制、两院制、联邦主义和司法审查——虽有功能上的不同，但在达成集体决策的过程中，都可被视作潜在的否决点。此外，还有不让少数人阻挠多数人意志的许多非宪法规定，如能否提出修正案的议会规则。"否决者"不过是政治学行话，它所指的无非就是美国人传统上所谓的制衡。[7]

借用否决者的概念，可以线性标度表列出不同的政治体系，从只有一个否决者（独裁者）的绝对专政，到每个公民都有潜在否决权的共识体系。与威权国家相比，民主制度给予体系内参与者更多否决权，这正是所以谓之民主国家的原因。但在世界各地的民主国家中，被允许的否决者数量也有很大差别。图 23 表现的是布坎南—塔洛克曲线，水平轴代表可阻止决策的否决者数量，而不是做出决定时所需选民的百分比。

就否决者的绝对数量而言，美国政治体制在现代民主国家中是个另类。它不平衡，在某些领域中有太多制衡，以致集体行动的成本大大增加，有时甚至寸步难行。这是一种可被称作否决制的体制。在美国历史的较早时期，一旦某个政党取得支配地位，这个体制就会被用来平抑多数人的意志，迫使它给予少数群体更多关注。但是

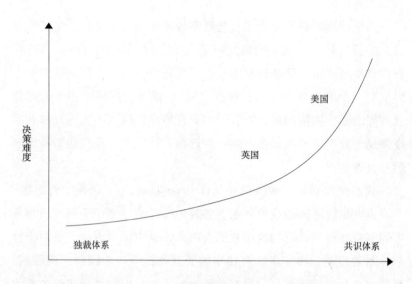

图23. 否决者和决策难度

自 20 世纪 80 年代以来，随着更加平衡更多竞争的政党体系出现，美国体制变成了通往僵局的灵丹妙药。

　　相比另一个老牌民主国家英国，美国的众多否决者显得尤为突出。威斯敏斯特体制在光荣革命之后的年代中历经演变，成为民主世界最重要的体制之一，因为在它的纯粹形式中，几乎没有否决者。在英国，公民享有对政府的正式制约——定期选出议会。（自由媒体是另一重要制约，但不属于正式的政治制度。）在其他方面，这个体制集中权力而非分散权力。在纯粹的威斯敏斯特体制中，只有一个全能的立法议会，没有独立的总统、成文宪法、违宪审查、联邦主义或宪法规定的地方分权。英国实行简单多数投票制，即使多数党只获得相对多数，往往也能达成两党联合执政和强大的议会多数党。[8] 它的运作关键是党的纪律，保守党或工党的领袖可强制本党议员根据自己的意愿投票，因为他们能够让不听话议员参加不了

494

下届大选。英国的终止辩论规则只需在场议员的简单多数，就可强行要求表决，美国式议事阻挠（filibuster）是不可能的。然后，议会多数派选出政府并赋予它强大的行政权力，立法一旦被议会通过，一般不会受到法院、州、市和其他机构的阻挠。这就是英国体系通常被称为"民主独裁制"的原因。[9]

显然，威斯敏斯特体制产生的政府比美国政府拥有更多正式权力。透过预算过程可以清清楚楚地看到它的决断力。在英国，制定国家预算不在国会，而在官僚机构所在地的白厅。财政部的职业官员按内阁和首相的指示行事，编成的预算再由财政大臣（相当于美国的财政部长）提交下议院表决，批准只需要赞成或反对的一次投票，通常在政府颁布预算后的一至两个星期内完成。

美国的过程则完全不同，宪法将制定预算的主要权力授予国会。行政部门的管理和预算办公室，帮助总统拟就预算草案，通常情况下它们差不多就是支持总统偏好的又一游说组织而已。草案在 2 月份送交国会，在几个月的时间内，接受一系列国会委员会的审核和修正。快到夏末，等待两院批准（希望如此）的预算才会最终出现，而且已是与个别议员达成无数交易之后的产物，目的是为了确保他们的支持。无党派的国会预算办公室成立于 1974 年，向国会提供有关预算的更多技术支持。但到最后，对照英国，美国预算制定的过程既高度分散，又缺乏策略。

美国预算过程的开放性和漫无终期，给说客和利益集团发挥影响力开了多道方便之门。在大多数欧洲议会制国家中，利益集团游说个别议员是没有意义的，因为党的纪律使他或她对党领袖的立场仅有很小的影响，或根本没有。相比之下，美国的委员会主席和党领导都有修改法案的巨大权力，也就顺理成章地成了游说活动的对象。

威斯敏斯特体制，即使有中央集权，在根本上仍是民主的。如果选民不满意有关政策，以及由此产生的国家表现，可以投票赶走

现任政府，更换新的。如果赢得不信任投票，无须等到首脑任期和
国会周期的结束，可立即废黜首相。对各政府的判断要看整体表现，
而不是看它向利益群体或游说团提供好处的能力。

经典的威斯敏斯特体制已在世界上绝迹，包括英国，它本身也
在逐渐采用更多的制衡。在图 23 的水平轴上，以否决者的数量为
标准，英国仍在美国的左边，而且离得很远。威斯敏斯特体制在当
代民主国家中可代表一个极端；但欧洲和亚洲的其他议会制，仍向
政府提供比美国更强的迫使决策的机制。美国倾向于处在图 23 的   496
水平轴的右端，与拉丁美洲国家共处一个空间；后者在 19 世纪复
制了美国的总统制，因此也面临着类似的僵局和行政政治化。

美国政府因体制不同而比其他民主国家有更多否决者，预算只
是其中一个方面而已。在议会制国家中，许多立法是行政部门拟就
的，包含了文官系统长期积累的技术性经验。各部委对议会负责，
最终通过自己的部长对选民负责。这一类等级制度有比较长远的战
略眼光，会制定更一致的立法。例如在瑞典，除了实际上提供服务
的行政体系，另外还有一个小型官僚体系，专门辅助议会的立法。[10]

这样的体系在美国政治文化中纯属天方夜谭，国会小心翼翼守
护自己的立法权。比尔·克林顿的医疗保健计划是行政部门一组专
家制订的，以第一夫人希拉里·克林顿为首，避开公众即刻的监督。
它在 1993 年的国会遭遇很不光彩的失败，原因就在于此。总统奥
巴马的《平价医疗法》在 2010 年获得通过，因为他放弃对立法的
任何塑造，只让众多国会委员会来决定最后的法案。

立法上缺乏连贯性，造成往往不愿负责的庞大政府。国会的
众多委员会经常颁发重复重叠的任务，或创建执行类似任务的多个
机构。在中央已是毫无条理的体系，作为联邦主义的结果，在地
方就变得更加支离破碎。借用法律学者格哈德·卡斯帕（Gerhard
Casper）的话：

　　在公共行政和公共法律裁决的体系中，我们必须忍受同时拥有司法管辖权的多层政府……单一层次的政府已经忙于编制迷宫般的监管条例，个中的复杂和自我矛盾，尚需大批律师的把关，而我们竟然允许两三层乃至四层的政府，各有自己的发言权。除了众多政府机构，还有无数公民受到有权起诉的鼓励，充当起私人总检察长。政府决策被进一步扭曲，因为涉及公共利益的事项，执法权还在私人手上。[11]

497

　　这个体系中的五角大楼，每年被命令要向国会递交近五百份各式任务进展的报告，超过一天一个。这些任务往往是重复且永不过期的，消耗政府大量时间和精力。[12] 国会创造了五十一个工人再培训计划，八十二个教师素质提高项目。[13] 对金融部门实施监管的，分别是美联储、财政部、证券交易委员会、联邦存款保险公司、全美信贷管理署、商品期货贸易委员会、储蓄监督办公室、联邦住房金融局、纽约联邦储备银行，以及扩大自己任务至银行业的各州总检察长。联邦机构接受形形色色的国会委员会的监督，因为后者不愿放弃地盘，不愿让位给更连贯更统一的监管者。银行业很容易钻这个体系的空子，在 20 世纪 90 年代后期促成金融业的管制放松；等到金融危机后要重新加强监管则被证明困难得多。[14]

总统制的风险

　　否决制只是美国政治体制故事的一半。在其他方面，美国国会又将强大权力委托给行政部门，允许它迅速行动，只要求很低程度的负责性。从而我们对整个体系的评价需要再平衡一下，因为它能在有些领域出手有力果断，值得欣赏。

　　获得委托权力的有好几个高度自主的官僚部门，包括美联储、情报机构和武装力量，以及像国家航空航天局和疾病控制与预防中

心那样的专门机构。[15] 在州和地方一级的总检察长或检察官，在决
定是否起诉上，也有很大的自由裁量权，可自由达成辩诉交易——
远远超过德国同行。军方通常在业务上享有高度自主。全世界通过   498
爱德华·斯诺登的爆料获悉，自 2001 年 9 月 11 日以来，国家安全
局一直在收集数据，所针对的不但是国外活动，而且是美国公民。[16]

　　美国许多自由至上主义者和保守派希望取消这些机构，但很难
想象，在现代环境中，缺了它们，国家还能否正常治理。今天的美
国经济庞大、多元、复杂，与高速运转的全球化世界经济紧密相连，
既需要大量的专业知识，又面临严峻的外部安全威胁。2008 年 9 月，
雷曼兄弟公司倒闭，金融危机进入最严重时段，美联储和财政部要
在一夜之间做出大量决策，包括向市场提供数万亿美元的流动资金、
支撑个别银行以及出台新的监管措施。这场危机的严重性，促使国
会向问题资产救助计划紧急拨款七千亿美元，所依据的只是财政部
和布什政府的说辞。对于这段时期做出的具体决定，当然会有不少
后见之明的事后批评。但是认为危机可由其他部门——尤其是实施
详细监督的国会——来处理的想法，是荒唐的。这同样也适用于国
家安全问题，总统有权决定如何应对可能会影响数百万美国人的核
威胁，或恐怖分子的威胁。正是出于这个原因，亚历山大·汉密尔
顿在《联邦论》第 70 篇中指出，需要"行政部门强而有力"。

　　民粹主义对精英制度抱有强烈的不信任，不是要求取消某些机
构（如美联储），就是要求其在电视上公开内部商议，接受公众监督。
讽刺的是，接受调查的美国人最认可的，恰恰是这些几乎不受即刻
监督的机构——武装力量、美国航空航天局和疾病控制与预防中心。
它们获得推崇的一个原因是，的确能完成任务。相比之下，直接对
人民负责的最民主的国会很悲惨，获得的支持最少（见图 24）。国
会被广泛认为只是清谈俱乐部，只有游说团的影响才能产生结果，
党派之争又妨碍常识性的解决方案。

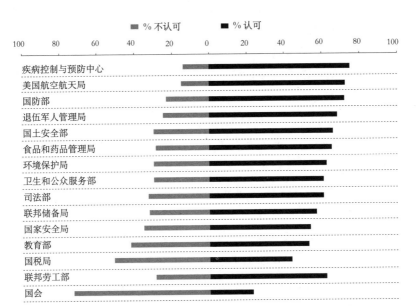

图24. 美国人对自己机构的看法（百分比）

来源：皮尤研究中心

　　美国的政治体制呈现出一张复杂画面，一方面过度的制衡限制了代表多数人利益的决策，另一方面又会将过量或具潜在危险的权力委托给了不够负责的机构。像检控酌情权那样的简单委托极容易被滥用，尤其是遇上正在承受严打犯罪的政治压力的高调检察官时。

　　美国体制的问题是，这些权力委托很少做得干净利落。国会经常不向特定机构提供如何执行任务的明确指示，反让特定机构自己来拟定任务。在这种情况下，国会希望由法院来纠正由此引发的不端行为。我们可以在美国第一个监管机构——州际商务委员会身上，看到这个过程的逐渐展现。州际商务委员会在处理铁路问题上只有非常模糊的授权。它在问世后的头二十年中卷入诉讼，在是否有权实施监管上，遇上各种各样私人群体的挑战。同样的过程也

在 21 世纪初展开，如《多德—弗兰克法》对金融部门的监管：国　500
会让监管部门来编写自己的详细规则，而这些规则不可避免地会受
到法院的挑战。讽刺的是，过度的权力委托和否决制，相互交织在
一起。

许多问题源于美国总统制本身。在议会制中，多数党或执政
联盟直接控制政府，议员成为部长，有权改变自己控制的官僚机构
的规则。如果政党四分五裂，联合政府又不稳定，议会制也可能陷
入僵局，如在意大利经常发生的。但是一旦议会多数获得建立，就
会将清晰的权力委托授予行政部门。这种简单的权力委托，很难
在总统制中发生，因为两个分支经常处在竞争之中。只加强一个
分支，以牺牲另外一个为代价，仍没有解决当初之所以要分权的
问题。

美国在许多历史关头需要总统权力，但对行政权力的潜在滥用
又一直持怀疑态度，尤其是在政府分裂的情况下；这时，控制国会
两院或一院的政党，不同于控制总统职位的政党。国会需要委托权
力，但又不想放弃控制。宪法把国防和外交的权力，明确委托给行
政部门。但国会仍不时要求国防部长和国务卿出席听证会，强制索
要有关使馆安全的详细规则，还要他们出示数百份从环境破坏到人
权状况的年度报告。对总统权力的不信任，导致独立委员会的特殊
结构，类似于州际商务委员会或其他监管机构。国会不是把权力直
截了当地委托给向总统负责的机构主管，而是早就让监管机构向两
党均衡指派的一组专员汇报。实际上，国会一边把控制权委托给行
政部门，另一边又在严格控制这个委托。欧洲议会制中的大选可导
致政策的迅速转变，但在美国，由于专员的固定任期，只好放缓脚步。　501
独立委员会的结构保证政党继续占据支配地位，但到头来反让监管
机构少了民主意义上的负责性。

美国如何与众不同？

在平衡强大国家行动需要与法律和负责制的能力上，美国的制衡体制在很多方面比不上议会体制。议会制国家没有让行政部门变成准司法部门，即使有，至少也远远低于美国的程度；拥有较少的政府机构；制定更连贯的立法；较少受到利益集团的影响。在德国、斯堪的纳维亚国家、荷兰和瑞士，对政府的信任得以维持在较高水平，使公共行政的对抗性降低，更加基于共识，更能适应 21 世纪初全球化的多变形势。例如，它们福利服务的私有化和工会在就业保障上的让步，都受益于高度信任的制度，如整个经济体中用于设定工资和福利的社团结构。这种讲法只适合单个国家，如果把欧盟当作一个整体来看，比较结果就没那么有利于欧洲了。

以利益集团及其对公共政策的影响为例。根据学术文献，像美国一样，欧洲游说团在数量和复杂性上也有很大增加。欧洲没有像美国那样的游说注册规则，所以在数量上很难作出比较。但企业、行业协会、环保组织、消费者和劳工的权益组织，像美国一样，也活跃于各自国家和欧盟层次。[17] 随着欧盟的扩展，决策从各国首都移到布鲁塞尔，整个欧洲体制变得越来越像美国。与美国的制衡体制相比，欧洲个别的议会体制可能只有较少否决者，但是欧盟因素加入进来，就会添加更多否决点。这意味着，欧洲的利益集团会有更多机会，如在自己国家无法得逞，就可去布鲁塞尔，反之亦然。政治学家克里斯蒂娜·马奥尼（Christine Mahoney）指出，代表社会运动的"外部"群体，与美国相比，更难获得与欧盟机构的交流机会；另一方面，现在与仅有本国体制的时期相比，利益集团享有更多向政策制定者和监管者提出申诉的机会。[18]

欧盟的志愿性实际上意味着，欧盟层次的机构远比美国的联邦机构薄弱，这些弱点在 2010—2013 年的欧洲债务危机中暴露无遗。美联储、财政部和国会对金融危机的反应相当有力，包括美联储资产负债表的大幅扩张、七千亿美元不良资产救助计划、2009 年追加的七千亿美元刺激计划、美联储在一连串量化宽松中的收购。在紧急情况下，美国行政部门可威逼国会支持。相比之下，欧盟在希腊债务危机上仅采取零敲碎打的措施，而且犹豫不决。由于缺乏像美联储那样的权力，以及财政政策仍受控于国家层次，欧盟的政策制定者在应对经济冲击时，与美国同行相比，更加束手无策。

在司法机构的作用上，欧盟的增长也意味着欧洲的美国化。第二次世界大战后，许多欧洲国家的政府开始在宪法中添加基本权利的法案，让宪法法院成为这些权利的捍卫者，以对抗国家权力。负责解释欧洲法律的欧洲法院，以及源自欧洲人权公约的欧洲人权法院，先后获得建立，因此带动更高层次的司法审查。此外，个别欧洲国家的法院还提出普遍管辖权的新说法。譬如，西班牙法院起诉智利独裁者奥古斯托·皮诺切特，法律依据是他在智利土地上犯下的罪行。就整体而言，欧洲法官没有像美国同行一样，将自身嵌入政治问题，但法理的正式结构趋向于增加司法否决权，而不是减少。

麦迪逊式共和国

美国政治体制随着时间的推移发生衰败，因为它传统的制衡体制愈益深化和僵化。由于政治极端化越趋尖锐，这个去中心化的体制越来越无法代表大多数人的利益，却让利益集团和活跃组织拥有过度影响，它们加起来并不等于代表最高权力的美国人民。

美国的政治体制变得极端化和寡断不决，这不是第一次。麦迪逊式的制衡体制，以及 19 世纪初出现的政党主导的依附式体制，足以应付大多数人生活在独立家庭农庄的农业国，但无法解决奴隶制和领土扩张造成的严重政治危机。这个去中心化的体制也不足以应付已是大陆规模的国民经济，它借助南北战争后出现的交通和通讯的新技术，愈益编织在一起。为了建立任人唯才的现代官僚体系，政治联盟获得成立，但每走一步，都遭到根深蒂固的政治参与者的抵制。鉴于这些障碍，发生于进步时代和新政时期的国家建设还是非常了不起的。美国本来可像希腊或意大利一样，演变成盘根错节的依附主义和个人腐败，一直到现代。但在随后的时期，美国的国家获得巨大增长，变成今天这个臃肿且低效的怪物。在很大程度上，这是深植于美国政治文化的法治和民主，继续压倒本身也在不断扩展的国家的结果。

美国受困于糟糕的平衡。因为美国人历来不相信政府，通常不愿让政府享有像其他民主社会那样的决策权。国会强制要求复杂的规则，减少政府的自主性，使决策效率低下、成本高昂。政府因此而表现欠佳，更证实人们一开始的不信任。在这种情况下，他们不愿付更多的税，认为只会被政府浪费。资源不是政府效率低下的唯一原因，甚至也不是主要原因，但没有它，政府便无法正常工作。所以，对政府的不信任成了自我实现的预言。 504

能否改革这个体制，扭转走向衰败的趋势？会有两个障碍，都与衰败现象本身有关。第一是政治本身。很多美国政治参与者都承认这个体制表现不好，但切身利益让他们宁可保持现状。政党没有激励，不愿切断来自利益集团的财路；利益集团也不愿看到金钱买不到影响的新体制。像 19 世纪 80 年代一样，必须出现一个改革联盟，团结在当前体系中没有切身利益的群体。让这些群体采取集体行动又非常困难，需要领袖和明确议程，看来都不会自动出现。外部冲击是使运动成形的关键，譬如，像加菲尔德被暗杀、美国崛起为全球强国的需要、加入世界大战、发生经济大萧条那样的大事件。

第二是与思想有关的认知。对公认的政府失灵，美国典型的应对方法是尽量增加民主参与和透明度。这就是越战和水门事件后那个动荡年代发生在全国范围的事，改革者要求更公开的初选、更多公民起诉的机会、媒体对国会的 24 小时报道。加利福尼亚等州，扩大使用公民投票的机制，以避开反应迟钝的政府。在促成更负责任的政府上，几乎所有这些改革都归于失败。布鲁斯·凯恩认为，原因在于民主大众依据自己的背景和气质，实际上无法作出众多复杂的决策，反而让组织良好但不能代表大众的活跃群体乘虚而入。明显的解决方法是减少那些促进民主化的改革，但还没有人敢于提出，美国真正需要的是较少的参与和透明。

我在第 1 章就表明，本书不会为在此列出的问题建议具体的政策，或短期的解救方案。切实的改革议程必须在长期目标和政治现实之间谋求平衡。制衡体制让利益集团获得不当影响，又无法聚合大多数人利益，简单几项改革是无济于事的。譬如，在总统制中，增加行政权力以避免立法僵局，往往会在解决旧问题的同时创造新难题；铲除专项拨款和加强党纪，实际上可能使立法的广泛妥协更难实现；利用法院来实施行政决策，可能非常低效，但在强大统一的官僚体系出现之前，也许别无选择；除非行政部门的能力得到提升，以及它的官僚体系获得改革，仅向行政部门委以更多自主是毫无意义的。

如果美国改成更为统一的议会制，许多这些问题可以迎刃而解，但对制度结构作出如此激进的改变是不可想象的。美国人视自己宪法为准宗教性的文件，要他们重新考虑最基本信条，将是一场苦战。我认为，任何现实的改革计划，都需要考虑在现存分权体系中削减否决点，或引进加强等级权威的议会式机制。

使决策变得如此艰难的麦迪逊式制衡体制，推迟美国福利国家的开始，还确保它永远都不会走到欧洲的程度。[19] 许多美国人会视之为幸运，因为美国经济避开了欧洲社会政策造成的破坏性规则和阻挠。这也意味着，体制改革——缩减规模，使之更为有效——也变得更为艰难。诸多个否决点好比把沙粒扔进齿轮，既防止了车轴往前转，又阻止了它往后转。

自主和服从

私营和公共部门在治理上的不同；国家能力和官僚体系自
主性成为政府质量的标尺；良好政府需要在专长和民主监
督之间找到适当平衡

有效的现代政府找到了适当平衡，一边是强大能干的国家，另一边是法治和负责制。后者是用来制约国家的，迫使它处处为公民的广泛利益着想。这就是前述的"达到丹麦"的问题。自第三波民主化开始以来，与强大能干的现代国家相比，民主制度传播得更远更快。许多国家因此面临双重任务，一是巩固民主制度，二是投入国家建设。从长远看，这两个过程是相辅相成的，更应该是相互支持的。但在短期内，如我们看到的，彼此又可以是互相抵牾的。

那么，如何获得在行政上很能干的高效国家？许多国际发展机构认识到这类国家的重要性，从而提倡改革糟糕的公共部门。一般期望是，加强国家的最好办法是增加透明度和民主负责制。这种理论假定，如果选民掌握腐败和差劲的官员的信息，就会使用选票力量把他们从职位上赶走。许多改革努力争取减少政府的范围，以减少腐败机会，还试图增加官员必须效仿的规则——如利益冲突的规则。一般相信，消减官员的自由裁量权，腐败也会相应减少。[1]

这些改进公共部门性能的可行措施，与主要是经济学家发明的 507
一套理论体系密切相联。它以所谓的委托人—代理人理论，来理解官僚机构的效能。（我之前在讨论本卷的具体案例时，好几次提及这个理论。）委托人是主要的决策者，发布指示给代理人或代理人的等级制度，后者的功能就是将委托人的愿望付诸实现。这个框架可适用于私人和公共部门：在私营部门，委托人是企业的主人（或上市公司的股东），把权力委任给董事会，再给首席执行官，最后给公司的行政等级制度。在民主国家，委托人是整体人民，通过选举把权力委托给议会、总统或其他正式职位，后者再建立官僚机构，把人民的愿望付诸实现。

一个组织发生功能障碍，被认为是由于代理人中途变卦，改为自己利益着想了。例如，转移资金到自己的银行账户，或以组织的利益为代价来促进自己的事业。这是私人和公共组织的腐败来源。据说，治愈妙方是调整相关的激励，敦促代理人妥善执行委托人的命令。委托人—代理人的理论最终认为，透明和负责才是通向好政府的正道：委托人要求代理人增加行为的透明度，以便予以更好的监督，然后建立激励机制，使之对自己的愿望负责。[2]

在政治领域，这一理论暗示，更多民主应该导致较少的腐败和更好的政府。这似乎很合乎逻辑，腐败或不称职的官员应该无法掩饰自己的行为；如果没有负责制的某种机制，也就不会有改变自己行为的激励。不过也有理由认为，这个理论非常不完整。

首先，它假定普通选民一旦获悉腐败，或公共资源被用于依附式的分配，就会要求以非人格化方式分派好处的纲领性政策。根据民主理论，这理应如此，但它忽略许多社会的选民，特别是在穷国，宁要依附式分配来获得个人便宜。甚至，公民想得到好处，可能就是发明依附主义的最初根由。

其次，增加透明和负责是通向更好官僚体系的必要途径，又与大量史实不符。不少比较干净的现代官僚体系，建成于非民主的情形之中。我们在本书第一部分的官僚体系发展中，看得一清二楚。不少最成功的现代国家是在专制条件下建成的，经常还面对国家安

508

全的严峻威胁。古代中国、普鲁士／德国、现代日本和少数其他国家，都是如此。相比之下，在现代国家巩固之前引入民主，往往会削弱国家质量，典型案例是美国。它在 19 世纪 20 年代民主选举开放后，搞出了依附式的政党政府，又在之后一百年中的大部分时间，背负庇护式官僚体系。这也是希腊和意大利的故事，它们也搞出了复杂的依附式体系，阻碍现代国家行政部门的成长。依附主义在发展中世界的民主国家中普遍存在，损害印度、墨西哥、肯尼亚和菲律宾等政府的质量。

最后，认为公职人员应接受严格规则的约束，上缴行政自由裁量权的想法，恰恰与最常见的对政府的抱怨背道而驰。一般认为，政府太受规则的约束，太僵化，太缺乏常识。现代的噩梦是，官僚机构在作出最小决定之前，仍要求堆积如山的文件。美国公众部门的许多改革尝试，都涉及废除规则，让政府在决策时有更大的自由裁量权。另有人称，良好政府是严格规则的产品，那么我们如何从中作出调和呢？

所有这一切显示，国家建设和民主建设是两回事，在短期内往往有大量的紧张。通向良好政府的可能还有其他途径，事实上，民主在具体情况中可能成为障碍，而不是优点。我们需要更为成熟的公共行政理论，尤其需要格外关注国家行政、法律和民主负责制之间的互动。

国家能力

委托人—代理人框架的大问题是，它视国家能力的存在为理所当然，换句话说，它把管理一个组织定为主要是激励和意志的问题：委托人命令代理人做某事，但代理人并不照办，因为他投机取巧或假公济私。但代理人也可能完全忠诚，积极投入，却仍归于失败，因为缺乏贯彻委托人愿望的知识、能力和技术。

现代政府，除了庞大，还须提供各种复杂的服务。它要预测天气，操作航空母舰，监管金融衍生物，监督药品安全，提供推广农业的服务，应对公共健康的紧急情况，判决复杂的刑事和民事案件，控制货币政策。这些活动都需要高水平的专业知识和教育程度。例如，美联储的成员主要是有博士学位的经济学家，而疾病控制中心的成员都是医生和生物医学研究人员。

需要有技术专家的能力，就是良好政府与民主发生冲突的第一件事。我们知道，安德鲁·杰克逊当总统时的一个断言是，美国政府中没有一份工作是普通美国人无法胜任的。他在自己的官僚机构中雇用大批普通美国人，他们碰巧又是自己的政治支持者。持民粹主义观点的杰克逊之所以当选，部分原因在于民众对哈佛教育出来的精英不信任，以他的对手约翰·亚当斯为代表。这种不信任持续至今。通过《彭德尔顿法》建立任人唯才的官僚体系，就是要在官僚招聘上不受民主政治竞争的影响，要在政府中打造愈益扩大的技术专家的自主领域。

培养政府的技术能力，不只是让官员去上周末的行政培训课，而且要在高等教育体系中作出巨额投资。普鲁士的施泰因—哈登贝格改革，如果没有改革者在同时创建新大学，就不可能有如此的积极作用，如威廉·洪堡（Wilhelm von Humboldt）创建的新柏林大学。英国的诺斯科特—屈维廉改革，也伴以本杰明·乔维特对牛津和剑桥大学的大整顿。19 世纪末，明治寡头的令人印象最深刻的成就之一，就是创建了日本的现代大学网络，让毕业生来充实东京的新官僚体系。

官僚体系的能力以个别官员的人力资本为基础，但政府机构的真正表现还得依赖组织文化，又被叫作社会资本。具有相同的人员配备和资源的两个组织，由于内部凝聚力的不同，会有截然不同的表现。德国国防军在第二次世界大战中证明是非常强悍的战争机器，部分原因就是它以士官为主导培养了高度的凝聚力。军事历史学家

510

马丁·冯·克勒韦尔德（Martin van Creveld）指出，德军的团级部队来自同一地区，训练、打仗和战死都在一起，即使是精疲力竭时的撤退，也是整团一起行动。这培养了强烈的团队认同和强大的战斗力。相比之下，美国体制则不断重组战斗团队，在个人基础上补充伤亡将士的空缺。[3]

文官组织虽没有类似的能力塑造它们的职员，但仍可受益于基于共同规范的强大凝聚力。现代林务局的建立，基于员工同心协力于科学和科学林业。当代日本和韩国的官僚，跟早先英国一样，来自相同的名校，相识于学生时代。他们进入公共服务后，因为所在部委不允许横向进入体系的政治任命，作为一个群体获得晋升，发展出强烈的团队精神。甚至在官僚团结传统十分弱小的美国，也有全心献身于公共服务的卓越部门，如政治学家约翰·迪伊乌里奥（John DiIulio）描述的联邦监狱体系。[4] 所以，官僚体系的能力并不等同于官僚体系中各官员能力的总和，与它拥有的社会资本也大有关系。[5]

最后，国家能力也与资源有关。训练最好最热情的官员，如果收入偏低，或发现自己缺乏完成任务的工具，也不会永远专心致志下去。贫困国家只有运转不佳的政府，这就是原因之一。梅利莎·托马斯（Melissa Thomas）指出，像美国那样的富裕国家，每年花在各种政府服务上的费用达到人均一万七千美元，如果不算外国的捐款，阿富汗政府仅花十七美元。它收到的财政经费，大都浪费在腐败和欺诈上。毫不奇怪，阿富汗中央政府在自己领土上只拥有很少主权。[6]

官僚体系的自主性

国家能力本身并不是政府质量的适当标尺。贯穿本书的恒定主题之一是，如要政府正常运作，官僚体系的自主性很重要。代理人在制定和执行政策时，不管作为个人或组织多么能干，如果没有行使判断的余地，就会表现欠佳。

在古代中国，法家和儒家之间发生长期争辩，所争论内容相当于现代行政律师所谓的"规则与自由裁量权"。[7]法家认为，社会需要明确的法律规则来管理行为，帮助确定百姓的预期，让国家的意图昭然若揭。而儒家发动抨击，理由是成文法不可能在任何情况下都是正确的，妥善的判决需要弄清特定案件的具体情况：谁犯了罪，动机是什么，作出的判决如何影响广大共同体的利益。儒家认为，贤明圣人在充分考虑相关情境后才能作出正确的判断。这种观点类似于亚里士多德在《尼各马可伦理学》（Nicomachean Ethics）中的描述，"拥有伟大灵魂的人"（great-souled man）能作出正确的道德选择。

我们在第24章中看到，实际上的中国法律已演变成法家和儒家学说的混合物。中国的实践始终偏向于自由裁量权，而不是严格规则，反映出中国传统中法治的弱小。但儒家讲得也有道理：严格规则太多，常常妨碍好的决策。

512

官僚体系的自主性恰恰体现在，委托人以何种方式把任务或规则强加于代理人。组织的自主程度取决于委托人任务的数量和类型，或委托人授予代理人的权力程度。完全服从的组织没有独立权力，只像机器人一样自动执行委托人的详细任务。相比之下，自主组织可做出自己决定，无须担心委托人的费心猜疑。

委托人可放手的有各种各样的职责，其中最重要的是人事权。如我们在第1卷看到的，在欧洲建立法治的最重要发展之一是叙任权斗争，天主教取得任命自己神父和主教的能力。在11世纪之前，教会必须从属于神圣罗马皇帝的政治权力，因为后者掌控教会人事，包括教皇的选择。教会作为立法机构的独立性，因此与人事权的掌控紧紧相连。19世纪美国的文官改革，也同样是官僚体系争取在录用和晋升上设定自己的标准，而不是听从庇护式政客。

政治委托人经常颁布重叠乃至相互矛盾的任务。甚至，经常出现多个委托人——具有同等合法性的政治权威——颁布潜在矛盾的任务。例如，国有公用事业经常收到多重任务，包括收回成本、向穷人提供普遍服务、向商业客户提供有效定价。这些任务分别获得政治体制不同部门的推动，显然无法同时实现，因而就会引发官僚体系的功能障碍。准公共部门的美国铁路公司，如果不是承担国会命令的向运输量偏低的乡村提供服务的任务，本来可以成为高效的赚钱铁路。中国经常也有重复的功能性体系，一个通过指挥链向中央部委报告，另一个向省市级政府报告，结果导致政策易变和无效。

高度自主允许官僚机构的创新、实验和冒险。在运行良好的组织，老板发出一般指示，下属找出完成任务的最好方法。高素质的军事组织很清楚，下级军官应有"失败的自由"；如果稍有不慎就会终止自己的职业生涯，无人甘愿冒险。这个洞见已被吸收入美军多兵种合成作战的战地手册（FM100-5）。手册起草者以越南战争为鉴，反思兵种合成学说，将重点从集中指挥和控制，转向更灵活的战斗使命，指挥官只设定广泛目标，把具体执行留给基层的战斗梯队。换句话说，代理人可发挥自主性，即使在创新或试验中遇上失败，也应得到谅解。[8]

缺乏自主性是导致低劣政府的主要原因。全世界人都讨厌官僚机构死守规则、僵化和文牍主义。官僚机构可在操纵规则中获得权力和权威，所以对规则覆盖面的扩大更有兴趣。政治主人在这个过程中，通过颁布名目繁多的大量任务，与其沆瀣一气。要解决这个问题，就要改变命令，允许官僚机构有更大自主性。

另一方面，官僚机构可能会有太多自主性。我已举过现代史上或许最臭名昭著的两个案例，即第一次世界大战和第二次世界大战之前的德国和日本的军事官僚体系。在这两个案例中，自主的强大传统导致优质的军事组织，又使之篡夺作为名义上委托人的政治领袖的决策权。德国海军和总参谋部在 20 世纪初拉拢皇帝，订出最

513

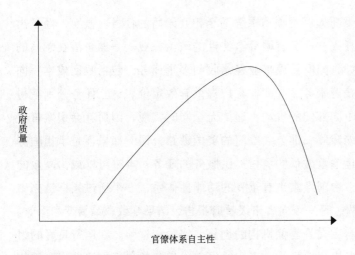

政府
质量

官僚体系自主性

图25. 官僚体系自主性和政府质量

终与英国和法国发生冲突的外交政策。日本关东军在满洲直接发动
对中国的侵略，最终在事实上接管日本的政治权力，只是没挂名而
已。在不至于如此极端的情形中，紧密结合和高度自主的官僚体系
也可顽强抵制政治指令，倾向于近亲繁殖、抗拒改变、对社会需求
反应迟钝。

　　讽刺的是，过多规则有时不会减少官僚体系的自主性，反而会 ₅₁₄
加强，只是朝着非常不健康的方向。官僚体系的繁文缛节往往如此
复杂，令人麻木，以致无人能查出规则的遵守程度。这让官僚可以
自行决定到底要执行何种规则，因为只有他们才能在体系中得心应
手。印度的官僚机构经常有如此名声，既受规则约束，同时又武断
随意。

　　如图 25 显示的，需要适当的自主性来造就优质政府。在完全
服从的一端，官僚机构没有自由裁量权或独立判断，完全受政治委
托人的规则的约束。在水平轴的另一端，治理结果也非常糟糕，因

为完全自主的官僚机构逃脱所有的政治控制，自行设定的不仅是内部程序，而且是目标本身。曲线的转折点偏向右侧是因为人们普遍认为，过度的微观式管理通常比过度的自主性更糟。

　　能力和自主性之间互相影响。如要控制代理人的行为，既可通过明确的正式规则和激励，又可通过非正式的规范和习惯，后者涉及的交易成本要低得多。许多高技能的专业人才基本上在自我监管，因为外人很难判断他们的工作质量。官僚机构的能力越高，理应得到更多的自主性。在判断政府质量时，我们需要知道官僚机构的能力和自主性。

　　在能力上升的基础上给予员工更大自主性，已出现于许多私营部门的工作场所。20 世纪早期的经典汽车厂，如亨利·福特的高地公园工厂，所用的都是技能非常低的蓝领工人。在 1915 年，底特律的大多数汽车工人是新移民，一半不会说英语，平均教育水平略略超过小学水平。"泰勒制"（Taylorism）正是在这种条件下发展出来的。科学管理让组织的智识部门占据等级制度的最高层。白领经理颁发详细的规则，告诉蓝领工人在何处站立、如何操作机器和上厕所的次数。这种低信任的工作场所，不允许底层组织行使自主的判断。

　　这种工作环境已被比较扁平的组织形式所取代。丰田汽车率先推出的精简制造厂，把相当多的自由裁量权委托给装配线工人，鼓励他们互相讨论，以改进合作。在依靠受过良好教育的职业人的公司，自主性的程度甚至会更高。律师事务所、建筑师公司、研究实验室、软件企业、大学和类似组织，不可能依泰勒式的风格组织起来。在这样的组织中，经理对高教育水平的"打工皇帝"行使名义上的权威，实际上对工作的了解还不如底层工人。在这种扁平组织中，代理人并不只是接受委托人的权威，还经常参与目标的设定，可利用自己的专长来控制委托人。与泰勒式相比，这些组织无疑需要更多的信任。

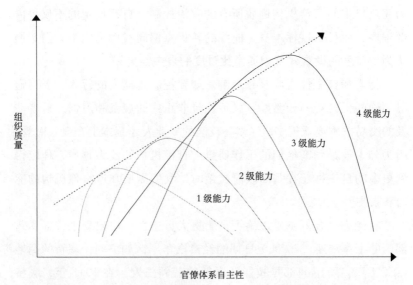

图26. 不同能力下的最佳自主性水平

　　自主性的最佳水平从而依赖于组织能力。图 26 显示最佳自主性的曲线，在四个不同能力的假想组织中。每个组织的曲线在左右的极端位置都向下跌，因为每个官僚体系都能有过多或过少的自主性。转折点在低能力的组织偏向左侧，在高能力的组织偏向右侧。20 世纪早期的福特汽车厂属于 1 级组织，而像谷歌那样的高科技公司属于 4 级组织。

　　适用于私营部门的东西，同样也适用于构成国家的公共部门。随着社会变得富裕，发展出能力更大的政府，就可给予更大的自主性。图 25 显示的最佳自主性移到右侧，仅适用于能力高的国家。在能力非常低的国家，结果恰恰相反，要以更多而不是更少的规则，来限制政府官员的行为，因为不能相信他们能运用良好判断力，或克制自己不参与腐败。另一方面，如果一个发展中国家的某机构有不少成员毕业于国际认可的学校，都是研究生水平的职业人才而不

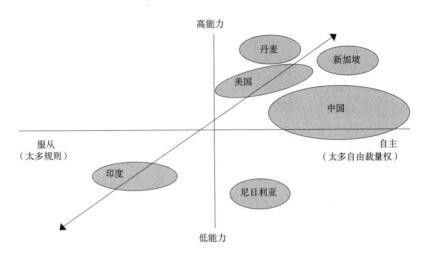

图27. 自主性和能力

是政治亲信，那么让它拥有高度自主性，人们不但会感到安全，而且还要减少规则的约束，以鼓励它的独立判断力和创新行为。

　　如果我们以国家能力和官僚体系的自主性为标准，在矩阵中列出不同国家（见图 27），就可比较国家制度的整体素质。每个国家实际上是不同政府机构的组合，各有不同的能力和自主性，所以被绘成椭圆形，而不是一个单点。包含一连串转折点的对角线来自图 26，代表根据能力得出的最佳自主性。所有组织都应增加能力（提高在垂直轴上的位置），但这涉及昂贵的长期投资。在短期内，它们的战略目标应该是尽可能向水平轴靠拢。

　　如图 27 显示的，没有单一公式可让政府表现更好。通向更佳表现的途径，取决于国家在矩阵中所处的位置。事实上，甚至在同一个国家内也会有不同途径，因为组成政府的许多官僚机构会有不同的能力和自主性。

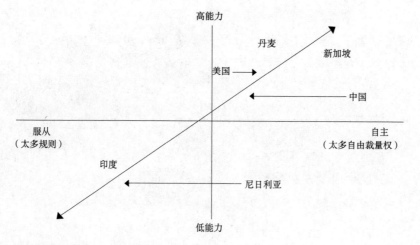

图28. 改革途径

　　这个框架解释了，为何有的国家需要减少自由裁量权，强加更多的规则，而其他的却要采取恰恰相反的措施。罗伯特·克利特加德（Robert Klitgaard）在《控制腐败》（*Controlling Corruption*）一书中发明了一个公式：

　　　　腐败＝自由裁量权－负责制。

　　世界银行等国际发展机构，因此一直在敦促低能力穷国减少自由裁量权（向政府官员施加更多规则），提高运作的透明度，建立扩大民主负责制的机制。对低能力的穷国来说，这个建议大体上是正确的。更多的媒体监督和民主选举，可能不是对付腐败的灵丹妙药，但至少可提供激励，让政客和官员改善自己的行为。但它不是普遍规则，不一定适用于高能力的富国。在许多情况下，增加自由裁量权和放松规则，才是保证政府效率的最好方法。

　　提高政府表现的途径因具体情况而异，即使在同一政府内，不同部门也可能需要不同对策：军购可能需要减少繁琐的文牍过程，而银行和特别检察官可能在滑向危险的不负责任。分析这些问题需要背景知识，加以解决更是如此。 519

民主负责制

民主选民如何给予政府适当的自由裁量权，同时又掌控官僚体系必须遵循的政策和目标？不管它的暗示如何，官僚体系的自主性并不意味着，因为"专家"比公众更清楚公众的需求，所以就要把决策权移交给"专家"。让我们重返军事的案例，自主的排长不会参与大型战略的权衡，那是将军的功能。在民主国家，人民就是最终的将军。

民主负责制在政治体制的正常运作中至关重要，因为它是权威（合法行使权力）的最终基础。历史上有许多先例，可强制百姓遵守国家的意愿。如果权力转换成权威，政府就会有更好表现，公民自愿遵守法律和政策，因为他们相信体制的根本合法性。

在本书第 1 卷，合法性的重要性在 1688—1689 年光荣革命之后的英国和法国对比中，可以看到清晰的说明。英国建立了"无代表不纳税"的原则，这意味着，国家只能征收议会批准的税款。其时的议会成员，都是英国最富有的纳税人。在 1689 年后的几十年中，英国政府的税收百分比和公共债务的公认安全性一路飙升。相比之下，法国有更为强制的税收体系，允许富人得到豁免，经常需要调动军队向心有不甘的农民榨取税款。法国作为 GDP 百分比的税收只是英国的一小部分，结果导致公共财政在 18 世纪的崩溃。英国仅有较小的资源基础，却能在直至法国大革命前夕的一系列战争中击败法国。

公认的合法性对政府效率非常重要，因为政府一直依靠非国家 520
参与者来帮助达到公共目的。许多人相信，国家外包给私人部门、公私合作、在提供社会服务上依赖信教群体，只是 20 世纪后期的创新，但公私合作有悠久的历史。在欧洲，从人口登记到慈善济贫的社会服务，传统上都是教会提供的，只是在 20 世纪才变成国家功能。英国和荷兰的殖民主义是半私人组织推行的，它们各自的东印度公司都与政府平行运作。施泰因·林根（Stein Ringen）指出，1961 年后执政的韩国军事政府，在很大程度上依赖民间组织来推广政策，不仅有三星和现代那样的大公司，而且有形形色色的私人自愿协会。[9]

随着人口日益富裕、接受更多教育、凭借技术又获得更多信息，执政变得越来越困难。一旦人们发现可以独立思考，获悉政府都不知道的事，就不会轻易服从仅仅是官方发布的法令。在过去四十年中，以中产阶级崛起为表征的广泛社会动员，导致正式的民主政体在世界上扩展开来。但是它也对民主制国家提出挑战，民主国家被认为与现实脱节，还对自己公民的需求反应迟钝。

像自由公正的选举那样的正式程序，就是为争取民主负责制而设计的。但选举本身并不能保证，政府会交出真正顺应民意的实质性政绩。选举和选民有可能受操纵，根深蒂固的政党可能无法向选民提供足够的选择，政治参与的程度可能太低。还有一个信息问题：我每隔几年的投票，可能表示对党或政府的政策的批准与否，但真正关心的却是影响自己生意的某条规则，或孩子在公立学校遇不到好老师。在理论上，负责制的途径从选民延伸至政府，再通过官僚体系回到公民。但这条路线太长，在沟通选择的过程中，经常会在大量噪音中失去信号。

旨在解决这些问题的正规程序已经存在，让政府更加回应民意。521
最明显的是缩短负责制的途径，下放权力到尽可能低的层次，使之直接回应民意。这个方法自建国之父的时代以来，就被收罗在联邦制（欧洲称之为辅助性原则）的标题之下。另一种方法是让政府各分支相互平衡，利用司法部门来迫使行政部门回应公众的要求。在欧洲民法体系中，早已有分级的行政法院，允许公民对政府提出起诉。我曾提及，美国体制向私人公民提供起诉机构的权利，要求机构执法，或停止执法。最后还有另外的机制，如具里程碑意义1946年《行政程序法》，迫使联邦机构公布规则的修改，以征求相关的意见。在地方层次增加民主参与的类似过程，也在世界上迅速扩散，如巴西率先的参与式预算（participatory budgeting）。

　　许多这样的方法确实产生了所标榜的效果，迫使政府变得更加敏感。但所有正式程序都倾向于叠床架屋，随着时间的推移，体系内的强大参与者又从中投机取巧。联邦制没有真正下放权力，经常是政府的层层复制。去中心化实质上就是把权力移交给地方精英，尤其在穷国。我已说过，对抗性法条主义影响了美国公共行政的质量。《行政程序法》的公告和意见的规定，多年来已演变成没有意义的过场，发布预期意见的，都是拿高薪的说客和强大的利益集团。

　　所有这些正规程序都是为了加强负责制，以及决策的民主合法性。但它们也增添了规则，强加高昂的交易成本，拖延政府的行动。这些程序的累积影响，往往是剥夺行政机构的自主性，使之无法有效完成任务。太多的透明度能够且已经削弱了审议的展开，如美国国会中的情形。如果负责制的要求变成党派政治斗争中的又一利器，就不会达到原先的目的。发明正式机制，每时每刻进行监测，并对表现不佳施以惩罚，这往往会造成政治学家简·曼斯布里奇（Jane Mansbridge）所谓的"基于制裁的负责制"，即出于恐惧而不是忠诚的现代版的泰勒制。这种体制的理念是，如果没有周到的外部监督，工人是靠不住的。对接受监督的工人来说，这是扼杀冒险和创新的绝佳之法。这些程序旨在提高负责制和合法性，最终却适得其反，使政府更加低效，更加削弱了它的合法性。

平衡

改进民主负责制的答案，不一定是正式机制的扩展或政府的绝对透明。儒家认为，没有一套规则能在任何情况下都产生良好效果，这是正确的。为了使政治体制妥善运转，需要有一种无形因素，即信任。公民必须相信，政府在大部分时间都能做出反映公民利益的正确决定，而政府必须通过积极回应和兑现承诺来赢得信任。享有适当自主性的官僚机构，并不隔绝于公民，而是如彼得·埃文斯（Peter Evans）所说的那样"嵌入"社会，随时回应社会的要求。这构成高水平的平衡，对政府的信任，导致有效的政府，反过来又加强各方面的信任。

相反的是低水平的平衡，低质量的政府让公民生出不信任，不愿向国家提供服从，以及政府有效运作所必需的资源。由于缺乏适当的权威，政府转而使用威逼来获得服从。政治体制从高水平平衡掉到低水平平衡比较容易，这么多低水平平衡盛行于世界各地，原因也许就在于此。也有可能，随着公民期望和诉求的日益增加，全部政府都在走向低水平平衡。

这种情况如要找到出路，还是与有效政府的上述两个特点有关：能力和自主性。政府需要人力和财政的资源，再加上组织资本，才能做好本职工作。民主国家委托人向官僚体系代理人移交权力，需 523
要授予与现存能力相匹配的自主性。现存政府完成这种移交，不是在一夜之间，通常在政治斗争中逐渐发生。达到丹麦所以是非常长远的目标。

第36章

政治秩序和政治衰败

> 政治发展和生物进化；政治发展与发展其他方面的关系；
> 国际影响的重要性；达到现代国家；政治发展中暴力的作
> 用；自由民主制是普遍的发展前景吗？

我用两卷书的篇幅追溯了政治制度在历史上的起源、演变和衰败。

政治发展在许多方面与生物进化相似。生物进化以变异和选择两个原则的互动为基础，政治也是如此：由于相互竞争以及与物质环境的互动，政治制度的性质会有变异；随着时间的推移，某些制度生存下来，其他的证明不再适宜。恰如某些物种无法适应环境变化，制度也会变得无法适应，就此产生政治衰败。

生物进化的变异是随机的，但人类在制度设计上能发挥一定程度的能动性。确实，如哈耶克等学者所说，人类仅凭事前了解的见识，永远都不会有足够的知识或智慧，来预测自己制度或政策的效果。[1] 人类发挥能动性不是一蹴而就的，而是在反复过程中，先从错误中吸取教训，再采取措施予以纠正。德意志联邦共和国在1949年通过的宪法，与魏玛共和国宪法有重大不同，这恰恰是德国人了汲取20世纪30年代民主失败的教训。

生物进化分为特别进化和普遍进化两种过程。在特别进化中，生物为了适应特定的环境，特性发生变异。这会产生新物种，著名的达尔文雀就是适应微观具体环境的结果。在普遍进化中，由于要解决类似问题，不同物种出现相似的进化。例如，像眼睛那样的感觉器官，在不同物种上演变出来。

人类也是如此。第一个行为意义上的现代人类小群体约在五万年前走出非洲，来到中东，开始出现变异，这种变异在一定程度是基因上的，但更剧烈的变异是文化上的，巴别塔的圣经故事确有真实先例。人类迁徙到欧洲、东南亚、南亚、大洋洲乃至美洲，在各种各样的生态处境中安顿下来，语言和文化习俗开始发生变异。同时发生的还有普遍的政治进化，多元文化的人类必须解决类似的问题，即使互相之间只有很少接触，或根本就没有接触，却设想出并行的对策。

我曾经描述过世界上不同社会的政治制度的主要变迁：

- 从族团层次的社会到部落层次的社会
- 从部落层次的社会到国家层次的社会
- 从家族制国家到现代国家
- 独立法律体系的发展
- 正式负责制的出现

这些政治变迁在具有非常不同的文化规范的社会中独立发生。分支世系制——部落制——在人类发展的某阶段几乎出现于世界上所有地区，都以追溯共同祖先的原则为基础，并且所有这类社会都靠宗教信仰来维持，认为死去的祖先和未出生的后代都拥有神奇力量。尽管作为人类学看家吃饭基础的亲戚组织，在地理上分隔的社会中会有细微差异，但部落社会的基本结构都非常相似。

同样，在大致相同的历史阶段，国家开始出现于美索不达米亚、中国、埃及和墨西哥，具有非常类似的政治结构。它们是比较庞大和富裕的社会，能召集足够的军事力量来抗衡组织较差的竞争对手，以维持自己的独立。要做到这一点，就不能再让亲戚关系作为政治组织的主要原则，要代之以非人格化规则。不同社会以不同方法来应对这个难题，从发明官僚国家的中国，到阿拉伯和奥斯曼的军事奴隶制，再到破坏亲戚关系、代之以封建合同的基督教西方。最后在古代以色列、基督教西方、印度和伊斯兰世界，独立的法律体系以宗教法律的形式获得发展。掌管这些体系的是以等级制度组织起来的教士，至少在名义上享有对世俗统治者的权威。从一个文化到另一个文化，这些法律的内容有很大不同，制度化的程度和性质也有很大差异。但在所有这些社会中，法律的基本结构都是相同的，作为一套共同体规则，来约束持有胁迫手段的主权统治者。法律监督家庭生活、继承和财产，还在不受国家干涉的领域中帮助解决争端。唯一没有在这个意义上发展出法治的世界主要文明是中国，很大程度上是因为，它从未发展出可让法律赖以为基础的超越宗教。

　　这些变迁并没有在所有的人类社会中发生。仍有少数族团层次的社会，幸存于像卡拉哈里沙漠和北极那样的边远环境，还有不少部落层次的社会散布在山地、沙漠和丛林地区。政治组织的一个层次永远不会被另外一个完全取代。所以在中国、印度和中东地区，尽管国家的发明已经很久，分支世系制继续存在。只有在西欧，在现代国家的出现之前，社会层次的分支世系制大体上业已销声匿迹。在其他社会，国家的政治权力只是覆盖在既有的宗族结构上，一旦国家权力减弱，宗族权力又会复活。在中东地区，部落制仍然强大，在权威上是国家的对手。

　　在自然选择中，个体彼此竞争，最能适应环境的得以生存下来，即物竞天择。达尔文又描述第二个进化过程，即性选择，有时与第一个进化过程发生矛盾。雄性为争夺雌性常常发展出某种特征（如雄鹿的鹿角），标志自己在物种内的生殖优势。与其他物种相比，这些特征不一定适应环境，一旦有新天敌加入，反而成为累赘。在受保护环境中驱动特别进化的往往是性选择，而不是自然选择，让

527

同一物种的雄性相互厮杀，以决胜负。

经济学家罗伯特·弗兰克指出，性选择在政治上也有对应物。不是每一个政治或社会制度的产生，都是群体为生存下去的无情斗争的产物。现存制度可把竞争行为，引向替代性的场合。所以，富裕的对冲基金经理，无须通过膂力过人和刀棍来与人竞争，只需凭借自己的投资金额或艺术收藏。弗兰克指出，这些竞争大都涉及相对地位，有零和性质。换句话说，消费的价值只在于引人注目，导致无法取胜的炫富比赛。意大利文艺复兴时期的小诸侯，竞相成为艺术庇护人；这些投资对后代来说很有价值，但在抵抗强大外敌（西班牙和法国的国王）的军事斗争中就于事无补。[2]

发展的各个方面

本卷涵盖的阶段，以工业革命发轫于欧洲和美国，以及由此成为可能的持续经济高增长为标志。相比之下，第 1 卷描述的欧洲、中国、印度和中东地区的农业社会，仍处在马尔萨斯的经济世界，掠夺仍是经济上合理的活动模式。技术革新也有发生，但速度太慢，以致人均产量的增加很快因人口增长而抵消。生产性投资机会不多，一个群体组织起来，榨取另个一群体的农业剩余，构成全部的政治活动。这个体系允许精英创造辉煌的文化和享受奢侈的生活方式，却让人口绝大部分的农民备尝辛苦，回馈给非精英的主要好处，是某种程度的安全和政治和平。

这个好处并不简单。在那个时代，由于饥荒、疾病、战争和侵略带来的屠杀，人口可以一下子减少一半或四分之三，主权统治者的和平保障是关键的公共物品。这个体系的稳定可持续许多世纪，因为精英和非精英在组织能力上的悬殊会自我强化。农民起义周期性爆发于农业社会，包括中国、土耳其、法国和德国，但总受到遏制，通常还遇上地主精英的野蛮镇压。支撑这些体系的统治思想认为，人类分为不同地位的群体或种姓是完全正当的，极不鼓励社会流动。

这种低增长和零和性质的世界经济，实际上适合描述当今许多极其贫穷的发展中国家的情形。从理论上讲，像塞拉利昂和阿富汗那样的国家，通过适当投资，有可能变成像韩国那样的工业强国。但从实际出发，这些国家缺乏强有力的制度，这个转变的可能性根本不存在。那里能干的年轻人如想发财致富，与其开创自己的生意，不如进入政治，组织民兵，或以其他方式来攫取资源财富。

如我们看到的，19 世纪开始的工业化打破了农业社会的平衡。技术革新促成的生产力增长，驱动持续的经济高增长，并在社会舞台上以戏剧性方式重新洗牌。前几个世纪在政治上不活跃的农民，搬到城市或其他制造业中心，被改造成产业工人阶级。城市居民获得更好教育，成为新兴中产阶级。如亚当·斯密解释的，以水路为中心的交通和通讯技术的改善，在 17 世纪和 18 世纪显著扩大了市场规模。这有助于大规模的劳动分工，成为英国、比利时、德国和法国社会变化的主要动力。20 世纪后期，这个过程也在东亚地区开始，至今仍在 21 世纪初的中国继续。

本书第 2 章描述的发展模式显示，快速的社会动员促进政治参与的诉求，三个重要的政治制度——国家、法治和负责制——都在 529 承受压力。这是关键的时刻，农业秩序的政治制度要么调整，以适应参与的诉求，要么发生衰败（见图 29）。像大地主那样的旧社会群体，以及与之结盟的国家部门（如军队），会试图压制参与诉求。新社会群体强行进入政治体系的能力，反过来取决于自己的组织程度。这在欧洲和美国有两个阶段，先是工会的发展，再是代表其利益的新政党的兴起。如果这些政党为扩大的政治体系所接纳，这个体系会保持稳定；如果这些需求受到压制，就会发生实质性的政治不稳定。

这些斗争的结果高度依赖具体情境，从来不是由结构性因素单

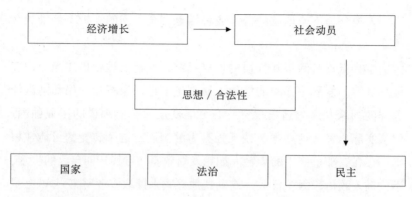

图29. 发展的各个方面

独决定的。在英国，旧农业精英通过联姻，在不知不觉中与新资产阶级融合起来，或在经济地位下降的情形下，设法找到维持自己政治地位的新途径。在普鲁士、阿根廷和其他拉丁美洲国家，他们与国家结盟，使用专制权力来压制新兴参与者。在当代中国，国家一直在寻求对这一过程的阻止，不允许有利于集体行动的独立工会，同时保持较高水平的就业增长，以维持工人的满意程度。

在意大利、希腊和 19 世纪的美国，以及在印度、巴西和墨西哥等当代发展中国家，传统政党将新社会参与者吸收进依附式政治机器，部分冲淡了阶级矛盾。这些政治机器在满足政治参与的需求上非常有效，从而促成整个体系的稳定。另一方面，依附主义鼓励政治阶级的公然腐败，阻止对纲领性政策的追求。对进入体系的新社会群体来说，纲领性政策才更为有利。

图 29 的次序代表西欧、北美和东亚一部分国家走向现代化的经典途径，但不是唯一途径。在通常情况下，没有持续的经济增长 530 也会发生社会动员，这种现象被称作"没有发展的现代化"（见图 30）。在这种情况下，促使社会变化的不是新工业工作的拉动，而是贫困乡村的驱赶。农民涌向城市，因为那里似乎会提供更多的选

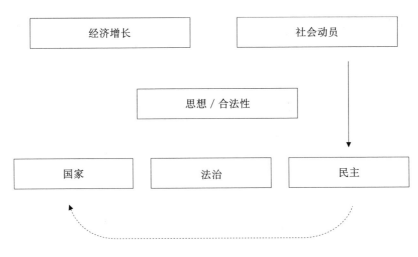

图30. 没有发展的现代化

择和机会，但他们不用面对劳动分工不断扩大的严峻压力，如经典工业化的情形。礼俗社会没有被改造成法理社会，只是简单植入城市——亲戚群体和乡村原封不动地搬入城市贫民窟，在极其边缘化的经济状况中，保留乡村社会的组织和价值。这就是发生于希腊和意大利南部的现代化，也发生于无数发展中国家，包括印度次大陆、拉丁美洲、中东和撒哈拉以南非洲，那里出现庞大的城市，却没有充满活力的资本主义经济。

　　没有发展的现代化，出现于东亚以外的许多发展中国家。它不同于经由工业化的经典现代化途径，从而带来重大的政治后果。它既会破坏不愿提供政治参与的传统政治体系——亨廷顿政治衰败的经典情况——又会导致稳定的依附式体系，以及以租金分配为中心的精英联盟。如果资本主义工业没有蓬勃发展，劳动分工不够广泛，所涌现出的社会群体就会不同于 19 世纪欧洲：没有大批中产阶级新兴群体、受教育程度较高的职业人和强大的工业无产阶级，只有

庞大且无定形的城市化穷人群体，在非正规部门勉强谋生。如果有
资本和市场，其中很多人都会成为创业者。当代的小额信贷业和产
权运动，目的就是要为穷人提供此类工具。[3] 从非正规部门到创造
工作的真正工业，没有一目了然的途径。依附主义在这种条件下蓬
勃发展，因为政客提供的个别好处和公共部门创造租金的能力，与
私营部门相比，往往是谋求经济安全的更有效捷径。政治重点是在
租金分配上的零和博弈，而不是有关纲领性政策的争论。如图 30
中虚线所示的，这种依附主义给公共部门改革和国家能力提升带来
很大障碍。

合法性思想是发展的一个独立方面，对政治制度的发展有很大
影响，主要涉及社会动员的性质。认同政治——以民族主义、种族
或宗教为基础——经常压倒阶级政治，或充当阶级的替代品，成为
社会动员的号召。这发生于 19 世纪的欧洲，当时工人更易受民族
主义而不是自己的工人地位的鼓动。这也发生于当代中东，宗教变
成功能强大的动员工具，让政治议程的关心从经济政策转到伊斯兰
教法和妇女地位。在肯尼亚和尼日利亚，它们的政治沦为争夺租金
的种族斗争。这并不是自然或必然的结果，如印尼和坦桑尼亚的案
例显示的，它们的政治领袖制定民族认同的替代性概念，以冲淡种
族差异。

好事并不总是扎堆

政治秩序的三个组成部分——国家、法治和负责制——构成现
代自由民主制，在许多方面又是互补的。为了实现有效和非人格化，
国家需要借助法律来实施统治。最成功的专制政权是那些拥有依法
治理而非法治的国家。譬如，中华帝国通过官僚体系统治广袤的领
土和众多的人口，普鲁士的法治国建立清晰产权，为德国的经济发
展奠定基础。无论通过民主选举的正式负责制，还是通过政府回应

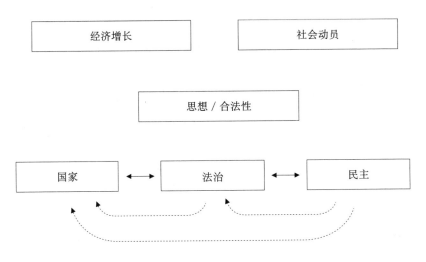

图31. 政治发展中的相得益彰和紧张

民众需求的非正式负责制，对国家的良好运行，都是至关重要的。国家都在集中和使用权力，如果行使合法权威，赢得公民的自愿遵守，就会变得更有效、更稳定。当政府不再愿意承担责任时，就会招致消极的不服从、抗议、暴力乃至极端情况中的革命。当自由民主制运行良好时，国家、法治和负责制相互加强，相得益彰。（见图 31）

　　但政治秩序的三大组件之间长期存在紧张。国家建设的需要和民主相互发生碰撞的案例，我们已看到很多。高效的现代国家建立在技术专长、能力和自主性之上，所以能在威权条件下得以实现，包括普鲁士、明治时代的日本和今天的新加坡和中国。另一方面，民主作为对普遍民意的普遍反映，要求对国家实施政治控制，也要求越来越多的参与。对国家追求的政治目标来说，这种控制既是必要的，又是合法的。但政治控制有时会引发过于琐碎乃至矛盾的任务，往往还把国家当作租金和就业的来源。依附主义之所以会在年轻的民主国家出现，恰恰是因为，设法动员支持者的民主政客，把

533

国家及其资源当作有用的分配储备。美国在初期遭到民主政客的攫取和控制，至今又因利益集团对国会的影响而走向家族制复辟。同样过程也发生于发展中世界的无数民主国家。

高质量国家和法治之间也有紧张。有效国家通过法律实施治理，但在行使行政自由裁量权时，又会遇上正式法律的羁绊。这种紧张是中国古人非常清楚的，法家与儒家的争论表明了这一点。同样，现代行政法中规则与自由裁量权之争也是这种紧张的表现。规则需要明确和非人格化，但每一个法律体系都会调整规则的应用，以适应特定环境。检察官在何时以及如何起诉被告时，允许行使自由裁量权；法官在量刑时，也在行使自由裁量权。最好的官僚体系享有自主性，在决策时作出判断，承担风险，勇于创新。最糟的官僚体系，只机械性地履行他人编出的详细规则。有的官员盲目遵守规则，不愿使用自己的常识，让普通公民哭笑不得。政策制定者有时需要承担风险，尝试前人没做过的事；过度尊重规则往往导致寸步难行，只会强化政府的现状。

法治和民主负责制之间也有长期紧张。法治的存在，就是要制约所有公民，包括民主多数派。在许多民主国家，多数派安于违反个人和少数派的权利，发现法律规则反而成了达到自己目标的障碍。另一方面，法律本身的终极合法性，取决于它反映广大共同体的正义规范的程度。此外，法律的执行还得依靠政府司法部门的员工。这些人各有自己的信仰和意见，可能与广大公众的意愿有悖。司法激进主义，像软弱或政治上顺从的司法部门一样，能造成同样大的危险。

最后，民主本身也有紧张。努力提高民主参与和透明度，实际上可能在降低整个体系的民主代表性。生活在民主国家的广大群众，根据自己的背景或气质，根本无法作出复杂的公共决策，却被要求一再参与选举和公投。这个过程往往被组织良好的利益集团所操纵，以追求自己的狭隘目的。

534

政治秩序的不同组件之间的紧张意味着，好事扎堆并非易事。良好的自由民主制，在三个组件之间拥有某种平衡。国家、法治和负责制都会阻碍彼此的发展。所以说，引进不同制度的先后次序至关重要。

国际方面

至此，我描绘的是发展的六个方面在封闭体系的单一社会中的互动。但事情的真实情况是，其中每一方面都在很大程度上受国际的影响，最明显的就是有关合法性的思想。在工业革命之前，思想就从一个社会传播到另一个社会——乃至从一个文明到传播到另一个文明——实际上往往是社会变化的主要中介。作为意识形态的伊斯兰教，将阿拉伯半岛上边缘化的落后部落转变成世界大国，一直蔓延到东南亚。中国的儒家思想流传到邻近的日本、韩国和越南，无须凭借入侵和占领，就在那里创建起中国式制度。佛教从印度越过边界进入东南亚和东亚地区，往往在那里变成类似于国教的信仰，在本国却未能如此。当然，随着现代通信技术的发展，思想的传播会变得更加激烈。在民族主义作为组织原则的兴起和蔓延上，书籍和报纸功不可没。多亏无线电台、电视、互联网和社交媒体等电子技术，自由主义、马克思主义、法西斯主义、伊斯兰教和民主思想，在20世纪轻易跨越国界。如果柏林墙倒塌的图像没在世界上广为传播，很难想象撒哈拉以南非洲在20世纪90年代初的民主转型。在阿拉伯之春期间，半岛电视台、推特和脸书都有助于促成反专制政权的抗议，所发挥的作用不亚于国内原因。在21世纪初，民主真正变得全球化了。

不幸的是，让制度跨越国界的许多机制没有那么温和：征服、占领、往往还有对土著人口的奴役或消灭。即使是最高压的殖民列强也发现，无法在不同地方随意复制自己的制度：地理、气候、当地人口和本土制度都在互动，以创建不同于宗主国的新形式。

移植制度的最成功案例，是在殖民列强大量移民的人口稀少地区。在北美、澳大利亚、阿根廷、智利和南非的部分地区，殖民列强遇到的狩猎采集者和游牧种族没有国家层次的社会，仅有少数例外。征服往往是长期、痛苦和血腥的，到最后，本土政治制度几乎都销声匿迹。在秘鲁和墨西哥，西班牙遇上人口密集的国家层次的社会。但印加和阿兹特克的国家制度既不悠久也不纯熟，在征服和疾病的压力下迅速瓦解，甚至快过北美和南美的部落社会。西班牙的征服地成了殖民定居地，不过它的克里奥尔人口大大少于其统治和与之通婚的原住民。植入拉丁美洲的制度类似于当时西班牙和葡萄牙的，无论是秘鲁和墨西哥的重商主义，还是阿根廷的自由主义。

536

定居者政权从来没有简单复制宗主国的制度，因为移民面临的当地条件往往明显不同于自己家乡。特别进化导致差异极大的结果。所以，在塑造拉丁美洲、加勒比海和美国南部的奴隶社会上，气候和地理发挥了重要作用。它加强了从欧洲进口的等级制度和威权政府的传统，更在美国南部扭转了美国其他地区日益走向社会平等的趋势。

在世界上没有欧洲人广泛定居的地方，既有制度的性质在塑造最终出现的政治秩序上发挥了关键作用。撒哈拉以南非洲和东亚，分列这个光谱表的两端。在殖民列强来到之前，前者的许多地区没有国家层次的强大制度，而仅有的国家层次社会，在国家功能范围和力量上尚未获得高度发展。疾病以及经济机会的缺乏，阻止了欧洲人在非洲大量定居（除了南非）。之后，殖民列强又觉得，不值得花费巨大投入在这里复制自己的制度。欧洲在非洲的短暂殖民主义，成功破坏了当地的传统制度，却没有植入更现代的制度。

相比之下，中国、日本和韩国已有国家传统，在某些情况下，比欧洲更为悠久、更为深厚，因此而在抵抗征服和殖民上获得更大成功。列强 19 世纪力图殖民或吞并这些国家的领土，或遭遇失败，

或受到逆转，如中国1997年收回香港的主权。与西方遭遇后，东 537
亚的传统政权都分崩瓦解，到最后，再以本土的政治传统为基础，
重建了强大国家的新制度。新兴国家深受西方思想的影响：统治中
国的政权宣称以马克思列宁主义为宗旨，日本和韩国拥有西式的自
由民主制。东亚在非常大的程度上借鉴了西方的实践：中国鼓吹有
自己的行政模式，但它的法律体系和微观层次的制度，都深受西方
和国际惯例的影响。但东亚主要国家的重建，都以官僚体系为内核；
这个内核源自他们自身的历史经验，而不是靠西方国家的出口。

暴力和政治发展

人类的悲剧之一在于，暴力在政治发展过程中是不可或缺的，
特别在现代国家的创建之中。人类为了合作而竞争，又为了竞争而
合作。合作与竞争不是二选一的方法，而是同一枚硬币的正反两面。
而且竞争频频采取暴力的形式。

不幸的是，我们没有早期过渡的历史记录，无论是从族团层次
到部落层次，还是从部落层次到原始国家层次，只能推测当初的激
励因素。要想转变为大规模社会，当然要依赖技术革新及其允许的
经济盈余，外加物质环境提供的便利，但经济刺激似乎还不足以促
成这些转变。恰如今天发展中国家的农民，经常拒绝提高生产力的
技术，早期社会往往也会受制于制度性局限，或是生产方式的僵化，
或是阻挠变化的社会组织的僵化。

考古记录显示，是军事竞争作为动力诱发了重大的转变，使人
类政治制度的水平从族团经部落、国家一直转变到现代国家。只有
暴力威胁，才能创造对政治组织新形式的强烈需求，以确保社会的
存活。蒂利的假说"战争创造国家，国家发动战争"，指的是早期 538
现代欧洲的国家形成。但中国古代就已有了现代式国家，推动其形
成的也是军事竞争。当历史记录出现于中国古代周朝时，暴力赫然

就是国家建设和国家现代化的源头。正如我们看到的，军事竞争发挥了至关重要的作用，迫使法国、普鲁士和日本在专制条件下建立起现代官僚制。英国在克里米亚战争中的军事失败，在诺斯科特—屈维廉改革中发挥了重要作用。国家功能范围在美国的大规模扩张，都以国家安全的名义，发生于两次世界大战、冷战和所谓的反恐战争。反过来，拉丁美洲国家间战争的罕见，正是当地国家相对软弱的原因之一。

暴力在创造政治秩序上的作用似乎是矛盾的，因为政治秩序的存在首先就是为了克服暴力。但没有一个政治秩序曾永久地消除暴力，只是将暴力的组织层次推到更高水平。在当今世界上，国家权力可在人口超过十亿的社会向个人提供基本的和平与安全。但那些国家仍可在国与国之间组织起极具破坏性的暴力行为，即使永远都没有足够能力来维持国内秩序。

驱使政治制度建设的暴力或暴力威胁，不一定来自外部。为了克服制度僵化和政治腐败，暴力常常又是必需的。现任政治参与者在政治体系中变得盘根错节，扼杀制度性变化，就会发生衰败。通常情况下，这些参与者十分强大，铲除它们的手段非暴力莫可。例如，旧制度法国腐败的买官者，作为一个阶级在大革命中遭到强制剥夺。其他强大的农业寡头——普鲁士的容克阶级，俄国和中国的地主阶级——也在战争和革命中失去财产。在日本、韩国和台湾地区，地主阶级慑于美国军事力量而被迫放弃土地。还有一种情形，阻碍现代化的是非精英。巴林顿·摩尔指出，英国在议会圈地运动中的农业商业化，是创建现代资本主义土地所有制的必需，因此需要一个慢动作的革命，将农民强行赶出世代居住的土地。 539

最后，暴力或暴力威胁在政治发展中的重要性，与民族认同的形成有关。对国家建设乃至政治秩序来说，民族认同是很关键的辅助。领土边界与文化单元相吻合的想法，使得重新划分边界或迁徙人口成为必需，要做到这两点，非实质性的暴力不可。有些民族认同故意设计成包容和非种族性的，如坦桑尼亚和印尼；但共同语和连贯的建国叙事，还得靠威权政治手段来强加。在欧洲，20 世纪下半叶成功的自由民主国家，都是前几个世纪暴力国家建设的产物。

　　幸运的是，军事斗争不是通向现代国家的唯一途径。英国和美国为应对国家安全的急需而建立国家官僚体系；又在和平时期通过组成改革联盟来实施国家行政的改革。在旧庇护政治中没有切身利益的新社会群体，是这些联盟的主要成员，但不是唯一的。在英国，它是想打入旧贵族特权圈的中产阶级；一旦相对少数的精英明白，旧制度的效率不高，也无法满足帝国的需要，就做出比较迅速的调整。英国威斯敏斯特体制的权力高度集中，不到二十年就使改革落实到位。在美国，改革联盟比较复杂。新兴的中产阶级和职业人阶级在庇护主义上有分歧，因为有些商业利益已找到应对旧制度的妙法。相比之下，被工业化抛在后面的旧农业利益，出于对这些商业利益的敌视，反倒加入了改革联盟。文化发挥的作用很重要，但很难量化。新教精英不满意城市政治机器和依附式移民带来的腐败，在道德主义的驱使下，参加了支持改革的动员。

　　这些案例显示，经济发展本身可成为起点，使家族制或依附式的国家转变成现代国家，但不能保证它的成功。希腊和意大利的案例说明，尽管有高水平的人均财富，依附主义仍存活至今。新动员起来的社会群体，如中产阶级职业人群体，有可能支持国家改革，也有可能被轻易吸收进依附式的政治网络。当经济增长没有以市场为中心的企业精神为基础时，当未经改革的国家领头促进经济发展时，这一点尤其明显。

　　所以，达到现代国家可有多条途径。历史上，暴力在激励政治创新上是很重要的，但在之后发生的案例中，就不再是改革的必要条件。这些社会有机会汲取早期经验的教训，让他人的模式适应自己的社会。

政治普遍性

我在这两卷书中一直强调政治发展的普遍进化，而不是特别进化。后者是指，社会为了适应所处的具体环境，在政治组织的形式上生出差异。前者是指，它们在不同环境中为应对如何组织的问题，发明非常相似的解决方案，一如前述。

我认为，运作良好的政治秩序必须让三个政治制度——国家、法治和负责制——处于某种平衡之中。隐含在这个观念中的是一个规范性偏好。在我看来，一边是有效强大的国家，另一边是基于法治和民主负责制的约束制度，将两者结合起来的自由民主制，要比国家占支配地位的政体更公正，更有助于自己的公民。这是因为民主政治隐含的政治主体性，本身就是人类生命的重要目的，可以无关乎这个体系产生出的政府的质量。我同意亚里士多德在《政治学》中的断言，人类天生是政治的，只有参与共同生活，才有可能兴旺到最高水平。基于市场的经济体系自有它的内在价值，也可在这一点上作出类似断言。阿马蒂亚·森（Amartya Sen）指出，它不仅更有效率，即便计划经济能以同样速度增长，一个公民"还是有很好的理由喜欢自由选择而不是服从命令"。[4] 政治也是如此：发挥政治主体性是人生本身的重要目的，与这个主体性的效果无关。

将权利授予公民的法治也有内在价值，与这些权利是否促进经济增长无关。个人权利——自由言论、集会、批评和参与政治——构成国家对公民尊严的承认。威权国家在最好情况下把自己公民当作无知或尚未成熟的孩子，还需要成年人的监护；在最坏情况下把他们当作可以利用的资源，或需要处置的废物。保护个人权利的法治实际上承认，公民是能作出独立道德选择的成年人。这就是为什么那么多暴君，从统一中国的秦始皇，到阿拉伯之春的穆巴拉克和卡扎菲，最终都要面对自己公民的愤怒反抗。[5]

本书提出一个大疑问，在国家、法治和负责制中取得平衡的政

541

权——自由民主制——本身构成某种政治上的普遍性，抑或它只是生活在西方自由民主国家的人民的文化偏好？

这种政权显然不能代表人类的普遍性，因为它在几个世纪之前才应运而生，在人类政治秩序的历史长河中只算一朵浪花。如果说自由民主制构成普遍适用的政府形式，我们不得不认为，它与政治的普遍进化有关，犹如族团层次、部落层次和国家层次的制度，在不同历史时刻成为各文化和地区的政治组织的支配形式。换句话说，这种政权一旦与发展的其他方面——经济增长、社会动员和思想转变——合在一起，就变得不可或缺。族团层次和部落层次的社会没有国家，或第三者强制执行的法律，但可说有很强的负责制。主持农业经济的国家层次社会可持续数百年，有时出现法律，但从未有过民主负责制。只有出现高水平的经济增长，国家在经济和社会方面实施现代化，才迫切需要三个制度处于平衡的政权。

如果没有法治和负责制的正式机制，要治理人口高度动员的庞大社会，就非常困难。支撑经济增长和高效的大市场，需要既可预测又获得切实执行的连贯规则。高度动员和不断变化的人口，不断向统治者提出要求；自由的新闻媒体和选举可被看作重要的信息渠道，让政府及时了解个中的千变万化。如托克维尔指出的，人类平等的理念在过去几个世纪中，即使在实践中没有得到许多政权的尊重，却获得无可阻挡的传播和接受。人们相信自己拥有权利，会抓住一切机会坚持。在这种情况下，如果社会仍希望在其他方面维持现代形象，以法治和民主负责制来平衡国家权力，就不再是一个规范性偏好，而成了保持政治组织稳定的必要条件。亨廷顿认为，威权政党可以满足大众参与的要求，我们回过头来看，这并不正确。

在国家、法治和负责制之间取得平衡的政权，事实上成了现代成功政治的普遍条件，但我们需要承认，法治和负责制的具体形式可有相当大的差别。特定国家采纳的制度形式，如美国，并不构成普遍模式，不同社会可以不同方式来落实这些制度。

542

我们特别需要注意的是，法治和负责制用来为实质性目的服务，不只是严格的程序。法律的目的是制定共同体的正义规则，使之透明化，并公平执法。广泛的程序措施成了当代世界法律界的专业，但只是公平执法的手段，而不是目的本身。然而，程序往往占据优先的地位，反而使正义的实质性目的陷入困境。无数法治社会的法律体系行动太慢，成本太高，让那些在程序方面享有知识优势的人有机可乘，以牺牲正义为代价。

自由公正的选举的民主程序，并不能保证负责制的实质性目的。人们可在选举程序上耍弄花招，包括彻头彻尾的欺诈、操纵选票、巧妙重划选区以利于自己的政党、取消其他政党选民的资格。即使在最好的选举程序下，政客也可通过依附主义来招募支持者，使用像种族和宗教那样的口号来达到自身目的。在其他情况下，强大利益集团可利用现有程序，保护狭隘利益，阻止广泛的公共目标。在这种情况下，公共利益往往面临集体行动的难题，无法获得充分的代表性。

在当代自由民主国家，对程序的崇拜高过对实质的崇拜，是政治衰败的重要来源。仅仅由于制度本身的性质，政治衰败会发生于任何政权。制度是持续的规律，超越创造者的生命周期。它们得以持续，一部分原因是有用，另一部分原因是具有内在价值。人类倾向于将情感投入规则，使之在长时间内保持稳固不变。一旦环境发生变化，它的一成不变反倒成了累赘。如果改变发生于长期和平与稳定之后，问题往往变得尤其严重。此外，人类还有倒退到预设形式的社会交往的自然倾向，即偏爱自己家人，与朋友相互交换好处，特别是在政治体制中享有特权的精英朋友。结果是，最初为实质性目的服务的法律和程序负责制，现在反被用来破坏这同一的实质性目的。

543

未来模式

在 21 世纪初，有些政府视自己为自由民主制的标准替代品，其中包括伊朗、波斯湾的君主国、俄罗斯和中华人民共和国。不过，伊朗国内存在严重分歧，庞大的中产阶级质疑现政权的合法性。海湾君主国一直是特殊案例，其之所以能把这种形式坚持至今，仅仅是因为坐拥大量的能源资源。普京领导下的俄罗斯同样也是靠资源生活的国家，主要靠石油和天然气的储备成为区域性强权。在俄语世界之外，没人觉得它的政治体制值得效仿。

在替代型政体中，中国提出挑战是最受人瞩目的。正如这两卷书多次提到的，中国有两千多年的强大中央集权政府传统。中国复杂丰富的传统，以儒家道德代替正式的程序规则，对统治者实施一定的约束。这个传统也被遗赠给其他东亚政治体，成为第二次世界大战后日本、韩国和台湾地区取得成功的一个重要资源。有时，像中国这样的政府比民主政府更能冲破过去的束缚。后毛泽东时代中国享有的一个巨大优势是，它由高度自主的中国共产党领导。

今天中国面临的核心问题是，邓小平启动的改革三十五年后，中国的政权现在正经受考验：能否保持早期成功的源泉。中国未来十年的政策议程将会大大不同于过去一代。它已是中等收入国家，正在努力成为高收入国家。出口导向型的旧模式已完成它的历史使命，现在需要更加倚重国内的消费需求。粗放型的增长在中国已难以为继，人口大规模流入工业经济的红利也开发殆尽。为了追求高增长，中国已积累了巨大的环境负担，出现空气污染严重、"癌症村"点缀乡村、食品安全体系失灵等等严峻问题。目前尚不清楚，中国的教育体系能否提供必要的技能，以维持生产力的普遍升高。更深层次的问题是，能否开放更多个人自由，能否持续激发创新。随着中国经济变得复杂，经济管理的信息化需求也在增加。目前的体系能否跟上社会的实际步伐，还有待证明。[6]

最重要的是，中国正在经历自身人口的大动员，其规模和速度都远超 19 世纪和 20 世纪初欧洲的人口流动。中国快速增长的受教育人群以及财富不断增加的民众，他们产生的要求和愿望不同于过往构成中国社会主体部分的农民。

鉴于这些挑战，中国政权的核心问题在于是否拥有足够自主性，转向更开放体系，鼓励更多的经济竞争，允许信息在社会的自由流动。中国经济的快速增长创造了新的既得利益者，他们非常强大，即使没有立法部门和游说团，也能对共产党的决策产生影响。国有企业比以往任何时候都更为庞大富有。……

就政治前景而言，中国新兴中产阶级在未来若干年的行为将是最重要的考验。假如它在绝对和相对的规模上继续增长，仍然满足于生活在现有统治之下，那就不得不说，鉴于它对目前政府的支持，中国与世界其他国家相比确实存在文化上的差异。假如它也产生参与要求，却得不到体制的接纳，它的表现将会如何？对中国体制的真正考验，不是在经济增长和就业充分的时候，而是在增长放缓和面临危机的时候，而这些问题似乎在所难免。

发展的更大挑战也许并不在于更具吸引力的替代性政治形式，而在于许多国家渴望成为富裕的自由民主国家，却永远无法如愿。有些观察家认为，由于政治发展和经济发展相互交织，穷国可能会掉入贫困的陷阱。[7] 经济增长的发生需要最低限度的政治制度，另一方面，要在极端贫困和政治分裂中创造制度，又非常艰难。如何走出这个陷阱？我们在本书中看到，意外和巧合的作用——偶尔涌现的领袖、无计划的制度引进次序、战争等活动引出的意外后果——促使部分国家发生意想不到的演变。难道在历史上逃脱这个陷阱的社会都是幸运的，没有相同运气的社会永远都不会发生如此演变？

这种看法过于悲观。历史上政治和经济变革的启动，的确有运气和意外的成分，这可能对第一个建立新制度的社会尤为重要，而

545

546

对后续社会就不那么重要。今天，已经积累下来一大堆有关制度的经验，更有愈益扩大的国际社会愿意分享信息、知识和资源。此外，有多重的路径和入口通向发展。如果进展没有在一个方面出现，随着时间的推移，可在另一个方面发生。因果关系的相互关联的链条，随后就会开始产生效果。所有这一切都是本书有关发展的一般框架所表明的，涵盖经济、政治、社会和意识形态等各个方面。

政治衰败存在于现代民主国家是否意味着，在国家、法治和负责制中取得平衡的政权，其整体模型在某种程度上有致命缺陷？这绝对不是我的结论：所有的社会，无论威权的还是民主的，都会随着时间的推移而发生衰败。真正的问题在于它们能否适应变化，最终自我修复。我不认为，已确立起来的民主国家遭遇了系统性的"治理危机"。在过去，民主政治体制遇到过这样的危机，特别是 20 世纪 30 年代的经济萧条、法西斯主义和共产主义替代型的挑战，还有 20 世纪 60 年代和 70 年代的民众抗议、经济停滞和高通货膨胀率。很难根据任何给定十年的表现，来判断政治体制的可持续性。在一个时段显得不可克服的问题，到了下一个时段却消失了。民主政治体制在回应涌现出的问题时往往比威权体制慢，但当它们开始行动时，常常更加果断，因为相关决策已获得广泛支持。

如果说新兴和老牌的现代民主国家都面临一个难题，那就是未能提供国民所期待的实质性功能：人身安全、共享的经济增长和优质的基本公共服务，即实现个人机会所必需的教育、卫生和基础设施。出于可理解的原因，民主的支持者关注的是如何限制暴虐或掠夺型国家的权力，却没有花很多时间来考虑实施有效的治理——借用伍德罗·威尔逊的话，他们更感兴趣的是"控制政府，而不是使政府充满活力"。

这就是 2004 年乌克兰橙色革命为什么失败的原因，当时，亚努科维奇第一次被推翻。假如当初上台的是有效的民主政府，清理腐败，提高国家制度的可信度，就会远在普京强大到可趁机而入之

前，在西部乃至讲俄语的东部巩固自己的合法性。相反，橙色联盟
在内斗和黑幕交易上浪费精力，反而为亚努科维奇 2010 年的卷土
重来和 2014 年离职后的危机铺平道路。

相比于威权的中国，印度也一直被政府表现上类似的欠缺拖
了后腿。自 1947 年建国以来，除了短暂例外，印度一直作为一个
选举式民主国家团结在一起，这一点令人印象深刻。但印度的民主
就像香肠的制作，只可远观不可近赏，它的体系中充斥着腐败和庇
护。印度 2014 年大选的获胜者当中，34% 面对悬而未决的犯罪起
诉，包括杀人、绑架和性侵犯等严重指控。法治确实存在，但极其
缓慢和无效，很多原告到死都没有看到自己案件有机会获得审理。
与中国相比，印度在为人口提供公共物品上几近瘫痪，无论是现代
的基础设施，还是像干净的饮用水、电和基础教育那样的服务。正
是出于这个原因，印度教民族主义者纳伦德拉·莫迪（Narendra
Modi），尽管在过去曾引起过争议，仍以决定性多数票在 2014 年当
选为总理。选民希望他会以某种方式一扫印度例行政治的废话连篇，
实际上做出点事。

不幸的是，无法实施有效统治的问题也临到了美国自己头上。
它的麦迪逊式宪法，特意在各级政府设置制衡以防暴政，如今已变
成否决制，一旦与政治极端化结合起来，证明无法有效朝前走或向
后退。美国面临非常严重的长期财政问题，假如有适当的政治妥协，
是可以获得解决的。但国会根据自己的规则，已有好几年没有通过
预算；由于无法在支付过去债务上达成协议，还在 2013 秋季关闭 548
整个政府。美国经济仍是奇迹般创新的源泉，但美国政府很难再是
当前世界的灵感之源。

所以，生活在稳固的自由民主国家中的人，不应把它的继续存
活下去视作理所当然。没有自动的历史机制可使进步不可避免，还
可防止衰败和倒退。民主国家的存在和继续存活，只是因为民众希
望如此，并愿为它做出牺牲，民主要占据上风，还需要领导能力、

组织能力乃至纯粹的好运。正如我们看到的，在公众参与和政府效率之间存在两难取舍，但如何保持二者平衡绝不是纸上谈兵那么简单的事。普遍进化可能会决定某些制度形式随着时间的推移会涌现出来，但特别进化意味着，没有具体的政治体制会与环境永远保持适应。

　　即便高质量的民主政府供应不足，对它的需求却很大，而且与日俱增。世界各地的新社会群体都在动员起来。我们看到，在突尼斯、基辅、伊斯坦布尔和圣保罗等地，大规模的抗议活动不断地意外爆发，要求政府承认民众的平等尊严和履行自己的承诺。我们还看到，每年都有数百万贫困人口，从像危地马拉或卡拉奇那样的地方，不顾一切地涌向洛杉矶和伦敦。这些事实表明，政治发展的过程有很明确的方向性，承认公民平等尊严的负责制政府，具有普遍的吸引力。

注　释

引　言

1. 参见 Peter J. Wallison，《不良的历史，更糟的政策：金融危机的虚假叙事如何导致多德—弗兰克法》(*Bad History, Worse Policy: How a False Narrative About the Financial Crisis Led to the Dodd-Frank Act*)（华盛顿特区：美国企业研究所，2013 年）。

2. Anat Admati 和 Martin Hellwig，《银行家的新衣：银行业错在哪，怎么办》(*The Banker's New Clothes: What's Wrong with Banking and What to Do About It*)（普林斯顿：普林斯顿大学出版社，2013 年）。

3. 有关政治如何影响金融危机后的银行监管，参见 Simon Johnson 和 James Kwak，《13 位银行家：接管华尔街和下一次金融崩溃》(*13 Bankers: The Wall Street Takeover and the Next Financial Meltdown*)（纽约：万神殿出版社，2010 年）。

4. 本定义取自亨廷顿，《变化社会中的政治秩序》(*Political Order in Changing Societies*)（纽黑文：耶鲁大学出版社，2006 年），12 页。

5. 类似的长期斗争发生于 19 世纪和 20 世纪初的英国，但要害问题不是种族，而是阶级。在英国实现白人男性普选权，花的时间比美国更长，也许是因为平等原则没有获得明确的阐述（英国没有类似的权利法案，迄今仍是君主立宪制）。

6. 伯克（Edmund Burke），《对法国大革命的反思》(*Reflections on the Revolution in France*)（加利福尼亚州斯坦福：斯坦福大学出版社，2001 年）；托克维尔（Alexis de Tocqueville），《旧制度与大革命》(*The Old Regime and the Revolution*)，第 1 卷（芝加哥：芝加哥大学出版社，1998 年）；孚雷（François Furet），《解释法国大革命》(*Interpreting the French Revolution*)（纽约：剑桥大学出版社，1981 年）。

7. 有关这些事件的概述，参见 Georges Lefebvre，《法国大革命的来临，1789》(*The Coming of the French Revolution, 1789*)（普林斯顿：普林斯顿大学出版社，1947 年）。

8. 拿破仑在雾月 18 日接管革命政府，过后不久，就在 1800 年要求推出新法典。他亲自参加监督起草工作的最高行政法院的很多会议，最终颁布是在 1804 年。 Carl J. Friedrich, 550 《意识形态和哲学的背景》（The Ideological and Philosophical Background），载 Bernard Schwartz 编，《拿破仑法典和普通法的世界》（The Code Napoleon and the Common Law World）（纽约：纽约大学出版社，1956 年）。

9. Martyn Lyons，《拿破仑·波拿巴和法国大革命的遗产》（Napoleon Bonaparte and the Legacy of the French Revolution）（伦敦：麦克米伦出版社，1994 年），94—96 页。

10. Jean Limpens，《拿破仑法典的领土扩张》（Territorial Expansion of the Code），载 Bernard Schwartz 编，《拿破仑法典和普通法的世界》。

11. 参见托克维尔，《旧制度与大革命》，118—124 页。

第1章　何为政治发展？

1. 有关现有定义的调查，参见 Rachel Kleinfeld，《法治的竞争性定义》（Competing Definitions of the Rule of Law），载 Thomas Carothers 编，《在海外推广法治：求知》（Promoting the Rule of Law Abroad: In Search of Knowledge）（华盛顿特区：卡内基国际和平基金会，2006 年）。

2. 艾森斯塔特（S. N. Eisenstadt），《传统家族制与现代新家族制》（Traditional Patrimonialism and Modern Neopatrimonialism）（加利福尼亚州比弗利山庄：圣贤出版社，1973 年）。

3. Douglass C. North, John Wallis 和 Barry R. Weingast，《暴力与社会秩序：诠释有文字记载的人类历史的一个概念性框架》（Violence and Social Orders: A Conceptual Framework for Interpreting Recorded Human History）（纽约：剑桥大学出版社，2009 年）。

4. 达龙·阿西莫格鲁（Daron Acemoglu）和詹姆斯·罗宾逊（James A. Robinson），《国家为什么会失败：权力、繁荣和贫困的起源》（Why Nations Fail: The Origins of Power, Prosperity, and Poverty）（纽约：皇冠出版社，2012 年）。

5. 有关这些术语的定义，参见亨廷顿，《变化社会中的政治秩序》，12—24 页；另参见福山，《政治秩序的起源：从前人类时代到法国大革命》（纽约：FSG 出版社，2011 年），450—451 页。

6. 有观点认为，民主面临精英挑战时会合作自我纠正，参见曼瑟尔·奥尔森（Mancur Olson），《独裁、民主和发展》（Dictatorship, Democracy, and Development），载《美国政治学评论》（American Political Science Review）第 87 卷，第 9 期（1993 年）：567—576 页；North, Wallis 和 Weingast，《暴力与社会秩序》；阿西莫格鲁和罗宾逊，《国家为什么会失败》。

7. 例如，参见拉里·戴蒙德（Larry Diamond）、Juan J. Linz 和西摩·李普塞特（Seymour Martin Lipset）合编，《发展中国家的民主》（Democracy in Developing Countries）（科罗拉多州博尔德：Lynne Rienner 出版社，1988 年）；Guillermo O'Donnell, Philippe C. Schmitter 和 Laurence Whitehead 合编，《威权统治的转化：比较研究》（Transitions from Authoritarian Rule: Comparative Perspectives）（巴尔的摩：约翰霍普金斯大学出版社，1986 年）；亨廷顿，《第三波浪潮：20 世纪后期的民主化》（The Third Wave: Democratization in the Late Twentieth Century）（俄克拉荷马城：俄克拉荷马大学出版社，1991 年）；Juan J. Linz 和 Alfred C. Stepan 合编，《民主政权的故障：危机、故障和再平衡》（The Breakdown of Democratic Regimes: Crisis, Breakdown and Reequilibration），导论（巴尔的摩：约翰霍普金斯大学出版社，1978 年）；拉里·戴蒙德，《民主精神：在世界各地建设自由社会的斗争》（The Spirit of Democracy: The Struggle to Build Free Societies Throughout the World）

（纽约：时代图书公司，2008 年）。

8. 有关当代"治理"定义的批判，参见 Claus Offe，《治理：空泛的指标？》（Governance: An "Empty Signifier"?），载《星座》（Constellations）第 16 卷，第 4 期（2009 年）：550—562 页；Marc F. Plattner，《反思"治理"》（Reflections on "Governance"），载《民主杂志》第 24 卷，第 4 期（2013 年）：17—28 页。

9. 我对国际机构的理想结构的看法，发表在《十字路口的美国：民主、权力和新保守主义遗产》（America at the Crossroads: Democracy, Power, and the Neoconservative Legacy）（纽黑文：耶鲁大学出版社，2006 年），第 6 章。

10. Michael Mann，《社会权力的来源》第 1 卷：《从开始到公元 1760 年的权力史》（The Sources of Social Power, Vol. 1: A History of Power from the Beginning to AD 1760）（剑桥：剑桥大学出版社，1986 年）。

第2章 发展的各个方面

1. 有关概述，参见埃里克·霍布斯鲍姆（Eric Hobsbawm），《资本的年代，1848—1875》（The Age of Capital, 1848-1875）（纽约：采葡萄图书公司，1996 年），第 1 章。

2. 滕尼斯（Ferdinand Tönnies），《礼俗社会与法理社会》（Community and Association "Gemeinschaft und Gesellschaft"）（伦敦：劳特利奇出版社，1955 年）。

3. 韦伯（Max Weber），《经济与社会》（Economy and Society）（伯克利：加利福尼亚州大学出版社，1978 年）；涂尔干（Émile Durkheim），《社会分工论》（The Division of Labor in Society）（纽约：麦克米伦出版社，1933 年）；亨利·梅因（Henry Maine），《古代法》（Ancient Law: Its Connection with the Early History of Society and Its Relation to Modern Ideas）（波士顿：烽火出版社，1963 年）。

4. 例如，参见 Joel Mokyr 编，《工业革命的经济学》（The Economics of the Industrial Revolution）（新泽西州托托瓦：Rowman & Allanheld 出版社，1985 年）；Mokyr，《英国工业革命：经济的角度》（The British Industrial Revolution: An Economic Perspective）（科罗拉多州博尔德：西方视点出版社，1999 年）；Douglass C. North 和 Robert P. Thomas，《西方世界的崛起》（The Rise of the Western World）（纽约：剑桥大学出版社，1973 年）；Nathan Rosenberg 和 L. E. Birdzell，《西方如何致富》（How the West Grew Rich）（纽约：基本图书公司，1986 年）；David S. Landes，《国富国穷》（The Wealth and Poverty of Nations: Why Some Are So Rich and Some So Poor）（纽约：诺顿出版社，1998 年）。

5. 有关概述，参见 Nils Gilman，《言构未来：美国冷战时期的现代化理论》（Mandarins of the Future: Modernization Theory in Cold War America）（巴尔的摩：约翰霍普金斯大学出版社，2003 年）。

6. 亨廷顿，《变化社会中的政治秩序》，32—92 页。

7. 例如，参见 James D. Fearon 和 David Laitin，《种族、叛乱和内战》（Ethnicity, Insurgency, and Civil War），载《美国政治学评论》第 97 卷（2003 年）：75—90 页；Paul Collier，《最底层的 10 亿人：最贫穷国家为什么失败及怎么办》（The Bottom Billion: Why the Poorest Countries Are Failing and What Can Be Done About It）（纽约：牛津大学出版社，2007 年）；Collier，《内部冲突的经济原因及其政策含义》（Economic Causes of Civil Conflict and Their Implications for Policy）（牛津：牛津经济论文，2006 年）；Collier, Anke Hoeffler

和 Dominic Rohner,《超越贪婪和抱怨：可行性与内战》(*Beyond Greed and Grievance: Feasibility and Civil War*)(牛津：牛津经济论文，2007 年)。

8. 世界银行,《世界发展报告 2011 年：冲突、安全与发展》(*World Development Report 2011: Conflict, Security, and Development*)(华盛顿：世界银行，2011)。

9. William R. Easterly,《制度能否解决种族冲突？》(Can Institutions Resolve Ethnic Conflict?),载《经济发展与文化变迁》(*Economic Development and Cultural Change*)第 49 卷，第 4 期（2001 年）; Fearon 和 Laitin,《种族、叛乱和内战》。

10.《世界银行发展指标和全球发展金融》(*World Bank Development Indicators and Global Development Finance*), 美国劳工统计局。

11. 数据来自拉里·戴蒙德,《金融危机和民主衰退》(The Financial Crisis and the Democratic Recession), 载 Nancy Birdsall 和福山合编,《金融危机后有关发展的新思路》(*New Ideas in Development after the Financial Crisis*)(巴尔的摩：约翰霍普金斯大学出版社，2011 年)。另参见亨廷顿,《第三波浪潮：20 世纪后期的民主化》。   552

12. 参见 Alfred C. Stepan 和 Graeme B. Robertson,《选举差距与其说是"穆斯林"的，倒不如说是"阿拉伯"的》(An 'Arab' More Than a 'Muslim' Electoral Gap),载《民主杂志》第 14 卷，（第 3 期）(2003 年)：30—44 页。

13. 联合国开发计划署,《阿拉伯人类发展报告》(*Arab Human Development Reports*), www.arab-hdr.org/。

14. 联合国开发计划署,《阿拉伯人类发展报告》, www.arab-hdr.org/data/indicators/2012-31. aspx。

15. 有关社交媒体对阿拉伯之春的影响，参见 Eric Schmidt 和 Jared Cohen,《新数字化时代：重塑人民、国家和企业的未来》(*The New Digital Age: Reshaping the Future of People, Nations and Business*)(纽约：Knopf 出版社，2013 年)。

第3章　官僚体系

1. 参见 Lant Pritchett, Michael Woolcock 和 Matt Andrews,《能力陷阱？坚持执行失败的机制》(*Capability Traps? The Mechanisms of Persistent Implementation Failure*)(华盛顿：全球发展中心工作文件第 234 期，2010 年)。

2. 参见世界银行数据库, http://databank.worldbank.org/data/home.aspx。

3. Karl Polanyi 和 C. W. Arensberg,《早期帝国的贸易和市场》(*Trade and Market in the Early Empires*)(纽约：自由出版社，1957 年)。

4. 韦伯的标准：

　　a. 官员本身是自由的，只须在规定范围内服从权威。

　　b. 他们被分配到明确定位的等级制度的职位。

　　c. 每个职位都有规定的专长范围。

　　d. 职位的任免基于自由的契约关系。

　　e. 选择候选人是以技术资格为基础。

　　f. 官员的酬劳是固定薪水。

  g. 职位是任职者唯一的职业。

  h. 职位成为一种职业。

  i. 所有权和管理之间的分离。

  j. 官员遵守严格的纪律和掌控。

  《经济与社会》（*Economy and Society*）（伯克利：加利福尼亚州大学出版社，1978 年），第 1 卷：220—221 页。

5. 量化韦伯式政府的特征及其结果的两个研究是 James E. Rauch 和 Peter B. Evans，《欠发达国家的官僚结构和官僚性能》（Bureaucratic Structure and Bureaucratic Performance in Less Developed Countries），载《公共经济学杂志》（*Journal of Public Economics*）第 75 卷（2000 年）：45—71 页；Rauch 和 Evans，《官僚体系与增长：韦伯式国家结构对经济增长的影响的跨国分析》（Bureaucracy and Growth: A Cross-National Analysis of the Effects of 'Weberian' State Structures on Economic Growth），载《美国社会学评论》（*American Sociological Review*）第 64 卷（1999 年）：748—765 页。

6. Bo Rothstein，《政府的质量：腐败，社会信任和不平等的国际视野》（*The Quality of Government: Corruption, Social Trust, and Inequality in International Perspective*）（芝加哥：芝加哥大学出版社，2011 年）。

7. 这份指数基于对不同国家的生意人的调查，http://transparency.org/policy_research/surveysjndjces/cpi。

8. 马克斯·韦伯，《新教伦理与资本主义精神》（*The Protestant Ethic and the Spirit of Capitalism*）（纽约：布纳出版社，1930 年），181 页。

9. 乔尔·米格代尔（Joel Migdal），《强社会与弱国家：第三世界的国家社会关系及国家能力》（*Strong Societies and Weak States: State-Society Relations and State Capabilities in the Third World*），（普林斯顿：普林斯顿大学出版社，1988 年），4 页。

10. Pritchett, Woolcock 和 Andrews，《能力陷阱？坚持执行失败的机制》。

11. James S. Coleman 等，《教育机会的均等》（*Equality of Educational Opportunity*）（华盛顿特区：美国卫生、教育和福利部，1966 年）。

12. 中国位置偏向俄罗斯的左边，会有一点误导。中国保留大量国有企业，其收入仍属公共部门，但不一定显示为税收。

553

第4章　普鲁士建立国家

1. Hajo Holborn，《现代德国史，1648—1840》（*A History of Modern Germany 1648-1840*）（普林斯顿：普林斯顿大学出版社，1982 年），22—23 页。

2. Hans Rosenberg，《官僚、贵族和专制：普鲁士经验，1660—1815》（*Bureaucracy, Aristocracy, and Autocracy: The Prussian Experience, 1660-1815*）（马萨诸塞州剑桥：哈佛大学出版社，1958 年），8—10 页。

3. 有关霍亨索伦王朝征服军阀贵族的早期努力，参见 Otto Hintze，《奥托·欣策的历史论文》（*The Historical Essays of Otto Hintze*）（纽约：牛津大学出版社，1975 年），38—39 页；有关流寇和坐寇，参见奥尔森，《独裁、民主和发展》。有关这个概念的讨论，参见福山，《政治秩序的起源》，303—304 页。

4. Hans Rosenberg，《官僚、贵族和专制》，36—37 页。

5. Holborn，《现代德国史，1648—1840》，190—191 页。

6. Hans Rosenberg，《官僚、贵族和专制》，40 页。

7. Philip S. Gorski，《纪律革命：加尔文主义和早期现代欧洲国家的兴起》（The Disciplinary Revolution: Calvinism and the Rise of the State in Early Modern Europe）（芝加哥：芝加哥大学出版社，2003 年），79—113 页。

8. 参见《奥托·欣策的历史论文》，45 页。Philip S. Gorski 指出，最重要的制度改革发生于腓特烈·威廉的治下，当时普鲁士还没有巨大的军事压力。这表明，普鲁士国家建设的根源并不全在国家安全，还有宗教。《纪律革命》，12—15 页。

9. 有关这个时段，参见 Holborn，《现代德国史，1648—1840》，246—248 页。

10. Hans-Eberhard Mueller，《官僚、教育和垄断：普鲁士和英国的官僚体系改革》（Bureaucracy, Education, and Monopoly: Civil Service Reforms in Prussia and England）（伯克利：加利福尼亚州大学出版社，1984 年），43—45 页。   554

11. 参见 Hans Rosenberg，《官僚、贵族和专制》，73—87 页；Hans-Eberhard Mueller，《官僚、教育和垄断》，58—61 页。

12. 亚历山大·科耶夫，《黑格尔导读》（Introduction a la Lecture de Hegel）（巴黎：伽利玛出版社，1947 年）。

13. Holborn，《现代德国史，1648—1840》，396—397 页。

14. 同上，413 页。

15. Hans-Eberhard Mueller，《官僚、教育和垄断》，136—137 页，162—163 页。

16. Hans Rosenberg，《官僚、贵族和专制》，211 页。

17. 同上，182 页。

18. 有关非人格化国家和霍布斯重要性的理论渊源，参见 Harvey C. Mansfield, Jr.，《马基雅维里的美德》（Machiavelli's Virtue）（芝加哥：芝加哥大学出版社，1996 年），281—294 页。

19. Hans Rosenberg，《官僚、贵族和专制》，46—56 页。

20. 参见福山，《政治秩序的起源》，276 页。

21. René David，《法国法律：结构、来源和方法》（French Law: Its Structure, Sources, and Methodology）（巴吞鲁日：路易斯安那州立大学出版社，1972 年），36 页。

22. Holborn，《现代德国史，1648—1840》，272—274 页；Hans Rosenberg，《官僚、贵族和专制》，190—191 页。

23. James J. Sheehan，《德国史，1770—1866》（German History, 1770-1866）（纽约：牛津大学出版社，1989 年），428 页。

24. 亨廷顿，《变化社会中的政治秩序》，20 页。

25. 福山，《政治秩序的起源》，264—267 页。

26. 有关明朝末年皇帝成为官僚体系的囚犯，参见黄仁宇，《万历十五年》（1587, a Year of No Significance: The Ming Dynasty in Decline）（纽黑文：耶鲁大学出版社，1981 年）。另参见福山，《政治秩序的起源》，307—308 页。

27. Hans Rosenberg，《官僚、贵族和专制》，191 页。即使在腓特烈一世治下，普鲁士官僚体系如此之大，以致他都无法很好掌控柏林或军队外交之外的领域。

28. Hans Rosenberg，《官僚、贵族和专制》，201 页。

29. 马丁·谢夫特（Martin Shefter），《政党与国家：美国历史经验》（*Political Parties and the State: The American Historical Experience*）（普林斯顿：普林斯顿大学出版社，1994 年）。

30. 同上，41 页。

31. Gordon A. Craig，《普鲁士军队的政治，1640—1945》（*The Politics of the Prussian Army, 1640-1945*）（纽约：牛津大学出版社，1964 年），76—81 页。

32. 同上，217—219 页，255—295 页。

33. David Schoenbaum，《希特勒的社会革命》（*Hitler's Social Revolution*）（纽约花园城：双日出版社，1966 年），202—207 页。

34. 同上，205 页。

35. 谢夫特，《政党与国家：美国历史经验》，42 页。

第5章　腐败

1. 有关这个讲话，以及沃尔芬森在推动治理议程上的作用，参见 Sebastian Mallaby，《世界银行家：失败国家、金融危机和国家富穷的故事》（*The World's Banker: A Story of Failed States, Financial Crises, and the Wealth and Poverty of Nations*）（纽约：企鹅出版社，2004 年），176—177 页。

2. Anne O. Krueger，《寻租社会的政治经济学》（The Political Economy of the Rent-Seeking Society），载《美国经济学评论》（*American Economic Review*）第 64 卷，第 3 期（1974 年）：291—303 页。

3. 普遍腐败现象的基本研究包括 Robert Brooks，《政治腐败的本质》（The Nature of Political Corruption），载《政治学季刊》（*Political Science Quarterly*）第 24 卷，第 1 期（1909 年）：1—22 页；Joseph S. Nye, Jr.，《腐败与政治发展：成本效益分析》（Corruption and Political Development: A Cost-Benefit Analysis），载《美国政治学评论》第 61 卷，第 2 期（1967 年）：417—427 页；詹姆斯·斯科特（James C. Scott），《政治腐败比较研究》（*Comparative Political Corruption*）（新泽西州 Englewood Cliffs：Prentice-Hall 出版社，1972 年）；Susan Rose-Ackerman，《腐败：一项政治经济学研究》（*Corruption: A Study in Political Economy*）（纽约：学术出版社，1978 年）和《腐败和政府：原因、后果和改革》（Corruption and Government: Causes, Consequences, and Reform）（纽约：剑桥大学出版社，1999 年）；Daniel Kaufmann，《腐败：事实》（Corruption: The Facts），载《外交政策》（*Foreign Policy*）第 107 卷（1997 年）：114—131 页；A. W. Goudie 和 David Stasavage，《分析腐败的框架》（A Framework for an Analysis of Corruption），载《犯罪、法律和社会变迁》（Crime, Law and Social Change）第 29 卷，第 2—3 期（1998 年）：113—159 页；Arnold J. Heidenheimer 和 Michael Johnston 合编，《政治腐败（第 3 版）》（*Political Corruption*, 3rd ed）（新泽西州新不伦瑞克：Transaction 出版社，2001 年）；Robert Leiken，《控制全球腐败的疫情》（Controlling the Global Corruption Epidemic），载《外交政策》第 105 卷（1997 年）：55—73 页；Robert Klitgaard，《控制腐败》（*Controlling Corruption*）（伯克利：加利福尼亚州大学出版社，1988 年）和《热带黑帮：在非洲最深处有关发展和颓废的个人经验》（*Tropical Gangsters: One Man's Experience with Development and Decadence in Deepest*

Africa)（纽约：基本图书公司，1990 年）；Andrei Shleifer 和 Robert W. Vishny，《腐败》（ *Corruption* ），载《经济学季刊》（ *Quarterly Journal of Economics* ）第 108 卷，第 3 期（1993 年）：599—617 页；Michael Johnston，《腐败症候群：财富、权力与民主》（ *Syndromes of Corruption: Wealth, Power, and Democracy* ）（纽约：剑桥大学出版社，2005 年）。

4. 参见 Johnston 的定义，《腐败症候群：财富、权力与民主》，11 页。

5. 关于万历皇帝，参见福山，《政治秩序的起源》，312 页。

6. 参见 José Anson，Oliver Cadot 和 Marcelo Olarreaga，《逃避进口关税和海关腐败：装船前检验有用吗？》（ *Import-Tariff Evasion and Customs Corruption: Does Pre-Shipment Inspection Help?* ）（华盛顿：世界银行，2003 年）。

7. North，Wallis 和 Weingast，《暴力与社会秩序》。

8. Mushtaq H. Khan 和 Jomo Kwame Sundaram 合编，《租金、寻租和经济发展：亚洲的理论和实证》（ *Rents, Rent-Seeking and Economic Development: Theory and Evidence in Asia* ）（纽约：剑桥大学出版社，2000 年）。

9. 依附主义有很多文献，参见 Herbert Kitschelt 和 Steven I. Wilkinson 合编，《庇护人、依附者和政策：民主负责制和政治竞争的的模式》（ *Patrons, Clients, and Policies: Patterns of Democratic Accountability and Political Competition* ）（纽约：剑桥大学出版社，2007 年）；Frederic Charles Schaffer 编，《选票出售：收买选票的原因和后果》（ *Elections for Sale: The Causes and Consequences of Vote Buying* ）（科罗拉多州博尔德：Lynne Rienner 出版社，2007 年）；Paul D. Hutchcroft，《特权政治：评估租金、腐败和依附主义对第三世界发展的影响》（ The Politics of Privilege: Assessing the Impact of Rents, Corruption, and Clientelism on Third World Development ），载《政治学研究》（ *Political Studies* ）第 45 卷，第 3 期（1997）：649—658 页；Luigi Manzetti 和 Carole J. Wilson，《腐败政府何以保住公众支持？》（ Why Do Corrupt Governments Maintain Public Support? ），载《比较政治学》（ *Comparative Political Studies* ）第 40 卷，第 8 期（2007 年）：949—970 页；Philip Keefer 和 Razvan Vlaicu，《民主、信誉和依附主义》（ Democracy, Credibility, and Clientelism ），载《法学、经济学和组织杂志》（ *Journal of Law, Economics, and Organization* ）第 24 卷，第 2 期（2008 年）：371—406 页。

10. S. N. Eisenstadt 和 L. Roniger，《庇护人、依附者和朋友：社会中的人际关系与信任结构》（ *Patrons, Clients, and Friends: Interpersonal Relations and the Structure of Trust in Society* ）（纽约：剑桥大学出版社，1984 年），43 页。

11. 这就是詹姆斯·斯科特在《政治腐败比较研究》一书中，之所以分别描述泰国民主前的庇护体制以及加纳和印度的依附体制。

12. 有关定义，参见 Simona Piattoni 编，《依附主义、利益群体和民主代表性：以历史与比较的视角看欧洲的经验》（ *Clientelism, Interests, and Democratic Representation: The European Experience in Historical and Comparative Perspective* ）（纽约：剑桥大学出版社，2001 年），6—7 页。

13. 有关这种现象的广泛分析，参见 Susan Stokes 等，《中介、选民和依附主义：分配政治的难题》（ *Brokers, Voters, and Clientelism: The Puzzle of Distributive Politics* ）（纽约：剑桥大学出版社，2013 年）。

14. 有关依附主义破坏民主的概述，参见 Susan Stokes，《收买选票不民主？》（ Is Vote Buying Undemocratic? ），载 Charles Schaffer 编，《选票出售：收买选票的原因和后果》。

556

15. 有关这一问题的进一步讨论，参阅 Merilee S. Grindle，《男孩的工作：庇护政治和国家的比较研究》（*Jobs for the Boys: Patronage and the State in Comparative Perspective*）（马萨诸塞州剑桥：哈佛大学出版社，2012 年），第 1 章。

16. 参见福山，《政治秩序的起源》，第 2 章。

17. 在这问题上，参见 Susan Stokes，《反常负责制：以阿根廷证据来解说政治机器的正式模型》（Perverse Accountability: A Formal Model of Machine Politics with Evidence from Argentina），载《美国政治学评论》第 99 卷，第 3 期（2005 年）：315—325；Simeon Nichter，《收买的是选票还是踊跃投票？政治机器和无记名投票》（Vote Buying or Turnout Buying? Machine Politics and the Secret Ballot），载《美国政治学评论》第 102 卷，第 1 期（2008 年）：19—31 页。

18. 关于这一点，参见 Elizabeth Carlson，《远大前程：解释乌干达选民的种族偏好》（Great Expectations: Explaining Ugandan Voters' Ethnic Preferences）（即将出版）；Kanchan Chandra，《种族政党为何成功：印度的庇护政治和种族人头计数》（*Why Ethnic Parties Succeed: Patronage and Ethnic Head Counts in India*）（纽约：剑桥大学出版社，2004 年）。

19. Eric Kramon 对肯尼亚的收买选票的研究表明，在大选期间出现最多依附主义竞选的大部分地区，获得较高级别的庇护式好处，包括针对性的公共物品。《民主非洲的收买选票和负责制》（Vote Buying and Accountability in Democratic Africa）（博士论文，洛杉矶大学，2013 年）。

20. 这个词被用于当代非洲，见 Richard A. Joseph，《尼日利亚的民主和神职薪俸式政治：第二共和国的兴衰》（*Democracy and Prebendal Politics in Nigeria: The Rise and fall of the Second Republic*）（纽约：剑桥大学出版社，1987 年）。Joseph 使用神职薪俸式一词的范围比我更大，因为他还将依附主义包括在内。

21. Nicolas van de Walle，《迎接新老板，像老上司一样？非洲政治依附主义的进化》（Meet the New Boss, Same as the Old Boss? The Evolution of Political Clientelism in Africa），载 Kitschelt 和 Wilkinson 合编，《庇护人、依附者和政策》。

22. 关于这一点，参见 Philip Keefer，《依附主义、信誉和新兴民主政体的政策选择》（Clientelism, Credibility, and the Policy Choices of Young Democracies），载《美国政治学杂志》（*American Journal of Political Science*）第 51 卷，第 4 期（2007 年）：804—821 页。

23. 王金寿（Chin-Shou Wang）和 Charles Kurzman，《后勤：如何收买选票》（The Logistics: How to Buy Votes），载 Schaffer 编，《选票出售：收买选票的原因和后果》。

24. Kanchan Chandra，《印度的种族和公共物品分配》（Ethnicity and the Distribution of Public Goods in India）（草稿，2010 年）。

25. 这种说法见 Mushtaq H. Khan，《市场、国家和民主：发展中国家的庇护人—依附者网络和民主案例》（Markets, States, and Democracy: Patron-Client Networks and the Case for Democracy in Developing Countries），载《民主化》（*Democratization*）第 12 卷，第 5 期（2005 年）：704—724 页。

26. 谢夫特，《政党与国家：美国历史经验》。有关庇护体系的广泛比较，参见 Grindle，《男孩的工作：庇护政治和国家的比较研究》。

第6章 民主发源地

1. Friedrich Schneider 和 Dominik H. Enste,《影子经济：国际调查》(*The Shadow Economy: An International Survey*)(纽约：剑桥大学出版社，2002)，34—36 页。

2. 参见 See Jane Schneider,《意大利的"南方问题"：国内的东方主义》(*Italy's "Southern Question": Orientalism in One Country*)(纽约：Berg 出版，1998 年)；Judith Chubb,《意大利南部的庇护政治、权力和贫困：双城记》(*Patronage, Power, and Poverty in Southern Italy: A Tale of Two Cities*)(纽约：剑桥大学出版社，1982 年)；P. A. Allum,《战后那不勒斯的政治和社会》(*Politics and Society in Post-War Naples*)(剑桥：剑桥大学出版社，1973 年)；Sidney G. Tarrow,《意大利南部的农民共产主义》(*Peasant Communism in Southern Italy*)(纽黑文：耶鲁大学出版社，1967 年)。

3. Diego Gambetta,《西西里黑手党：私人保护的生意》(*The Sicilian Mafia: The Business of Private Protection*)(马萨诸塞州剑桥：哈佛大学出版社，1993 年)，75—78 页。

4. Edward C. Banfield,《落后社会的道德基础》(*The Moral Basis of a Backward Society*)(伊利诺伊州葛伦科：自由出版社，1958 年)，85 页，115—116 页。

5. Joseph LaPalombara,《意大利政治的利益集团》(*Interest Groups in Italian Politics*)(普林斯顿：普林斯顿大学出版社，1964 年)，38 页。

6. Tarrow,《意大利南部的农民共产主义》，54—55 页。

7. 罗伯特·帕特南(Robert D. Putnam),《使民主运转起来：现代意大利的公民传统》(*Making Democracy Work: Civic Traditions in Modern Italy*)(普林斯顿：普林斯顿大学出版社，1993 年)。

8. Apostolis Papakostas,《斯堪的纳维亚为何没有依附主义？》(*Why is There No Clientelism in Scandinavia?*)，载 Piattoni 编,《依附主义、利益群体和民主代表性》，46 页。

9. Keith R. Legg,《现代希腊的政治》(*Politics in Modern Greece*)(加利福尼亚州斯坦福：斯坦福大学出版社，1969 年)，36—37 页。

10. 福山,《信任：社会美德与创造经济繁荣》(*Trust: The Social Virtues and the Creation of Prosperity*)(纽约：自由出版社，1995 年)，97—101 页。

11. Papakostas,《斯堪的纳维亚为何没有依附主义？》，48 页。

12. 我要感谢 Elena Panaritis 对此的观察。

13. Legg,《现代希腊的政治》，52—56 页。

14. Nicos P. Mouzelis,《半边缘地区的政治：巴尔干和拉丁美洲的早期议会制和后期工业化》(*Politics in the Semi-Periphery: Early Parliamentarism and Late Industrialization in the Balkans and Latin America*)(纽约：圣马丁出版社，1986 年)，40-41 页。

15. Nicos P. Mouzelis,《资本主义与希腊国家的发展》(*Capitalism and the Development of the Greek State*)，载 Richard Scase 编,《西欧国家》(*The State in Western Europe*)(纽约：圣马丁出版社，1980 年)，245—246 页。

16. Constantine Tsoucalas,《19 世纪希腊政治依附主义的问题》(*On the Problem of Political Clientelism in Greece in the Nineteenth Century*)，载《希腊侨民杂志》(*Journal of the Hellenic Diaspora*)第 5 卷，第 1 期(1978 年)：1—17 页。

17. Mouzelis,《资本主义与希腊国家的发展》，242 页。

18. 同上，244 页；George Th. Mavrogordatos，《从传统依附主义到政治机器：泛希腊社会运动党民粹主义在希腊的影响》（From Traditional Clientelism to Machine Politics: the Impact of PASOK Populism in Greece），载《南欧社会和政治》（South European Society and Politics）第 2 卷，第 3 期（1997 年）：1—26 页。

19. Legg，《现代希腊的政治》，128—129 页；Christos Lyrintzis，《军政府之后的希腊政党：官僚依附主义的案例？》（Political Parties in Post-Junta Greece: A Case of 'Bureaucratic Clientelism'？），载《西欧政治》（West European Politics）第 7 卷，第 2 期（1984 年）：99—118 页。

20. 有关两次世界大战之间的时期，参见 George Th. Mavrogordatos，《胎死腹中的共和国：希腊的社会联盟和政党策略，1922—1936》（Stillborn Republic: Social Coalitions and Party Strategies in Greece, 1922-1936）（伯克利：加利福尼亚州大学出版社，1983 年）。

21. Lyrintzis，《军政府之后的希腊政党：官僚依附主义的案例？》，103 页；Takis S. Pappas，《在希腊制造政党民主》（Making Party Democracy in Greece）（纽约：圣马丁出版社，1999 年）。

22. 这些案例及另外两个案例的讨论，见 Mavrogordatos，《从传统依附主义到政治机器》。

23. John Sfakianakis，《保护希腊公共部门的代价》（The Cost of Protecting Greece's Public Sector），载《国际先驱论坛报》（International Herald Tribune），2012 年 10 月 10 日。经济合作与发展组织发表对希腊公共部门的研究报告，估计政府就业人数在 2008 年达一百万人，占全部劳动力的 22.3%。参见经济合作与发展组织，《希腊：中央行政部门的审查》（Greece: Review of the Central Administration）（巴黎：经济合作与发展组织公共治理评论，2011 年），71—72 页。

24. Susan Daley，《希腊财富无处不在，只是不在税表上》（Greek Wealth Is Everywhere but Tax Forms），《纽约时报》（New York Times），2010 年 5 月 1 日，另参见 Daley，《希腊限制逃税的努力仅有很少成功》（Greece's Efforts to Limit Tax Evasion Have Little Success），《纽约时报》，2010 年 5 月 29 日；Schneider 和 Enste，《影子经济》，36 页；Friedrich Schneider 和 Robert Klinglmair，《世界各地的影子经济：我们知道多少？》（Shadow Economies around the World: What Do We Really Know?），载《欧洲政治经济学杂志》（European Journal of Political Economy）第 21 卷（2005 年）：598—642 页。

25. 参见福山，《信任：社会美德与创造经济繁荣》，第 1 章。

第7章 意大利和低信任的平衡

1. Judith Chubb，《意大利南部的庇护政治、权力和贫困：双城记》，1 页。

2. 参见《随着垃圾的堆积，那不勒斯向贝卢斯科尼开战》（Naples Blasts Berlusconi as Garbage Piles Up），《新闻周刊》（Newsweek），2010 年 10 月 27 日。

3. Rachel Donadio，《腐败被视作意大利南部的漏斗》（Corruption Seen as Steady Drain on Italy's South），《纽约时报》，2012 年 10 月 8 日，A1 版。

4. 帕特南，《使民主运转起来：现代意大利的公民传统》，67—82 页。

5. 帕特南看到了其他可能的解释因素，如教育水平、意识形态的极端化、选民对政策的共识、罢工次数和共产党的治理。所有这些与观察到的政府绩效的差异都没有密切的关联，同上，

116—117 页。

6. 同上，121—136 页。

7. 在波兰和匈牙利，君主制权力受制于宪法，以及对国王权力的制约。国王无力压制贵族的权力，是地主精英从 15 世纪末逐步取消农民权利的原因之一。意大利南部在统一前夕的情况更类似于这两个国家，而不是像普鲁士那样的强大中央集权君主制。参见福山，《政治秩序的起源》，373—385 页。

8. 这是 Paolo Mattia Doria 主张的，但受到 Benedetto Croce 的批评，参见 Gambetta，《西西里黑手党：私人保护的生意》，77 页。

9. P. A. Allum，《没有政府的意大利共和国？》(Italy-Republic without Government?)，(纽约：诺顿出版社，1973 年)，9 页。

10. 同上，3—4 页。

11. Chubb，《意大利南部的庇护主义、权力和贫困》，20 页。

12. 有关该词的历史，参见 Richard P. Sailer，《帝国初期的个人庇护》(Personal Patronage under the Early Empire)（剑桥：剑桥大学出版社，1982 年），8—11 页。

13. Luigi Graziano，《意大利南部庇护人和依附者的关系》(Patron Client Relationships in Southern Italy European)，载《欧洲政治研究杂志》(European Journal of Political Research) 第 1 卷，第 1 期（1973 年），3—34 页。

14. Chubb，《意大利南部的庇护主义、权力和贫困》，19—21 页；James Walston，《黑手党和依附主义：战后卡拉布里亚通向罗马的道路》(The Mafia and Clientelism: Roads to Rome in Post-War Calabria)（纽约：劳特利奇出版社，1988 年），48—49 页。

15. Graziano，《意大利南部庇护人和依附者的关系》，13 页；Chubb，《意大利南部的庇护主义、权力和贫困》，16—17 页。南部的地主精英，像拉丁美洲的一样，但不同于英国的，往往住在城里，靠租金生活（Chubb，17 页）。这意味着，没有像英国那样的促成农业商业化的创业地主，而设置城市生活规范的是传统精英，而不是工业资产阶级。

16. Graziano，《意大利南部庇护人和依附者的关系》，8—9 页。

17. Gambetta，《西西里黑手党：私人保护的生意》，15—33 页，83 页。

18. 有关黑手党起源，参见 Alexander Stille，《优秀的尸体标本：黑手党和意大利第一共和国的夭折》(Excellent Cadavers: The Mafia and the Death of the First Italian Republic)（纽约：万神殿出版社，1995 年），14—17 页。在填补孱弱国家留下的真空上，黑手党既不是第一个犯罪组织，也不是最后一个。当代案例是准军事组织对哥伦比亚的困扰，当地山多林深，自古以来，国家在发挥权威上就有困难。富裕地主面临左派团体的威胁，包括哥伦比亚革命武装力量（FARC）和全国解放军（ELN），开始雇用准军事组织，以保护自己的农场和牧场。这些组织发展成拥有大量火力的自治团体，涉及贩毒、勒索和一系列其他犯罪活动。21 世纪的墨西哥也有贩毒集团的出没。该国警察在公民基本权利的执法上历来软弱，迄今未见改善，让贩毒集团有机可乘。

19. 经典定义见于 Carl J. Friedrich 和 Zbigniew K. Brzezinski，《极权独裁与专制》第 2 版(Totalitarian Dictatorship and Autocracy, 2nd ed)（马萨诸塞州剑桥：哈佛大学出版社，1965 年）。另参见 Juan J. Linz，《极权政权与威权政权》(Totalitarian and Authoritarian Regimes)（科罗拉多州博尔德：Lynne Rienner 出版社，2000 年）。

20. Chubb，《意大利南部的庇护主义、权力和贫困》，24—27 页。

560

21. Tarrow，《意大利南部的农民共产主义》，101—102 页。

22. Walston，《黑手党和依附主义》，52—56 页；Robert Leonardi 和 Douglas A. Wertman，《意大利基督教民主党：支配的政治》(*Italian Christian Democracy: The Politics of Dominance*)（纽约：圣马丁出版社，1989 年）；Chubb，《意大利南部的庇护主义、权力和贫困》，56—64 页；Allum，《战后那不勒斯的政治和社会》，62—68 页；Graziano，《意大利南部庇护人和依附者的关系》，24—27 页。

23. 有关意大利的白色和红色亚文化，参见 Paul Ginsborg，《意大利及其不满：家庭、公民社会和国家，1980—2001》(*Italy and Its Discontents: Family, Civil Society, State 1980-2001*)（纽约：麦克米伦出版社，2003 年），102—104 页。

24. Tarrow，《意大利南部的农民共产主义》，25—26 页。

25. Chubb，《意大利南部的庇护主义、权力和贫困》，30 页。

26. 同上，75 页。

27. Ginsborg，《意大利及其不满》，203 页。

28. 同上，181 页。

29. Alexander Stille，《罗马之劫：具有寓言历史和传奇文化的美丽欧洲国家遭到贝卢斯科尼的接管》(*The Sack of Rome: How a Beautiful European Country with a Fabled History and a Storied Culture Was Taken Over by a Man Named Silvio Berlusconi*)（纽约：企鹅出版社，2006 年），120—126 页。

30. Ginsborg，《意大利及其不满》，204—205 页。

31. 同上，205—208 页。

32. 有关 Falcone 和 Borsellino 的历史，参见《优秀的尸体标本》。

33. Stille，《罗马之劫》，189—196 页。

34. 参见 Rachel Donadio，《西西里的财政问题威胁意大利》(Sicily's Fiscal Problems Threaten to Swamp Italy)，《纽约时报》，2012 年 7 月 23 日，A4 版。

35. 这一点由 Gianfranco Pasquino 指出，见《领导人、制度与民粹主义：比较视野下的意大利》(Leaders, Institutions, and Populism: Italy in a Comparative Perspective)，载 Gianfranco Pasquino，James L. Newell 和 Paolo Mancini 合编，《自由西方秩序的未来：以意大利为例》(*The Future of the Liberal Western Order: The Case of Italy*)（华盛顿特区：跨大西洋研究所，2013 年）。

36. Chubb，《意大利南部的庇护主义、权力和贫困》，219—232 页；Simona Piattoni，《"良性依附主义"：南部问题解决了？》("Virtuous Clientelism"：The Southern Question Resolved?)，载 Schneider，《意大利的"南部问题"》(*Italy's "Southern Question"*)；Mario Caciagli，《意大利南部依附主义的长期性》(The Long Life of Clientelism in Southern Italy)，载 Junichi Kawata 编，《政治腐败与依附主义的比较》(*Comparing Political Corruption and Clientelism*)（英国汉普郡：阿什盖特出版公司，2006 年）。

37. 关于信任与好政府之间的关系的概论，参见 Rothstein，《政府的质量》，164—192 页。

第8章　庇护政治和改革

1. 有关在 18 世纪英国的政府服务性质，参见 Henry Parris，《宪政官僚体系：英国中央行政自 18 世纪以来的发展》(*Constitutional Bureaucracy: The Development of British Central Administration since the Eighteenth Century*)（纽约：Augustus M. Kelley 出版社，1969 年），22—28 页。

2. 同上，53—54 页。

3. J. M. Bourne，《19 世纪英国的庇护政治和社会》(*Patronage and Society in Nineteenth-Century England*)（巴尔的摩：Edward Arnold 出版社，1986 年），18—19 页。

4. E. N. Gladden，《英国文官制度，1855—1970 年》(*Civil Services of the United Kingdom, 1855-1970*)（伦敦：Frank Cass 出版社，1967 年），2 页。

5. Bourne，《19 世纪英国的庇护政治和社会》，59 页。

6. Richard A. Chapman，《英国高级文官制度》(*The Higher Civil Service in Britain*)（伦敦：Constable 出版社，1970 年），12—13 页。

7. 同上，15 页。

8. Bourne，《19 世纪英国的庇护政治和社会》，32 页。

9. Edward Hughes，《查尔斯·屈维廉爵士和文官制度改革，1853—1855》(Sir Charles Trevelyan and Civil Service Reform, 1853-1855)，载《英国史学评论》(*English Historical Review*) 第 64 卷，第 250 期（1949 年）：53—88 页。

10. John Greenaway，《庆祝诺斯科特／屈维廉：消除神话》(Celebrating Northcote/Trevelyan: Dispelling the Myths)，载《公共政策与管理》(*Public Policy and Administration*) 第 19 卷，第 1 期（2004 年）：1—14 页。

11. Chapman，《英国高级文官制度》，20 页；Gladden，《英国文官制度，1855—1970》，19—21 页。

12. 参见 S. E. Finer，《边沁思想的传播，1820—1850》(The Transmission of Benthamite Ideas 1820-1850) 和 Alan Ryan，《功利主义和官僚主义：约翰·穆勒的观点》(Utilitarianism and Bureaucracy: The Views of J. S. Mill)，载 Gillian Sutherland 编，《19 世纪政府扩展的研究》(*Studies in the Growth of Nineteenth-Century Government*)（新泽西州托托瓦：Rowman 和 Littlefield 出版社，1972 年）。

13. 谢夫特，《政党与国家：美国历史经验》，47 页。

14. 阿尔伯特·赫希曼（Albert O. Hirschman），《激情与利益：资本主义胜利之前的政治主张》(*The Passions and the Interests: Political Arguments for Capitalism before Its Triumph*)（普林斯顿：普林斯顿大学出版社，1977 年）。

15. Chapman，《英国高级文官制度》，18—19 页。

16. Richard A. Chapman，《文官顾问委员会 1855—1991：一个局的传记》(*The Civil Service Commission 1855—1991: A Bureau Biography*)（纽约：劳特利奇出版社，2004 年），12 页。

17. Jennifer Hart，《诺斯科特—屈维廉报告的诞生》(The Genesis of the Northcote-Trevelyan Report)，载 Sutherland 编，《19 世纪政府扩展的研究》。

18. Chapman，《文官顾问委员会》，17—24 页。

19. Chapman,《英国高级文官制度》，29—30 页。

20. Leon Epstein,《西方民主国家的政党》(Political Parties in Western Democracies)（纽约：普拉格出版社，1969 年），24 页。

21. Morton Keller,《美国的三个体制：新政治史》(America's Three Regimes: A New Political History)（纽约：牛津大学出版社，2007 年），136—137 页。

22. 谢夫特,《政党与国家：美国历史经验》，50—51 页。

23. Henry Pelling,《工党起源，1880—1900》(The Origins of the Labour Party, 1880-1900)（牛津：Clarendon 出版社，1965 年），第 8 章。

24. Gladden,《英国文官制度》，18—40 页。

25. 有关 20 世纪 90 年代的改革，参见 Michael Barber,《交付的指令：改革英国公共服务的战斗》(Instruction to Deliver: Fighting to Transform Britain's Public Services)（伦敦：Methuen 出版社，2008 年）。 562

第 9 章　美国发明依附主义

1. 亨廷顿,《变化社会中的政治秩序》，93—139 页。

2. 在亨廷顿之前，这种说法见于 Louis Hartz,《新社会的建立》(The Founding of New Societies)（纽约：Harcourt 出版社，1964 年）。

3. 亨廷顿,《变化社会中的政治秩序》，98 页；也参见亨廷顿,《政治现代化：美国与欧洲》(Political Modernization: America vs. Europe),《世界政治》(World Politics) 第 18 卷（1966 年）：378—414 页。

4. Louis Hartz,《美国的自由传统》(The Liberal Tradition in America)（纽约：Harcourt 出版社，1955 年）。

5. 参见西摩·李普塞特,《第一个新民族》(The First New Nation)（纽约：基本图书公司，1963 年）和李普塞特,《美国例外论：双刃之剑》(American Exceptionalism: A Double-Edged Sword)（纽约：诺顿出版社，1996 年）。

6. 李普塞特,《美国例外论：双刃之剑》，113—116 页。

7. 其他四个组成部分是个人主义、平等（理解为机会平等，而不是结果平等）、民粹主义和自由放任。

8. Frederick C. Mosher,《民主和公共服务》第 2 版 (Democracy and the Public Service, 2nd ed.)（纽约：牛津大学出版社，1982 年），58—64 页。

9. Patricia W. Ingraham,《择优的基础：美国民主政体中的公共服务》(The Foundation of Merit: Public Service in American Democracy)（巴尔的摩：约翰霍普金斯大学出版社，1995 年），17—18 页。

10. Mosher,《民主和公共服务》，63 页。

11. 同上，62 页。

12. Stephen Skowronek,《建设美国新国家：全国行政能力的扩大，1877—1920》(Building a New American State: The Expansion of National Administrative Capacities, 1877-1920)（纽约：剑桥大学出版社，1982 年），31—32 页。

13. Paul P. Van Riper，《美国文官制度史》(*History of the United States Civil Service*)（伊利诺伊州埃文斯顿：Row, Peterson 出版社，1958 年），24 页。

14. Michael C. LeMay 编，《改造美国：对美国移民的看法》(*Transforming America: Perspectives on U.S. Immigration*)（加利福尼亚州圣巴巴拉：Praeger 出版社，2013 年），第 3 章，表 3.11。

15. Mosher，《民主和公共服务》，61 页。

16. 参见 Susan E. Scarrow，《现代政党的 19 世纪起源：政党政治的意外出现》(The Nineteenth-Century Origins of Modern Political Parties: The Unwanted Emergence of Party-Based Politics)，载 Richard S. Katz 和 William J. Crotty 合编，《政党政治手册》(*Handbook of Party Politics*)（加利福尼亚州千橡市：Sage 出版社，2006 年）。

17. William J. Crotty，《美国政党的起源和演化》(Party Origins and Evolution in the United States)，同上，27 页；Epstein，《西方民主政体的政党》，20—21 页。

18. 有关政党功能的概述，参见 Gabriel A. Almond 等编，《比较政治学：理论框架》第 5 版 (*Comparative Politics: A Theoretical Framework*, 5th ed.)（纽约：Pearson Longman 出版社，2004 年），第 5 章；Richard Gunther 和拉里·戴蒙德，《政党的类型和功能》(*Types and Functions of Political Parties*)，载拉里·戴蒙德和 Richard Gunther 合编，《政党与民主》(*Political Parties and Democracy*)（巴尔的摩：约翰霍普金斯大学出版社，2001 年）。

19. 由于这个原因，对亨廷顿的政治发展理论来说，政党发展是至关重要的。参见《变化社会中的政治秩序》，397—461 页。

20. 关于杰克逊的背景，参见 Harry L. Watson，《老山核桃树的民主》(Old Hickory's Democracy)，《威尔逊季刊》(*Wilson Quarterly*) 第 9 卷，第 4 期（1985 年）：100—133 页。

21. Walter Russell Mead，《杰克逊传统与美国外交政策》(The Jacksonian Tradition and American Foreign Policy)，载《国家利益》第 58 卷（1999 年）：5—29 页；Mead，《天意：美国外交政策及其如何改变世界》(*Special Providence: American Foreign Policy and How It Changed the World*)（纽约：Knopf 出版社，2001 年）；Mead，《茶党与美国外交政策》(The Tea Party and American Foreign Policy)，载《外交事务》第 90 卷，第 2 期（2011 年）。

22. 有关概述，参见 David Hackett Fischer，《阿尔比恩的种子：英国四民俗在美国》(*Albion's Seed: Four British Folkways in America*)（纽约：牛津大学出版社，1991 年），605—782 页。

23. 同上，615 页。

24. 同上，621—632 页。

25. Jack H. Knott 和 Gary J. Miller，《改革官制：制度选择的政治》(*Reforming Bureaucracy: The Politics of Institutional Choice*)（新泽西州 Englewood Cliffs：Prentice-Hall 出版社，1987 年），16 页。

26. 引自 Ingraham，《择优的基础：美国民主政体中的公共服务》，20 页。

27. Kenneth J. Meier，《对庇护政治的咏叹：对最高法院最近两个裁决的批判性分析》(Ode to Patronage: A Critical Analysis of Two Recent Supreme Court Decisions)，载《公共管理评论》(*Public Administration Review*) 第 41 卷，第 5 期（1981 年）：558—563 页。

28. David A. Schultz 和 Robert Maranto，《文官制度改革的政治学》(*The Politics of Civil Service Reform*)（纽约：Peter Lang 出版社，1998 年），38 页。杰克逊实际上没有清洗大批旧公职人员，轮换体系将在未来几十年逐渐演变。Matthew A. Crenson，《联邦机

563

器：官僚体系在杰克逊式美国的开始》(*The Federal Machine: Beginning of Bureaucracy in Jacksonian America*)（巴尔的摩：约翰霍普金斯大学出版社，1975 年），55 页。

29. 行政部门的政治化没有即刻发生，杰克逊本人只作出有限的任命，从杰斐逊总统至今，精英公职人员仅减少 7%。Mosher，《民主和公共服务》，63 页；Erik M. Eriksson，《杰克逊总统治下的联邦官僚体系》(The Federal Civil Service Under President Jackson)，载《密西西比河谷历史评论》(*Mississippi Valley Historical Review*)第 13 卷，第 4 期（1927 年）：517—540 页。

30. Skowronek，《建设美国新国家》，24 页。

31. 同上，25 页。

32. Skowronek 以 1857 年的斯科特一案为例说明，在国会无所作为时，法院插手颁布了实质性政策（同上，29 页）。可能还会有人指出，罗伊诉韦德案和美国电话电报公司拆散的裁决，分别是法院在 20 世纪行使立法和行政功能的实例。

33. 参见 Michael Mann，《国家的自主权力：起源、机制和结果》(The Autonomous Power of the State: Its Origins, Mechanisms, and Results)，载《欧洲社会学杂志》(*European Journal of Sociology*)第 25 卷，第 2 期（1984 年）：185—213 页。

34. Schultz 和 Maranto，《文官制度改革的政治学》，43 页；Ingraham，《择优的基础：美国民主政体中的公共服务》，21 页。

35. Harry J. Carman 和 Reinhard H. Luthin，《林肯和庇护政治》(*Lincoln and the Patronage*)（纽约：哥伦比亚大学出版社，1943 年），300 页。

36. T. Harry Williams，《林肯和他的将军》(*Lincoln and His Generals*)（纽约：采葡萄图书公司，2011 年），10—11 页。

37. Margaret Susan Thompson，《"蜘蛛网"：格兰特时代的国会和游说》(*The "Spider Web": Congress and Lobbying in the Age of Grant*)（纽约州伊萨卡：康奈尔大学出版社，1985 年），215 页。

38. Clayton R. Newell 和 Charles R. Shrader，《忠实完成任务：正规军在内战中的历史》(*Of Duty Well and Faithfully Done: A History of the Regular Army in the Civil War*)（林肯：内布拉斯加大学出版社，2011 年），3 页。

39. Keller，《美国的三个体制》，137 页。

40. Scott C. James，《从杰克逊时代到进步时代的庇护体制和美国政党发展》(Patronage Regimes and American Party Development from 'The Age of Jackson' to the Progressive Era)，载《英国政治学杂志》(*British Journal of Political Science*)第 36 卷，第 1 期（2006 年）：39—60 页。

41. 引自 Keller，《美国的三个体制》，136 页。

42. 政治机器为何在东部和中西部那么经久，却从来没有建立于西部，参见马丁·谢夫特，《地区对改革的接受程度：进步时代的遗产》(Regional Receptivity to Reform: The Legacy of the Progressive Era)，载《政治学季刊》第 98 卷，第 3 期（1983 年）：459—483 页。

43. Edward C. Banfield 和 James Q. Wilson，《城市政治》(*City Politics*)（马萨诸塞州剑桥：哈佛大学出版社，1963 年），第 9 章。

44. 有关美国城市政治机器文献的概述，参见 David R. Colburnhe 和 George E. Pozzetta，《老板和机器：美国历史中的变化解释》(Bosses and Machines: Changing Interpretations in

564

American History），载《历史教师》（*The History Teacher*）第 9 卷，第 3 期（1976 年）：445—463 页。

45. James Duane Bolin，《南部城市的政治老板和改革：肯塔基州莱克星顿市，1880—1940》（*Bossism and Reform in a Southern City: Lexington, Kentucky, 1880-1940*）（莱克星顿：肯塔基大学出版社，2000 年），35—47 页。

46. 例如，参见 Roger Biles，《大萧条和战争中的大城市老板：芝加哥市长爱德华·凯利》（*Big City Boss in Depression and War: Mayor Edward I. Kelly of Chicago*）（迪卡尔布：北伊利诺伊大学出版社，1984 年）；Richard J. Connors，《权力周期：泽西市长弗兰克·海牙的职业生涯》（*A Cycle of Power: The Career of Jersey City Mayor Frank Hague*）（新泽西州 Metuchen：稻草人出版社，1971 年）；Rudolph H. Hartmann，《堪萨斯城调查：潘德加的倒台，1938—1939》（*The Kansas City Investigation: Pendergast's Downfall, 1938-1939*）（哥伦比亚：密苏里大学出版社，1999 年）；John R. Schmidt，《整顿芝加哥的市长：威廉·杰维尔的政治传记》（*The Mayor Who Cleaned Up Chicago: A Political Biography of William E. Dever*）（迪卡尔布：北伊利诺伊大学出版社，1989 年）；Frederick Shaw，《纽约州议会的历史》（*The History of the New York State Legislature*）（纽约：哥伦比亚大学出版社，1954 年）；Joel A. Tarr，《老板政治的研究：芝加哥的威廉·洛里默》（*A Study in Boss Politics: William Lorimer of Chicago*）（乌尔班纳：伊利诺伊大学出版社，1971 年）。

47. Knott 和 Miller，《改革官制》，18 页。

48. 参见 Richard Oestreicher，《城市工人阶级的政治行为和美国的选举政治，1870—1940》（Urban Working-Class Political Behavior and Theories of American Electoral Politics, 1870-1940），载《美国历史杂志》（*Journal of American History*）第 74 卷，第 4 期（1988 年）：1257—1286 页。

49. Thompson，《"蜘蛛网"：格兰特时代的国会和游说》，35 页。

50. 同上，215—218 页。

第10章　分赃体系的终结

1. 有关概述，参见 Thompson，《"蜘蛛网"：格兰特时代的国会和游说》，第 1 章。

2. Ingraham，《择优的基础：美国民主政体中的公共服务》，23—24 页；Schultz 和 Maranto，《官制改革的政治学》，60—61 页。

3. 有关加菲尔德的暗杀及其获得的劣质治疗，参见 Candice Millard，《共和国的命运：疯狂、医疗和总统谋杀》（*Destiny of the Republic: A Tale of Madness, Medicine and the Murder of a President*）（纽约：双日出版社，2011 年）。

4. Sean M. Theriault，《庇护政治、彭德尔顿法和人民的力量》（Patronage, the Pendleton Act, and the Power of the People），载《政治杂志》（*Journal of Politics*）第 65 卷，第 1 期（2003 年）：50—68 页；Ingraham，《择优的基础》，26—27 页。

5. Paul P. Van Riper，《美国行政国家：威尔逊和建国之父——非正统观点》（The American Administrative State: Wilson and the Founders-an Unorthodox View），载《公共管理评论》第 43 卷，第 6 期（1983 年）：477—490 页；Skowronek，《建设美国新国家》，47—48 页。

6. 伍德罗·威尔逊，《行政的研究》（The Study of Administration），载《政治学季刊》第 2 卷，

第 2 期（1887 年）：197—222 页；Van Riper 在《美国行政国家》中认为，伊顿对这个时期的氛围影响比威尔逊更大，这篇文章的名气只是事后追加的，之前还有 1885 年的《行政上的注意事项》(Notes on Administration)，谈及政治与行政部门在职责上的分野。

7. 政治—行政的区别是马克斯·韦伯 1919 年在《政治作为一份志业》一文中提出的，载《马克斯·韦伯社会学论文》(From Max Weber: Essays in Sociology)（纽约：牛津大学出版社，1946 年）。

8. 威尔逊，《行政的研究》，206 页。

9. Van Riper，《美 国 行 政 国 家》；H. Eliot Kaplan，《文 官 制 度 改 革 运 动 的 成 绩》(Accomplishments of the Civil Service Reform Movement)，载《美国政治和社会学院年鉴》(Annals of the American Academy of Political and Social Science) 第 189 卷（1937 年）：142—147 页；Skowronek，《建设美国新国家》，64 页。

10. Ingraham，《择优的基础》。

11. 同上，32—33 页；Van Riper，《美国行政国家》，483 页。

12. Ari Hoogenboom，《彭德尔顿法和文官体系》(The Pendleton Act and the Civil Service)，载《美国历史学评论》第 64 卷，第 2 期（1959 年）：301—318 页；Knott 和 Miller，《改革官制》，44 页。

13. Hoogenboom，《彭德尔顿法和文官体系》，305—306 页；Ingraham，《择优的基础》，33—34 页；Skowronek，《建设美国新国家》，68 页和 72 页。

14. Tarr，《老板政治的研究》，72—73 页。

15. Knott 和 Miller，《改革官制》，44—47 页。

16. Skowronek，《建设美国新国家》，51 页。

17. 同上，61—62 页；Knott 和 Miller，《改革官制》，36—37 页。

18. Knott 和 Miller，《改革官制》，35—36 页。

19. 同上，37—38 页；Jean Bethke Elshtain，《简·亚当斯和美国民主的梦想：一生》(Jane Addams and the Dream of American Democracy: A Life)（纽约：基本图书公司，2002 年）。

20. 古德诺的书籍包括《比较行政法：美国、英国、法国和德国全国和地方的行政体系分析》全 2 卷（ Comparative Administrative Law: An Analysis of the Administrative Systems, National and Local, of the United States, England, France and Germany, 2 vols.)（纽约：G. P. Putnam's Sons 出版社，1893 年）；以及《政治与行政：政府研究》(Politics and Administration: A Study in Government)（纽约：麦克米伦出版社，1900 年）。

21. Skowronek，《建设美国新国家》，53 页；Knott 和 Miller，《改革官制》，39—40 页。

22. 弗雷德里克·泰勒（Frederick Winslow Taylor），《科学管理的原则》(The Principles of Scientific Management)（纽约：哈珀出版社，1911 年）。参见福山对泰勒的讨论，《信任：社会美德与创造经济繁荣》，225—227 页。

23. Edmund Morris，《西奥多·罗斯福的崛起》(The Rise of Theodore Roosevelt)（纽约：现代图书馆，2001 年），404—405 页。

24. Skowronek，《建设美国新国家》，53 页。

25. Robert H. Wiebe，《寻找秩序：1877—1920》(The Search for Order: 1877-1920)（纽约：Hill and Wang 出版社，1967 年），165 页。

26. 有关改革者社会背景的概述，参见 Blame A. Brownell，《20 世纪城市进步改革的解释》（Interpretations of Twentieth-Century Urban Progressive Reform），载 David R. Colburn 和 George E. Pozzetta 合编，《进步时代的改革和改革者》（*Reform and Reformers in the Progressive Era*）（康涅狄格州西港：格林伍德出版社，1983 年）；Michael McGerr，《激烈的不满：进步运动在美国的兴衰，1870—1920》（*A Fierce Discontent: The Rise and Fall of the Progressive Movement in America, 1870-1920*）（纽约：自由出版社，2003 年）。

27. Skowronek，《建设美国新国家》，167 页。

28. E. E. Schattschneider，《半主权人民：对美国民主的现实主义观点》（*The Semisovereign People: A Realist's View of Democracy in America*）（纽约：霍尔特出版社，1960 年），78—85 页。

29. Skowronek，《建设美国新国家》，179—180 页；Keller，《美国的三个体制》，182—183 页；Van Riper，《美国文官制度史》，205—207 页。

30. Skowronek，《建设美国新国家》，197—200 页。

31. Ingraham，《择优的基础》，42—47 页。

32. 例如，在臃肿的非洲机构裁减员工的努力，仅仅导致当事人改到政府其他部门上班。印度的教师缺勤，往往是因为教职分配已成政治好处。政客不在意教师是否出勤，除非他或她面临的政治激励发生变化。参见 Nicolas van de Walle，《非洲经济和永久危机的政治，1979—1999》（*African Economies and the Politics of Permanent Crisis, 1979-1999*）（纽约：剑桥大学出版社，2001 年），101—109 页。

33. Skowronek，《建设美国新国家》，180—182 页，191—194 页。

第11章　铁路、森林和美国的国家建设

1. Richard D. Stone，《州际商务委员会和铁路业：监管政策史》（*The Interstate Commerce Commission and the Railroad Industry: A History of Regulatory Policy*）（纽约：普拉格出版社，1991 年），2 页。

2. Skowronek，《建设美国新国家》，123 页。

3. Gabriel Kolko，《铁路和监管，1877—1916》（*Railroads and Regulation, 1877-1916*）（普林斯顿：普林斯顿大学出版社，1965 年），7 页。

4. Skowronek，《建设美国新国家》，124—125 页；Kolko，《铁路和监管》，7—20 页；An Hoogenboom 和 Olive Hoogenboom，《州际商务委员会史：从万灵药到缓和剂》（*A History of the ICC: From Panacea to Palliative*）（纽约：诺顿出版社，1976 年），1—6 页。

5. Robin A. Prager，《用股票价格来衡量监管效果：州际商务委员会和铁路业》（Using Stock Price Data to Measure the Effects of Regulation: The Interstate Commerce Act and the Railroad Industry），载《兰德经济学杂志》（*RAND Journal of Economics*）第 20 卷，第 2 期（1989 年）。

6. 凯瑟家庭基金会（Kaiser Family Foundation），《医疗费用：入门手册，医疗费用及其影响的关键信息》（*Health Care Costs: A Primer, Key Information on Health Care Costs and Their Impact*）（加利福尼亚州门洛帕克：凯瑟家庭基金会，2012 年）。

7. 芒恩开初关注谷物升降机的监管，很快扩展到铁路的监管。

8. 被许多现代新古典经济学视为基础的阿尔弗雷德·马歇尔（Alfred Marshall）的《经济学原理》，发表于 1890 年。

9. Skowronek，《建设美国新国家》，135—137 页。

10. 例如，合作池的流量和收益是违法的，但集体定价既不合法也不算非法。参见 An Hoogenboom 和 Olive Hoogenboom，《州际商务委员会史》，18 页。

11. Keller，《美国的三个体制》，158—162 页。

12. Skowronek，《建设美国新国家》，151 页。

13. Stone，《州际商务委员会和铁路业：监管政策史》，10—15 页。

14. Kolko，《铁路和监管》，1—6 页。

15. Stone，《州际商务委员会和铁路业：监管政策史》，17—22 页；Skowronek，《建设美国新国家》，248—283 页。

16. Skowronek，《建设美国新国家》，283 页。

17. 这个制定运费的决策最终被最高法院推翻。参见 Stone，《州际商务委员会和铁路业：监管政策史》，51 页。

18. 同上，113 页。

19. Daniel P. Carpenter，《官僚自主性的锻造：行政机构的名誉、网络和政策创新，1862—1928》（ The Forging of Bureaucratic Autonomy: Reputations, Networks, and Policy Innovation in Executive Agencies, 1862-1928 ）（普林斯顿：普林斯顿大学出版社，2001 年），191—198 页。

20. 赫伯特·考夫曼（Herbert Kaufman），《护林员：行政行为研究》（ The Forest Ranger: A Study in Administrative Behavior ）（巴尔的摩：约翰霍普金斯大学出版社，1960 年），26—29 页；www.foresthistory.org/ASPNET/Places/National%20Forests%20of%2othe%20U.S.pdf。

21. 平肖的家庭背景和早期生活，参见 Char Miller，《吉福德·平肖和现代环保主义的形成》（ Gifford Pinchot and the Making of Modern Environmentalism ）（华盛顿：岛屿出版社 / 海鸥图书公司，2001 年），15—54 页。

22. Harold K. Steen，《美国林务局史》（ The US. Forest Service: A History ）（西雅图：华盛顿大学出版社，1976 年），49 页。

23. Brian Balogh，《科学林业和美国现代国家的根源：吉福德·平肖通向进步改革的路径》（ Scientific Forestry and the Roots of the Modern American State: Gifford Pinchot's Path to Progressive Reform ），载《环境史》（ Environmental History ）第 7 卷，第 2 期（2002 年）：198—225 页。

24. Carpenter，《官僚自主性的锻造》，205—207 页；考夫曼，《护林员：行政行为研究》，26—27 页；Steen，《美国林务局史》，47—48 页。

25. Balogh，《科学林业和美国现代国家的根源》，199 页；Carpenter，《官僚自主性的锻造》，280 页；Steen，《美国林务局史》，71 页。

26. Carpenter，《官僚自主性的锻造》，212—216 页。

27. 参见 Miller，《吉福德·平肖和现代环保主义的形成》，149—150 页。

28. Steen，《美国林务局史》，71—78 页。

29. Carpenter，《官僚自主性的锻造》，1 页，280—282 页。

30. 同上，282 页。

31. 吉福德·平肖，《开辟新天地》（*Breaking New Ground*）（华盛顿特区：岛屿出版社，1947年），392 页。

32. 同上，395—403 页；Carpenter，《官僚自主性的锻造》，285—286 页；Skowronek，《建设美国新国家》，190—191 页。

33. 考夫曼，《护林员：行政行为研究》，28—29 页。

第12章　民族建设

1. 有关因竞争压力而产生的社会合作，参见福山，《政治秩序的起源》，第 2 章。

2. 这是欧内斯特·格尔纳（Ernest Gellner）给出的定义，参见《民族与民族主义》第 2 版（*Nations and Nationalism, 2nd ed*）（马萨诸塞州莫尔登：布莱克韦尔出版社，2006 年），1 页。

3. 参见 Charles Taylor 编，《多元文化论：考察承认的政治》（*Multiculturalism: Examining the Politics of Recognition*）（普林斯顿：普林斯顿大学出版社，1994 年）。

4. 本尼迪克特·安德森（Benedict Anderson），《想象的共同体：民族主义的起源与散布》修订版（*Imagined Communities: Reflections on the Origins and Spread of Nationalism, rev. ed.*）（纽约：Verso 出版社，1991 年），37—46 页。相似观点出现于 Elizabeth L. Eisenstein，《早期现代欧洲的印刷革命》第 2 版（*The Printing Revolution in Early Modern Europe, 2nd ed.*）（纽约：剑桥大学出版社，2005 年）。

5. 欧内斯特·格尔纳，《民族主义与复杂社会的两种聚合形式》（Nationalism and the Two Forms of Cohesion in Complex Societies），载《文化、身份和政治》（*Culture, Identity, and Politics*）（纽约：剑桥大学出版社，1987 年），15—16 页。

6. 参见欧内斯特·格尔纳，《民族与民族主义》，38—42 页。

7. Eugen Weber，《从农民到法国人：法国农村的现代化，1870—1914 年》（*Peasants into Frenchmen: The Modernization of Rural France, 1870-1914*）（加利福尼亚州斯坦福：斯坦福大学出版社，1976 年），67、84、86 页。

8. 参见涂尔干，《自杀论》（*Suicide*）（伊利诺伊州葛伦科：自由出版社，1951 年）。

9. Liah Greenfeld，《民族主义：通向现代性的五条道路》（*Nationalism: Five Roads to Modernity*）（马萨诸塞州剑桥：哈佛大学出版社，1992 年），14 页。

10. 解说社会建构共识的是 Keith Darden，《抵抗占领：大众教育和持久民族忠诚的铸造》（*Resisting Occupation: Mass Schooling and the Creation of Durable National Loyalties*）（纽约：剑桥大学出版社，2013）。有关不同类型的建构论点，参见 Rogers Brubaker，《重新构筑的民族主义：新欧洲的民族性和民族问题》（*Nationalism Reframed: Nationhood and the National Question in the New Europe*）（纽约：剑桥大学出版社，1996 年）和《没有群体的种族》（*Ethnicity without Groups*）（马萨诸塞州剑桥：哈佛大学出版社，2004 年）；David D. Laitin，《民族、国家和暴力》（*Nations, States, and Violence*）（纽约：牛津大学出版社，2007 年）。

11. 欧内斯特·勒南（Ernest Renan），《民族是什么？》（*Qu'est-ce qu'une nation? What Is a Nation?*）（多伦多：Tapir 出版社，1996 年），19 页。

12. 关于这一点，参见 Mansfield，《马基雅维利的美德》，64—66 页，262 页。

569

第13章 好政府，坏政府

1. "有限准入"来自 North, Wallis 和 Weingast,《暴力与社会秩序》。这本书在有限准入和开放准入的秩序之间作出区别，非常有助于思考从家族制到现代国家的过渡，但没有提供如何从一个秩序过渡到另一个秩序的动态理论。它列出过渡中的"门阶条件"，如应用于精英的法治和文官对军队的控制，会引出如何满足这些条件的疑问，以及为何过渡的关键是这些条件，而不是看上去也非常重要的其他条件。

2. Conor O'Dwyer 研究共产主义垮台后东欧的国有部门的增长，在马丁·谢夫特的框架外增加了另一项因素：政党竞争的性质。当竞争强劲有力时，政党互相监督，阻止庇护式任命的扩展；当政党微弱分散，庇护式任命趋于增加。这解释了，为何波兰和斯洛伐克的国家迅速扩展，而捷克的没有。参见 Conor O'Dwyer,《失控的国家建设：庇护政治与民主发展》(*Runaway State-Building: Patronage Politics and Democratic Development*)（巴尔的摩：约翰霍普金斯大学出版社，2006 年）。

3. Alexander Gerschenkron,《经济落后的历史透视》(*Economic Backwardness in Historical Perspective*)（马萨诸塞州剑桥：哈佛大学出版社，1962 年）。

4. 这一点见于 Khan,《市场、国家和民主：发展中国家的庇护人—依附者网络和民主案例》。

5. Gorski,《纪律革命：加尔文主义和早期现代欧洲国家的兴起》，39—77 页。

6. 有关该地区的国家建设，参见 Dan Slater,《订购权力：东南亚的抗争性政治与威权利维坦》(*Ordering Power: Contentious Politics and Authoritarian Leviathans in Southeast Asia*)（纽约：剑桥大学出版社，2010 年），135—163 页。

7. Edward N. Luttwak,《给战争一个机会》(*Give War a Chance*)，载《外交事务》第 78 卷，第 4 期（1999 年）：36—44 页。

8. 亨廷顿,《变化社会中的政治秩序》，315—324 页。

9. Fareed Zakaria,《自由的未来：美国内外的非自由民主》(*The Future of Freedom: Illiberal Democracy at Home and Abroad*)（纽约：诺顿出版社，2003 年）。

10. 参见 Thomas Carothers,《"次序"谬误》(The 'Sequencing' Fallacy)，载《民主杂志》第 18 卷，第 1 期（2007 年）：13—27 页；Robert Kagan,《阳春白雪的洁净人士：民主为何必须继续是美国的海外目标》(The Ungreat Washed: Why Democracy Must Remain America's Goal Abroad)，载《新共和》(*New Republic*) 2003 年 7 月 7 日至 14 日，27—37 页；福山,《民主过渡是否有适当顺序？》(Is There a Proper Sequence in Democratic Transitions?)，载《当代历史》(*Current History*) 第 110 卷，第 739 期（2011 年）：308—310 页。

第14章 尼日利亚

1. Peter Cunliffe-Jones,《我的尼日利亚：独立五十年》(*My Nigeria: Five Decades of Independence*)（纽约：麦克米伦出版社，2010 年），148—149 页。

2. Peter Lewis,《越来越远：印尼和尼日利亚的石油、政治和经济变化》(*Growing Apart: Oil, Politics, and Economic Change in Indonesia and Nigeria*)，（安阿伯：密歇根大学出版社，2007 年）。

3. Tom Forrest,《尼日利亚的政治和经济发展》（*Politics and Economic Development in Nigeria*）（科罗拉多州博尔德：西方视点出版社，1993 年），133—136 页。

4. Lewis,《越来越远》，184—188 页。

5. Cunliffe-Jones,《我的尼日利亚》，129 页。难以得到石油出口的准确统计，因为尼日利亚这个部门不透明。

6. www.forbes.com/billionaires/#tab:overall_page:3.

7. Cunliffe-Jones,《我的尼日利亚》，131—132 页。

8. 世界银行全球治理指标 2010 年；透明国际清廉指数 2011 年。

9. Toyin Falola 和 Matthew M. Heaton,《尼日利亚史》（*A History of Nigeria*）（纽约：剑桥大学出版社，2008 年），187 页。

10. Daniel Jordan Smith,《腐败文化：尼日利亚每天的欺骗和民众的不满》（*A Culture of Corruption: Everyday Deception and Popular Discontent in Nigeria*）（普林斯顿：普林斯顿大学出版社，2007 年），19—24 页，33—39 页。

11. John Campbell,《尼日利亚：在峭壁上跳舞》（*Nigeria: Dancing on the Brink*）（马里兰州拉纳姆：Rowman 和 Littlefield 出版社，2011 年），63—78 页。

12. 参见 Eghosa E. Osaghae,《瘸腿巨人：独立以来的尼日利亚》（*Crippled Giant: Nigeria Since Independence*）（布卢明顿：印第安纳大学出版社，1998 年），54—69 页。

13. Campbell,《尼日利亚：在峭壁上跳舞》，97—113 页。2011 年大选延续了古德勒克·乔纳森（Goodluck Jonathan）的任期，明显比较公平。Lewis,《尼日利亚投票：更大开放，更多冲突》（*Nigeria Votes: More Openness, More Conflict*），载《民主杂志》第 22 卷，第 4 期（2011 年）：59—74 页。

14. Cunliffe-Jones,《我的尼日利亚》，179—194 页，作者提出完全合理的疑问：尼日利亚为何没有更多的民怨和动员。

15. Joseph,《尼日利亚的民主和神职薪俸式政治：第二共和国的兴衰》。

16. 参见 Daniel N. Posner,《非洲的制度和种族政治》（*Institutions and Ethnic Politics in Africa*）（纽约：剑桥大学出版社，2005 年）。

第15章 地理

1. 有关社会达尔文主义的概述和生物学在理解人类行为中的作用，参见福山,《政治秩序的起源》，第 2 章。

2. 有关将地理和经济增长联系起来的最近研究，参见世界银行,《2009 年世界发展报告：重塑经济地理》（*World Development Report 2009: Reshaping Economic Geography*）（华盛顿：世界银行，2008）。

3. 杰弗里·萨克斯（Jeffrey Sachs）,《热带的欠发达》（*Tropical Underdevelopment*）（马萨诸塞州剑桥：国家经济研究局工作文件 8119 号，2001 年）；John L. Gallup 和杰弗里·萨克斯,《疟疾的经济负担》（*The Economic Burden of Malaria*），载《美国热带医药卫生杂志》（*American Journal of Tropical Medicine and Hygiene*）第 64 卷，第 1—2 期（2001 年）：85—96 页。

4. 贾雷德·戴蒙德（Jared Diamond），《枪炮、病菌和钢铁：人类社会的命运》（*Guns, Germs, and Steel: The Fates of Human Societies*）（纽约：诺顿出版社，1997 年）。

5. 例如，参见 North 和 Thomas，《西方世界的崛起》。

6. Stanley L. Engerman 和 Kenneth L. Sokoloff，《新世界经济中的要素禀赋、制度和不同的增长道路：从美国经济史学家的角度看》（Factor Endowments, Institutions, and Differential Paths of Growth Among New World Economies: A View from Economic Historians of the United States），载 Stephen Haber 编，《拉丁美洲何以变得落后：巴西和墨西哥经济史论文，1800—1914》（*How Latin America Fell Behind: Essays on the Economic Histories of Brazil and Mexico, 1800-1914*）（加利福尼亚州斯坦福：斯坦福大学出版社，1997 年）；Engerman 和 Sokoloff，《新世界经济的要素禀赋、不平等和发展道路》（Factor Endowments, Inequality, and Paths of Development Among New World Economies），载《经济》（*Economia*，英国会计师协会杂志）第 3 卷，第 1 期（2002 年）：41—101 页。Stephen Haber 也作出基于平均降雨量的推测，认为适当降雨量的地区较能产生民主政府，因为这样的气候条件往往鼓励小农经济、较公平的土地分配乃至较分散的政治权力。无论是降雨量有限的沙漠地区，还是强降雨的热带地区，都比较不可能支持这一类农业。Stephen Haber，《降雨和民主：气候、技术乃至经济和政治制度的演变》（Rainfall and Democracy: Climate, Technology, and the Evolution of Economic and Political Institutions）（未发表的论文，2012 年 8 月 24 日）。

7. 达龙·阿西莫格鲁、西蒙·约翰逊（Simon Johnson）和詹姆斯·罗宾逊，《比较发展中的殖民地起源：实证调查》（The Colonial Origins of Comparative Development: An Empirical Investigation），载《美国经济学评论》第 91 卷，第 5 期（2001 年）：1369—1401 页。这些研究结果已纳入阿西莫格鲁和罗宾逊，《国家为什么会失败：权力、繁荣和贫困的起源》。

8. 阿西莫格鲁、约翰逊和罗宾逊，《命运的逆转：现代世界收入分配形成中的地理和制度》（Reversal of Fortune: Geography and Institutions in the Making of the Modern World Income Distribution），载《经济学季刊》第 107 卷（2002 年）：1231—1294 页；David Eltis，Frank D. Lewis 和 Kenneth L. Sokoloff 合编，《美洲发展中的奴隶制》（*Slavery in the Development of the Americas*）（纽约：剑桥大学出版社，2004 年），1—27 页；Eric E. Williams，《资本主义和奴隶制》（*Capitalism and Slavery*）（教堂山：北卡罗来纳大学出版社，1994 年），51—84 页。

9. 有关这种理论和其他理论的讨论，见福山，《政治秩序的起源》，第 5 章；Robert L. Carneiro，《国家起源的理论》（A Theory of the Origin of the State），载《科学》第 159 卷（1970 年）：733—738 页；Ian Morris，《为什么是西方占据了统治地位——至今为止》（*Why the West Rules—For Now*）（纽约：FSG 出版社，2010 年）。

10. 关于东南亚国家无法制服其腹地，参见 James C. Scott，《不受统治的技艺：东南亚山地的无政府主义历史》（*The Art of Not Being Governed: An Anarchist History of Upland Southeast Asia*）（纽黑文：耶鲁大学出版社，2009 年）。

11. Jack Goody，《非洲的技术、传统和国家》（*Technology, Tradition, and the State in Africa*）（牛津：牛津大学出版社，1971 年）；Jeffrey Herbst，《非洲的国家和权力》（*States and Power in Africa*）（普林斯顿：普林斯顿大学出版社，2000 年），39—41 页。

第16章　白银、黄金和蔗糖

1. J. H. Elliott,《大西洋世界的帝国：英国和西班牙在美国，1492—1830》(*Empires of the Atlantic World: Britain and Spain in America, 1492-1830*)（纽黑文：耶鲁大学出版社，2006年），23页；James Mahoney,《殖民主义和后殖民发展》(*Colonialism and Postcolonial Development*)（纽约：剑桥大学出版社，2000年），69—70页；D. K. Fieldhouse,《殖民帝国：从18世纪起的比较调查》第2版 (*The Colonial Empires: A Comparative Survey from the Eighteenth Century*, 2nd ed.)（伦敦：麦克米伦出版社，1982年），22—23页。

2. Elliott,《大西洋世界的帝国》，41—42页；Mahoney,《殖民主义和后殖民发展》，63页。

3. Fieldhouse,《殖民帝国》，14页。

4. Philip D. Curtin,《种植园综合体的兴衰：大西洋历史论文》第2版 (*The Rise and Fall of the Plantation Complex: Essays in Atlantic History*, 2nd ed.)（纽约：剑桥大学出版社，1998年），16—25页。

5. 同上，42—45页；Thomas E. Skidmore 和 Peter H. Smith,《现代拉丁美洲》第6版 (*Modern Latin America*, 6th ed.)（纽约：牛津大学出版社，2004年），22—26页。

6. Gavin Wright,《奴隶制和美国经济发展》(*Slavery and American Economic Development*)（巴吞鲁日：路易斯安那州立大学出版社，2006年），14页。Philip D. Curtin 指出，在17世纪80年代，蔗糖小岛巴巴多斯的人口超过美国马萨诸塞州或弗吉尼亚州，是英国人口密度的四倍。参见《种植园综合体的兴衰》，83页。

7. Wright,《奴隶制和美国经济发展》，16页。

8. 以为奴隶制效率低下的是 Ulrich B. Phillips,《美国黑人奴隶制》(*American Negro Slavery*)（巴吞鲁日：路易斯安那州立大学出版社，1966年）；以为奴隶制经济可行的是 Alfred H. Conrad 和 John R. Meyer,《内战前的南方奴隶制经济：评论》(The Economics of Slavery in the Ante Bellum South: Comment)，载《美国经济学评论》第66卷，第2期（1979年）：95—130页；Robert W. Fogel 和 Stanley Engerman,《十字架上的时间：美国的黑人奴隶制经济》(*Time on the Cross: The Economics of American Negro Slavery*)（波士顿：小布朗出版社，1974年）；Robert W. Fogel 和 Stanley L. Engerman,《解释内战前南方奴隶制农业的相对有效》(Explaining the Relative Efficiency of Slave Agriculture in the Antebellum South)，载《美国经济学评论》第67卷，第3期（1977年）：275—296页。

9. William H. Prescott,《秘鲁征服史》(*History of the Conquest of Peru*)（费城：J. B. Lippincott 出版社，1902年）；Prescott,《墨西哥征服史》(*History of the Conquest of Mexico*)（费城：J. B. Lippincott 出版社，1904年）；Hugh Thomas,《征服墨西哥》(*The Conquest of Mexico*)（伦敦：Hutchinson 出版社，1993年）；戴蒙德,《枪炮、病菌和钢铁》。

10. 戴蒙德,《枪炮、病菌和钢铁》，67—81页。

11. Ferrel Heady,《公共行政：比较的角度》第6版 (*Public Administration: A Comparative Perspective*, 6th ed.)（纽约：Marcel Dekker 出版社，2001年），163—164页；Jean-Claude Garcia-Zamor,《阿兹特克人、印加人、玛雅人的行政实践：现代行政发展的教训》(Administrative Practices of the Aztecs, Incas, and Mayas: Lessons for Modern Development Administration)，载《公共行政国际杂志》(*International Journal of Public Administration*)第21卷，第1期（1998年）：145—171页。考古学家认为，早期西班牙观察家将印加土地上的道路网络视作军事官僚的庞大设施，但它们的使用实际上

倾向于宗教礼仪。目前尚不清楚，印加帝国的官僚制度究竟达到何种程度。参见 Craig Morris，《印加在秘鲁中部高地的基础设施》（The Infrastructure of Inka Control in the Peruvian Central Highlands），载 George A. Collier, Renato I. Rosaldo 和 John D. Wirth 合编，《印加和阿兹特克国家，1400—1800：人类学和历史学》（The Inca and Aztec States, 1400—1800: Anthropology and History）（纽约：科学出版社，1982 年）。

12. 有关孔雀王朝以及印度和中国的比较，参见福山，《政治秩序的起源》，163—188 页。

13. Mahoney，《殖民主义和后殖民发展》，60 页，68 页；戴蒙德，《枪炮、病菌和钢铁》，210—214 页。

14. 有关这些发展的解说，参见福山，《政治秩序的起源》，第 8 章。

15. Fieldhouse，《殖民帝国》，16 页；Curtin，《种植园综合体的兴衰》，62—63 页。

16. Elliott，《大西洋世界的帝国》，59—60 页。

17. Mahoney，《殖民主义和后殖民发展》，44—47 页；Skidmore 和 Smith，《现代拉丁美洲》第 6 版，26—27 页。

18. Mahoney，《殖民主义和后殖民发展》，46—49 页；Skidmore 和 Smith，《现代拉丁美洲》，27—28 页。

19. 有关这个过程的概述，参见福山编，《落后：解释拉丁美洲和美国之间的发展差距》（Falling Behind: Explaining the Development Gap Between Latin America and the United States）（纽约：牛津大学出版社，2008 年），第 10 章。

20. Mahoney，《殖民主义和后殖民发展》，143—146 页。

21. Enrique Cárdenas，《宏观解读 19 世纪的墨西哥》（A Macroeconomic Interpretation of Nineteenth-Century Mexico），载哈伯编，《拉丁美洲何以变得落后：巴西和墨西哥经济史论文，1800—1914》，66—74 页；John H. Coatsworth，《19 世纪墨西哥经济增长的障碍》（Obstacles to Economic Growth in Nineteenth-Century Mexico），载《美国历史学评论》第 83 卷（1978 年）：80—100 页。

22. Jeffrey Bortz 和 Stephen Haber，《新制度经济学和拉丁美洲经济史》（The New Institutional Economics and Latin American Economic History），Noel Maurer 和 Stephen Haber，《制度变迁与经济增长：银行、金融市场和墨西哥工业化，1878—1913 年》（Institutional Change and Economic Growth: Banks, Financial Markets, and Mexican Industrialization, 1878-1913），载 Jeffrey Bortz 和 Stephen Haber 合编，《墨西哥经济，1870—1930：制度、革命和增长的经济史论文》（The Mexican Economy, 1870—1930: Essays on the Economic History of Institutions, Revolution, and Growth）（加利福尼亚州斯坦福：斯坦福大学出版社，2002 年）。

第17章 不叫的狗

1. Miguel Angel Centeno，《血和债：拉丁美洲的战争和民族国家》（Blood and Debt: War and the Nation-State in Latin America）（大学公园：宾夕法尼亚州立大学出版社，2002 年），35—47 页；有关战争和国家建设在拉丁美洲的相对缺乏，出现于 Georg Sørensen，《战争与国家形成：为何没在第三世界生效？》（War and State-Making: Why Doesn't It Work in the Third World?），载《安全对话》（Security Dialogue）第 32 卷，第 3 期（2001 年）：

341—354 页；Cameron G. Thies，《拉丁美洲的战争、对抗和国家建设》(War, Rivalry, and State Building in Latin America)，载《美国政治学杂志》第 49 卷，第 3 期（2005 年）：451—465 页。

2. Skidmore 和 Smith，《现代拉丁美洲》，28—34 页；David Bushnell 和 Neill Macaulay，《拉丁美洲在 19 世纪的出现》第 2 版，(*The Emergence of Latin America in the Nineteenth Century*, 2nd ed)（纽约，牛津大学出版社，1994 年），14—20 页。

3. Bushnell 和 Macaulay，《拉丁美洲在 19 世纪的出现》，22—26 页；Skidmore 和 Smith，《现代拉丁美洲版》，36—40 页。   574

4. Centeno，《血和债：拉丁美洲的战争和民族国家》，56 页。

5. 同上，52—81 页。

6. 有关该过程在中国和欧洲的铺展，参见福山，《政治秩序的起源》，110—127 页，321—335 页。

7. 同上，361 页。

8. Marcus Kurtz 对此做出记录，衡量国家有效性的标尺有三个：税收比例、就读中学的孩子比例、相关于土地面积的铁路里程。Kurtz，《拉丁美洲国家建设的比较研究》(*Latin American State Building in Comparative Perspective*)（纽约：剑桥大学出版社，2013 年），10—17 页。

9. Kurtz 表明，现有国家建设的理论着眼于战争和资源开采，颇有局限性。智利、玻利维亚和秘鲁都依赖资源，都在 19 世纪打过仗，但到最后，仅有智利的国家相对强大（同上，48—54 页）。

10. Barbara Geddes，《政客困境：在拉丁美洲打造国家能力》(*Politician's Dilemma: Building State Capacity in Latin America*)（伯克利：加利福尼亚州大学出版社，1994 年），24—42 页。

11. 参见《经济合作与发展组织对巴西的诚信审查：对更廉洁公共部门的风险管理》(*OECD Integrity Review of Brazil: Managing Risks for a Cleaner Public Sector*)（巴黎：经济合作与发展组织，2012 年）。

第18章　清洁的石板

1. 以 2005 年的购买力平价为常量。世界银行数据库，http://databank.worldbank.org/ddp/home.do?Step=3&id=4.

2. 有关哥斯达黎加 1948 年以来的经济概述，参见 Helen L. Jacobstein，《哥斯达黎加经济发展过程，1948—1970：政治因素》(*The Process of Economic Development in Costa Rica, 1948-1970: Some Political Factors*)（纽约：Garland 出版社，1987 年）。

3. Lawrence E. Harrison，《不发达的是心态：拉丁美洲案例》(*Underdevelopment Is a State of Mind: The Latin American Case*)（马里兰州拉纳姆：国际事务中心，1985 年），49 页。

4. 参见 See Jeffery M. Paige，《咖啡和权力：中美洲的革命和民主兴起》(*Coffee and Power: Revolution and the Rise of Democracy in Central America*)（马萨诸塞州剑桥：哈佛大学出版社，1997 年），16—19 页，24—25 页。

5. John A. Booth，《哥斯达黎加：争取民主》(*Costa Rica: Quest for Democracy*)（科罗拉多州博尔德：西方视点出版社，1998），32—35 页。

6. Skidmore 和 Smith，《现代拉丁美洲》，371—372 页；Booth，《哥斯达黎加：争取民主》，42—50 页。

7. Paige，《咖啡和权力》，141—152 页。

8. 同上，127—140 页。

9. Mahoney，《殖民主义和后殖民发展》，130—131 页；Bushnell 和 Macaulay，《拉丁美洲在 19 世纪的出现》，224 页。

10. Skidmore 和 Smith，《现代拉丁美洲》，72—73 页；Carlos Newland，《经济发展和人口变化：阿根廷，1810—1870》（Economic Development and Population Change: Argentina, 1810-1870），载 Coatsworth 和 Taylor 编，《拉丁美洲和世界经济》（Latin America and the World Economy），210—213 页。

11. Carlos Waisman，《阿根廷发展的逆转：战后的反革命政策和结构性后果》（Reversal of Development in Argentina: Postwar Counterrevolutionary Policies and their Structural Consequences）（普林斯顿：普林斯顿大学出版社，1987 年），5 页。

12. Mahoney，《殖民主义和后殖民发展》，129 页，211 页。

13. 同上，131 页。

14. Waisman，《阿根廷发展的逆转》，9 页。

15. 参见 V. S. Naipaul，《伊娃·庇隆归来，以及特立尼达的杀戮》（The Return of Eva Perón, with The Killings in Trinidad）（纽约：Knopf 出版社，1980 年）。

16. Paul W. Gates，《宅地法：1862—1935 年免费土地政策的实施》（The Homestead Act: Free Land Policy in Operation, 1862-1935），载 Gates 编，《杰斐逊的梦想：美国土地政策和发展的历史研究》（The Jeffersonian Dream: Studies in the History of American Land Policy and Development）（阿尔伯克基：新墨西哥大学出版社，1996 年）；Harold M. Hyman，《美国的特异性：1787 年西北条例、1862 年宅地法和莫里尔法、1944 年退伍军人法》（American Singularity: The 1787 Northwest Ordinance, the 1862 Homestead and Morrill Acts, and the 1944 G. I. Bill）（雅典：佐治亚大学出版社，1986 年）。

17. Mouzelis，《半边缘地区的政治》，16—17 页。

18. Bushnell 和 Macaulay，《拉丁美洲在 19 世纪的出现》，128—129 页。

19. 同上，227—232 页。

20. 与希腊的比较见 Mouzelis，《半边缘地区的政治》，21—22 页。另参见 Skidmore 和 Smith，《现代拉丁美洲》，80—81 页。

21. Skidmore 和 Smith，《现代拉丁美洲》，82—86 页。

22. Mouzelis，《半边缘地区的政治》，2—27 页。

23. Roberto Cortés Condé，《20 世纪阿根廷政治经济学》（The Political Economy of Argentina in the Twentieth Century）（纽约：剑桥大学出版社，2009 年），125—144 页。

24. 这个问题在庇隆手中变得更糟，他弹劾最高法院五名法官中的四个。Matlas Iaryczower, Pablo T. Spiller 和 Mariano Tommasi，《不稳定环境中的司法独立，1935—1998 年的阿根廷》（Judicial Independence in Unstable Environments, Argentina 1935-1998），《美国政治学杂志》第 46 卷，第 4 期（2002 年）：699—716 页。

575

第19章 非洲风暴

1. 参见世界银行数据库，http://databank.worldbank.org/ddp/home.do？ Step=12 & ID=4 & CNO=2.

2. Steven Radelet，《新兴非洲：十七个国家如何处于领先地位》（*Emerging Africa: How 17 Countries Are Leading the Way*）（巴尔的摩：全球发展中心，2010 年）。这本书出版之后，十七个国家之一的马里遭遇政变，要从花名册上除名。

3. 有关这段时期，参见 William Reno，《军阀政治与非洲国家》（*Warlord Politics and African States*）（科罗拉多州博尔德：Lynne Rienner 出版社，1998 年）。

4. Collier，《最底层的 10 亿人》；Collier，《内部冲突的经济原因及其政策含义》；Collier，《种族多样性的影响》（Implications of Ethnic Diversity），载《经济政策》（*Economic Policy*）第 32 卷（2001 年）：129—166 页。

5. Michael Bratton 和 Nicolas van de Walle，《非 洲 民 主 实 验：体 系 变 迁 的 比 较 研 究 》（*Democratic Experiments in Africa: Regime Transitions in Comparative Perspective*）（纽约：剑桥大学出版社，1997 年），61—63 页。

6. van de Walle，《非洲经济和永久危机的政治，1979—1999》，117 页。

7. 蒙博托政权垮台时，军内有五十名将军和六百名上校。Michela Wrong，《沿着 Kurtz 先生的足迹：蒙博托刚果的灾难边缘的生活》（*In the Footsteps of Mr. Kurtz: Living on the Brink of Disaster in Mobutu's Congo*）（纽约：哈珀出版社，2001 年），90、95、229 页。

8. van de Walle，《非洲经济和永久危机的政治，1979—1999 年》，65 页。

9. Herbst，《非洲的国家和权力》。

10. van de Walle，《非洲经济和永久危机的政治，1979—1999 年》，73—74 页。

11. van de Walle，《在依赖援助的国家克服经济停滞》（*Overcoming Stagnation in Aid-Dependent Countries*）（华盛顿：全球发展中心，2004 年），33 页。

12. Bratton 和 van de Walle，《非洲民主实验》；Robert Bates，《热带非洲的市场和国家：农 业 政 策 的 政 治 基 础 》（*Markets and States in Tropical Africa: The Political Basis of Agricultural Policies*）（伯克利：加利福尼亚州大学出版社，2005 年）。

13. Wrong，《沿着 Kurtz 先生的足迹》，104—108 页。

14. David B. Abernethy，《全球主导权的动态：欧洲海外殖民帝国，1415—1980》（*The Dynamics of Global Dominance: European Overseas Empires, 1415-1980*）（纽黑文：耶鲁大学出版社，2000 年），81—82 页；Fieldhouse，《殖民帝国》，177—178 页。

15. Abernethy，《全球主导权的动态》，92 页。

16. Fieldhouse，《殖民帝国》，178 页，207—210 页。

17. Abernethy，《全球主导权的动态》，94—95 页；Mahmood Mamdani，《公民和臣民：当代非洲和后期殖民主义的遗产》（*Citizen and Subject: Contemporary Africa and the Legacy of Late Colonialism*）（普林斯顿：普林斯顿大学出版社，1996 年）。

18. Herbst，《非洲的国家和权力》，15 页。

19. Crawford Young，《非 洲 殖 民 地 国 家 的 比 较 研 究 》（*The African Colonial State in Comparative Perspective*）（纽黑文：耶鲁大学出版社，1994 年），74—75 页。

20. Carneiro,《国家起源的理论》。

21. Herbst,《非洲的国家和权力》，40—57 页。

22. Young,《非洲殖民地国家的比较研究》，80—90 页；Fieldhouse,《殖民帝国》，211—216 页。

第20章　间接统治

1. 例如，参见人权观察的网站，www.hrw.org/en/news/2ooo/o5/31/sierra-leone-rebels-forcefully- recruitchildsoldiers。

2. Robert D. Kaplan,《即将到来的无政府状态：打碎冷战后的梦想》(The Coming Anarchy: Shattering the Dreams of the Post-Cold War)（纽约：兰登书屋，2000 年），4—19 页。

3. 经济学家 Nathan Nunn 在研究报告中显示，今日西非的高度不信任和几世纪前的奴隶贸易有很强关联。捕获奴隶涉及大量暴力；特别在南部，参与奴隶贸易的国家不断为航线和国外市场互相开仗。Nathan Nunn,《历史遗产：把现时不发达与非洲过去关联起来的模型》(Historical Legacies: A Model Linking Africa's Past to Its Current Underdevelopment)，载《发展经济学杂志》(Journal of Development Economics) 第 83 卷，第 1 期（2007 年）：157—175 页；Nunn,《非洲奴隶贸易的长期影响》(The Long-Term Effects of Africa's Slave Trades)，载《经济学季刊》第 123 卷，第 1 期（2008 年）：139—176 页。

4. Wrong,《沿着 Kurtz 先生的足迹：蒙博托刚果的灾难边缘的生活》，47 页。

5. Lansana Gberie,《西非的肮脏战争：革命联合阵线和塞拉利昂的破坏》(A Dirty War in West Africa: The RUF and the Destruction of Sierra Leone)（布卢明顿：印第安纳大学出版社，2005 年），40 页。

6. 引自 Jean Suret-Canale,《热带非洲的法国殖民主义，1900—1945》(French Colonialism in Tropical Africa, 1900-1945)（纽约：Pica 出版社，1971 年），90 页。

7. Mann,《社会权力的来源，第 1 卷：从开始到公元 1760 年的权力史》，169—170 页。

8. 当然也有重要例外，如博茨瓦纳和毛里求斯，治理国家仅用最少的专制。

9. Karen E. Fields,《中非殖民地的复兴与叛乱》(Revival and Rebellion in Colonial Central Africa)（普林斯顿：普林斯顿大学出版社，1985 年），第 32 页。

10. Sara Berry,《没有永久的条件：撒哈拉以南非洲农业变化的社会动态》(No Condition Is Permanent: The Social Dynamics of Agrarian Change in Sub-Saharan Africa)（麦迪逊：威斯康星大学出版社，1993 年），22 页，24 页；Fields,《中非殖民地的复兴与反叛》，39 页。

11. 例如，参见 Charles K. Meek,《殖民地的土地法和习惯》第 2 版 (Land Law and Custom in the Colonies, 2nd ed.)（伦敦：Frank Cass 出版社，1968 年）；埃文斯–普理查德（E. E. Evans-Pritchard),《努尔人的亲戚关系和婚姻》(Kinship and Marriage among the Nuer)（牛津：Clarendon 出版社，1951 年）；埃文斯–普理查德,《盎格鲁–埃及苏丹的阿努亚克的政治体系》(The Political System of the Anyuak of the Anglo-Egyptian Sudan)（纽约：AMS 出版社，1977 年）；Julius Lewin,《非洲本土法的研究》(Studies in African Native Law)（费城：宾夕法尼亚大学出版社，1947 年)；Abernethy,《全球主导权的动态》，115 页；Berry,《没有永久的条件》，30 页。

12. Berry,《没有永久的条件》，27 页。

13. Mamdani,《公民和臣民：当代非洲和后期殖民主义的遗产》，79—81 页；William B. Cohen,《法属西非的法国殖民当局》(The French Colonial Service in French West Africa)，载 Gifford Prosser 和 William R. Louis 合编，《法国和英国在非洲：帝国之争和殖民统治》(France and Britain in Africa: Imperial Rivalry and Colonial Rule)（纽黑文：耶鲁大学出版社，1971 年），498 页。

14. 特伦斯·兰杰（Terence Ranger），《在非洲殖民地发明传统》(The Invention of Tradition in Colonial Africa)，载埃里克·霍布斯鲍姆和特伦斯·兰杰合编，《传统的发明》(The Invention of Tradition)（纽约：剑桥大学出版社，1983 年），248 页。

15. 控制部落社会土地的通常包括个人家庭和整个分支世系，个人并不拥有自由所有权，土地转让由于对亲戚的义务而受严重限制，酋长更像是代表整个群体的托管人。参见福山,《政治秩序的起源》，第 4 章；T. Olawale Elias,《非洲惯例法的本质》(The Nature of African Customary Law)（英国曼彻斯特：曼彻斯特大学出版社，1956 年），162—166 页。

16. Mamdani,《公民和臣民》，138—145 页。

17. 同上，44 页。

18. 有关肯尼亚土地法的双重体系，参见 Ann P. Munro,《肯尼亚的土地法》(Land Law in Kenya)，载 Thomas W. Hutchison 等合编，《非洲和法律：在非洲英联邦国家制定法律体系》(Africa and Law: Developing Legal Systems in African Commonwealth Nations)（麦迪逊：威斯康星大学出版社，1968 年）。

19. Thomas Spear,《新传统主义和非洲英国殖民地的发明限制》(Neo-Traditionalism and the Limits of Invention in British Colonial Africa)，载《非洲史杂志》(Journal of African History)第 44 卷，第 1 期（2003 年）：3—27 页；Emily Lynn Osborn,《"铁圈"：非洲殖民地雇员和解释法属西非的殖民统治》('Circle of Iron': African Colonial Employees and the Interpretation of Colonial Rule in French West Africa)，载《非洲史杂志》第 44 卷（2003 年）：29—50 页；Fields,《中非殖民地的复兴与叛乱》，31、38 页；Berry,《没有永久的条件》，32 页。

20. 参见 Martin Chanock,《典范、政策和财产：土地使用权的惯例法的评论》(Paradigms, Policies and Property: A Review of the Customary Law of Land Tenure)，载 Kristin Mann 和 Richard Roberts 合编,《非洲殖民地的法律》(Law in Colonial Africa)（新罕布什尔州朴次茅斯市：Heinemann 出版社，1991 年）。

21. Cohen,《法属西非的法国殖民当局》，500 页；Michael Crowder,《热带非洲的白酋长》(The White Chiefs of Tropical Africa)，载 Lewis H. Gann 和 Peter Duignan 合编,《非洲殖民主义，1870—1960》第 2 卷：《从 1914 年到 1960 年的殖民主义历史和政治》(Colonialism in Africa, 1870-1960. Vol. 2: The History and Politics of Colonialism 1914-1960)（伦敦：剑桥大学出版社，1970 年），320 页。

22. Crowder,《热带非洲的白酋长》，344 页。

23. Suret-Canale,《热带非洲的法国殖民主义，1900—1945》，71—83 页。塞内加尔的数个社区确实赢得法国国籍。

24. James C. Scott,《国家的视角：改善人类条件的某些措施何以失败》(Seeing Like a State: How Certain Schemes to Improve the Human Condition Have Failed)（纽黑文：耶鲁大学出版社，1998 年），第 9 章。

25. Suret-Canale，《热带非洲的法国殖民主义，1900—1945》，313—314 页。

26. 同上，371 页；Cohen，《法属西非的法国殖民当局》，492、497 页。

27. 参见福山，《政治秩序的起源》，第 3 章。

28. 引自 Abernethy，《全球主导权的动态》，120 页。

29. Melissa Thomas，《艰难抉择：美国对贫穷政府的政策为何失败》（*Hard Choices: Why U.S. Policies Towards Poor Governments Fail*）（未发表的手稿），第 6 章。

30. Collier，Anke Hoeffler 和 Dominic Rohner，《超越贪婪和抱怨：可行性与内战》。

31. Matthew Lange，《专制主义的谱系与发展：英国殖民主义和国家权力》（*Lineages of Despotism and Development: British Colonialism and State Power*）（芝加哥：芝加哥大学出版社，2009 年），96—100 页；Gberie，《西非的肮脏战争》，17—38 页。塞拉利昂的不幸在于它的钻石不同于博茨瓦纳，是冲积矿，让个人开采变得相对容易。Siaka Stevens 在政治生涯早期支持贫穷矿工，以对抗国有控股矿业，削弱了国家控制钻石交易的能力。

32. Gberie，《西非的肮脏战争》，196 页。

第21章　国产或进口的制度

1. 有关维和以及冲突后干预的浩渺文献，参见 James Dobbins 等，《国家建设中的美国角色：从德国到伊拉克》（*America's Role in Nation-Building: From Germany to Iraq*）（加利福尼亚州圣莫尼卡：兰德公司，2003 年）；Simon Chesterman，《你们，人民：联合国、过渡行政当局和国家建设》（*You, the People: The United Nations, Transitional Administration, and State-Building*）（纽约：牛津大学出版社，2004 年）；世界银行，《2011 年世界发展报告》。 579

2. 参见福山，《十字路口的美国：民主、权力和新保守主义遗产》；福山编，《国家建设：超越阿富汗和伊拉克》（*Nation-Building: Beyond Afghanistan and Iraq*）（巴尔的摩：约翰霍普金斯大学出版社，2006 年）。

3. James Dobbins 等，《国家建设中的美国角色》。参见 Michael Maren，《通向地狱的路：外援和国际慈善的破坏性影响》（*The Road to Hell: The Ravaging Effects of Foreign Aid and International Charity*）（纽约：自由出版社，1997 年）。向索马里提供人道主义援助，反让西亚德·巴雷（Siad Barre）政府受益。在刚果东部的案例中，有指责称，联合国难民营向从事种族灭绝的胡图人提供庇护，直到卢旺达部队的入侵。

4. 参见福山，《政治秩序的起源》，14 页。

5. Pritchett，Woolcock 和 Andrews，《能力陷阱？坚持执行失败的机制》。

6. Thomas，《艰难抉择：美国对贫穷政府的政策为何失败》；Merilee S. Grindle，《足够好的治理：发展中国家的减贫与改革》（*Good Enough Governance: Poverty Reduction and Reform in Developing Countries*），载《治理》（*Governance*）第 17 卷，第 4 期（2004 年）：525—548 页。

7. 有关共同体主导型发展的起源，参见 Mallaby，《世界银行家：失败国家、金融危机和国家富穷的故事》，202—206 页。

8. Jean Ensminger，《内部腐败网络：村庄中的共同体主导型发展》（*Inside Corruption Networks: Community Driven Development in the Village*）（未发表的论文，2012 年 5 月）。

9. Reo Matsuzaki,《负责的代理人为何更可能失败：解释殖民地台湾和菲律宾的国家建设成果的差异》(Why Accountable Agents Are More Likely to Fail: Explaining Variation in State-Building Outcomes across Colonial Taiwan and the Philippines)（未发表的论文）；Paul D. Hutchcroft,《殖民当局主子、全国政客和省巨头：美属菲律宾的中央权威和地方自治，1900—1913》(Colonial Masters, National Politicos, and Provincial Lords: Central Authority and Local Autonomy in the American Philippines, 1900—1913)，载《亚洲研究杂志》(Journal of Asian Studies) 第 59 卷，第 2 期（2000 年）：277—306 页。

第22章　共同语

1. 历史学家谈及，尼日利亚的西部和东南部曾存在国家和王国层次的社会，但其中只有很少政治体超越酋邦层次而变成真正国家，社会组织的主要形式仍是部落。在奥约（Oyo）王国的治下，使用约鲁巴语（Yoruba）的人民曾获得统一，集居于伊费城（Ife）和近尼日尔河三角洲的贝宁（不要与当今国家的贝宁混淆）。大批英国殖民者在 19 世纪晚期来到时，这些政治体已因自相残杀而分崩瓦解。尼日利亚北部有更大的政治结构，主要是因为伊斯兰教的组织能力。它通过跨撒哈拉贸易路线一直与中东挂钩，促使豪萨（Hausa）政治体和博尔诺（Borno）在 11 世纪后期改信伊斯兰教。索科托哈里发（Caliphate of Sokoto）是 19 世纪初形成的，在魅力领袖奥斯曼·丹·福迪奥（Usman dan Fodio）的带领下，发动圣战，征服豪萨王朝。如 Atul Kohli 指出的，索科托哈里发虽是西非最大政治体之一，仍远远落后于世界上其他国家。它没有集中的军队和官僚机构，无法在明确领土上强制执行命令，与其说是国家，倒不如说是酋邦或部落联盟的中心。参见 Falola 和 Heaton,《尼日利亚史》，23、29—34、62—73 页；Atul Kohli,《国家主导的发展：全球边缘的政治权力与工业化》(State-Directed Development: Political Power and Industrialization in the Global Periphery)（纽约：剑桥大学出版社，2004 年），297 页。

2. Osaghae,《瘸腿巨人：独立以来的尼日利亚》，1—4 页。

3. Sunil Khilnani,《印度概念》(The Idea of India)（纽约：FSG 出版社，1998 年）。

4. Atul Kohli,《国家主导的发展》，313、318 页。

5. 有关概述，参见 Osaghae,《瘸腿巨人》，54—69 页。

6. Robert E. Elson,《印尼概念》(The Idea of Indonesia)（纽约：剑桥大学出版社，2008），1—4 页。

7. Jean Gelman Taylor,《印尼：人民和历史》(Indonesia: Peoples and Histories)（纽黑文：耶鲁大学出版社，2003），238—239 页。

8. Robert E. Elson,《印尼概念》，64—65 页。

9. 苏加诺（Soekarno），《民族主义、伊斯兰教和马克思主义》(Nationalism, Islam, and Marxism)（纽约州伊萨卡：康奈尔大学东南亚计划，1969 年）；Bernhard Dahm,《苏加诺以及争取印尼独立的斗争》(Sukarno and the Struggle for Indonesian Independence)（纽约州伊萨卡：康奈尔大学出版社，1969 年），340—341 页。

10. Dahm,《苏加诺以及争取印尼独立的斗争》，336—343 页；Eka Darmaputera,《潘查希拉和在印尼社会探寻身份和现代化》(Pancasila and the Search for Identity and Modernity in Indonesian Society)（纽约：E. J. Brill 出版社，1988 年），147—164 页。

11. Dahm,《苏加诺以及为印尼独立的奋斗》，331—335 页。

580

12. Jean Gelman Taylor,《印尼：人民和历史》，356—360 页；John Hughes,《印尼剧变》（*Indonesian Upheaval*）（纽约：David McKay 出版社，1967 年）。

13. Benjamin Fleming Intan,《"公共宗教"和基于潘查希拉的印尼国家》（*"Public Religion" and the Pancasila-Based State of Indonesia*）（纽约：Peter Lang 出版社，2006 年），50—68 页。

14. Taufik Abdullah,《印尼：走向民主》（*Indonesia: Towards Democracy*）（新加坡：东南亚研究所，2009 年），215、434 页；Elson,《印尼概念》，65 页。

15. 有关在 20 世纪 50 年代整合像安汶、亚齐和苏拉威西那样的地区，参见 Taufik Abdullah,《印尼：走向民主》，221—240 页。

16. Jean Gelman Taylor,《印尼：人民和历史》，350—352 页；Elson,《印尼概念》，69 页；Dahm,《苏加诺以及争取印尼独立的斗争》，179 页，作者描述了苏加诺 1934 年流亡至弗洛雷斯岛时的孤寂。

17. 有关后威权的印尼，参见 Donald K. Emmerson,《印尼将临的选举：危险投票的一年》（*Indonesia's Approaching Elections: A Year of Voting Dangerously*），载《民主杂志》第 15 卷，第 1 期（2004 年）：94—108 页；《东南亚：注意民主与治理之间的差距》（*Southeast Asia: Minding the Gap between Democracy and Governance*），载《民主杂志》第 23 卷，第 2 期（2012 年）：62—73 页。

18. Joel D. Barkan 编,《超越肯尼亚和坦桑尼亚的资本主义和社会主义》（*Beyond Capitalism vs. Socialism in Kenya and Tanzania*）（科罗拉多州博尔德：Lynne Rienner 出版社，1994 年），xiii 页。

19. Joel D. Barkan,《肯尼亚和坦桑尼亚的分叉和融合：改革的压力》（*Divergence and Convergence in Kenya and Tanzania: Pressures for Reform*），见同上，10 页。又参见 Barkan,《责备或不责备？坦桑尼亚、乌干达和肯尼亚的种族分裂、发展不平衡和冲突倾向》（*To Fault or Not to Fault? Ethnic Fractionalisation, Uneven Development and the Propensity for Conflict in Tanzania, Uganda and Kenya*），载 Jeffrey Herbst, Terence McNamee 和 Greg Mills 合编,《断层线上：在社会中管理紧张和分裂》（*On the Fault Line: Managing Tensions and Divisions Within Societies*）（伦敦：Profile 图书公司，2012 年）。

20. Julius Nyerere 认为，德国严苛的压制促成坦桑尼亚的统一，让当地部落团结起来，投入民族主义的抵抗。Henry S. Bienen,《坦桑尼亚：政党转型与经济发展》（*Tanzania Party: Transformation and Economic Development*）（普林斯顿：普林斯顿大学出版社，1970 年），36 页。

21. Goran Hyden,《超越坦桑尼亚乌贾马学说：欠发达与未被捕获的农民》（*Beyond Ujamaa in Tanzania: Underdevelopment and an Uncaptured Peasantry*）（伯克利：加利福尼亚州大学出版社，1980 年），98—105 页。

22. Cranford Pratt,《坦桑尼亚 1945—1968 年的关键阶段：尼雷尔和社会主义战略的兴起》（*The Critical Phase in Tanzania 1945-1968: Nyerere and the Emergence of a Socialist Strategy*）（纽约：剑桥大学出版社，1976 年），64—77 页；Bismarck U. Mwansasu 和 Cranford Pratt 合编,《坦桑尼亚走向社会主义》（*Towards Socialism in Tanzania*）（多伦多：多伦多大学出版社，1979 年）：3—15 页。

23. Bienen,《坦桑尼亚：政党转型与经济发展》，43 页。

581

24. Michela Wrong,《轮到我们吃了：肯尼亚告密者的故事》(It's Our Turn to Eat: The Story of a Kenyan Whistle Blower)（纽约：哈珀出版社，2010 年），52 页；参见 Barkan,《肯尼亚和坦桑尼亚的分岔和融合：改革的压力》，23—28 页；Goran Hyden,《政党、国家和公民社会：控制和开放》(Party, State and Civil Society: Control versus Openness)，载 Hyden,《超越坦桑尼亚乌贾马学说》，81—82 页。

25. Maina Kiai,《肯尼亚的危机》(The Crisis in Kenya)，载《民主杂志》第 19 卷，第 3 期（2008年）：162—168 页；Michael Chege,《肯尼亚：脱离危险边缘？》(Kenya: Back from the Brink?)，载《民主杂志》第 19 卷，第 4 期（2008 年）：125—139 页。

26. Edward Miguel,《部落或民族？肯尼亚与坦桑尼亚各自的民族建设和公共物品》(Tribe or Nation? Nation Building and Public Goods in Kenya versus Tanzania)，载《世界政治》第 56 卷，第 3 期（2004 年）：327—362 页。又参见 Goran Hyden,《坦桑尼亚农村的政治发展》(Political Development in Rural Tanzania)（瑞典隆德：大学出版社，1968 年），150—153 页。

27. Barkan,《肯尼亚和坦桑尼亚的分岔和融合：改革的压力》，5 页，20 页；Scott,《国家的视角》，223—261 页；Hyden,《超越坦桑尼亚乌贾马学说》，129—153 页。

第23章 强大的亚洲国家

1. 有关东亚市场友好型政策的研究，参见世界银行,《东亚奇迹：经济增长与公共政策》(The East Asian Miracle: Economic Growth and Public Policy)（纽约：牛津大学出版社，1993年）。有关东亚工业政策的经典研究包括：Chalmers Johnson,《通产省和日本奇迹》(MITI and the Japanese Miracle)（加利福尼亚州斯坦福：斯坦福大学出版社，1982 年）；Robert Wade,《市场治理：经济理论以及政府在东亚工业化中的作用》(Governing the Market: Economic Theory and the Role of Government in East Asian Industrialization)（普林斯顿：普林斯顿大学出版社，1990 年）；Alice H. Amsden,《亚洲下一个巨人：韩国和后发工业化》(Asia's Next Giant: South Korea and Late Industrialization)（纽约：牛津大学出版社，1989年）。有关中国近代工业政策，参见林毅夫,《大萧条的教训》(Lessons from the Great Recession)，载 Birdsall 和 Fukuyama 合编,《金融危机后对发展的新思路》(New Ideas in Development After the Financial Crisis)。有关文化的理论，参见法里德·扎卡里亚（Fareed Zakaria）对李光耀的采访,《与李光耀的对话》(A Conversation with Lee Kuan Yew)，载《外交事务》第 73 卷，第 2 期（1994 年）：109—127 页；以及 Lawrence E. Harrison,《犹太人、儒家和基督教：文化资本和多元文化的结束》(Jews, Confucians, and Protestants: Cultural Capital and the End of Multiculturalism)（马里兰州拉纳姆：Rowman 和 Littlefield 出版社，2013 年）。

2. 工业政策最成功例子之一是美国互联网的发展。最初开发互联网的是五角大楼国防高级研究项目，它的 TCP/IP 协议按早先规定只能在政府自己网络中使用。这笔投资当初出于安全考虑，而不是经济考虑，却成功催生了 20 世纪最重要技术之一。在半导体、雷达、喷气式飞机和许多其他技术的发展中，政府投资也至关重要。

3. Peter B. Evans,《内嵌式自主：国家与工业的转型》(Embedded Autonomy: States and Industrial Transformation)（普林斯顿：普林斯顿大学出版社，1995 年）。

4. Peter Duus,《现代日本的崛起》(The Rise of Modern Japan)（波士顿：Houghton Muffin 出版社，1976 年），21—31 页。

582

5. 有关日本技术民族主义的起源，参见 Richard J. Samuels，《"富国强兵"：国家安全和日本的技术转型》(*"Rich Nation, Strong Army": National Security and the Technological Transformation of Japan*)（纽约州伊萨卡：康奈尔大学出版社，1994 年），33—78 页。

6. Duus，《现代日本的崛起》，94—95 页。

7. James L. McClain，《日本近代史》(*Japan, A Modern History*)（纽约：诺顿出版社，2002 年），267—271 页。

8. B. C. Koh，《日本的行政精英》(*Japan's Administrative Elite*)（伯克利：加利福尼亚州大学出版社，1989 年）：20 页。

9. Bernard S. Silberman，《日本的官僚发展和决策结构：1868—1925》(Bureaucratic Development and the Structure of Decision-making in Japan: 1868-1925)，载《亚洲研究杂志》第 29 卷，第 2 期（1970 年）：347—362 页。

10. Bernard S. Silberman，《日本的官僚角色，1900—1945：作为政客的官僚》(The Bureaucratic Role in Japan, 1900-1945: The Bureaucrat as Politician)，载 Bernard S. Silberman 和 H. D. Harootunian 合编，《危机中的日本：大正民主散论》(*Japan in Crisis: Essays on Taisho Democracy*)（普林斯顿：普林斯顿大学出版社，1974 年）。

11. Silberman，《日本的官僚发展和决策结构：1868—1925》，349 页。

12. 这一时期共建了二十七个新神社，靖国神社只是其中之一。McClain，《日本近代史》，268 页。

13. John O. Haley 和 Veronica Taylor，《日本的法治》(Rule of Law in Japan)，载 Randall Peerenboom 编，《法治的亚洲话语：十二个亚洲国家、法国和美国法治的理论和执行》(*Asian Discourses of Rule of Law: Theories and Implementation of Rule of Law in Twelve Asian Countries, France, and the U. S.*)（纽约：劳特利奇出版社，2004 年），449—450 页。

14. Carl F. Goodman，《日本法治：比较分析》第 3 版 (*The Rule of Law in Japan: A Comparative Analysis*, 3rd ed.)（海牙：克鲁沃法律国际出版社，2003 年），17—18 页；松井茂记 (Shigenori Matsui)，《日本宪法：情境分析》(*The Constitution of Japan: A Contextual Analysis*)（俄勒冈州波特兰：哈特出版社，2011 年），9 页。

15. Haley 和 Taylor，《日本的法治》，452—453 页；Goodman，《日本法治》，18—19 页。   583

16. George Akita，《现代日本的宪政基础，1868—1900》(*Foundations of Constitutional Government in Modern Japan, 1868-1900*)（马萨诸塞州剑桥：哈佛大学出版社，1967 年），59—64 页；Duus，《现代日本的崛起》，114—115 页；Lawrence W. Beer 和 John M. Maki，《从帝国神话到民主：日本的两个宪法，1889—2002》(*From Imperial Myth to Democracy: Japan's Two Constitutions, 1889-2002*)（科罗拉多州博尔德：科罗拉多大学出版社，2002 年），17—18、24—29 页；松井，《日本宪法：情境分析》，9—11 页。

18. Tetsuo Najita，《政治妥协中的原敬，1905—1915》(*Hara Kei in the Politics of Compromise 1905-1915*)（马萨诸塞州剑桥：哈佛大学出版社，1967 年）；Akita，《现代日本的宪政基础，1868—1900》，159—161 页；Duus，《现代日本的崛起》，114—115 页；松井，《日本宪法：情境分析》，9—11 页；McClain，《日本近代史》，184—187 页。

19. Stephen Viastos，《明治早期反对派的运动，1868—1885》(Opposition Movements in Early Meji, 1868-1885)，载 Marius B. Jansen 编，《明治日本的崛起》(*The Emergence of Meiji Japan*)（纽约：剑桥大学出版社，1995 年）。

20. Akita，《现代日本的宪政基础，1868—1900》，2—3 页。

21. 1894 年签署的盎格鲁—日本商业条约，规定治外法权在五年后的取消，其他西方国家在 1897 年跟进仿效。Goodman,《日本法治》, 19 页。

22. 巴林顿·摩尔（Barrington Moore, Jr.），《独裁与民主的社会起源》(Social Origins of Dictatorship and Democracy)（波士顿：灯塔出版社, 1966 年), 433—452 页。

23. 参见福山,《信任：社会美德与创造经济繁荣》, 83—95 页。

24. 摩尔,《独裁与民主的社会起源》, 254—275 页。

25. 提出这一点的是 Theda Skocpol,《评论巴林顿·摩尔的独裁和民主的社会起源》(A Critical Review of Barrington Moore's Social Origins of Dictatorship and Democracy)，载《政治与社会》(Politics & Society) 第 4 卷（1973 年）：1—34 页。事实上在 20 世纪 20 年代，土地租约的数字下降，中小型农场的数字稳步增长。参见 Duus,《现代日本的崛起》, 182—185 页。

26. McClain,《日本近代史》, 345—356 页；Andrew Gordon,《战前日本的劳工和帝国民主》(Labor and Imperial Democracy in Prewar Japan)（伯克利：加利福尼亚大学出版社, 1991 年), 1—10 页。

27. Duus,《现代日本的崛起》, 206—219 页；有关华盛顿海军条约的作用，参见 James B. Crowley,《日本追求自主：国家安全和外交政策, 1930—1938》(Japan's Quest for Autonomy: National Security and Foreign Policy, 1930-1938)（普林斯顿：普林斯顿大学出版社, 1966 年）。

28. McClain,《日本近代史》, 410 页。

29. Beer 和 Maki,《从帝国神话到民主》, 58—59 页, 68—69 页。

30. 同上, 81—87 页；Theodore McNelly,《日本民主宪法的起源》(The Origins of Japan's Democratic Constitution)（马里兰州拉纳姆：美国大学出版社, 2000 年), 1—14 页。

31. 贝亚特·希洛塔（Beate Sirota）从小生活在日本，坚持要求列入有关妇女权利的条款。像佐藤静枝（Sato Shizue）那样的日本女权主义者，之后又予以追踪和关注。Beer 和 Maki,《从帝国神话到民主》, 87 页。

32. 有关参与者的努力，参见 Eleanor M. Hadley,《一个反托拉斯者的回忆录：围绕日本的一生冒险》(Memoir of a Trustbuster: A Lifelong Adventure with Japan)（檀香山：夏威夷大学出版社, 2003 年）。另参见福山,《信任：社会美德与创造经济繁荣》, 195—207 页。

33. Frank Upham,《法治正统中的神秘假象》(Mythmaking in the Rule-of-Law Orthodoxy)，载 Carothers 编,《在海外推广法治：求知》；另参见 Upham,《战后日本的法律与社会变迁》(Law and Social Change in Postwar Japan)（马萨诸塞州剑桥：哈佛大学出版社, 1987 年）。

34. Janis Mimura,《帝国规划：改革官僚和日本战时国家》(Planning for Empire: Reform Bureaucrats and the Japanese Wartime State)（纽约州伊萨卡：康奈尔大学出版社, 2011 年）。

35. Akita,《现代日本的宪政基础, 1868—1900》, 162—163 页。

584

第24章　法律在中国的挣扎

1. 这个故事可以参见福山,《政治秩序的起源》, 第 7—8 章。

2. 参见魏斐德（Frederic Wakeman），《洪业：清朝开国史》全2卷（*The Great Enterprise: The Manchu Reconstruction of Imperial Order in Seventeenth-Century China. 2 vols.*）（伯克利：加利福尼亚州大学出版社，1985年）：第1卷，414—424页；第2卷，1006—1016页；Evelyn S. Rawski，《末代皇帝：清帝国制度的社会史》（*The Last Emperors: A Social History of Qing Imperial Institutions*）（伯克利：加利福尼亚州大学出版社，1998年）。

3. Jack A. Goldstone，《早期现代世界的革命和叛乱》（*Revolution and Rebellion in the Early Modern World*）（伯克利：加利福尼亚州大学出版社，1991），355—362页。

4. 彭慕兰（Kenneth Pomeranz），《大分流：欧洲、中国和现代世界经济的成型》（*The Great Divergence: Europe, China, and the Making of the Modern World Economy*）（普林斯顿：普林斯顿大学出版社，2000年），16—25页。参见 Jean-Laurent Rosenthal 和王国斌，《分流前后：中国和欧洲的经济变化的政治》（*Before and Beyond Divergence: The Politics of Economic Change in China and Europe*）（马萨诸塞州剑桥：哈佛大学出版社，2011年）。

5. 中国在1500—1800年出现智识和社会的停滞，解释个中原因的旧文献仍相当有效。参见李约瑟（Joseph Needham），《中国的科学和文明》第1卷《取向性介绍》（*Science and Civilization in China. Vol. 1: Introductory Orientations*）（纽约：剑桥大学出版社，1954年）；有关西方和早现代中国的比较，参见 Morris，《为什么是西方占据了统治地位——至今为止》，481—507页。

6. 有关晚清中国和革命的一般解说，参见费正清，《伟大的中国革命，1800—1985》（*The Great Chinese Revolution, 1800-1985*）（纽约：哈珀出版社，1986年）。

7. Derk Bodde 和 Clarence Morris，《中华帝国的法律：以190件清朝案件为例》（*Law in Imperial China, Exemplified by 190 Ch'ing Dynasty Cases*）（马萨诸塞州剑桥：哈佛大学出版社，1967年），4、8页。

8. Bodde 和 Morris，《中华帝国的法律》，19—23页；陆思礼（Stanley B. Lubman），《笼中之鸟：毛之后的中国法律改革》（*Bird in a Cage: Legal Reform in China after Mao*）（加利福尼亚州斯坦福：斯坦福大学出版社，1999年），13—14页。

9. Bodde 和 Morris，《中华帝国的法律》，23—27页。

10. 儒家的见解在西方传统中并不是天方夜谭。柏拉图在《理想国》中设计正义之城，并不主张正式的法律或程序，而要求培养守护人阶层，以及能作出公正裁决的哲人王。

11. 有关前现代中国的法典列表，参见 Bodde 和 Morris，《中华帝国的法律》，55—57页。

12. 同上，3—6页；陆思礼，《笼中之鸟》，23—29页。

13. 黄宗智（Philip C. C. Huang），《法典、习俗与司法实践：清代与民国的比较》（*Code, Custom, and Legal Practice in China: The Qing and the Republic Compared*）（加利福尼亚州斯坦福：斯坦福大学出版社，2001年），33页；陈建福，《中国法律：背景与转型》（*Chinese Law: Context and Transformation*）（波士顿：Martinus Nijhoff 出版社，2008年），29页。

14. 陈建福，《中国法律：背景与转型》，23—28页；黄宗智，《法典、习俗与司法实践》，15—18页。

15. 有关这段中国历史的宪政主义的宗派和失败，参见黎安友（Andrew J. Nathan），《北京政治，1918—1923：宗派主义与宪政的失败》（*Peking Politics, 1918-1923: Factionalism and the Failure of Constitutionalism*）（密歇根州安阿伯：中国研究中心，1998年），4—26页。

16. 陈建福，《中国法律：背景与转型》，80—85页。有关中国民法传统的连续性，参

585

见 Kathryn Bernhardt 和黄宗智合编,《清代和民国的民法》(*Civil Law in Qing and Republican China*)(加利福尼亚州斯坦福:斯坦福大学出版社,1994 年)。

17. 黄宗智,《法典、习俗与司法实践》,50—62 页。在欧洲,天主教会早在中世纪就决定以父系家族为代价,让妇女享有继承权,从而打破扩展的亲戚群体。在中国,这一里程碑要到 20 世纪 30 年代方告完成;那里有些地区,至今仍有分支世系的存在。参见福山,《政治秩序的起源》,第 17 章。

18. 关于发生在毛时代的儒法论争,参见李又宁,《商鞅变法与中国的国家控制》(*Shang Yang's Reforms and State Control in China*)(纽约州白原:M. E. Sharpe 出版社,1977 年)。

19. 引自陈建福,《中国法律:背景与转型》,49 页。另参见陆思礼,《笼中之鸟》,72—74 页。

20. 杨继绳,《墓碑:中国的大饥荒,1958—1962》(纽约:FSG 出版社,2012 年)。

21. 陈建福,《中国法律:背景与转型》,41 页。

22. 引自陆思礼,《笼中之鸟》,124 页。

23. 李侃如(Kenneth Lieberthal),《治理中国:从革命到改革》第 2 版(*Governing China: From Revolution to Reform*, 2nd)(纽约:诺顿出版社,2004 年),176—177 页。

24. 陈建福,《中国法律:背景与转型》,70—83 页。

25. 陈建福,《中国法律:理解中国法律及其性质和发展》(*Chinese Law: Towards an Understanding of Chinese Law, Its Nature and Development*)(波士顿:KLUWER 法律国际出版社,1999 年),220 页;陆思礼,《笼中之鸟》,178 页。

26. 裴敏欣,《民告官:中国的行政诉讼》(Citizens v. Mandarins: Administrative Litigation in China),载《中国季刊》(*China Quarterly*)第 152 卷(1997 年):832—862 页;欧博文(Kevin J. O'Brien)和李连江,《起诉国家:中国农村的行政诉讼》(Suing the State: Administrative Litigation in Rural China),载《中国杂志》(*China Journal*)第 51 卷(2004 年):75—96 页;陆思礼,《笼中之鸟》,212—214 页。

27. 陈建福,《中国法律:理解中国法律及其性质和发展》,237—242 页,337—338 页;陆思礼,《笼中之鸟》,178—180 页;陈建福,《中国法律:背景与转型》,374—378 页。全国人民代表大会在 2007 年通过修订,让这些法律获得进一步的扩展和修改。

28. 适用于外国人和国家之间的合同的最初法规,在中国改革初期生效,以促进外国直接投资。它在 1999 年由更广泛的《中华人民共和国合同法》所取代,涵盖国家和个人之间的契约关系,包括违约金和仲裁程序。

29. 陈建福,《中国法律:理解中国法律及其性质和发展》,224—227 页。

30. 参见 Franz Schurmann,《中国传统的财产概念》(Traditional Property Concepts in China),载《远东季刊》(*Far Eastern Quarterly*)第 15 卷,第 4 期(1956 年):507—516 页。

31. Kevin J. O'Brien,《当代中国的村民、选举和国籍》(Villagers, Elections, and Citizenship in Contemporary China),载《现代中国》(*Modern China*)第 27 卷,第 4 期(2001 年):407—435 页;Mary E. Gallagher,《在中国鼓吹法律:"知情祛魅"和法律意识的发展》(Mobilizing the Law in China: 'Informed Disenchantment' and the Development of Legal Consciousness),载《法律和社会评论》(*Law & Society Review*)第 40 卷,第 4 期(2006 年):783—816 页。

32. 陈建福,《中国法律:理解中国法律及其性质和发展》,341—353 页。

33. 最显著的弱产权问题与土地使用有关。地理学者邢幼田(You-tien Hsing)指出,中国不

586

同层次的政府都拥有控制土地的权力。尤其是地方政府，向外开拓自己管辖的城乡界限，于己有直接的经济利益。土地冲突的解决往往不靠中立的法院系统，而靠在经济增长与社会稳定之间寻求平衡的行政机构。在胡锦涛当政的任期乃至当前，共产党非常注重稳定性。这往往意味着，向既有物业持有人作出让步。参见邢幼田，《都市大转型：中国土地与财产权的政治学》(*The Great Urban Transformation: Politics of Land and Property in China*)（纽约：牛津大学出版社，2010 年）；戴慕珍（Jean C. Oi）和 Andrew Walder 合编，《中国的产权和经济改革》(*Property Rights and Economic Reform in China*)（加利福尼亚州斯坦福：斯坦福大学出版社，1999 年）。

34. 共产国家领导人的接班规则无法制度化，许多年前就有人指出过，Myron Rush，《共产国家如何更换统治者》(*How Communist States Change Their Rulers*)（纽约州伊萨卡：康奈尔大学出版社，1974 年）。

35. 李侃如，《治理中国：从革命到改革》，211 页；Melanie Manion，《革命者在中国的退休：公共政策、社会规范和私人利益》(*Retirement of Revolutionaries in China: Public Policies, Social Norms, Private Interests*)（普林斯顿：普林斯顿大学出版社，1993），3—15 页。

36. 这一点由黎安友提起，《中国的宪政选项》(*China's Constitutionalist Option*)，载《民主杂志》第 7 卷，第 4 期（1996 年）：43—57 页。

第25章　中国国家的再造

1. 参见福山，《政治秩序的起源》，第 7—8 章。

2. Frederick C. Teiwes，《毛泽东时代的中国国家》(The Chinese State during the Maoist Era)，载沈大伟（David L. Shambaugh）编，《现代中国国家》(*The Modern Chinese State*)（纽约：剑桥大学出版社，2000 年），112—120 页。

3. 同上，120—124。苏联军方威信在第二次世界大战击败纳粹德国之后大大提高，但仍保持对苏联共产党的高度服从。

4. 同上，136—148 页。

5. 杨大利，《重塑中国利维坦：中国的市场转型与治理政治》(*Remaking the Chinese Leviathan: Market Transition and the Politics of Governance in China*)（加利福尼亚州斯坦福：斯坦福大学出版社，2004 年），175—183 页。

6. 新华社，http://news.xinhuanet.com/english/china/2o12-111251c131997757.htm.

7. 测评择优实践的最近努力是 Victor Shih, Christopher Adolph 和刘明兴，《共产党内的晋升：解释中共中央委员会成员的升迁》(Getting Ahead in the Communist Party: Explaining the Advancement of Central Committee Members in China)，载《美国政治学评论》第 106 卷，第 1 期（2012 年）：166—187 页。

8. Selina Ho，《中国发展的权力下放和地方差异：城市供水案例研究》(Decentralization and Local Variations in China's Development: Case Studies from the Urban Water Sector)（博士论文，约翰·霍普金斯大学高等国际研究院，2013 年），第 8 章。

9. 裴敏欣，《受困的中国转型：发展式专制的局限》(*China's Trapped Transition: The Limits of Developmental Autocracy*)（马萨诸塞州剑桥：哈佛大学出版社，2006 年），136 页；李侃如，《治理中国：从革命到改革》，173—179 页；Ho，《中国发展的权力下放和地方差异》。

10. 戴慕珍，《中国农村起飞：经济改革的制度基础》(*Rural China Takes Off: Institutional Foundations of Economic Reform*)（伯克利：加利福尼亚州大学出版社，1999 年）。

11. James Q. Wilson，《官僚体系：政府机构做什么及为什么做》(*Bureaucracy: What Government Agencies Do and Why They Do It*)（纽约：基本图书公司，1989 年），115 页。

12. 戴慕珍，《中国农村起飞》，61—64 页。

13. 有关这种转变，参见黄亚生，《中国：弄清农村问题》(China: Getting Rural Issues Right)，载 Nancy Birdsall 和福山合编，《金融危机后有关发展的新思路》。

14. 赵鼎新和杨宏星，《政绩合法性、国家自主性和中国经济奇迹》(Performance Legitimacy, State Autonomy and China's Economic Miracle)，工作文件（斯坦福大学民主、发展和法治中心，2013 年）。

15. 杨大利，《重塑中国利维坦》，110—149 页。

16. 裴敏欣，《受困的中国转型》，102—118 页。

17. 黄安伟（Edward Wong），《中国铁道部长在腐败调查中丢官》(China's Railway Minister Loses Post in Corruption Inquiry)，《纽约时报》，2011 年 2 月 12 日。

18. Keith Zhai，《铁道部臃肿不堪，很少人会哀悼》(Railway Ministry a Bloated Outfit Few Will Mourn)，《南华早报》(*South China Morning Post*)，2013 年 3 月 12 日。

19. 裴敏欣，《受困的中国转型》，132—166 页。

20. Melanie Manion，《威权主义的褊狭：中国的人大代表制度》(Authoritarian Parochialism: Congressional Representation in China)（未发表的论文，2012 年）。

21. 蔡晓莉（Lily L. Tsai），《无民主的负责制：中国农村的互助群体和公共物品》(*Accountability without Democracy: Solidary Groups and Public Goods Provision in Rural China*)（纽约：剑桥大学出版社，2007 年）；蔡晓莉，《行政改革的政治回报：公民如何看待判断威权中国的国家》(The Political Payoffs of Governance Reforms: How Citizens See and Judge the State in Authoritarian China)（未发表的论文，2012 年）。

22. Christian Göbel 和 Lynette Ong，《中国的社会动荡》(*Social Unrest in China*)（伦敦：欧洲中国研究和咨询网络，2012 年）。

23. 赵树凯，《中国农村：发展中治理不善的故事》(Rural China: Poor Governance in Development Story)，工作文件（斯坦福大学民主、发展和法治中心，2013 年）。

24. 例如，参见 Anthony Saich，《中国的治理质量：公民的视角》(The Quality of Governance in China: The Citizen's View)，工作文件（斯坦福大学民主、发展和法治中心，2013 年）。

25. 政治改革应该先从扩大宪政开始的说法，见黎安友，《中国的宪政选项》。

第26章　三个地区

1. 数据来自不同年份：日本，1993 年；埃塞俄比亚，2005 年；韩国，1998 年；印尼，2005 年；坦桑尼亚，2007 年；中国，2005 年；菲律宾，2009 年；阿根廷，2010 年；肯尼亚，2005 年；墨西哥，2008 年；尼日利亚，2010 年；巴西，2009 年；安哥拉，2000 年。

2. 参见 Luis F. López-Calva 和 Nora Lustig 合编，《拉丁美洲不平等的减少：进步的十年？》

（ *Declining Inequality in Latin America: A Decade of Progress?* ）（华盛顿特区：布鲁金斯学
会出版社，2010 年）。

3. 属于这一类的唯一拉丁美洲国家是独裁者皮诺切特治下的智利。他推行市场友好的政策，
取得相对较高的经济增长率。此外，梅莱斯·泽纳维（Meles Zenawi）的埃塞俄比亚和保
罗·卡加梅（Paul Kagame）的卢旺达，也被视为早期发展国家。

4. 有关东南亚前现代国家，参见 Tony Day，《流质铁：东南亚的国家形成》（ *Fluid Iron: State
Formation in Southeast Asia* ）（檀香山：夏威夷大学出版社，2002 年），有关后殖民的新加
坡和马来西亚的国家建设，参见 Dan Slater，《订购权力：东南亚的抗争性政治与威权主
义利维坦》。

第 27 章　民主为何扩展？

1. 拉里·戴蒙德，《民主精神：在世界各地建设自由社会的斗争》。

2. 托克维尔，《论美国的民主》序言；福山，《平等的进军》（The March of Equality），载《民
主杂志》第 11 卷，第 1 期（2000 年）：11—17 页。

3. 有关这种相关性，参见西摩·李普塞特，《民主的社会前提：经济发展与政治合法性》
（ Some Social Requisites of Democracy: Economic Development and Political Legitimacy ），
载《美国政治学评论》第 53 卷（1959 年）：69—105 页；拉里·戴蒙德，《经济发展与民
主的再思考》（Economic Development and Democracy Reconsidered），载《美国行为科
学家》（ *American Behavioral Scientist* ）第 15 卷，第 4—5 期（1992 年）：450—499 页；
Adam Przeworski 等，《民主与发展：世界的政治制度和物质福利，1950—1990》（ *Democracy
and Development: Political Institutions and Material Well-Being in the World, 1950-1990* ）（剑
桥：剑桥大学出版社，2000 年）。另参见阿西莫格鲁和罗宾逊，《国家为什么会失败》，他
们也把发展和民主连接起来，只是有恰恰相反的因果关系。

4. 有关整个文献的概述，参见 James Mahoney，《比较历史研究的知识积累：民主和威权
主义的案例》（ Knowledge Accumulation in Comparative Historical Research: The Case of
Democracy and Authoritarianism ），载 James Mahoney 和 Dietrich Rueschemeyer 合编，《社
会科学的比较历史分析》（ *Comparative Historical Analysis in the Social Sciences* ）（纽约：
剑桥大学出版社，2003 年）。Dietrich Rueschemeyer 和合著者 Stephens 夫妇，审阅摩尔
和其他拉丁美洲的案例，认为民主的主要支持者是工人阶级而不是资产阶级；另外，在
是否与反动地主结盟以支持威权政府上，中产阶级持模棱两可的立场。参见 Dietrich
Rueschemeyer, Evelyne Huber Stephens 和 John D. Stephens，《资本主义发展与民主》
（ *Capitalist Development and Democracy* ）（芝加哥：芝加哥大学出版社，1992 年大学）；
Guillermo A. O'Donnell，《现代化和官僚威权主义：南美政治研究》（ *Modernization and
Bureaucratic-Authoritarianism: Studies in South American Politics* ）（伯克利：加利福尼亚州
大学出版社，1973 年）。Ruth Collier 后来的研究认为，与此相反，工人阶级在许多 19 世
纪转型中都不是民主的主要动力，但在第三波转型中的作用，确实大过普遍承认的。她分
析欧洲案例，在某些方面，恢复了摩尔有关中产阶级与民主相关联的有效性。Ruth Berins
Collier，《通向民主的道路：西欧和南美的工人阶级和精英》（ *Paths Toward Democracy:
The Working Class and Elites in Western Europe and South America* ）（纽约：剑桥大学出版
社，1999 年）。

5. Guillermo A. O'Donnell（《现代化和官僚威权主义：南美政治的研究》的作者），主要研

589

究拉丁美洲。他提出官僚威权主义的理论，认为全球体系边缘国家的资产阶级，倾向于支持威权政府，以应对深度工业化造成的难题。

6. Collier，《通向民主的道路》，35 页。

7. 同上，80 页。

8. 有关普鲁士大地主在阻止选举权扩展上的作用，参见 Daniel Ziblatt，《土地所有制不平等阻止民主化吗？测试"面包和民主"的论点和普鲁士案例》(Does Landholding Inequality Block Democratization? A Test of the 'Bread and Democracy' Thesis and the Case of Prussia)，载《世界政治》第 60 卷（2008 年）：610—641 页。

第 28 章　通向民主的漫长之路

1. S. N. Eisenstadt 和 Stein Rokkan 合编，《建设国家和民族》(Building States and Nations)（加利福尼亚州比弗利山庄：Sage 出版社，1973 年），84—85 页；查尔斯·蒂利（Charles Tilly），《民主》(Democracy)（纽约：剑桥大学出版社，2007 年），97—98 页。

2. Jonathan Sperber，《欧洲革命，1848—1851》第 2 版（The European Revolutions, 1848-1851, 2nd ed.）（剑桥大学出版社，2005 年），56—58 页。

3. 霍布斯鲍姆，《资本的时代，1848—1875》，15 页。

4. 参见 Kurt Weyland，《革命的扩散："1848 年"在欧洲和拉丁美洲》(The Diffusion of Revolution: '1848' in Europe and Latin America)，载《国际组织》(International Organization) 第 63 卷，第 3 期（2009 年）：391—423 页。

5. 有关欧洲 19 世纪初发展水平，参见埃里克·霍布斯鲍姆，《革命的时代，1789—1848》(The Age of Revolution, 1789-1848)（纽约：Vintage 图书公司，1996 年），11—18 页；Sperber，《欧洲革命，1848—1851》，59—62 页。

6. 约翰·穆勒（John Stuart Mill），《政治和社会论文》第 19 卷（Essays on Politics and Society, vol. 19）（纽约州布法罗：多伦多大学出版社，1977 年），471 页。

7. 同上，322—323 页。

8. 同上，327 页。

590

9. 埃德蒙·伯克（Edmund Burke），《帝国的自由和改革：演讲和信件》(On Empire, Liberty, and Reform: Speeches and Letters)（纽黑文：耶鲁大学出版社，2000 年），277 页。

10. 对法国大革命的反思，引自阿尔伯特·赫希曼，《反动的修辞：变态、无用和危害》(The Rhetoric of Reaction: Perversity, Futility, Jeopardy)（马萨诸塞州剑桥：贝尔纳普出版社，1991 年），20 页。

11. 沃尔特·白芝浩（Walter Bagehot），《英国宪法》(The English Constitution)（纽约：牛津大学出版社，2001 年），186 页。

12. 同上，4—5 页，32 页。

13. 加埃塔诺·莫斯卡（Gaetano Mosca），《统治阶级》(The Ruling Class)（纽约：麦格劳希尔出版社，1939 年）；维弗雷多·帕累托（Vilfredo Pareto），《社会学论文》(Sociological Writings)（纽约：Praeger 出版社，1966 年）。对莫斯卡和帕累托的讨论，参见赫希曼，《反动的修辞》，50—57 页。

14. 有关科学种族主义，参见 Stephen Jay Gould，《人类的错误标尺》（*The Mismeasure of Man*）（纽约：诺顿出版社，1981 年）。

15. Bruce E. Cain，《规范政治？民主的势在必行和美国政治改革》（*Regulating Politics? The Democratic Imperative and American Political Reform*）（纽约：剑桥大学出版社，2014 年）。

16. 有关这个马克思主义故事的现代理性选择，参见 Caries Boix，《民主和再分配》（*Democracy and Redistribution*）（纽约：剑桥大学出版社，2003 年）；以及达龙·阿西莫格鲁和詹姆斯·罗宾逊，《独裁和民主的经济起源》（*Economic Origins of Dictatorship and Democracy*）（纽约：剑桥大学出版社，2005 年）。这两种理论都认为，在穷人要求民主和富人接受民主上，不平等程度是关键因素；但在不平等如何引发民主变革上持不同意见。有关当代文献的概述，参见 Daniel Zibiatt，《欧洲怎样民主化？》（*How Did Europe Democratize?*），载《世界政治》第 58 卷（2006 年）：311—338 页。

17. Adam Przeworski，《争取抑或授予？选举权扩展的历史》（*Conquered or Granted? A History of Suffrage Extensions*），载《英国政治学杂志》（*British Journal of Political Science*）第 39 卷，第 2 期（2009 年）：291—321 页。

18. 被 1832 年改革消除的许多衰败选区，尽管没有居民，仍送回保守派国会议员。1867 年改革将选举权扩展至大多数城市男性户主，约占城市总人口的 40%。1884 年改革法案将同样的投票权扩展至农村地区，让参与选举者上升至男性人口的 60% 左右。1918 年和 1929 年的进一步改革，最终将选举权给所有成年男性和女性。在这种情况下，真正的大众政治才有可能出现，允许英国工党崛起，取代自由党作为保守党对手。所有这些改革法案都引起激励公众争议，对民主的利弊进行积极讨论。有关这些改革的一般介绍，参见 Asa Briggs，《改进的时代，1783—1867》（*The Age of Improvement, 1783-1867*）（纽约：Longman 出版社，1959 年），第 5 和 10 章。

19. 格拉德斯通在 1866 年推出自己的有限改革法案，让年收入 7 英镑的家庭享有选举权（当时英国家庭的平均年收入是 42 英镑）。他像约翰·穆勒一样，急于"排除那些无法以智慧和诚信行使选举权的人"。他的法案遭到自己党内被称为 Adullamites 的一派和保守党的联手击败。威廉·格拉德斯通（William Ewart Gladstone），《有关贝恩斯先生议会的讲话》（Speech on the Bill of Mr. Baines），载 Sarah Richardson 编，《选举权的历史，1760—1867》全六卷（*History of Suffrage, 1760-1867, 6 vols.*）（佛蒙特州布鲁克菲尔德：Pickering 和 Chatto 出版社，2000 年），第 5 卷：107 页；Briggs，《改进的时代，1783—1867》，494 页。

20. Gertrude Himmelfarb，《维多利亚式心灵》（*Victorian Minds*）（纽约：Knopf 出版社，1968 年），357 页。

21. James Cornford，《19 世纪末期的保守主义转型》（The Transformation of Conservatism in the Late Nineteenth Century），载《维多利亚女王时代研究》（*Victorian Studies*）第 7 卷（1963 年）：41—66 页。

22. Collier，《通向民主的道路：西欧和南美的工人阶级和精英》，54—76 页。

23. 例如，参见《爱德华·贝恩斯的讲话》（Speech of Edward Baines），载 Richardson 编的《选举权的历史，1760—1867》，第 5 卷：95 页；以及 Martin J. Wiener，《英国文化与工业精神的衰退，1950—1980》第 2 版（*English Culture and the Decline of the Industrial Spirit, 1850-1980*, 2nd ed.）（纽约：剑桥大学出版社，2004 年）。

591

第29章 从1848年到阿拉伯之春

1. 有关中东地区民主失败的文化争论，参见 Elie Kedourie，《中东政治》（*Politics in the Middle East*）（纽约：牛津大学出版社，1992 年）。如想深入了解中东民主化的阻碍，参见 Stepan 和 Robertson，《选举差距与其说是"穆斯林"的，倒不如说是"阿拉伯"的》。

2. 例如，参见 Seth Jones，《阿拉伯之春的幻觉：应对既有而非想要的地区》（The Mirage of the Arab Spring: Deal with the Region You Have, Not the Region You Want），载《外交事务》第 92 卷，第 1 期（2013 年）：47—54 页。有关民主化的潜在恶果，参见 Edward D. Mansfield 和 Jack Snyder，《选举通向开战：新兴民主国家为何走向战争》（*Electing to Fight: Why Emerging Democracies Go to War*）（马萨诸塞州剑桥：MIT 出版社，2005 年）。

3. 参见 Barry Mirkin，《阿拉伯地区人口水平、趋势和政策：挑战与机遇》（*Population Levels, Trends and Policies in the Arab Region: Challenges and Opportunities*）（纽约：联合国开发计划署研究论文，2010 年），16 页。

4. 这种说法是亨廷顿提出的，《第三波浪潮：20 世纪后期的民主化》。

5. 格尔纳在《民族与民族主义》中比较了欧洲民族主义和中东伊斯兰教，第 75—89 页。这个说法的变体也出现于 Olivier Roy，《全球化的伊斯兰教：寻找新乌玛》（*Globalized Islam: The Search for a New Ummah*）（纽约：哥伦比亚大学出版社，2004 年）。参见福山，《身份、移民和自由民主制》（Identity, Immigration, and Liberal Democracy），载《民主杂志》第 17 卷，第 2 期（2006 年）：5—20 页。

第30章 中产阶级和民主的未来

1. 本章是我的《历史的未来》（The Future of History）一文的拓展，原载《外交事务》第 91 卷，第 1 期（2012 年）：53—61 页。

2. 格尔纳，《民族与民族主义》，124 页。格尔纳在《文化、身份和政治》中也有这样的说法。另参见福山，《身份、移民和自由民主制》。

3. 参见《全球中产阶级》（*The Global Middle Class*）（华盛顿特区：皮尤研究所的全球态度项目，2009 年）；Ronald Inglehart，《现代化和后现代化：43 个社会中的文化、经济和政治的变化》（*Modernization and Postmodernization: Cultural, Economic, and Political Change in 43 Societies*）（普林斯顿：普林斯顿大学出版社，1997 年）；Inglehart 和 Christian Welzel，《现代化、文化变迁和民主：人类发展序列》（*Modernization, Cultural Change, and Democracy: The Human Development Sequence*）（纽约：剑桥大学出版社，2005 年）；William Easterly，《中产阶级的共识与经济发展》（*The Middle Class Consensus and Economic Development*）（华盛顿：世界银行政策研究论文 2346 号，2000 年）；Luis F. López-Calva 等，《有没有中产阶级价值观？ 拉丁美洲的阶级差别、价值观和政治取向》（*Is There Such a Thing as Middle-Class Values? Class Differences, Values, and Political Orientations in Latin America*）（华盛顿：全球发展中心工作文件第 286 号，2012 年）。

4. 参见 Thitinan Pongsudhirak，《泰国的不安旅程》（Thailand's Uneasy Passage），载《民主杂志》第 23 卷，第 2 期（2012 年）：47—61 页。

5. Dominic Wilson 和 Raluca Dragusanu，《中间的扩充：世界中产阶级的爆炸和全球不平等的下降》（*The Expanding Middle: The Exploding World Middle Class and Falling Global*

Inequality)（纽约：高盛全球经济研究报告第 170 号，2008 年），4 页。

6. 欧盟安全研究所（European Union Institute for Security Studies），《全球趋势 2030——相互关联的多中心世界公民》（*Global Trends 2030—Citizens in an Interconnected and Polycentric World*）（巴黎：欧盟安全研究所，2012 年），28 页。

7. 中国的基尼系数在 2005 年是 42.5（世界银行）。

8. López-Calva 和 Lustig 合编，《拉丁美洲不平等的减少：进步的十年？》。

9. 这个数字引自 Francesca Castellani 和 Gwenn Parent，《作为拉丁美洲的 "中产阶级"》（*Being "Middle Class" in Latin America*）（巴黎：经济合作与发展组织发展中心工作文件第 305 号，2011 年），9 页。

10. Thomas Piketty 和 Emmanuel Saez，《美国的收入不平等，1913—1998》（Income Inequality in the United States, 1913-1998），载《经济学季刊》第 118 卷，第 1 期（2003年）：1—39 页；另参见 Jacob S. Hacker 和 Paul Pierson，《赢家通吃的政治：公共政策、政治组织和美国高层收入的急剧上升》（Winner-Take-All Politics: Public Policy, Political Organization, and the Precipitous Rise of Top Incomes in the United States），载《政治与社会》第 38 卷，第 2 期（2010 年）：152—204 页；Hacker 和 Pierson，《赢家通吃的政治：华盛顿让富人更富——而背弃中产阶级》（*Winner-Take-All Politics: How Washington Made the Rich Richer—and Turned Its Back on the Middle Class*）（纽约：Simon & Schuster 出版社，2010 年）。

11. 参见 Raghuram G. Rajan，《断层线：隐藏的断裂仍威胁世界经济》（*Fault Lines: How Hidden Fractures Still Threaten the World Economy*）（普林斯顿：普林斯顿大学出版社，2010 年）。

12. 参见 Erik Brynjolfsson 和 Andrew McAfee，《第二个机器时代：辉煌科技时代的工作、进步和繁荣》（*The Second Machine Age: Work, Progress, and Prosperity in a Time of Brilliant Technologies*）（纽约：诺顿出版社，2014 年）。

13. Robert H. Frank 和 Philip J. Cook，《赢家通吃的社会》（*The Winner-Take-All Society*）（纽约：自由出版社，1995 年）。

14. 参见福山，《政治秩序的起源》，460—468 页。

15. 我讨论了延长寿命的社会和政治后果，参见《我们后人类的未来：生物技术革命的后果》（*Our Posthuman Future: Consequences of the Biotechnology Revolution*）（纽约：FSG 出版社，2002 年），57—71 页。

16. Karl Polanyi，《大转型》（*The Great Transformation*）（纽约：莱因哈特出版社，1944 年）。

第31章 政治衰败

1. Robert H. Nelson，《紧迫议题：撤销美国林务局的案例》（*A Burning Issue: A Case for Abolishing the U.S. Forest Service*）（马里兰州拉纳姆：Rowman 和 Littlefield 出版社，2000年）。

2. 李咏怡（Eliza Wing Yee Lee），《政治学、公共行政和美国行政国家的兴起》（Political Science, Public Administration, and the Rise of the American Administrative State），载《公共行政评论》第 55 卷，第 6 期（1995 年）：538—546；Knott 和 Miller，《改革官制》，

38—39 页。

3. Dean Lueck，《经济学和制止野火的组织》(Economics and the Organization of Wildfire Suppression)，载 Karen M. Bradshaw 和 Dean Lueck 合编，《野火政策：法律和经济学的视角》(Wildfire Policy: Law and Economics Perspectives)（纽约：RFF 出版社，2012 年）；罗伯特·纳尔逊，《紧迫议题：撤销美国林务局的案例》，4 页；Stephen J. Pyne，《美国林务局的野火政策和研究》(Fire Policy and Fire Research in the U.S. Forest Service)，载《森林史杂志》(Journal of Forest History) 第 25 卷，第 2 期（1981 年）：64—77 页。

4. Nelson，《紧迫议题：撤销美国林务局的案例》，38 页。

5. Sarah E. Anderson 和 Terry L. Anderson，《野火管理的政治经济学》(The Political Economy of Wildfire Management)，载 Bradshaw 和 Lueck 合编，《野火政策：以法律和经济的视角》，110 页。

6. Nelson，《紧迫议题：废除美国林务局的案件》，xiii 页。

7. Dennis Roth，《国家森林和野外立法的运动》(The National Forests and the Campaign for Wilderness Legislation)，载《森林史杂志》第 28 卷，第 3 期（1984 年）：112—125 页。

8. 参见 See Randal O'Toole，《改革林务局》(Reforming the Forest Service)（华盛顿特区：岛屿出版社，1988 年），98—111 页。

9. Paul C. Light，《政府施政不善：联邦机构的衰落和怎样扭转》(A Government Ill Executed: The Decline of the Federal Service and How to Reverse It)（马萨诸塞州剑桥：哈佛大学出版社，2008），126 页；Patricia W. Ingraham 和 David H. Rosenbloom，《美国联邦机构的政治基石：重建摇摇欲坠的基础》(Political Foundations of the American Federal Service: Rebuilding a Crumbling Base)，载《公共行政评论》第 50 卷（1990 年）：212 页。

10. 公共服务全国委员会，《重建公共服务》(Rebuilding the Public Service)（华盛顿特区，1989 年）和《为 21 世纪振兴联邦政府》(Revitalizing the Federal Government for the 21st Century)（华盛顿特区，2003 年）。

11. 州级和市级的公共当局（如纽约和新泽西港务局）比联邦级的更为常见，其累积的公共债务比州政府和市政府的直接债券更大。参见 Gail Radford，《公共当局的崛起：20 世纪美国的国家建设与经济发展》(The Rise of the Public Authority: State building and Economic Development in Twentieth-Century America)（芝加哥：芝加哥大学出版社，2013 年）。有关承包商，参见 Light，《政府施政不善》，192 页以下。联邦雇员 225 万的最高限额有过一次突破，发生在 1968 年。

12. Light，《政府施政不善》，106 页；支持数据见 108—120 页。

13.《为 21 世纪振兴联邦政府》，1 页。

14. Light，《政府施政不善》，115 页；Ingraham 和 Rosenbloom，《美国联邦机构的政治基石》。

15. Oswald Spengler，《西方的衰落》(The Decline of the West)（纽约：Knopf 出版社，1926 年）；阿诺德·汤因比（Arnold Toynbee），《历史研究》(A Study of History)（伦敦：牛津大学出版社，1972 年）；Paul Kennedy，《大国的兴衰：1500 年至 2000 年的经济变化和军事冲突》(The Rise and Fall of the Great Powers: Economic Change and Military Conflict from 1500 to 2000)（纽约：兰登书屋，1987 年）；贾雷德·戴蒙德，《倒塌：社会如何选择兴衰》(Collapse: How Societies Choose to Fail or Succeed)（纽约：企鹅出版社，2005 年）。

16. 亨廷顿，《政治发展和政治衰败》(Political Development and Political Decay)，载《世界政治》第 17 卷，第 3 期（1965 年）。

17. 参见福山，《政治秩序的起源》，第 2 章。

18. 贾雷德·戴蒙德，《倒塌：社会如何选择兴衰》，136—156 页。

19. 例如，参见 Fareed Zakaria，《后美国世界》（*The Post-American World*）（纽约：诺顿出版社，2003 年）；Thomas L. Friedman 和 Michael Mandelbaum，《曾经是我们：美国在自己发明的世界中落后以及我们如何能回来》（*That Used to Be Us: How America Fell Behind in the World It Invented and How We Can Come Back*）（纽约：FSG 出版社，2011 年）；Edward Luce，《开始考虑：美国处在下降时代》（*Time to Start Thinking: America in the Age of Descent*）（纽约：大西洋月刊出版社，2012 年）；Josef Joffe，《美国衰落的神话：政治、经济和半个世纪假预言》（*The Myth of America's Decline: Politics, Economics, and a Half Century of False Prophecies*）（纽约：Liveright 出版社，2014 年）。

第32章 法院和政党的国家

1. Skowronek，《建设美国新国家》。

2. Robert A. Kagan，《对抗性法条主义：美国式的法律》（*Adversarial Legalism: The American Way of Law*）（马萨诸塞州剑桥：哈佛大学出版社，2001 年）。另参见 Mary Ann Glendon，《律师掌控下的民族：法律专业的危机如何改造美国社会》（*A Nation Under Lawyers: How the Crisis in the Legal Profession Is Transforming American Society*）（纽约：FSG 出版社，1994 年）。

3. 有关职业安全和健康的差异，参见 Steven Kelman，《监管美国，监管瑞典：职业安全与健康政策的比较研究》（*Regulating America, Regulating Sweden: A Comparative Study of Occupational Safety and Health Policy*）（马萨诸塞州剑桥：MIT 出版社，1981 年）。

4. R. Shep Melnick，《对抗性法条主义、公民权利和例外的美国国家》（Adversarial Legalism, Civil Rights, and the Exceptional American State）（未发表的论文，2012 年）。Melnick 的引语来自 Sean Farhang，《诉讼国家：美国的公共监管和私人诉讼》（*The Litigation State: Public Regulation and Private Lawsuits in the U.S.*）（普林斯顿：普林斯顿大学出版社，2010 年）。

5. Kagan，《对抗性法条主义》，50 页。

6. 引自 Melnick，《对抗性法条主义、公民权利和特殊的美国国家》，18 页。

7. Kagan，《对抗性法条主义》，36—42 页。

8. 同上，236 页。

9. 参见 R. Shep Melnick，《分权和权利策略：特殊教育的扩大》（Separation of Powers and the Strategy of Rights: The Expansion of Special Education），载 Marc K. Landy 和 Martin A. Levin 合编，《公共政策的新政治》（*The New Politics of Public Policy*）（巴尔的摩：约翰霍普金斯大学出版社，1995 年）。

第33章 国会和美国政治的家族制复辟

1. 有关互惠利他，参见福山，《政治秩序的起源》，30—31 页；有关道德互惠的讨论，参见福山，《大断裂：人类本性与社会秩序的重建》（*The Great Disruption: Human Nature and the Reconstitution of Social Order*）（纽约：自由出版社，1999），259—262 页。

2. Lawrence Lessig,《迷失的共和国：钞票如何腐化国会以及被叫停的计划》(*Republic, Lost: How Money Corrupts Congress—and a Plan to Stop It*)（纽约：十二图书公司，2011 年），24—38 页。有关利益集团的早先研究，参见 Kay Lehmen Schlozman 和 John T. Tierney,《组织起来的利益集团和美国民主》(*Organized Interests and American Democracy*)（纽约：哈珀出版社，1986 年）。

3. Hacker 和 Pierson,《赢家通吃的政治：公共政策、政治组织和美国高层收入的急剧上升》，118 页。

4. 这些好处在通常情况下利用漏洞转移利润去海外，只缴较低的收入税。据透露，美国通用电气公司在 2010 年无须缴纳收入税，成为 2012 年大选议题。参见 David Kocieniewskj,《通用电气公司的策略使之彻底避免缴税》(*G.E.'s Strategies Let It Avoid Taxes Altogether*)，《纽约时报》，2011 年 3 月 24 日。

5. 例如，参见 Frank R. Baumgartner 等,《游说和政策变化：谁赢、谁输以及为什么》(*Lobbying and Policy Change: Who Wins, Who Loses, and Why*)（芝加哥：芝加哥大学出版社，2009 年）；Derek Bok,《政府的麻烦》(*The Trouble with Government*)（马萨诸塞州剑桥：哈佛大学出版社，2001 年），85—94 页。

6. Bok,《政府的麻烦》，100 页。

7. 参见 Admati 和 Heliwig,《银行家的新衣：银行业错在哪，怎么办》，169—191 页。

8. 有关游说对金融部门改革的影响，参见 Johnson 和 Kwak,《13 位银行家：接管华尔街和下一次金融崩溃》。有关大到倒不起的问题，参见 Admati 和 Heliwig,《银行家的新衣：银行业错在哪，怎么办》。我非常感谢 Paul Ockelmann 对这个题目做的有益探索。

9. 根据盖洛普，美国国会在 21 世纪第一个十年的平均支持率为 13%。有关汇总调查数据，参见 www. realclearpolitics.com/epolls/other/congressional_job_approval-903.html ；同时还有 www.gallup.com/poll/J52528/congre55-Job- approval- new-low.aspx.

10. 曼瑟尔·奥尔森,《民族的兴衰》(*The Rise and Decline of Nations*)（纽黑文：耶鲁大学出版社，1982 年）。

11. 托克维尔对志愿者协会的讨论，出现于《论美国的民主》，第 2 卷，第 2 部分，第 5—7 章。罗伯特·帕特南,《独自打保龄：美国社区的崩溃和复兴》(*Bowling Alone: The Collapse and Revival of American Community*)（纽约：Simon & Schuster 出版社，2000 年）。

12. Theodore J. Lowi,《自由主义的终结：意识形态、政策和公共权威的危机》(*The End of Liberalism: Ideology, Policy, and the Crisis of Public Authority*)（纽约：诺顿出版社，1969 年），51—61 页；罗伯特·达尔（Robert A. Dahl）,《美国的多元民主：冲突和同意》(*Pluralist Democracy in the United States: Conflict and Consent*)（芝加哥：Rand McNally 出版社，1967 年）；达尔,《多元民主的困境：自主与控制》(*Dilemmas of Pluralist Democracy: Autonomy vs. Control*)（纽黑文：耶鲁大学出版社，1982 年）。

13. 赫希曼,《激情与利益》。

14. 帕特南,《独自打保龄：美国下降的社会资本》，载《民主杂志》第 6 卷，第 1 期（1995 年）：65—78 页。

15. 区分良好公民社会和不良利益集团的另一方式是，良好组织不寻求政府的租金或好处，只是向会员提供直接服务。同样，这种明确区分还是站不住脚，因为私人方面在具体问题上寻求政府帮助，如果不总是明智的，却完全是合法的。

16. E. E. Schattschneider,《半主权人民》，129—141 页。

596

17. 曼瑟尔·奥尔森，《集体行动的逻辑：公共物品和群体理论》（*The Logic of Collective Action: Public Goods and the Theory of Groups*）（马萨诸塞州剑桥：哈佛大学出版社，1965 年）。有关民主国家代表性的进一步讨论，参见 Bernard Manin, Adam Przeworski 和 Susan C. Stokes，《选举和代表性》（Elections and Representation），载 Adam Przeworski, Susan C. Stokes 和 Bernard Manin 合编，《民主、负责制和代表性》（*Democracy, Accountability, and Representation*）（纽约：剑桥大学出版社，1999 年）。

18. Morris P. Fiorina，《断开：美国政治中的代表性故障》（*Disconnect: The Breakdown of Representation in American Politics*）（诺曼：俄克拉荷马大学出版社，2009 年）；Morris P. Fiorina, Samuel J. Abrams 和 Jeremy C. Pope 合编，《文化战争？美国两极化的神话》第 3 版（*Culture War? The Myth of a Polarized America*, 3rd ed.）（波士顿：Longman 出版社，2010 年）。

19. Stein Ringen 认为，这样的咨询甚至发生于朴正熙治下的威权韩国。参见《魔鬼的民族：民主领袖和服从的问题》（*Nation of Devils: Democratic Leadership and the Problem of Obedience*）（纽黑文：耶鲁大学出版社，2013 年），24—28 页。这也是 Peter Evans "内嵌式自主" 的概念。

20. 有关欧盟范围内的信息咨询，参见 Charles Sabel 和 Jonathan Zeitlin，《从差异中学到东西：欧盟中实验性治理的新架构》（Learning from Difference: The New Architecture of Experimentalist Governance in the European Union），载《欧洲法律杂志》（*European Law Journal*）第 14 卷，第 3 期（2008 年）：271—317 页。

第34章　否决制的美国

1. 美国债务在 1945 年占 GDP 的 112.7%（www.cbo.gov/publication/21728），英国的占 225%（www.res.org.uk/view/article5jan12Correspondence html）。

2. William A. Galston，《美国两极化的政党体系能是 "健康" 的吗？》（*Can a Polarized American Party System Be "Healthy"?*）（华盛顿特区：布鲁金斯学会，2010 年）。

3. Morris P. Fiorina 指出，极端保守派候选人里克·桑托勒姆（Rick Santorum），在 2012 年初选基础上，曾被宣布为共和党的领军者。其时，他仅获得三个州的选票，分别来自 1.2%、1.8% 和 7.4% 的选民。Fiorina，《美国失踪的温和派：隐藏在普通岗位》（*America's Missing Moderates: Hiding in Plain Site*），载《美国利益》（*American Interest*）第 8 卷（第 4 期）：58—67 页。

4. Thomas E. Mann 和 Norman J. Ornstein，《甚至比表面更坏：美国宪政体制与极端主义新政治的碰撞》（*It's Even Worse Than It Looks: How the American Constitutional System Collided with the New Politics of Extremism*）（纽约：基本图书公司，2012 年），154 页。

5. 这被定性为果断和坚定之间的权衡（Gary Cox 和 Mathew McCubbins，《经济政策结果的制度因素》[The Institutional Determinants of Economic Policy Outcomes]，载 Stephan Haggard 和 Mathew D. McCubbins 合编，《总统、议会和政策》[*Presidents, Parliaments, and Policy*][纽约：剑桥大学出版社，2001 年]，21—64 页）；又被定性为果断和信誉之间的权衡（Andrew MacIntyre，《制度的力量：政治架构和治理》[*The Power of Institutions: Political Architecture and Governance*][纽约州伊萨卡：康奈尔大学出版社，2003 年]，17—36 页）。

6. Gary Cox,《钱包和回归预算的力量》(The Power of the Purse and the Reversionary Budget)(斯坦福大学未发表论文,政治学系,2013 年)。

7. George Tsebelis,《否决者:政治制度如何运转》(Veto Players: How Political Institutions Work)(普林斯顿:普林斯顿大学出版社,2002 年)。

8. 保守派和自由民主政党在 2010 年组成联合政府,这在英国极不寻常。更多时候,相对多数的实际选民选出强有力的议会多数派。

9. Herbert Doring,《西欧的议会和多数规则》(Parliaments and Majority Rule in Western Europe)(纽约:圣马丁出版社,1995 年),223—246 页。

10. 参见 Jacqueline Yates,《瑞典》(Sweden),载 J. A. Chandler 编,《比较公共行政》(Comparative Public Administration)(纽约:劳特利奇出版社,2000 年)。

11. Gerhard Casper,《美国走到 "美国世纪" 的终点:法治或开明专制》(The United States at the End of the 'American Century': The Rule of Law or Enlightened Absolutism?),载《华盛顿大学法律和政策学报》(Washington University Journal of Law and Policy)第 4 卷(2000 年):149—173 页。

12. George Little 有关国会报告冗长的声明,美国国防部,新闻发布,2007 年 7 月 11 日,www.defense.gov/releases/release.aspx?releaseid=15437。

13. Edward Luce,《开始考虑:美国处在下降时代》,第 4 章。

14. 有关立法缺乏一致性,参见 Bok,《政府的麻烦》,98—103 页。

15. Eric A. Posner 和 Adrian Vermeule,《松绑的行政部门:麦迪逊式共和国之后》(The Executive Unbound: After the Madisonian Republic)(牛津大学出版社,2010 纽约)。

16. 参见 Joachim Herrmann,《德国检察官》(The German Prosecutor),载 Kenneth Cuip Davis 等编,《欧美的自由裁量司法》(Discretionary Justice in Europe and America)(厄巴纳:伊利诺伊大学出版社,1976 年)。

17. Christine Mahoney,《制度的力量:国家、利益集团活动和欧盟》(The Power of Institutions: State and Interest-Group Activity and the European Union),载《欧盟政治学》(European Union Politics)第 5 卷,第 4 期(2004 年):441—466 页;Christine Mahoney,《布鲁塞尔和环城高速相比:欧盟和美国的鼓吹》(Brussels versus the Beltway: Advocacy in the United States and the European Union)(华盛顿特区:乔治敦大学出版社,2008 年);Darren Halpin 和 Grant Jordan 合编,《民主政治中利益组织的规模:数据和研究方法》(The Scale of Interest Organization in Democratic Politics: Data and Research Methods)(纽约:Palgrave Macmillan 出版社,2012 年);Robin Pedler 编,《欧盟游说:竞技场上的变化》(European Union Lobbying: Changes in the Arena)(纽约:麦克米伦出版社,2002 年);Jan Beyers, Rainer Eising 和 William Maloney 合编,《欧洲的利益集团政治:欧盟研究与比较政治的教训》(Interest Group Politics in Europe: Lessons from EU Studies and Comparative Politics)(纽约:劳特利奇出版社,2010 年);Sonia Mazey 和 Jeremy Richardson 合编,《游说欧盟》(Lobbying in the European Community)(纽约:牛津大学出版社,1993 年)。

18. 参见 Christine Mahoney,《布鲁塞尔和环城高速相比》,147—165 页。差异的原因并不在欧盟制度的性质,公民社会的团体发现,在欧洲组织起来要跨越民族媒体和语言的界限,这比在美国更难。

19. Theda Skocpol,《保护士兵和母亲:美国社会政策的政治起源》(Protecting Soldiers and

Mothers: The Political Origins of Social Policy in the United States）（马萨诸塞州剑桥：哈佛大学出版社，1992 年）；Desmond King 等编，《美国的民主化：比较历史分析》（*Democratization in America: A Comparative-Historical Analysis*）（巴尔的摩：约翰霍普金斯大学出版社，2009 年）。有关欧洲福利国家和美国的比较，参见 Arnold J. Heidenheimer 和 Peter Flora 合编，《福利国家在欧美的发展》（*The Development of the Welfare States in Europe ad America*）（新泽西州新不伦瑞克：Transaction 出版社，1987 年）。

第 35 章 自主性和从属关系

1. 世界银行，《2004 年世界发展报告：让服务惠及穷人》（*World Development Report 2004: Making Services Work for Poor People*）（华盛顿：世界银行，2003）。

2. 有关委托人—代理人理论及其局限性，参见福山，《国家建设：21 世纪的治理和世界秩序》（*State-Building: Governance and World Order in the 21st Century*）（纽约州伊萨卡：康奈尔大学出版社，2004 年），第 2 章。

3. Martin van Creveld，《战斗力：德国和美国军队性能，1939—1945》（*Fighting Power: German and U.S. Army Performance, 1939-1945*）（康涅狄格州西港：格林伍德出版社，1982 年）。有关第二次世界大战前夕德国和法国国军队的对比，参见 James Q. Wilson，《官僚体系》，3—6 页。

4. John Dilulio 提及，严重的监狱暴乱 1987 年在路易斯安那州和佐治亚州同时发生，美国联邦监狱退休人员协会部分成员，穿上旧制服，自费赶去暴乱现场，协助应付危机。如作者指出的，委托人—代理人的框架以物质奖励为主，无法解释这种热心公益的行为。John J. Dilulio, Jr.，《有原则的代理人：联邦政府官僚机构中行为的文化基础》（Principled Agents: The Cultural Bases of Behavior in a Federal Government Bureaucracy），载《公共行政研究和理论杂志》（*Journal of Public Administration Research and Theory*）第 4 卷，第 3 期（1994 年）：277—318 页。

5. 有关胡格诺派教徒创建瑞士制表业的作用，参见 David S. Landes，《时间的革命：时钟与现代世界的形成》修订版（*Revolution in Time: Clocks and the Making of the Modern World, rev. ed.*）（马萨诸塞州剑桥：哈佛大学出版社，2000 年），248—257 页；有关东正教犹太人在钻石贸易中的作用，参见 James S. Coleman，《人力资本创造中的社会资本》（Social Capital in the Creation of Human Capital），载《美国社会学杂志》（*American Journal of Sociology*）第 94 卷（1988 年）：S95—S120 页。

6. Melissa Thomas，《远大前程：富有捐助者和穷国政府》（Great Expectations: Rich Donors and Poor Country Governments），http://papers.ssrn.com/sol3/papers.cfm?abstract_id=1333618。

7. 参见 Kenneth Cuip Davis 等编，《欧美的自由裁量司法》。

8. 德国军队从第一次世界大战结束时到第二次世界大战开始时发展的操作原则，成为这本战地手册的基础，战斗使命只是德国支援战术（Aufstragstaktik）的美国版。参见福山和 Abram N. Shulsky，《"虚拟公司"和陆军组织》（*The "Virtual Corporation" and Army Organization*）（加利福尼亚州圣莫尼卡：兰德公司，1997 年）。

9. Stein Ringen，《魔鬼的民族：民主领袖和服从的问题》，24—29 页。

第36章 政治秩序和政治衰败

1. 哈耶克反对理性主义规划，赞成自发秩序，参见他的《法律、立法和自由》（*Law, Legislation and Liberty*）（芝加哥：芝加哥大学出版社，1976 年）和《自由的宪章》（*The Constitution of Liberty*）（芝加哥：芝加哥大学出版社，2011 年）。

2. 参见 Robert H. Frank，《达尔文经济学：自由、竞争和共同利益》（*The Darwin Economy: Liberty, Competition, and the Common Good*）（普林斯顿：普林斯顿大学出版社，2011 年）。

3. 有关当代小额信贷运动的局限，参见 David Roodman，《尽职调查：对小额信贷的不妥探究》（*Due Diligence: An Impertinent Inquiry into Microfinance*）（华盛顿：全球发展中心，2012 年）。有关让穷人获得产权，参见 Hernando de Soto，《资本的神秘：资本主义为何在西方获胜，在其他地方失败》（*The Mystery of Capital: Why Capitalism Triumphs in the West and Fails Everywhere Else*）（伦敦：Bantam 出版社，2000 年）。

4. 阿玛蒂亚·森（Amartya Sen），《作为自由的发展》（*Development as Freedom*）（纽约：Knopf 出版社，1999 年），27 页。

5. 有关承认和尊严在政治中的作用，参见福山，《历史的终结与最后的人》（*The End of History and the Last Man*），162—208 页。

6. 有关中国从中等收入升至高收入的挑战，参见世界银行，《中国 2030：建造现代、和谐和创意的社会》（*China 2030: Building a Modern, Harmonious, and Creative Society*）（华盛顿：世界银行，2013 年）。

7. 例如，参见 Gary Cox, Douglass North 和 Barry Weingast，《暴力陷阱：以政治经济的方式来应对发展的问题》（*The Violence Trap: A Political-Economic Approach to the Problems of Development*）（未发表的论文，2013 年 9 月）。

参考文献

Abdullah, Taufik. 2009. *Indonesia: Towards Democracy*. Singapore: ISEAS.

Abernethy, David B. 2000. *The Dynamics of Global Dominance: European Overseas Empires, 1415–1980*. New Haven: Yale University Press.

Acemoglu, Daron, Simon Johnson, and James A. Robinson. 2001. "The Colonial Origins of Comparative Development: An Empirical Investigation." *American Economic Review* 91(5):1369–1401.

———. 2002. "Reversal of Fortune: Geography and Institutions in the Making of the Modern World Income Distribution." *Quarterly Journal of Economics* 107:1231–94.

Acemoglu, Daron, and James A. Robinson. 2005. *Economic Origins of Dictatorship and Democracy*. New York: Cambridge University Press.

———. 2012. *Why Nations Fail: The Origins of Power, Prosperity and Poverty*. New York: Crown.

Admati, Anat, and Martin Hellwig. 2013. *The Banker's New Clothes: What's Wrong with Banking and What to Do About It*. Princeton: Princeton University Press.

Akita, George. 1967. *Foundations of Constitutional Government in Modern Japan, 1868–1900*. Cambridge, MA: Harvard University Press.

Allum, P. A. 1973. *Italy—Republic Without Government?* New York: Norton.

———. 1973. *Politics and Society in Post-War Naples*. Cambridge: Cambridge University Press.

Almond, Gabriel A., et al. 2004. *Comparative Politics: A Theoretical Framework*. 5th ed. New York: Pearson/Longman.

Amsden, Alice H. 1989. *Asia's Next Giant: South Korea and Late Industrialization*. New York: Oxford University Press.

Anderson, Benedict. 1991. *Imagined Communities: Reflections on the Origins and Spread of Nationalism*. New York: Verso.

Ang, Yuen Yuen. 2012. "Bureaucratic Incentives, Local Development, and Petty Rents." Paper presented at the Conference on the Quality of Governance. Stanford University.

Anson, José, Oliver Cadot, and Marcelo Olarreaga. 2003. *Import Tariff Evasion and Customs Corruption: Does Pre-Shipment Inspection Help?* Washington, D.C.: World Bank.

Auyero, Javier. 2000. "The Logic of Clientelism in Argentina: An Ethnographic Account." *Latin American Research Review* 35(3):55–81.

Ayittey, George B. N. 2006. *Indigenous African Institutions*. 2nd ed. Ardsley-on-Hudson, NY: Transactional Publishers.

Bagehot, Walter. 2001. *The English Constitution*. New York: Oxford University Press.

Balogh, Brian. 2002. "Scientific Forestry and the Roots of the Modern American State: Gifford Pinchot's Path to Progressive Reform." *Environmental History* 7(2):198–225.

Banerjee, Abhijit, and Lakshmi Iyer. 2005. "History, Institutions, and Economic Performance: The Legacy of Colonial Land Tenure Systems in India." *American Economic Review* 95(4):1190–1213.

Banfield, Edward C. 1958. *The Moral Basis of a Backward Society*. Glencoe, IL: Free Press.

———, and James Q. Wilson. 1963. *City Politics*. Cambridge, MA: Harvard University Press.

Barber, Michael. 2008. *Instruction to Deliver: Fighting to Transform Britain's Public Services*. London: Methuen.

Barkan, Joel D., ed. 1994. *Beyond Capitalism vs. Socialism in Kenya and Tanzania*. Boulder, CO: Lynne Rienner.

Barro, Robert J. 1997. *Determinants of Economic Growth: A Cross-Country Survey*. Cambridge, MA: MIT Press.

———. 1999. "Determinants of Democracy." *Journal of Political Economy* 107: 158–83.

Bates, Robert. 2005. *Markets and States in Tropical Africa: The Political Basis of Agricultural Policies*. Berkeley: University of California Press.

Baumgartner, Frank R., and Beth L. Leech. 1998. *Basic Interests: The Importance of Groups in Politics and in Political Science*. Princeton: Princeton University Press.

Baumgartner, Frank R., et al. 2009. *Lobbying and Policy Change: Who Wins, Who Loses, and Why*. Chicago: University of Chicago Press.

Beer, Lawrence W., and John M. Maki. 2002. *From Imperial Myth to Democracy: Japan's Two Constitutions, 1889–2002*. Boulder: University Press of Colorado.

Bell, Daniel. 1973. *The Coming of Post-Industrial Society: A Venture in Social Forecasting*. New York: Basic Books.

Berman, Sheri. 2013. "The Promise of the Arab Spring: In Political Development, No Gain Without Pain." *Foreign Affairs* 92(1):64–74.

Bernhardt, Kathryn, and Philip C. C. Huang, eds. 1994. *Civil Law in Qing and Republican China*. Stanford, CA: Stanford University Press.

Berry, Sara. 1993. *No Condition Is Permanent: The Social Dynamics of Agrarian Change in Sub-Saharan Africa*. Madison: University of Wisconsin Press.

Beyers, Jan, Rainer Eising, and William Maloney, eds. 2010. *Interest Group Politics in Europe: Lessons from EU Studies and Comparative Politics*. New York: Routledge.

Bienen, Henry S. 1970. *Tanzania: Party Transformation and Economic Development*. Princeton: Princeton University Press.

Biles, Roger. 1984. *Big City Boss in Depression and War: Mayor Edward J. Kelly of Chicago*. DeKalb: Northern Illinois University Press.

Birdsall, Nancy, and Francis Fukuyama, eds. 2001. *New Ideas in Development After the Financial Crisis*. Baltimore: Johns Hopkins University Press.

Bodde, Derk, and Clarence Morris. 1967. *Law in Imperial China, Exemplified by 190 Ch'ing Dynasty Cases*. Cambridge, MA: Harvard University Press.

Boix, Carles. 2003. *Democracy and Redistribution*. New York: Cambridge University Press.

Bok, Derek. 2001. *The Trouble With Government*. Cambridge, MA: Harvard University Press.

Bolin, James Duane. 2000. *Bossism and Reform in a Southern City: Lexington, Kentucky, 1880–1940*. Lexington: University Press of Kentucky.

Booth, John A. 1998. *Costa Rica: Quest for Democracy*. Boulder, CO: Westview Press.

Bortz, Jeffrey, and Stephen Haber, eds. 2002. *The Mexican Economy, 1870–1930: Essays on the Economic History of Institutions, Revolution, and Growth*. Stanford, CA: Stanford University Press.

Böss, Michael, ed. 2011. *Narrating Peoplehood Amidst Diversity: Historical and Theoretical Perspectives*. Aarhus, Denmark: Aarhus University Press.

Bourne, J. M. 1986. *Patronage and Society in Nineteenth-Century England*. Baltimore: Edward Arnold.

Bradshaw, Karen M., and Dean Lueck. 2012. *Wildfire Policy: Law and Economics Perspectives*. New York: RFF Press.

Bratton, Michael, and Nicolas van de Walle. 1997. *Democratic Experiments in Africa: Regime Transitions in Comparative Perspective*. New York: Cambridge University Press.

Briggs, Asa. 1959. *The Age of Improvement, 1783–1867*. New York: Longman.

Brooks, Robert. 1909. "The Nature of Political Corruption." *Political Science Quarterly* 24(1):1–22.

Brubaker, Rogers. 1996. *Nationalism Reframed: Nationhood and the National Question in the New Europe*. New York: Cambridge University Press.

———. 2004. *Ethnicity without Groups*. Cambridge, MA: Harvard University Press.

Brusco, Valeria, Marcelo Nazareno, and Susan Carol Stokes. 2004. "Vote Buying in Argentina." *Latin American Research Review* 39(2):66–88.

Brynjolfsson, Erik, and Andrew McAfee. 2014. *The Second Machine Age: Work, Progress, and Prosperity in a Time of Brilliant Technologies*. New York: Norton.

Buchanan, James M., and Gordon Tullock. 1962. *The Calculus of Consent: Logical Foundations of Constitutional Democracy*. Ann Arbor: University of Michigan Press.

Burke, Edmund. 2000. *On Empire, Liberty, and Reform: Speeches and Letters*. New Haven: Yale University Press.

———. 2001. *Reflections on the Revolution in France*. Stanford, CA: Stanford University Press.

Bushnell, David, and Neill Macaulay. 1994. *The Emergence of Latin America in the Nineteenth Century*. 2nd ed. New York: Oxford University Press.

Cain, Bruce E. 2014. *Regulating Politics? The Democratic Imperative and American Political Reform*. New York: Cambridge University Press.

Calvo, Ernesto, and Maria Victoria Murillo. 2004. "Who Delivers? Partisan Clients in the Argentine Electoral Market." *American Journal of Political Science* 48(4):742–57.

Campbell, John. 2011. *Nigeria: Dancing on the Brink*. Lanham, MD: Rowman and Littlefield.

Carman, Harry J., and Reinhard H. Luthin. 1943. *Lincoln and the Patronage*. New York: Columbia University Press.

Carneiro, Robert L. 1970. "A Theory of the Origin of the State," *Science* 169: 733–38.

Carothers, Thomas. 2007. "The 'Sequencing' Fallacy." *Journal of Democracy* 18(1):12–27.

———, ed. 2006. *Promoting the Rule of Law Abroad: In Search of Knowledge*. Washington, D.C.: Carnegie Endowment.

Carpenter, Daniel P. 2001. *The Forging of Bureaucratic Autonomy: Reputations, Networks, and Policy Innovation in Executive Agencies, 1862–1928*. Princeton: Princeton University Press.

Casper, Gerhard. 1985. "The Constitutional Organization of the Government." *William and Mary Law Review* 26(2):177–98.

———. 2000. "The United States at the End of the 'American Century': The Rule of Law or Enlightened Absolutism?" *Washington University Journal of Law and Policy* 4:149–73.

Castellani, Francesca, and Gwenn Parent. 2011. *Being "Middle Class" in Latin America*. Paris: OECD Development Centre Working Paper, No. 305.

Centeno, Miguel Angel. 1997. "Blood and Debt: War and Taxation in Nineteenth-Century Latin America." *American Journal of Sociology* 102(6):1565–1605.

———. 2002. *Blood and Debt: War and the Nation-State in Latin America*. University Park: Pennsylvania State University Press.

Chadwick, Mary E. J. 1976. "The Role of Redistribution in the Making of the Third Reform Act." *The Historical Journal* 19(3):665–83.

Chandler, J. A., ed. 2000. *Comparative Public Administration*. New York: Routledge.

Chandra, Kanchan. 2004. *Why Ethnic Parties Succeed: Patronage and Ethnic Head Counts in India*. New York: Cambridge University Press.

Chapman, Richard. 1970. *The Higher Civil Service in Britain*. London: Constable.

———. 2004. *The Civil Service Commission 1855–1991: A Bureau Biography*. New York: Routledge.

Chege, Michael. 2008. "Kenya: Back from the Brink?" *Journal of Democracy* 19(4):125–39.

Chen, Jianfu. 1999. *Chinese Law: Towards an Understanding of Chinese Law, Its Nature and Development*. Boston: Kluwer Law International.

———. 2008. *Chinese Law: Context and Transformation*. Leiden: Martinus Nijhoff.

Chesterman, Simon. 2004. *You, the People: The United Nations, Transitional Administration, and State-Building*. New York: Oxford University Press.

Chubb, Judith. 1982. *Patronage, Power, and Poverty in Southern Italy: A Tale of Two Cities*. New York: Cambridge University Press.

Clark, Gregory. 2007. *A Farewell to Alms: A Brief Economic History of the World*. Princeton: Princeton University Press.

Cleary, Matthew R., and Susan C. Stokes. 2006. *Democracy and the Culture of Skepticism: Political Trust in Argentina and Mexico*. New York: Russell Sage Foundation.

Coatsworth, John H. 1978. "Obstacles to Economic Growth in Nineteenth-Century Mexico." *American Historical Review* 83:80–100.

Coatsworth, John H., and Alan M. Taylor, eds. 1999. *Latin America and the World Economy Since 1800*. Cambridge, MA: Harvard University Press.

Colburn, David R., and George E. Pozzetta. 1976. "Bosses and Machines: Changing Interpretations in American History." *The History Teacher* 9(3):445–63.

———, eds. 1983. *Reform and Reformers in the Progressive Era*. Westport, CT: Greenwood Press.

Coleman, James S. 1988. "Social Capital in the Creation of Human Capital." *American Journal of Sociology* 94:S95–S120.

Coleman, James S., et al. 1966. *Equality of Educational Opportunity*. Washington, D.C.: Department of Health, Education and Welfare.

Collier, George A., Renato I. Rosaldo, and John D. Wirth, eds. 1982. *The Inca and Aztec States, 1400–1800: Anthropology and History*. New York: Academic Press.

Collier, Paul. 2001. "Implications of Ethnic Diversity." *Economic Policy* 32:129–66.

———. 2007. *The Bottom Billion: Why the Poorest Countries Are Failing and What Can Be Done About It*. New York: Oxford University Press.

Collier, Paul, and Anke Hoeffler. 2006. *Economic Causes of Civil Conflict and Their Implications for Policy*. Oxford: Oxford Economic Papers.

Collier, Paul, and Dominic Rohner. 2007. "Beyond Greed and Grievance: Feasibility and Civil War." *Oxford Economic Papers* 61:1–27.

Collier, Ruth Berins. 1999. *Paths Toward Democracy: The Working Class and Elites in Western Europe and South America*. New York: Cambridge University Press.

Connors, Richard J. 1971. *A Cycle of Power: The Career of Jersey City Mayor Frank Hague*. Metuchen, NJ: Scarecrow Press.

Conrad, Alfred H., and John R. Meyer. 1979. "The Economics of Slavery in the Ante Bellum South: Comment." *American Economic Review* 66(2):95–130.

Cornford, James. 1963. "The Transformation of Conservatism in the Late Nineteenth Century." *Victorian Studies* 7:35–66.

Cortés Condé, Roberto. 2009. *The Political Economy of Argentina in the Twentieth Century*. New York: Cambridge University Press.

Cowen, Tyler. 2011. *The Great Stagnation: How America Ate All the Low-Hanging Fruit of Modern History, Got Sick, and Will (Eventually) Feel Better*. New York: Dutton.

Cox, Gary. 2013. "The Power of the Purse and the Reversionary Budget." Unpublished paper.

Cox, Gary, Douglass North, and Barry Weingast. 2013. "The Violence Trap: A Political-Economic Approach to the Problem of Development." Unpublished paper.

Craig, Gordon A. 1964. *The Politics of the Prussian Army, 1640–1945*. New York: Oxford University Press.

Crenson, Matthew A. 1975. *The Federal Machine: Beginning of Bureaucracy in Jacksonian America*. Baltimore: Johns Hopkins University Press.

Crowley, James B. 1966. *Japan's Quest for Autonomy: National Security and Foreign Policy, 1930–1938*. Princeton: Princeton University Press.

Cunliffe-Jones, Peter. 2010. *My Nigeria: Five Decades of Independence*. New York: Palgrave Macmillan.

Curtin, Philip D. 1998. *The Rise and Fall of the Plantation Complex: Essays in Atlantic History*. 2nd ed. New York: Cambridge University Press.

Dahl, Robert A. 1956. *A Preface to Democratic Theory*. Chicago: University of Chicago Press.

———. 1967. *Pluralist Democracy in the United States: Conflict and Consent*. Chicago: Rand McNally.

———. 1982. *Dilemmas of Pluralist Democracy: Autonomy vs. Control*. New Haven: Yale University Press.

Dahm, Bernhard. 1969. *Sukarno and the Struggle for Indonesian Independence*. Ithaca, NY: Cornell University Press.

Darden, Keith. 2013. *Resisting Occupation: Mass Schooling and the Creation of Durable National Loyalties*. New York: Cambridge University Press.

Darmaputera, Eka. 1988. *Pancasila and the Search for Identity and Modernity in Indonesian Society*. New York: E. J. Brill.

David, René. 1972. *French Law: Its Structure, Sources, and Methodology*. Baton Rouge: Louisiana State University Press.

Davis, Kenneth Culp, et al. 1976. *Discretionary Justice in Europe and America*. Urbana: University of Illinois Press.

Day, Tony. 2002. *Fluid Iron: State Formation in Southeast Asia*. Honolulu: University of Hawai'i Press.

Debusmann, Robert, and Stefan Arnold, eds. 1996. *Land Law and Land Ownership in Africa: Case Studies from Colonial and Contemporary Cameroon and Tanzania*. Bayreuth, Germany: Eckhard Breitinger.

Diamond, Jared. 1997. *Guns, Germs, and Steel: The Fates of Human Societies*. New York: Norton.

———. 2005. *Collapse: How Societies Choose to Fail or Succeed*. New York: Viking.

Diamond, Larry, 1992. "Economic Development and Democracy Reconsidered." *American Behavioral Scientist* 15(4–5):450–99.

———. 2008. *The Spirit of Democracy: The Struggle to Build Free Societies Throughout the World*. New York: Times Books.

Diamond, Larry, and Richard Gunther, eds. 2001. *Political Parties and Democracy*. Baltimore: Johns Hopkins University Press.

Diamond, Larry, Juan J. Linz, and Seymour Martin Lipset, eds., 1988. *Democracy in Developing Countries*. Boulder, CO: Lynne Rienner.

DiIulio, John J., Jr. 1994. "Principled Agents: The Cultural Bases of Behavior in a Federal Government Bureaucracy." *Journal of Public Administration Research and Theory* 4(3): 277–320.

Dobbins, James, et al. 2003. *America's Role in Nation-Building: From Germany to Iraq*. Santa Monica, CA: RAND Corp.

———. 2005. *The UN's Role in Nation-Building: From the Congo to Iraq*. Santa Monica, CA: RAND.

Döring, Herbert. 1995. *Parliaments and Majority Rule in Western Europe*. New York: St. Martin's Press.

Durkheim, Émile. 1933. *The Division of Labor in Society*. New York: Macmillan.

———. 1951. *Suicide*. Glencoe, IL: Free Press.

Duus, Peter. 1976. *The Rise of Modern Japan*. Boston: Houghton Mifflin.

Easterly, William R. 2000. *The Middle Class Consensus and Economic Development*. Washington, D.C.: World Bank Policy Research Paper No. 2346.

———. 2001. "Can Institutions Resolve Ethnic Conflict?" *Economic Development and Cultural Change* 49(4):687–706.

Eisenstadt, S. N. 1973. *Traditional Patrimonialism and Modern Neopatrimonialism*. Beverly Hills, CA: Sage.

Eisenstadt, S. N., and Stein Rokken, eds. 1973. *Building States and Nations*. Beverly Hills, CA: Sage.

Eisenstadt, S. N., and L. Roniger. 1984. *Patrons, Clients, and Friends: Interpersonal Relations and the Structure of Trust in Society*. New York: Cambridge University Press.

Eisenstein, Elizabeth L. 2005. *The Printing Revolution in Early Modern Europe*. 2nd ed. New York: Cambridge University Press.

Elias, T. Olawale. 1956. *The Nature of African Customary Law*. Manchester, UK: Manchester University Press.

Elliott, J. H. 2006. *Empires of the Atlantic World: Britain and Spain in America, 1492–1830*. New Haven: Yale University Press.

Elshtain, Jean Bethke. 2002. *Jane Addams and the Dream of American Democracy: A Life*. New York: Basic Books.

Elson, R. E. 2008. *The Idea of Indonesia*. New York: Cambridge University Press.

Eltis, David, Frank D. Lewis, and Kenneth L. Sokoloff, eds. 2004. *Slavery in the Development of the Americas*. New York: Cambridge University Press.

Emmerson, Donald K. 2004. "Indonesia's Approaching Elections: A Year of Voting Dangerously?" *Journal of Democracy* 15(1):94–108.

———. 2012. "Southeast Asia: Minding the Gap Between Democracy and Governance." *Journal of Democracy* 23(2):62–73.

Engerman, Stanley L., and Kenneth L. Sokoloff. 2002. "Factor Endowments, Inequality, and Paths of Development Among New World Economies." *Economia* 3(1):41–101.

Epstein, Leon D. 1967. *Political Parties in Western Democracies*. New York: Praeger.

Eriksson, Erik McKinley. 1927. "The Federal Civil Service Under President Jackson." *Mississippi Valley Historical Review* 13(4):517–40.

European Union Institute for Security Studies. 2012. *Global Trends 2030—Citizens in an Interconnected and Polycentric World*. Paris: EUISS.

Evans, Peter B. 1989. "Predatory, Developmental, and Other Apparatuses: A Comparative Analysis of the Third World State." *Sociological Forum* 4(4):561–82.

———. 1995. *Embedded Autonomy: States and Industrial Transformation*. Princeton: Princeton University Press.

Evans, Peter B., and James E. Rauch. 1999. "Bureaucracy and Growth: A Cross-National Analysis of the Effects of 'Weberian' State Structures on Economic Growth. *American Sociological Review* 64:748–65.

Evans-Pritchard, E. E. 1951. *Kinship and Marriage Among the Nuer*. Oxford: Oxford University Press.

———. 1977. *The Political System of the Anuak of the Anglo-Egyptian Sudan*. New York: AMS Press.

Fairbank, John King. 1986. *The Great Chinese Revolution, 1800–1985*. New York: Harper.

Falola, Toyin. 2009. *Colonialism and Violence in Nigeria*. Bloomington: Indiana University Press.

Falola, Toyin, and Matthew M. Heaton. 2008. *A History of Nigeria*. New York: Cambridge University Press.

Fearon, James D., and David Laitin. 2003. "Ethnicity, Insurgency, and Civil War." *American Political Science Review* 97:75–90.

Felice, Emanuele. 2010. "Regional Inequalities in Italy in the Long Run (1891–2001): The Pattern and Some Ideas to Explain It." University of Siena, Department of Economics.

Ferguson, Niall. 2003. *Empire: The Rise and Demise of the British World Order and Its Lessons for Global Power*. New York: Basic Books.

Fieldhouse, D. K. 1982. *The Colonial Empires: A Comparative Survey from the Eighteenth Century.* 2nd ed. London: Macmillan.

Fields, Karen E. 1985. *Revival and Rebellion in Colonial Central Africa.* Princeton: Princeton University Press.

Fiorina, Morris P. 2009. *Disconnect: The Breakdown of Representation in American Politics.* Norman: University of Oklahoma Press.

———. 2013. "America's Missing Moderates: Hiding in Plain Sight." *American Interest* 8(4):58–67.

Fiorina, Morris P., Samuel J. Abrams, and Jeremy C. Pope, eds. 2010. *Culture War? The Myth of a Polarized America.* 3rd ed. Boston: Longman.

Fischer, David Hackett. 1991. *Albion's Seed: Four British Folkways in America.* New York: Oxford University Press.

Fogel, Robert W., and Stanley L. Engerman. 1974. *Time on the Cross: The Economics of American Negro Slavery.* Boston: Little, Brown.

———. 1977. "Explaining the Relative Efficiency of Slave Agriculture in the Antebellum South." *American Economic Review* 67(3):275–96.

Forrest, Tom. 1993. *Politics and Economic Development in Nigeria.* Boulder, CO: Westview Press.

Frank, Robert H. 2011. *The Darwin Economy: Liberty, Competition, and the Common Good.* Princeton: Princeton University Press.

———, and Philip J. Cook. 1995. *The Winner-Take-All Society.* New York: Free Press.

Friedman, Thomas L., and Michael Mandelbaum. 2011. *That Used to Be Us: How America Fell Behind in the World It Invented and How We Can Come Back.* New York: Farrar, Straus and Giroux.

Friedrich, Carl J., and Zbigniew K. Brzezinski. 1965. *Totalitarian Dictatorship and Autocracy.* 2nd ed. Cambridge, MA: Harvard University Press.

Fukuyama, Francis. 1992. *The End of History and the Last Man.* New York: Free Press.

———. 1995. *Trust: The Social Virtues and the Creation of Prosperity.* New York: Free Press.

———. 1999. *The Great Disruption: Human Nature and the Reconstitution of Social Order.* New York: Free Press.

———. 2000. "The March of Equality." *Journal of Democracy* 11(1):11–17.

———. 2004. *State-Building: Governance and World Order in the 21st Century.* Ithaca, NY: Cornell University Press.

———. 2006. *America at the Crossroads: Democracy, Power, and the Neoconservative Legacy.* New Haven: Yale University Press.

———. 2006. "Identity, Immigration, and Liberal Democracy." *Journal of Democracy* 17(2):5–20.

———. 2011. "Is There a Proper Sequence in Democratic Transitions?" *Current History* 110(739):308–10.

———. 2011. *The Origins of Political Order: From Prehuman Times to the French Revolution.* New York: Farrar, Straus and Giroux.

——. 2012. "The Future of History." *Foreign Affairs* 91(1):53–61.

——. 2013. "What Is Governance?" *Governance* 26(3):347–68.

——. 2014. *Our Posthuman Future: Consequences of the Biotechnology Revolution.* New York: Farrar, Straus and Giroux.

——, ed. 2006. *Nation-Building: Beyond Afghanistan and Iraq.* Baltimore: Johns Hopkins University Press.

——, ed. 2008. *Falling Behind: Explaining the Development Gap Between Latin America and the United States.* New York: Oxford University Press.

Fukuyama, Francis, and Abram N. Shulsky. 1997. *The "Virtual Corporation" and Army Organization.* Santa Monica, CA: RAND Corp.

Furet, François. 1981. *Interpreting the French Revolution.* New York: Cambridge University Press.

——. 2006. "Democracy Without Nations?" *Journal of Democracy* 8:92–102.

Gallagher, Mary E. 2006. "Mobilizing the Law in China: 'Informed Disenchantment' and the Development of Legal Consciousness." *Law & Society Review* 40(4):783–816.

Gallup, John L., and Jeffrey D. Sachs. 2001. "The Economic Burden of Malaria." *American Journal of Tropical Medicine & Hygiene* 64(1–2):85–96.

Galston, William A. 2010. *Can a Polarized American Party System Be "Healthy"?* Washington, D.C.: Brookings Institution.

Gambetta, Diego. 1993. *The Sicilian Mafia: The Business of Private Protection.* Cambridge, MA: Harvard University Press.

Gann, L. H., and Peter Duignan, eds. 1970. *Colonialism in Africa, 1870–1960.* Vol. 2: *The History and Politics of Colonialism 1914–1960.* London: Cambridge University Press.

Garcia-Zamor, Jean-Claude. 1998. "Administrative Practices of the Aztecs, Incas, and Mayas: Lessons for Modern Development Administration." *International Journal of Public Administration* 21(1):145–71.

Gates, Paul W. 1996. *The Jeffersonian Dream: Studies in the History of American Land Policy and Development.* Albuquerque: University of New Mexico Press.

Gberie, Lansana. 2005. *A Dirty War in West Africa: The RUF and the Destruction of Sierra Leone.* Bloomington: Indiana University Press.

Geddes, Barbara. 1994. *Politician's Dilemma: Building State Capacity in Latin America.* Berkeley: University of California Press.

Gellner, Ernest. 1987. *Culture, Identity, and Politics.* New York: Cambridge University Press.

——. 1997. *Nationalism.* New York: NYU Press.

——. 2006. *Nations and Nationalism.* 2nd ed. Malden, MA: Blackwell.

Gerschenkron, Alexander. 1962. *Economic Backwardness in Historical Perspective.* Cambridge, MA: Harvard University Press.

Gilman, Nils. 2003. *Mandarins of the Future: Modernization Theory in Cold War America.* Baltimore: Johns Hopkins University Press.

Ginsborg, Paul. 2003. *Italy and Its Discontents: Family, Civil Society, State, 1980–2001.* New York: Palgrave Macmillan.

Gladden, E. N. 1967. *Civil Services of the United Kingdom, 1855–1970*. London: Frank Cass.

Gladstone, David. 1999. *The Twentieth-Century Welfare State*. New York: St. Martin's Press.

Gleditsch, Nils Petter, et al. 2002. "Armed Conflict 1946–2001: A New Dataset." *Journal of Peace Research* 39(5):615–37.

Glendon, Mary Ann. 1994. *A Nation Under Lawyers: How the Crisis in the Legal Profession Is Transforming American Society*. New York: Farrar, Straus and Giroux.

Göbel, Christian, and Lynette Ong. 2012. *Social Unrest in China*. London: Europe China Research and Advice Network.

Goldstone, Jack A. 1991. *Revolution and Rebellion in the Early Modern World*. Berkeley: University of California Press.

Goodman, Carl F. 2012. *The Rule of Law in Japan: A Comparative Analysis*. 3rd ed. The Hague: Kluwer Law International.

Goodnow, Frank J. 1893. *Comparative Administrative Law: An Analysis of the Administrative Systems, National and Local, of the United States, England, France and Germany*. 2 vols. New York: G. P. Putnam's Sons.

———. 1900. *Politics and Administration: A Study in Government*. New York: Macmillan.

Goody, Jack. 1971. *Technology, Tradition, and the State in Africa*. Oxford: Oxford University Press.

Gordon, Andrew. 1991. *Labor and Imperial Democracy in Prewar Japan*. Berkeley: University of California Press.

Gorski, Philip S. 2003. *The Disciplinary Revolution: Calvinism and the Rise of the State in Early Modern Europe*. Chicago: University of Chicago Press.

Goudie, A. W., and David Stasavage. 1998. "A Framework for an Analysis of Corruption." *Crime, Law & Social Change* 29(2–3):113–59.

Gould, Stephen Jay. 1981. *The Mismeasure of Man*. New York: Norton.

Graziano, Luigi. 1973. "Patron-Client Relationships in Southern Italy." *European Journal of Political Research* 1(1):3–34.

Greenaway, John. 2004. "Celebrating Northcote/Trevelyan: Dispelling the Myths." *Public Policy and Administration* 19(1):1–14.

Greenfeld, Liah. 1992. *Nationalism: Five Roads to Modernity*. Cambridge, MA: Harvard University Press.

Grindle, Merilee S. 2004. "Good Enough Governance: Poverty Reduction and Reform in Developing Countries." *Governance* 17(4):525–48.

———. 2012. *Jobs for the Boys: Patronage and the State in Comparative Perspective*. Cambridge, MA: Harvard University Press.

Haber, Stephen, ed. 1997. *How Latin America Fell Behind: Essays on the Economic Histories of Brazil and Mexico, 1800–1914*. Stanford, CA: Stanford University Press.

Hacker, Jacob S., and Paul Pierson. 2010. *Winner-Take-All Politics: How Washington Made the Rich Richer—and Turned Its Back on the Middle Class*. New York: Simon & Schuster.

———. 2010. "Winner-Take-All Politics: Public Policy, Political Organization, and the Precipitous Rise of Top Incomes in the United States." *Politics and Society* 38(2):152–204.

Hadley, Eleanor M. 2003. *Memoir of a Trustbuster: A Lifelong Adventure with Japan.* Honolulu: University of Hawai'i Press.

Haggard, Stephan, and Mathew D. McCubbins, eds. 2001. *Presidents, Parliaments, and Policy.* New York: Cambridge University Press.

Halpin, Darren, and Grant Jordan, eds. 2012. *The Scale of Interest Organization in Democratic Politics: Data and Research Methods.* New York: Palgrave Macmillan.

Hariri, Jacob Gerner. 2012. "The Autocratic Legacy of Early Statehood." *American Political Science Review* 106(3):471–94.

Harrison, Lawrence E. 1985. *Underdevelopment Is a State of Mind: The Latin American Case.* Lanham, MD: Center for International Affairs.

———. 2013. *Jews, Confucians, and Protestants: Cultural Capital and the End of Multiculturalism.* Lanham, MD: Rowman and Littlefield.

Harriss, John, Janet Hunter, and Colin M. Lewis, eds. 1997. *The New Institutional Economics and Third World Development.* New York: Routledge.

Hartmann, Rudolph H. 1999. *The Kansas City Investigation: Pendergast's Downfall, 1938–1939.* Columbia: University of Missouri Press.

Hartz, Louis. 1955. *The Liberal Tradition in America.* New York: Harcourt.

———. 1964. *The Founding of New Societies.* New York: Harcourt.

Hausmann, Ricardo, Lant Pritchett, and Dani Rodrik. 2005. "Growth Accelerations." *Journal of Economic Growth* 10(4):303–29.

Hayek, Friedrich A. 1944. *The Road to Serfdom.* Chicago: University of Chicago Press.

———. 1976. *Law, Legislation and Liberty.* Chicago: University of Chicago Press.

———. 2011. *The Constitution of Liberty.* Definitive edition. Chicago: University of Chicago Press.

Heady, Ferrel. 2001. *Public Administration: A Comparative Perspective.* 6th ed. New York: Marcel Dekker.

Heidenheimer, Arnold J., and Peter Flora, eds. 1981. *The Development of the Welfare States in Europe and America.* New Brunswick, NJ: Transaction.

Heidenheimer, Arnold J., and Michael Johnston, eds. 2002. *Political Corruption.* 3rd ed. New Brunswick, NJ: Transaction.

Herbst, Jeffrey. 2000. *States and Power in Africa.* Princeton: Princeton University Press.

Herbst, Jeffrey, Terence McNamee, and Greg Mills, eds. 2012. *On the Fault Line: Managing Tensions and Divisions Within Societies.* London: Profile Books.

Himmelfarb, Gertrude. 1968. *Victorian Minds.* New York: Knopf.

Hintze, Otto. 1975. *The Historical Essays of Otto Hintze.* New York: Oxford University Press.

Hirschman, Albert O. 1977. *The Passions and the Interests: Political Arguments for Capitalism Before Its Triumph.* Princeton: Princeton University Press.

———. 1991. *The Rhetoric of Reaction: Perversity, Futility, Jeopardy.* Cambridge, MA: Belknap Press.

Hobsbawm, Eric. 1996. *The Age of Capital, 1848–1875*. New York: Vintage Books.
———. 1996. *The Age of Revolution, 1789–1848*. New York: Vintage Books.
Hobsbawm, Eric, and Terence Ranger, eds. 1983. *The Invention of Tradition*. New York: Cambridge University Press.
Hofler, Richard A., and Sherman T. Folland. 1991. "The Relative Efficiency of Slave Agriculture: A Comment." *Applied Economics* 23(5):861–68.
Holborn, Hajo. 1982. *A History of Modern Germany 1648–1840*. Princeton: Princeton University Press.
Hoogenboom, Ari. 1959. "The Pendleton Act and the Civil Service." *American Historical Review* 64(2): 301–18.
Hoogenboom, Ari, and Olive Hoogenboom. 1976. *A History of the ICC: From Panacea to Palliative*. New York: Norton.
Hsing, You-tien. 2010. *The Great Urban Transformation: Politics of Land and Property in China*. New York: Oxford University Press.
Huang, Philip C. C., ed. 2001. *Code, Custom, and Legal Practice in China: The Qing and the Republic Compared*. Stanford, CA: Stanford University Press.
Huang, Ray. 1981. *1587, a Year of No Significance: The Ming Dynasty in Decline*. New Haven: Yale University Press.
Hughes, Edward. 1949. "Sir Charles Trevelyan and Civil Service Reform, 1853–5." *English Historical Review* 64(250):53–88.
Hughes, John. 1967. *Indonesian Upheaval*. New York: David McKay.
Huntington, Samuel P. 1965. "Political Development and Political Decay." *World Politics* 17(3).
———. 1966. "Political Modernization: America vs. Europe." *World Politics* 18:378–414.
———. 1991. *The Third Wave: Democratization in the Late Twentieth Century*. Oklahoma City: University of Oklahoma Press.
———. 2004. *Who Are We? The Challenges to America's National Identity*. New York: Simon & Schuster.
———. 2006. *Political Order in Changing Societies*. With a New Foreword by Francis Fukuyama. New Haven: Yale University Press.
Hutchcroft, Paul D. 1997. "The Politics of Privilege: Assessing the Impact of Rents, Corruption, and Clientelism on Third World Development." *Political Studies* 45(3):639–58.
———. 2000. "Colonial Masters, National Politicos, and Provincial Lords: Central Authority and Local Autonomy in the American Philippines, 1900–1913." *Journal of Asian Studies* 59(2):277–306.
Hutchison, Thomas W., et al., eds. 1968. *Africa and Law: Developing Legal Systems in African Commonwealth Nations*. Madison: University of Wisconsin Press.
Hyden, Goran. 1968. *Political Development in Rural Tanzania*. Lund: Bokforlaget Universitet och Skola.
———. 1980. *Beyond Ujamaa in Tanzania: Underdevelopment and an Uncaptured Peasantry*. Berkeley: University of California Press.

Hyden, Goran, and Colin Leys. 1972. "Elections and Politics in Single-Party Systems: The Case of Kenya and Tanzania." *British Journal of Political Science* 2(4):389–420.

Hyman, Harold M. 1986. *American Singularity: The 1787 Northwest Ordinance, the 1862 Homestead and Morrill Acts, and the 1944 G.I. Bill.* Athens: University of Georgia Press.

Iaryczower, Matías, Pablo T. Spiller, and Mariano Tommasi. 2002. "Judicial Independence in Unstable Environments, Argentina 1935–1998." *American Journal of Political Science* 46(4):699–716.

Inglehart, Ronald. 1997. *Modernization and Postmodernization: Cultural, Economic, and Political Change in 43 Societies.* Princeton: Princeton University Press.

Inglehart, Ronald, and Christian Welzel. 2005. *Modernization, Cultural Change, and Democracy: The Human Development Sequence.* New York: Cambridge University Press.

Ingraham, Patricia W. 1995. *The Foundation of Merit: Public Service in American Democracy.* Baltimore: Johns Hopkins University Press.

Ingraham, Patricia W., and David H. Rosenbloom. 1990. "Political Foundations of the American Federal Service: Rebuilding a Crumbling Base." *Public Administration Review* 50(2):210–19.

Intan, Benjamin Fleming. 2006. *"Public Religion" and the Pancasila-Based State of Indonesia.* New York: Peter Lang.

Iyer, Lakshmi. 2010. "Direct v. Indirect Colonial Rule in India: Long-Term Consequences." *Review of Economics and Statistics* 92(4):693–713.

Jacobstein, Helen L. 1987. *The Process of Economic Development in Costa Rica, 1948–1970: Some Political Factors.* New York: Garland Publishing.

James, Scott C. 2006. "Patronage Regimes and American Party Development from 'The Age of Jackson' to the Progressive Era." *British Journal of Political Science* 36(1):39–60.

Jamison, Kay Redfield. 2004. *Exuberance: The Passion for Life.* New York: Knopf.

Jansen, Marius B. 1995. *The Emergence of Meiji Japan.* New York: Cambridge University Press.

Jensen, Erik G., and Thomas C. Heller. 2003. *Beyond Common Knowledge: Empirical Approaches to the Rule of Law.* Stanford, CA: Stanford University Press.

Joffe, Josef. 2014. *The Myth of America's Decline: Politics, Economics, and a Half Century of False Prophecies.* New York: Liveright.

Johnson, Chalmers. 1982. *MITI and the Japanese Miracle.* Stanford, CA: Stanford University Press.

Johnson, Simon. 2010. *13 Bankers: The Wall Street Takeover and the Next Financial Meltdown.* New York: Pantheon.

Johnston, Michael. 2005. *Syndromes of Corruption.* New York: Cambridge University Press.

Jones, Seth. 2013. "The Mirage of the Arab Spring: Deal with the Region You Have, Not the Region You Want." *Foreign Affairs* 92(1):47–54.

Joseph, Richard A. 1987. *Democracy and Prebendal Politics in Nigeria: The Rise and Fall of the Second Republic*. New York: Cambridge University Press.

Kagan, Robert. 2003. "The Ungreat Washed: Why Democracy Must Remain America's Goal Abroad." *New Republic* (July 7 and 14):27–37.

Kagan, Robert A. 1997. "Should Europe Worry About Adversarial Legalism?" *Oxford Journal of Legal Studies* 17(2):165–83.

———. 2001. *Adversarial Legalism: The American Way of Law*. Cambridge, MA: Harvard University Press.

Kaiser Family Foundation. 2012. *Health Care Costs: A Primer. Key Information on Health Care Costs and Their Impact*. Menlo Park, CA: Kaiser Family Foundation.

Kaplan, H. Eliot. 1937. "Accomplishments of the Civil Service Reform Movement." *Annals of the American Academy of Political and Social Science* 189:142–47.

Kaplan, Robert D. 2000. *The Coming Anarchy: Shattering the Dreams of the Post Cold War*. New York: Random House.

Katz, Richard S., and William J. Crotty, eds. 2006. *Handbook of Party Politics*. Thousand Oaks, CA: Sage.

Kaufman, Herbert. 1960. *The Forest Ranger: A Study in Administrative Behavior*. Baltimore: Johns Hopkins University Press.

Kaufmann, Daniel. 1997. "Corruption: The Facts." *Foreign Policy* 107:114–31.

Kawata, Junichi, ed. 2006. *Comparing Political Corruption and Clientelism*. Hampshire, UK: Ashgate.

Kedourie, Elie. 1992. *Politics in the Middle East*. New York: Oxford University Press.

Keefer, Philip. 2007. "Clientelism, Credibility, and the Policy Choices of Young Democracies." *American Journal of Political Science* 51(4):804–21.

Keefer, Philip, and Razvan Vlaicu. 2008. "Democracy, Credibility, and Clientelism." *Journal of Law, Economics, and Organization* 24(2):371–406.

Keller, Morton. 2007. *America's Three Regimes: A New Political History*. New York: Oxford University Press.

Kelman, Steven. 1981. *Regulating America, Regulating Sweden: A Comparative Study of Occupational Safety and Health Policy*. Cambridge, MA: MIT Press.

Kennedy, Paul. 1987. *The Rise and Fall of the Great Powers: Economic Change and Military Conflict from 1500 to 2000*. New York: Random House.

Khan, Mushtaq H. 2005. "Markets, States, and Democracy: Patron-Client Networks and the Case for Democracy in Developing Countries." *Democratization* 12(5):704–24.

Khan, Mushtaq H., and Jomo Kwame Sundaram, eds. 2000. *Rents, Rent-Seeking and Economic Development: Theory and Evidence in Asia*. New York: Cambridge University Press.

Khilnani, Sunil. 1998. *The Idea of India*. New York: Farrar, Straus and Giroux.

Kiai, Maina. 2008. "The Crisis in Kenya." *Journal of Democracy* 19(3):162–68.

King, Desmond, et al., eds. 2009. *Democratization in America: A Comparative-Historical Analysis*. Baltimore: Johns Hopkins University Press.

Kitschelt, Herbert, and Steven I. Wilkinson, eds. 2007. *Patrons, Clients, and Policies: Patterns of Democratic Accountability and Political Competition.* New York: Cambridge University Press.

Klitgaard, Robert. 1988. *Controlling Corruption.* Berkeley: University of California Press.

———. 1990. *Tropical Gangsters: One Man's Experience with Development and Decadence in Deepest Africa.* New York: Basic Books.

Knack, Stephen, and Philip Keefer. 1995. "Institutions and Economic Performance: Cross-Country Tests Using Alternative Measures." *Economics and Politics* 7:207–27.

Knott, Jack H., and Gary J. Miller. 1987. *Reforming Bureaucracy: The Politics of Institutional Choice.* Englewood Cliffs, NJ: Prentice-Hall.

Koh, B. C. 1989. *Japan's Administrative Elite.* Berkeley: University of California Press.

Kohli, Atul. 2004. *State-Directed Development: Political Power and Industrialization in the Global Periphery.* New York: Cambridge University Press.

Kolko, Gabriel. 1965. *Railroads and Regulation, 1877–1916.* Princeton: Princeton University Press.

Kojève, Alexandre. 1947. *Introduction à la Lecture de Hegel.* Paris: Gallimard.

Krastev, Ivan. 2013. "The Rise and Fall of Democracy? Meritocracy?" *Russia in Global Affairs* 11(2):8–22.

Krueger, Anne O. 1974. "The Political Economy of the Rent-Seeking Society." *American Economic Review* 64(3):291–303.

Kuper, Hilda, and Leo Kuper, eds. 1965. *African Law: Adaptation and Development.* Berkeley: University of California Press.

Kurtz, Marcus J. 2013. *Latin American State Building in Comparative Perspective.* New York: Cambridge University Press.

Laitin, David D. 2007. *Nations, States, and Violence.* New York: Oxford University Press.

Landes, David S. 1998. *The Wealth and Poverty of Nations: Why Some Are So Rich and Some So Poor.* New York: Norton.

———. 2000. *Revolution in Time: Clocks and the Making of the Modern World.* Rev. ed. Cambridge, MA: Harvard University Press.

Landis, James M. 1938. *The Administrative Process.* New Haven: Yale University Press.

Landy, Marc K., and Martin A. Levin, eds. 1995. *The New Politics of Public Policy.* Baltimore: Johns Hopkins University Press.

Lange, Matthew. 2009. *Lineages of Despotism and Development: British Colonialism and State Power.* Chicago: University of Chicago Press.

Lange, Matthew, and Dietrich Rueschemeyer, eds. 2005. *States and Development: Historical Antecedents of Stagnation and Advance.* New York: Palgrave Macmillan.

LaPalombara, Joseph. 1964. *Interest Groups in Italian Politics.* Princeton: Princeton University Press.

Lee, Eliza Wing-yee. 1995. "Political Science, Public Administration, and the Rise of the American Administrative State." *Public Administration Review* 55(6):538–46.

Lefevbre, Georges. 1947. *The Coming of the French Revolution, 1789.* Princeton: Princeton University Press.

Legg, Keith R. 1969. *Politics in Modern Greece.* Stanford, CA: Stanford University Press.

Leiken, Robert. 1997. "Controlling the Global Corruption Epidemic." *Foreign Policy* 105:55–73.

LeMay, Michael C., ed. 2013. *Transforming America: Perspectives on U.S. Immigration.* Santa Barbara, CA: Praeger.

Leonardi, Robert, and Douglas A. Wertman. 1989. *Italian Christian Democracy: The Politics of Dominance.* New York: St. Martin's Press.

Lessig, Lawrence. 2011. *Republic, Lost: How Money Corrupts Congress—and a Plan to Stop It.* New York: Twelve.

Levinson, Sanford. 2006. *Our Undemocratic Constitution: Where the Constitution Goes Wrong (And How We the People Can Correct It).* New York: Oxford University Press.

———. 2013. *Framed: America's 51 Constitutions and the Crisis of Governance.* New York: Oxford University Press.

Levitsky, Steven, and Lucan A. Way. 2002. "The Rise of Competitive Authoritarianism." *Journal of Democracy* 13(2):51–65.

Lewin, Julius. 1947. *Studies in African Native Law.* Philadelphia: University of Pennsylvania Press.

Lewis, Peter. 2007. *Growing Apart: Oil, Politics, and Economic Change in Indonesia and Nigeria.* Ann Arbor: University of Michigan Press.

———. 2011. "Nigeria Votes: More Openness, More Conflict." *Journal of Democracy* 22(4):59–74.

Li, Lianjiang. 2010. "Rights Consciousness and Rules Consciousness in Contemporary China." *China Journal* (64):47–68.

Li, Yu-ning. 1977. *Shang Yang's Reforms and State Control in China.* White Plains, NY: M. E. Sharpe.

Lieberthal, Kenneth. 2004. *Governing China: From Revolution to Reform.* 2nd ed. New York: Norton.

Light, Paul C. 2008. *A Government Ill Executed: The Decline of the Federal Service and How to Reverse It.* Cambridge, MA: Harvard University Press.

Linz, Juan J. 2000. *Totalitarian and Authoritarian Regimes.* Boulder, CO: Lynne Rienner.

Linz, Juan J., and Alfred Stephan, eds. 1978. *The Breakdown of Democratic Regimes: Crisis, Breakdown, and Reequilibration.* Baltimore: Johns Hopkins University Press.

Lipset, Seymour Martin. 1959. "Some Social Requisites of Democracy: Economic Development and Political Legitimacy." *American Political Science Review* 53:69–105.

———. 1963. *The First New Nation.* New York: Basic Books.

———. 1995. *American Exceptionalism: A Double-Edged Sword.* New York: Norton.

López-Calva, Luis F., and Nora Lustig, eds. 2010. *Declining Inequality in Latin America: A Decade of Progress?* Washington, D.C.: Brookings Institution Press.

López-Calva, Luis F., et al. 2012. *Is There Such a Thing as Middle-Class Values? Class Differences, Values, and Political Orientations.* Washington, D.C.: Center for Global Development Working Paper.

Lowi, Theodore J. 1969. *The End of Liberalism: Ideology, Policy, and the Crisis of Public Authority.* New York: Norton.

Lubman, Stanley B. 1999. *Bird in a Cage: Legal Reform in China after Mao.* Stanford, CA: Stanford University Press.

Lubove, Roy. 1986. *The Struggle for Social Security, 1900–1935.* 2nd ed. Pittsburgh, PA: University of Pittsburgh Press.

Luce, Edward. 2012. *Time to Start Thinking: America in the Age of Descent.* New York: Atlantic Monthly Press.

Lust, Ellen. 2009. "Competitive Clientelism in the Middle East." *Journal of Democracy* 20(3):122–35.

Luttwak, Edward N. 1999. "Give War a Chance." *Foreign Affairs* 78(4):36–44.

Lyons, Martyn. 1994. *Napoleon Bonaparte and the Legacy of the French Revolution.* New York: St. Martin's Press.

Lyrintzis, Christos. 1984. "Political Parties in Post-Junta Greece: A Case of 'Bureaucratic Clientelism'?" *West European Politics* 7(2):99–118.

MacIntyre, Andrew. 2003. *The Power of Institutions: Political Architecture and Governance.* Ithaca, NY: Cornell University Press.

Maddox, Gregory H., and James L. Giblin. 2005. *In Search of a Nation: Histories of Authority and Dissidence in Tanzania.* Oxford: James Currey.

Mahoney, Christine. 2004. "The Power of Institutions: State and Interest-Group Activity and the European Union." *European Union Politics* 5(4):441–66.

———. 2008. *Brussels versus the Beltway: Advocacy in the United States and the European Union.* Washington, D.C.: Georgetown University Press.

Mahoney, Christine, and Frank R. Baumgartner. 2008. "Converging Perspectives on Interest Group Research in Europe and America." *West European Politics* 31(6):1251–71.

Mahoney, James. 2010. *Colonialism and Postcolonial Development: Spanish America in Comparative Perspective.* New York: Cambridge University Press.

Mahoney, James, and Dietrich Rueschemeyer, eds. 2003. *Comparative Historical Analysis in the Social Sciences.* New York: Cambridge University Press.

Maine, Henry. 1963. *Ancient Law: Its Connection with the Early History of Society and Its Relation to Modern Ideas.* Boston: Beacon Press.

Mallaby, Sebastian. 2004. *The World's Banker: A Story of Failed States, Financial Crises, and the Wealth and Poverty of Nations.* New York: Penguin Press.

Mallat, Chibli, and Jane Connors. 1990. *Islamic Family Law.* Boston: Graham and Trotman.

Mamdani, Mahmood. 1996. *Citizen and Subject: Contemporary Africa and the Legacy of Late Colonialism.* Princeton: Princeton University Press.

Manent, Pierre. 1997. "Democracy Without Nations?" *Journal of Democracy* 8:92–102.

———. 2006. *A World Beyond Politics? A Defense of the Nation-State*. Princeton: Princeton University Press.

Manion, Melanie. 1993. *Retirement of Revolutionaries in China: Public Policies, Social Norms, Private Interests*. Princeton: Princeton University Press.

Mann, Kristin, and Richard Roberts, eds. 1991. *Law in Colonial Africa*. Portsmouth, NH: Heinemann.

Mann, Michael. 1984. "The Autonomous Power of the State: Its Origins, Mechanisms, and Results." *European Journal of Sociology* 25(2):185–213.

———. 1986. *The Sources of Social Power*. Vol. I: *A History of Power from the Beginning to AD 1760*. New York: Cambridge University Press.

Mann, Thomas E., and Norman J. Ornstein. 2012. *It's Even Worse Than It Looks: How the American Constitutional System Collided with the New Politics of Extremism*. New York: Basic Books.

Mansfield, Edward D., and Jack Snyder. 2005. *Electing to Fight: Why Emerging Democracies Go to War*. Cambridge, MA: MIT Press.

Mansfield, Harvey C., Jr. 1996. *Machiavelli's Virtue*. Chicago: University of Chicago Press.

Manzetti, Luigi, and Carole J. Wilson. 2007. "Why Do Corrupt Governments Maintain Public Support?" *Comparative Political Studies* 40(8):949–70.

Maren, Michael. 1997. *The Road to Hell: The Ravaging Effects of Foreign Aid and International Charity*. New York: Free Press.

Matsui, Shigenori. 2011. *The Constitution of Japan: A Contextual Analysis*. Portland, OR: Hart Publishing.

Mavrogordatos, George Th. 1983. *Stillborn Republic: Social Coalitions and Party Strategies in Greece, 1922–1936*. Berkeley: University of California Press.

———. 1997. "From Traditional Clientelism to Machine Politics: The Impact of PASOK Populism in Greece." *South European Society and Politics* 2(3):1–26.

Mayhew, David R. 2011. *Partisan Balance: Why Political Parties Don't Kill the U.S. Constitutional System*. Princeton: Princeton University Press.

Mazey, Sonia, and Jeremy Richardson, eds. 1993. *Lobbying in the European Community*. New York: Oxford University Press.

McClain, James L. 2002. *Japan: A Modern History*. New York: Norton.

McGerr, Michael. 2003. *A Fierce Discontent: The Rise and Fall of the Progressive Movement in America, 1870–1920*. New York: Free Press.

McNelly, Theodore. 2000. *The Origins of Japan's Democratic Constitution*. Lanham, MD: University Press of America.

Mead, Walter Russell. 1999. "The Jacksonian Tradition and American Foreign Policy." *National Interest* 58:5–29.

———. 2001. *Special Providence: American Foreign Policy and How It Changed the World*. New York: Knopf.

———. 2011. "The Tea Party and American Foreign Policy." *Foreign Affairs* 90(2).

Meek, Charles K. 1968. *Land Law and Custom in the Colonies*. 2nd ed. London: Frank Cass.

Meier, Kenneth J. 1981. "Ode to Patronage: A Critical Analysis of Two Recent Supreme Court Decisions." *Public Administration Review* 41(5):558–63.

Melnick, R. Shep. 2012. "Adversarial Legalism, Civil Rights, and the Exceptional American State." Unpublished paper.

Migdal, Joel. 1988. *Strong Societies and Weak States: State-Society Relations and State Capabilities in the Third World.* Princeton: Princeton University Press.

Miguel, Edward. 2004. "Tribe or Nation? Nation Building and Public Goods in Kenya versus Tanzania." *World Politics* 56(3):327–62.

Mill, John Stuart. 1977. *Essays on Politics and Society.* Buffalo, NY: University of Toronto Press.

Millard, Candice. 2011. *Destiny of the Republic: A Tale of Madness, Medicine and the Murder of a President.* New York: Doubleday.

Miller, Char. 2001. *Gifford Pinchot and the Making of Modern Environmentalism.* Washington, D.C.: Island Press/Shearwater Books.

Mimura, Janis. 2011. *Planning for Empire: Reform Bureaucrats and the Japanese Wartime State.* Ithaca, NY: Cornell University Press.

Mirkin, Barry. 2010. "Population Levels, Trends and Policies in the Arab Region: Challenges and Opportunities." Research paper. New York: UNDP.

Mokyr, Joel. 1999. *The British Industrial Revolution: An Economic Perspective.* 2nd ed. Boulder, CO: Westview Press.

———, ed. 1985. *The Economics of the Industrial Revolution.* Totowa, NJ: Roman and Allanheld.

Moore, Barrington, Jr. 1966. *Social Origins of Dictatorship and Democracy.* Boston: Beacon Press.

Morris, Edmund. 2001. *The Rise of Theodore Roosevelt.* New York: Modern Library.

Morris, Ian. 2010. *Why the West Rules—For Now: The Patterns of History, and What They Reveal About the Future.* New York: Farrar, Straus and Giroux.

Mosca, Gaetano. 1939. *The Ruling Class.* New York: McGraw-Hill.

Mosher, Frederick C. 1982. *Democracy and the Public Service.* 2nd ed. New York: Oxford University Press.

Mouzelis, Nicos P. 1986. *Politics in the Semi-Periphery: Early Parliamentarism and Late Industrialization in the Balkans and Latin America.* New York: St. Martin's Press.

Mueller, Hans-Eberhard. 1984. *Bureaucracy, Education, and Monopoly: Civil Service Reforms in Prussia and England.* Berkeley: University of California Press.

Mwansasu, Bismarck U., and Cranford Pratt, eds. 1979. *Towards Socialism in Tanzania.* Buffalo, NY: University of Toronto Press.

Myers, Ramon H., and Mark R. Peattie, eds. 1984. *The Japanese Colonial Empire, 1895–1945.* Princeton: Princeton University Press.

Naipaul, V. S. 1980. *The Return of Eva Perón, with the Killings in Trinidad.* New York: A. Knopf.

Najita, Tetsuo. 1967. *Hara Kei in the Politics of Compromise, 1905–1915.* Cambridge, MA: Harvard University Press.

Nathan, Andrew J. 1996. "China's Constitutionalist Option." *Journal of Democracy* 7(4):43–57.

———. 1998. *Peking Politics, 1918–1923: Factionalism and the Failure of Constitutionalism.* Ann Arbor, MI: Center for Chinese Studies.

National Commission on the Public Service. 1989. *Rebuilding the Public Service.* Washington, D.C.

———. 2003. *Revitalizing the Federal Government for the 21st Century.* Washington, D.C.

Needham, Joseph. 1954. *Science and Civilization in China.* Vol. 1: *Introductory Orientations.* New York: Cambridge University Press.

Nelson, Robert H. 2000. *A Burning Issue: A Case for Abolishing the U.S. Forest Service.* Lanham, MD: Rowman and Littlefield.

Newell, Clayton R., and Charles R. Shrader. 2011. *Of Duty Well and Faithfully Done: A History of the Regular Army in the Civil War.* Lincoln: University of Nebraska Press.

Nichter, Simeon. 2008. "Vote Buying or Turnout Buying? Machine Politics and the Secret Ballot." *American Political Science Review* 102(1):19–31.

Niskanen, William A. 1973. *Bureaucracy—Servant or Master? Lessons from America.* London: Institute of Economic Affairs.

North, Douglass C., and Robert Paul Thomas. 1973. *The Rise of the Western World: A New Economic History.* New York: Cambridge University Press.

North, Douglass C., John Wallis, and Barry R. Weingast. 2009. *Violence and Social Orders: A Conceptual Framework for Interpreting Recorded Human History.* New York: Cambridge University Press.

Nunn, Nathan. 2007. "Historical Legacies: A Model Linking Africa's Past to Its Current Underdevelopment." *Journal of Development Economics* 83(1): 157–75.

———. 2008. "The Long-Term Effects of Africa's Slave Trades." *Quarterly Journal of Economics* 123(1):139–76.

Nye, Joseph S., Jr. 1967. "Corruption and Political Development: A Cost-Benefit Analysis." *American Political Science Review* 61(2):417–27.

O'Brien, Kevin J. 2001. "Villagers, Elections, and Citizenship in Contemporary China." *Modern China* 27(4):407–35.

O'Brien, Kevin J., and Lianjiang Li. 2004. "Suing the State: Administrative Litigation in Rural China." *China Journal* (51):75–96.

O'Donnell, Guillermo A. 1973. *Modernization and Bureaucratic-Authoritarianism: Studies in South American Politics.* Berkeley: University of California Press.

O'Donnell, Guillermo, Philippe C. Schmitter, and Laurence Whitehead, eds. 1986. *Transitions from Authoritarian Rule: Comparative Perspectives.* Baltimore: Johns Hopkins University Press.

O'Dwyer, Conor. 2006. *Runaway State-Building: Patronage Politics and Democratic Development.* Baltimore: Johns Hopkins University Press.

Oestreicher, Richard. 1988. "Urban Working-Class Political Behavior and Theories of American Electoral Politics, 1870–1940." *Journal of American History* 74(4):1257–86.

Offe, Claus. 2009. "Governance: An 'Empty Signifier'?" *Constellations* 16(4):550–62.

Oi, Jean C. 1999. *Rural China Takes Off: Institutional Foundations of Economic Reform.* Berkeley: University of California Press.

Oi, Jean C., and Andrew Walder, eds. 1999. *Property Rights and Economic Reform in China.* Stanford, CA: Stanford University Press.

Olson, Mancur. 1965. *The Logic of Collective Action. Public Goods and the Theory of Groups.* Cambridge, MA: Harvard University Press.

———. 1982. *The Rise and Decline of Nations.* New Haven: Yale University Press.

———. 1993. "Dictatorship, Democracy, and Development." *American Political Science Review* 87(9):567–76.

Organization for Economic Cooperation and Development. 2011. *Greece: Review of the Central Administration.* Public Governance Reviews. Paris: OECD.

———. 2012. *OECD Integrity Review of Brazil: Managing Risks for a Cleaner Public Sector.* Paris: OECD.

———. 2013. *Revenue Statistics.* Paris: OECD.

Osaghae, Eghosa E. 1998. *Crippled Giant: Nigeria Since Independence.* Bloomington: Indiana University Press.

Osborn, Emily Lynn. 2003. "'Circle of Iron': African Colonial Employees and the Interpretation of Colonial Rule in French West Africa." *Journal of African History* 44:29–50.

O'Toole, Randal. 1988. *Reforming the Forest Service.* Washington, D.C.: Island Press.

Paige, Jeffery M. 1997. *Coffee and Power: Revolution and the Rise of Democracy in Central America.* Cambridge, MA: Harvard University Press.

Pappas, Takis S. 1999. *Making Party Democracy in Greece.* New York: St. Martin's Press.

Pareto, Vilfredo. 1966. *Sociological Writings.* New York: Praeger.

Parris, Henry. 1969. *Constitutional Bureaucracy: The Development of British Central Administration Since the Eighteenth Century.* New York: Augustus M. Kelley.

Pasquino, Gianfranco, James L. Newell, and Paolo Mancini, eds. 2013. *The Future of the Liberal Western Order: The Case of Italy.* Washington, D.C.: Transatlantic Academy.

Pedler, Robin, ed. 2002. *European Union Lobbying: Changes in the Arena.* New York: Palgrave.

Peerenboom, Randall, ed. 2004. *Asian Discourses of Rule of Law: Theories and Implementation of Rule of Law in Twelve Asian Countries, France, and the U.S.* New York: Routledge.

Pei, Minxin. 1997. "Citizens v. Mandarins: Administrative Litigation in China." *China Quarterly* (152):832–62.

———. 2006. *China's Trapped Transition: The Limits of Developmental Autocracy.* Cambridge, MA: Harvard University Press.

Pelling, Henry. 1965. *The Origins of the Labour Party, 1880–1900*. Oxford: Clarendon Press.

Pew Research Center. 2013. "Trust in Government Nears Record Low, But Most Federal Agencies Are Viewed Favorably." Washington, D.C.: Pew Research Center.

Pfiffner, James P., ed. 1999. *The Managerial Presidency*. 2nd ed. College Station: Texas A&M University Press.

Phillips, Ulrich B. 1966. *American Negro Slavery*. Baton Rouge: Louisiana State University Press.

Piattoni, Simona, ed. 2001. *Clientelism, Interests, and Democratic Representation: The European Experience in Historical and Comparative Perspective*. New York: Cambridge University Press.

Piketty, Thomas, and Emmanuel Saez. 2003. "Income Inequality in the United States, 1913–1998." *Quarterly Journal of Economics* 118(1):1–39.

Pinchot, Gifford. 1947. *Breaking New Ground*. Washington, D.C.: Island Press.

Plattner, Marc F. 2013. "Reflections on 'Governance.'" *Journal of Democracy* 24(4):17–28.

Polanyi, Karl. 1944. *The Great Transformation*. New York: Rinehart.

Polanyi, Karl, and C. W. Arensberg, eds. 1957. *Trade and Market in the Early Empires*. New York: Free Press.

Pomeranz, Kenneth. 2000. *The Great Divergence: Europe, China, and the Making of the Modern World Economy*. Princeton: Princeton University Press.

Pongsudhirak, Thitinan. 2012. "Thailand's Uneasy Passage." *Journal of Democracy* 23(2):47–61.

Posner, Daniel N. 2005. *Institutions and Ethnic Politics in Africa*. New York: Cambridge University Press.

Posner, Eric A., and Adrian Vermeule. 2010. *The Executive Unbound: After the Madisonian Republic*. New York: Oxford University Press.

Prager, Robin A. 1989. "Using Stock Price Data to Measure the Effects of Regulation: the Interstate Commerce Act and the Railroad Industry." *RAND Journal of Economics* 20(2):280–90.

Pratt, Cranford. 1976. *The Critical Phase in Tanzania 1945–1968: Nyerere and the Emergence of a Socialist Strategy*. New York: Cambridge University Press.

Prescott, William H. 1902. *History of the Conquest of Peru*. Philadelphia: J. B. Lippincott.

———. 1904. *History of the Conquest of Mexico*. Philadelphia: J. B. Lippincott.

Pritchett, Lant, Michael Woolcock, and Matt Andrews. 2010. *Capability Traps? The Mechanisms of Persistent Implementation Failure*. Washington, D.C.: Center for Global Development.

Prosser, Gifford, and William R. Louis, eds. 1971. *France and Britain in Africa: Imperial Rivalry and Colonial Rule*. New Haven: Yale University Press.

Przeworski, Adam. 2009. "Conquered or Granted? A History of Suffrage Extensions." *British Journal of Political Science* 39(2):291–321.

Przeworski, Adam, et al. 2000. *Democracy and Development: Political Institutions and Material Well-Being in the World, 1950–1990*. Cambridge: Cambridge University Press.

Przeworski, Adam, Susan C. Stokes, and Bernard Manin, eds. 1999. *Democracy, Accountability, and Representation*. New York: Cambridge University Press.

Putnam, Robert D. 1993. *Making Democracy Work: Civic Traditions in Modern Italy*. Princeton: Princeton University Press.

——. 1995. "Bowling Alone: America's Declining Social Capital." *Journal of Democracy* 6(1):65–78.

——. 2000. *Bowling Alone: The Collapse and Revival of American Community*. New York: Simon & Schuster.

Pyne, Stephen J. 1981. "Fire Policy and Fire Research in the U.S. Forest Service." *Journal of Forest History* 25(2):64–77.

Radelet, Steven. 2010. *Emerging Africa: How 17 Countries Are Leading the Way*. Baltimore: Center for Global Development.

Radford, Gail. 2013. *The Rise of the Public Authority: Statebuilding and Economic Development in Twentieth-Century America*. Chicago: University of Chicago Press.

Rajan, Raghuram G. 2010. *Fault Lines: How Hidden Fractures Still Threaten the World Economy*. Princeton: Princeton University Press.

Rauch, James E., and Peter B. Evans. 2000. "Bureaucratic Structure and Bureaucratic Performance in Less Developed Countries." *Journal of Public Economics* 75:49–71.

Rawski, Evelyn S. 1998. *The Last Emperors: A Social History of Qing Imperial Institutions*. Berkeley: University of California Press.

Renan, Ernest. 1996. *Qu'est-ce qu'une nation? (What Is a Nation?)* Toronto: Tapir Press.

Reno, William. 1998. *Warlord Politics and African States*. Boulder, CO: Lynne Rienner.

Richardson, Sarah, ed. 2000. *History of Suffrage, 1760–1867*. Brookfield, VT: Pickering and Chatto.

Ringen, Stein. 2013. *Nation of Devils: Democratic Leadership and the Problem of Obedience*. New Haven: Yale University Press.

Roodman, David. 2012. *Due Diligence: An Impertinent Inquiry into Microfinance*. Washington, D.C.: Center for Global Development.

Rose-Ackerman, Susan. 1978. *Corruption: A Study in Political Economy*. New York: Academic Press.

——. 1999. *Corruption and Government: Causes, Consequences, and Reform*. New York: Cambridge University Press.

Rosenberg, Hans. 1958. *Bureaucracy, Aristocracy, and Autocracy: The Prussian Experience, 1660–1815*. Cambridge, MA: Harvard University Press.

Rosenberg, Nathan, and L. E. Birdzell. 1986. *How the West Grew Rich*. New York: Basic Books.

Rosenthal, Jean-Laurent, and R. Bin Wong. 2011. *Before and Beyond Divergence: The Politics of Economic Change in China and Europe.* Cambridge, MA: Harvard University Press.

Roth, Dennis. 1984. "The National Forests and the Campaign for Wilderness Legislation." *Journal of Forest History* 28(3):112–25.

Rothstein, Bo. 2011. *The Quality of Government: Corruption, Social Trust, and Inequality in International Perspective.* Chicago: University of Chicago Press.

Roy, Olivier. 2004. *Globalized Islam: The Search for a New Ummah.* New York: Columbia University Press.

Rueschemeyer, Dietrich, Evelyn Huber Stephens, and John D. Stephens. 1992. *Capitalist Development and Democracy.* Chicago: University of Chicago Press.

Ruhil, Anirudh V. S. 2003. "Urban Armageddon or Politics as Usual? The Case of Municipal Civil Service Reform." *American Journal of Political Science* 47(1):159–70.

Rush, Myron. 1974. *How Communist States Change Their Rulers.* Ithaca, NY: Cornell University Press.

Rweyémamu, Anthony H., ed. 1970. *Nation-Building in Tanzania: Problems and Issues.* Nairobi: East African Publishing House.

Sabel, Charles F., and Jonathan Zeitlin. 2008. "Learning from Difference: The New Architecture of Experimentalist Governance in the European Union." *European Law Journal* 14(3):271–327.

Sachs, Jeffrey D. 2001. "Tropical Underdevelopment." Cambridge, MA: National Bureau of Economic Research Working Paper No. 8119.

Saller, Richard P. 1982. *Personal Patronage Under the Early Empire.* New York: Cambridge University Press.

Samuels, Richard J. 1994. *"Rich Nation, Strong Army": National Security and the Technological Transformation of Japan.* Ithaca, NY: Cornell University Press.

Scase, Richard, ed. 1980. *The State in Western Europe.* New York: St. Martin's Press.

Schaffer, Frederic Charles, ed. 2007. *Elections for Sale: The Causes and Consequences of Vote Buying.* Boulder, CO: Lynne Rienner.

Schattschneider, E. E. 1960. *The Semisovereign People: A Realist's View of Democracy in America.* New York: Holt.

Schedler, Andreas. 2002. "The Menu of Manipulation." *Journal of Democracy* 13(2):36–50.

Schlozman, Kay Lehman, and John T. Tierney. 1986. *Organized Interests and American Democracy.* New York: Harper.

Schmidt, Eric, and Jared Cohen. *The New Digital Age: Reshaping the Future of People, Nations and Business.* New York: Knopf.

Schmidt, John R. 1989. *"The Mayor Who Cleaned Up Chicago": A Political Biography of William E. Dever.* DeKalb: Northern Illinois University Press.

Schneider, Friedrich, and Dominik H. Enste. 2002. *The Shadow Economy: An International Survey.* New York: Cambridge University Press.

Schneider, Friedrich, and Robert Klinglmair. 2005. "Shadow Economies Around the World: What Do We Really Know?" *European Journal of Political Economy* 21:598–642.

Schneider, Jane. 1998. *Italy's "Southern Question": Orientalism in One Country.* New York: Berg.

Schoenbaum, David. 1966. *Hitler's Social Revolution.* Garden City, NY: Doubleday.

Schultz, David A., and Robert Maranto. 1998. *The Politics of Civil Service Reform.* New York: Peter Lang.

Schurmann, Franz. 1956. "Traditional Property Concepts in China." *Far Eastern Quarterly* 15(4):507–16.

Schwartz, Bernard, ed. 1956. *The Code Napoléon and the Common-Law World.* New York: New York University Press.

Scott, James C. 1972. *Comparative Political Corruption.* Englewood Cliffs, NJ: Prentice-Hall.

———. 1998. *Seeing Like a State: How Certain Schemes to Improve the Human Condition Have Failed.* New Haven: Yale University Press.

———. 2009. *The Art of Not Being Governed: An Anarchist History of Upland Southeast Asia.* New Haven: Yale University Press.

Sen, Amartya. 1999. *Development as Freedom.* New York: Knopf.

Shambaugh, David L., ed. 2000. *The Modern Chinese State.* New York: Cambridge University Press.

Shaw, Frederick. 1954. *The History of the New York State Legislature.* New York: Columbia University Press.

Sheehan, James J. 1989. *German History, 1770–1866.* New York: Oxford University Press.

Shefter, Martin. 1983. "Regional Receptivity to Reform: The Legacy of the Progressive Era." *Political Science Quarterly* 98(3):459–83.

———. 1994. *Political Parties and the State: The American Historical Experience.* Princeton: Princeton University Press.

Shih, Victor, Christopher Adolph, and Mingxing Liu. 2012. "Getting Ahead in the Communist Party: Explaining the Advancement of Central Committee Members in China." *American Political Science Review* 106(1):166–87.

Shleifer, Andrei, and Robert W. Vishny. 1993. "Corruption." *Quarterly Journal of Economics* 108(3):599–617.

Silberman, Bernard S. 1970. "Bureaucratic Development and the Structure of Decision-making in Japan: 1868–1925." *Journal of Asian Studies* 29(2):347–62.

Silberman, Bernard S., and H. D. Harootunian. 1974. *Japan in Crisis: Essays on Taishō Democracy.* Princeton: Princeton University Press.

Skidmore, Thomas E., and Peter H. Smith. 2004. *Modern Latin America.* 6th ed. New York: Oxford University Press.

Skocpol, Theda. 1973. "A Critical Review of Barrington Moore's *Social Origins of Dictatorship and Democracy.*" *Politics & Society* 4:1–34.

———. 1992. *Protecting Soldiers and Mothers: The Political Origins of Social Policy in the United States.* Cambridge, MA: Harvard University Press.

Skowronek, Stephen. 1982. *Building a New American State: The Expansion of National Administrative Capacities, 1877–1920*. New York: Cambridge University Press.

Slater, Dan. 2010. *Ordering Power: Contentious Politics and Authoritarian Leviathans in Southeast Asia*. New York: Cambridge University Press.

Small, Melvin, and J. David Singer. 1982. *Resort to Arms: International and Civil Wars, 1816–1980*. Thousand Oaks, CA: Sage.

Smith, Daniel Jordan. 2007. *A Culture of Corruption: Everyday Deception and Popular Discontent in Nigeria*. Princeton: Princeton University Press.

Soekarno. 1969. *Nationalism, Islam, and Marxism*. Ithaca, NY: Cornell University, Southeast Asia Program.

Soifer, Hillel. 2008. "State Infrastructural Power: Approaches to Conceptualization and Measurement." *Studies in Comparative International Development* 43:231–51.

Soifer, Hillel, and Matthias vom Hau. 2008. "Unpacking the Strength of the State: The Utility of State Infrastructural Power." *Studies in Comparative International Development* 43:219–30.

Soto, Hernando de. 2000. *The Mystery of Capital: Why Capitalism Triumphs in the West and Fails Everywhere Else*. New York: Basic Books.

Sørensen, Georg. 2001. "War and State-Making: Why Doesn't It Work in the Third World?" *Security Dialogue* 32(3): 341–54.

Spear, Thomas. 2003. "Neo-Traditionalism and the Limits of Invention in British Colonial Africa." *Journal of African History* 44(1):3–27.

Spengler, Oswald. 1926. *The Decline of the West*. New York: Knopf.

Sperber, Jonathan. 2005. *The European Revolutions, 1848–1851*. 2nd ed. New York: Cambridge University Press.

Steen, Harold K. 1976. *The U.S. Forest Service: A History*. Seattle: University of Washington Press.

Stepan, Alfred C., and Juan J. Linz. 2011. "Comparative Perspectives on Inequality and the Quality of Democracy in the United States." *Perspectives on Politics* 9(4):841–56.

Stepan, Alfred C., and Graeme B. Robertson. 2003. "An 'Arab' More Than a 'Muslim' Electoral Gap." *Journal of Democracy* 14(3):30–44.

Stepan, Alfred C., Juan J. Linz, and Yogendra Yadav. 2010. "The Rise of 'State-Nations.'" *Journal of Democracy* 21(3):50–68.

Stille, Alexander. 1995. *Excellent Cadavers: The Mafia and the Death of the First Italian Republic*. New York: Pantheon.

———. 2006. *The Sack of Rome: How a Beautiful European Country with a Fabled History and a Storied Culture Was Taken Over by a Man Named Silvio Berlusconi*. New York: Penguin Press.

Stokes, Susan C. 2005. "Perverse Accountability: A Formal Model of Machine Politics with Evidence from Argentina." *American Political Science Review* 99(3): 315–25.

Stokes, Susan, et al. 2013. *Brokers, Voters, and Clientelism: The Puzzle of Distributive Politics*. New York: Cambridge University Press.

Stone, Richard D. 1991. *The Interstate Commerce Commission and the Railroad Industry: A History of Regulatory Policy*. New York: Praeger.

Suret-Canale, Jean. 1971. *French Colonialism in Tropical Africa, 1900–1945*. New York: Pica Press.

Sutherland, Gillian, ed. 1972. *Studies in the Growth of Nineteenth-Century Government*. Totowa, NJ: Rowman and Littlefield.

Tanzi, Vito. 2011. *Government versus Markets: The Changing Economic Role of the State*. New York: Cambridge University Press.

Tarr, Joel A. 1971. *A Study in Boss Politics: William Lorimer of Chicago*. Urbana: University of Illinois Press.

Tarrow, Sidney G. 1967. *Peasant Communism in Southern Italy*. New Haven: Yale University Press.

Taylor, Charles. 1989. *Sources of the Self: The Making of the Modern Identity*. Cambridge, MA: Harvard University Press.

———, ed. 1994. *Multiculturalism: Examining the Politics of Recognition*. Princeton: Princeton University Press.

Taylor, Frederick Winslow. 1911. *The Principles of Scientific Management*. New York: Harper.

Taylor, Jean Gelman. 2003. *Indonesia: Peoples and Histories*. New Haven: Yale University Press.

Theriault, Sean M. 2003. "Patronage, the Pendleton Act, and the Power of the People." *Journal of Politics* 65(1):50–68.

Thies, Cameron G. 2005. "War, Rivalry, and State Building in Latin America." *American Journal of Political Science* 49(3):451–65.

Thomas, Hugh. 1993. *The Conquest of Mexico*. London: Hutchinson.

Thomas, Melissa. 2009. "Great Expectations: Rich Donors and Poor Country Governments." Paper. Washington, D.C.: Johns Hopkins University, School of Advanced International Studies. http://papers.ssrn.com/sol3/papers.cfm?abstract-id=1333618.

Thompson, Margaret Susan. 1985. *The "Spider Web": Congress and Lobbying in the Age of Grant*. Ithaca, NY: Cornell University Press.

Tilly, Charles. 1990. *Coercion, Capital, and European States AD 990–1990*. Cambridge, MA: Blackwell.

———. 2007. *Democracy*. New York: Cambridge University Press.

Titmuss, Richard M. 1971. *The Gift Relationship: From Human Blood to Social Policy*. New York: Vintage Books.

Tocqueville, Alexis de. 1998. *The Old Regime and the Revolution*. Vol. 1. Chicago: University of Chicago Press.

———. 2000. *Democracy in America*. Chicago: University of Chicago Press.

Tönnies, Ferdinand. 1955. *Community and Association (Gemeinschaft und Gesellschaft)*. London: Routledge.

Torsvik, Per. 1981. *Mobilization, Center-Periphery Structures and Nation-Building*. Bergen: Universitetsforlaget.

Toynbee, Arnold. 1972. *A Study of History*. London: Oxford University Press.

Trebilcock, Michael J., and Robert J. Daniels. 2008. *Rule of Law Reform and Development: Charting the Fragile Path of Progress*. Northampton, MA: Edward Elgar.

Tsai, Lily L. 2007. *Accountability Without Democracy: Solidary Groups and Public Goods Provision in Rural China*. New York: Cambridge University Press.

———. 2012. "The Political Payoffs of Governance Reforms: How Citizens See and Judge the State in Authoritarian China." Unpublished paper.

Tsebelis, George. 2002. *Veto Players: How Political Institutions Work*. Princeton: Princeton University Press.

Tsoucalas, Constantine. 1978. "On the Problem of Political Clientelism in Greece in the Nineteenth Century." *Journal of the Hellenic Diaspora* 5(2):5–17.

Upham, Frank K. 1987. *Law and Social Change in Postwar Japan*. Cambridge, MA: Harvard University Press.

van Creveld, Martin. 1982. *Fighting Power: German and U.S. Army Performance, 1939–1945*. Westport, CT: Greenwood Press.

van de Walle, Nicolas. 2001. *African Economies and the Politics of Permanent Crisis, 1979–1999*. New York: Cambridge University Press.

———. 2004. *Overcoming Stagnation in Aid-Dependent Countries*. Washington, D.C.: Center for Global Development.

Van Riper, Paul P. 1958. *History of the United States Civil Service*. Evanston, IL: Row, Peterson.

———. 1983. "The American Administrative State: Wilson and the Founders—An Unorthodox View." *Public Administration Review* 43(6):477–90.

Wade, Robert. 1990. *Governing the Market: Economic Theory and the Role of Government in East Asian Industrialization*. Princeton: Princeton University Press.

Waisman, Carlos. 1987. *Reversal of Development in Argentina: Postwar Counterrevolutionary Policies and Their Structural Consequences*. Princeton: Princeton University Press.

Wakeman, Frederic, Jr. 1985. *The Great Enterprise: The Manchu Reconstruction of Imperial Order in Seventeenth-Century China*. 2 vols. Berkeley: University of California Press.

Wallace, Elisabeth. 1977. *The British Caribbean from the Decline of Colonialism to the End of Federation*. Buffalo, NY: University of Toronto Press.

Wallison, Peter J. 2013. *Bad History, Worse Policy: How a False Narrative About the Financial Crisis Led to the Dodd-Frank Act*. Washington, D.C.: American Enterprise Institute.

Walston, James. 1988. *The Mafia and Clientelism: Roads to Rome in Post-War Calabria*. New York: Routledge.

Watson, Harry L. 1985. "Old Hickory's Democracy." *Wilson Quarterly* 9(4):100–33.

Weber, Eugen. 1976. *Peasants into Frenchmen: The Modernization of Rural France, 1870–1914*. Stanford, CA: Stanford University Press.

Weber, Max. 1930. *The Protestant Ethic and the Spirit of Capitalism.* New York: Scribner.

———. 1946. *From Max Weber: Essays in Sociology.* New York: Oxford University Press.

———. 1978. *Economy and Society.* 2 vols. Berkeley: University of California Press.

Weyland, Kurt. 2009. "The Diffusion of Revolution: '1848' in Europe and Latin America." *International Organization* 63(3):391–423.

Wiebe, Robert H. 1967. *The Search for Order: 1877–1920.* New York: Hill and Wang.

Wiener, Martin J. 2004. *English Culture and the Decline of the Industrial Spirit, 1850–1980.* 2nd ed. New York: Cambridge University Press.

Wilensky, Harold L. 1975. *The Welfare State and Equality.* Berkeley: University of California Press.

Williams, Eric E. 1994. *Capitalism and Slavery.* Chapel Hill: University of North Carolina Press.

Williams, T. Harry. 2011. *Lincoln and His Generals.* New York: Vintage Books.

Wilson, Dominic, and Raluca Dragusanu. 2008. *The Expanding Middle: The Exploding World Middle Class and Falling Global Inequality.* New York: Goldman Sachs Global Economics Paper No. 170.

Wilson, James Q. 1989. *Bureaucracy: What Government Agencies Do and Why They Do It.* New York: Basic Books.

Wilson, Woodrow. 1887. "The Study of Administration." *Political Science Quarterly* 2(2):197–222.

Woo, Jung-En. 1991. *Race to the Swift: State and Finance in Korean Industrialization.* New York: Columbia University Press.

World Bank. 1993. *World Development Report 1993: The East Asian Miracle: Economic Growth and Public Policy.* New York: Oxford University Press.

———. 1997. *World Development Report 1997: The State in a Changing World.* Oxford: Oxford University Press.

———. 2003. *World Development Report 2004: Making Services Work for Poor People.* Washington, D.C.: World Bank.

———. 2008. *World Development Report 2009: Reshaping Economic Geography.* Washington, D.C.: World Bank.

———. 2011. *World Development Report 2011: Conflict, Security, and Development.* Washington, D.C.: World Bank.

———. 2013. *China 2030: Building a Modern, Harmonious, and Creative Society.* Washington, D.C.: World Bank.

Wright, Gavin. 2006. *Slavery and American Economic Development.* Baton Rouge: Louisiana State University Press.

Wrong, Michela. 2001. *In the Footsteps of Mr. Kurtz: Living on the Brink of Disaster in Mobutu's Congo.* New York: Harper.

———. 2010. *It's Our Turn to Eat: The Story of a Kenyan Whistle-Blower.* New York: Harper Perennial.

Yang Jisheng. 2012. *Tombstone: The Great Chinese Famine, 1958–1962.* New York: Farrar, Straus and Giroux.

Yang, Dali L. 2004. *Remaking the Chinese Leviathan: Market Transition and the Politics of Governance in China*. Stanford, CA: Stanford University Press.

Young, Crawford. 1994. *The African Colonial State in Comparative Perspective*. New Haven: Yale University Press.

Zakaria, Fareed. 2003. *The Future of Freedom: Illiberal Democracy at Home and Abroad*. New York: Norton.

———. 2008. *The Post-American World*. New York: Norton.

Zhao, Dingxin, and John A. Hall. 1994. "State Power and Patterns of Late Development: Resolving the Crisis of the Sociology of Development." *Sociology* 28(1):211–30.

Ziblatt, Daniel. 2006. "How Did Europe Democratize?" *World Politics* 58:311–38.

———. 2008. "Does Landholding Inequality Block Democratization? A Test of the 'Bread and Democracy' Thesis and the Case of Prussia." *World Politics* 60:610–41.

致　谢

　　我非常感激那些在我撰写本卷和第一卷时施以援手的人士和机构。我在拉里·戴蒙德领导下的斯坦福大学弗里曼·斯波利（Freeman Spogli）国际研究所的民主、发展和法治中心，找到了学术机构中的美妙家园。许多人读了这份手稿，或部分或全部，对涉及的许多题目，都提出了宝贵的意见。我的妻子 Laura Holmgren，早早就开始阅读本稿，在我撰写本书乃至早先每一本著作的年月中，始终给予全力以赴的支持。

　　我特别要感谢 David Abernethy, the late Joel Barkan, Margaret Boittin, Bruce Cain, Gerhard Casper, Roberto D'Alimonte, Tino Cuéllar, Larry Diamond, Giovanna Dore, Peter Duns, Karl Eikenberry, Don Emmerson, Morris Fiorina, Adam Garfinkle, Elira Karaja, Eric Kramon, Steven Krasner, Melissa Lee, Peter Lewis, Reo Matsuzaki, Ian Morris, Paul Ockelmann, Dan Okimoto, Elena Panaritis, Minxjn Pel, Marc Plattner, Alastair Roberts, Richard Roberts, Eric E. Schmidt, Jim Sheehan, Landry Signé, Peter Skerry, Melissa Thomas, Lucan Way, Daniel

Ziblatt，以及研究助理 Jason Wu，Purun Cheong，Priscilla Choi，
Kamil Dada，Rcholas Dugdale，Alana Kirkland，Devanshi Patel。
此外，在研讨和撰写本卷的全过程中，Samantha Maskey 和 Lauren
Weitzman 都鼎力相助。本书的部分章节，曾送交伯克利大学的全
球史研讨会，普吉特海湾大学，哈佛大学肯尼迪学院的贝尔弗中心、
全球发展中心，斯坦福大学的欧洲中心和民主、发展和法治中心。
我对收到的反馈，心存感激。

我非常感谢 Farrar, Straus and Giroux 出版社的编辑 Eric
Chinski。一如在第一卷的时候，他在如何改进和展现我的观点
上，提供了珍贵的指导和判断。我还要特别感谢 Profile Rooks 的
Andrew Franklin，Editora Rocco 的 Paulo Rocco 和 Contact 的
Mizzi van Pluijm。多年来，他们出版了我写出的每一本书。此外，
Cynthia Merman 为本书的文字编辑和事实核对做出了出色的努力。
如果没有我的了不起的代理人 Esther Newberg，Sophie Baker 和
Betsy Robbins，本卷的面世是不可能的。

索 引

（按汉语拼音顺序排列，页码参见本书边码）